Vorwort

Der hohe Stellenwert des Wörterbuchs sowohl beim eigentlichen Spracherwerb als auch beim Umgang mit der Fremdsprache war in der Vergangenheit und ist in der Gegenwart wohl unumstritten. Freilich muss die Fertigkeit, sich dieses Hilfsmittels zeitökonomisch und sicher zu bedienen, durch intensive Zuwendung erworben und beständige Praxis erhalten werden.

Das vorliegende englisch-deutsche Wörterbuch stellt in seiner Anlage die Verflechtung der beiden Grundtypen, nämlich des einsprachigen mit dem zweisprachigen Wörterbuch dar. Das Stichwort wird mit phonetischer Umschreibung und Angabe der Wortart aufgeführt, darauf in einfachem Englisch bedeutungsmäßig erklärt and danach (eine punktuelle Übersetzung) ins Deutsche gebracht. Im Kursivdruck folgen dann Anwendungsbeispiele (meist als ganze Sätze, gelegentlich in Form von kürzeren Kollokationen) sowie deren vollständige deutsche Übersetzung bzw. Entsprechung.

Der Grundwortschatz bei den Worterklärungen fordert dazu auf, das Wortverständnis über die zielsprachliche Spur anzusteuern. Grobe Missverständnisse werden durch den stichwortmäßigen, knappen Übersetzungseintrag zu einem möglichst frühen Zeitpunkt korrigiert.

Aus den Anwendungssätzen wird der Benutzer im Sinne einer flexiblen Zweisprachigkeit Nutzen ziehen und Anregung zu sinnvoller Übersetzungstechnik finden, ohne die in der Praxis wohl kaum ein Spracherwerb läuft. Diese Anwendungssätze beinhalten einmal recht konkrete, im Alltag häufige Situationen und zum andern auch mehr psychologisch bestimmte Sprechakte.

In zahlreichen eingestreuten “usage notes” werden für die speziellen Schwierigkeiten des Englischlernenden mit deutscher Muttersprache direkte Hilfen und auch Querverweise geboten: Warnungen vor “false friends”, praktische Anmerkungen zur richtigen Wortwahl vor allem dort, wo die lexikalische Differenzierung der beiden Sprachen verschiedene Wege geht, nützliche landeskundliche Informationen, Anmerkungen zu Stil- und Gebrauchsebene, Hinweise auf Aussprachebesonderheiten, auf American English usw. All diese “notes” sind in deutscher Sprache als freundlicher Tip für den Lernenden gedacht und sind daher sprachlich-stilistisch eher persönlich als sachlich gehalten.

So weit wie möglich vom Ballast der Fachsprache befreit sind eine Reihe von Einzeldarstellungen heikler Grammatikbereiche (das Futur, Steigerung, Konditionalgefüge usw.). Ebenfalls als Sonderblocks herausgestellt sind einige Sach- und Fertigkeitsbereiche, das Schulwesen, die Uhr, das Briefschreiben usw.

Wir sind sicher, dass ein so gestaltetes Wörterbuch dem Benutzer bei der Arbeit an und mit der Sprache ein anregender Begleiter sein wird.

F. M. Rudolph

Diese 2. im Rahmen der Rechtschreibreform überarbeitete Ausgabe bietet eine Vielzahl von neuen Begriffen aus den Bereichen Computer, Medien, Umwelt und Freizeit. Stichwörter, “idioms”, “phrasal verbs” und Komposita werden blau hervorgehoben.

Oxford University Press möchte sich bei den folgenden Mitarbeitern bedanken:

Pädagogische Beratung
Professor F. M. Rudolph
ehem. Fachleiter Englisch am staatlichen
Seminar für Studienrefendare, Tübingen

Beratende Mitarbeit
Johannes Berning
Klaus Berold
Susanne Buddeberg
Mike Freyer

Lexikographische Bearbeitung
Janette Brown
Sally Carpenter
Nick Hannigan
Sally Wehmeier

Deutsche Übersetzung
Helga Holtkamp

Wie man mit dem Oxford Grundwörterbuch umgeht und was es einem alles erklärt.

Ein Wörterbuch ist ein Instrument, das du gebrauchst, wenn du eine Sprache lernst, und wie mit jedem Instrument ist es so: Je besser du weißt, wie es funktioniert, um so nützlicher wird es dir sein. Bevor du das Oxford Grundwörterbuch benutzt, sieh dir die nächsten Seiten an, damit du feststellen kannst, wie das Wörterbuch Fragen, die du vielleicht hast, beantworten kann.

Englisch–Deutsch

demolish /dɪˈmɒlɪʃ/ *v*
break something totally ▷**abreißen**: *They demolished six houses so that they could build a supermarket.* Sechs Häuser wurden für den Bau eines Supermarktes abgerissen.
demolition /ˌdeməˈlɪʃn/ *n* (no *pl*) ▷**Abriss**

Was bedeutet *demolish*?

Wenn du ein englisches Wort im Wörterbuch nachsiehst, erklärt dir das Wörterbuch seine Bedeutung auf verschiedene Weise: Schau dir zuerst die Definition an, die dir die Bedeutung in einfachem Englisch gibt, wobei du gleichzeitig Übung im Verstehen von englischen Definitionen bekommst. Dann prüfe, ob du es richtig verstanden hast, indem du die deutsche Übersetzung ansiehst. Zum Schluss lies den Beispielsatz durch, der dir den typischen englischen Gebrauch des Wortes erklärt, und solltest du den englischen Beispielsatz nicht verstehen, so sieh dir noch die Übersetzung dazu an.

came /keɪm/ *form of* come

calves /kɑːvz/ *n pl of* calf

Manchmal möchtest du vielleicht die Bedeutung eines Wortes wissen, das du nur in der Vergangenheitsform oder in der Pluralform hast, z.B. *were*, was eine Form von *be* ist. Du findest all diese Wörter im Wörterbuch und es wird dir sagen, von welchem Wort sie stammen.

catastrophe /kəˈtæstrəfɪ/ *n*
terrible thing that happens suddenly ▷**Katastrophe**: *The forest fire was a catastrophe.* Der Waldbrand war eine Katastrophe. ☞Vorsicht! Dieses Wort wird oft falsch ausgesprochen. Die Betonung liegt auf der zweiten Silbe: **caˈtastrophe**.

Wie speche ich *catastrophe* aus?

Hinter jedem Stichwort gibt dir das Wörterbuch die Lautschrift. Eine Erklärung dazu findest du auf der Innenseite des Buchrückens, und auf jeder Seite unten wird an die häufigst vorkommenden Laute erinnert. Das Wörterbuch warnt dich auch vor einer ungewöhnlichen Aussprache.

demonstrate /ˈdemənstreɪt/ *v*
1 show something clearly ▷**vorführen**: *He demonstrated how to mend a puncture.* Er führte mir vor, wie man eine Reifenpanne behebt.
2 walk or stand in public with other people to show that you have strong feelings about something ▷**demonstrieren**: *The students marched through London to demonstrate against the government.* Die Studenten marschierten durch London, um gegen die Regierung zu demonstrieren.

Wie gebrauche ich *demonstrate?*

Um das Wort richtig anzuwenden, musst du wissen, wo im Satz es hingehört. Hinter jedem Stichwort steht die Wortart:

n	*noun*	Substantiv, Hauptwort
v	*verb*	Verb, Tätigkeitswort
adj	*adjective*	Adjektiv Eigenschaftswort
adv	*adverb*	Adverb, Umstandswort
def art	*article*	bestimmter Artikel
indef art	*indefinite article*	unbestimmter Artikel
conj	*conjunction*	Konjunktion, Bindewort
prep	*preposition*	Präposition, Verhältniswort
pron	*pronoun*	Pronomen
exclam	*exclamation*	Interjektion

Es gibt noch weitere Dinge, die du vielleicht wissen musst, bevor du das Wort benutzt:

sweep[2] /swiːp/ *v* (swept /swept/, has swept)
clean a floor with a brush or broom ▷**fegen**: *He swept the floor.* Er fegte den Boden.
sweep away, push something along or away ▷**wegreißen**: *The floods have swept the bridge away.* Die Fluten haben die Brücke weggerissen.
sweep up, sweep dirt, leaves, etc away ▷**zusammenfegen**

Ist es ein Verb, sind die Vergangenheitsformen vielleicht unregelmäßig?

rally /ˈrælɪ/ *n* (*pl* rallies)
1 group of people walking or standing together in public to show that they feel strongly about something ▷**Kundgebung**: *a peace rally,* eine Friedenskundgebung.
2 car race ▷**Rallye**

Ist es ein Substantiv, ist der Plural vielleicht unregelmäßig?

good[1] /gʊd/ *adj* (better, best)
1 being right; that does what you want ▷**gut**: *A good computer is expensive.* Ein guter Computer ist teuer.
2 pleasing; that you enjoy ▷**gut**: *a good film,* ein guter Film.
3 kind; doing what is right ▷**gut**: *a good mother,* eine gute Mutter.

Ist es ein Adjektiv, hat es eventuell einen unregelmäßigen Komparativ oder Superlativ?

pasta /ˈpæstə/ *n* (no *pl*)
long, thin pieces of hard food made from flour and water, etc ▷**Nudeln**

Das Wörterbuch warnt dich, wenn ein Substantiv keinen Plural hat

clothes /kləʊðz/ *n pl*
things that you wear to cover your body ▷**Kleidung** ☞Beachte die korrekte Aussprache.

oder wenn ein Substantiv nur im Plural vorkommt.

Weitere wichtige Informationspunkte werden in gesonderten Anmerkungen für den Gebrauch entweder nach ☞ oder in Form von Tafeln gegeben:

control[2] /kənˈtrəʊl/ *v* (is controlling, controlled /kənˈtrəʊld/, has controlled)
make people or things do what you want ▷**unter Kontrolle haben**: *He couldn't control his dog.* Er hatte seinen Hund nicht unter Kontrolle. ☞Vorsicht! **kontrollieren** ist nur in der Bedeutung „beherrschen“ oder „regulieren“ mit **control** zu übersetzen. Bedeutet es „nachprüfen“, muss man das Verb **check** benutzen. Vergleiche: *Computer systems will control the lighting and heating in your home* (= regulieren). Die Beleuchtung und Heizung Ihres Hauses werden von einem Computersystem reguliert. *The bus conductor checked my ticket* (= nachprüfen). Der Busschaffner kontrollierte meine Fahrkarte.

Warnungen vor falschen Freunden.

barber /ˈbɑːbə(r)/ *n*
someone who cuts men's hair ▷**Herrenfriseur** ☞Vorsicht! **barber** klingt etwas altmodisch und wird heutzutage durch **hairdresser** ersetzt.

Hinweise, dass ein Wort ziemlich altmodisch oder steif ist, und dass es dafür ein gebräuchlicheres Wort gibt.

beautiful
Im Deutschen kann man **schön** für Männer, Frauen und Kinder gleichermaßen benutzen. Im Englischen gibt es jedoch zwei Wörter: **beautiful** für Frauen und Kinder, **handsome** für Männer. Die Wörter **good-looking** und **attractive** kann man sowohl für Männer als auch für Frauen benutzen.

Unterschiede zwischen englischen Wörtern mit ähnlicher Bedeutung.

pants /pænts/ *n pl*
1 piece of clothing that you wear on your bottom, under a skirt or trousers ▷**Unterhose**
2 *American for* trousers ▷**Hose**
☞**pants** gehört zu den Paarwörtern wie **trousers, glasses, jeans, scissors** und steht immer im Plural. Soll eine bestimmte Zahl angegeben werden, so verwendet man **pair(s) of**: *a pair of pants.*

Paarwörter.

angrily. „Was fällt dir ein, Blumen aus meinem Garten zu stehlen!" rief sie ärgerlich.
☞**dare** kann man als Hilfsverb oder einfaches Verb verwenden. Es wird mehr als einfaches Verb, und meistens in der verneinenden Form, gebraucht; *He doesn't dare to swim in the sea.* Er traut sich nicht, im Meer zu schwimmen. Aber auch: *He daren't swim in the sea.* Fragen werden meistens mit **do**, wie normale Verben, gebildet: *Does he dare to swim in the sea?* Wagt er es, im Meer zu schwimmen?

Schwierige grammatische Punkte.

café /ˈkæfeɪ/ *n*
place where people can buy and have food and drink Café ☞Vorsicht! Ein **café** entspricht nicht dem deutschen **Café**, in dem man hauptsächlich Kaffee oder Tee und Kuchen zu sich nimmt. Die sind eher in einem **tea-room** zu finden. In einem **café** kann man auch leichte Mahlzeiten zu sich nehmen.

Landeskundliche Informationen.

Deutsch–Englisch

Im zweiten Teil des Wörterbuches steht ein Stichwortverzeichnis aller deutschen Wörter, die in den Übersetzungen vorkommen, sodass du ein deutsches Wort nachsehen kannst und die englische Bedeutung dafür findest.

überwältigend overwhelming, 202
überzeugen convince, 57
Überzeugung conviction, 56
üblich usual, 312
U-Boot submarine, 281
übrig over[1], 201; spare[1], 271
übrig haben spare[3], 271

Wie sage ich *üblich* auf Englisch?
Sieh das deutsche Wort im Stichwortverzeichnis nach. Gegenüber findest du einen englischen Begriff. Komme jedesmal auf das Wort im englischen Text zurück and prüfe, ob du die Bedeutung richtig verstanden und die gesamte Information, die das Wörterbuch bietet, bekommen hast.

Aa

a /ə/ *indef art*
1 one ▷**ein(e)**: *I want to buy a new radio.* Ich möchte ein neues Radio kaufen.
2 (for) each; (for) every ▷**pro**: *twice a month,* zweimal pro Monat. *The bananas cost 50p a kilo.* Die Bananen kosten 50p pro Kilo.
☞Die Verwendung von **a** und **an** hängt von der Aussprache, nicht der Schreibweise des nachfolgenden Wortes ab: (**a** vor Konsonanten) *a cat* /kæt/, *a university* /ˌjuːnɪˈvɜːsətɪ/; (**an** vor Vokalen) *an apple* /ˈæpl/, *an hour* /ˈaʊə(r)/.

abandon /əˈbændən/ *v*
1 leave someone or something ▷**verlassen**: *The thieves abandoned the car.* Die Diebe ließen das Auto einfach stehen.
2 stop doing something ▷**abbrechen**: *They abandoned the match because of the heavy rain.* Sie brachen das Spiel wegen heftigen Regens ab.

abbey /ˈæbɪ/ *n*
1 buildings where men or women live to serve the Christian God ▷**Abtei, Kloster**
2 church that is or was part of an abbey ▷**Klosterkirche**

abbreviate /əˈbriːvɪeɪt/ *v*
make a word, title, etc shorter ▷**abkürzen**: *The word 'verb' is abbreviated to 'v' in this dictionary.* Das Wort „verb" wird in diesem Wörterbuch mit „v" abgekürzt.

abbreviation /əˌbriːvɪˈeɪʃn/ *n*
short form of a word or title ▷**Abkürzung**: *'Jan.' is the abbreviation of 'January'.* „Jan." ist die Abkürzung von „January".

ability /əˈbɪlətɪ/ *n* (no *pl*)
power and skill to do something ▷**Fähigkeit**: *She lost the ability to speak.* Sie hat die Fähigkeit zu sprechen verloren.

able /ˈeɪbl/ *adj*
be able to do something, can do something ▷**etwas tun können**: *Paul isn't able to come to the party because he's ill.* Paul kann nicht zur Party kommen, weil er krank ist. ☞Siehe Anmerkung bei **can**[2].

aboard /əbɔːd/ *prep*
on or onto a ship, plane, etc ▷**an Bord**: *They went aboard the ship one hour before it sailed.* Eine Stunde bevor das Schiff abfuhr, gingen sie an Bord.

aboard *adv* ▷**an Bord**: *Is everyone aboard?* Sind alle an Bord?

abolish /əˈbɒlɪʃ/ *v*
stop or end something; say that something must never happen again ▷**abschaffen**: *The Americans abolished slavery in 1863.* Die Amerikaner schafften die Sklaverei 1863 ab.
abolition /ˌæbəˈlɪʃn/ *n* (no *pl*) ▷**Abschaffung**

Aborigine /ˌæbəˈrɪdʒənɪ/ *n*
one of the black people who were in Australia before the white people came ▷**australische(r) Ureinwohner(in)**

about[1] /əˈbaʊt/ *adv*
1 a little more or a little less ▷**ungefähr**: *The castle is about five miles away.* Das Schloss liegt ungefähr acht Kilometer von hier entfernt.
2 nearly ▷**gleich**: *I'm about ready.* Ich bin gleich fertig.
3 moving around; here and there ▷**herum**: *The children were running about excitedly.* Die Kinder liefen aufgeregt herum.

about[2] /əˈbaʊt/ *prep*
1 of ▷**über**: *A book about American history.* Ein Buch über die Geschichte Amerikas.
2 a little before or after a time ▷**ungefähr**: *We'll arrive at about 10 o'clock.* Wir werden ungefähr um 10 Uhr ankommen.
3 here or there in a place ▷**herum**: *We spent the morning walking about the town.* Wir verbrachten den Vormittag damit, in der Stadt herumzulaufen.
be about to, be going to do something very soon ▷**im Begriff sein zu**: *I'm about to leave. Can we talk later?* Ich bin gerade im Begriff zu gehen. Können wir uns später unterhalten?

above[1] /əˈbʌv/ *adv*
at or to a higher place ▷**oben**: *There was a loud crash from above.* Oben gab es einen lauten Knall.

above[2] /əˈbʌv/ *prep*
1 higher than ▷**über**: *above the clouds,* über den Wolken.
2 over ▷**über**: *There is a picture above the fireplace.* Über dem Kamin hängt ein Bild.
3 bigger in number, price, etc than ▷**über, mehr als**: *I'm not going to pay above £40 for that bicycle.* Für dieses Fahrrad bezahle ich nicht mehr als £40.

abroad /əˈbrɔːd/ *adv*
1 to another country or other countries ▷**ins Ausland**: *She went abroad to continue her studies.* Sie ging ins Ausland, um ihr Studium fortzusetzen.
2 in another country or other countries ▷**im Ausland**: *Guy went back to Scotland after studying abroad.* Nachdem er im Ausland

studiert hatte, ging Guy nach Schottland zurück.
☞**abroad** steht immer ohne Präposition.

absence /'æbsəns/ *n* (no *pl*)
being away ▷**Abwesenheit**: *They had to hold the meeting in Julie's absence as she was ill.* Sie mussten das Treffen in Julies Abwesenheit abhalten, da sie krank war.

absent /'æbsənt/ *adj*
not here; away ▷**abwesend**
be absent, be away ▷**fehlen**: *Why were you absent from school yesterday?* Warum hast du gestern in der Schule gefehlt?

absolute /'æbsəluːt/ *adj*
total ▷**absolut**: *Tony is an absolute beginner at chess.* Tony ist ein absoluter Anfänger im Schachspielen.
absolutely *adv* ▷**völlig**: *He's absolutely right.* Er hat völlig recht.

abstract /'æbstrækt/ *adj*
not like a real thing ▷**abstrakt**

absurd /əb'sɜːd/ *adj*
foolish; without meaning ▷**albern**: *Don't be absurd! Of course I didn't take your radio.* Sei nicht albern! Natürlich habe ich dein Radio nicht genommen.

accent /'æksənt/ *n*
way of saying words in a language ▷**Akzent**: *I know he is not English because he speaks with a French accent.* Ich weiß, dass er kein Engländer ist, weil er mit französischem Akzent spricht.

accept /ək'sept/ *v*
1 take something that someone wants to give you ▷**annehmen**: *to accept a present,* ein Geschenk annehmen.
2 say that you like a plan, etc ▷**akzeptieren**: *I can't accept your behaviour.* Ich kann dein Benehmen nicht akzeptieren.

acceptable /ək'septəbl/ *adj*
that you can accept ▷**akzeptabel, annehmbar**: *His behaviour is not acceptable.* Sein Benehmen ist nicht akzeptabel.

accident /'æksɪdənt/ *n*
something, often bad, that happens by chance ▷**Unfall, Unglück**: *Speeding often causes bad accidents.* Überhöhte Geschwindigkeit führt oft zu schlimmen Unfällen.
by accident, by chance ▷**zufällig**: *I found the key by accident when I was cleaning the kitchen.* Ich fand den Schlüssel zufällig, als ich die Küche putzte.
accidental /ˌæksɪ'dentl/ *adj* not planned ▷**zufällig**: *an accidental meeting,* ein zufälliges Treffen.
accidentally *adv* ▷**zufällig**

accommodation /əˌkɒmə'deɪʃn/ *n* (no *pl*)
1 somewhere to stay ▷**Unterkunft**: *Youth hostels offer very cheap accommodation .* Jugendherbergen sind sehr billige Unterkünfte.
2 somewhere to live ▷**Wohnung**: *I have always lived in rented accommodation.* Ich habe immer in Mietwohnungen gelebt.
☞**accommodation** ist nicht zählbar und erfordert immer ein Verb im Singular. Vorsicht beim Übersetzen! *Accommodation is scarce.* Wohnungen sind knapp.

accompany /ə'kʌmpənɪ/ *v* (accompanied, has accompanied)
1 go with someone ▷**begleiten**: *Four teachers accompanied the class on their skiing holiday.* Vier Lehrer begleiteten die Klasse in den Skiurlaub.
2 happen with something else ▷**begleiten**: *Thunder is usually accompanied by lightning.* Donner wird meistens von Blitzen begleitet.
3 make music to help a singer or another music player ▷**begleiten**: *Derek accompanied Ann on the guitar.* Derek begleitete Ann auf der Gitarre.

accord /ə'kɔːd/ *n* (no *pl*)
of your own accord, without being asked ▷**von selbst**: *Peter never washes up of his own accord — you always have to ask.* Peter wäscht nie von selbst ab — immer muss man ihn bitten.

according to /ə'kɔːdɪŋ tə/ *prep*
as someone or something says ▷**laut**: *According to the weather forecast, it will rain tomorrow.* Laut Wetterbericht wird es morgen regnen.

account /ə'kaʊnt/ *n*
way of keeping your money in a bank, post office, etc ▷**Konto**: *He has an account with the bank in the High Street.* Er hat ein Konto bei der Bank in der High Street.
on account of, because of something ▷**wegen**: *We were late on account of the heavy traffic.* Wegen des dichten Verkehrs kamen wir zu spät.
on no account, never; it is not good to ▷**unter keinen Umständen**: *On no account must you put your hand in the tiger's cage.* Unter keinen Umständen darfst du deine Hand in den Tigerkäfig stecken.
take something into account, keep something in your mind when thinking about other things ▷**etwas berücksichtigen**: *Eric is always last but you must take his age into account.* Eric ist immer der Letzte, aber man muss sein Alter berücksichtigen.

accountant /ə'kaʊntənt/ *n*
someone who keeps the money records of a business ▷**Buchhalter(in)**

accurate /'ækjʊrət/ *adj*
correct; with no mistakes; right ▷**genau**: *He*

gave an accurate description of the thief. Er gab eine genaue Beschreibung des Diebes.
accurately *adv* ▷**genau**

accuse /əˈkjuːz/ *v*
say that someone has done wrong ▷**beschuldigen**: *The policeman accused the boy of stealing the bicycle.* Der Polizist beschuldigte den Jungen, das Fahrrad gestohlen zu haben.
accusation /ˌækjuːˈzeɪʃn/ *n* ▷**Anschuldigung**

accustomed /əˈkʌstmd/ *adj*
be accustomed to something, know something well because you have done, seen, heard, tasted it, etc a lot ▷**an etwas gewöhnt sein**: *I'm not accustomed to such rude behaviour.* Solch unhöfliches Benehmen bin ich nicht gewöhnt.

ace /eɪs/ *n*
number one playing card ▷**Ass**: *the ace of spades,* das Pik-Ass.

ache /eɪk/ *v*
give you pain ▷**schmerzen**: *My legs ached after the long walk.* Meine Beine schmerzten nach dem langen Spaziergang.
ache *n* ▷**Schmerzen** ☞**ache** wird immer nur mit bestimmten Körperteilen verwendet: *backache,* Rückenschmerzen; *earache,* Ohrenschmerzen; *headache,* Kopfschmerzen; *stomach-ache,* Magenschmerzen; *toothache,* Zahnschmerzen. Bei anderen Körperteilen benutzt man **pain**: *I've got a pain in my leg.*

achieve /əˈtʃiːv/ *v*
do or finish something well after trying hard ▷**erreichen**: *Maurice achieved his aim and became a doctor.* Maurice hat sein Ziel erreicht und ist Arzt geworden.
achievement *n* ▷**Leistung**: *Climbing Mount Everest is a great achievement.* Es ist eine großartige Leistung, den Everest zu besteigen.

acid /ˈæsɪd/ *n*
liquid that can burn things ▷**Säure**: *sulphuric acid,* Schwefelsäure.
acid rain, rain that has become acid ▷**saurer Regen**

acorn /ˈeɪkɔːn/ *n*
seed of an oak tree ▷**Eichel**

acquaintance /əˈkweɪntəns/ *n*
someone you know a little ▷**Bekannte(r)**
make someone's acquaintance, get to know someone ▷**jemanden kennen lernen**: *I am pleased to make your acquaintance.* Ich freue mich, Sie kennen zu lernen. ☞Dieser Ausdruck ist etwas steif.

acquainted /əˈkweɪntɪd/ *adj*
be acquainted, know one another ▷**sich kennen**: *Are you two acquainted?* Kennen Sie sich?
be acquainted with, know someone or something ▷**kennen**

acquire /əˈkwaɪə(r)/ *v*
buy, receive, or get something ▷**erwerben**: *He acquired his knowledge of English from American films.* Er hat seine Englischkenntnisse durch amerikanische Filme erworben.

acre /ˈeɪkə(r)/ *n*
measure of land=4,074 square metres ▷**4047 Quadratmeter**

acrobat /ˈækrəbæt/ *n*
someone who does difficult and dangerous movements ▷**Akrobat(in)**
acrobatic /ˌækrəˈbætɪk/ *adj* of or like an acrobat ▷**akrobatisch**

across[1] /əˈkrɒs/ *adv*
1 from one side to the other ▷**hinüber**: *You can go across on the next boat.* Sie können mit dem nächsten Boot hinüberfahren.
2 from side to side ▷**breit**: *The river is one mile across.* Der Fluss ist 1,6km breit.

across[2] /əˈkrɒs/ *prep*
1 from one side to the other ▷**über**: *She walked across the field.* Sie ging über das Feld.
2 from side to side ▷**über**: *a bridge across the river,* eine Brücke über den Fluss.
across the street ▷**gegenüber**: *We do our shopping at the shop across the street.* Wir kaufen im Laden gegenüber ein.

act[1] /ækt/ *n*
1 something that you do ▷**Tat**
2 part of a play ▷**Akt**: *The play has five acts.* Das Theaterstück hat fünf Akte.
be in the act of doing something, be doing something ▷**gerade dabei sein, etwas zu tun**

act[2] /ækt/ *v*
1 do something ▷**handeln**: *We've talked enough; now we must act!* Wir haben lange genug geredet; jetzt müssen wir handeln!
2 be in a play, film, etc ▷**spielen**
act as, do the job of ▷**fungieren als, spielen**: *I had to act as interpreter when the French exchange students came here.* Ich musste den Dolmetscher spielen, als die französischen Austauschschüler kamen.

action /ˈækʃn/ *n*
1 (no *pl*) doing things ▷**Handeln**: *Now is the time for action.* Die Zeit zum Handeln ist gekommen.
2 (*pl* actions) something that you do ▷**Handlung**: *You are responsible for your actions.* Du bist verantwortlich für deine Handlungen.

in action, working ▷**in Betrieb**: *We watched the machine in action.* Wir sahen uns die Maschine in Betrieb an.

active /'æktɪv/ *adj*
able to do things; moving quickly; working; doing a lot of things ▷**aktiv**: *The old man is not as active as he was.* Der alte Mann ist nicht mehr so aktiv wie früher.
in the active, where the person or thing doing the action is the subject of a sentence or verb ▷**im Aktiv**: *In the sentence 'The girl broke the window,' the verb is in the active.* In dem Satz „Das Mädchen zerbrach die Fensterscheibe", steht das Verb im Aktiv.

activity /æk'tɪvətɪ/ *n*
1 (no *pl*) doing things; moving quickly ▷**lebhaftes Treiben**: *On the day of the festival there was much activity in the streets.* Am Tag des Festes herrschte lebhaftes Treiben in den Straßen.
2 (*pl* activities) what you do ▷**Beschäftigung**: *Watching TV is one of his favourite activities.* Fernsehen ist eine seiner Lieblingsbeschäftigungen.

actor /'æktə(r)/ *n*
person who acts in plays or films ▷**Schauspieler(in)**

actress /'æktrɪs/ *n* (*pl* actresses)
woman or girl who acts in plays or films ▷**Schauspielerin**

actual /'æktʃʊəl/ *adj*
real; true ▷**tatsächlich**
actually *adv* **(a)** really ▷**in Wirklichkeit**: *He said he was going to work but actually he went to the cinema.* Er sagte, er wollte arbeiten, aber in Wirklichkeit ist er ins Kino gegangen. **(b)** word used when saying something people might not expect ▷**eigentlich**: *Actually, I'd rather have beer than wine.* Eigentlich trinke ich lieber Bier als Wein.
☞Vorsicht! Das deutsche **aktuell** heißt auf Englisch **current** oder **topical**.

ad /æd/ *n* advertisement

add /æd/ *v*
1 find the total of two or more numbers ▷**zusammenzählen**: *If you add two and five, you get seven.* Wenn man zwei und fünf zusammenzählt, kommt sieben heraus.
2 put one thing with another ▷**dazugeben**: *Mix the flour with the butter and then add water.* Verrühren Sie das Mehl mit der Butter und geben Sie dann Wasser dazu.
3 say something more ▷**hinzufügen**: *'And don't come back again,' he added.* „Und komm ja nicht wieder", fügte er hinzu.

addict /'ædɪkt/ *n*
someone who cannot stop wanting something ▷**Süchtige(r)**: *a drug addict,* ein Drogensüchtiger.

addicted /ə'dɪktɪd/ *adj*
unable to stop having something ▷**abhängig**: *addicted to drugs,* drogenabhängig.

addition /ə'dɪʃn/ *n*
1 (no *pl*) putting numbers together ▷**Addition**: *We learn addition and subtraction in primary school.* Wir lernen die Addition und die Subtraktion in der Grundschule.
2 (*pl* additions) something added to another thing ▷**Zuwachs**: *We are expecting an addition to our family.* Wir erwarten Familienzuwachs.
in addition, also ▷**außerdem**: *There are courses in cooking and painting. In addition, you can learn to sail.* Es gibt Koch- und Malkurse. Außerdem kann man segeln lernen.
in addition to, and also ▷**zusätzlich**
additional *adj* extra ▷**zusätzlich**

address /ə'dres/ *n* (*pl* addresses)
name or number of the place where someone lives or where a business has its offices ▷**Anschrift, Adresse**: *Write your address clearly at the top of your letter.* Schreiben Sie Ihre Anschrift deutlich an den oberen Rand des Briefes. ☞Siehe Darstellung bei **letter**.
address *v* write the name and address of the person when you send a letter or parcel ▷**adressieren**: *I addressed the envelope to Mr Jones.* Ich adressierte den Umschlag an Mr Jones.

adjective /'ædʒɪktɪv/ *n*
word that describes a noun ▷**Adjektiv**

administration /əd,mɪnɪ'streɪʃn/ *n* (no *pl*)
controlling or managing a business, office, etc ▷**Verwaltung**

admiral /'ædmərəl/ *n*
commander-in-chief of a country's warships; senior officer in the navy ▷**Admiral**

admire /əd'maɪə(r)/ *v*
think or say that someone or something is good ▷**bewundern**: *The tourists admired the view from the tower.* Die Touristen bewunderten die Aussicht vom Turm.
admiration /,ædmə'reɪʃn/ *n* (no *pl*) ▷**Bewunderung**: *When Charles won the prize, his friends were filled with admiration.* Als Charles den Preis gewann, waren seine Freunde voller Bewunderung.

admission /əd'mɪʃn/ *n*
1 (no *pl*) letting people into a place ▷**Zutritt**: *Admission to the cinema was for adults only.* Nur Erwachsene hatten Zutritt zum Kino.
2 (*pl* admissions) saying something that you did not want to say ▷**Geständnis**: *He couldn't believe her admission of guilt.* Er

konnte ihr Geständnis, dass sie schuldig war, nicht glauben.

admit /əd'mɪt/ *v* (is admitting, admitted, has admitted)
1 let someone or something in ▷**zulassen**: *Children are not admitted to this film.* Kinder sind zu diesem Film nicht zugelassen.
2 say that you have done something wrong ▷**zugeben**: *I admit that I was rude and I am sorry.* Ich gebe zu, dass ich unhöflich war, und es tut mir Leid.

adopt /ə'dɒpt/ *v*
take the child of another person into your family to become your own child ▷**adoptieren**: *Mr and Mrs Williams have adopted two children.* Mr und Mrs Williams haben zwei Kinder adoptiert.

adult /'ædʌlt/ *n*
person or animal that is fully grown; not a child ▷**Erwachsene(r)**

advance /əd'vɑːns/ *n* (no *pl*)
in advance, before the usual time ▷**im Voraus**: *We paid in advance.* Wir bezahlten im Voraus.

advanced /əd'vɑːnst/ *adj*
1 better than others in what you know or can do ▷**fortgeschritten**: *Tim is very young, but fairly advanced in his reading.* Tim ist sehr jung, aber im Lesen ziemlich weit fortgeschritten.
2 difficult; of or for someone who is already good at something ▷**für Fortgeschrittene**: *an advanced dictionary,* ein Wörterbuch für Fortgeschrittene.

advantage /əd'vɑːntɪdʒ/ *n*
something useful or helpful ▷**Vorteil**: *An advantage of camping is that it is cheap.* Camping hat den Vorteil, billig zu sein.

adventure /əd'ventʃə(r)/ *n*
something exciting that you do ▷**Abenteuer**: *Sherlock Holmes had many adventures.* Sherlock Holmes bestand viele Abenteuer.

adventurous /əd'ventʃərəs/ *adj*
1 liking to do exciting, dangerous things ▷**abenteuerlustig**
2 full of danger, excitement, etc ▷**abenteuerlich**: *an adventurous sailing holiday,* ein abenteuerlicher Segelurlaub.

adverb /'ædvɜːb/ *n*
word that answers questions beginning 'How', 'When' or 'Where' ▷**Adverb**

advert /'ædvɜːt/ *n* advertisement

advertise /'ædvətaɪz/ *v*
1 tell people about things to buy ▷**werben (für)**: *Many companies advertise on television.* Viele Firmen werben im Fernsehen.
2 put a notice in a newspaper ▷**inserieren**: *When Mr Hilton wanted to sell his house he advertised it in the newspaper.* Als Mr Hilton sein Haus verkaufen wollte, inserierte er es in der Zeitung.

advertisement /əd'vɜːtɪsmənt/ *n*
1 something that tells people about things to buy ▷**Werbung**
2 notice in a newspaper about jobs, things to buy, etc ▷**Anzeige**

advertising /'ædvətaɪzɪŋ/ *n* (no *pl*)
telling people about things to buy ▷**Werbung**: *Advertising on TV is very expensive.* Werbung im Fernsehen ist sehr teuer.

advice /əd'vaɪs/ *n* (no *pl*)
what you say to help people ▷**Rat**: *I took the doctor's advice and went to bed.* Ich folgte dem Rat des Arztes und ging zu Bett.

advise /əd'vaɪz/ *v*
tell someone helpfully what to do or how to do it ▷**raten**: *The doctor advised him to stop smoking.* Der Arzt riet ihm, das Rauchen aufzugeben.

aerial /'eərɪəl/ *n*
part of a radio or television set that sends and gets radio signals ▷**Antenne**

aeroplane /'eərəpleɪn/ *n*
machine that has wings and can fly ▷**Flugzeug**

aerosol /'eərəsɒl/ *n*
can with liquid that shoots out in fine drops when you press a button ▷**Spraydose**

affair /ə'feə(r)/ *n*
1 something that happens; event ▷**Angelegenheit**: *The wedding was a sad affair.* Die Hochzeit war eine traurige Angelegenheit.
2 business; something to talk about or do ▷**Sache**: *Go away — this is my affair.* Geh weg — das ist meine Sache.

affect /ə'fekt/ *v*
make something different ▷**sich auswirken**: *Loud noise affects my concentration.* Lärm wirkt sich negativ auf meine Konzentrationsfähigkeit aus.
☞Vorsicht! Dieses Verb wird häufig mit dem Substantiv **effect** verwechselt. Vergleiche: *Noise has a bad effect on hearing.* Lärm hat eine schädliche Wirkung aufs Gehör.

affection /ə'fekʃn/ *n* (no *pl*)
love ▷**Zuneigung**

afford /ə'fɔːd/ *v*
have enough money for something ▷**sich leisten**: *I can't afford a holiday this year.* Dieses Jahr kann ich mir keinen Urlaub leisten.

afraid /ə'freɪd/ *adj*
be afraid, (a) have fear ▷**Angst haben**: *Are you afraid of snakes?* Hast du Angst vor Schlangen? **(b)** be worried or sorry about

something ▷**fürchten**: *I'm afraid that I have broken your calculator.* Ich fürchte, ich habe Ihren Taschenrechner kaputtgemacht.

after[1] /'ɑːftə(r)/ *conj*
at a later time than ▷**nachdem**: *Sandra arrived after the film had started.* Sandra kam erst, nachdem der Film schon angefangen hatte.

after[2] /'ɑːftə(r)/ *prep*
1 later than ▷**nach**: *I'll meet you after dinner.* Ich treffe dich nach dem Essen.
2 next to; behind ▷**nach**: *Ten comes after nine.* Zehn kommt nach neun.
3 trying to catch ▷**hinter(her)**: *The cat ran after the mouse.* Die Katze rannte hinter der Maus her.
after all, when you thought something else would happen ▷**schließlich**: *He was worried about the exam, but he passed it after all.* Er machte sich Sorgen wegen der Prüfung, bestand sie aber schließlich doch.

afternoon /ˌɑːftə'nuːn/ *n*
time between midday and evening ▷**Nachmittag**: *this afternoon,* heute Nachmittag.

afterwards /'ɑːftəwədz/ *adv*
later ▷**danach**: *We went to the cinema and afterwards had a meal.* Wir gingen ins Kino und danach zum Essen.

again /ə'gen/ *adv*
1 once more; another time ▷**noch (ein)mal**: *If you fail the first time, try again!* Wenn du es beim ersten Mal nicht schaffst, versuch es noch mal.
2 any more ▷**wieder**: *Never do that again!* Mach das nie wieder!
3 as before ▷**wieder**: *You'll soon be well again.* Du wirst bald wieder gesund sein.
again and again, many times ▷**immer wieder**
now and again, sometimes, but not often ▷**gelegentlich**

against /ə'genst/ *prep*
1 word that shows that you do not like an idea ▷**gegen**: *I am against your plan.* Ich bin gegen deinen Plan.
2 opposite; on the other side in a sport or fight ▷**gegen**: *We played against a football team from the next village.* Wir spielten gegen eine Fußballmannschaft aus dem Nachbardorf.
3 on something ▷**gegen**: *He banged his head against the wall.* Er schlug mit dem Kopf gegen die Wand.

age /eɪdʒ/ *n*
1 (*pl* ages) number of years someone has lived; number of years since something was made ▷**Alter**: *Please give your age and date of birth.* Geben Sie bitte Ihr Alter und Ihr Geburtsdatum an.
2 (no *pl*) being old ▷**Alter**: *Experience comes with age.* Mit dem Alter kommt auch die Erfahrung.
3 (*pl* ages) certain time in history ▷**Zeit (-alter)**: *the Stone Age,* die Steinzeit.
for ages, for a very long time ▷**eine Ewigkeit**: *We've been waiting for ages!* Wir haben schon eine Ewigkeit gewartet!

aged /eɪdʒd/ *adj*
at the age of ▷**im Alter von**: *She died in June, aged 80.* Sie starb im Juni im Alter von 80 Jahren.

agency /'eɪdʒənsɪ/ *n* (*pl* agencies)
work or office of someone who does business for others ▷**Agentur**: *an advertising agency,* eine Werbeagentur.

agent /'eɪdʒənt/ *n*
someone who does business for another person ▷**Manager(in)**: *The pop star's agent plans her concerts.* Die Managerin des Popstars plant ihre Konzerte.

ago /ə'gəʊ/ *adv*
before now; in the past ▷**vor**: *I learned to swim five years ago.* Ich habe vor fünf Jahren schwimmen gelernt.☞**ago** steht immer nach der Zeitangabe; vergleiche **for**: *two days ago,* vor zwei Tagen; *for two days,* zwei Tage lang, seit zwei Tagen.

agree /ə'griː/ *v*
1 say 'yes' when someone has asked you to do something ▷**sich bereit erklären**: *She agreed to lend him the money.* Sie erklärte sich bereit, ihm das Geld zu leihen.
2 decide together on an idea; have the same ideas ▷**sich einigen**: *They all agreed on a plan.* Sie einigten sich alle auf einen Plan.
3 say that something is true ▷**zustimmen**: *I agreed when she said it was too hot.* Ich stimmte ihr zu, als sie sagte, dass es zu heiß sei.

agreement /ə'griːmənt/ *n*
written promise between people, countries, etc ▷**Abkommen**: *a trade agreement,* ein Handelsabkommen.
be in agreement, have the same answer or idea ▷**einer Meinung sein**: *We're all in agreement.* Wir sind alle einer Meinung.

agriculture /'ægrɪkʌltʃə(r)/ *n* (no *pl*)
farming; growing crops and keeping animals ▷**Landwirtschaft**
agricultural /ˌægrɪ'kʌltʃərəl/ *adj* ▷**landwirtschaftlich**: *agricultural produce,* landwirtschaftliches Erzeugnis.

ahead /ə'hed/ *adv*
in front ▷**vorn(e)**: *Frank ran faster than the others and was soon ahead.* Frank lief schneller als die anderen und lag schon bald vorn.

aid /eɪd/ *n* (no *pl*)
help; something that gives help ▷**Hilfe**: *The*

old woman walks with the aid of a stick. Die alte Frau geht mit Hilfe eines Stocks.
come to someone's aid, help someone ▷**jemandem zu Hilfe kommen**
in aid of, to be used for something or someone ▷**zugunsten**: *a concert in aid of cancer research,* ein Konzert zugunsten der Krebsforschung.

Aids /eɪdz/ *n* (no *pl*)
serious illness that stops the body protecting itself against diseases ▷**Aids**

aim /eɪm/ *v*
1 point a gun, etc at something or someone ▷**richten**: *The policeman aimed the gun at the terrorist.* Der Polizist richtete die Pistole auf den Terroristen.
2 send or throw something towards another thing ▷**zielen mit**: *He aimed the empty can at the rubbish bin, but missed.* Er zielte mit der leeren Dose auf den Abfalleimer, traf ihn aber nicht.
3 plan to do something ▷**vorhaben**: *He aims to go to university next year.* Er hat vor, nächstes Jahr zur Universität zu gehen.
aim *n* ▷**Ziel**: *Catherine's aim is to find a good job.* Catherines Ziel ist es, eine gute Stellung zu finden.
aimless *adj* having no plan ▷**ziellos**

air /eə(r)/ *n* (no *pl*)
what you take in through your nose and mouth when you breathe ▷**Luft**
be on the air, be on the radio ▷**gesendet werden**: *The news will be on the air at 6 p.m.* Die Nachrichten werden um 18.00 Uhr gesendet.
by air, in an aeroplane ▷**mit dem Flugzeug**: *I travelled to London by air.* Ich bin mit dem Flugzeug nach London gereist.

air-conditioning /ˌeə kən'dɪʃnɪŋ/ *n* (no *pl*)
system to keep the air fresh and at the right temperature in a building ▷**Klimaanlage**

aircraft /'eəkrɑːft/ *n* (*pl* aircraft)
machine that flies; aeroplane; helicopter ▷**Luftfahrzeug**

air force /'eə fɔːs/ *n*
the military aircraft of a country and the people who fly them and look after them ▷**Luftwaffe**

air hostess /'eə həʊstɪs/ *n* (*pl* air hostesses)
woman who looks after passengers on an aeroplane ▷**Stewardess**

airline /'eəlaɪn/ *n*
business with aeroplanes that carry people or goods ▷**Fluggesellschaft**: *Lufthansa is a German airline.* Lufthansa ist eine deutsche Fluggesellschaft.

airliner /'eəlaɪnə(r)/ *n* big aeroplane ▷**Verkehrsmaschine**

airmail /'eəmeɪl/ *n* (no *pl*)
letters and parcels that go by aeroplane ▷**Luftpost**: *I sent the letter by airmail.* Ich habe den Brief per Luftpost geschickt.

airplane *American for* aeroplane

airport /'eəpɔːt/ *n*
place where aeroplanes can land to pick up or put down people and goods ▷**Flughafen**

aisle /'aɪl/ *n*
path or way between rows of seats in a church, cinema, or theatre ▷**(Mittel)gang**: *He led the bride up the aisle to the altar.* Er führte die Braut den Mittelgang entlang zum Altar.

alarm[1] /ə'lɑːm/ *n*
1 (*pl* alarms) sound or sign of danger ▷**Alarm**: *a fire alarm,* ein Feueralarm; *a burglar alarm,* eine Alarmanlage.
2 (no *pl*) sudden fear ▷**Angst**: *She cried with alarm when the thunder started.* Sie schrie vor Angst, als es anfing zu donnern.

alarm[2] /ə'lɑːm/ *v*
make someone feel that there is danger ▷**beunruhigen**: *Everyone was alarmed by her sudden disappearance.* Ihr plötzliches Verschwinden beunruhigte alle.

alarm clock /ə'lɑːm klɒk/ *n*
clock with a bell that rings to wake a sleeping person ▷**Wecker**

album /'ælbəm/ *n*
1 book with empty pages for photographs, stamps, etc ▷**Album**
2 record with several songs or pieces of music on each side ▷**Album**: *He's got over 500 albums, but only a few singles.* Er hat über 500 Alben, aber nur ein paar Singles.

alcohol /'ælkəhɒl/ *n* (no *pl*)
liquid in drinks such as beer, whisky, wine, etc, that can make people drunk ▷**Alkohol**
alcoholic /ˌælkə'hɒlɪk/ *adj* ▷**alkoholisch**: *an alcoholic drink,* ein alkoholisches Getränk.

ale /eɪl/ *n* (no *pl*)
beer with a light colour ▷**eine englische Biersorte**

A-level /eɪ levl/ *n*
examination in one subject that children in schools in England, Wales and Northern Ireland take when they are 18 ▷**Abschluss der Sekundarstufe II**

alight /ə'laɪt/ *adj*
on fire; burning ▷**in Flammen**: *The fire started in the roof and soon all the house was alight.* Das Feuer fing auf dem Dach an, und schon bald stand das ganze Haus in Flammen.

alike[1] /ə'laɪk/ *adj*
almost the same; not very different ▷**ähnlich**: *The twin sisters are very alike.* Die Zwillingsschwestern sind sich sehr ähnlich.

alike[2] /ə'laɪk/ *adv*
in the same way ▷**gleich**: *The twins always dress alike.* Die Zwillinge ziehen sich immer gleich an.

alive /ə'laɪv/ *adj*
living ▷**lebend**: *He is the greatest politician alive.* Er ist der größte lebende Politiker. ☞Vorsicht! **alive** folgt normalerweise einer Form von **be**. *His grandfather is still alive.*

all[1] /ɔːl/ *adj*
1 every one of ▷**alle(r, s)**: *I've invited all my friends.* Ich habe alle meine Freunde eingeladen.
2 every part of; the whole of ▷**ganze(r, s)**: *I've been busy all day.* Ich bin den ganzen Tag über beschäftigt gewesen.

all[2] /ɔːl/ *adv*
completely ▷**ganz**: *They were dressed all in white.* Sie waren ganz in weiß gekleidet.

all[3] /ɔːl/ *pron*
everything; everyone ▷**alle**: *I invited 20 people but not all of them came.* Ich lud 20 Leute ein, aber nicht alle kamen.
not at all, (a) not in any way ▷**überhaupt kein**: *There's no food at all.* Es sind überhaupt keine Lebensmittel da. **(b)** polite words that you use when someone says thank you ▷**bitte sehr**: *'Thank you for the flowers.' 'Not at all.'* „Vielen Dank für die Blumen.“ „Bitte sehr.“

alley /'ælɪ/ *n*
narrow passage for walking between houses and buildings ▷**Gasse**

alligator /'ælɪgeɪtə(r)/ *n*
long, dangerous reptile that lives in hot countries ▷**Alligator**

allow /ə'laʊ/ *v*
say that someone can have or do something ▷**erlauben**: *In some cinemas smoking is still allowed.* In manchen Kinos ist das Rauchen noch erlaubt.

allowance /ə'laʊəns/ *n*
amount of money, goods, etc that someone can have ▷**erlaubte Menge**: *How much is the duty-free allowance for wine?* Wie groß ist die zollfrei erlaubte Menge für Wein?

all right[1] /ˌɔːl 'raɪt/ *adj*
1 not harmed; well ▷**ok**: *You look pale. Are you all right?* Du siehst blass aus. Bist du ok?
2 as everything should be ▷**in Ordnung**: *Is everything all right?* Ist alles in Ordnung?

all right[2] /ˌɔːl 'raɪt/ *exclam*
yes, I agree ▷**okay**: *All right, I'll help you.* Okay, ich helfe dir.

almond /'ɑːmənd/ *n*
nut that you can eat ▷**Mandel**

almost /'ɔːlməʊst/ *adv*
nearly ▷**fast**: *Don't go away because dinner is almost ready.* Geh nicht weg, das Essen ist fast fertig.

alone /ə'ləʊn/ *adv*
1 by yourself; with no other people ▷**allein(e)**: *After his wife died, he lived alone.* Nach dem Tod seiner Frau lebte er allein. ☞Vergleiche mit **lonely**.
2 only ▷**allein**: *You alone can help me.* Du allein kannst mir helfen.

along[1] /ə'lɒŋ/ *adv*
forwards; further ▷**weiter**: *Move along please.* Gehen Sie bitte weiter.

along[2] /ə'lɒŋ/ *prep*
from one end to the other end ▷**entlang**: *He ran along the street.* Er lief die Straße entlang. *We are going for a walk along the river.* Wir wollen am Fluss entlang spazierengehen.

alongside /əˌlɒŋ'saɪd/ *prep*
next to; beside ▷**neben**: *Put your bicycle alongside mine.* Stell dein Fahrrad neben meins.

aloud /ə'laʊd/ *adv*
speaking so that people can hear ▷**laut**: *Please read the story aloud.* Bitte lies die Geschichte laut vor.

alphabet /'ælfəbet/ *n*
all the letters of a language ▷**Alphabet**

alphabetical /'ælfə'betɪkl/ *adj*
in the order of the alphabet ▷**alphabetisch**

already /ɔːl'redɪ/ *adv*
before now; before that time ▷**schon**: *We ran to the station but the train had already left.* Wir rannten zum Bahnhof, aber der Zug war schon abgefahren. ☞Vorsicht! Das deutsche **schon** wird nicht immer mit **already** übersetzt: (Bei Aussagesätzen) *I've already finished.* (Bei Fragen oder Verneinungen) *Have you finished yet? I haven't finished yet.*

also /'ɔːlsəʊ/ *adv*
too; as well ▷**auch**: *Emma speaks English. She also speaks French.* Emma spricht Englisch. Sie spricht auch Französisch.
☞ Vorsicht! Das deutsche **also** heißt auf Englisch **therefore** oder **so**.
☞**also, too** und **as well** haben die Bedeutung **auch**. Beachte die Stellung im Satz: *He can swim and also dive. — He can swim, and dive as well. — He can swim, and dive too.*

altar /'ɔːltə(r)/ *n*
table or flat stone in a holy place where people offer things to a god ▷**Altar**

alter /'ɔːltə(r)/ *v*
1 become different; change ▷**sich ändern**
2 make something different; change something ▷**ändern**: *These trousers are too big so I'll alter them.* Diese Hose ist zu groß, deshalb werde ich sie ändern.
alteration /ˌɔːltə'reɪʃn/ *n* change ▷**Änderung**

alternate /ɔːl'tɜːnət/ *adj*
first one and then the other ▷**(ab)wechselnd**: *We have sport and music on alternate days — sport on Monday, music on Tuesday, etc.* Wir haben Sport und Musik an wechselnden Tagen — Sport am Montag, Musik am Dienstag usw.
alternately *adv* ▷**im Wechsel**

alternative[1] /ɔːl'tɜːnətɪv/ *adj*
different; another ▷**Alternativ-**: *I can't come tomorrow — please make an alternative suggestion.* Ich kann morgen nicht kommen — mach bitte einen Alternativvorschlag.
alternatively *adv* ▷**als Alternative**

alternative[2] /ɔːl'tɜːnətɪv/ *n*
one of the other things that you can choose ▷**Alternative**: *We have two alternatives for the journey — train or car.* Wir haben zwei Alternativen für die Reise — Bahn oder Auto.

although /ɔːl'ðəʊ/ *conj*
though ▷**obwohl**: *Although he was tired, he carried on working.* Obwohl er müde war, arbeitete er weiter.

altogether /ˌɔːltə'geðə(r)/ *adv*
totally; with everyone or everything ▷**insgesamt**: *There are 20 pupils altogether.* Insgesamt sind es zwanzig Schüler.

always /'ɔːlweɪz/ *adv*
1 at regular times ▷**immer**: *He always has egg and bacon for breakfast.* Er isst immer Eier und Speck zum Frühstück.
2 for all time; for ever ▷**immer**: *I will always remember him.* Ich werde mich immer an ihn erinnern.
3 at all times ▷**ständig**: *He's always asking for money.* Er bittet ständig um Geld.
☞Im Präsens gebraucht drückt **always** normalerweise eine Gewohnheit oder Tatsache aus: (Gewohnheit) *She always goes to Spain for her holidays.* (Tatsache) *The sun always rises in the east.* Zusammen mit der progressive form (Verlaufsform) drückt **always** eine wiederholte Handlung aus, die oft als unangenehm empfunden wird. *He's always asking stupid questions.* Vorsicht! **immer wieder** heißt **again and again**. **always** kann hier nicht benutzt werden.

a.m. /ˌeɪ'em/
between midnight and midday ▷**morgens**: *I start work at 9 a.m.* Ich fange um neun Uhr morgens mit der Arbeit an. ☞Vorsicht! **a.m.** lässt sich nicht zusammen mit **o'clock** verwenden: *It's five a.m.* oder *It's five o'clock.*

am /æm/ *form of* be, used with 'I': *I am tall.* Ich bin groß.

amateur /'æmətə(r)/ *n*
who plays sport, music, etc but does not get money for it ▷**Amateur**: *an amateur footballer,* ein Amateurfußballer.

amaze /ə'meɪz/ *v*
fill someone with great surprise or wonder ▷**erstaunen**
amazed /ə'meɪzd/ *adj* looking or feeling very surprised ▷**erstaunt**
amazement *n* (no *pl*) great surprise or wonder ▷**Erstaunen**
amazing *adj* that amazes you ▷**erstaunlich**: *What an amazing sight!* Was für ein erstaunlicher Anblick!

ambassador /æm'bæsədə(r)/ *n*
important person who speaks and acts for his/her government in another country ▷**Botschafter(in)**: *the French Ambassador in London,* der französische Botschafter in London.

ambition /æm'bɪʃn/ *n*
1 (no *pl*) strong wish to do well ▷**Ehrgeiz**: *Claire is clever, but has no ambition.* Claire ist sehr klug, hat aber keinen Ehrgeiz.
2 (*pl* ambitions) what you want to do ▷**Ziel**: *Samuel's ambition is to be a doctor.* Samuels Ziel ist es, Arzt zu werden.
ambitious /æm'bɪʃəs/ *adj* wanting to do well ▷**ehrgeizig**

ambulance /'æmbjʊləns/ *n*
special van that carries people who are ill or hurt to hospital ▷**Krankenwagen**

among /ə'mʌŋ/, **amongst** /ə'mʌŋst/ *prep*
1 in the middle of ▷**zwischen**: *The house stands among trees.* Das Haus steht zwischen Bäumen. ☞Vergleiche mit **between**.
2 for or by more than two things or people ▷**unter**: *He divided the sweets among the children.* Er verteilte die Süßigkeiten unter die Kinder.
be among, be amongst, be one of ▷**gehören zu**: *The Amazon is among the most famous rivers in the world.* Der Amazonas gehört zu den berühmtesten Flüssen der Welt.

amount[1] /ə'maʊnt/ *n*
1 the total sum of money ▷**Betrag**: *He owed me £50, but could only pay half that amount.*

Er schuldete mir £50, konnte aber nur die Hälfte des Betrages bezahlen.
2 quantity ▷**Menge**: *She's fat because she eats large amounts of sweets.* Sie ist dick, weil sie große Mengen Süßigkeiten isst.

amount[2] /ə'maʊnt/ *v*
amount to, add up to ▷**sich belaufen auf**: *The bill for dinner amounted to £20.* Die Rechnung für das Essen belief sich auf £20.

amplifier /'æmplɪfaɪə(r)/ *n*
electric machine that makes sounds louder ▷**Verstärker**

amuse /ə'mjuːz/ *v*
make someone smile or laugh ▷**amüsieren**: *Richard's jokes amused them.* Richards Witze amüsierten sie.
amusement *n* (no *pl*) smiling and laughing ▷**Vergnügen**
amusing *adj* funny; making you smile and laugh ▷**lustig**: *an amusing story,* eine lustige Geschichte.

an /ən/ *indef art*
1 a; one ▷**ein(e)**: *I ate an egg.* Ich aß ein Ei.
2 (for) each; (for) every ▷**pro**: *Parking is £1 an hour.* Die Parkgebühr beträgt £1 pro Stunde.
☞Die Verwendung von **a** und **an** hängt von der Aussprache, nicht der Schreibweise des Wortes ab: (**a** vor Konsonanten) *a cat* /kæt/, *a university* /ˌjuːnɪ'vɜːsətɪ/; (**an** vor Vokalen) *an apple* /'æpl/, *an hour* /'aʊə(r)/.

anaesthetic /ˌænɪs'θetɪk/ *n*
something that a doctor gives you so that you will not feel pain ▷**Betäubung(smittel)**: *The dentist gave Jane an anaesthetic before he pulled out her bad tooth.* Der Zahnarzt gab Jane eine Betäubung, bevor er ihr den kranken Zahn zog.

ancestor /'ænsestə(r)/ *n*
someone who was in your family long ago; grandparents, great-grandparents, etc ▷**Vorfahr(in)**: *Many Americans have German ancestors.* Viele Amerikaner haben deutsche Vorfahren.

anchor /'æŋkə(r)/ *n*
heavy piece of iron dropped from a ship or boat to the bottom of the sea or river to keep the ship in one place ▷**Anker**

ancient /'eɪnʃənt/ *adj*
of long ago; very old ▷**uralt**: *There are ancient walls around the old city of York.* Der alte Stadtkern von York ist von uralten Mauern umgeben.

and /ənd/, /ænd/ *conj*
joining word ▷**und**: *Fish and chips.* Fisch und Pommes frites. *We ate and drank.* Wir aßen und tranken.

angel /'eɪndʒl/ *n*
messenger, with wings, who comes from God ▷**Engel**

anger /'æŋgə(r)/ *n* (no *pl*)
strong feeling when you are not pleased ▷**Wut**: *I was filled with anger when I saw him kicking the dog.* Ich war voller Wut, als ich sah, wie er den Hund trat.

angle /'æŋgl/ *n*
space in a corner, where two lines meet ▷**Winkel**

angry /'æŋgrɪ/ *adj* (angrier, angriest)
feeling or showing anger ▷**wütend**: *Claire was angry when he arrived late.* Claire war wütend, als er zu spät kam.
angrily /'æŋgrɪlɪ/ *adv* ▷**wütend**

animal /'ænɪml/ *n*
1 any living thing that is not a plant ▷**Tier**
2 creature with four feet, such as a horse, goat, etc ▷**Vierbeiner**

ankle /'æŋkl/ *n*
part where the foot and leg join ▷**Knöchel**

anniversary /ˌænɪ'vɜːsərɪ/ *n* (*pl* anniversaries)
same date when something happened in a past year ▷**Jahrestag**
wedding anniversary, date when you got married ▷**Hochzeitstag**

announce /ə'naʊns/ *v*
tell people some important news ▷**bekannt geben**: *Jonathan and Susan announced their marriage.* Jonathan und Susan gaben ihre Hochzeit bekannt.
announcement *n* ▷**Bekanntgabe**: *The announcement of the results will follow soon.* Die Bekanntgabe der Ergebnisse folgt in Kürze.

announcer /ə'naʊnsə(r)/ *n*
someone who tells us about programmes on radio and television ▷**Ansager(in)**

annoy /ə'nɔɪ/ *v*
make someone rather angry ▷**(ver)ärgern**: *Loud music annoys Howard when he is studying.* Laute Musik ärgert Howard, wenn er lernt.
annoyance *n* (no *pl*) ▷**Ärgernis**
annoyed /ə'nɔɪd/ *adj* rather angry ▷**(ver-)ärgert**
annoying *adj* ▷**ärgerlich**: *This rain is really annoying.* Dieser Regen ist wirklich ärgerlich.

annual /'ænjʊəl/ *adj*
1 done or happening every year ▷**jährlich**: *I couldn't go to our annual meeting.* Ich konnte nicht zu unserem jährlichen Treffen gehen.
2 of one year ▷**Jahres-**: *Britain's annual exports,* Großbritanniens Jahresexporte.

anorak /'ænəræk/ *n*
jacket with a hood that you wear when it is cold or rainy ▷**Anorak**

another /ə'nʌðə(r)/ *adj*
1 one more ▷**noch eine(r, s)**: *Would you like another beer?* Möchten Sie noch ein Bier?
2 new and different ▷**ein(e) andere(r, s)**: *She's got another boyfriend now.* Sie hat jetzt einen anderen Freund.
another (one) *pron* **(a)** one more thing or person ▷**noch eine(r, s)**: *I like those biscuits — can I have another one?* Die Plätzchen schmecken mir — kann ich noch eins haben? **(b)** new and different thing ▷**ein(e) andere(r, s)**: *Is this the only way out or is there another?* Ist dies der einzige Ausgang oder gibt es noch einen anderen?

answer /'ɑːnsə(r)/ *v*
say or write something when a question has been asked ▷**(be)antworten**: *I asked her a question but she didn't answer.* Ich stellte ihr eine Frage, aber sie antwortete nicht. *Mr Carter answered Mr Brown's letter.* Mr Carter beantwortete Mr Browns Brief.
answer the door *open the door when someone knocks or rings* ▷**aufmachen**
answer the telephone *pick up the telephone when it rings, and speak* ▷**ans Telefon gehen**
answer *n* ▷**Antwort**: *Have you had an answer to your letter?* Hast du eine Antwort auf deinen Brief bekommen?

ant /ænt/ *n*
very small insect ▷**Ameise**

antelope /'æntɪləʊp/ *n*
wild animal that has horns and long, thin legs and that can run fast ▷**Antilope**

anthem /'ænθəm/ *n*
song ▷**Hymne**: *When the Queen arrived, the band played the National Anthem.* Als die Königin eintraf, spielte die Kapelle die Nationalhymne.

anti- /'æntɪ/ *prefix*
against ▷**anti-, gegen, -feindlich**: *an anti-smoking campaign,* eine Kampagne gegen das Rauchen.

antique /æn'tiːk/ *n*
an old, valuable thing ▷**Antiquität**
antique *adj* ▷**antik**

anxious /'æŋkʃəs/ *adj*
afraid and worried ▷**besorgt**: *She's anxious because her daughter hasn't arrived yet.* Sie ist besorgt, weil ihre Tochter noch nicht angekommen ist.
anxiously *adv* ▷**besorgt**
☞Vorsicht! Das deutsche **ängstlich** heißt auf Englisch **timid**.

any[1] /'enɪ/ *adj*
1 some; word that you use with questions, 'if', and 'not'. *Is there any milk?* Haben wir Milch da? *There isn't any butter.* Es ist keine Butter da.
2 no special one ▷**jede(r, s), irgendein(e)**: *Come any time this week.* Du kannst diese Woche jederzeit kommen. *Think of any word beginning with 'b'.* Denk an irgendein Wort, das mit „B" anfängt.

> **any** und **some**
> Beachte den Gebrauch von **any** und **some**:
>
> Aussagesätze:
> *I've got some chewing-gum.*
>
> Fragen/Verneinungen:
> *Have you got any chewing-gum?*
> *I haven't got any chewing-gum.*
>
> Bei Angeboten und Aufforderungen verwenden wir **some**, da wir die Antwort „ja" erwarten:
> *Would you like some more beer?* (Antwort: „ja" wird erwartet. Funktion: Angebot.)
> *Is there any beer in the fridge?* (Antwort: „nein" oder „ja". Funktion: Frage nach Information.)

any[2] /'enɪ/ *adv*
a little ▷**mehr**: *It won't get any warmer.* Es wird nicht mehr wärmer.

anybody /'enɪbɒdɪ/, **anyone** /'enɪwʌn/ *pron*
1 any person; no special person ▷**jede(r, s)**: *Anybody can ride a bicycle.* Jeder kann Fahrrad fahren.
2 word used for any person with questions and 'if' ▷**jemand**: *Is anybody there?* Ist da jemand?
3 word used for any person with 'not' ▷**niemand**: *There isn't anyone here.* Es ist niemand da.

anyhow /'enɪhaʊ/ *adv*
1 no matter what happens ▷**jedenfalls**: *That's what I think anyhow.* Das glaube ich jedenfalls.
2 words that you use when you give a second reason for something ▷**sowieso**: *I don't want to see the film, and anyhow I can't afford it.* Ich will den Film nicht sehen und ich kann es mir sowieso nicht leisten.
3 in any order; carelessly ▷**irgendwie**: *He dropped his clothes anyhow on the floor.* Er warf seine Sachen einfach irgendwie auf den Boden.

anything /'enɪθɪŋ/ *pron*
1 no special thing ▷**was**: *You can do anything you want until lunch.* Bis zum Essen kannst du machen, was du willst.

2 word that you use for no particular thing with questions and 'if' ▷**etwas**: *Is there anything left?* Ist noch etwas da? *If you find anything, tell me.* Geben Sie mir Bescheid, wenn Sie etwas finden.
3 word that you use for no particular thing with 'not' ▷**nichts**: *There isn't anything left.* Es ist nichts übrig.

anyway /'enɪweɪ/ *adv*
1 no matter what happens ▷**jedenfalls**: *That's what I think anyway.* Das glaube ich jedenfalls.
2 words that you use when you give a second reason for something ▷**sowieso**: *I don't want to see the film, and anyway I can't afford it.* Ich will den Film nicht sehen und ich kann es mir sowieso nicht leisten.

anywhere /'enɪweə(r)/ *adv*
at, in, or to any place ▷**(n)irgendwo (hin)**: *He doesn't go anywhere.* Er geht nirgendwo hin.

apart /ə'pɑːt/ *adv*
away from each other ▷**auseinander**: *The two houses are 500 metres apart.* Die beiden Häuser stehen 500 Meter auseinander.
apart from, if you do not count ▷**abgesehen von**: *Your essay is good, apart from the spelling.* Dein Aufsatz ist gut, abgesehen von der Rechtschreibung.

apartment *American for* flat[2]

ape /eɪp/ *n*
sort of monkey ▷**(Menschen)affe**: *Gorillas are apes.* Gorillas sind Affen.

apologize /ə'pɒlədʒaɪz/ *v*
say that you are sorry for doing wrong ▷**sich entschuldigen**: *I apologized to the man for stepping on his foot.* Ich entschuldigte mich bei dem Mann, weil ich ihm auf den Fuß getreten hatte. ☞Dieses Verb ist im Englischen nicht reflexiv. Vergleiche: *He didn't even apologize.* Er entschuldigte sich nicht einmal.
apology /ə'pɒlədʒɪ/ *n* ▷**Entschuldigung**

apostrophe /ə'pɒstrəfɪ/ *n*
punctuation mark (') ▷**Apostroph**

apparent /ə'pærənt/ *adj*
clear; easy to see; easy to understand ▷**offensichtlich**: *It was apparent that she didn't hear what I said.* Es war offensichtlich, dass sie nicht hörte, was ich sagte.
apparently *adv* so it seems ▷**anscheinend**: *She wrote me a nice letter so apparently she is not angry with me.* Sie schrieb mir einen netten Brief, anscheinend ist sie mir nicht böse.

appear /ə'pɪə(r)/ *v*
1 come so that you can see it ▷**erscheinen**: *After the storm, a rainbow appeared in the sky.* Nach dem Gewitter erschien ein Regenbogen am Himmel.
2 look as if; seem ▷**wirken**: *She appears older than she really is.* Sie wirkt älter, als sie ist.

appearance /ə'pɪərəns/ *n*
1 what someone or something looks like ▷**Aussehen**: *Her new glasses change her whole appearance.* Ihre neue Brille verändert ihr ganzes Aussehen.
2 being seen; coming ▷**Auftritt**: *It's his first appearance on television.* Das ist sein erster Auftritt im Fernsehen.

appetite /'æpɪtaɪt/ *n*
strong wish to have something, usually food ▷**Appetit**: *Playing football gave Tony an appetite for dinner.* Vom Fußballspielen bekam Tony Appetit aufs Abendessen. ☞Vorsicht! **Guten Appetit** existiert nicht im Englischen. Manchmal wird das französische 'Bon appétit' verwendet. Sicherer ist es, nichts zu sagen.

applaud /ə'plɔːd/ *v*
clap your hands to show that you are pleased ▷**Beifall klatschen**: *We applauded when the dancers left the stage.* Wir klatschten Beifall, als die Tänzer von der Bühne gingen.
applause /ə'plɔːz/ *n* (no *pl*) ▷**Beifall**: *There was loud applause when our team scored a goal.* Es gab lautstarken Beifall, als unsere Mannschaft ein Tor schoss.

apple /'æpl/ *n*
round fruit ▷**Apfel**

applicant /'æplɪkənt/ *n*
someone who asks for a job, etc ▷**Bewerber(in)**: *There were six applicants for the job.* Es gab sechs Bewerber für die Stelle.

application /ˌæplɪ'keɪʃn/ *n*
writing to ask for something ▷**Bewerbung**: *Barbara made an application for a job as a nurse.* Barbara schrieb eine Bewerbung für eine Stelle als Krankenschwester.

apply /ə'plaɪ/ *v* (applied, has applied)
1 write to ask for something ▷**sich bewerben**: *Henry applied to several firms for a job.* Henry bewarb sich bei mehreren Firmen um eine Stelle.
2 be important for someone or something ▷**betreffen**: *This notice applies to all children under 11.* Diese Bekanntmachung betrifft alle Kinder unter 11 Jahren.

appoint /ə'pɔɪnt/ *v*
choose someone for a position, job, etc ▷**einstellen, ernennen**: *He was appointed vice-president in 1990.* Er wurde 1990 zum Vizepräsidenten ernannt.

appointment /ə'pɔɪntmənt/ *n*
1 a time that you have fixed to meet some-

one ▷**Termin**: *an appointment with the dentist,* ein Termin beim Zahnarzt.
2 position; job ▷**Ernennung**: *an appointment as headmaster,* eine Ernennung zum Direktor.

appreciate /ə'priːʃɪeɪt/ *v*
1 understand and enjoy something ▷**schätzen**: *You will appreciate that book about England after you have been there yourself.* Du wirst das Buch über England schätzen, wenn du selbst da gewesen bist.
2 be thankful for something ▷**zu schätzen wissen**: *I appreciate your help.* Ich weiß deine Hilfe zu schätzen.

apprentice /ə'prentɪs/ *n*
young worker who is learning a job or trade ▷**Auszubildende(r)**
apprenticeship /ə'prentɪʃɪp/ *n* ▷**Lehre**

approach[1] /ə'prəʊtʃ/ *n* (no *pl*)
coming near or nearer to a place ▷**Herannahen**: *We heard the approach of the train.* Wir hörten das Herannahen des Zuges.

approach[2] /ə'prəʊtʃ/ *v*
come near or nearer to someone or something ▷**sich nähern**: *You must approach the bird very quietly or it will fly away.* Du musst dich dem Vogel ganz leise nähern, sonst fliegt er weg.

appropriate /ə'prəʊprɪət/ *adj*
right for that time, place, etc ▷**angemessen**: *Jeans and T-shirts aren't appropriate for an interview.* Jeans und T-Shirt sind bei einem Vorstellungsgespräch nicht angemessen.
appropriately *adv* ▷**angemessen**

approve /ə'pruːv/ *v*
think or say that something or someone is good and right ▷**zustimmen**: *I don't approve of your plan.* Ich stimme deinem Plan nicht zu.
approval *n* (no *pl*) ▷**Zustimmung**: *The parents gave the marriage their approval.* Die Eltern gaben ihre Zustimmung zur Hochzeit.

approximate /ə'prɒksɪmət/ *adj*
not exact; very nearly ▷**ungefähr**: *Can you give me a definite rather than an approximate time for our meeting?* Können Sie mir eine genaue Zeit und nicht nur eine ungefähre für unser Treffen sagen?
approximately *adv* ▷**ungefähr**

apricot /'eɪprɪkɒt/ *n*
small, soft, yellow fruit ▷**Aprikose**

April /'eɪprəl/ *n*
fourth month of the year ▷**April**

apron /'eɪprən/ *n*
cloth that you tie over the front of your clothes to keep them clean ▷**Schürze**

aquarium /ə'kweərɪəm/ *n*
place where you keep fish ▷**Aquarium**

arch /ɑːtʃ/ *n* (*pl* arches)
curved part of a bridge or building ▷**Bogen**

archaeology /ˌɑːkɪ'ɒlədʒɪ/ *n* (no *pl*)
study of very old things like buildings, tombs, etc ▷**Archäologie**

archbishop /ˌɑːtʃ'bɪʃəp/ *n*
chief bishop ▷**Erzbischof**: *the Archbishop of Canterbury,* der Erzbischof von Canterbury.

architect /'ɑːkɪtekt/ *n*
someone who plans buildings ▷**Architekt(in)**

architecture /'ɑːkɪtektʃə(r)/ *n* (no *pl*)
planning and shape of buildings ▷**Architektur**: *John studied architecture.* John hat Architektur studiert. *I don't like modern architecture.* Moderne Architektur gefällt mir nicht.

are /ɑː(r)/ *form of* be, used with 'you', 'they', 'we': *We are happy.* Wir sind glücklich.

area /'eərɪə/ *n*
1 part of a country; part of the world ▷**Gebiet**: *the desert areas of North Africa,* die Wüstengebiete Nordafrikas.
2 size of a flat place ▷**Fläche**: *If a room is 3 metres wide by 3 metres long its area is 9 square metres.* Wenn ein Raum 3 Meter breit und 3 Meter lang ist, beträgt seine Fläche 9 Quadratmeter.

aren't /ɑːnt/ are not: *They aren't at home.* Sie sind nicht zu Hause.

argue /'ɑːgjuː/ *v*
1 talk angrily with someone because you do not agree ▷**sich streiten**: *They are always arguing.* Sie streiten sich ständig.
2 say that something is wrong, not true; give a different idea ▷**widersprechen**: *Do as I say, and stop arguing!* Tu, was ich sage, und widersprich nicht!

argument /'ɑːgjʊmənt/ *n*
quarrel; fight; talk between people with different ideas ▷**Auseinandersetzung**: *We had an argument about where to go for our holiday.* Wir hatten eine Auseinandersetzung darüber, wohin wir in den Urlaub fahren sollten.

arise /ə'raɪz/ *v* (arose /ə'rəʊz/, has arisen /ə'rɪzn/)
happen; start ▷**sich auftun**: *A new problem has arisen.* Ein neues Problem tat sich auf.

arithmetic /ə'rɪθmətɪk/ *n* (no *pl*)
working with numbers to find an answer ▷**Rechnen**

arm[1] /ɑːm/ *n*
part of the body from the shoulder to the hand ▷**Arm**

arm[2] /ɑːm/ *v*
give someone weapons for fighting ▷**bewaffnen**
armed /ɑːmd/ *adj* with a gun, etc ▷**bewaffnet**: *an armed robber,* ein bewaffneter Räuber.

armchair /ˈɑːmtʃeə(r)/ *n*
comfortable chair with high sides where you can rest your arms ▷**Sessel**

armor *American for* armour

armour /ˈɑːmə(r)/ *n* (no *pl*)
metal clothing to cover the body when fighting ▷**Rüstung**: *Long ago, soldiers wore heavy armour.* Vor langer Zeit trugen Soldaten schwere Rüstungen.

army /ˈɑːmɪ/ *n* (*pl* armies)
people in uniform who fight on land; all the soldiers of a country ▷**Armee**: *the British Army,* die britische Armee.

arose /əˈrəʊz/ *form of* arise

around[1] /əˈraʊnd/ *adv*
moving about, here and there ▷**herum**: *The children were running around excitedly.* Die Kinder liefen aufgeregt herum.

around[2] /əˈraʊnd/ *prep*
1 a little before or after a time ▷**ungefähr**: *We'll arrive at around 10 o'clock.* Wir werden ungefähr um 10 Uhr ankommen.
2 here and there in a place ▷**herum**: *We spent the morning walking around the town.* Wir verbrachten den Vormittag damit, in der Stadt herumzulaufen.

arrange /əˈreɪndʒ/ *v*
1 put things in a nice, neat way ▷**ordnen**: *She arranged her pencils before she started to draw.* Sie ordnete ihre Bleistifte, bevor sie mit dem Zeichnen anfing.
2 make a plan ▷**vereinbaren**: *I have arranged with Tim to meet him.* Ich habe mit Tim vereinbart, ihn zu treffen.

arrangement /əˈreɪndʒmənt/ *n*
1 putting things in a nice, neat way ▷**Arrangement**: *We admired the flower arrangement.* Wir bewunderten das Blumenarrangement.
2 something that you have agreed ▷**Vereinbarung**: *We made an arrangement to share the costs.* Wir trafen eine Vereinbarung, die Kosten zu teilen.
arrangements *n pl* plans ▷**Vorbereitungen**: *Have you made arrangements to sell your house?* Haben Sie Vorbereitungen getroffen, Ihr Haus zu verkaufen?

arrest /əˈrest/ *v*
stop someone and make him a prisoner by law ▷**verhaften**: *The policeman arrested the thief.* Der Polizist verhaftete den Dieb.
arrest *n*
be under arrest, be a prisoner of the police ▷**in Haft sein**

arrival /əˈraɪvl/ *n* (no *pl*)
coming to a place ▷**Ankunft**: *My brother was already waiting for me on my arrival in Dover.* Bei meiner Ankunft in Dover wartete mein Bruder schon auf mich.

arrive /əˈraɪv/ *v*
1 come to a place ▷**ankommen**: *He was tired when he arrived home.* Er war müde, als er zu Hause ankam.
2 be born ▷**auf die Welt kommen**: *Her baby arrived yesterday.* Ihr Baby kam gestern auf die Welt.
3 come; happen ▷**kommen**: *At last, summer has arrived.* Endlich ist der Sommer gekommen.

arrow /ˈærəʊ/ *n*
1 thin, pointed stick that you shoot from a bow ▷**Pfeil**
2 sign in the shape of an arrow that points to something or shows the way ▷**Pfeil**

art /ɑːt/ *n*
studying and making beautiful things ▷**Kunst**

article /ˈɑːtɪkl/ *n*
1 piece of writing in a newspaper or magazine ▷**Artikel**: *Did you read the article in 'The Sunday Times'?* Hast du den Artikel in der „Sunday Times" gelesen?
2 thing ▷**Gegenstand**: *Don't leave any valuable articles in the changing room.* Lassen Sie keine Wertgegenstände im Umkleideraum.
articles of clothing, coats, dresses, shirts, etc ▷**Kleidungsstücke**

artificial /ˌɑːtɪˈfɪʃl/ *adj*
not natural; made by people ▷**künstlich**: *an artificial flower,* eine künstliche Blume.
artificially *adv* ▷**künstlich**

artist /ˈɑːtɪst/ *n*
someone who paints pictures ▷**Maler(in)**: *Degas was a famous French artist.* Degas war ein berühmter französischer Maler.

as[1] /æz/, /əz/ *conj*
1 while; when ▷**als**: *He waved as the train left.* Er winkte, als der Zug abfuhr.
2 because ▷**weil, da**: *As he wasn't ready, we left without him.* Da er nicht fertig war, gingen wir ohne ihn.
3 like; in the same way ▷**wie**: *Do as I do.* Mach es wie ich.
as . . . as, like; the same amount ▷**so . . . wie**: *He is as tall as I am.* Er ist so groß wie ich.
as if, as though, in a way that makes you think something ▷**als ob**: *He always talks to me as if I were a child.* Er redet immer mit mir, als ob ich ein Kind wäre.

as und **like**
1 as und **like** werden beide gebraucht, um eine Ähnlichkeit auszudrücken, allerdings mit unterschiedlicher Funktion. **as** wird bei Neben- und Präpositionalsätzen verwendet:
Do as I tell you! Tu, was ich dir sage.

like steht vor Substantiven und Pronomina:
That girl looks like your sister. Das Mädchen sieht aus wie deine Schwester.

Im Alltagsenglisch und im amerikanischen Englisch wird **like** auch anstelle von **as** und **as if** oder **as though** verwendet:
He always talks to me like I was a child. Er spricht immer mit mir wie mit einem Kind.

2 as und **like** sind von unterschiedlicher Bedeutung, wenn man von Funktion spricht:
He plays football like a professional. Er spielt Fußball wie ein Profi.
Sometimes he plays football as a professional. Manchmal spielt er als Berufsfußballspieler.

as[2] /æz/, /əz/ *prep*
in the job of ▷**als**: *Marion works as a journalist.* Marion arbeitet als Journalistin.

ash /æʃ/ *n* (*pl* ash or ashes)
powder that is left after something has burnt ▷**Asche**: *cigarette ash,* Zigarettenasche.

ashamed /ə'ʃeɪmd/ *adj*
be ashamed, be sorry because you have done something wrong; be sad because you are not as good as other people in some way ▷**sich schämen**: *Joan was ashamed of her rudeness.* Joan schämte sich für ihre Unhöflichkeit.

ashore /ə'ʃɔː(r)/ *adv*
on or on to the land ▷**an Land**: *The fisherman left his boat and went ashore.* Der Fischer verließ sein Boot und ging an Land.

ashtray /'æʃtreɪ/ *n*
dish for cigarette ash and cigarette ends ▷**Aschenbecher**

aside /ə'saɪd/ *adv*
on or to one side; away ▷**zur Seite**: *Clive put the book aside while he ate his meal.* Clive legte das Buch zur Seite, während er aß.
aside from, apart from ▷**außer**

ask /ɑːsk/ *v*
try to get an answer by saying something ▷**fragen**: *She asked me the way to the market.* Sie fragte mich nach dem Weg zum Markt.
ask for someone ▷**jemanden verlangen**: *Ring this number and ask for Mrs Lee.* Ruf diese Nummer und verlange Mrs Lee.
ask someone for something, say that you want someone to give you something ▷**jemanden um etwas bitten**: *Matthew asked his parents for a bicycle.* Matthew bat seine Eltern um ein Fahrrad.
ask someone to something, invite someone to a place, etc ▷**jemanden zu etwas einladen**: *Julian asked me to his party.* Julian lud mich zu seiner Party ein.

asleep /ə'sliːp/ *adj*
be asleep, be sleeping ▷**schlafen**: *The cat was asleep in front of the fire.* Die Katze schlief vor dem Kamin.
be fast asleep, be sound asleep, be sleeping very well ▷**fest schlafen**

aspirin /'æsprɪn/ *n*
medicine to stop pain and fever ▷**Schmerztablette, Aspirin**: *John took an aspirin for his headache.* John nahm eine Schmerztablette gegen seine Kopfschmerzen. ☞**Aspirin** ist ein eingetragenes Warenzeichen.

assembly /ə'semblɪ/ *n* (*pl* assemblies)
meeting of many people ▷**Versammlung**: *In British schools there is an assembly every morning.* An britischen Schulen findet jeden Morgen eine Versammlung aller Schüler und Lehrer statt.

assistant /ə'sɪstənt/ *n*
someone who helps ▷**Assistent(in)**

association /əˌsəʊsɪ'eɪʃn/ *n*
club; group of people with the same interests ▷**Verband**: *Football Association,* Fußballverband.

assume /ə'sjuːm/ *v*
think or believe that something is true when you are not totally sure ▷**annehmen**: *Ellen is not here so I assume she is ill.* Ellen ist nicht hier, deshalb nehme ich an, dass sie krank ist.

assure /ə'ʃʊə(r)/ *v*
make someone feel sure about something ▷**versichern**: *I assure you that the dog isn't dangerous.* Ich versichere Ihnen, dass der Hund nicht gefährlich ist.

astonish /ə'stɒnɪʃ/ *v*
surprise someone very much ▷**erstaunen**: *His rudeness astonishes me.* Seine Unhöflichkeit erstaunt mich.
astonished /ə'stɒnɪʃt/ *adj* looking or feeling very surprised ▷**erstaunt**
astonishing *adj* that astonishes you ▷**erstaunlich**: *astonishing news,* erstaunliche Neuigkeiten.
astonishment *n* (no *pl*) great surprise ▷**Erstaunen**

astronaut /'æstrənɔːt/ *n*
someone who travels in a spaceship ▷**Astronaut(in)**

astronomy /ə'strɒnəmɪ/ *n* (no *pl*)
study of the sun, moon, planets, and stars ▷**Astronomie**.

at /æt/, /ət/ *prep*
Dieses kleine Wort kann Probleme bereiten, weil es im Deutschen auf viele verschiedene Weisen übersetzt wird:
1 mit einer Ortsangabe: *There's a kiosk at the corner of Bond Street and Oxford Street.* An der Ecke Bond Street und Oxford Street gibt es einen Kiosk. *She works at the hospital.* Sie arbeitet im Krankenhaus. *What's on at the cinema?* Was läuft im Kino? *My wife is at work – can you phone back?* Meine Frau ist bei der Arbeit – können Sie später nochmal anrufen? *Will you be at home tomorrow evening?* Wirst du morgen Abend zu Hause sein?

2 mit einer Zeitangabe: *at three o'clock,* um drei Uhr; *at the weekend,* am Wochenende; *at Christmas,* (zu) Weihnachten; *at Easter,* (zu) Ostern; *at night,* nachts.
Wir sagen aber: *in the morning, in the afternoon, in the evening.*

3 um eine Richtung anzuzeigen: *Someone threw an egg at me!* Jemand hat mich mit einem Ei beworfen! *Everyone laughed at him.* Alle lachten ihn aus. *They shot at the terrorists, but missed.* Sie schossen auf die Terroristen, trafen sie aber nicht. *Is that old man shouting at us?* Brüllt der alte Mann uns an?

4 um auszudrücken, wie gut oder schlecht jemand in bestimmten Bereichen ist: *He is hopeless at tennis.* Im Tennis ist er hoffnungslos. *She is very good at science.* Sie ist sehr gut in Naturwissenschaften.

at Siehe oben.

ate /et/ *form of* eat

athlete /'æθliːt/ *n*
person trained for sports such as running, jumping, swimming, etc ▷**Sportler(in)**: *Many athletes took part in the Olympic Games.* Viele Sportler nahmen an den Olympischen Spielen teil.

athletics /æθ'letɪks/ *n pl*
sports like running, jumping, etc ▷**Leichtathletik**

atlas /'ætləs/ *n* (*pl* atlases)
book of maps ▷**Atlas**

atmosphere /'ætməsfɪə(r)/ *n*
1 (no *pl*) all the gases around the earth ▷**Atmosphäre**
2 (no *pl*) air in a place ▷**Luft**: *The atmosphere in the hall was very hot.* Die Luft in der Halle war sehr heiß.
3 (*pl* atmospheres) feeling in a place ▷**Stimmung**: *a happy atmosphere,* eine fröhliche Stimmung.

atom /'ætəm/ *n*
smallest part of a chemical ▷**Atom**: *Water is made of atoms of hydrogen and oxygen.* Wasser besteht aus Wasserstoffatomen und Sauerstoffatomen.
atomic /ə'tɒmɪk/ *adj* ▷**Atom-**: *atomic energy,* Atomenergie.

attach /ə'tætʃ/ *v*
join or fix one thing to another thing ▷**befestigen**: *to attach a label to a parcel,* einen Aufkleber auf einem Paket befestigen.

attack /ə'tæk/ *v*
start fighting or hurting a person or country ▷**angreifen**: *The robber attacked the old man.* Der Räuber griff den alten Mann an.
attack *n* **(a)** start of a fight ▷**Angriff** **(b)** the coming of an illness ▷**Anfall**: *a bad attack of fever,* ein schlimmer Fieberanfall.

attacker /ə'tækə(r)/ *n*
1 someone who tries to hurt another person ▷**Angreifer(in)**.
2 player who tries to score goals ▷**Angriffsspieler(in)**.

attempt /ə'tempt/ *v*
try to do something ▷**versuchen**: *Don is attempting to swim from England to France.* Don versucht, von England nach Frankreich zu schwimmen.
attempt *n* ▷**Versuch**: *a brave attempt,* ein mutiger Versuch.

attend /ə'tend/ *v*
go to a place where something is happening ▷**teilnehmen, anwesend sein**: *Who attended the meeting?* Wer nahm an der Versammlung teil?

attention /ə'tenʃn/ *n* (no *pl*)
looking or listening carefully and with interest ▷**Aufmerksamkeit**
pay attention, look or listen carefully ▷**aufpassen**: *Please pay attention when I am talking.* Pass bitte auf, wenn ich rede.
stand at attention, stand to attention, stand straight and still ▷**stillstehen**: *The soldiers stood to attention while the governor was passing.* Die Soldaten standen still, als der Gouverneur vorbeiging.

attic /'ætɪk/ *n*
room inside the roof of a house ▷**Dachboden**

attitude /'ætɪtju:d/ *n*
what you think about something ▷**Einstellung**: *What is your attitude to nuclear power?* Wie ist Ihre Einstellung zur Kernkraft?

attract /ə'trækt/ *v*
1 make something come nearer ▷**anziehen**: *Magnets attract pins.* Magneten ziehen Nadeln an.
2 make someone want to come nearer, look at it, etc ▷**anlocken**: *Thousands of birds were attracted by the smell of fish.* Tausende von Vögeln wurden von dem Fischgeruch angelockt.

attraction /ə'trækʃn/ *n*
something that makes you want to come nearer, look at it, etc ▷**Attraktion**: *The Tower of London is a great tourist attraction.* Der Tower von London ist eine große Touristenattraktion.

attractive /ə'træktɪv/ *adj*
pleasing to see, hear, etc ▷**attraktiv**: *an attractive girl,* ein attraktives Mädchen. ☞Siehe Anmerkung bei **beautiful**.

au pair /ˌəʊ 'peə(r)/ *n*
girl who visits from another country for a short time, and helps in the house in return for food and accommodation ▷**Aupairmädchen**

auction /'ɔ:kʃn/ *n*
public sale where each thing is sold to the person who will give the most money for it ▷**Versteigerung**

audience /'ɔ:dɪəns/ *n*
group of people listening to a speaker, singer, etc ▷**Publikum**

August /'ɔ:gəst/ *n*
eighth month of the year ▷**August**

aunt /ɑ:nt/ *n*
sister of your father or mother; wife of your uncle ▷**Tante** ☞Siehe Darstellung bei **family**.

author /'ɔ:θə(r)/ *n*
the writer of a book, story, etc ▷**Verfasser(in), Schriftsteller(in)**: *The author of this novel is dead.* Der Verfasser dieses Romans lebt nicht mehr.

authority /ɔ:'θɒrətɪ/ *n*
1 (no *pl*) power to tell people what they must do; control ▷**Autorität**: *The pupils respect the headmaster's authority.* Die Schüler respektieren die Autorität des Schulleiters.
2 (*pl* authorities) group of people who say what others must do ▷**Behörde**: *the city authorities* die städtischen Behörden.

autograph /'ɔ:təgrɑ:f/ *n*
person's name written by himself ▷**Autogramm**: *Pete collects footballers' autographs.* Pete sammelt Autogramme von Fußballspielern.

automatic /ˌɔ:tə'mætɪk/ *adj*
1 that can work by itself ▷**automatisch**: *an automatic door,* eine automatische Tür.
2 that you do without thinking ▷**automatisch**: *Breathing is automatic.* Das Atmen erfolgt automatisch.
automatically *adv* ▷**automatisch**

automobile *American for* car.

autumn /'ɔ:təm/ *n*
time of the year between summer and winter ▷**Herbst**

available /ə'veɪləbl/ *adj*
free; ready when you need it ▷**verfügbar**: *The new timetable is not available yet.* Der neue Fahrplan ist noch nicht verfügbar.

avenue /'ævənju:/ *n*
road with trees on each side; wide street ▷**Allee**

average /'ævərɪdʒ/ *n*
1 the middle number of a group ▷**Mittelwert**: *The average of 3, 4, and 5 is 4.* Der Mittelwert von 3, 4 und 5 ist 4.
2 what is ordinary, not special ▷**Durchschnitt**
average *adj* ▷**durchschnittlich**: *an average student,* ein durchschnittlicher Student.

avoid /ə'vɔɪd/ *v*
stay away or go away from something or someone that you do not like ▷**vermeiden**: *We crossed the road to avoid meeting her.* Wir gingen auf die andere Straßenseite, um ein Zusammentreffen mit ihr zu vermeiden.

awake /ə'weɪk/ *adj*
not sleeping ▷**wach** ☞Vorsicht! **awake** folgt normalerweise einer Form von **be**.

award /ə'wɔ:d/ *n*
prize, etc that you give to someone who has done something very well ▷**Auszeichnung**: *Jane saved the child from drowning and received an award for bravery.* Jane rettete das Kind vor dem Ertrinken und bekam eine Auszeichnung für ihre Tapferkeit.

away /ə'weɪ/ *adv*
1 from here; from there ▷**entfernt**: *The sea is two kilometres away.* Das Meer ist zwei Kilometer von hier entfernt.
2 from a place ▷**weg**: *When I shouted he ran away.* Als ich rief, lief er weg.
3 not here ▷**nicht da**: *Lisa is away today but she will be back tomorrow.* Lisa ist heute nicht da, aber morgen wird sie wieder zurück sein.

awful /'ɔ:fl/ *adj*
1 making you very afraid, very sad, or shocked ▷**schrecklich**: *I heard an awful cry*

from the house. Ich hörte einen schrecklichen Schrei aus dem Haus.
2 very bad ▷**schrecklich**: *awful weather* schreckliches Wetter.

axe /æks/ *n*
tool for cutting wood ▷**Axt**

Bb

baby /'beɪbɪ/ *n* (*pl* babies)
very young child ▷**Baby**

baby-sit /'beɪbɪsɪt/ *v* (is babysitting, babysat / 'beɪbɪsæt/, has babysat)
look after a child when the parents are away for a short time ▷**babysitten**
baby-sitter *n* someone who babysits ▷**Babysitter(in)**

bachelor /'bætʃələ(r)/ *n*
man who has never had a wife ▷**Junggeselle**

back[1] /bæk/ *adj*
farthest from the front ▷**Hinter–, letzte**: *John sits in the back row and cannot see the blackboard very well.* John sitzt in der letzten Bank und kann die Tafel nicht sehr gut sehen.

back[2] /bæk/ *adv*
1 away from the front ▷**nach hinten**: *I looked back to see if he was coming.* Ich schaute nach hinten, um zu sehen, ob er kam.
2 in or to the place where it was before ▷**zurück**: *Put the book back when you have read it.* Stell das Buch zurück, wenn du es gelesen hast.
3 in return; in reply ▷**zurück**: *Steve hit me and I hit him back.* Steve schlug mich, und ich schlug zurück.

back[3] /bæk/ *n*
1 part that is behind or farthest from the front ▷**Rückseite, hinterer Teil**: *Write the number on the back of the cheque.* Schreiben Sie die Nummer auf die Rückseite des Schecks.
2 part of the body of a person or animal between the neck and the bottom or tail ▷**Rücken**: *Neil lay on his back and looked up at the sky.* Neil lag auf dem Rücken und sah in den Himmel.
at the back, far from the front ▷**hinten**: *I want to sit at the back.* Ich möchte hinten sitzen.

back[4] /bæk/ *v*
1 move a vehicle away from the front ▷**rückwärts fahren**: *Mr Jackson backed the car into the parking space.* Mr Jackson fuhr das Auto rückwärts in die Parklücke.
2 help someone; say that you think someone or something is best ▷**unterstützen**: *Which team are you backing?* Welche Mannschaft unterstützt du?

backbone /'bækbəʊn/ *n*
line of bones down the back of the body ▷**Rückgrat**

background /'bækgraʊnd/ *n*
things at the back in a picture ▷**Hintergrund**: *This is a photo of my house with the mountains in the background.* Das ist ein Bild von meinem Haus mit den Bergen im Hintergrund.

backward /'bækwəd/ *adj*
1 towards the back ▷**zurück**: *a backward step,* ein Schritt zurück.
2 not having modern things, ways, etc ▷**rückständig**: *a backward country,* ein rückständiges Land.
3 slow to learn; not as good as others ▷**zurückgeblieben**: *a backward pupil,* ein zurückgebliebener Schüler.

backwards /'bækwədz/ *adv*
with the back or the end first ▷**rückwärts**: *Say the alphabet backwards, starting with the letter 'Z'.* Fang mit „Z" an und sag das Alphabet rückwärts auf. *She walked backwards and stepped into a puddle.* Sie ging rückwärts und trat in eine Pfütze.
backwards and forwards, first in one way, then in the other ▷**hin und her**: *The ferry travels backwards and forwards between Dover and Calais.* Die Fähre fährt zwischen Dover und Calais hin und her.

bacon /'beɪkən/ *n* (no *pl*)
salted or smoked meat from a pig ▷**Speck**

bad /bæd/ *adj* (worse /wɜːs/, worst /wɜːst/)
1 not good; doing wrong ▷**schlecht**: *He's not a bad man; he's just careless.* Er ist kein schlechter Mann, er ist nur unvorsichtig.
2 nasty; not pleasant ▷**unangenehm**: *There's a bad smell here.* Hier riecht es unangenehm.
3 rotten; old and not fresh enough to use ▷**faul**: *bad eggs,* faule Eier.
4 serious ▷**schlimm**: *a bad cold,* eine schlimme Erkältung.
5 poor; not working well ▷**schlecht**: *He has bad eyesight.* Er hat schlechte Augen.
6 not able to do something well ▷**schlecht**: *a bad driver,* ein schlechter Fahrer.
be bad at something, not be able to do something well ▷**etwas nicht gut können**:

She's not bad at chemistry. Sie ist nicht schlecht in Chemie.

be bad for someone, make you ill, unhappy, etc ▷**nicht gut für jemanden sein**: *Too little sleep is bad for you.* Zu wenig Schlaf ist nicht gut für dich.

badge /bædʒ/ *n*
round thing that you pin onto a jacket, etc ▷**Abzeichen, Button**: *They all wore name badges.* Sie trugen alle Namensschilder.

badly /ˈbædlɪ/ *adv*
1 in a bad way; not well ▷**schlecht**: *badly dressed,* schlecht angezogen.
2 very much ▷**schrecklich**: *I badly want to go to the party.* Ich möchte schrecklich gern zu der Party gehen.

badminton /ˈbædmɪntən/ *n* (no *pl*)
game like tennis, where the player hits a small piece of cork with feathers in it ▷**Federball, Badminton**

bag /bæg/ *n*
container made of cloth, leather, paper, etc for holding things ▷**Tasche**: *a shopping bag,* eine Einkaufstasche.

baggage /ˈbægɪdʒ/ *n* (no *pl*)
bags and suitcases, etc for travelling ▷**Gepäck**: *Don't forget your baggage.* Vergessen Sie Ihr Gepäck nicht.

bagpipes /ˈbægpaɪps/ *n pl*
musical instrument ▷**Dudelsack**

bake /beɪk/ *v*
cook food in an oven ▷**backen**: *Did you bake that cake yourself?* Hast du den Kuchen selbst gebacken?

baked beans /ˌbeɪkd ˈbiːnz/ *n pl*
beans cooked in tomato sauce, sold in tins ▷**Bohnen in Tomatensoße**

baker /ˈbeɪkə(r)/ *n*
someone who makes bread or cakes to sell ▷**Bäcker(in)**: *at the baker's,* beim Bäcker.

balance[1] /ˈbæləns/ *n* (no *pl*)
when two sides are the same; being steady ▷**Gleichgewicht**

keep your balance, stay steady; not fall ▷**das Gleichgewicht halten**: *It is difficult to keep your balance with your eyes shut.* Es ist schwierig, mit geschlossenen Augen das Gleichgewicht zu halten.

lose your balance, become unsteady; fall ▷**das Gleichgewicht verlieren**

balance[2] /ˈbæləns/ *v*
make or keep something steady, so it does not fall ▷**balancieren**: *That dog can balance a ball on his nose!* Der Hund kann einen Ball auf der Nase balancieren!

balcony /ˈbælkənɪ/ *n* (*pl* balconies)
small place on the outside wall of a building above the ground ▷**Balkon**: *They stood on the balcony to watch the festival in the street below.* Sie standen auf dem Balkon, um dem Fest unten auf der Straße zuzusehen.

bald /bɔːld/ *adj* (balder, baldest)
with no hair on your head ▷**kahl**: *He's bald.* Er hat eine Glatze.

ball /bɔːl/ *n*
1 round thing that you throw or hit in games and sports ▷**Ball**: *a football,* ein Fußball; *tennis balls,* Tennisbälle.
2 any round thing ▷**Kugel**
3 big party where people dance ▷**Ball**

ballerina /ˌbæləˈriːnə/ *n*
woman who dances in ballet ▷**Ballerina**

ballet /ˈbæleɪ/ *n*
sort of dancing that tells a story ▷**Ballett**

balloon /bəˈluːn/ *n*
rubber bag that you blow into to make it float in the air ▷**(Luft)ballon**

ball-point /ˈbɔːl pɔɪnt/ *n*
pen that has a small ball at the end; biro ▷**Kugelschreiber**

ban /bæn/ *v* (is banning, banned /bænd/, has banned)
say that something must stop or must not happen ▷**verbieten**: *Dogs are banned in all food shops.* Hunde sind in allen Lebensmittelgeschäften verboten.

ban *n* ▷**Verbot**: *There is a ban on smoking in petrol stations.* An Tankstellen besteht Rauchverbot.

banana /bəˈnɑːnə/ *n*
long, yellow fruit ▷**Banane**

band /bænd/ *n*
1 group of people who play music together ▷**Band**: *a jazz band,* eine Jazz Band.
2 thin piece of material ▷**Band**: *Alan put a rubber band round his pencils.* Alan hielt seine Bleistifte mit einem Gummiband zusammen. ☞Das deutsche **Band** hat mehrere Bedeutungen, die nicht alle mit **band** übersetzt werden können. Vergleiche **ribbon** und **tape**.

bandage /ˈbændɪdʒ/ *n*
long strip of cloth to put round a part of the body that is hurt ▷**Verband**

bandit /ˈbændɪt/ *n*
robber who attacks travellers ▷**Räuber**

bang[1] /bæŋ/ *n*
1 strong blow ▷**Schlag**: *Arthur fell down and got a bang on the head.* Arthur fiel hin und bekam einen Schlag auf den Kopf.
2 loud, sudden noise ▷**Knall**: *He shut the door with a bang.* Er schlug die Tür mit einem Knall zu.

bang[2] /bæŋ/ *v*
1 hit something hard ▷**stoßen**: *The tall man banged his head as he went through the*

door. Der große Mann stieß sich den Kopf, als er durch die Tür ging.
2 make a loud noise by hitting something hard or by closing something ▷**(zu)knallen**: *Don't bang the door!* Knall die Tür nicht zu!

bangle /'bæŋgl/ *n*
big ring that you wear round your arm ▷**Armreif**

banisters /'bænɪstəz/ *n pl*
rail and posts at the side of the stairs ▷**Geländer**

banjo /'bændʒəʊ/ *n*
musical instrument with strings ▷**Banjo**

bank /bæŋk/ *n*
1 building or business for keeping money safely, and for lending and exchanging money ▷**Bank**: *Kevin sold his car and put the money in the bank.* Kevin verkaufte sein Auto und brachte das Geld auf die Bank.
2 land along the side of a river ▷**Ufer**: *Jim climbed out of the boat on to the bank.* Jim kletterte aus dem Boot ans Ufer.
☞Vorsicht! Die deutsche **Bank**, auf der man sitzt, heißt auf Englisch **bench**.

banker /'bæŋkə(r)/ *n*
manager or owner of a bank ▷**Bankier**

bank holiday /ˌbæŋk 'hɒlədeɪ/ *n*
day when the British have a general public holiday ▷**englischer Feiertag**

banknote /'bæŋknəʊt/ *n*
piece of paper money ▷**Geldschein**

bankrupt /'bæŋkrʌpt/ *adj*
not able to pay money that you owe ▷**bankrott**: *John's business had a bad year and he is bankrupt.* Johns Geschäft lief schlecht im letzten Jahr. Nun ist er bankrott.

banner /'bænə(r)/ *n*
flag with words to show what people think ▷**Transparent**

banquet /'bæŋkwɪt/ *n*
special feast ▷**Festessen**

baptize /bæp'taɪz/ *v*
1 put holy water on someone to show that he or she belongs to the Christian church ▷**taufen**
2 give a first name to someone ▷**taufen**

bar[1] /bɑː(r)/ *n*
1 room where people can buy and have drinks ▷**Bar**
2 long piece of something hard ▷**Stange**: *an iron bar,* eine Eisenstange.
bar of chocolate *n* ▷**Schokoladentafel**
bar of soap *n* ▷**Seifenstück**

bar[2] /bɑː(r)/ *v* (is barring, barred /bɑːd/, has barred)
put something across a place so that people or things cannot pass ▷**(ver)sperren**: *The police barred the road after the robbery.* Die Polizei sperrte nach dem Raubüberfall die Straße.

barbecue /'bɑːbɪkjuː/ *n*
party where a meal is cooked over a fire outside ▷**Grillparty**

barbed wire /ˌbɑːbd 'waɪə(r)/ *n* (no *pl*)
wire with short, sharp points, for making fences ▷**Stacheldraht**

barber /'bɑːbə(r)/ *n*
someone who cuts men's hair ▷**Herrenfriseur** ☞Vorsicht! **barber** klingt etwas altmodisch und wird heutzutage durch **hairdresser** ersetzt.

bare /beə(r)/ *adj* (barer, barest)
1 with no clothes, covering, etc ▷**bloß**: *bare feet,* bloße Füße.
2 empty ▷**kahl**: *The garden always looks very bare in the winter.* Der Garten sieht im Winter immer kahl aus.

barefoot /'beəfʊt/ *adv*
with no shoes or socks ▷**barfuß**: *She always dances barefoot.* Sie tanzt immer barfuß.

bareheaded /ˌbeə'hedɪd/ *adj*
with no hat, cap, etc ▷**ohne Kopfbedeckung**

barely /'beəlɪ/ *adv*
almost not ▷**kaum**: *The poor family had barely enough money to buy food.* Die arme Familie hatte kaum genug Geld, um Lebensmittel zu kaufen.

bargain /'bɑːgɪn/ *n*
something that is very cheap ▷**günstiger Kauf**: *'The skirt cost only £10.' 'Oh, that was a bargain!'* „Der Rock hat nur £10 gekostet." „Oh, das war ein günstiger Kauf."

barge /bɑːdʒ/ *n*
boat with a flat bottom for carrying goods on rivers ▷**Lastkahn**

bark[1] /bɑːk/ *n* (no *pl*)
outer skin of a tree ▷**Rinde**

bark[2] /bɑːk/ *n*
cry of a dog ▷**Bellen**
bark *v* ▷**bellen**: *The dog barked at the stranger.* Der Hund bellte den Fremden an.

barley /'bɑːlɪ/ *n* (no *pl*)
plant that we use for food and to make beer and whisky ▷**Gerste**

barmaid /'bɑːmeɪd/ *n*
woman who serves drinks in a bar ▷**Bardame**

barman /'bɑːmən/ *n*
man who serves drinks in a bar ▷**Barmann**

barn /bɑːn/ *n*
building for hay, farm animals, etc ▷**Scheune**

baron /'bærən/ *n*
nobleman in some countries ▷**Baron**

baroness /ˈbærənɪs/ *n* (*pl* baronesses)
wife of a baron ▷**Baronin**

barracks /ˈbærəks/ *n pl*
building where soldiers live ▷**Kaserne**

barrel /ˈbærəl/ *n*
1 big container with flat ends and round sides ▷**Fass**: *a beer barrel,* ein Bierfass.
2 part of a gun through which the bullet goes ▷**Gewehrlauf**

barricade /ˌbærɪˈkeɪd/ *n*
wall of things that people build quickly to keep others away ▷**Barrikade**: *They blocked the road with a barricade of old cars.* Sie versperrten die Straße mit einer Barrikade aus alten Autos.

barrier /ˈbærɪə(r)/ *n*
something that stops you from passing; fence ▷**Schranke**: *automatic barriers,* automatische Schranken.

barrow /ˈbærəʊ/ *n*
small cart that you push or pull by hand ▷**Karren**

base[1] /beɪs/ *n*
1 bottom; part on which something stands ▷**Fuß**: *This vase falls over a lot because the base is too small.* Diese Vase kippt oft um, weil der Fuß zu klein ist.
2 place from which things are controlled ▷**Sitz**: *The company's base is in London.* Der Sitz der Firma ist in London.

base[2] /beɪs/ *v*
be based on something have something as an important part ▷**basieren auf**: *The film is based on a true story.* Der Film basiert auf einer wahren Geschichte.

baseball /ˈbeɪsbɔːl/ *n* (no *pl*)
American ball game, with two teams of players ▷**Baseball**

basement /ˈbeɪsmənt/ *n*
part of a building, under the ground ▷**Untergeschoss**: *Garden chairs are in the basement of the shop.* Gartenstühle gibt es im Untergeschoss des Geschäfts.

basic /ˈbeɪsɪk/ *adj*
of the beginning; of the most important part ▷**Grund-**: *basic vocabulary,* Grundwortschatz.

basin /ˈbeɪsn/ *n*
1 large bowl in the bathroom where you wash your hands, etc; washbasin ▷**Waschbecken**
2 round, deep dish ▷**Schüssel**

basis /ˈbeɪsɪs/ *n*
on the basis of, from what something shows ▷**aufgrund**: *She got a university place on the basis of her exam results.* Sie bekam einen Studienplatz aufgrund ihrer Prüfungsergebnisse.

basket /ˈbɑːskɪt/ *n*
container made of thin straw, cane, etc for carrying things ▷**Korb**: *a shopping basket,* ein Einkaufskorb.

basketball /ˈbɑːskɪtbɔːl/ *n* (no *pl*)
game where players try to throw a big ball into a high net ▷**Basketball**

bat /bæt/ *n*
1 small animal like a mouse with wings, which comes out at night ▷**Fledermaus**
2 piece of wood or metal for hitting the ball in table tennis ▷**Schläger** ☞Im Englischen gibt es für **Schläger** je nach Sportart verschiedene Ausdrücke: *cricket bat, table tennis bat, baseball bat,* aber *tennis racket, squash racket, hockey stick* und *golf-club.*
3 piece of wood for hitting the ball in baseball, cricket etc ▷**Schlagholz**

bath[1] /bɑːθ/ *n*
1 washing your whole body ▷**Bad**: *Sue had a bath before breakfast.* Sue nahm vor dem Frühstück ein Bad.
2 big basin where you sit to wash yourself ▷**Badewanne**: *She got into the bath.* Sie stieg in die Badewanne.

bath[2] /bɑːθ/ *v* (bathed /bɑːθt/, has bathed)
wash someone in a big basin ▷**baden**: *Paul's bathing the baby.* Paul badet das Baby. ☞Vorsicht! Die beiden Verben **bath** und **bathe** werden sehr häufig verwechselt. **bath** bedeutet „ein Wannenbad nehmen"; „jemanden baden". Für **bathe (1)** wird normalerweise **go swimming** verwendet.

bathe /beɪð/ *v* (bathed /beɪðd/, has bathed)
1 swim or play in the sea, etc ▷**im Freien baden** ☞Siehe Anmerkung bei **bath**[2].
2 wash a part of the body ▷**baden**: *She bathed her swollen feet.* Sie badete ihre geschwollenen Füße.
bather *n* someone who is bathing in the sea ▷**Schwimmer(in)**

bathroom /ˈbɑːθrʊm/ *n*
room where you can bath and wash ▷**Badezimmer**

battery /ˈbætərɪ/ *n* (*pl* batteries)
container which gives electricity in a torch, car, etc ▷**Batterie**: *I put a new battery into my radio.* Ich habe eine neue Batterie in mein Radio getan.

battle /ˈbætl/ *n*
fight between soldiers, armies, ships, etc ▷**Schlacht**: *the Battle of Trafalgar,* die Schlacht von Trafalgar.

bay /beɪ/ *n*
sea with land curving round three sides of it ▷**Bucht**: *They were surfing in the bay.* Sie surften in der Bucht.

bazaar /bə'zɑː(r)/ *n*
1 sale of goods to make money for a special reason ▷**Basar**: *a church bazaar,* ein Kirchenbasar.
2 market in Africa or Asia ▷**Basar**

be /biː/ *v* (*pres. tense* I am, you are, he is, we are, they are; *past tense* I was, you were, he was, we were,they were; *pres. perf. tense* I have been, etc; *pres. part.* being; *past part.* been)
1 word used to describe a person or thing ▷**sein**: *Grass is green.* Gras ist grün.
2 become ▷**werden**: *Clive wants to be a farmer.* Clive möchte Bauer werden.
3 happen; take place ▷**sein**: *Tracey's birthday was in June.* Traceys Geburtstag war im Juni.
4 must; have to; will ▷**sollen**: *He is to take a tablet every day.* Er soll jeden Tag eine Tablette nehmen. *The match is to take place tomorrow.* Das Spiel soll morgen stattfinden.
5 word that you use with another verb to explain when something happens to a person or thing ▷**werden**: *The house was built in 1910.* Das Haus wurde 1910 gebaut. *Dick has been bitten by a dog.* Dick ist von einem Hund gebissen worden.

beach /biːtʃ/ *n* (*pl* beaches)
flat strip of sand or stones beside the sea ▷**Strand**

bead /biːd/ *n*
small ball of wood, glass, etc with a hole through the middle ▷**Perle**: *My necklace broke and the beads rolled all over the floor.* Meine Kette riss, und die Perlen rollten über den ganzen Fußboden.

beak /biːk/ *n*
bird's hard, pointed mouth ▷**Schnabel**: *The bird opened its beak and sang.* Der Vogel machte seinen Schnabel auf und sang.

beam /biːm/ *n*
1 long piece of heavy wood, metal, or concrete that holds up a roof, part of a ship, etc ▷**Balken**
2 ray of light ▷**Strahl**: *sunbeams,* Sonnenstrahlen.

bean /biːn/ *n*
vegetable with seeds in pods ▷**Bohne**

bear[1] /beə(r)/ *n*
big, wild animal with thick fur ▷**Bär**

bear[2] /beə(r)/ *v* (bore /bɔː(r)/, has borne /bɔːn/)
1 hold or support something ▷**tragen**: *The donkey bore a heavy load.* Der Esel trug eine schwere Last. ☞**bear** als **tragen** wird nicht mehr so häufig benutzt. Es wird normalerweise durch **carry** ersetzt.
2 have pain, problems, etc ▷**ertragen**: *She bore the pain bravely.* Sie ertrug die Qualen tapfer.
cannot bear, do not like something ▷**nicht ausstehen können**: *My mother cannot bear pop music.* Meine Mutter kann Popmusik nicht ausstehen.

beard /bɪəd/ *n*
hair on a man's chin and cheeks ▷**Bart**: *My father has got a beard.* Mein Vater hat einen Bart.

beast /biːst/ *n*
big animal ▷**Tier**

beat[1] /biːt/ *n*
sound that comes again and again ▷**Schlag**: *drumbeats,* Trommelschläge; *heartbeats,* Herzschläge.

beat[2] /biːt/ *v* (beat, has beaten /'biːtn/)
1 hit a person or thing hard, again and again ▷**schlagen**: *She beat against the door with her fists.* Sie schlug mit den Fäusten gegen die Tür. *He beat the dog.* Er schlug den Hund.
2 win a fight or game against others ▷**besiegen**: *Dan always beats me at tennis.* Dan besiegt mich immer im Tennis.
3 move again and again ▷**schlagen**: *Her heart beat fast as she ran.* Ihr Herz schlug schnell, als sie lief.

> **beautiful**
> Im Deutschen kann man **schön** für Männer, Frauen und Kinder gleichermaßen benutzen. Im Englischen gibt es jedoch zwei Wörter; **beautiful** für Frauen und Kinder; **handsome** für Männer. Die Wörter **good-looking** und **attractive** kann man sowohl für Männer als auch für Frauen benutzen.

beautiful /'bjuːtɪfl/ *adj*
lovely; giving pleasure because it looks or sounds good, etc ▷**(wunder)schön**: *a beautiful flower,* eine schöne Blume.
beautifully *adv* ▷**(wunder)schön**: *Mary sings beautifully.* Mary singt wunderschön.

beauty /'bjuːtɪ/ *n* (no *pl*)
being lovely ▷**Schönheit**

became /bɪ'keɪm/ *form of* become

because /bɪ'kɒz/ *conj*
for the reason that ▷**weil**: *She was angry because I was late.* Sie war wütend, weil ich zu spät kam.
because of, as a result of something ▷**wegen**: *There were many accidents because of the fog.* Wegen des Nebels kam es zu vielen Unfällen.

become /bɪ'kʌm/ *v* (became /bɪ'keɪm/, has become)
grow to be ▷**werden**: *This little puppy will*

become a big dog. Dieses Hündchen wird eines Tages ein großer Hund werden. *The story became more complicated.* Die Geschichte wurde komplizierter.
become of, happen to someone or something ▷**werden**: *What has become of Joe? I haven't seen him for years.* Was ist aus Joe geworden? Ich habe ihn seit Jahren nicht mehr gesehen.
☞Vorsicht! **bekommen** heißt auf Englisch **get** oder **receive**.

bed /bed/ *n*
1 thing that you sleep on ▷**Bett**: *I was so tired that I went to bed.* Ich war so müde, dass ich ins Bett ging.
2 bottom of the sea ▷**Meeresboden, Meeresgrund**
3 bottom of a river ▷**Flussbett**
4 piece of ground where you grow plants ▷**Blumenbeet**
bed and breakfast, small hotel or a house where you can sleep and have breakfast ▷**(Frühstücks)pension, Zimmer mit Frühstück**
make the bed, put the sheets, etc neatly on to a bed ▷**das Bett machen**

bedroom /'bedrʊm/ *n*
room where you sleep ▷**Schlafzimmer**

bedsitter /'bedsɪtə(r)/ *n*
one room for living and sleeping in ▷**möbliertes Zimmer**

bee /biː/ *n*
small, flying insect which makes honey ▷**Biene**

beef /biːf/ *n* (no *pl*)
meat from an ox, a cow, or a bull ▷**Rindfleisch** ☞Siehe Anmerkung bei **pig**.

beefburger /'biːfbɜːgə(r)/ *n*
flat circle of minced meat ▷**Hamburger**

beehive /'biːhaɪv/ *n*
box where bees live ▷**Bienenstock**

been /biːn/ *form of* be
have been to, have gone to a place ▷**gewesen sein**: *Have you ever been to a pop concert?* Bist du jemals bei einem Popkonzert gewesen? ☞Beachte den Unterschied zwischen **been** und **gone**: *He's gone to Paris.* Er ist nach Paris gefahren (und ist noch dort). *He's been to Paris.* Er ist in Paris gewesen (und ist wieder zurück).

beer /bɪə(r)/ *n*
1 (no *pl*) sort of alcoholic drink ▷**Bier**
2 (*pl* beers) glass or can of beer ▷**Bier**: *Three beers, please.* Drei Bier, bitte.

beetle /'biːtl/ *n*
insect with hard, shiny wings ▷**Käfer**

beetroot /'biːtruːt/ *n*
round, red vegetable ▷**rote Bete**

before[1] /bɪ'fɔː(r)/ *adv*
at an earlier time; in the past ▷**vorher**: *I've never seen him before.* Ich habe ihn vorher noch nie gesehen.

before[2] /bɪ'fɔː(r)/ *conj*
at an earlier time than ▷**bevor**: *I said goodbye before I left.* Bevor ich ging, verabschiedete ich mich.

before[3] /bɪ'fɔː(r)/ *prep*
1 earlier than ▷**vor**: *the day before yesterday,* vorgestern; *before nine o'clock,* vor neun Uhr.
2 in front of ▷**vor**: *He made a speech before a large audience.* Er hielt eine Rede vor einem großen Publikum.

beforehand /bɪ'fɔːhænd/ *adv*
earlier; before a happening ▷**im Voraus**: *Let me know beforehand if you need my car.* Lass es mich im Voraus wissen, wenn du mein Auto brauchst.

beg /beg/ *v* (is begging, begged /begd/, has begged)
1 ask for food, money, etc ▷**(sich) erbetteln**: *He was so poor that he had to beg for his meals.* Er war so arm, dass er sich sein Essen erbetteln musste.
2 ask for something with strong feeling ▷**anflehen, bitten (um)**: *She begged me to wait for her.* Sie flehte mich an, auf sie zu warten.

began /bɪ'gæn/ *form of* begin

beggar /'begə(r)/ *n*
someone who does not work and who asks people for money and food ▷**Bettler(in)**

begin /bɪgɪn/ *v* (is beginning, began /bɪ'gæn/, has begun /bɪ'gʌn/)
start to do something; start to happen ▷**anfangen**: *School begins again in September.* Die Schule fängt im September wieder an. ☞**begin** und **start** sind sich in ihrer Bedeutung sehr ähnlich. **begin** kann jedoch nicht benutzt werden, wenn von einer Maschine die Rede ist: *He tried to start the old car.*

beginner /bɪ'gɪnə(r)/ *n*
someone who is starting to do or to learn something ▷**Anfänger(in)**

beginning /bɪ'gɪnɪŋ/ *n*
nearest or first part of something ▷**Anfang**

begun /bɪ'gʌn/ *form of* begin

behalf /bɪ'hɑːf/ *n*
on behalf of, in the place of someone ▷**im Auftrag von, im Namen von**: *Mr Smith is away, so I am writing to you on his behalf.* Mr Smith ist nicht erreichbar, deshalb schreibe ich Ihnen in seinem Auftrag. *She welcomed us on behalf of the committee.* Sie begrüßte uns im Namen des Vorstands.

behave /bɪ'heɪv/ *v*
say or do things in a certain way when you are with other people ▷**sich benehmen**: *Did the children behave well?* Haben sich die Kinder gut benommen?
Behave yourself! be good ▷**Benimm dich!**

behavior *American for* behaviour

behaviour /bɪ'heɪvɪə(r)/ *n*
doing things in a certain way when you are with other people ▷**Benehmen, Verhalten**: *His behaviour towards me shows that he does not like me.* Sein Verhalten mir gegenüber zeigt, dass er mich nicht mag.

behind[1] /bɪ'haɪnd/ *adv*
coming after; at the back ▷**hinten, dahinter**: *I recognized you from behind.* Ich habe dich von hinten erkannt.

behind[2] /bɪ'haɪnd/ *prep*
at the back of ▷**hinter**: *Oliver hid behind a tree.* Oliver versteckte sich hinter einem Baum.

being /'biːɪŋ/ *n*
person ▷**Lebewesen**: *a strange being from another planet,* ein seltsames Lebewesen von einem anderen Planeten.

belief /bɪ'liːf/ *n*
sure feeling that something is true ▷**Glaube**: *her belief in God,* ihr Glaube an Gott.

believe /bɪ'liːv/ *v*
think that something is true ▷**glauben**: *Do you believe in ghosts?* Glaubst du an Geister? ☞Vorsicht! Dieses Verb drückt einen Zustand, keine Tätigkeit aus und wird daher nicht in der progressive form (Verlaufsform) benutzt.

bell /bel/ *n*
metal thing that rings when something hits or touches it ▷**Glocke, Klingel**: *church bells,* Kirchenglocken; *a doorbell,* eine Türklingel.

belly /'belɪ/ *n* (*pl* bellies)
stomach or the part of the body that holds the stomach ▷**Bauch**

belong /bɪ'lɒŋ/ *v*
belong to, (a) be owned by someone or something ▷**gehören**: *That bike belongs to me.* Das Fahrrad gehört mir. **(b)** be a member of a group, etc ▷**angehören**: *to belong to a club,* einem Klub angehören. ☞Vorsicht! Dieses Verb drückt ein Verhältnis, nicht eine Tätigkeit aus und wird daher nicht in der progressive form (Verlaufsform) benutzt.

belongings /bɪ'lɒŋɪŋz/ *n pl*
things that you own ▷**Besitz**: *He lost all his belongings in the fire.* Durch den Brand verlor er seinen ganzen Besitz.

below[1] /bɪ'ləʊ/ *adv*
at or to a lower place ▷**unten**: *From the plane, we could see the whole town below.* Vom Flugzeug aus konnten wir unten die ganze Stadt sehen.

below[2] /bɪ'ləʊ/ *prep*
1 under; lower than; beneath ▷**unter**: *Your mouth is below your nose.* Dein Mund ist unter deiner Nase.
2 smaller in number, price, etc ▷**unter**: *below 60°C,* unter 60°C.

belt /belt/ *n*
long piece of cloth, leather, etc that you wear round your waist ▷**Gürtel**

bench /bentʃ/ *n* (*pl* benches)
1 long seat of wood or stone ▷**Bank**
2 work table for woodwork, etc ▷**Werkbank**

bend[1] /bend/ *n*
curve; line or shape that is not straight ▷**Biegung**: *a bend in a river,* eine Flussbiegung.

bend[2] /bend/ *v* (bent, has bent)
become curved; make something curved ▷**biegen**: *It is difficult to bend an iron bar.* Es ist schwierig, eine Eisenstange zu biegen.
bend down, make your body curve forward and down ▷**sich bücken**: *Jane bent down to put on her sandals.* Jane bückte sich, um ihre Sandalen anzuziehen.

beneath /bɪ'niːθ/ *prep*
under; lower than; below ▷**unter**: *There is a cave beneath the waterfall.* Unter dem Wasserfall liegt eine Höhle. ☞Das übliche Wort ist in diesem Zusammenhang **under**. **beneath** entspricht **under** und wird besonders in poetischer Sprache verwendet.

benefit /'benɪfɪt/ *v*
benefit from, be helped by something ▷**profitieren von**: *Many people will benefit from the new regulations.* Viele Leute werden von den neuen Bestimmungen profitieren.

bent /bent/ *form of* bend[2]

berry /'berɪ/ *n* (*pl* berries)
small, juicy fruit with seeds in it ▷**Beere**: *a strawberry,* eine Erdbeere; *a blackberry,* eine Brombeere.

beside /bɪ'saɪd/ *prep*
at the side of; close to ▷**neben**: *Come and sit beside me.* Komm und setz dich neben mich.

besides[1] /bɪ'saɪdz/ *adv*
also ▷**außerdem**: *I don't want to go skiing and, besides, it costs too much.* Ich will nicht Skilaufen gehen, und außerdem ist es zu teuer.

besides[2] /bɪˈsaɪdz/ *prep*
as well as; if you do not count ▷**außer**: *There are many rivers in England besides the Thames.* Außer der Themse gibt es noch viele andere Flüsse in England. ☞Siehe Anmerkung bei **except**.

best[1] /best/ *adj* (good, better, best)
most excellent ▷**beste**: *This is the best ice-cream I have ever eaten!* Dies ist das beste Eis, das ich je gegessen habe.
best wishes, words that you write at the end of a letter ▷**herzliche Grüße**

best[2] /best/ *adv*
1 in a very good way; in the most excellent way ▷**am besten**: *I work best in the afternoons.* Nachmittags kann ich am besten arbeiten.
2 most; more than all others ▷**am besten**: *Of all games, I like chess best.* Von allen Spielen gefällt mir Schach am besten.

best[3] *n* (no *pl*)
very good person or thing; most excellent person or thing ▷**Beste**: *Frank is the best in his class.* Frank ist der Beste in seiner Klasse.
do your best, do what you can; try hard ▷**sein Bestes tun.**

best man /ˌbest ˈmæn/ *n*
man who helps the bridegroom at his wedding ▷**Trauzeuge**

best–seller /ˌbest ˈselə(r)/ *n*
book that very many people buy ▷**Bestseller**

bet /bet/ *v* (is betting, bet/betted /ˈbetɪd/, has bet/betted)
1 say what you think will happen and then get money if you are right ▷**wetten**: *I bet you £2 that Neil will win.* Ich wette mit dir um £2, dass Neil gewinnen wird.
2 say you are sure about something ▷**wetten**: *I bet you can't climb that tree.* Ich wette, du kannst nicht auf diesen Baum klettern.
bet *n* ▷**Wette**: *She made a bet that she could beat me.* Sie hat eine Wette darüber abgeschlossen, dass sie mich schlägt.

betray /bɪˈtreɪ/ *v*
be untrue to someone who was your friend ▷**verraten**: *Judas betrayed Jesus.* Judas verriet Jesus.

better /ˈbetə(r)/ *adj* (good, better, best)
1 form of good ▷**besser**
2 less ill ▷**besser**: *Jack was ill but he's better now.* Jack war krank, aber es geht ihm jetzt besser.
better *adv* ▷**besser**: *Alan speaks Italian better than I do.* Alan spricht besser Italienisch als ich.
better off, richer, happier, etc ▷**besser dran**: *I think we'd be better off in the shade on this hot day.* Ich glaube, an so einem heißen Tag wie heute sind wir im Schatten besser dran.
had better, ought to; should ▷**sollte**: *You'd better leave now if you want to catch the bus.* Du solltest sofort gehen, wenn du den Bus noch bekommen willst.

between /bɪˈtwiːn/ *prep*
1 after one place and before the next place; with something on one side and something else on the other side ▷**zwischen**: *The letter B is between A and C.* Der Buchstabe B steht zwischen A und C.
2 after one time and before the next time ▷**zwischen**: *Please come to my house between 1 o'clock and 2 o'clock.* Bitte kommen Sie zwischen ein und zwei Uhr zu mir nach Hause.
3 more than one thing but less than the other thing ▷**zwischen**: *I think the coat costs between £180 and £190.* Ich glaube, dieser Mantel kostet zwischen £180 und £190.
4 to and from two places ▷**zwischen**: *This ship sails between Calais and Dover.* Dieses Schiff verkehrt zwischen Calais und Dover.
5 for or by two people or things ▷**unter**: *Share the sweets between you.* Teilt die Süssigkeiten unter euch auf.
6 word for comparing two things or people ▷**zwischen**: *What is the difference between these two dogs?* Was ist der Unterschied zwischen diesen beiden Hunden?
in between, in the middle; in the middle of other things or people ▷**(da)zwischen**: *I found my shoe in between two rocks.* Ich fand meinen Schuh zwischen zwei Felsbrokken. ☞Vergleiche mit **among**.

beverage /ˈbevərɪdʒ/ *n*
word used in restaurants for drink ▷**Getränk**

beware /bɪˈweə(r)/ *v*
Beware of the dog! be careful of the dog ▷**Vorsicht! Bissiger Hund.**

beyond[1] /bɪˈjɒnd/ *adv*
farther on; on the other side ▷**auf der anderen Seite**: *She climbed the wall and looked into the garden beyond.* Sie kletterte auf die Mauer und schaute in den Garten auf der anderen Seite.

beyond[2] /bɪˈjɒnd/ *prep*
at or on the farther side of; further than ▷**hinter**: *Penzance is about 100 miles beyond Exeter.* Penzance liegt etwa 100 Meilen hinter Exeter.

bib /bɪb/ *n*
cloth that a baby wears under its chin when it is eating ▷**Lätzchen**

Bible /ˈbaɪbl/ *n*
holy book of the Christian church ▷**Bibel**

bicycle /'baɪsɪkl/ *n*
machine with two wheels, which you ride ▷**Fahrrad**

big /bɪg/ *adj* (bigger, biggest)
1 large ▷**groß**: *Manchester is a big city.* Manchester ist eine große Stadt.
2 older ▷**groß**: *Tom is my big brother.* Tom ist mein großer Bruder.

bike /baɪk/ *n* bicycle

bikini /bɪ'kiːnɪ/ *n*
swimming costume in two pieces for a woman or girl ▷**Bikini**

bill /bɪl/ *n*
piece of paper that shows how much money you must pay for something ▷**Rechnung**: *After the meal I asked for the bill.* Nach dem Essen bat ich um die Rechnung.

billion /'bɪlɪən/
one thousand million ▷**Milliarde**

bin /bɪn/ *n*
1 container, with a lid, for keeping flour, bread, etc ▷**Behälter**
2 container for rubbish ▷**Mülleimer**

bind /baɪnd/ *v* (bound /baʊnd/, has bound)
put a piece of string, rope, etc round something to hold it firm ▷**binden**: *They bound the prisoner's legs together so that he could not escape.* Sie banden dem Gefangenen die Beine zusammen, damit er nicht fliehen konnte.

binoculars /bɪ'nɒkʊləz/ *n pl*
special glasses that help you to see things that are far away ▷**Fernglas**: *My binoculars are very useful for bird-watching.* Mein Fernglas ist sehr nützlich zur Beobachtung von Vögeln. ☞**binoculars** gehört zu den Paarwörtern und steht immer im Plural. Soll eine bestimmte Zahl angegeben werden, so verwendet man **pair(s) of binoculars**.

biology /baɪ'ɒlədʒɪ/ *n* (no *pl*)
study of the life of animals and plants ▷**Biologie**

bird /bɜːd/ *n*
animal with feathers and wings ▷**Vogel**: *Swallows and seagulls are birds.* Schwalben und Möwen sind Vögel.

Biro /'baɪrəʊ/ *n*
pen that has a small ball at the end; ballpoint ▷**Kugelschreiber** ☞**Biro** ist ein eingetragenes Warenzeichen.

birth /bɜːθ/ *n*
being born; coming into the world ▷**Geburt**: *the birth of a baby,* die Geburt eines Babys.
give birth to, have a baby ▷**zur Welt bringen**: *My sister gave birth to twins last week.* Meine Schwester hat letzte Woche Zwillinge zur Welt gebracht.

birthday /'bɜːθdeɪ/ *n*
day when you were born ▷**Geburtstag**: *How did you celebrate your birthday?* Wie hast du deinen Geburtstag gefeiert? *When is your birthday?* Wann hast du Geburtstag?
happy birthday, ▷**herzlichen Glückwunsch zum Geburtstag**

biscuit /'bɪskɪt/ *n*
sort of small, thin, dry cake ▷**Plätzchen**

bishop /'bɪʃəp/ *n*
important Christian priest who controls a district of the church ▷**Bischof**

bit[1] /bɪt/ *n*
small piece of anything ▷**Stückchen**: *Can I have a bit of cake?* Kann ich ein Stückchen Kuchen haben?
a bit, (a) a short time ▷**ein bisschen**: *Let's wait a bit.* Lass uns ein bisschen warten. **(b)** a little; rather ▷**ein bisschen**: *She looks a bit tired.* Sie sieht ein bisschen müde aus.
bit by bit, slowly; doing a little at a time ▷**nach und nach**: *He did the washing-up bit by bit throughout the day.* Er wusch das Geschirr nach und nach im Laufe des Tages ab.
come to bits, fall to bits, break into small pieces ▷**zu Bruch gehen**: *The plate came to bits when she took it out of the oven.* Der Teller ging zu Bruch, als sie ihn aus dem Ofen nahm.

bit[2] *form of* bite[2]

bite[1] /baɪt/ *n*
1 cutting something with teeth ▷**Biss**: *The dog ate the sandwich in one bite.* Der Hund fraß das Butterbrot mit einem Biss.
2 sore place on skin made by teeth ▷**Biss**: *a snake bite,* ein Schlangenbiss.
3 sting ▷**Stich**: *a mosquito bite,* ein Mückenstich.
take a bite out of, bite a piece out of something ▷**beißen**: *She took a bite out of the apple.* Sie biss in den Apfel.

bite[2] /baɪt/ *v* (bit /bɪt/, has bitten /'bɪtn/)
1 cut something with your teeth ▷**beißen**: *The dog bit my finger.* Der Hund biss mich in den Finger.
2 sting ▷**stechen**: *I was badly bitten by mosquitos when I was camping.* Beim Zelten wurde ich von Mücken schlimm gestochen.

bitter[1] /'bɪtə(r)/ *adj*
with a sour taste ▷**bitter**: *This coffee is too bitter to drink.* Dieser Kaffee ist so bitter, dass man ihn nicht trinken kann.

bitter[2] /'bɪtə(r)/ *n* (no *pl*)
type of beer ▷**englische Biersorte**

black /blæk/ *adj* (blacker, blackest)
1 with the colour of night, coal, etc ▷**schwarz**
2 with a dark skin ▷**schwarz**: *black politicians,* schwarze Politiker.
black *n* ▷**Schwarz**
black and white, ▷**schwarzweiß**

blackberry /'blækbərɪ/ *n* (*pl* blackberries)
small, soft, red fruit ▷**Brombeere**

blackbird /'blækbɜːd/ *n*
bird with shiny, black feathers, which you often see in the garden ▷**Amsel**

blackboard /'blækbɔːd/ *n*
piece of dark board where the teacher writes with chalk ▷**Tafel**

blade /bleɪd/ *n*
cutting part of a knife, sword, razor, etc ▷**Klinge**
blade of grass *n* long, thin piece of grass ▷**Grashalm**

blame /bleɪm/ *v*
say that a person or thing made something bad happen ▷**die Schuld geben**: *When he arrived late, Mr Drake blamed the traffic.* Mr Drake gab dem Verkehr die Schuld, dass er zu spät kam.
blame *n* (no *pl*) ▷**Schuld**
take the blame, say that you are the person who did wrong ▷**die Schuld auf sich nehmen**: *The driver took the blame for the accident.* Der Fahrer nahm die Schuld für den Unfall auf sich.

blank /blæŋk/ *adj*
empty; with no writing on it ▷**leer**: *A new exercise book has blank pages.* Ein neues Übungsheft hat leere Seiten.

blanket /'blæŋkɪt/ *n*
thick, woollen cloth to cover someone in bed ▷**Decke**

blaze /bleɪz/ *n*
very strong fire ▷**Brand**: *The fire brigade put out the blaze.* Die Feuerwehr löschte den Brand.

blazer /'bleɪzə(r)/ *n*
loose jacket which sometimes shows which school, club, etc you belong to ▷**Blazer**

bleed /bliːd/ *v* (bled /bled/, has bled)
have blood coming out ▷**bluten**: *I cut my hand and it is bleeding.* Ich habe mir in die Hand geschnitten. Nun blutet sie.

blew /bluː/ *form of* blow[2]

blind[1] /blaɪnd/ *adj*
not able to see ▷**blind**: *The blind man had a white stick.* Der blinde Mann hatte einen weißen Stock.
blindness *n* (no *pl*) ▷**Blindheit**

blind[2] /blaɪnd/ *n*
roll of cloth or wooden strips that you can pull down to cover a window ▷**Jalousie**

blindfold /'blaɪndfəʊld/ *n*
cloth that covers someone's eyes so that he/she cannot see ▷**Augenbinde**

blink /blɪŋk/ *v*
shut and open your eyes quickly ▷**blinzeln**: *We blinked when we came out of the dark shop into the bright street.* Wir blinzelten, als wir aus dem dunklen Laden auf die helle Straße traten.

blizzard /'blɪzəd/ *n*
snowstorm with a strong wind ▷**Schneesturm**

block[1] /blɒk/ *n*
1 big, heavy piece of stone, wood, concrete, etc ▷**Klotz**
2 group of buildings joined together; distance along a group of buildings ▷**Block**: *The post office is two blocks away.* Das Postamt liegt zwei Häuserblocks entfernt.
3 something that stops a thing or a person from passing ▷**Sperre**: *a road block,* eine Straßensperre.
block of flats *n* big building with many flats, one on top of another ▷**Wohnblock**

block[2] /blɒk/ *v*
stop a thing or person from passing ▷**versperren**: *A fallen tree blocked the road.* Ein umgefallener Baum versperrte die Straße.

blond /blɒnd/ *adj*
with light hair (of a man) ▷**blond**

blonde /blɒnd/ *adj*
with light hair (of a woman) ▷**blond**
blonde *n* woman with light hair ▷**Blondine**

blood /blʌd/ *n* (no *pl*)
red liquid flowing through the body ▷**Blut**

bloody /'blʌdɪ/ *adj* (bloodier, bloodiest)
bleeding; covered with blood ▷**blutig**: *a bloody nose,* eine blutige Nase.

bloom /bluːm/ *v*
have flowers; open into flowers ▷**blühen**: *Tulips bloom in the spring.* Tulpen blühen im Frühling.

blossom /'blɒsəm/ *n*
flower on a bush or tree ▷**Blüte**
blossom *v* open into flowers ▷**blühen**: *The apple trees will blossom soon.* Die Apfelbäume werden bald blühen.

blouse /blaʊz/ *n*
piece of clothing that a woman or girl wears on the top part of her body ▷**Bluse**

blow[1] /bləʊ/ *n*
1 hitting something or someone hard; being hit hard ▷**Schlag**: *In the fight, Mick got such a blow that he fell to the floor.* Mick bekam

während des Kampfes solch einen Schlag, dass er zu Boden ging.
2 sudden bad luck that makes you shocked and sad ▷**Schlag**: *His father's death was a great blow to him.* Der Tod seines Vaters war ein schwerer Schlag für ihn.

blow[2] /bləʊ/ *v* (blew /bluː/, has blown /bləʊn/)
1 move like the wind ▷**blasen**: *A storm is blowing.* Ein Sturm bläst.
2 move something with wind ▷**wehen**: *The wind blew Rose's hat off.* Der Wind wehte Roses Hut fort.
3 send air from the mouth ▷**pusten**
4 send air from the mouth into a musical instrument, etc to make a noise ▷**blasen (in)**: *He blew the trumpet.* Er blies die Trompete.
blow up, (a) explode ▷**explodieren**: *The plane blew up.* Das Flugzeug explodierte. **(b)** make something explode ▷**in die Luft jagen**: *The bomb blew up the car.* Die Bombe jagte das Auto in die Luft. **(c)** fill something with air ▷**aufblasen**: *She blew up the balloon.* Sie blies den Luftballon auf.

blue /bluː/ *adj* (bluer, bluest)
with the colour of a clear sky in the daytime ▷**blau**
blue *n* ▷**Blau**

blunt /blʌnt/ *adj* (blunter, bluntest)
with an edge or point that is not sharp ▷**stumpf**: *a blunt pencil,* ein stumpfer Bleistift.

blush /blʌʃ/ *v*
suddenly have a red face because of shame, shyness, etc ▷**erröten**

board[1] /bɔːd/ *n*
1 flat, thin piece of wood ▷**Brett**: *He nailed a board across the broken window.* Er nagelte ein Brett vor das zerbrochene Fenster.
2 flat surface for a special purpose ▷**Brett**: *chessboard,* Schachbrett.
3 flat surface for writing ▷**Tafel**: *blackboard,* Tafel; *notice-board,* Anschlagtafel.
on board, on or onto a ship, plane, etc ▷**an Bord**: *How many passengers are on board?* Wie viele Passagiere sind an Bord?

board[2] /bɔːd/ *v*
get on to a ship, plane, etc ▷**besteigen**: *We boarded the plane at Gatwick.* Wir bestiegen das Flugzeug in Gatwick.

boarder /ˈbɔːdə(r)/ *n*
pupil who lives at school ▷**Internatsschüler(in)**

boarding-school /ˈbɔːdɪŋ skuːl/ *n*
private school where pupils sleep and eat ▷**Internat**

boast /bəʊst/ *v*
praise yourself and what you do and have ▷**angeben**: *He boasted about his new car.* Er gab mit seinem neuen Auto an.

boat /bəʊt/ *n*
small ship ▷**Boot**: *a rowing-boat,* ein Ruderboot; *a motor boat,* ein Motorboot.

body /ˈbɒdɪ/ *n* (*pl* bodies)
1 all of a person or animal ▷**Körper**: *Arms, legs, hands, and feet are parts of the body.* Arme, Beine, Hände und Füße sind Teile des Körpers.
2 dead person ▷**Leiche**: *The murderer had put the body under some leaves.* Der Mörder hatte die Leiche unter Blättern versteckt.

bodyguard /ˈbɒdɪgɑːd/ *n*
man, or group of men, who keeps danger away from an important person ▷**Leibwächter(in)**

boil /bɔɪl/ *v*
1 heat water or other liquid until it bubbles and steams ▷**kochen**
2 become so hot that it bubbles and steams ▷**kochen**: *Water boils at 100°C.* Wasser kocht bei 100°C.
3 cook something in very hot water ▷**kochen**: *I boiled the rice for fifteen minutes.* Ich habe den Reis fünfzehn Minuten lang gekocht. ☞Siehe Anmerkung bei **cook**.
boil the kettle, heat water in a special pot for tea ▷**den Kessel aufsetzen**

bolt /bəʊlt/ *n*
metal bar used to fasten a door or window ▷**Riegel**
bolt *v* lock a door, etc by putting a metal bar across it ▷**verriegeln**: *Bolt the door before you go to bed.* Verriegel die Tür, bevor du ins Bett gehst.

bomb /bɒm/ *n*
something filled with an explosive that bursts and hurts people or things ▷**Bombe**
bomb *v* break something or hurt someone with a bomb ▷**bombardieren**: *The city was bombed.* Die Stadt wurde bombardiert.

bone /bəʊn/ *n*
one of the hard, white things in the body of a person or animal ▷**Knochen**

bonfire /ˈbɒnfaɪə(r)/ *n*
big fire that you make outside ▷**großes Feuer im Freien**

book[1] /bʊk/ *n*
sheets of paper fastened together inside a cover, for reading or writing ▷**Buch**: *a library book,* ein Büchereibuch.

book[2] /bʊk/ *v*
ask and pay for a seat for the theatre, a journey, etc ▷**buchen**: *He booked a seat on the flight to London.* Er buchte einen Platz für den Flug nach London.
booking-office *n* place where you buy tickets at a station ▷**Schalter**

bookcase /ˈbʊkkeɪs/ *n*
wooden cupboard, with shelves for books ▷**Bücherschrank**

bookkeeper /ˈbʊkkiːpə(r)/ *n*
person in an office who keeps a record of all money coming in and going out ▷**Buchhalter(in)**

booklet /ˈbʊklɪt/ *n*
small book ▷**Broschüre**

bookshop /ˈbʊkʃɒp/ *n*
shop that sells books ▷**Buchhandlung**

boot /buːt/ *n*
1 heavy shoe that covers the ankle and sometimes part of the leg ▷**Stiefel**: *ski boots,* Skistiefel.
2 place for luggage in a car ▷**Kofferraum**

border /ˈbɔːdə(r)/ *n*
line between two countries ▷**Grenze**: *We stopped at the border and showed our passports.* Wir hielten an der Grenze an und zeigten unsere Pässe vor.

bore[1] /bɔː(r)/ *form of* bear[2]

bore[2] /bɔː(r)/ *v*
make someone tired because your talk is not interesting ▷**langweilen**: *His stories bore me.* Seine Geschichten langweilen mich.
be bored /bɔːd/ be not interested; be unhappy because you have nothing interesting to do ▷**sich langweilen**: *What can I do? I'm bored!* Was kann ich machen? Ich langweile mich so!
boring *adj* dull; not interesting ▷**langweilig**: *What a boring book!* Was für ein langweiliges Buch.

born /bɔːn/ *adj*
be born, come into the world ▷**geboren werden**: *I was born in 1973.* Ich wurde 1973 geboren.

borne /bɔːn/ *form of* bear[2]

> **borrow** und **lend**
> Diese beiden Verben zeigen den selben Vorgang aus unterschiedlichem Blickwinkel;
>
> *I borrowed £20 from him.* (sich ausleihen)
>
> *He lent me £20.* (verleihen)

borrow /ˈbɒrəʊ/ *v*
ask for something that belongs to another person and that you will give back ▷**sich ausleihen**: *Can I borrow your bike for a day while mine is being mended?* Kann ich mir dein Fahrrad für einen Tag ausleihen, während meines repariert wird?

boss /bɒs/ *n* (*pl* bosses)
person that you work for; person in charge of a business, office, etc ▷**Chef(in)**

bossy /ˈbɒsɪ/ *adj* (bossier, bossiest)
always telling other people what to do, etc ▷**herrisch**

both[1] /bəʊθ/ *adj*
the two; not just one but also the other ▷**beide**: *Hold this heavy bag in both hands.* Diese schwere Tasche musst du mit beiden Händen tragen.

both[2] /bəʊθ/ *adv*
both . . . and, not only . . . but also ▷**sowohl . . . als auch**: *Jane is both rich and clever.* Jane ist sowohl reich als auch klug.

both[3] /bəʊθ/ *pron*
the two together ▷**beide**: *Both of us want to go.* Wir wollen beide gehen.

bother /ˈbɒðə(r)/ *v*
1 trouble someone; make someone cross or worried ▷**stören**: *Don't bother me with silly questions!* Störe mich nicht mit dummen Fragen!
2 give yourself extra work, etc ▷**sich Mühe machen**: *Please don't bother to get up.* Bitte machen Sie sich nicht die Mühe aufzustehen.
bothered /ˈbɒðəd/ *adj* worried; unhappy ▷**besorgt**

bottle /ˈbɒtl/ *n*
glass or plastic container with a narrow neck, for holding liquids ▷**Flasche**: *a bottle of milk,* eine Flasche Milch.

bottom /ˈbɒtəm/ *n*
1 lowest part of something ▷**Boden**: *He couldn't see the bottom of the well.* Er konnte den Boden des Brunnens nicht sehen.
2 last part; end ▷**Ende**: *The cinema is at the bottom of the street.* Das Kino ist am Ende der Straße.
3 the part of the body on which you sit ▷**Gesäß**
bottom *adj* lowest ▷**unterste**: *the bottom shelf,* das unterste Regalbrett.

bough /baʊ/ *n*
big branch of a tree ▷**Ast**

bought /bɔːt/ *form of* buy

boulder /ˈbəʊldə(r)/ *n*
big rock or stone ▷**Felsbrocken**

bounce /baʊns/ *v*
1 move up and down like a ball ▷**hüpfen**: *The children bounced on their beds.* Die Kinder hüpften auf ihren Betten.
2 make something move up and down ▷**springen lassen**: *Sue bounced her new ball.* Sue ließ ihren neuen Ball springen.

bound[1] /baʊnd/ *adj*
be bound to, be sure or certain to do something ▷**etwas bestimmt tun**: *I must hide his present or he's bound to see it.* Ich muss sein Geschenk verstecken, sonst wird er es bestimmt sehen.

bound[2] /baʊnd/ *form of* bind

boundary /ˈbaʊndrɪ/ *n* (*pl* boundaries)
line between two places; edge of a field, etc ▷**Grenze**

bouquet /bʊˈkeɪ/ *n*
bunch of flowers ▷**Blumenstrauß**

boutique /buːˈtiːk/ *n*
small shop that sells fashionable clothes ▷**Modegeschäft**

bow[1] /bəʊ/ *n*
curved piece of wood with string between the two ends, for shooting arrows ▷**Bogen**

bow[2] /bəʊ/ *n*
knot made with loops of ribbon, string, etc ▷**Schleife**: *My shoelaces are tied in a bow.* Meine Schnürsenkel sind zu einer Schleife gebunden.
bow-tie /bəʊ ˈtaɪ/ *n* tie in the shape of a bow ▷**Fliege**

bow[3] /baʊ/ *v*
bend your head or body forward to show respect ▷**(sich ver)beugen**: *The actors bowed and left the stage.* Die Schauspieler verbeugten sich und traten von der Bühne ab.
bow *n* ▷**Verbeugung**
☞Vorsicht! Diese Wörter werden oft verwechselt und falsch ausgesprochen. **bow**[3] reimt sich auf **how** und bedeutet **sich beugen, verbeugen**. **bow**[1], **bow**[2] reimen sich auf **low**.

bowl /bəʊl/ *n*
deep, round dish ▷**Schüssel**: *a glass bowl,* eine Glasschüssel.

box[1] /bɒks/ *n* (*pl* boxes)
1 large container made of wood, metal etc ▷**Kiste**: *a box of books,* eine Bücherkiste.
2 small container made of wood or cardboard ▷**Schachtel**: *a box of matches,* eine Streichholzschachtel.

box[2] /bɒks/ *v*
fight with the fists, in thick gloves, for sport ▷**boxen**
boxer *n* man who fights with his fists, as a sport ▷**Boxer**
boxing *n* (no *pl*) sport of fighting with the fists ▷**Boxen**

Boxing Day /ˈbɒksiŋ deɪ/ *n*
the day after Christmas Day; 26 December ▷**zweiter Weihnachtsfeiertag**

box-office /ˈbɒks ɒfɪs/ *n*
place where you buy tickets in a theatre, cinema, etc ▷**Theaterkasse**

boy /bɔɪ/ *n*
male child; young man ▷**Junge**
boyfriend *n* boy who is the special friend of a girl ▷**Freund**

bra /brɑː/ *n*
piece of woman's clothing to cover and support the breasts ▷**BH**

bracelet /ˈbreɪslɪt/ *n*
pretty piece of metal, or chain that you wear round your arm ▷**Armband**

bracket /ˈbrækɪt/ *n*
one of the punctuation marks ( ) ▷**Klammer**: *in brackets,* in Klammern.

brain /breɪn/ *n*
the part inside the head of a person or animal, which thinks and feels ▷**Gehirn**

brake /breɪk/ *n*
thing that you move to make a car, etc stop or go more slowly ▷**Bremse**
brake *v* move the brake ▷**bremsen**: *He braked suddenly.* Er bremste plötzlich.

branch /brɑːntʃ/ *n* (*pl* branches)
1 one of the arms of a tree, which grow out from the trunk ▷**Ast**
2 part of a business, company, etc ▷**Zweigstelle**: *The bank has branches all over the country.* Die Bank besitzt im ganzen Land Zweigstellen.

brand-new /ˌbrænd ˈnjuː/ *adj*
totally new ▷**brandneu**

brandy /ˈbrændɪ/ *n*
1 (no *pl*) strong alcoholic drink ▷**Weinbrand**
2 (*pl* brandies) glass of brandy ▷**Weinbrand**

brass /brɑːs/ *n* (no *pl*)
bright yellow metal, made by mixing copper and zinc ▷**Messing**

brave /breɪv/ *adj* (braver, bravest)
not showing that you are afraid or hurt ▷**mutig**: *It was brave of him to enter the burning building.* Es war mutig von ihm, das brennende Gebäude zu betreten.
bravely *adv* ▷**mutig**
bravery *n* (no *pl*) ▷**Tapferkeit**

bread /bred/ *n* (no *pl*)
food made from flour, water, and yeast, and then baked ▷**Brot**: *a slice of bread,* eine Scheibe Brot.

breadth /bretθ/ *n*
being broad; how wide or broad something is ▷**Breite**

break[1] /breɪk/ *n*
1 crack; place where something has been broken, etc ▷**Spalt**: *The sun shone through a break in the clouds.* Die Sonne schien durch einen Spalt in den Wolken.
2 short time when you stop doing something

▷**Pause**: *Let's have a break and have a cup of tea.* Lass uns eine Pause machen und eine Tasse Tee trinken.

break[2] /breɪk/ *v* (broke /brəʊk/, has broken /ˈbrəʊkən/)
1 drop, hit, or pull something so that it is in pieces ▷**zerbrechen**: *He broke a mirror.* Er zerbrach einen Spiegel.
2 go into smaller pieces by falling, hitting, etc ▷**zerbrechen**: *The glass fell and broke.* Das Glas fiel hin und zerbrach.
break down, go wrong and stop working ▷**kaputtgehen**: *We are late because the car broke down.* Wir haben uns verspätet, weil das Auto kaputtgegangen ist.
break in, break into, force a way in, to steal etc ▷**einbrechen**: *Thieves broke into the house. They broke in through the window.* Diebe sind ins Haus eingebrochen. Sie sind durch das Fenster eingebrochen.
break out, **(a)** start suddenly ▷**ausbrechen**: *The fire broke out during the night.* Das Feuer brach in der Nacht aus. **(b)** escape; get free ▷**ausbrechen**: *The prisoners broke out of their cell.* Die Gefangenen sind aus ihrer Zelle ausgebrochen.
break up, **(a)** finish; stop happening ▷**aufhören**: *School breaks up in July.* Die Unterricht an den Schulen hört im Juli auf. **(b)** stop something happening ▷**stoppen**: *The police broke up the fight between the football fans.* Die Polizei stoppte den Kampf zwischen den Fußballfans.

breakdown /ˈbreɪkdaʊn/ *n*
total stop when a machine will not work ▷**Panne**: *We had a breakdown on the motorway.* Wir hatten eine Panne auf der Autobahn.

breakfast /ˈbrekfəst/ *n*
first meal of the day ▷**Frühstück**

breast /brest/ *n*
part of a woman's body that gives milk ▷**Brust**

breath /breθ/ *n*
air that you take in and send out through the nose and mouth ▷**Atem**
out of breath, needing to breathe more quickly than usual ▷**außer Atem**: *He ran so fast he was soon out of breath.* Er lief so schnell, dass er schon bald außer Atem war.

breathe /briːð/ *v*
take air into and send it out from your nose and mouth ▷**atmen**

breathless /ˈbreθlɪs/ *adj*
having little breath because you are tired or excited ▷**atemlos**
breathlessly *adv* ▷**atemlos**: *They waited breathlessly for the news.* Atemlos warteten sie auf die Neuigkeiten.

breeze /briːz/ *n*
light wind ▷**Brise**

brewery /ˈbrʊərɪ/ *n* (*pl* breweries)
place where beer is made ▷**Brauerei**

bribe /braɪb/ *n*
money or present that you give to someone to make him do something ▷**Bestechung(sgeld)**
bribe *v* ▷**bestechen**: *The prisoner bribed the guard to let him free.* Der Gefangene bestach den Wärter, ihn freizulassen.

brick /brɪk/ *n*
block of baked clay used for building ▷**Ziegelstein**

bricklayer /ˈbrɪkleɪə(r)/ *n*
someone who puts bricks together to make walls, buildings, etc ▷**Maurer(in)**

bride /braɪd/ *n*
woman on her wedding-day ▷**Braut**

bridegroom /ˈbraɪdgruːm/ *n*
man on his wedding-day ▷**Bräutigam**

bridesmaid /ˈbraɪdzmeɪd/ *n*
girl or woman who helps the bride at her wedding ▷**Brautjungfer**

bridge /brɪdʒ/ *n*
way built for people to cross over a river, railway, or road ▷**Brücke**: *They walked over the bridge to get to the other side of the river.* Sie gingen über die Brücke, um auf die andere Seite des Flusses zu gelangen.

brief /briːf/ *adj* (briefer, briefest)
short ▷**kurz**: *a brief description*, eine kurze Beschreibung.
briefly *adv* ▷**kurz**

briefcase /ˈbriːfkeɪs/ *n*
flat case to carry papers in ▷**Aktentasche** ☞Vorsicht! Die deutsche **Brieftasche** heißt auf Englisch **wallet**.

bright /braɪt/ *adj* (brighter, brightest)
1 giving out a lot of light; shining ▷**hell**: *It was a bright, sunny day.* Es war ein heller, sonniger Tag.
2 clear in colour ▷**leuchtend**: *bright red*, leuchtend rot.
brightly *adv* ▷**hell, leuchtend**

brilliant /ˈbrɪlɪənt/ *adj*
very bright ▷**glänzend**: *brilliant jewels*, glänzende Juwelen.
brilliantly *adv* ▷**glänzend**

bring /brɪŋ/ *v* (brought /brɔːt/ , has brought)
1 carry or take someone or something to another place ▷**bringen**: *He brought me a cup of tea.* Er brachte mir eine Tasse Tee.
2 make something happen ▷**bringen**: *Summer brings warmer weather.* Der Sommer bringt wärmeres Wetter.

bring about, make something happen ▷**verursachen**: *What brought about her great success?* Was hat ihren großen Erfolg verursacht?
bring back, (a) return something ▷**zurückbringen**: *I have brought back the book you lent me.* Ich habe das Buch zurückgebracht, das du mir geliehen hast. **(b)** make you remember something ▷**wachrufen**: *The photographs of Italy bring back memories of my holiday there.* Die Italienfotos rufen Erinnerungen an meinen Urlaub dort wach.
bring up, look after and educate children, etc ▷**großziehen**: *Mr Williams brought up his children alone.* Mr Williams hat seine Kinder allein großgezogen.
☞Vorsicht! Verwechsle nicht **bring** und **take**: (in Richtung Sprecher) *Please bring me a glass of coke.* (vom Sprecher weg) *Please take the empty bottle outside.* (vom Sprecher weg und zum Sprecher zurück) *Please fetch the book from my room.*

broad /brɔːd/ *adj* (broader, broadest)
far from one side to the other ▷**breit**: *a broad river,* ein breiter Fluss.
☞Normalerweise verwendet man **wide**, um zu beschreiben, wie breit etwas ist. **broad** beschreibt oft breite, flache Dinge.

broadcast /'brɔːdkɑːst/ *v* (broadcast, has broadcast)
send sounds out by radio or television ▷**senden**: *The BBC broadcasts news at 9 p.m.* Die BBC sendet Nachrichten um 21 Uhr.
broadcaster *n* someone whose job is to talk on radio or television ▷**Sprecher(in)**.

broke /brəʊk/ *form of* break[2]

broken[1] /'brəʊkən/ *adj*
not whole; in pieces; not working ▷**kaputt**: *A broken clock will not show the right time.* Eine Uhr, die kaputt ist, zeigt nicht die richtige Zeit an.

broken[2] /'brəʊkən/ *form of* break[2]

bronze /brɒnz/ *n* (no *pl*)
metal made by mixing copper and tin ▷**Bronze**

brooch /brəʊtʃ/ *n* (*pl* brooches)
pretty pin that you wear on your clothes ▷**Brosche**

broom /bruːm/ *n*
brush on a long handle ▷**Besen**: *Bill is sweeping up the leaves with a broom.* Bill fegt die Blätter mit einem Besen zusammen.

brother /'brʌðə(r)/ *n*
boy or man who has the same parents as another ▷**Bruder**: *my younger brother,* mein jüngerer Bruder. ☞Das deutsche **Geschwister** muss im Englischen mit **brothers and sisters** wiedergegeben werden. Siehe Darstellung bei **family**.

brother-in-law /'brʌðər ɪn lɔː/ *n* (*pl* brothers-in-law)
brother of your husband or wife; husband of your sister ▷**Schwager** ☞Siehe Darstellung bei **family**.

brought /brɔːt/ *form of* bring

brow /braʊ/ *n*
1 part of the face above the eyes ▷**Stirn**
2 top of a slope ▷**Kuppe**: *The car broke down on the brow of the hill.* Das Auto ging auf der Kuppe des Hügels kaputt.

brown /braʊn/ *adj* (browner, brownest)
with the colour of coffee or cocoa ▷**braun**
brown *n* ▷**Braun**

bruise /bruːz/ *n*
dark mark under the skin that comes after a blow ▷**blauer Fleck**

brush[1] /brʌʃ/ *n* (*pl* brushes)
bunch of strong hairs or nylon, fixed in a handle, used for cleaning, painting, etc ▷**Bürste**: *a hairbrush,* eine Haarbürste; *a toothbrush,* eine Zahnbürste.

brush[2] /brʌʃ/ *v*
do a job with a brush ▷**bürsten**: *She brushed her hair.* Sie bürstete ihr Haar.

bubble /'bʌbl/ *v*
send up tiny balls of gas or air ▷**sprudeln**: *When water boils it begins to bubble.* Wenn Wasser kocht, sprudelt es.
bubble *n* tiny ball of gas or air ▷**Bläschen**

bucket /'bʌkɪt/ *n*
round container of metal or plastic, with a handle, for holding water, milk, etc ▷**Eimer**

buckle[1] /'bʌkl/ *n*
fastener for a belt or strap ▷**Schnalle**

buckle[2] /'bʌkl/ *v*
fasten a belt, etc with a buckle ▷**zuschnallen**

bud /bʌd/ *n*
leaf or flower when it starts growing ▷**Knospe**: *There are buds on the trees in the spring.* Im Frühling haben die Bäume Knospen.

budget /'bʌdʒɪt/ *n*
plan of how much money you have and how you will spend it ▷**Haushaltsplan**
budget, *adj* cheap ▷**preisgünstig**: *a budget holiday,* eine preisgünstige Reise.

budgie /'bʌdʒɪ/ *n*
small blue or green bird, which you keep in a cage ▷**Wellensittich**

build /bɪld/ *v* (built /bɪlt/, has built)
make something by putting parts together ▷**bauen**: *A new hospital is being built.* Ein

neues Krankenhaus wird gebaut.☞Vorsicht! Das deutsche **bilden** heißt auf Englisch **form** oder **make**.

builder /'bɪldə(r)/ *n*
someone who makes houses, etc ▷**Bauarbeiter(in)**

building /'bɪldɪŋ/ *n*
place that was made for people to live, work, play, etc in ▷**Gebäude**: *Houses, schools, shops, hotels, and churches are buildings.* Häuser, Schulen, Läden, Hotels und Kirchen sind Gebäude.

built /bɪlt/ *form of* build

bulb /bʌlb/ *n*
1 round part from which some plants grow ▷**(Blumen)zwiebel**: *a tulip bulb,* eine Tulpenzwiebel.
2 round glass thing that makes electric light ▷**Glühbirne**

bull /bʊl/ *n*
big farm animal; male ox ▷**Stier**

bulldozer /'bʊldəʊzə(r)/ *n*
big machine that moves earth and makes land flat ▷**Planierraupe**

bullet /'bʊlɪt/ *n*
piece of metal that shoots out of a rifle or revolver ▷**Kugel**

bully /'bʊlɪ/ *v* (bullied, has bullied)
hurt or frighten a weaker person ▷**tyrannisieren**
bully *n* (*pl* bullies) someone who bullies people ▷**Tyrann(in)**

bump[1] /bʌmp/ *n*
1 gentle noise when two things come together ▷**Plumps**: *He dropped the box with a bump.* Er ließ die Kiste mit einem Plumps fallen.
2 rough point on the road, etc ▷**Buckel**: *There is an enormous bump in the middle of the tennis court.* In der Mitte des Tennisplatzes ist ein riesiger Buckel.
3 small round shape that you get when you hit yourself ▷**Beule**: *a bump on the head,* eine Beule am Kopf.

bump[2] /bʌmp/ *v*
1 hit or knock something or someone ▷**knallen gegen**: *She bumped into the lamp-post.* Sie knallte gegen den Laternenpfahl.
2 hurt yourself when you hit against something hard ▷**(an)stoßen**: *I bumped my head.* Ich habe mir den Kopf gestoßen.
bump into someone, meet someone by chance ▷**jemanden zufällig treffen**: *I bumped into John at the cinema.* Ich traf John zufällig im Kino.

bumper /'bʌmpə(r)/ *n*
bar on the front or back of a car, lorry, etc. It helps to protect the car if it hits something ▷**Stoßstange**

bumpy /'bʌmpɪ/ *adj* (bumpier, bumpiest)
rough; that shakes you ▷**holperig**: *a bumpy road,* eine holperige Straße.

bun /bʌn/ *n*
small, round cake ▷**Teilchen**

bunch /bʌntʃ/ *n* (*pl* bunches)
some things of the same kind that you tie together ▷**Strauß**: *a bunch of flowers,* ein Blumenstrauß.

bundle /'bʌndl/ *n*
number of things that you have tied or wrapped together ▷**Bündel**: *a bundle of newspapers,* ein Bündel Zeitungen.

bungalow /'bʌŋgələʊ/ *n*
house with only a ground floor ▷**Bungalow**

buoy /bɔɪ/ *n*
floating thing, put in water to show where there are dangerous rocks, etc ▷**Boje**

burglar /'bɜːglə(r)/ *n*
person who breaks into a building to steal ▷**Einbrecher(in)**
burglary *n* (*pl* burglaries) breaking into a building to steal ▷**Einbruch**
burgle *v* ▷**einbrechen**: *They burgled the museum last Saturday.* Am letzten Samstag ist in das Museum eingebrochen worden.

burn[1] /bɜːn/ *n*
mark or scar that fire makes ▷**Brandwunde**

burn[2] /bɜːn/ *v* (burnt /bɜːnt/, has burnt, burned /bɜːnd/, has burned)
1 give out flames or light; be on fire ▷**brennen**: *All the lights are burning*. Alle Lampen brennen. *Paper burns easily.* Papier brennt leicht.
2 hurt someone or something by fire or heat ▷**verbrennen**: *She burnt her fingers*. Sie verbrannte sich die Finger.
burn down, burn, or make a building burn, until it falls down ▷**abbrennen**: *The Smiths have no home because their house has burned down*. Die Smiths sind obdachlos, weil ihr Haus abgebrannt ist.

burst[1] /bɜːst/ *n*
breaking; sudden hole or crack ▷**Bruch**: *a burst in the water pipe,* ein Wasserrohrbruch.

burst[2] /bɜːst/ *v* (burst, has burst)
break open suddenly; make something break open suddenly ▷**(auf)platzen**: *The bag was so full that it burst open.* Die Tüte war so voll, dass sie aufplatzte. *The balloon burst*. Der Luftballon platzte.

bury /'berɪ/ *v* (buried, has buried)
put a person or thing in the ground, in a grave, etc ▷**beerdigen**

bus /bʌs/ *n* (*pl* buses)
big road vehicle for many people to travel in ▷**Bus**
bus stop *n* place where buses stop to let people get on and off ▷**Bushaltestelle**

bush /bʊʃ/ *n* (*pl* bushes)
plant like a short tree, with many branches ▷**Busch**

business /ˈbɪznɪs/ *n*
1 (no *pl*) buying and selling things ▷**Geschäft**: *Business is good at Christmas when people buy presents.* In der Weihnachtszeit, wenn die Leute Geschenke kaufen, gehen die Geschäfte gut.
2 (*pl* businesses) shop, factory, etc ▷**Betrieb**: *My uncle has a business in Leeds.* Mein Onkel hat einen Betrieb in Leeds.
it's none of your business, it has nothing to do with you ▷**Das geht dich nichts an.**
mind your own business, do your own work and do not be too interested in other people's work ▷**sich um seine eigenen Angelegenheiten kümmern**
on business, because of your work ▷**geschäftlich**: *He went to Rome on business.* Er fuhr geschäftlich nach Rom.

businessman /ˈbɪznɪsmæn/ *n* (*pl* businessmen)
man who works in an office and whose job is about buying and selling things ▷**Geschäftsmann**

businesswoman /ˈbiznɪswʊmən/ *n* (*pl* businesswomen)
woman who works in an office and whose job is about buying and selling things ▷**Geschäftsfrau**

busy /ˈbɪzɪ/ *adj* (busier, busiest)
1 working; with a lot to do ▷**beschäftigt**: *Can you wait a minute? I'm busy.* Können Sie eine Minute warten? Ich bin beschäftigt.
2 with many things happening ▷**belebt**: *The streets of a big city are always busy.* Die Straßen einer großen Stadt sind immer belebt.

but[1] /bʌt/ *conj*
however ▷**aber**: *She is American but she lives in England.* Sie ist Amerikanerin, lebt aber in England.

but[2] /bʌt/ *prep*
except ▷**außer**: *Tom reads nothing but comics.* Tom liest nichts außer Comics.

butcher /ˈbʊtʃə(r)/ *n*
someone who cuts or sells meat ▷**Fleischer(in)**: *at the butcher's,* beim Fleischer.

butter /ˈbʌtə(r)/ *n* (no *pl*)
soft, yellow food that you put on bread or use in cooking. ▷**Butter**: *Jane spread butter on her bread.* Jane strich Butter auf ihr Brot.
butter *v* put butter on to bread, etc ▷**mit Butter bestreichen**

butterfly /ˈbʌtəflaɪ/ *n* (*pl* butterflies)
insect with big, pretty wings ▷**Schmetterling**

button /ˈbʌtn/ *n*
1 small, round thing that you push through a hole to fasten clothes ▷**Knopf**
2 small, round thing on a machine, which you push ▷**Knopf**: *When you press this button, the radio will start.* Wenn du auf diesen Knopf drückst, geht das Radio an.
button *v* fasten a coat, etc with buttons ▷**zuknöpfen**: *It's cold today so button your coat.* Knöpf deinen Mantel zu, es ist kalt heute.

buy /baɪ/ *v* (bought /bɔːt/, has bought)
get something for money ▷**kaufen**: *I bought some milk.* Ich habe Milch gekauft.

by[1] /baɪ/ *adv*
past ▷**vorbei**: *She hurried by without stopping.* Sie eilte vorbei, ohne anzuhalten.

by[2] /baɪ/ *prep*
1 near; at or to the side of ▷**bei, an**: *Our house is by the river.* Unser Haus liegt am Fluss.
2 past ▷**vorbei**: *He walked by me without speaking.* Er ging an mir vorbei, ohne zu sprechen.
3 during ▷**während**: *Do you prefer travelling by day or by night?* Reist du lieber während des Tages oder während der Nacht?
4 not later than ▷**bis spätestens**: *Be here by 4 o'clock.* Sei bis spätestens vier Uhr hier.
5 through; along; over ▷**durch, über**: *We came through the fields, not by the road.* Wir kamen über die Felder, nicht über die Straße.
6 word that shows the author, painter, etc of ▷**von**: *a play by Shakespeare,* ein Stück von Shakespeare.
7 word that shows how ▷**mit, durch**: *pay by cheque,* mit Scheck bezahlen.
8 word that shows what kind of transport, etc ▷**mit**: *to go by train,* mit dem Zug fahren; *to send a letter by post,* einen Brief mit der Post schicken.
9 word that shows which part ▷**an**: *She led the child by the hand.* Sie führte das Kind an der Hand.

bye, bye-bye /baɪ, ˌbaɪ ˈbaɪ/ *exclam*
goodbye ▷**auf Wiedersehen**

bypass /ˈbaɪpɑːs/ *n*
main road that goes round a town or village ▷**Umgehungsstraße**

Cc

cab /kæb/ *n*
1 taxi ▷**Taxi**
2 part of a railway engine, lorry, bus, etc, where the driver sits ▷**Führerhaus**

cabbage /ˈkæbɪdʒ/ *n*
vegetable with thick, green leaves ▷**Kohl**

cabin /ˈkæbɪn/ *n*
1 room on a ship or an aeroplane ▷**Kabine**
2 small, simple house ▷**Hütte**

cable /ˈkeɪbl/ *n*
1 thick, strong rope, wire, or chain ▷**Seil**
2 wire that carries electrical messages ▷**Kabel**
cable television *n* (no *pl*) way of sending pictures and sound by cable ▷**Kabelfernsehen**

cactus /ˈkæktəs/ *n* (*pl* cacti)
plant that can live in a hot, dry place ▷**Kaktus**

café /ˈkæfeɪ/ *n*
place where people can buy and have food and drink ▷**Café** ☞Vorsicht! Ein **café** entspricht nicht dem deutschen **Café** in dem man hauptsächlich Kaffee oder Tee und Kuchen zu sich nimmt. Die sind eher in einem **tearoom** zu finden. In einem **café** kann man auch leichte Mahlzeiten zu sich nehmen.

cafeteria /ˌkæfɪˈtɪərɪə/ *n*
place where people collect their meals on a tray ▷**Restaurant mit Selbstbedienung**

cage /keɪdʒ/ *n*
box or place with bars or a fence round it for keeping animals or birds ▷**Käfig**

cake /keɪk/ *n*
sweet food made with flour, sugar, butter, and eggs, etc and then baked ▷**Kuchen**: *We had tea and cakes at 5 o'clock.* Um fünf Uhr aßen wir Kuchen und tranken Tee.

calculate /ˈkælkjʊleɪt/ *v*
find an answer by working with numbers ▷**ausrechnen**: *Can you calculate how much the holiday will cost?* Kannst du ausrechnen, wie viel der Urlaub kosten wird?
calculation /ˌkælkjʊˈleɪʃn/ *n* ▷**Kalkulation**

calculator /ˈkælkjʊleɪtə(r)/ *n*
machine that can add, subtract, etc ▷**Rechner**

calendar /ˈkælɪndə(r)/ *n*
list of the days, weeks, months, etc of one year ▷**Kalender** ☞Vorsicht! Dieses Wort bezieht sich nur auf einen Wand- oder Tischkalender. Taschenkalender musst du mit **diary** übersetzen.

calf /kɑːf/ *n* (*pl* calves)
young cow ▷**Kalb** ☞Siehe Anmerkung bei **pig**.

call[1] /kɔːl/ *n*
1 shout; cry ▷**Schrei**: *a call for help,* ein Hilfeschrei.
2 short visit ▷**Besuch**: *I paid a call on Bob.* Ich stattete Bob einen Besuch ab.
3 using the telephone ▷**Anruf**: *I had a call from Peter.* Ich bekam einen Anruf von Peter.

call[2] /kɔːl/ *v*
1 speak loudly and clearly; shout ▷**rufen**: *Come when I call.* Komm, wenn ich rufe.
2 telephone someone ▷**anrufen**: *When did Pete call?* Wann hat Pete angerufen? ☞Vergleiche mit **phone**.
3 give a name to someone or something ▷**nennen**: *They called the baby Sarah.* Sie nannten das Baby Sarah.
be called, have as your name ▷**heißen**: *What is your new teacher called?* Wie heißt eure neue Lehrerin?
call for, go and fetch someone or something ▷**abholen**: *Please call for me on your way to school.* Hole mich bitte auf deinem Weg zur Schule ab.
call off, (a) say that something must not happen ▷**absagen**: *If it rains, we shall call off the picnic.* Wenn es regnet, werden wir das Picknick absagen. **(b)** say that something must stop ▷**abbrechen**: *They called off the strike.* Sie brachen den Streik ab.
call on, visit someone for a short time ▷**besuchen**: *Please call on me next time you're in Oxford.* Bitte besuchen Sie mich, wenn Sie das nächste Mal in Oxford sind.
call out, shout ▷**ausrufen**
call someone up, telephone someone ▷**jemanden anrufen**

call-box /ˈkɔːl bɒks/ *n* (*pl* call-boxes)
public telephone box ▷**Telefonzelle**

calm /kɑːm/ *adj* (calmer, calmest)
1 quiet; not excited; not showing fear, etc ▷**ruhig**: *Jane was frightened, but she stayed calm.* Jane hatte Angst, aber sie blieb ruhig.
2 with no wind ▷**windstill**: *a calm day,* ein windstiller Tag.
3 with no big waves ▷**ruhig**: *a calm sea,* eine ruhige See.
calm *v* make someone quiet, less afraid, etc ▷**beruhigen**: *The rider calmed the frightened*

horse. Der Reiter beruhigte das verängstigte Pferd.
calm down, become less afraid, excited, etc ▷**sich beruhigen**

calmly /ˈkɑːmlɪ/ *adv*
with no worry or fear ▷**ruhig**
calmness *n* (no *pl*) ▷**Ruhe**

calorie /ˈkælərɪ/ *n*
unit of energy ▷**Kalorie**

calves /kɑːvz/ *n pl of* calf

came /keɪm/ *form of* come

camel /ˈkæml/ *n*
big animal with one or two humps on its back ▷**Kamel**: *She went across the Sahara on a camel.* Sie durchquerte die Sahara auf einem Kamel.

camera /ˈkæmərə/ *n*
machine that makes photographs ▷**Kamera**

camp /kæmp/ *n*
place where people live for a time in tents or huts ▷**Lager**: *a Scout camp,* ein Pfadfinderlager.
camp *v* ▷**zelten**: *We walked all day and camped by a river at night.* Wir wanderten den ganzen Tag und zelteten nachts an einem Fluss.
camping *n* (no *pl*) living in tents for a holiday, etc ▷**Zelten**: *Camping isn't fun when it rains!* Zelten macht keinen Spaß, wenn es regnet.
camp-site *n* place where people put their tents for a holiday ▷**Campingplatz**

campaign /kæmˈpeɪn/ *n*
plan for doing something special ▷**Kampagne**: *a campaign to stop people smoking,* eine Kampagne gegen das Rauchen.

can[1] /kæn/ *n*
metal container for keeping foods, etc; tin ▷**Dose**: *a beer can,* eine Bierdose.

can[2] *v* (*past tense* could /kʊd/)
1 be able to do something ▷**können**: *Jim can write very fast.* Jim kann sehr schnell schreiben.
2 be allowed to do something ▷**können**: *You can't go in without a ticket.* Ohne Karte können Sie nicht hineingehen.
3 be possible; be likely ▷**können**: *It can be very cold in Scotland.* In Schottland kann es sehr kalt sein.
☞Vorsicht! Im Futur wird **can** mit der Bedeutung „Fähigkeit" durch **be able to** ersetzt, z.B.: *I won't be able to meet you tomorrow.* Ich werde dich morgen nicht treffen können. Wenn du jemanden um Erlaubnis bitten möchtest, so sind die Ausdrücke **can I ...** und **may I ...** häufig austauschbar, wobei **may I** die förmlichere Ausdrucksweise ist.

canal /kəˈnæl/ *n*
channel cut through land for boats or ships, or to carry water to places that need it ▷**Kanal**: *the Suez Canal,* der Suez-Kanal.

canary /kəˈneərɪ/ *n* (*pl* canaries)
small, yellow bird, which you keep in a cage ▷**Kanarienvogel**

cancel /ˈkænsl/ *v* (is cancelling, cancelled /ˈkænsld/, has cancelled)
stop a plan before it happens ▷**absagen**: *We cancelled the party because I was ill.* Wir sagten die Party ab, weil ich krank war.
cancellation /ˌkænsəˈleɪʃn/ *n* ▷**Absage**

canceled *American for* cancelled

cancer /ˈkænsə(r)/ *n* (no *pl*)
dangerous illness ▷**Krebs**

candidate /ˈkændɪdət/ *n*
someone who asks for a job, position, etc ▷**Bewerber(in)**: *When the director leaves, there will be many candidates for his job.* Wenn der Direktor geht, wird es viele Bewerber für seine Stelle geben.

candle /ˈkændl/ *n*
stick of wax that gives light when it burns ▷**Kerze**

candy *American for* sweet *n*

canned /kænd/ *adj*
in a can or tin so that it will stay fresh ▷**in Dosen**: *canned vegetables,* Gemüse in Dosen.

cannibal /ˈkænɪbl/ *n*
person who eats other people ▷**Kannibale, Kannibalin**

cannon /ˈkænən/ *n*
big gun ▷**Kanone**

cannot /ˈkænət/ *v*
be unable to do something; not know how to do something ▷**nicht können**: *I have hurt my leg and cannot walk.* Ich habe mich am Bein verletzt und kann nicht gehen.

canoe /kəˈnuː/ *n*
light boat that you move with a paddle ▷**Kanu**

can't /kɑːnt/ cannot

canteen /kænˈtiːn/ *n*
room in a factory, school, etc where people eat together ▷**Kantine**

canvas /ˈkænvəs/ *n* (no *pl*)
strong cloth for sails, bags, tents, etc ▷**Leinwand**

cap /kæp/ *n*
1 sort of soft hat ▷**Mütze**
2 cover for the top of a tube, bottle, etc ▷**Deckel**

capable /ˈkeɪpəbl/ *adj*
clever; good at your work ▷**fähig**: *a capable driver,* ein fähiger Fahrer.

be capable of, be able to do something ▷**können**: *John is capable of jumping higher if he tries.* John kann höher springen, wenn er es versucht.

cape /keɪp/ *n*
loose piece of clothing, like a coat with no sleeves ▷**Umhang**

capital /'kæpɪtl/ *n*
1 most important city in a country or state ▷**Hauptstadt**: *Paris is the capital of France.* Paris ist die Hauptstadt von Frankreich.
2 large letter of the alphabet ▷**Großbuchstabe**: *A, B, C, etc are capitals; a, b, c are not.* A, B, C sind Großbuchstaben; a, b, c nicht.

capsize /kæp'saɪz/ *v*
turn over in the water ▷**kentern**: *The boat hit a rock and capsized.* Das Boot lief auf einen Felsen auf und kenterte.

captain /'kæptɪn/ *n*
1 leader of a group of people ▷**Kapitän**: *the captain of a football team,* der Kapitän einer Fußballmannschaft.
2 chief person on a ship ▷**Kapitän**
3 officer in the army ▷**Hauptmann**

caption /'kæpʃn/ *n*
words above or below a picture in a book, magazine, etc telling you about the picture ▷**Bildunterschrift**

captive /'kæptɪv/ *n*
someone who is not free ▷**Gefangene(r)**

captivity /kæp'tɪvətɪ/ *n* (no *pl*)
being a prisoner; being in a place that you cannot leave ▷**Gefangenschaft**

capture /'kæptʃə(r)/ *v*
catch and hold someone or something ▷**festnehmen**: *The thieves were captured as they drove away.* Die Diebe wurden festgenommen, als sie wegfuhren.
capture *n* ▷**Festnahme**: *the capture of a thief,* die Festnahme eines Diebes.

car /kɑː(r)/ *n*
vehicle with four wheels for a small group of people ▷**Auto**
car park *n* place where you can put your car for a time ▷**Parkplatz**

caravan /'kærəvæn/ *n*
small house on wheels, which a car or horse can pull ▷**Wohnwagen**

card /kɑːd/ *n*
1 piece of stiff paper with a picture for sending to people ▷**Karte**: *At Christmas we send Christmas cards to our friends.* Zu Weihnachten verschicken wir Weihnachtskarten an unsere Freunde.
2 piece of stiff, thick paper with numbers or pictures for playing games ▷**(Spiel)karte**
3 stiff, thick paper ▷**Karton**

cardboard /'kɑːdbɔːd/ *n* (no *pl*)
thick, stiff card for making boxes, etc ▷**Pappe**: *cardboard box,* Pappkarton.

cardigan /'kɑːdɪgən/ *n*
knitted woollen jacket with sleeves ▷**Strickjacke**

care[1] /keə(r)/ *n* (no *pl*)
serious thought which helps you to do something safely or well ▷**Vorsicht**: *Wash those glasses with care.* Spül die Gläser mit besonderer Vorsicht!
take care, be careful ▷**vorsichtig sein**: *Please take care when you cross the road.* Sei bitte vorsichtig, wenn du über die Straße gehst.
take care of, look after someone or something ▷**sich kümmern um**: *Angela is taking care of the baby because her mother is ill.* Angela kümmert sich um das Baby, weil ihre Mutter krank ist.

care[2] /keə(r)/ *v*
care for, look after a person or animal ▷**sich kümmern um**: *Nurses care for their patients.* Krankenschwestern kümmern sich um ihre Patienten.
couldn't care less, have no interest in, or worries about, something ▷**egal sein**: *He couldn't care less that his jacket is torn because clothes are not important to him.* Es ist ihm egal, dass seine Jacke einen Riss hat, Kleidung ist für ihn nicht wichtig.

career /kə'rɪə(r)/ *n*
job for which special training is needed ▷**Beruf**: *Carol wants a career in sport.* Carol möchte einen Beruf, der mit Sport zu tun hat.
careers officer *n* someone who helps you choose a job before you leave school ▷**Berufsberater(In)**

careful /'keəfl/ *adj*
having or showing serious thought which helps you to do something well ▷**vorsichtig**: *a careful driver,* ein vorsichtiger Fahrer.
be careful, do something safely or well ▷**vorsichtig sein, aufpassen**: *Be careful you don't drop the plate!* Pass auf, dass du den Teller nicht fallen lässt.
carefully *adv* ▷**vorsichtig**

careless /'keəlɪs/ *adj*
not having or showing enough thought ▷**unvorsichtig**: *Careless drivers cause accidents.* Unvorsichtige Fahrer verursachen Unfälle.
carelessly *adv* ▷**unvorsichtig**
careless mistake, ▷**Flüchtigkeitsfehler**
carelessness *n* (no *pl*) ▷**Unvorsichtigkeit**

caretaker /'keəteɪkə(r)/ *n*
someone who looks after a building ▷**Hausmeister(in)**

cargo /ˈkɑːgəʊ/ *n* (*pl* cargoes)
things that a ship or aeroplane carries ▷**Ladung**: *a cargo of tea,* eine Ladung Tee.

carnival /ˈkɑːnɪvl/ *n*
festival; time when many people come together in the streets for dancing, singing, etc ▷**Karneval**

carol /ˈkærəl/ *n*
Christmas hymn ▷**Weihnachtslied**

carpenter /ˈkɑːpɪntə(r)/ *n*
someone who makes wooden tables, chairs, etc ▷**Tischler(in)**

carpet /ˈkɑːpɪt/ *n*
big cloth of wool, etc that covers a floor ▷**Teppich**

carriage /ˈkærɪdʒ/ *n*
1 part of a train ▷**Wagen**: *The engine was pulling five carriages.* Die Lokomotive zog fünf Wagen.
2 cart pulled by horses, for carrying people ▷**Kutsche**

carried /ˈkærɪd/ *form of* carry

carrier bag /ˈkærɪə bæg/ *n*
shopping bag made of strong paper or plastic ▷**Tragetasche**

carrot /ˈkærət/ *n*
long orange vegetable ▷**Karotte**

carry /ˈkærɪ/ *v* (carried /ˈkærɪd/, has carried)
1 take someone or something from one place to another ▷**tragen**: *The waiter carried the meal to the table.* Der Kellner trug das Essen zum Tisch.☞Vorsicht! **carry** bedeutet nur das Tragen von Gegenständen. Für Kleidung muss **wear** verwendet werden. Vergleiche: *She was carrying a red coat.* Sie trug einen roten Mantel (im Arm). *She was wearing a red coat.* Sie trug einen roten Mantel (am Körper). Vergleiche auch mit **bring**.
2 contain; be able to have inside it ▷**befördern**: *The car will carry five people.* Dieses Auto kann fünf Leute befördern.
carry on, go on doing something ▷**weitermachen**: *They carried on watching TV when she came in.* Sie sahen weiter fern, als sie ins Zimmer kam.
carry out, do or finish what you have planned ▷**durchführen**: *carry out an experiment,* ein Experiment durchführen.

cart /kɑːt/ *n*
vehicle with two or four wheels, which a horse or man pulls ▷**Karren**

cartoon /kɑːˈtuːn/ *n*
1 funny drawing, often of well-known people ▷**Karikatur**
2 cinema film made with drawings, not with real people ▷**Zeichentrickfilm**
3 a series of drawings that tell a story ▷**Comic**

carve /kɑːv/ *v*
1 cut wood to make a picture or shape ▷**schnitzen**: *Tony carved his name on a tree with a knife.* Tony schnitzte seinen Namen mit einem Messer in den Baum.
2 cut stone to make a picture or shape ▷**meißeln**
3 cut cooked meat into pieces ▷**aufschneiden**: *She carved the roast for supper.* Sie schnitt den Braten für das Abendessen auf.
carving *n* picture cut from wood or stone ▷**Schnitzarbeit**

case[1] /keɪs/ *n*
in case, because something might happen ▷**für den Fall, dass**: *I shall take my umbrella with me in case it rains.* Ich werde meinen Schirm mitnehmen für den Fall, dass es regnet.
in any case, words you use when you give a second reason for something ▷**sowieso**: *I don't want to see the film and in any case I can't afford it.* Ich will den Film nicht sehen und ich kann es mir sowieso nicht leisten.
in this case, in that case, if this or that happens ▷**in dem Fall**

case[2] /keɪs/ *n*
1 suitcase ▷**Koffer**
2 example of something ▷**Fall**: *There are five cases of food poisoning in the hospital.* Im Krankenhaus sind fünf Fälle von Lebensmittelvergiftung aufgetreten.

cash[1] /kæʃ/ *n* (no *pl*)
money in coins or notes ▷**Bargeld**
cash register *n* machine that holds money and adds up prices ▷**Registrierkasse**

cash[2] /kæʃ/ *v*
give or get coins or notes ▷**einlösen**: *I cashed a cheque at the bank.* Ich habe einen Scheck bei der Bank eingelöst.

cashier /kæˈʃɪə(r)/ *n*
person working in a bank, shop, etc who takes in money and pays it out ▷**Kassierer(in)**

cassette /kəˈset/ *n*
small, plastic case holding recording tape ▷**Kassette**
cassette recorder *n* machine that can put sound on small tapes and play it back later ▷**Kassettenrecorder**

castle /ˈkɑːsl/ *n*
big, strong building that helped to keep the people inside safe from their enemies long ago ▷**Schloss**: *Windsor Castle,* Schloss Windsor.

casual /ˈkæʒʊəl/ *adj*
1 not planned ▷**zufällig**: *a casual meeting,* eine zufällige Begegnung.

2 not special ▷**zwanglos**: *It was a very casual party — everyone wore jeans.* Es war eine sehr zwanglose Party -- alle trugen Jeans.
casually *adv* ▷**zufällig, zwanglos**

casualty /ˈkæʒʊəltɪ/ *n* (*pl* casualties)
person hurt or killed in an accident or in war ▷**Verletzte(r)**: *There were many casualties when the train crashed.* Es gab viele Verletzte, als der Zug verunglückte.

cat /kæt/ *n*
small, furry animal, which you keep as a pet or to catch mice ▷**Katze**

catalog *American for* catalogue

catalogue /ˈkætəlɒg/ *n*
list of goods to buy, books in a library, etc, telling you about each item ▷**Katalog**

catapult /ˈkætəpʌlt/ *n*
stick like the letter Y, with a piece of elastic, which children use for throwing stones ▷**Schleuder**

catastrophe /kəˈtæstrəfɪ/ *n*
terrible thing that happens suddenly ▷**Katastrophe**: *The forest fire was a catastrophe.* Der Waldbrand war eine Katastrophe. ☞Vorsicht! Dieses Wort wird oft falsch ausgesprochen. Die Betonung liegt auf der zweiten Silbe: **caˈtastrophe**.

catch /kætʃ/ *v* (caught /kɔːt/, has caught)
1 stop something that is moving and hold it ▷**fangen**: *Try and catch this ball!* Versuche, den Ball zu fangen.
2 find and hold someone ▷**fassen**: *to catch a thief,* einen Dieb fassen.
3 find someone suddenly when he is doing a bad thing ▷**erwischen**: *Mr Bishop caught us taking apples from his tree.* Mr Bishop erwischte uns, als wir Äpfel von seinem Baum stahlen.
4 be in time for a bus, train, etc that is going to leave ▷**erreichen**: *I want to catch the next bus.* Ich will den nächsten Bus erreichen.
5 get a disease ▷**sich holen**: *Robin caught a cold last week.* Robin hat sich letzte Woche eine Erkältung geholt.
catch up with, reach or go past a person or thing that is going the same way ▷**einholen**: *Go on and I'll catch up with you in five minutes.* Geh schon mal vor, und ich werde dich in fünf Minuten einholen.

caterpillar /ˈkætəpɪlə(r)/ *n*
long creature, like a worm with hairs, which changes into a moth or butterfly ▷**Raupe**

cathedral /kəˈθiːdrəl/ *n*
big, important church ▷**Dom, Kathedrale**

cattle /ˈkætl/ *n* (*pl*)
cows, bulls, or oxen ▷**Vieh**

caught /kɔːt/ *form of* catch

cauliflower /ˈkɒlɪflaʊə(r)/ *n*
vegetable with a hard, white, round flower ▷**Blumenkohl**

cause[1] /kɔːz/ *n*
thing or person that makes something happen ▷**Ursache**: *the cause of the earthquake,* die Ursache des Erdbebens.

cause[2] /kɔːz/ *v*
make something happen ▷**verursachen**: *A burning cigarette caused the fire.* Eine brennende Zigarette verursachte den Brand.

caution /ˈkɔːʃn/ *n* (no *pl*)
taking care to keep away from danger, not make mistakes, etc ▷**Vorsicht**: *Caution! Drive slowly.* Vorsicht! Langsam fahren.

cautious /ˈkɔːʃəs/ *adj*
careful ▷**vorsichtig**
cautiously *adv* ▷**vorsichtig**

cave /keɪv/ *n*
big hole in the side of a hill or under the ground ▷**Höhle**: *Many years ago men lived in caves.* Vor vielen Jahren lebten die Menschen in Höhlen.

CB radio /ˌsiː biː ˈreɪdɪəʊ/ *n* (no *pl*)
way of talking by radio between lorry drivers, car drivers, etc; Citizens' Band ▷**CB**

CD /ˌsiːˈdiː/ *n* compact disc ▷**CD**

cease /siːs/ *v*
stop ▷**aufhören**: *The conversation ceased when he came in.* Das Gespräch hörte auf, als er hereinkam. ☞Vorsicht! **cease** klingt oft etwas formell. Man gebraucht meistens **stop** oder **end**.

ceiling /ˈsiːlɪŋ/ *n*
the part of the room above your head ▷**Decke**: *A light is hanging from the ceiling.* An der Decke hängt eine Lampe.

celebrate /ˈselɪbreɪt/ *v*
do something to show that a day or a happening is special ▷**feiern**: *They celebrated their wedding anniversary with a party.* Sie feierten ihren Hochzeitstag mit einer Party.

celebration /ˌselɪˈbreɪʃn/ *n*
party or ceremony for a special reason ▷**Feier**: *a birthday celebration,* eine Geburtstagsfeier.

celery /ˈselərɪ/ *n* (no *pl*)
vegetable with long stems, which we often eat raw ▷**(Stangen-)Sellerie**

cell /sel/ *n*
1 small room in a prison or a monastery ▷**Zelle**
2 very small part of a human, animal, or plant body ▷**Zelle**

cellar /ˈselə(r)/ *n*
room in the ground under a house ▷**Keller**

cello /ˈtʃeləʊ/ *n*
musical instrument with strings, like a big violin ▷**Cello**
cellist /ˈtʃelɪst/ *n* someone who plays a cello ▷**Cellist(in)**

Celsius /ˈselsɪəs/ *n* (no *pl*)
measure of temperature ▷**Celsius**

cement /sɪˈment/ *n* (no *pl*)
grey powder that becomes hard like stone when you mix it with water and then leave it to dry ▷**Zement**

cemetery /ˈsemɪtrɪ/ *n* (*pl* cemeteries)
place where dead people lie in the ground ▷**Friedhof**

cent /sent/ *n*
piece of American money ▷**Cent**

center *American for* centre

centigrade /ˈsentɪgreɪd/ *n* (no *pl*)
measure of temperature ▷**Celsius**

centimeter *American for* centimetre

centimetre /ˈsentɪmiːtə(r)/ *n*
measure of length ▷**Zentimeter**: *There are 100 centimetres in one metre.* 100 Zentimeter ergeben einen Meter.

central /ˈsentrəl/ *adj*
in the middle of a city or town ▷**zentral**: *Is the hotel central?* Ist das Hotel zentral gelegen?
central heating *n* (no *pl*) system to heat a building ▷**Zentralheizung**

centre /ˈsentə(r)/ *n*
1 middle part or point ▷**Mitte**: *There is a big stone in the centre of a peach.* Ein Pfirsich hat einen großen Stein in der Mitte.
2 place where a lot of people go to do something special ▷**Zentrum**: *shopping centre,* Einkaufszentrum; *community centre,* Gemeindezentrum.

century /ˈsentʃʊrɪ/ *n* (*pl* centuries)
1 a hundred years ▷**Jahrhundert**
2 one of the periods of one hundred years before or after the birth of Christ ▷**Jahrhundert**: *We live in the twentieth century.* Wir leben im zwanzigsten Jahrhundert.

cereal /ˈsɪərɪəl/ *n*
1 grain such as wheat, maize, rice, etc used for food ▷**Getreide**
2 special breakfast food made from grain ▷**z.B. Müsli, Cornflakes**

ceremony /ˈserɪmənɪ/ *n* (*pl* ceremonies)
special programme at an important happening ▷**Feier**: *a marriage ceremony,* eine Hochzeitsfeier.

certain[1] /ˈsɜːtn/ *adj*
true; sure ▷**sicher**: *Is it certain that he's coming?* Ist es sicher, dass er kommt?
be certain, feel sure ▷**sicher sein**: *I am certain that Clive knows the way because he has been there before.* Ich bin sicher, dass Clive den Weg kennt, weil er schon einmal da gewesen ist.
make certain, find out about something so that you are sure ▷**sich vergewissern**: *Please make certain that all the windows are closed before you leave.* Bitte vergewissern Sie sich, dass alle Fenster geschlossen sind, wenn Sie gehen.

certain[2] /ˈsɜːtn/ *adj*
some ▷**bestimmt**: *Certain plants are good to eat but others are not.* Bestimmte Pflanzen kann man essen, andere nicht.

certainly /ˈsɜːtnlɪ/ *adv*
1 surely; with no doubt ▷**bestimmt**: *The glass will certainly break if you drop it.* Das Glas wird bestimmt zerbrechen, wenn du es fallen lässt.
2 yes ▷**aber sicher**: *'Will you come with me?' 'Certainly.'* „Willst du mich begleiten?“ „Aber sicher.“
certainly not! no! ▷**auf keinen Fall!**

certificate /səˈtɪfɪkət/ *n*
piece of paper with writing that tells something about someone ▷**Urkunde**: *Your birth certificate says when and where you were born.* Deine Geburtsurkunde zeigt, wann und wo du geboren bist.

chain /tʃeɪn/ *n*
row of metal rings joined together ▷**Kette**: *She locks her bike with a padlock and chain.* Sie schließt ihr Rad mit einem Vorhängeschloss und einer Kette ab.

chair /tʃeə(r)/ *n*
seat with a back, for one person ▷**Stuhl**

chairman /ˈtʃeəmən/ *n* (*pl* chairmen)
man or woman who controls a meeting ▷**Vorsitzende(r)** ☞Um die Festlegung auf das Geschlecht zu vermeiden, verwendet man heutzutage auch die Form **chairperson**.

chairwoman /ˈtʃeəwʊmən/ *n* (*pl* chairwomen)
woman who controls a meeting ▷**Vorsitzende**

chalk /tʃɔːk/ *n* (no *pl*)
soft, white stuff for writing on a blackboard ▷**Kreide**: *a stick of chalk,* ein Stück Kreide.

challenge /ˈtʃælɪndʒ/ *v*
ask someone to fight or run against you because you want to see who will be the winner ▷**herausfordern**: *The boys challenged the girls to a race.* Die Jungen forderten die Mädchen zu einem Wettlauf heraus.
challenge *n* ▷**Herausforderung**

champion /ˈtʃæmpɪən/ *n*
someone who wins a race, game, or sport

▷**Meister(in)**: *an athletics champion,* ein Leichtathletikmeister.

championship /'tʃæmpɪənʃɪp/ *n*
competition for first place in a sport, game, etc ▷**Meisterschaft**: *a swimming championship,* eine Schwimmeisterschaft.

chance /tʃɑːns/ *n*
1 (no *pl*) happening that is not planned ▷**Zufall**: *It was just chance that I met Harry.* Es war reiner Zufall, dass ich Harry traf.
2 (*pl* chances) hope; opportunity ▷**Chance**: *Gordon has no chance of winning the race because he has hurt his leg.* Gordon hat keine Chance, das Rennen zu gewinnen, weil er sich am Bein verletzt hat. ☞Siehe Anmerkung bei **possibility**.
by chance, not because you have planned it ▷**zufällig**: *I saw Jane by chance in the supermarket.* Ich sah Jane zufällig im Supermarkt.

change[1] /tʃeɪndʒ/ *n*
when a difference comes ▷**Änderung**: *a change in the weather,* eine Wetteränderung.
for a change, because you want something new or different ▷**zur Abwechslung**: *We're going on holiday to Italy instead of Spain for a change.* Wir fahren zur Abwechslung im Urlaub nach Italien und nicht nach Spanien.

change[2] /tʃeɪndʒ/ *n* (no *pl*)
1 money that you get back when you have paid too much ▷**Wechselgeld**: *I paid £1 and got 30p change.* Ich bezahlte £1 und bekam 30p Wechselgeld heraus.
2 small pieces of money ▷**Kleingeld**

change[3] /tʃeɪndʒ/ *v*
1 become different ▷**sich verändern**: *He has changed since I last saw him — he looks much older.* Seit ich ihn das letzte Mal gesehen habe, hat er sich verändert. Er sieht viel älter aus.
2 make something different ▷**ändern**: *Sheila has changed the colour of her hair.* Sheila hat ihre Haarfarbe geändert.
3 take or put one thing in place of another ▷**(um)tauschen**: *I changed my dress because it was too small.* Ich habe mein Kleid umgetauscht, weil es zu klein war.
4 put on different clothes ▷**sich umziehen**: *I must change before I go to the party.* Ich muss mich umziehen, bevor ich zu der Party gehe.
5 go from one train, bus, plane etc to another ▷**umsteigen**: *Where do I change for Kensington?* Wo muß ich umsteigen, um nach Kensington zu kommen?
get changed, change your clothes ▷**sich umziehen**

channel /'tʃænl/ *n*
1 narrow way where water can go ▷**Rinne**: *They made a channel to take the water off the camp-site.* Sie gruben eine Rinne, damit das Wasser vom Campingplatz ablaufen konnte.
2 narrow passage of sea, etc ▷**Kanal**: *the English Channel,* der Ärmelkanal.
3 television station ▷**Programm**: *Which channel are you watching?* Welches Programm siehst du?

chaos /'keɪɒs/ *n* (no *pl*)
when things happen wildly and with no control; when there is no order ▷**Durcheinander**: *He always leaves his room in complete chaos.* Er verlässt sein Zimmer immer in einem totalen Durcheinander.
chaotic /keɪ'ɒtɪk/ *adj* ▷**chaotisch**

chapel /'tʃæpl/ *n*
room or small church where Christians go to pray and worship ▷**Kapelle**

chapter /'tʃæptə(r)/ *n*
part of a book ▷**Kapitel**: *We start a book at chapter 1.* Wir fangen ein Buch mit dem ersten Kapitel an.

character /'kærəktə(r)/ *n*
1 (no *pl*) your nature; what sort of person you are ▷**Charakter**: *She has a strong character.* Sie hat einen starken Charakter.
2 (*pl* characters) someone in a book, play, etc ▷**Figur**: *Dr Watson is a character in the Sherlock Holmes stories.* Dr. Watson ist eine Figur aus den Sherlock-Holmes-Geschichten.

characteristic /ˌkærəktə'rɪstɪk/ *adj*
that shows what sort of person you usually are ▷**typisch**: *This kind of farmhouse is characteristic of the area.* Diese Art von Bauernhaus ist typisch für die Gegend.
characteristic *n* ▷**Eigenschaft**: *Generosity is one of Graham's best characteristics.* Großzügigkeit ist eine von Grahams besten Eigenschaften.

charge[1] /tʃɑːdʒ/ *n*
be in charge of, take charge of, take care of, and have power over, people or things ▷**die Verantwortung tragen**: *The captain is in charge of the ship.* Der Kapitän trägt die Verantwortung für das Schiff.

charge[2] /tʃɑːdʒ/ *v*
ask a price for something ▷**berechnen**: *The shopkeeper charged too much for this coffee.* Der Kaufmann berechnete zu viel für den Kaffee.
charge *n* ▷**Gebühr**: *There is a charge of £20 for the use of the hall.* Die Gebühr für die Benutzung der Halle beträgt £20.
free of charge, that costs nothing ▷**kostenlos**: *If you buy one ticket you will get another free of charge.* Wenn Sie eine Karte

kaufen, bekommen Sie eine zweite kostenlos.

charge[3] /tʃɑːdʒ/ *v*
say in a law court, etc that someone has done wrong ▷**anklagen**: *They charged him with murder.* Er wurde wegen Mordes angeklagt.
charge *n* ▷**Anklage**

charity /ˈtʃærətɪ/ *n*
1 (no *pl*) help or money for people who are poor or in trouble ▷**Wohlfahrt**
2 (*pl* charities) group of people who give help, money, food, etc to others ▷**Wohltätigkeitsverein**: *The Red Cross is a charity.* Das Rote Kreuz ist ein Wohltätigkeitsverein.

charming /ˈtʃɑːmɪŋ/ *adj*
very pleasing; very lovely ▷**reizend**

chart /tʃɑːt/ *n*
big drawing to give information ▷**Schaubild**

charter /ˈtʃɑːtə(r)/ *v*
pay to use a ship or an aeroplane ▷**chartern**: *They chartered a yacht for their holiday in the Mediterranean.* Sie charterten eine Jacht für ihren Mittelmeer-Törn.
charter flight *n* journey in an aeroplane hired by a holiday company ▷**Charterflug**: *We booked a charter flight to Spain.* Wir buchten einen Charterflug nach Spanien.

chase /tʃeɪs/ *v*
run after someone ▷**verfolgen**: *The police chased the thief.* Die Polizei verfolgte den Dieb.
chase *n* ▷**Verfolgungsjagd**: *a long chase,* eine lange Verfolgungsjagd.

chat /tʃæt/ *v* (is chatting, chatted /ˈtʃætɪd/, has chatted)
talk in a friendly way ▷**plaudern**
chat *n* ▷**Unterhaltung**: *They had a long chat.* Sie hatten eine lange Unterhaltung.

chauffeur /ˈʃəʊfə(r)/ *n*
someone who drives another person's car ▷**Chauffeur, Chauffeuse**

cheap /tʃiːp/ *adj* (cheaper, cheapest)
low in price; not costing a lot of money ▷**billig**: *Fruit is cheap in the market.* Auf dem Markt ist Obst billig.
cheaply *adv* ▷**billig**

cheat /tʃiːt/ *n*
someone who is not honest ▷**Betrüger(in)**
cheat *v* do something that is not honest ▷**betrügen, mogeln**: *It's no fun playing cards with him; he always cheats.* Mit ihm Karten zu spielen, macht keinen Spaß; er betrügt immer.

check[1] /tʃek/ *n*
looking to see if something is right, good, etc ▷**Kontrolle**: *The police are making checks on car tyres.* Die Polizei führt Reifenkontrollen an Autos durch.
check *v* ▷**kontrollieren**: *I must check that your answers are correct.* Ich muss kontrollieren, ob deine Antworten richtig sind.
check in, (a) tell an airline that you have arrived ▷**einchecken**: *I have to check in $1\frac{1}{2}$ hours before my flight.* Ich muss $1\frac{1}{2}$ Stunden vor meinem Abflug einchecken. **(b)** tell a hotel that you have arrived ▷**sich anmelden**
check out, pay your bill and leave a hotel ▷**abreisen**

check[2] *American for* cheque

checked /tʃekt/ *adj*
with a pattern of crossed lines or squares ▷**kariert**: *Robert is wearing his checked suit.* Robert trägt seinen karierten Anzug.

check-in /ˈtʃek ɪn/ *n*
place at an airport where you say that you have arrived ▷**Abfertigung**

check-out /ˈtʃek aʊt/ *n*
place in a shop where you pay ▷**Kasse**

check-up /ˈtʃek ʌp/ *n*
examination by a doctor, etc ▷**Untersuchung**: *I had a check-up at the dentist's.* Ich ging zu einer Untersuchung beim Zahnarzt.

cheek /tʃiːk/ *n*
part of the face below the eye and to the side of the nose ▷**Backe**

cheeky /ˈtʃiːkɪ/ *adj* (cheekier, cheekiest)
too bold; not polite ▷**frech**
cheekily *adv* ▷**frech**

cheer[1] /tʃɪə(r)/ *n*
shout to show that you are pleased with someone ▷**Hurra, Beifallsruf**
cheers, word that people say when they are drinking alcohol ▷**Prost**
three cheers, the call 'hip, hip, hooray!' ▷**ein dreifaches Hurra**: *Let's give three cheers for our football team!* Unserer Fußballmannschaft ein dreifaches Hurra!

cheer[2] /tʃɪə(r)/ *v*
shout to show that you are pleased with someone ▷**jubeln**: *The crowd cheered as the Queen drove past.* Die Menge jubelte, als die Königin vorbeifuhr.
cheer up, become happy; make someone happy ▷**aufmuntern**: *She told me a joke to cheer me up.* Sie erzählte mir einen Witz, um mich aufzumuntern.

cheerful /ˈtʃɪəfl/ *adj*
happy ▷**vergnügt**
cheerfully *adv* ▷**vergnügt**

cheerio /ˌtʃɪərɪˈəʊ/ *exclam*
goodbye ▷**auf Wiedersehen**

cheese /tʃiːz/ *n*
food made from milk ▷**Käse**

chef /ʃef/ *n*
cook; chief cook in a hotel, etc ▷**Chefkoch, Chefköchin**

chemical /ˈkemɪkl/ *n*
solid or liquid substance used in chemistry ▷**Chemikalie**
chemical *adj* ▷**chemisch**

chemist /ˈkemɪst/ *n*
1 someone who makes and sells medicines ▷**Drogist(in), Apotheker(in)**
2 shop where you can buy medicines, etc ▷**Drogerie, Apotheke**
3 person who knows a lot about chemistry ▷**Chemiker(in)**

chemistry /ˈkemɪstrɪ/ *n* (no *pl*)
study of gases, liquids, and solid substances to understand how they are made and what they do ▷**Chemie**

cheque /tʃek/ *n*
special piece of paper that you write on, telling a bank to pay money ▷**Scheck**

cherry /ˈtʃerɪ/ *n* (*pl* cherries)
small, round, red fruit ▷**Kirsche**

chess /tʃes/ *n* (no *pl*)
game that two people play, with little figures on a board ▷**Schach**

chest[1] /tʃest/ *n*
front part of the body between the shoulders and above the waist ▷**Brust**

chest[2] /tʃest/ *n*
big, strong, wooden box with a lid, for keeping things ▷**Truhe**
chest of drawers *n* big, wooden box with drawers, for keeping things ▷**Kommode**

chestnut /ˈtʃesnʌt/ *n*
shiny, brown nut that you can eat ▷**Kastanie**

chew /tʃuː/ *v*
break up food with your teeth ▷**kauen**: *Chew your food well.* Kau dein Essen gründlich.

chewing-gum /ˈtʃuːɪŋ gʌm/ *n* (no *pl*)
sweet that you chew but do not swallow ▷**Kaugummi**

chick /tʃɪk/ *n*
baby hen or fowl ▷**Küken**

chicken /ˈtʃɪkɪn/ *n*
young hen; farm bird that lays eggs and that we eat ▷**Huhn, Hühnchen**: *We had chicken for dinner.* Zum Abendessen hatten wir Hühnchen.

chief[1] /tʃiːf/ *adj*
most important ▷**wichtigste(r)**: *Glasgow is one of the chief cities of Scotland.* Glasgow ist eine der wichtigsten Städte in Schottland.

chief[2] /tʃiːf/ *n*
leader or ruler; head of a group of people ▷**Leiter**

chiefly /ˈtʃiːflɪ/ *adv*
mostly; mainly ▷**hauptsächlich**: *Bread is made chiefly of flour.* Brot wird hauptsächlich aus Mehl gemacht.

child /tʃaɪld/ *n* (*pl* children /ˈtʃɪldrən/)
young boy or girl ▷**Kind**

childhood /ˈtʃaɪldhʊd/ *n* (no *pl*)
time when you are a child ▷**Kindheit**: *I had a happy childhood.* Ich hatte eine glückliche Kindheit.

childish /ˈtʃaɪldɪʃ/ *adj*
only for young boys and girls ▷**kindisch**: *Now that Charlotte is 15, she thinks dolls are childish.* Jetzt, wo Charlotte 15 ist, findet sie Puppen kindisch.

childlike /ˈtʃaɪldlaɪk/ *adj*
like a young boy or girl ▷**kindlich**

children /ˈtʃɪldrən/ *n pl of* child

chilly /ˈtʃɪlɪ/ *adj* (chillier, chilliest)
cold ▷**kühl**

chimney /ˈtʃɪmnɪ/ *n*
big pipe that takes smoke from a fireplace out of a building ▷**Kamin, Schornstein**

chimpanzee /ˌtʃɪmpænˈziː/ *n*
sort of ape ▷**Schimpanse**

chin /tʃɪn/ *n*
part of your face below your mouth ▷**Kinn**

china /ˈtʃaɪnə/ *n* (no *pl*)
cups, plates, etc made from special white earth ▷**Porzellan**

chip
Verwechsle nicht die folgenden Wörter:

	Pommes frites	Kartoffelchips
GB	**chips**	**(potato) crisps**
US	**French fries**	**(potato) chips**

chip /tʃɪp/ *n*
small piece of hot, fried potato ▷**Pomme frite**

chocolate /ˈtʃɒklət/ *n*
1 (no *pl*) sweet food made from cocoa ▷**Schokolade**: *I like chocolate.* Ich esse gern Schokolade.
2 (*pl* chocolates) piece of chocolate ▷**Praline**: *Have a chocolate.* Nimm dir eine Praline.

choice /tʃɔɪs/ *n*
1 taking the person or thing you like best ▷**Wahl**: *There were so many cakes that it was difficult to make a choice.* Das Angebot an Kuchen war so groß, dass einem die Wahl schwer fiel.
2 (no *pl*) group of things from which you can take something ▷**Auswahl**: *a big choice of books,* eine große Auswahl an Büchern.

choir /ˈkwaɪə(r)/ *n*
group of people who sing together ▷**Chor**: *the church choir,* der Kirchenchor.

choke /tʃəʊk/ *v*
stop breathing properly because there is something in your throat ▷**sich verschlucken**: *She choked on a piece of apple.* Sie verschluckte sich an einem Stück Apfel.

choose /tʃuːz/ *v* (chose /tʃəʊz/, has chosen /ˈtʃəʊzn/)
take the person or thing you like best ▷**sich aussuchen**: *Choose one of these kittens.* Such dir eines von diesen Kätzchen aus.

chop[1] /tʃɒp/ *n*
thick slice of meat with a bone in it ▷**Kotelett**: *a lamb chop,* ein Lammkotelett.

chop[2] /tʃɒp/ *v* (is chopping, chopped /tʃɒpt/, has chopped)
1 cut something into pieces with a knife, etc ▷**klein schneiden**: *Chop up the vegetables before you put them in the stew.* Schneiden Sie das Gemüse klein, bevor Sie es in den Eintopf geben.
2 cut something into pieces with an axe ▷**klein hacken**: *She chopped up the wood for the fire.* Sie hackte das Holz für das Feuer klein.

chorus /ˈkɔːrəs/ *n* (*pl* choruses)
part of a song that is sung by everyone after each verse ▷**Refrain**

chose /tʃəʊz/ *form of* choose

chosen /ˈtʃəʊzn/ *form of* choose

christen /ˈkrɪsn/ *v*
1 put holy water on someone to show that he or she belongs to the Christian Church ▷**taufen**: *The minister christened the baby.* Der Pastor taufte das Baby.
2 give a first name to someone ▷**taufen**: *They christened her Mary.* Sie tauften sie auf den Namen Mary.
christening *n* ▷**Taufe**

Christian /ˈkrɪstʃən/ *n*
someone who believes in Jesus Christ and what He taught ▷**Christ(in)**
Christian *adj* ▷**christlich**
Christian name *n* first name ▷**Vorname**: *What's Mr Wilson's Christian name?* Wie heißt Mr Wilson mit Vornamen?

Christmas /ˈkrɪsməs/ *n* (*pl* Christmases)
festival when Christians celebrate the birth of Jesus Christ ▷**Weihnachten**: *We had a turkey at Christmas.* Weihnachten haben wir einen Truthahn gegessen.
Christmas Eve, 24 December ▷**Heiligabend**

church /tʃɜːtʃ/ *n* (*pl* churches)
building where Christians pray and worship together ▷**Kirche** ☞Vorsicht! Kein Artikel, wenn die Funktion einer Institution und nicht ein bestimmtes Gebäude gemeint ist: *We go to church every Sunday* (church =Gottesdienst). Wir gehen jeden Sonntag in die Kirche. *When we came in, the church was empty* (church=Gebäude). Als wir in die Kirche kamen, war sie leer.
churchyard *n* area around a church where dead people lie in the ground ▷**Friedhof**

cider /ˈsaɪdə(r)/ *n* (no *pl*)
drink made from apples ▷**Apfelwein**

cigar /sɪˈgɑː(r)/ *n*
roll of tobacco leaves for smoking ▷**Zigarre**

cigarette /ˌsɪgəˈret/ *n*
tube of paper full of tobacco for smoking ▷**Zigarette**

cinema /ˈsɪnəmə/ *n*
place where people go to see films ▷**Kino**: *I'm going to the cinema this evening.* Ich gehe heute Abend ins Kino. *What's on at the cinema?* Was läuft im Kino?

circle /ˈsɜːkl/ *n*
ring; something round ▷**Kreis**

circular /ˈsɜːkjʊlə(r)/ *adj*
round; making a line that goes round ▷**rund**: *A wheel is circular.* Ein Rad ist rund.

circulate /ˈsɜːkjʊleɪt/ *v*
go or pass round something ▷**zirkulieren**: *Blood circulates through our bodies.* Blut zirkuliert durch unseren Körper.
circulation /ˌsɜːkjʊˈleɪʃn/ *n* (no *pl*) ▷**Kreislauf**

circumstances /ˈsɜːkəmstənsɪz/ *n pl*
the facts of a happening; where, when, how, and why something happens ▷**Umstände**
in the circumstances, under the circumstances, because things are as they are ▷**unter diesen Umständen**: *There was a snow storm and, under the circumstances, they decided to stay at home.* Ein Schneesturm war aufgekommen, und unter diesen Umständen beschlossen sie, zu Hause zu bleiben.
under no circumstances, not at all; never ▷**unter gar keinen Umständen**: *Under no circumstances must you swim in the sea alone.* Unter gar keinen Umständen darfst du allein im Meer schwimmen.

circus /ˈsɜːkəs/ *n* (*pl* circuses)
show given by clowns, animals, acrobats, etc ▷**Zirkus**

citizen /ˈsɪtɪzn/ *n*
someone who belongs to a country or town ▷**Bürger(in)**: *the citizens of Cardiff,* die Bürger von Cardiff.

city /ˈsɪtɪ/ *n* (*pl* cities)
big, important town ▷**Großstadt**

city centre ▷**Stadtzentrum**
the City, part of London with a lot of banks and offices ▷**das Finanzzentrum Londons**

civil /'sɪvl/ *adj*
belonging to the people of a place ▷**Bürger-**: *civil rights,* Bürgerrecht.
civil servant *n* person who does government work ▷**Beamter, Beamtin**
the civil service *n* people who do government work ▷**öffentlicher Dienst**
civil war *n* war between the people in one country ▷**Bürgerkrieg**

civilization /ˌsɪvəlaɪ'zeɪʃn/ *n*
people living together at a certain time in a certain way ▷**Zivilisation**: *He lived in the desert, far from civilization.* Er lebte in der Wüste, fern jeder Zivilisation.

claim /kleɪm/ *v*
1 say that something belongs to you; say that you should have something ▷**Anspruch erheben auf**: *Did anyone claim the lost umbrella?* Hat irgend jemand auf den gefundenen Schirm Anspruch erhoben?
2 say that something is true ▷**behaupten**: *Nigel claimed that he had done all the work without help.* Nigel behauptete, er habe die ganze Arbeit ohne Hilfe gemacht.
claim *n* ▷**Forderung**: *a claim for more pay,* eine Forderung nach Gehaltserhöhung.

clan /klæn/ *n*
large family group of people in Scotland ▷**Sippe**: *the Macdonald clan,* die Sippe der Macdonalds.

clap /klæp/ *v* (is clapping, clapped /klæpt/, has clapped)
hit your hands together to show you are pleased, etc ▷**klatschen**: *The audience clapped at the end of the concert.* Das Publikum klatschte am Ende des Konzerts.

class /klɑːs/ *n* (*pl* classes)
1 group of children or students who learn together ▷**Klasse**: *a ballet class,* eine Ballettklasse.
2 large group of people in society with similar ideas and ways of living ▷**Klasse**: *a working class man,* ein Mann aus der Arbeiterklasse.
classmate *n* someone in the same class as you ▷**Klassenkamerad(in)**
classroom *n* room where children have lessons ▷**Klassenzimmer**

classical /'klæsɪkl/ *adj*
1 best; that people have thought was the best for many years ▷**klassisch**: *the classical music of Beethoven,* Beethovens klassische Musik.
2 of ancient Greek and Roman times ▷**antik**: *The Parthenon is a classical building.* Das Parthenon ist ein antikes Gebäude.

claw /klɔː/ *n*
1 one of the pointed nails on the feet of some animals and birds ▷**Kralle**: *Cats have very sharp claws.* Katzen haben sehr scharfe Krallen.
2 hand of a crab, etc ▷**Schere**

clay /kleɪ/ *n* (no *pl*)
heavy earth that is sticky when it is wet and becomes hard when it is dry ▷**Lehm, Ton**: *Pots are made from baked clay.* Töpfe werden aus Ton gebrannt.

clean[1] /kliːn/ *adj* (cleaner, cleanest)
fresh; free from dirt ▷**sauber**: *clean nails,* saubere Fingernägel.

clean[2] /kliːn/ *v*
take dirt and marks off something or someone ▷**reinigen, putzen**: *We clean the flat every Saturday.* Wir putzen die Wohnung jeden Samstag. *I must clean this carpet.* Ich muss diesen Teppich reinigen.

clear[1] /klɪə(r)/ *adj* (clearer, clearest)
1 easy to see ▷**scharf**: *a clear photograph,* ein scharfes Foto.
2 easy to see through ▷**klar**: *clear water,* klares Wasser.
3 bright; pure ▷**rein**: *She has a clear skin.* Sie hat eine reine Haut.
4 easy to hear ▷**deutlich**: *a clear pronunciation,* eine deutliche Aussprache.
5 easy to understand ▷**eindeutig**: *The street was easy to find because the map was quite clear.* Die Straße war einfach zu finden, weil die Karte ziemlich eindeutig war.
6 with no other things in the way ▷**frei**: *Is the road clear?* Ist die Straße frei?

clear[2] /klɪə(r)/ *v*
take away things that are not wanted ▷**(ab)räumen**: *The waiter cleared the table after the meal.* Nach dem Essen räumte der Kellner den Tisch ab.
clear up, make a place tidy ▷**aufräumen**: *We must clear up the classroom before we go home.* Wir müssen das Klassenzimmer aufräumen, bevor wir nach Hause gehen.

clearly /'klɪəlɪ/ *adv*
1 in a way that is easy to hear, see, etc ▷**deutlich**: *Try to speak more clearly.* Versuche, deutlicher zu sprechen.
2 with no doubt; certainly ▷**eindeutig**: *He is clearly wrong.* Er hat eindeutig Unrecht.

clerk /klɑːk/ *n*
someone who works in an office, keeping records, writing letters, etc ▷**Angestellte(r)**: *a bank clerk,* eine Bankangestellte.

clever /'klevə(r)/ *adj* (cleverer, cleverest)
quick to understand and learn ▷**klug** ☞Vorsicht! **clever** bedeutet normalerweise **klug** oder **schlau**. Das deutsche **clever** übersetzt man besser mit **cunning**.

cleverly *adv* ▷**klug**
cleverness *n* (no *pl*) ▷**Klugheit**

click[1] /klɪk/ *n*
short, sharp sound ▷**Klicken**

click[2] /klɪk/ *v*
make a short, sharp sound ▷**Klicken**: **click on something**, press the button on a mouse in order to do something on a computer screen ▷**anklicken**: *Click on the file.* Die Datei anklicken

client /'klaɪənt/ *n*
someone who pays another person, such as a lawyer, builder, etc to do a job for him ▷**Kunde, Kundin** ☞Vorsicht! Ein **client** bezahlt für eine Dienstleistung, z.B. bei einem Anwalt. Wenn jemand in einem bestimmten Geschäft kauft, so ist er ein **customer**.

cliff /klɪf/ *n*
high, steep side of a hill by the sea, etc ▷**Klippe**: *It is dangerous to walk near the edge of a cliff.* Es ist gefährlich, nah am Rand der Klippen entlangzugehen.

climate /'klaɪmɪt/ *n*
sort of weather a place has ▷**Klima**: *Italy has a wonderful climate.* Italien hat ein herrliches Klima.

climb /klaɪm/ *v*
1 go up something using your hands and feet ▷**klettern auf**: *We climbed the tree.* Wir kletterten auf den Baum.
2 move to a different place using your hands and feet ▷**klettern**: *He climbed out of the window.* Er kletterte aus dem Fenster.
climb *n* ▷**Aufstieg**: *a long climb up the mountain,* ein langer Aufstieg auf den Berg.

climber /'klaɪmə(r)/ *n*
someone who likes to go up and down rocks and mountains ▷**Bergsteiger(in)**

cling /klɪŋ/ *v* (clung /klʌŋ/, has clung)
hold or stick tightly on to something or someone ▷**sich festklammern**: *The little monkey is clinging to its mother.* Der kleine Affe klammert sich an seiner Mutter fest.
clingfilm *n* (no *pl*) very thin plastic that you put round food to keep it fresh ▷**Klarsichtfolie**

clinic /'klɪnɪk/ *n*
place where people go to get medicine, see a doctor, etc ▷**Klinik**

clip /klɪp/ *n*
1 piece of metal for holding things together ▷**Klammer**
2 short piece from a film, video, etc ▷**Ausschnitt**: *They showed clips from all the latest films on TV.* Im Fernsehen haben sie Ausschnitte aus allen neuen Filmen gezeigt.

cloak /kləʊk/ *n*
big, loose piece of clothing, like a coat with no sleeves ▷**Umhang**

cloakroom /'kləʊkrʊm/ *n*
place where you can leave coats, hats, and umbrellas ▷**Garderobe**

clock /klɒk/ *n*
instrument that shows you what time it is. It stands on a shelf or floor, or hangs on a wall ▷**Uhr** ☞**clock** ist das allgemeine Wort für eine Uhr. Eine Armband- oder Taschenuhr heißt jedoch **watch**. Vergleiche: *alarm clock,* Wecker; *wristwatch,* Armbanduhr; *grandfather clock,* Standuhr; *stopwatch,* Stoppuhr.

close[1] /kləʊs/ *adj* (closer, closest)
1 near ▷**in der Nähe**: *The shops are close to our home.* Die Geschäfte sind in der Nähe unseres Hauses. ☞In dieser Bedeutung folgt **close** normalerweise einer Form von **be**.
2 loving or liking each other ▷**eng**: *close friends,* enge Freunde.
close together, with little space between ▷**dicht**: *Stay close together or you'll get lost.* Bleibt dicht zusammen, sonst verlauft ihr euch.

close[2] /kləʊs/ *adv*
near ▷**in der Nähe**: *She lives close to the church.* Sie wohnt in der Nähe der Kirche.

close[3] /kləʊz/ *v*
shut something ▷**schließen**: *Please close the door.* Schließe bitte die Tür.
close down, stop a business ▷**stilllegen**: *The company was closed down last year.* Der Betrieb wurde letztes Jahr stillgelegt.
closed /kləʊzd/ *adj* not open; shut ▷**geschlossen**

cloth /klɒθ/ *n*
1 (no *pl*) material; stuff made by weaving threads together ▷**Stoff**: *cotton cloth,* Baumwollstoff.
2 (*pl* cloths) piece of material that you use for a special job ▷**Tuch**: *dishcloth,* Geschirrtuch; *table-cloth,* Tischtuch.

clothes /kləʊðz/ *n pl*
things that you wear to cover your body ▷**Kleidung** ☞Beachte die korrekte Aussprache.

clothing /'kləʊðɪŋ/ *n* (no *pl*)
clothes ▷**Kleidung**: *People wear warm clothing in cold weather.* Wenn es kalt ist, tragen die Leute warme Kleidung. ☞Das normale Wort für Kleidung ist **clothes**.

cloud /klaʊd/ *n*
white or grey shape that floats in the air ▷**Wolke**: *Those dark clouds will probably bring rain.* Diese dunklen Wolken bringen wahrscheinlich Regen.
cloudless *adj* ▷**wolkenlos**

cloudy *adj* (cloudier, cloudiest) ▷**wolkig**: *a cloudy sky,* ein wolkiger Himmel.

clown /klaʊn/ *n*
someone in a circus who makes people laugh ▷**Clown**

club[1] /klʌb/ *n*
heavy stick with a thick end ▷**Knüppel** ☞Siehe Anmerkung bei **bat**.

club[2] /klʌb/ *n*
group of people with the same interests ▷**Klub**: *a tennis club,* ein Tennisklub.

club[3] /klʌb/ *n*
the shape ♣ on a playing card ▷**Kreuz**: *the ten of clubs,* die Kreuz-Zehn.

clue /kluː/ *n*
thing, or piece of information, that helps to find the answer to a problem, a crime, etc ▷**Anhaltspunkt**: *The police have found several clues.* Die Polizei hat mehrere Anhaltspunkte gefunden.

clumsy /ˈklʌmzɪ/ *adj* (clumsier, clumsiest)
not able to move easily or carefully ▷**ungeschickt**: *That clumsy child has just dropped the eggs!* Dieses ungeschickte Kind hat gerade die Eier fallen lassen.
clumsily *adv* ▷**ungeschickt**

clung /klʌŋ/ *form of* cling

clutch /klʌtʃ/ *v*
hold something tightly ▷**umklammern**: *The drowning man clutched the lifebelt.* Der Mann, der zu ertrinken drohte, umklammerte den Rettungsring.

coach[1] /kəʊtʃ/ *n* (*pl* coaches)
1 bus for taking a group of people on long journeys ▷**Reisebus**
2 vehicle, with seats inside, pulled by horses ▷**Kutsche**: *The Queen travelled through London in a golden coach.* Die Königin fuhr in einer goldenen Kutsche durch London.
3 part of a train where people sit ▷**(Eisenbahn)wagen**

coach[2] /kəʊtʃ/ *n* (*pl* coaches)
someone who teaches sport ▷**Trainer(in)**: *The football coach makes his team practise every day.* Der Fußballtrainer lässt seine Mannschaft jeden Tag trainieren. ☞Vergleiche mit **teacher**.
coach *v* teach someone ▷**trainieren**

coal /kəʊl/ *n* (no *pl*)
hard, black stuff from the ground, which gives heat when you burn it ▷**Kohle**

coarse /kɔːs/ *adj* (coarser, coarsest)
not smooth or soft ▷**grob**: *coarse cloth,* grober Stoff.

coast /kəʊst/ *n*
land by the sea ▷**Küste**: *Bournemouth is on the coast.* Bournemouth liegt an der Küste.

coastguard /ˈkəʊstgɑːd/ *n*
someone who watches the sea and ships carefully to see that all is well ▷**Küstenwache**

coastline /ˈkəʊstlaɪn/ *n*
edge of the land next to the sea ▷**Küste**

coat /kəʊt/ *n*
1 piece of clothing that you wear over your other clothes, outside in rain or cold weather ▷**Mantel**
2 animal's covering of hair, fur, etc ▷**Fell**: *A tiger has a striped coat.* Ein Tiger hat ein gestreiftes Fell.

coat hanger /ˈkəʊt hæŋə(r)/ *n*
bar with a hook for holding clothes ▷**Kleiderbügel**

cobweb /ˈkɒbweb/ *n*
fine net that a spider makes ▷**Spinnwebe**

cock /kɒk/ *n*
noisy male farm bird ▷**Hahn**

cockpit /ˈkɒk pɪt/ *n*
place in an aeroplane where the pilot sits ▷**Cockpit**

cocoa /ˈkəʊkəʊ/ *n* (no *pl*)
1 brown powder from the beans of a tree, made into chocolate ▷**Kakao**
2 drink that you make with cocoa powder and milk ▷**Kakao**

coconut /ˈkəʊkənʌt/ *n*
very big, brown nut that grows on palm trees and has sweet, white milk inside ▷**Kokosnuss**

cod /kɒd/ *n* (*pl* cod)
sort of sea-fish that you can eat ▷**Kabeljau**

code /kəʊd/ *n*
secret writing ▷**Kode**: *She couldn't read the message because it was in code.* Sie konnte die Nachricht nicht verstehen, weil sie als Kode verschüsselt war.

coffee /ˈkɒfɪ/ *n*
1 (no *pl*) drink that you make with hot water and the crushed beans of a plant ▷**Kaffee**
2 (*pl* coffees) cup of coffee ▷**Kaffee**

coffin /ˈkɒfɪn/ *n*
box in which a dead person lies ▷**Sarg**

coin /kɔɪn/ *n*
round piece of metal money ▷**Münze**

coincidence /kəʊˈɪnsɪdəns/ *n*
when things happen at the same time or in the same place by chance ▷**Zufall**: *What a coincidence! I was thinking about Roy when his letter arrived!* Was für ein Zufall! Ich dachte gerade an Roy, als sein Brief ankam.

coke, cola /kəʊk, kəʊlə/ *n*
1 (no *pl*) name of a brown drink with bubbles in it ▷**Cola**

2 (*pl* cokes, colas) glass or can of coke ▷**Cola**: *Two cokes, please.* Zwei Cola bitte! ☞**Coke** ist ein eingetragenes Warenzeichen.

cold[1] /kəʊld/ *adj* (colder, coldest)
not warm; that feels like snow, ice, etc ▷**kalt**: *cold water,* kaltes Wasser.
coldness *n* (no *pl*) ▷**Kälte**

cold[2] /kəʊld/ *n* (*pl* colds)
illness that makes you cough and sneeze ▷**Erkältung**
catch a cold, get a cold ▷**sich erkälten**

collapse /kə'læps/ *v*
fall down; break into pieces ▷**einstürzen**: *The walls of the burning house collapsed.* Die Mauern des brennenden Hauses stürzten ein.
collapse *n* ▷**Einsturz**

collar /'kɒlə(r)/ *n*
1 the part of your clothes that goes round your neck ▷**Kragen**
2 band to put round the neck of a dog, horse, etc ▷**Halsband**

colleague /'kɒli:g/ *n*
person who works with you ▷**Kollege, Kollegin**: *When Robert left his job, his colleagues gave him a present.* Als Robert seine Stellung aufgab, überreichten ihm seine Kollegen ein Geschenk.

collect /kə'lekt/ *v*
1 take things from several people or places ▷**einsammeln**: *The waiter collected the dirty glasses.* Der Kellner sammelte die schmutzigen Gläser ein.
2 go and fetch someone or something ▷**abholen**: *to collect a child from school,* ein Kind von der Schule abholen.
3 bring together things that are the same in some way, to study or enjoy them ▷**sammeln**: *My niece collects stamps.* Meine Nichte sammelt Briefmarken.

collection /kə'lekʃn/ *n*
number of things that have been gathered together ▷**Sammlung**: *The Tate Gallery has a large collection of modern pictures.* Die Tate Gallerie enthält eine große Sammlung moderner Gemälde.

collector /kə'lektə(r)/ *n*
someone who looks for and keeps things that he or she likes ▷**Sammler(in)**: *a stamp-collector,* ein Briefmarkensammler.

college /'kɒlɪdʒ/ *n*
1 place where people go for more study, after they have left school ▷**(Fach)hochschule**: *She's studying technical drawing at college.* Sie studiert technisches Zeichnen an der Fachhochschule.
2 part of a university ▷**College**: *Merton is a college of Oxford University.* Merton ist ein College der Universität von Oxford.
☞Vorsicht! Kein Artikel, wenn die Funktion einer Institution gemeint ist und nicht ein bestimmtes Gebäude. *She's going to college next year* (college=Institution). *The technical college is over there* (college=Gebäude).

collide /kə'laɪd/ *v*
hit each other ▷**zusammenstoßen**: *The two lorries collided.* Die beiden Lastwagen stießen zusammen. *The lorry collided with a tree.* Der Lastwagen stieß mit einem Baum zusammen.
collision /kə'lɪʒn/ *n* ▷**Zusammenstoß**

colon /'kəʊlən/ *n*
punctuation mark (:) that divides sentences into two or more parts ▷**Doppelpunkt**

colloquial /kə'ləʊkwɪəl/ *adj*
of words that you use when speaking or writing to friends ▷**umgangssprachlich**: *'Mum' is the colloquial word for 'mother'.* „Mum" ist der umgangssprachliche Ausdruck für „mother".

colonel /'kɜ:nl/ *n*
army officer ▷**Oberst**

colonize /'kɒlənaɪz/ *v*
live and rule in another country ▷**kolonisieren**: *The Romans colonized Britain.* Die Römer kolonisierten Britannien.
colonization /ˌkɒlənaɪ'zeɪʃn/ *n* (no *pl*) ▷**Kolonisierung**

colony /'kɒlənɪ/ *n* (*pl* colonies)
country that is ruled by another country ▷**Kolonie**

color, colored, colorful *American for* colour, coloured, colourful

colour /'kʌlə(r)/ *n*
what we see when light is broken up into parts ▷**Farbe**: *Blue, red, yellow, and green are colours.* Blau, Rot, Gelb und Grün sind Farben. *What colour is your car?* Was für eine Farbe hat dein Auto?
colour *v* put colour on to something ▷**kolorieren**: *to colour a drawing,* eine Zeichnung kolorieren.

coloured /'kʌləd/ *adj*
1 with a colour ▷**farbig**: *a brightly coloured shirt,* ein grellfarbiges Hemd.
2 with a colour that is not black or white ▷**bunt**: *Nick sent a coloured postcard to his parents.* Nick schickte eine bunte Ansichtskarte an seine Eltern.

colourful /'kʌləfl/ *adj*
with lots of colours ▷**farbenfroh**: *Gardens are colourful in summer.* Im Sommer sind die Gärten farbenfroh.

column /'kɒləm/ *n*
1 tall pillar of wood, stone, etc to hold up a

building ▷**Säule**: *A Greek temple has lots of columns.* Ein griechischer Tempel hat viele Säulen.
2 part of a page ▷**Spalte**: *The newspaper report continues on page 2, column 5.* Der Zeitungsbericht wird auf Seite 2, Spalte 5 fortgesetzt.

comb /kəʊm/ *n*
thin piece of metal, plastic, bone, etc with teeth, for making your hair smooth and tidy ▷**Kamm**
comb *v* use a comb ▷**kämmen**: *Susan combed her hair.* Susan kämmte ihr Haar.

combine /kəm'baɪn/ *v*
put or have different things together ▷**verbinden**: *to combine business with pleasure,* Arbeit mit Vergnügen verbinden.

come /kʌm/ *v* (came /keɪm/, has come)
1 move here ▷**kommen**: *The dog came when I called him.* Der Hund kam, als ich ihn rief.
2 arrive ▷**ankommen**: *When is the train coming?* Wann kommt der Zug an?
3 be; happen ▷**werden**: *Spring is coming soon.* Es wird bald Frühling.
come about, happen ▷**passieren**: *How did the accident come about?* Wie ist der Unfall passiert?
come across, find something when you are not looking for it ▷**zufällig finden**: *I came across my old radio yesterday.* Gestern fand ich zufällig mein altes Radio.
come along, hurry ▷**sich beeilen**
come apart, break into pieces ▷**auseinander brechen**: *If you sit on that chair it will come apart!* Wenn du dich auf diesen Stuhl setzt, bricht er auseinander.
come from, be from a place ▷**stammen aus**: *Joe comes from New York.* Joe stammt aus New York. ☞Drückt **come from** die Herkunft einer Person aus, so wird es nur im simple present verwendet, da keine Tätigkeit verrichtet wird. Vergleiche: *I come from Edinburgh* (Herkunft der Person). Ich komme aus Edinburgh. *Where's that music coming from* (Ursprung der Aktion)? Woher kommt die Musik?
come on, hurry ▷**sich beeilen**: *Come on — we'll be late!* Beeil dich, sonst kommen wir zu spät!
to come, in the future ▷**kommend**: *I'll be very busy in the months to come.* Ich werde in den kommenden Monaten sehr viel zu tun haben.

comedian /kə'miːdɪən/ *n*
someone who makes people laugh ▷**Komiker(in)**

comedy /'kɒmədɪ/ *n* (*pl* comedies)
funny play in the theatre ▷**Komödie**

comfort /'kʌmfət/ *n* (no *pl*)
being free from worry, pain, etc ▷**Zufriedenheit**: *We have enough money to live in comfort.* Wir haben genug Geld, um das Leben in Zufriedenheit zu verbringen.
comfort *v* make someone feel better, happier, etc ▷**trösten**: *The mother comforted her crying child.* Die Mutter tröstete ihr weinendes Kind.

comfortable /'kʌmftəbl/ *adj*
pleasant and easy to sit in, wear, etc ▷**bequem**: *a comfortable armchair,* ein bequemer Sessel.
comfortably *adv* ▷**bequem**

comic /'kɒmɪk/ *n*
children's magazine with picture stories ▷**Comicheft**

comma /'kɒmə/ *n*
punctuation mark (,) that makes a short stop in a sentence ▷**Komma**

command /kə'mɑːnd/ *n*
order that tells someone what to do ▷**Befehl**: *Soldiers must obey their general's commands.* Soldaten müssen den Befehlen ihres Generals gehorchen.
command *v* ▷**befehlen**
☞Vorsicht! **command** ist ein Wort aus dem Militärbereich und klingt sehr formell. Man verwendet im normalen Sprachgebrauch meistens **order**.

comment /'kɒment/ *v*
give an opinion ▷**bemerken**
comment *n* ▷**Bemerkung**: *She made some nice comments about my essay.* Sie machte ein paar nette Bemerkungen über meinen Aufsatz.

commentary /'kɒməntrɪ/ *n* (*pl* commentaries)
words spoken about something that is happening ▷**Bericht**: *Let's listen to the radio commentary on the football match.* Lasst uns den Radiobericht über das Fußballspiel hören.
commentator /'kɒmənteɪtə(r)/ *n* someone who gives commentaries on radio, television, etc ▷**Reporter(in)**

commerce /'kɒmɜːs/ *n* (no *pl*)
buying and selling; trade ▷**Handel**

commercial /kə'mɜːʃl/ *adj*
of trade ▷**wirtschaftlich**
commercial *n* short film that helps to sell something ▷**Werbespot**

commit /kə'mɪt/ *v* (is committing, committed /kə'mɪtɪd/, has committed)
do something bad ▷**begehen**: *to commit murder,* einen Mord begehen.

committee /kə'mɪtɪ/ *n*
small group of people chosen by others to plan and organize ▷**Vorstand**: *the committee*

of the sports club, der Vorstand des Sportvereins.

common[1] /'kɒmən/ *adj*
1 belonging to, or done by, everyone in a group ▷**gemeinsam**: *The English and Australians have a common language.* Die Engländer und die Australier sprechen eine gemeinsame Sprache.
2 that you often see, hear, etc ▷**weit verbreitet**: *Sparrows are common birds.* Spatzen sind weit verbreitete Vögel.
have common sense, have practical understanding which stops you from making stupid mistakes ▷**vernünftig sein**: *John's got no common sense. He lay in the sun all day and got sunburnt.* John ist unvernünftig. Er hat den ganzen Tag in der Sonne gelegen und einen Sonnenbrand bekommen.
have something in common, have some of the same interests as another person; be like another thing in some way ▷**etwas gemeinsam haben**: *Paul and I have a lot in common.* Paul und ich haben viel gemeinsam.

common[2] /'kɒmən/ *n*
piece of land for anyone to use ▷**Gemeindeland**

commonwealth /'kɒmənwelθ/ *n*
the Commonwealth *n* group of countries that Britain rules or once ruled, which try to help one another ▷**das Commonwealth**

communicate /kə'mjuːnɪkeɪt/ *v*
talk, write, or send messages ▷**sich verständigen**: *A pilot communicates with an airport by radio.* Ein Pilot verständigt sich mit dem Flughafen über Funk.
communication /kəˌmjuːnɪ'keɪʃn/ *n* (no *pl*) talking or writing to people ▷**Verständigung**: *Communication is difficult with someone who does not speak your language.* Die Verständigung mit jemandem, der nicht deine Sprache spricht, ist schwierig.

community /kə'mjuːnətɪ/ *n* (*pl* communities)
group of people who live in one place, have the same interests, etc ▷**Gemeinde**: *Newquay is a fishing community.* Newquay ist eine Fischergemeinde.

commute /kə'mjuːt/ *v*
travel a long way from home to work each day ▷**pendeln**
commuter *n* someone who commutes ▷**Pendler(in)**: *At 5 o'clock the London trains are full of commuters.* Um 17 Uhr sind die Züge in London voll von Pendlern.

compact disc /ˌkɒmpækt 'dɪsk/ *n*
small, round thing that you put into a compact disc player when you want music ▷**Compactdisc**
compact disc player *n* machine that plays compact discs ▷**CD-Spieler**

companion /kəm'pænɪən/ *n*
someone who is with another person ▷**Begleiter(in)**

company /'kʌmpənɪ/ *n*
1 (*pl* companies) group of people who work together ▷**Firma**: *a transport company,* eine Transportfirma.
2 (no *pl*) being with other people ▷**Gesellschaft**: *I feel lonely if I have no company.* Ich fühle mich einsam, wenn ich keine Gesellschaft habe.
keep someone company, be or go with someone ▷**jemandem Gesellschaft leisten**: *Please stay and keep me company for a while.* Bitte bleibe hier und leiste mir eine Weile Gesellschaft.

compare /kəm'peə(r)/ *v*
think about, or look at, two or more things or people so that you can see the differences and the similarities ▷**vergleichen**: *Compare your answers with those at the back of the book to see if they are right.* Vergleiche deine Antworten mit denen am Ende des Buches, um zu prüfen, ob sie richtig sind.
comparison /kəm'pærɪsn/ *n* seeing or understanding how alike or different things are ▷**Vergleich**
in comparison with, when you see or think about another thing or person ▷**im Vergleich zu**: *A train is slow in comparison with a plane.* Im Vergleich zu einem Flugzeug ist ein Zug langsam.

compartment /kəm'pɑːtmənt/ *n*
1 room in a train ▷**Abteil**
2 separate part inside a box or bag ▷**Fach**: *There was a secret compartment in his suitcase.* Sein Koffer hatte ein Geheimfach.

compass /'kʌmpəs/ *n* (*pl* compasses)
instrument with a needle that always points to the north ▷**Kompass**

compete /kəm'piːt/ *v*
1 be in a competition ▷**teilnehmen**: *Twenty girls competed in the race.* Zwanzig Mädchen nahmen an dem Rennen teil.
2 try to do better than other people in a competition ▷**kämpfen**: *She competed against the Olympic champion.* Sie kämpfte gegen die Olympiasiegerin.

competent /'kɒmpɪtənt/ *adj*
able to do something well ▷**fähig**: *a competent secretary,* eine fähige Sekretärin.

competition /ˌkɒmpɪ'tɪʃn/ *n* (*pl* competitions)
1 game or sport that people try to win

▷**Wettbewerb**: *a swimming competition,* ein Schwimmwettbewerb.
2 game in a newspaper, magazine, etc in which you can win a prize ▷**Preisausschreiben**

competitor /kəm'petɪtə(r)/ *n*
someone who is in a competition ▷**Teilnehmer(in)**

complain /kəm'pleɪn/ *v*
say angrily that you do not like something ▷**sich beschweren**: *She complained that he was late.* Sie beschwerte sich darüber, dass er zu spät kam.
complaint /kəm'pleɪnt/ *n* ▷**Beschwerde**: *a letter of complaint,* ein Beschwerdebrief.

complete[1] /kəm'pliːt/ *adj*
1 finished; done ▷**fertig**: *She stopped when her work was complete.* Sie hörte auf, als ihre Arbeit fertig war.
2 with no parts missing ▷**komplett**: *James has arrived so our team is complete.* James ist angekommen, also ist unsere Mannschaft komplett.
3 total ▷**völlig**: *Gary's visit was a complete surprise!* Garys Besuch war eine völlige Überraschung.

complete[2] /kəm'pliːt/ *v*
finish doing or making something ▷**fertig stellen**: *The builders will complete the new sports centre next year.* Die Bauarbeiter werden das neue Sportzentrum im nächsten Jahr fertig stellen.

completely /kəm'pliːtlɪ/ *adv*
totally ▷**völlig**

Die Steigerung

Formen der Steigerung:
1 Kurze Adjektive (einsilbige Adjektive, zweisilbige Adjektive mit der Endung -y):

Grundform	Komparative	Superlativ	
old	**old***er*	**old***est*	Die meisten Adjektive werden mit *-er* oder-*est* gesteigert.
cheap	**cheap***er*	**cheap***est*	
big	**bigg***er*	**bigg***est*	Ein Konsonant, dem ein einzelner Vokal vorangeht, wird vor *-er* oder *-est* verdoppelt.
happy	**happ***ier*	**happ***iest*	*y* wird zu *i*.

2 Lange Adjektive (zweisilbige und mehrsilbige Adjektive):

intelligent	*more* **intelligent**	*most* **intelligent**	Lange Adjektive werden mit **more** und **most** gesteigert.
interesting	*more* **interesting**	*most* **interesting**	
cheerful	*more* **cheerful**	*most* **cheerful**	

3 Einige zweisilbige Adjektive können sowohl mit *-er* oder *-est* als auch mit **more** oder **most** gesteigert werden:

common	**common***er*	**common***est*
	more **common**	*most* **common**

Ebenso: **narrow, stupid, polite, clever, pleasant**

4 Unregelmäßige Formen:

good	**better**	**best**
bad	**worse**	**worst**

Andere Formen findet ihr in dem Text.

Der Vergleich

1 Grundstufe:

My sister is as tall as your brother. *John is not as tall as me.*	Zwei Personen oder Dinge sind gleich/ nicht gleich.

2 Komparativ:

Jane is taller than her sister. *She's more intelligent than John.*	Eine Person oder ein Ding wird mit einer anderen Person oder einem anderen Ding verglichen.

3 Superlativ:

Kim is the tallest in the class. *He's the most intelligent of all.*	Eine Person oder ein Ding wird mit ihrer/seiner ganzen Gruppe verglichen.

Merke! Das deutsche **immer** muss manchmal durch den Komparativ wiedergegeben werden: *He's getting fatter and fatter.* Er wird immer dicker.

complicated /ˈkɒmplɪkeɪtɪd/ *adj*
difficult; not easy to do or understand ▷**kompliziert**: *a complicated plan,* ein komplizierter Plan.

compliment /ˈkɒmplɪmənt/ *v*
say that you think well of something or someone ▷**Komplimente machen**: *They complimented Frank on his cooking.* Man machte Frank wegen seiner Kochkunst Komplimente.
compliment *n* ▷**Kompliment**
pay someone a compliment, praise someone ▷**jemandem ein Kompliment machen**: *Simon paid Jane a compliment on her speech.* Simon machte Jane ein Kompliment wegen ihrer Rede.

compose /kəmˈpəʊz/ *v*
write a song, poem, etc ▷**komponieren**: *John Lennon composed 'Imagine'.* John Lennon komponierte „Imagine".
be composed of, have someone or something as part of the total ▷**sich zusammensetzen aus**: *The committee is composed of a chairman and four other members.* Der Vorstand setzt sich aus einem Vorsitzenden und vier anderen Mitgliedern zusammen.

composer /kəmˈpəʊzə(r)/ *n*
someone who writes songs and music ▷**Komponist(in)**: *Mozart was a famous composer.* Mozart war ein berühmter Komponist.

composition /kɒmpəˈzɪʃn/ *n*
piece of music or writing ▷**Komposition**

comprehension /ˌkɒmprɪˈhenʃn/ *n*
1 (no *pl*) what you can understand ▷**Verständnis**
2 (*pl* comprehensions) piece of writing with questions that test what you can understand ▷**Textverständnistest**

comprehensive school /ˌkɒmprɪˈhensɪvskuːl/ *n*
secondary school for pupils of all standards ▷**Gesamtschule**

compromise /ˈkɒmprəmaɪz/ *n*
agreement that is between what both sides want ▷**Kompromiss**: *After a lot of argument the businessmen came to a compromise.* Nach langen Diskussionen schlossen die Geschäftsleute einen Kompromiss.

compulsory /kəmˈpʌlsərɪ/ *adj*
that must be done ▷**obligatorisch, Pflicht-**: *It is compulsory to wear seat-belts.* Das Tragen von Sicherheitsgurten ist obligatorisch. *compulsory subjects*, Pflichtfächer.

computer /kəmˈpjuːtə(r)/ *n*
machine that stores information and finds answers very quickly ▷**Computer**
computer program *n* information that tells a computer what to do ▷**Programm**
computer programmer *n* someone who writes computer programs ▷**Programmierer(in)**
computer studies *n pl* learning about computers and how to use them ▷**Informatik**

conceal /kənˈsiːl/ *v*
hide something ▷**verbergen**: *He wears a wig to conceal his bald head.* Er trägt eine Perücke, um seine Glatze zu verbergen.

conceited /kənˈsiːtɪd/ *adj*
thinking too well of yourself and what you can do ▷**eingebildet**

concentrate /ˈkɒnsntreɪt/ *v*
think hard about, or look hard at, something ▷**sich konzentrieren**: *Stop looking out of the window and concentrate on your work.* Hör auf, aus dem Fenster zu schauen, und konzentrier dich auf deine Arbeit.
concentration /ˌkɒnsnˈtreɪʃn/ *n* (no *pl*) ▷**Konzentration**: *After four hours of driving he was losing concentration.* Nach vier Stunden Fahrt ließ seine Konzentration nach.

concern /kənˈsɜːn/ *v*
1 interest someone, be about someone ▷**angehen**: *This report concerns you, John.* Dieser Bericht geht dich an, John.
2 be about something ▷**behandeln**: *The next programme concerns unemployment.* Die nächste Sendung behandelt die Arbeitslosigkeit.
3 worry someone ▷**Sorgen machen**: *It concerns me that she's always late.* Es macht mir Sorgen, dass sie immer zu spät kommt.
be concerned /kənˈsɜːnd/ *adj* worried ▷**sich Sorgen machen**: *I am very concerned about pollution.* Ich mache mir große Sorgen wegen der Umweltverschmutzung.

concerning /kənˈsɜːnɪŋ/ *prep*
about ▷**bezüglich**: *Concerning your complaint about our service, I would like to apologize and ...* Bezüglich Ihrer Beschwerde über unsere Dienstleistungen möchte ich mich hiermit entschuldigen und ... ☞Vorsicht! Dieses Wort ist sehr formell und wird normalerweise nur in Geschäftsbriefen verwendet.

concert /ˈkɒnsət/ *n*
programme of music played or sung for many people ▷**Konzert**

conclude /kənˈkluːd/ *v*
come to an idea after thinking ▷**zu dem Schluss kommen**: *When he ran away from me, I concluded he was afraid.* Als er vor mir davonlief, kam ich zu dem Schluss, dass er Angst vor mir hatte.
conclusion /kənˈkluːʒn/ *n* ▷**Schlussfolgerung**

concrete /ˈkɒŋkriːt/ *n* (no *pl*)
hard, grey material for building ▷**Beton**

condition /kənˈdɪʃn/ *n*
1 (no *pl*) how a person, animal, or thing is ▷**Zustand**: *Her teeth are in good condition.* Ihre Zähne sind in einem guten Zustand.
2 (*pl* conditions) what must happen, be done, etc before another thing can happen ▷**Bedingung**
on condition that, only if ▷**unter der Bedingung, dass**: *You can visit the patient on condition that you only stay five minutes.* Sie können den Patienten besuchen, unter der Bedingung, dass Sie nur fünf Minuten bleiben.
conditions *n pl* how things are around you ▷**Verhältnisse**: *living conditions,* Wohnverhältnisse.

conduct /kənˈdʌkt/ *v*
1 stand in front of an orchestra or singers and control what they do ▷**dirigieren**: *to conduct a choir,* einen Chor dirigieren.
2 show someone where to go ▷**führen**: *The guide conducted us round Westminster Abbey.* Der Reisebegleiter führte uns durch die Westminster Abbey.

conductor /kənˈdʌktə(r)/ *n*
1 someone who leads a group of music players or singers ▷**Dirigent(in)**
2 someone who sells tickets on a bus, etc ▷**Schaffner(in)**

confectionery /kənˈfekʃənərɪ/ *n* (no *pl*)
sweets, chocolate, cakes, etc ▷**Konfekt**

conference /ˈkɒnfərəns/ *n*
meeting of many people to talk about important things ▷**Konferenz**: *a press conference,* eine Pressekonferenz. ☞Das Wort **Konferenz** lässt sich nicht immer mit **conference** übersetzen. Manchmal benutzt man **meeting**, z.B: *staff meeting,* Lehrerkonferenz.

confess /kənˈfes/ *v*
say something that you did not want to say ▷**gestehen**: *She confessed that she had taken the money.* Sie gestand, das Geld genommen zu haben.
confession /kənˈfeʃn/ *n* ▷**Geständnis**

confidence /ˈkɒnfɪdəns/ *n* (no *pl*)
sure feeling that you can do something or that something will happen, etc ▷**(Selbst-)vertrauen**: *The actress walked on to the stage with great confidence.* Die Schauspielerin trat mit großem Selbstvertrauen auf die Bühne.
confident /ˈkɒnfɪdənt/ *adj* sure about yourself or about something ▷**zuversichtlich**: *Mike is confident that he will arrive on time.* Mike ist zuversichtlich, dass er pünktlich sein wird.

confuse /kənˈfjuːz/ *v*
1 mix your ideas so that you cannot understand ▷**durcheinander bringen**: *They asked me so many questions that they confused me.* Sie stellten mir so viele Fragen, dass sie mich ganz durcheinander brachten.
2 think one thing is another ▷**verwechseln**: *Don't confuse the word 'weather' with 'whether'.* Verwechsle nicht das Wort „weather" mit „whether".
confusing *adj* not clear; difficult to understand ▷**verwirrend**: *a confusing answer,* eine verwirrende Antwort.

congratulate /kənˈgrætʃʊleɪt/ *v*
tell someone that you are pleased about a good thing he/she has done or had ▷**gratulieren**: *My father congratulated me on passing the exam.* Mein Vater gratulierte mir zu meinem bestandenen Examen.

congratulations /kənˌgrætʃʊˈleɪʃnz/ *n pl*
words of joy and praise to someone who has done well, been lucky, etc ▷**Herzlichen Glückwunsch**: *Congratulations on your new job!* Herzlichen Glückwunsch zu deinem neuen Job!

congress /ˈkɒŋgres/ *n* (*pl* congresses)
meeting of many people to talk about important things ▷**Kongress**: *a health congress,* ein Kongress zum Thema „Gesundheit".
Congress *n* parliament of the US ▷**der Kongress**

conjunction /kənˈdʒʌŋkʃn/ *n*
word that joins other words or parts of a sentence ▷**Bindewort**: *'And' is a conjunction.* „Und" ist ein Bindewort.

conjure /ˈkʌndʒə(r)/ *v*
do clever tricks that seem to be magic ▷**zaubern**
conjuror *n* someone who does conjuring tricks ▷**Zauberkünstler(in)**: *The conjuror pulled a rabbit out of his hat.* Der Zauberkünstler zog ein Kaninchen aus seinem Hut.

connect /kəˈnekt/ *v*
join or fix one thing to another thing ▷**anschließen**: *Geoff connected the new speakers to the stereo.* Geoff schloss die neuen Lautsprecher an die Stereoanlage an.

connection /kəˈnekʃn/ *n*
1 when trains, ships, etc meet so that people can change from one to another quickly ▷**Anschluss**: *Ted's train was late so he missed the connection.* Teds Zug hatte Verspätung, deshalb verpasste er seinen Anschluss.
2 way that one thing is joined to another thing ▷**Verbindung**: *Is there a connection between violence on TV and crime?* Gibt es

eine Verbindung zwischen Gewalt im Fernsehen und Verbrechen?
in connection with, about something ▷**wegen**: *I went to see the police in connection with the theft of my bicycle.* Wegen des Diebstahls meines Fahrrads ging ich zur Polizei.

conquer /'kɒŋkə(r)/ *v*
win a fight against others and take their land, etc ▷**erobern**: *In 1066 the Normans conquered England.* Im Jahre 1066 eroberten die Normannen England.

conqueror /'kɒŋkərə(r)/ *n*
someone who wins ▷**Eroberer**

conscience /'kɒnʃəns/ *n*
feeling inside your mind about what is right and wrong ▷**Gewissen**
have a clear conscience, feel that you have done nothing wrong ▷**ein reines Gewissen haben**
have a guilty conscience, feel that you have done wrong ▷**ein schlechtes Gewissen haben**

conscious /'kɒnʃəs/ *adj*
awake and knowing what is happening ▷**bei Bewusstsein**: *The police cannot speak to him because he isn't conscious.* Die Polizei kann nicht mit ihm sprechen, weil er nicht bei Bewusstsein ist.
consciousness *n* (no *pl*) ▷**Bewusstsein**
lose consciousness, faint ▷**das Bewusstsein verlieren**: *He fell on his head and lost consciousness.* Er fiel auf den Kopf und verlor das Bewusstsein.

consequence /'kɒnsɪkwəns/ *n*
what happens because of something ▷**Folge**: *His lung cancer was a consequence of his heavy smoking.* Der Lungenkrebs war eine Folge seines starken Rauchens.
take the consequences, be ready for the bad things that happen because of what you did ▷**die Folgen tragen**: *If you drive so fast, you must take the consequences.* Wenn du so schnell fährst, musst du auch die Folgen tragen.

consequently /'kɒnsɪkwəntlɪ/ *adv*
therefore; because of that ▷**folglich**: *John ate too much and consequently was sick.* John aß zu viel, folglich wurde ihm schlecht.

conservation /ˌkɒnsə'veɪʃn/ *n* (no *pl*)
looking after the earth and its forests, lakes, mountains, etc ▷**Umweltschutz**

Conservative Party /kən'sɜːvətɪv pɑːtɪ/ *n*
one of the main political parties in Great Britain ▷**die konservative Partei**

consider /kən'sɪdə(r)/ *v*
1 think carefully about something or about what to do, etc ▷**nachdenken über**: *Matthew is considering where to go on holiday.* Matthew denkt darüber nach, wohin er in Urlaub fahren soll.
2 be thoughtful about the feelings of other people ▷**Rücksicht nehmen auf**: *Don't play such loud music! Consider the neighbours!* Spiel nicht so laute Musik! Nimm Rücksicht auf die Nachbarn!

considerable /kən'sɪdərəbl/ *adj*
great; large ▷**beträchtlich**: *£15,000 is a considerable amount to pay for a new car.* £15.000 ist eine beträchtliche Summe für ein neues Auto.
considerably *adv* ▷**beträchtlich**

considerate /kən'sɪdərət/ *adj*
kind; thinking and caring about other people ▷**rücksichtsvoll**
considerately *adv* ▷**rücksichtsvoll**

consideration /kənˌsɪdə'reɪʃn/ *n* (no *pl*)
1 careful thought about something ▷**Überlegung**: *After much consideration, my brother decided to sell his car.* Nach reiflicher Überlegung beschloss mein Bruder, sein Auto zu verkaufen.
2 being thoughtful and careful about people's feelings ▷**Rücksichtnahme**: *Helen shows great consideration towards old people.* Helen zeigt alten Leuten gegenüber große Rücksichtnahme.
take into consideration, remember something important when you are making a plan ▷**berücksichtigen**: *We must take the cost into consideration when we are choosing a hotel.* Wir müssen die Kosten berücksichtigen, wenn wir ein Hotel aussuchen.

consist /kən'sɪst/ *v*
consist of, have someone or something as part of the total ▷**bestehen aus**: *Jam consists of fruit and sugar.* Marmelade besteht aus Früchten und Zucker. ☞Vorsicht! Dieses Verb drückt keine Tätigkeit, sondern einen Zustand aus. Es kann daher nicht in der Verlaufsform (progressive) gebraucht werden.

consonant /'kɒnsənənt/ *n*
a letter of the English alphabet that is not one of the vowels a, e, i, o, u ▷**Konsonant, Mitlaut**

conspicuous /kən'spɪkjʊəs/ *adj*
very clear; so big, bright, different, etc that people look at it ▷**auffällig**: *a conspicuous red hat,* ein auffälliger roter Hut.
conspicuously *adv* ▷**auffällig**

constable /'kʌnstəbl/ *n*
junior police officer ▷**Polizist(in)**

constant /'kɒnstənt/ *adj*
going on and on and not stopping ▷**ständig**: *the constant noise of traffic,* der ständige Verkehrslärm.

constantly *adv* ▷**ständig**: *It rained constantly over the weekend.* Am Wochenende hat es ständig geregnet.

constituency /kən'stɪtjʊənsɪ/ *n* (*pl* constituencies)
town or area that chooses one member of parliament ▷**Wahlkreis**

constitution /ˌkɒnstɪ'tjuːʃn/ *n*
general law of a country ▷**Verfassung**

construct /kən'strʌkt/ *v*
make or build something ▷**bauen**: *Brunel constructed railway bridges.* Brunel baute Eisenbahnbrücken.
construction /kən'strʌkʃn/ *n* (no *pl*) building something ▷**Bau**: *the construction of the Pyramids,* der Bau der Pyramiden.

consult /kən'sʌlt/ *v*
ask someone, or read something, to learn what you want to know ▷**zu Rate ziehen**: *If you are ill, consult a doctor.* Wenn du krank bist, solltest du einen Arzt zu Rate ziehen.

consume /kən'sjuːm/ *v*
eat, drink, or use up something ▷**verzehren**: *They consumed a lot of food at the party.* Auf der Party wurde viel verzehrt.
consumer *n* someone who uses goods ▷**Verbraucher(in)**: *Consumers would complain if we stopped producing frozen peas.* Die Verbraucher würden sich beschweren, wenn wir keine tiefgefrorenen Erbsen mehr produzierten.
consumption /kən'sʌmpʃn/ *n* (no *pl*) ▷**Verbrauch**: *petrol consumption,* Benzinverbrauch.

contact[1] /'kɒntækt/ *n* (no *pl*)
meeting or writing to people ▷**Kontakt**
come into contact with, know or meet someone ▷**in Berührung kommen mit**: *A doctor comes into contact with many sick people.* Eine Ärztin kommt mit vielen kranken Menschen in Berührung.
lose contact with, stop meeting or writing to someone ▷**aus den Augen verlieren**: *When Jane moved to Australia we lost contact with her.* Nachdem Jane nach Australien gezogen war, verloren wir sie aus den Augen.
make contact with, meet or write to someone ▷**sich in Verbindung setzen mit**: *When I visit York, I shall try to make contact with my friends there.* Wenn ich nach York fahre, werde ich versuchen, mich mit meinen Freunden dort in Verbindung zu setzen.

contact[2] /'kɒntækt/ *v*
go and see, write to, or telephone someone ▷**sich in Verbindung setzen mit**: *When I saw the broken window, I contacted the police.* Als ich das eingeschlagene Fenster sah, habe ich mich mit der Polizei in Verbindung gesetzt.

contact lens /'kɒntækt lenz/ *n* (*pl* contact lenses)
small, round piece of plastic that you wear in your eye so that you can see better ▷**Kontaktlinse**

contain /kən'teɪn/ *v*
hold something; have something inside it ▷**enthalten**: *Does this box contain biscuits?* Enthält diese Schachtel Kekse?

container /kən'teɪnə(r)/ *n*
something that can hold other things inside it ▷**Behälter**: *Baskets, boxes, bottles, and bags are all containers.* Körbe, Schachteln, Flaschen und Taschen sind allesamt Behälter.

content /kən'tent/ *adj*
pleased with what you have; not wanting more ▷**zufrieden**
contented /kən'tentɪd/ *adj* happy; pleased ▷**zufrieden**
contentment *n* (no *pl*) ▷**Zufriedenheit**: *Arthur accepted the praise with a smile of contentment.* Arthur nahm das Lob mit einem Lächeln der Zufriedenheit entgegen.

contents /'kɒntents/ *n pl*
what is inside something ▷**Inhalt**: *the contents of a parcel,* der Paketinhalt.

contest /'kɒntest/ *n*
game, sport, or test, that people try to win ▷**Wettbewerb**: *a talent contest,* ein Talentwettbewerb.
contestant /kən'testənt/ *n* someone who is in a contest ▷**Teilnehmer(in)**

context /'kɒntekst/ *n*
what comes before or after a word, sentence, etc that helps to show its meaning ▷**Kontext, Zusammenhang**: *Can you guess what the word means from its context?* Kannst du die Bedeutung des Wortes aus dem Kontext erraten?

continent /'kɒntɪnənt/ *n*
one of the big land masses of the world ▷**Erdteil**: *Africa is a continent.* Afrika ist ein Erdteil.

continual /kən'tɪnjʊəl/ *adj*
happening often; happening again and again ▷**dauernd**: *There have been continual problems with the new machine.* Mit dieser neuen Maschine hat es dauernd Probleme gegeben.
continually *adv* ▷**dauernd**

continue /kən'tɪnjuː/ *v*
1 go on happening and not stop ▷**dauern**: *The festival continued all day.* Das Fest dauerte den ganzen Tag.
2 start again after stopping ▷**fortsetzen**: *We had a meal and then continued our journey*

at 3 p.m. Wir aßen etwas und setzten unsere Reise dann um 15 Uhr fort.
3 go farther ▷**weitergehen**: *She continued along the path until she came to the river.* Sie ging auf dem Pfad weiter, bis sie zum Fluss kam.
4 go on doing something and not stop ▷**weiter(machen)**: *They continued dancing after the music stopped.* Sie tanzten noch weiter, als die Musik schon aufgehört hatte.

continuous /kən'tɪnjʊəs/ *adj*
going on and on and not stopping ▷**ununterbrochen**: *a continuous line,* eine ununterbrochene Linie; *continuous music,* ununterbrochene Musik.
continuously *adv* ununterbrochen

contract /'kɒntrækt/ *n*
written promise between people, countries, etc ▷**Vertrag**: *The company signed a contract to build the new road.* Die Firma unterzeichnete einen Vertrag über den Bau der neuen Straße.

contrary[1] /'kɒntrərɪ/ *adj*
opposite ▷**entgegengesetzt**
contrary to, not agreeing with something ▷**entgegen**: *He didn't take the pills, contrary to the doctor's orders.* Entgegen den Anweisungen seines Arztes nahm er die Tabletten nicht.

contrary[2] /'kɒntrərɪ/ *n* (no *pl*)
opposite ▷**Gegenteil**
on the contrary, strong words to show that the opposite is true ▷**im Gegenteil**: *'You look ill, Ben.' 'On the contrary, I feel fine!'* „Du siehst krank aus, Ben." „Im Gegenteil, ich fühle mich gut."

contrast /kən'trɑːst/ *v*
look at, or think about, two or more things so that you can see the differences ▷**miteinander vergleichen**: *The article contrasts the schools of today with those of fifty years ago.* Der Artikel vergleicht die Schulen von heute mit denen von vor fünfzig Jahren.
contrast /'kɒntrɑːst/ *n* clear difference between two things when you compare them ▷**Kontrast**: *Can't you see the contrast between these two colours?* Siehst du nicht den Kontrast zwischen diesen beiden Farben?

contribute /kən'trɪbjuːt/ *v*
give a part of something, often help or money ▷**beisteuern**: *Everyone contributed food for the picnic.* Alle steuerten Essen für das Picknick bei.

control[1] /kən'trəʊl/ *n* (no *pl*)
power to make people or things do what you want ▷**Kontrolle**: *A driver must have control of his car.* Ein Fahrer muss die Kontrolle über sein Auto haben.
lose control, be unable to make people or things do what you want ▷**die Kontrolle verlieren**: *The driver lost control and the bus went into the river.* Der Fahrer verlor die Kontrolle, sodass der Bus in den Fluss stürzte.
out of control, behaving in a wild way ▷**außer Kontrolle**: *The noise frightened the horse and it got out of control.* Der Lärm erschreckte das Pferd, sodass es außer Kontrolle geriet.
under control, doing what you want it to do ▷**unter Kontrolle**: *Don't worry — everything is under control.* Mach dir keine Sorgen — es ist alles unter Kontrolle.

control[2] /kən'trəʊl/ *v* (is controlling, controlled /kən'trəʊld/, has controlled)
make people or things do what you want ▷**unter Kontrolle haben**: *He couldn't control his dog.* Er hatte seinen Hund nicht unter Kontrolle. ☞Vorsicht! **kontrollieren** ist nur in der Bedeutung „beherrschen" oder „regulieren" mit **control** zu übersetzen. Bedeutet es „nachprüfen", muss man das Verb **check** benutzen. Vergleiche: *Computer systems will control the lighting and heating in your home* (= regulieren). Die Beleuchtung und Heizung Ihres Hauses werden von einem Computersystem reguliert. *The bus conductor checked my ticket* (= nachprüfen). Der Busschaffner kontrollierte meine Fahrkarte.

convenient /kən'viːnɪənt/ *adj*
easy or helpful to use; easy to reach; not giving trouble ▷**günstig (gelegen)**: *This house is very convenient because it is near the shops.* Dieses Haus ist sehr günstig gelegen, weil die Geschäfte so nahe sind.
be convenient, be easy for someone ▷**jemandem passen**: *Is Wednesday convenient for you?* Passt Ihnen Mittwoch?
conveniently *adv* ▷**günstigerweise**

convent /'kɒnvənt/ *n*
place where a group of Christian women live, work, and worship together ▷**Nonnenkloster**

conversation /ˌkɒnvə'seɪʃn/ *n*
talking between two or more people ▷**Unterhaltung**: *I had an interesting conversation with my neighbour.* Ich hatte eine interessante Unterhaltung mit meinem Nachbarn.

conviction /kən'vɪkʃn/ *n*
1 deciding in a law court that someone has done wrong ▷**Verurteilung**: *He has had two convictions for drinking and driving.* Er hat schon zwei Verurteilungen wegen Alkohol am Steuer.
2 sure feeling that something is true ▷**Überzeugung**: *You will not change his conviction that Liverpool are the best football team.* Du wirst seine Überzeugung, dass Liverpool die beste Fußballmannschaft ist, nicht ändern.

convince /kən'vɪns/ *v*
make someone believe something ▷**überzeugen**: *Robin's playing convinces me that he is good enough for the team.* Robins Spiel überzeugt mich davon, dass er gut genug für die Mannschaft ist.
be convinced, feel certain ▷**überzeugt sein**: *I'm convinced that I'm right.* Ich bin überzeugt, dass ich Recht habe.

cook[1] /kʊk/ *n*
someone who makes food ready to eat ▷**Koch, Köchin**

cook[2] /kʊk/ *v*
make food ready to eat by heating it ▷**kochen**: *My mother cooked the lunch.* Meine Mutter kochte das Mittagessen. ☞Vorsicht! Verwechsle nicht die folgenden Verben mit der Bedeutung **kochen**: *She went to the kitchen to cook some food* (= durch Erhitzen zubereiten). Sie ging in die Küche, um Essen zu kochen. *Shall I boil an egg for you* (= in Wasser kochen)*?* Soll ich dir ein Ei kochen? *The water is boiling*. Das Wasser kocht. *I've just made some fresh tea* (= zubereiten). Ich habe gerade frischen Tee gekocht.

cooker /'kʊkə(r)/ *n*
oven; thing in which you can cook food ▷**Herd**

cookery /'kʊkərɪ/ *n* (no *pl*)
making things ready to eat; studying how to make food ▷**Kochen**

cookie *American for* biscuit

cooking /'kʊkɪŋ/ *n* (no *pl*)
what you cook ▷**Essen**: *She praised his cooking.* Sie lobte sein Essen.

cool[1] /kuːl/ *adj* (cooler, coolest)
1 a little cold ▷**kühl**: *a cool day,* ein kühler Tag.
2 calm; not excited ▷**ruhig**: *Try to keep cool when you're in danger.* Versuchen Sie, ruhig zu bleiben, wenn Sie in Gefahr sind.

cool[2] /kuːl/ *v*
make something less hot ▷**kühlen**: *She cooled the drinks with ice.* Sie kühlte die Getränke mit Eis.
cool down, (a) become less hot ▷**sich abkühlen**: *At night the air cools down.* Nachts kühlt sich die Luft ab. **(b)** become calm after you have been excited ▷**sich beruhigen**

co-operate /kəʊ'ɒpəreɪt/ *v*
work helpfully together with someone else ▷ **zusammenarbeiten**: *The two countries co-operated on the agricultural project.* Beide Länder arbeiteten an dem Landwirtschaftsprojekt zusammen.
co-operation /kəʊˌɒpə'reɪʃn/ *n* (no *pl*) ▷**Mitarbeit**: *The police thanked Mrs Brown for her co-operation.* Die Polizei dankte Mrs Brown für ihre Mitarbeit.

cope /kəʊp/ *v*
do a difficult job ▷**zurechtkommen**: *How do you cope with six dogs?* Wie kommst du mit sechs Hunden zurecht?

copper /'kɒpə(r)/ *n* (no *pl*)
red-brown metal ▷**Kupfer**

copy[1] /'kɒpɪ/ *n* (*pl* copies)
1 something made to look exactly like another thing ▷**Kopie**: *The picture on my wall is a copy of a painting by Turner.* Das Bild an meiner Wand ist die Kopie eines Gemäldes von Turner.
2 one example of a book or newspaper ▷**Exemplar**: *We have sold 200 copies of this book today.* Wir haben heute schon 200 Exemplare dieses Buchs verkauft.

copy[2] /'kɒpɪ/ *v* (copied, has copied)
1 write or draw something to look like another thing ▷**abschreiben**: *Please copy the sentence on the blackboard.* Bitte schreibt den Satz von der Tafel ab.
2 try to be like, or look like, another person ▷**nachahmen**: *Tom always copies what his brother does.* Tom ahmt immer nach, was sein Bruder macht.

cord /kɔːd/ *n*
thick string; thin rope ▷**Schnur**

cords /kɔːdz/ *n pl*
trousers made from corduroy material ▷**Cordhose**

corduroy /kɔːdə'rɔɪ/ *n* (no *pl*)
thick cotton cloth with lines on it ▷**Cord**

cork /kɔːk/ *n*
1 (no *pl*) light, strong bark of a special tree ▷**Kork**
2 (*pl* corks) piece of cork used to close a bottle ▷**Korken**

corkscrew /'kɔːkskruː/ *n*
instrument for taking corks out of bottles ▷**Korkenzieher**

corn /kɔːn/ *n* (no *pl*)
seed of grain plants, such as wheat, oats, rye, and maize ▷**Korn**

corner /'kɔːnə(r)/ *n*
place where two lines, sides, walls, roads, etc meet ▷**Ecke**: *He walked round the corner into the next street.* An der Ecke bog er in die nächste Straße ein. *The lamp stands in the corner of the room.* Die Lampe steht in der Ecke des Zimmers.

cornflakes /'kɔːnfleɪks/ *n pl*
special breakfast food made from corn ▷**Cornflakes**

coronation /ˌkɒrə'neɪʃn/ *n*
crowning a king or queen ▷**Krönung**

corpse /kɔːps/ *n*
body of a dead person ▷**Leiche**

correct[1] /kə'rekt/ *adj*
with no mistakes; right; true ▷**richtig**: *a correct answer,* eine richtige Antwort.
correctly *adv* ▷**richtig**

correct[2] /kə'rekt/ *v*
1 show what is wrong; mark mistakes ▷**korrigieren**: *to correct a pupil's homework,* die Hausaufgaben eines Schülers korrigieren.
2 make something right ▷**richtig stellen**: *The clock was fast so I corrected it.* Die Uhr ging vor, deshalb stellte ich sie richtig.

correction /kə'rekʃn/ *n*
right word, answer, etc put in place of what was wrong ▷**Korrektur**

correspond /ˌkɒrɪ'spɒnd/ *v*
1 write and get letters ▷**korrespondieren**: *I correspond with many friends in Canada.* Ich korrespondiere mit vielen Freunden in Kanada.
2 be the same colour, size, shape, etc ▷**übereinstimmen, entsprechen**: *Do your answers correspond to mine?* Stimmen deine Antworten mit meinen überein?

correspondence /ˌkɒrɪ'spɒndəns/ *n* (no *pl*)
writing letters; letters that have been written ▷**Briefwechsel**: *It is wrong to read other people's correspondence.* Es ist nicht richtig, den Briefwechsel anderer Leute zu lesen.

corresponding /ˌkɒrɪ'spɒndɪŋ/ *adj*
that is the same colour, size, shape, etc ▷**entsprechend, übereinstimmend**

corridor /'kɒrɪdɔː(r)/ *n*
long, narrow passage in a building or train, with doors into rooms or compartments ▷**Gang**

cost[1] /kɒst/ *n*
price; money that you must pay for something ▷**Kosten**: *the high cost of oil,* die hohen Ölkosten.
at all costs, no matter what work, loss, or trouble is needed ▷**um jeden Preis**: *This criminal must be caught at all costs.* Dieser Verbrecher muss um jeden Preis gefasst werden.

cost[2] /kɒst/ *v* (cost, has cost)
1 be the price of something ▷**kosten**: *How much did the butter cost?* Was hat die Butter gekostet?
2 make you lose something ▷**kosten**: *Driving too fast may cost you your life.* Raserei kann dich dein Leben kosten.

costume /'kɒstjuːm/ *n*
sort of clothes worn in a country or at a certain time ▷**Kostüm**: *What costume are you wearing for the fancy dress party?* Welches Kostüm trägst du auf dem Kostümfest?

cosy /'kəʊzɪ/ *adj* (cosier, cosiest)
warm; comfortable and friendly ▷**behaglich**: *a cosy room,* ein behagliches Zimmer.

cot /kɒt/ *n*
baby's bed with high sides to stop it from falling out ▷**Kinderbett**

cottage /'kɒtɪdʒ/ *n*
small house in the country ▷**kleines Haus**

cottage cheese /ˌkɒtɪdʒ 'tʃiːz/ *n* (no *pl*)
sort of soft, white cheese with lumps in it ▷**Hüttenkäse**

cotton /'kɒtn/ *n* (no *pl*)
1 plant with soft, white stuff round the seeds ▷**Baumwollstrauch**
2 thread or cloth made from the cotton plant ▷**Baumwolle**

cotton wool /ˌkɒtn 'wʊl/ *n* (no *pl*)
special, soft stuff made from cotton ▷**Watte**: *The nurse cleaned the cut with cotton wool.* Die Krankenschwester reinigte die Wunde mit Watte.

couch /kaʊtʃ/ *n* (*pl* couches)
long, soft seat where you can sit or lie ▷**Couch**

cough /kɒf/ *v*
send out air from the mouth and throat in a noisy way ▷**husten**: *The smoke made me cough.* Durch den Rauch musste ich husten.
cough *n* ▷**Husten**: *You have a bad cough.* Du hast einen schlimmen Husten.

could /kʊd/
1 *past tense of v* can: *When my father was young he could run fast.* Als mein Vater jung war, konnte er schnell laufen.
2 word that shows what will perhaps happen: *It could rain tomorrow.* Es könnte morgen regnen.
3 word that you use when you ask a polite question: *Could I have another cup of tea, please?* Könnte ich bitte noch eine Tasse Tee bekommen?
couldn't /'kʊdnt/ could not ▷**konnte nicht**

council /'kaʊnsl/ *n*
group of people chosen to work together and make rules ▷**Rat**: *the town council,* der Stadtrat.
council house *n* house that your town or city owns, and that you rent ▷**städtische Sozialwohnung**
councillor /'kaʊnsələ(r)/ *n* member of a council ▷**Ratsmitglied**

count[1] /kaʊnt/ *n*
adding up numbers for a special reason ▷**Zählung**: *After an election there is a count of all the votes.* Nach einer Wahl findet eine Zählung aller Stimmen statt.
lose count of, stop knowing how many

there are ▷**die Übersicht verlieren**: *Don't interrupt or I'll lose count.* Unterbrich mich nicht, sonst verliere ich die Übersicht.

count[2] /kaʊnt/ *n*
nobleman in some countries ▷**Graf**

count[3] /kaʊnt/ *v*
1 add up numbers, etc to see how much there is ▷**zählen**: *She counted the money in her purse.* Sie zählte das Geld in ihrem Portmonee.
2 say numbers one after the other in the right order ▷**zählen**: *My little brother can count from 1 to 10.* Mein kleiner Bruder kann von 1 bis 10 zählen.

counter /ˈkaʊntə(r)/ *n*
long table in a shop or bank where people buy things ▷**(Laden)theke**: *The shop assistant put the bread on the counter.* Die Verkäuferin legte das Brot auf die Theke.

countess /ˈkaʊntɪs/ *n* (*pl* countesses)
1 wife or widow of a British earl ▷**Gräfin**
2 wife of a count ▷**Gräfin**

country /ˈkʌntrɪ/ *n* (*pl* countries)
nation; state ▷**Land**: *Italy is a European country.* Italien ist ein europäisches Land.
the country, *n* land that is not in a town ▷**Land**: *They have a farm in the country.* Sie haben einen Bauernhof auf dem Land.

countryside /ˈkʌntrɪsaɪd/ *n* (no *pl*)
the open land ▷**Landschaft**: *In spring, the countryside is green.* Im Frühling ist die Landschaft grün.

county /ˈkaʊntɪ/ *n* (*pl* counties)
part of a country ▷**Grafschaft**: *Kent is an English county.* Kent ist eine englische Grafschaft.

couple /ˈkʌpl/ *n*
man and his wife; boyfriend and girlfriend ▷**Paar**: *We invited ten couples to the party.* Wir haben zehn Paare zu unserer Party eingeladen.
a couple of, **(a)** two ▷**zwei**: *We invited a couple of friends to lunch.* Wir luden zwei Freunde zum Essen ein. **(b)** a few ▷**ein paar**: *I'll be back in a couple of minutes.* Ich werde in ein paar Minuten zurück sein.

courage /ˈkʌrɪdʒ/ *n* (no *pl*)
bravery; having or showing no fear ▷**Mut**: *Trevor showed great courage when he saved the child from the burning house.* Trevor bewies großen Mut, als er das Kind aus dem brennenden Haus rettete.
courageous /kəˈreɪdʒəs/ *adj* brave ▷**mutig**
courageously *adv* ▷**mutig**

course[1] /kɔːs/ *n*
line in which something moves ▷**(Ver)lauf**: *We followed the course of the river.* Wir folgten dem Lauf des Flusses.
change course, start to go in a different way ▷**den Kurs wechseln**: *The aeroplane had to change course because of the storm.* Wegen Sturm musste das Flugzeug den Kurs wechseln.
of course, certainly ▷**natürlich**: *Of course I'll help you.* Natürlich werde ich dir helfen.

course[2] /kɔːs/ *n*
ground for sport ▷**Platz**: *a golf-course,* ein Golfplatz; *a racecourse*, ein Rennplatz.

course[3] /kɔːs/ *n*
planned programme of study ▷**Kurs, Lehrgang**: *a language course,* ein Sprachkurs; *a course in computer programming,* ein Lehrgang im Programmieren.

course[4] /kɔːs/ *n*
part of a meal ▷**Gang**: *The first course was soup.* Der erste Gang bestand aus einer Suppe.

court /kɔːt/ *n*
1 place where judges and lawyers listen to law cases ▷**Gericht**
2 piece of ground marked for a sport ▷**Platz**: *a tennis court,* ein Tennisplatz.

courtyard /ˈkɔːtjɑːd/ *n*
open space inside a big building or in front of it ▷**(Innen)hof**

cousin /ˈkʌzn/ *n*
child of your uncle or aunt ▷**Cousin(e)**
☞Siehe Darstellung bei **family**.

cover[1] /ˈkʌvə(r)/ *n*
1 thing that you put over another thing ▷**Deckel**: *She picked up the cover to see what was underneath.* Sie hob den Deckel an, um zu sehen, was darunter war.
2 outside of a book ▷**Einband**

cover[2] /ˈkʌvə(r)/ *v*
1 put one thing over another thing to hide it, keep it safe, keep it warm, etc ▷**bedecken**: *Pat covered her head with a scarf.* Pat bedeckte ihren Kopf mit einem Tuch.
2 be all over something ▷**sich erstrecken über**: *Flood water covered our fields.* Das Hochwasser erstreckte sich über unsere Felder.
be covered with, have something all over yourself or itself ▷**bedeckt sein mit**: *The roofs were covered with snow.* Die Dächer waren mit Schnee bedeckt.

covering /ˈkʌvərɪŋ/ *n*
something that you put over another thing or a person ▷**Decke**

cow /kaʊ/ *n*
big farm animal which gives milk ▷**Kuh**

coward /ˈkaʊəd/ *n*
someone who has no courage and fears pain and danger ▷**Feigling**

cowardice /ˈkaʊədɪs/ *n* (no *pl*) having no courage ▷**Feigheit**

cowboy /ˈkaʊbɔɪ/ *n*
man on a horse who looks after cattle in America ▷**Cowboy**

crab /kræb/ *n*
sea-animal with a hard shell and big claws ▷**Krebs, Krabbe**

crack /kræk/ *n*
line where something has nearly broken ▷**Riss**: *cracks in the wall,* Risse in der Wand.
crack *v* break, but not into pieces ▷**zerspringen**: *The glass will crack if you pour boiling water into it.* Das Glas wird zerspringen, wenn du kochendes Wasser hineingießt.

cracker /ˈkrækə(r)/ *n*
1 kind of thin, dry biscuit ▷**Kräcker**
2 kind of firework ▷**Knaller**
3 small roll of pretty paper, with a tiny present inside, which makes a noise when two people pull it apart ▷**Knallbonbon**

cradle /ˈkreɪdl/ *n*
baby's bed that you can swing backwards and forwards ▷**Wiege**

craft /krɑːft/ *n* (*pl* crafts)
job that needs clever hands which have been trained for a long time ▷**(Kunst)handwerk**: *Weaving is a craft.* Weben ist ein Handwerk.

crane /kreɪn/ *n*
machine with a big arm for lifting heavy things ▷**Kran**: *The crane put the car on to the ship.* Der Kran beförderte das Auto auf das Schiff.

crash[1] /kræʃ/ *n* (*pl* crashes)
1 accident; two things coming together hard ▷**Unfall**: *a car crash,* ein Autounfall.
2 big noise when something falls, breaks, etc ▷**Krach(en)**: *I heard a crash as the tree fell.* Ich hörte ein Krachen, als der Baum umfiel.

crash[2] /kræʃ/ *v*
1 have an accident ▷**verunglücken**: *The aeroplane crashed.* Das Flugzeug verunglückte.
2 make something have an accident ▷**verunglücken mit**: *He crashed his car.* Er verunglückte mit seinem Auto.
3 drive into another car, etc ▷**zusammenstoßen**: *The two cars crashed on a bend.* Die beiden Autos stießen in der Kurve zusammen.

crash-helmet /ˈkræʃ helmɪt/ *n*
hard hat that you wear to keep your head safe ▷**Sturzhelm**: *Motor-cyclists must wear crash-helmets.* Motorradfahrer müssen Sturzhelme tragen.

crate /kreɪt/ *n*
big, wooden box for goods ▷**Kiste**

crawl /krɔːl/ *v*
move slowly on your hands and knees ▷**kriechen**: *We crawled through the tunnel to safety.* Wir krochen durch den Tunnel in Sicherheit.

crayon /ˈkreɪən/ *n*
soft, thick, coloured pencil ▷**Buntstift**

craze /kreɪz/ *n*
sudden, strong liking for something ▷**der letzte Schrei**: *the latest craze in computer games,* das Computerspiel, das gerade in ist.

crazy /ˈkreɪzɪ/ *adj* (crazier, craziest)
mad; foolish ▷**verrückt**: *You must be crazy to ride a bicycle that has no brakes!* Du musst verrückt sein, ein Fahrrad ohne Bremsen zu fahren.

cream[1] /kriːm/ *adj*
with a yellow-white colour ▷**cremefarben**

cream[2] /kriːm/ *n*
1 (no *pl*) yellow-white colour ▷**Creme**
2 (no *pl*) fatty part of milk that can be made into butter ▷**Sahne**
3 (*pl* creams) any thick, soft liquid ▷**Creme**: *face-cream,* Gesichtscreme.

crease /kriːs/ *v*
1 make paper or cloth full of lines when you fold it, crush it, etc ▷**zerknittern**: *Don't sit on my coat! You'll crease it.* Setz dich nicht auf meinen Mantel, du zerknitterst ihn.
2 get too many lines in it ▷**knittern**: *Does your dress crease?* Knittert dein Kleid?
crease *n* line made by folding, etc ▷**Falte**

create /kriːˈeɪt/ *v*
make something new ▷**(er)schaffen**: *God created the world.* Gott erschuf die Welt.

creature /ˈkriːtʃə(r)/ *n*
living animal or person ▷**Lebewesen**

credit[1] /ˈkredɪt/ *n* (no *pl*)
letting someone take goods now but pay later ▷**Kredit**: *The shop gives me credit.* In diesem Geschäft habe ich Kredit.
credit card *n* card from a bank, which lets you borrow money or buy goods and pay for them later ▷**Kreditkarte**

credit[2] /ˈkredɪt/ *n* (no *pl*)
be a credit to, bring a good name to someone ▷**(alle) Ehre machen**: *Alec is a credit to his family.* Alec macht seiner Familie alle Ehre.

creep /kriːp/ *v* (crept /krept/, has crept)
move along close to the ground; move slowly, quietly, or secretly ▷**schleichen**: *The cat crept towards the bird.* Die Katze schlich sich an den Vogel heran.

crept /krept/ *form of* creep

crescent /ˈkresnt/ *n*
shape of the growing moon ▷**Halbmond**

crew /kruː/ *n*
group of people who work together on a ship or aeroplane ▷**Besatzung**

cricket[1] /ˈkrɪkɪt/ *n*
brown, jumping insect ▷**Grille**

cricket[2] /ˈkrɪkɪt/ *n* (no *pl*)
ball game with two teams ▷**Kricketspiel**

cried /kraɪd/ *form of* cry[2]

cries /kraɪz/ *n pl of* cry[1]

crime /kraɪm/ *n*
something done that is against the law ▷**Verbrechen**: *Murder is a crime.* Mord ist ein Verbrechen.

criminal[1] /ˈkrɪmɪnl/ *adj*
1 against the law ▷**kriminell**: *a criminal plan,* ein krimineller Plan.
2 of crime ▷**Straf-**: *She's studying criminal law.* Sie studiert Strafrecht.

criminal[2] /ˈkrɪmɪnl/ *n*
someone who has broken the law ▷**Verbrecher(in)**

crippled /ˈkrɪpld/ *adj*
not able to move your arm or leg easily because it is hurt ▷**verkrüppelt** ☞Vorsicht! **crippled** kann etwas abschätzig klingen. Es ist höflicher, das Adjektiv **disabled** zu verwenden.

crisis /ˈkraɪsɪs/ *n* (*pl* crises)
very serious time; time of great trouble, danger, etc ▷**Krise**: *an economic crisis,* eine Wirtschaftskrise.

crisp[1] /krɪsp/ *adj* (crisper, crispest)
1 hard and dry ▷**knusprig**: *a crisp biscuit,* ein knuspriges Plätzchen.
2 firm ▷**knackig**: *a crisp lettuce,* knackiger Salat.

crisp[2] /krɪsp/ *n*
thin slice of potato, fried in hot oil and then dried ▷**Chip**: *a packet of crisps,* eine Tüte Chips. ☞Siehe Anmerkung bei **chip**.

critic /ˈkrɪtɪk/ *n*
someone who says whether something is good or bad ▷**Kritiker(in)**: *The critics praised his new film.* Die Kritiker lobten seinen neuen Film.

critical /ˈkrɪtɪkl/ *adj*
saying that something is wrong ▷**kritisch**: *a critical report,* ein kritischer Bericht.

criticize /ˈkrɪtɪsaɪz/ *v*
say that someone or something is bad ▷**kritisieren**
criticism /ˈkrɪtɪsɪzəm/ *n* ▷**Kritik**

crockery /ˈkrɒkərɪ/ *n* (no *pl*)
plates, cups, etc ▷**Geschirr**

crocodile /ˈkrɒkədaɪl/ *n*
long, dangerous reptile that lives in the rivers of Africa ▷**Krokodil**

crook /krʊk/ *n*
bad person; criminal ▷**Gauner(in)**

crooked /ˈkrʊkɪd/ *adj*
not straight; bent; twisting ▷**schief**: *The painting is crooked.* Das Bild hängt schief.

crop /krɒp/ *n*
all the plants of one kind that the farmer grows in one season ▷**Ernte**: *a crop of potatoes,* eine Kartoffelernte.

cross[1] /krɒs/ *adj*
not pleased; rather angry ▷**böse**
crossly *adv* ▷**böse**

cross[2] /krɒs/ *n* (*pl* crosses)
mark like + or × ▷**Kreuz**

cross[3] /krɒs/ *v*
go over something from one side to the other ▷**überqueren**: *to cross the road,* die Straße überqueren.

crossing /ˈkrɒsɪŋ/ *n*
place where cars must stop for people to cross the road ▷**Übergang**

crossroads /ˈkrɒsrəʊdz/ *n* (no *pl*)
place where two roads meet and go over each other ▷**Kreuzung**

crossword, crossword puzzle /ˈkrɒswɜːd pʌzl/ *n*
game with words on paper ▷**Kreuzworträtsel**

crow /krəʊ/ *n*
big, black bird with a harsh cry ▷**Krähe**

crowd /kraʊd/ *n*
many people together ▷**Menschenmenge**: *There was a large crowd at the football match.* Eine große Menschenmenge verfolgte das Fußballspiel.
crowd *v* all come together ▷**(sich) drängen**: *They crowded into the bus.* Sie drängten sich in den Bus.
crowded /ˈkraʊdɪd/ *adj* full of people, etc ▷**voll**

crown /kraʊn/ *n*
special thing that a king or queen wears on the head at important times ▷**Krone**
crown *v* put a crown on someone who has become a king or queen ▷**krönen**

cruel /krʊəl/ *adj* (crueller, cruellest)
bringing pain or trouble to others; not kind ▷**grausam**: *The cruel man was hitting the donkey.* Der grausame Mann schlug den Esel.
cruelly *adv* ▷**grausam**
cruelty /ˈkrʊəltɪ/ *n* (no *pl*) ▷**Grausamkeit**: *cruelty to animals,* Grausamkeit gegen Tiere

cruise /kruːz/ *n*
sea-journey for pleasure ▷**Kreuzfahrt**

crumb /krʌm/ *n*
very small piece of bread, etc ▷**Krümel**

crush /krʌʃ/ *v*
press something hard so that you break or harm it ▷**zerdrücken**: *She sat on my hat and crushed it.* Sie setzte sich auf meinen Hut und zerdrückte ihn.

crutch /krʌtʃ/ *n* (*pl* crutches)
long stick to go under the arm and help a hurt person to walk ▷**Krücke**: *After his accident he walked with a pair of crutches.* Nach seinem Unfall ging er an Krücken.

cry[1] /kraɪ/ *n* (*pl* cries)
call that shows pain, fear, sadness, etc; loud or excited shout ▷**Schrei**: *a cry for help,* ein Hilfeschrei.

cry[2] /kraɪ/ *v* (cried /kraɪd/, has cried)
1 make a loud noise; shout ▷**schreien**: *'Help!' cried Jill, when she fell in the river.* „Hilfe!" schrie Jill, als sie in den Fluss fiel.
2 let tears fall from your eyes ▷**weinen**: *Ann cried when her dog died.* Ann weinte, als ihr Hund starb.

cub /kʌb/ *n*
young lion, bear, fox, tiger, etc ▷**Junges**

cube /kjuːb/ *n*
solid shape with six equal, square sides ▷**Würfel**
cubic /ˈkjubɪk/ *adj* ▷**Kubik-**

cuckoo /ˈkʊkuː/ *n*
bird with a call like its name ▷**Kuckuck**

cucumber /ˈkjuːkʌmbə(r)/ *n*
long vegetable with a green skin ▷**Gurke**

cuddle /ˈkʌdl/ *v*
hold someone close in your arms ▷**umarmen**
cuddle *n* ▷**Umarmung**
give someone a cuddle, hold someone close in your arms ▷**umarmen**

cuff /kʌf/ *n*
end of a sleeve by the hand ▷**Manschette**

cultivate /ˈkʌltɪveɪt/ *v*
1 use land for growing plants ▷**bebauen**: *Only 5% of the land is cultivated.* Nur 5% des Landes werden bebaut.
2 keep and care for plants ▷**züchten, anbauen**: *The village people cultivate rice and vegetables.* Die Dorfbewohner bauen Reis und Gemüse an.

culture /ˈkʌltʃə(r)/ *n*
the customs, art, and beliefs of a group of people ▷**Kultur**: *He has studied the cultures of Eastern countries.* Er hat die Kulturen östlicher Länder studiert.
cultural /ˈkʌltʃərəl/ *adj* ▷**kulturell**

cunning /ˈkʌnɪŋ/ *adj*
clever at tricking people ▷**gerissen**: *a cunning liar,* ein gerissener Lügner.

cup /kʌp/ *n*
1 small bowl with a handle, for drinking ▷**Tasse**
2 drink in a cup ▷**Tasse**: *a cup of coffee,* eine Tasse Kaffee.
3 gold or silver bowl as a prize ▷**Pokal**: *the European Cup,* der Europapokal.

cupboard /ˈkʌbəd/ *n*
piece of furniture, with doors and shelves, for keeping things in ▷**Schrank**

cure /kjʊə(r)/ *n*
something that will end a problem or an illness ▷**(Heil)mittel**: *Aspirin is a cure for headaches.* Aspirin ist ein Mittel gegen Kopfschmerzen.
cure *v* make a sick person well ▷**heilen**: *The doctor cured the pain in my back.* Die Ärztin heilte meine Rückenschmerzen.

curiosity /ˌkjʊərɪˈɒsətɪ/ *n* (no *pl*)
wanting to know about things ▷**Neugier**: *My little brother is full of curiosity.* Mein kleiner Bruder ist voller Neugier.

curious /ˈkjʊərɪəs/ *adj*
1 wanting to know about something ▷**neugierig**: *I am curious to know how that old clock works.* Ich bin neugierig, herauszufinden, wie die alte Uhr funktioniert.
2 strange and unexpected ▷**seltsam**: *What a curious noise!* Was für ein seltsames Geräusch!
curiously *adv* ▷**neugierig**

curl[1] /kɜːl/ *n*
ring or twist of hair ▷**Locke**
curly /ˈkɜːlɪ/ *adj* (curlier, curliest) ▷**lockig**: *A lamb has a curly coat.* Ein Lamm hat ein lockiges Fell.

curl[2] /kɜːl/ *v*
twist something into rings ▷**aufdrehen**: *Jane curled her hair.* Jane drehte ihr Haar auf.
curl up, make yourself into a ball ▷**sich zusammenrollen**: *The cat curled up on my knee.* Die Katze rollte sich auf meinen Knien zusammen.

curler /ˈkɜːlə(r)/ *n*
small thing that you wind hair round to make the hair curly ▷**Lockenwickler**

currant /ˈkʌrənt/ *n*
1 small, sweet, dried fruit ▷**Rosine**
2 small, juicy fruit ▷**Johannisbeere**

currency /ˈkʌrənsɪ/ *n* (*pl* currencies)
kind of money used in a country ▷**Währung**: *The dollar is American currency.* Der Dollar ist die amerikanische Währung.

current[1] /ˈkʌrənt/ *adj*
happening now ▷**aktuell**

current[2] /ˈkʌrənt/ *n*
1 air or water that is moving along ▷**Strömung**: *We couldn't row against the strong current.* Wir konnten nicht gegen die starke Strömung anrudern.
2 electricity running through a wire ▷**Strom**

curry /ˈkʌrɪ/ *n* (*pl* curries)
dish of food cooked with hot-tasting spices ▷**Curry, Currygericht**

curse /kɜːs/ *n*
strong wish for something bad to happen to someone ▷**Fluch**: *The witch put a curse on the prince and he became a frog.* Als die Hexe den Prinzen mit einem Fluch belegte, verwandelte er sich in einen Frosch.

curtain /ˈkɜːtn/ *n*
piece of cloth that hangs in front of a window ▷**Vorhang**
draw the curtains, pull the curtains open or closed ▷**die Vorhänge auf-/zuziehen**

curve /kɜːv/ *n*
bend; line or shape that is not straight ▷**Kurve**
curve *v* bend ▷**einen Bogen machen**: *The street curves to the right.* Die Straße macht einen Bogen nach rechts.
curved /kɜːvd/ *adj* bent ▷**gebogen**

cushion /ˈkʊʃn/ *n*
bag filled with something soft, which you sit on or lean on ▷**Kissen**

custard /ˈkʌstəd/ *n* (no *pl*)
sweet, yellow sauce that you eat with fruit or puddings ▷**Vanillesoße**

custom /ˈkʌstəm/ *n*
what a group of people usually do ▷**Brauch**: *It is a custom to have a tree in the house at Christmas.* Es ist Brauch, zu Weihnachten einen Baum im Haus zu haben.

customer /ˈkʌstəmə(r)/ *n*
someone who buys things from a shop ▷**Kunde, Kundin** ☞Vergleiche mit **client**.

customs /ˈkʌstəmz/ *n pl*
1 tax you pay when you bring new things into a country ▷**Zoll**: *My father had to pay customs on his new camera.* Mein Vater musste Zoll auf seinen neuen Fotoapparat bezahlen.
2 place at an airport or port where you have to show what you have brought ▷**Zoll**: *We shall have to go through customs at the airport.* Am Flughafen werden wir durch den Zoll gehen müssen.
customs officer *n* ▷**Zollbeamter, Zollbeamtin**

cut /kʌt/ *v* (is cutting, cut, has cut)
1 break something with a knife, scissors, etc ▷**durchschneiden**: *Please cut this piece of string.* Bitte schneide dieses Stück Schnur durch.
2 open your skin ▷**(sich) schneiden**: *I cut my finger.* Ich habe mir in den Finger geschnitten.
3 make something shorter ▷**(ab)schneiden**: *to cut hair,* Haare schneiden.
4 take one piece from something bigger ▷**abschneiden**: *to cut a piece of cake,* ein Stück Kuchen abschneiden.
cut *n* ▷**Schnitt(wunde)**: *I have a cut on my finger.* Ich habe eine Schnittwunde an meinem Finger.
cut down, chop something so that it falls down ▷**fällen**: *to cut down a tree,* einen Baum fällen.
cut out, take something away with a knife, scissors, etc ▷**ausschneiden**: *He cut out the footballer's picture.* Er schnitt das Bild des Fußballspielers aus.
cut up, break something into pieces with a knife, scissors, etc ▷**klein schneiden**: *Can you cut up the potatoes?* Kannst du die Kartoffeln klein schneiden?
☞Vorsicht! Die Präposition kann bei den drei vorangehenden Verben sowohl vor oder nach dem Objekt stehen. Ist das Objekt aber ein Pronomen (**it, them** usw), so steht die Präposition nur dahinter. *He cut down the tree. He cut the tree down. He cut it down.*

cutlery /ˈkʌtlərɪ/ *n* (no *pl*)
knives, forks, and spoons ▷**Besteck**

cycle /ˈsaɪkl/ *n*
bicycle ▷**Rad**
cycle *v* ride a bicycle ▷**mit dem Rad fahren**
cycling *n* (no *pl*) ▷**Radfahren**
cyclist /ˈsaɪklɪst/ *n* someone who rides a bicycle ▷**Radfahrer(in)**

Dd

dad /dæd/, **daddy** /ˈdædɪ/ *n* (*pl* dads, daddies)
father ▷**Papa**

daffodil /ˈdæfədɪl/ *n*
yellow flower that comes in spring ▷**Osterglocke**

dagger /ˈdægə(r)/ *n*
short, pointed knife used as a weapon ▷**Dolch**

daily /ˈdeɪlɪ/ *adj*
that happens or comes once every day ▷**Tages-**: *a daily newspaper,* eine Tageszeitung.
daily *adv* ▷**täglich**: *The milkman comes daily to our house.* Der Milchmann kommt täglich zu uns. ☞Es ist üblicher, **every day** zu sagen: *The milkman comes to our house every day.*

dairy /ˈdeərɪ/ *n* (*pl* dairies)
place where milk is kept and butter is made ▷**Molkerei**

daisy /ˈdeɪzɪ/ *n* (*pl* daisies)
sort of flower ▷**Gänseblümchen**

dam /dæm/ *n*
wall built across a river, stream, etc to hold the water ▷**Damm**

damage /ˈdæmɪdʒ/ *v*
break or hurt something ▷**beschädigen**: *The fire has badly damaged the house.* Das Feuer hat das Haus stark beschädigt.
damage *n* (no *pl*) ▷**Schaden**: *Did the storm do any damage to the house?* Hat der Sturm Schaden am Haus angerichtet?

damp /dæmp/ *adj* (damper, dampest)
a little wet ▷**feucht**: *damp clothes,* feuchte Kleider.

dance[1] /dɑːns/ *n*
1 movements to music ▷**Tanz**
2 party where people dance ▷**Ball**

dance[2] /dɑːns/ *v*
move the body to music ▷**tanzen**
dancer *n* someone who dances ▷**Tänzer(in)**

danger /ˈdeɪndʒə(r)/ *n*
someone or something that may bring harm or trouble ▷**Gefahr**: *Busy roads are a danger to small children.* Stark befahrene Straßen sind eine Gefahr für kleine Kinder.

dangerous /ˈdeɪndʒərəs/ *adj*
that will probably bring harm ▷**gefährlich**: *Broken glass is dangerous.* Glassplitter sind gefährlich.
dangerously *adv* ▷**gefährlich**

dare /deə(r)/ *v*
1 be brave or bold enough to do something ▷**sich trauen**: *I daren't swim in the sea.* Ich traue mich nicht, im Meer zu schwimmen.
2 ask someone to do something because you want to see if he is brave enough to do it ▷**herausfordern**: *Bill dared me to climb onto the roof.* Bill forderte mich dazu heraus, auf das Dach zu klettern.
how dare you, how can you be so rude and bold ▷**was fällt dir ein**: *'How dare you take flowers from my garden!' she shouted angrily.* „Was fällt dir ein, Blumen aus meinem Garten zu stehlen!" rief sie ärgerlich.
☞**dare** kann man als Hilfsverb oder einfaches Verb verwenden. Es wird mehr als einfaches Verb, und meistens in der verneinenden Form, gebraucht; *He doesn't dare to swim in the sea.* Er traut sich nicht, im Meer zu schwimmen. Aber auch: *He daren't swim in the sea.* Fragen werden meistens mit **do**, wie normale Verben, gebildet: *Does he dare to swim in the sea?* Wagt er es, im Meer zu schwimmen?

dark[1] /dɑːk/ *adj* (darker, darkest)
1 with no light, or not much light ▷**finster**: *a dark night,* eine finstere Nacht.
2 with a strong colour ▷**dunkel**: *A police uniform is dark blue.* Eine Polizeiuniform ist dunkelblau.
3 brown or black, not blond ▷**dunkel**: *He has dark hair.* Er hat dunkles Haar.

dark[2] /dɑːk/ *n* (no *pl*)
after dark, after the sun goes down ▷**nach Einbruch der Dunkelheit**
before dark, before the sun goes down ▷**vor Einbruch der Dunkelheit**
the dark no light ▷**Dunkelheit**: *The little boy was afraid of the dark.* Der kleine Junge hatte Angst vor der Dunkelheit.

darkness /ˈdɑːknɪs/ *n* (no *pl*)
in darkness, with no light ▷**im Dunkeln**: *The sun went down and the room was in darkness.* Die Sonne ging unter, und das Zimmer lag im Dunkeln.

darling /ˈdɑːlɪŋ/ *n*
nice person; person that you love ▷**Liebling**: *What's the matter, darling?* Was ist los, Liebling?

dart /dɑːt/ *n*
small, sharp arrow that you throw at a target ▷**Wurfpfeil**
darts *n* (no *pl*) game in which you throw darts at a target ▷**Wurfpfeilspiel**

dash /dæʃ/ *n* (*pl* dashes)
punctuation mark (—) ▷**Gedankenstrich**

data /ˈdeɪtɑ/ *n* (no *pl*)
1 facts; information ▷**Daten**: *The police collect data on every road accident.* Die Polizei sammelt Daten über jeden Autounfall.
2 information that a computer program uses ▷**Daten** *This data is useless.* Diese Daten sind nutzlos.

date /deɪt/ *n*
1 soft, sweet, brown fruit ▷**Dattel**
2 meeting that you have planned with your boyfriend or girlfriend ▷**Verabredung**: *Karen has a date with Paul on Friday.* Karen hat am Freitag eine Verabredung mit Paul.
3 exact day of the month or year ▷**Datum**: *What's the date today?* Welches Datum ist heute? ☞Man schreibt: *Saturday, 26 May*

1991 oder *Saturday, 26th May 1991*. Eine Kurzform davon ist 26.5.91. Man spricht: *Saturday, the 26th of May, 1991* oder *Saturday, May the 26th, 1991*.
out of date, too old ▷**veraltet**
up to date, modern ▷**aktuell**

daughter /'dɔːtə(r)/ *n*
girl child ▷**Tochter**: *They have two daughters and one son.* Sie haben zwei Töchter und einen Sohn. ☞Siehe Darstellung bei **family**.

daughter-in-law /'dɔːtər ɪn lɔː/ *n* (*pl* daughters-in-law)
wife of your son ▷**Schwiegertochter**☞Siehe Darstellung bei **family**.

dawn /dɔːn/ *n*
the time when day comes ▷**Tagesanbruch**: *I'm tired. I got up at dawn this morning.* Ich bin müde. Ich bin schon bei Tagesanbruch aufgestanden.

day /deɪ/ *n*
1 (*pl* days) time of 24 hours from midnight to the next midnight ▷**Tag**: *There are seven days in a week.* Eine Woche hat sieben Tage.
2 (no *pl*) time when it is light between sunrise and sunset ▷**Tag**: *Most people work during the day and sleep at night.* Die meisten Leute arbeiten am Tag und schlafen nachts.
in those days, then ▷**damals**: *In those days, we didn't have colour television.* Damals hatten wir noch keinen Farbfernseher.
one day, **(a)** on a certain day in the past ▷**eines Tages**: *One day a bird flew into our house.* Eines Tages flog uns ein Vogel zu. **(b)** at some time in the future ▷**eines Tages**: *One day, I'll be rich!* Eines Tages werde ich reich sein.
some day, at some time in the future ▷**eines Tages**
the day after tomorrow ▷**übermorgen**
the day before yesterday ▷**vorgestern**
the other day, a few days ago ▷**neulich**
these days, now ▷**heutzutage**: *These days, some men have short hair and some men have long hair.* Heutzutage tragen einige Männer kurzes Haar, andere dagegen langes Haar.

daylight /'deɪlaɪt/ *n* (no *pl*)
1 light of day ▷**Tageslicht**
2 dawn; the time when day comes ▷**Tagesanbruch**: *She left the house before daylight.* Sie verließ vor Tagesanbruch das Haus.

daytime /'deɪtaɪm/ *n* (no *pl*)
time when it is day and not night ▷**Tag**: *in the daytime,* bei Tage.

dead /ded/ *adj*
not living; with no life ▷**tot**: *The cat keeps bringing dead mice home.* Die Katze bringt immer wieder tote Mäuse ins Haus.

deadly /'dedlɪ/ *adj* (deadlier, deadliest)
likely to kill people or animals ▷**tödlich**: *a deadly poison,* ein tödliches Gift.

deaf /def/ *adj*
not able to hear ▷**taub**

deafen /'defn/ *v*
make you not able to hear well ▷**taub machen**: *The noise of the aeroplane deafened us.* Der Lärm des Flugzeuges machte uns ganz taub.

deafness /'defnɪs/ *n* (no *pl*)
being unable to hear ▷**Taubheit**

deal[1] /diːl/ *n*
agreement, usually about buying, selling, or working ▷**Geschäft**: *Let's make a deal.* Lass uns ein Geschäft machen.

deal[2] /diːl/ *n*
a good deal, a lot; much ▷**ziemlich viel**: *We get a good deal of snow in the winter.* Im Winter haben wir ziemlich viel Schnee.
a great deal, very much ▷**eine ganze Menge**: *He paid a great deal for that car.* Er hat eine ganze Menge für das Auto bezahlt.

deal[3] /diːl/ *v* (dealt /delt/, has dealt)
deal in, buy or sell certain goods ▷**handeln mit**: *This garage deals in expensive cars.* Dieses Autohaus handelt mit teuren Autos.
deal (out), give a share to each person ▷**austeilen**: *She dealt out the cards for the next game.* Sie teilte die Karten für das nächste Spiel aus.
deal with, look after someone or something ▷**fertig werden mit**: *He can't deal with his problems.* Er wird mit seinen Problemen nicht fertig.

dealer /'diːlə(r)/ *n*
someone who buys and sells things ▷**Händler(in)**: *a car dealer,* ein Autohändler.

dear[1] /dɪə(r)/ *adj* (dearer, dearest)
1 that you love ▷**lieb**: *Henry was a dear friend.* Henry war ein lieber Freund.
2 way of starting a letter ▷**lieb**: *Dear Sarah,...* Liebe Sarah,...
3 expensive ▷**teuer**: *These strawberries are too dear — let's buy some plums.* Diese Erdbeeren sind zu teuer — lasst uns Pflaumen kaufen.

dear[2] /dɪə(r)/ *n*
nice person; person that you love ▷**Liebe(r)**

death /deθ/ *n*
1 (no *pl*) dying; end of life ▷**Tod**
2 (*pl* deaths) end of a person's life ▷**Todesfall**: *The number of deaths on our roads is*

decreasing. Die Zahl der Todesfälle auf unseren Straßen geht zurück.

debt /det/ *n*
money that you must pay back to someone ▷**Schulden**: *She owes a debt of £10.* Sie hat £10 Schulden.
in debt, owing money ▷**verschuldet**: *He's always in debt because he spends more than he earns.* Er ist immer verschuldet, weil er mehr ausgibt, als er verdient.
out of debt, not owing money ▷**schuldenfrei**

deceitful /dɪ'siːtfl/ *adj*
who lies, tricks, cheats, etc ▷**hinterlistig**: *a deceitful child,* ein hinterlistiges Kind.

deceive /dɪ'siːv/ *v*
trick someone to make him believe something that is not true ▷**täuschen**: *Don't try to deceive me — I saw you taking the money!* Versuche nicht, mich zu täuschen — ich habe gesehen, wie du das Geld genommen hast.

December /dɪ'sembə(r)/ *n*
last month of the year ▷**Dezember**

decent /'diːsnt/ *adj*
proper; right ▷**anständig**: *They pay quite a decent salary.* Sie zahlen ein ganz anständiges Gehalt.
decently *adv* ▷**anständig**

decide /dɪ'saɪd/ *v*
choose an idea or plan after thinking ▷**(sich) entscheiden**: *I cannot decide which salad to have.* Ich kann mich nicht entscheiden, welchen Salat ich nehmen soll. *We have decided to go to France for our holidays.* Wir haben uns entschieden, in unserem Urlaub nach Frankreich zu fahren .

decision /dɪ'sɪʒn/ *n*
plan; firm idea ▷**Entscheidung**: *His decision to leave school was a surprise to his parents.* Seine Entscheidung, die Schule zu verlassen, war für seine Eltern eine Überraschung.
come to a decision, decide ▷**beschließen**

decimal point /ˌdes:ml 'pɔɪnt/ *n*
dot that shows part of a whole number ▷**Komma**: *In 5·63 the decimal point is between the 5 and the 6.* In 5,63 steht das Komma zwischen der 5 und der 6.

deck /dek/ *n*
floor of a ship or bus ▷**Deck**
deck-chair *n* folding chair that you can take outside ▷**Liegestuhl**

declare /dɪ'kleə(r)/ *v*
1 say something firmly and clearly ▷**behaupten**: *The man declared that he was not a thief.* Der Mann behauptete, er sei kein Dieb.
2 tell the customs about something ▷**angeben**: *Expensive purchases must be declared at customs.* Teure Anschaffungen müssen beim Zoll angegeben werden.
declaration /ˌdekləˈreɪʃn/ *n* ▷**Erklärung**

decorate /'dekəreɪt/ *v*
1 put pretty things on something to make it look nice ▷**schmücken**: *The family decorated the Christmas tree with tinsel and lights.* Die Familie schmückte den Weihnachtsbaum mit Lametta und Kerzen.
2 put paint or paper on to the walls of rooms ▷**tapezieren**: *I decorated the room in blue.* Ich habe das Zimmer in Blau tapeziert.

decorations /ˌdekə'reɪʃnz/ *n pl*
lights, flowers, pictures, etc that make a place or a thing prettier and brighter ▷**Schmuck**: *Christmas decorations,* Weihnachtsschmuck.

decorative /'dekərətɪv/ *adj*
making something look nice ▷**dekorativ**

decrease /dɪ'kriːs/ *v*
1 become smaller, fewer, etc ▷**zurückgehen**: *The number of people in the village has decreased from 150 to 100.* Die Einwohnerzahl des Dorfes ist von 150 auf 100 zurückgegangen.
2 make something smaller or fewer ▷**vermindern**
decrease /'diːkriːs/ *n* ▷**Rückgang**
☞Beachte die unterschiedliche Betonung von Substantiv und Verb. Das Gegenteil von **decrease** ist **increase**.

deep /diːp/ *adj* (deeper, deepest)
1 going a long way down ▷**tief**: *I cannot stand in the deep end of the swimming-pool.* Am tiefen Ende des Schwimmbeckens kann ich nicht stehen.
2 with a strong colour ▷**tief-**: *deep blue,* tiefblau.
3 with a low sound ▷**tief**: *Men usually have deep voices.* Männer haben gewöhnlich tiefe Stimmen.
4 total ▷**tief**: *Mary was in such a deep sleep that she did not hear her mother call.* Mary schlief so tief, dass sie ihre Mutter nicht rufen hörte.
5 with strong feelings ▷**groß**: *deep sadness,* ▷**große Traurigkeit**.
deeply *adv* ▷**sehr**: *deeply worried,* sehr besorgt; *deeply grateful,* sehr dankbar.

deep-freeze /ˌdiːp 'friːz/ *n*
freezer; machine that keeps food very cold and fresh for a long time ▷**Tiefkühltruhe**

deer /dɪə(r)/ *n* (*pl* deer)
wild animal with horns and long, thin legs ▷**Reh**

hairy /ˈheərɪ/ *adj* (hairier, hairiest)
covered with hair ▷**behaart**: *hairy legs,* behaarte Beine.

half[1] /hɑːf/ *n* (*pl* halves)
one of two equal parts ▷**Hälfte**: *Half of 6 is 3.* Die Hälfte von 6 ist 3.
in half, so that there are two equal parts ▷**in zwei Hälften**: *He sawed the log in half.* Er sägte den Stamm in zwei Hälften.

half[2] /hɑːf/ *adv*
1 50 per cent ▷**halb**: *This bottle is only half full.* Diese Flasche ist nur halb voll.
2 partly ▷**zur Hälfte**: *This work is only half done.* Diese Arbeit ist nur zur Hälfte fertig.
half past the hour, 30 minutes after the hour ▷**halb**: *It is half past six.* Es ist halb sieben. ☞Merke: **half past seven, half past ten** usw. bedeutet **halb acht, halb elf** usw. Die halbe Stunde wird zur Zahl dazugerechnet, nicht abgezogen.

half-term /ˌhɑːf ˈtɜːm/ *n*
short school holiday in the middle of term ▷**Ferien**

half-time /ˌhɑːf ˈtaɪm/ *n* (no *pl*)
short break in the middle of a game of football, etc ▷**Halbzeit**

half-way /ˌhɑːf ˈweɪ/ *adv*
in the middle of a journey, job, or place ▷**auf halbem Wege**: *I met John half-way down the hill.* Als ich den Hügel hinunterging, traf ich John auf halbem Wege.

hall /hɔːl/ *n*
1 big room or building for meetings, concerts, etc ▷**Halle**: *a concert hall,* eine Konzerthalle.
2 room in a house, with doors to other rooms ▷**Flur**

hallo /həˈləʊ/ *exclam*
friendly word to greet someone ▷**hallo**

halt /hɔːlt/ *v*
stop moving; make something stop moving ▷**(an)halten**: *'Halt!' shouted the guard.* „Halt!" rief der Wächter.
halt *n* ▷**Stopp**
come to a halt, stop ▷**zum Stillstand kommen**

halve /hɑːv/ *v*
divide something into two parts that are the same size ▷**halbieren**: *There are two of us, so you must halve the orange.* Wir sind zu zweit, du musst also die Apfelsine halbieren.

halves /hɑːvz/ *n pl of* half

ham /hæm/ *n* (no *pl*)
salted or smoked meat from a pig's leg ▷**Schinken**

hamburger /ˈhæmbɜːgə(r)/ *n*
round sandwich with hot meat in it ▷**Hamburger**

hammer[1] /ˈhæmə(r)/ *n*
tool with a handle and a metal head for hitting nails ▷**Hammer**

hammer[2] /ˈhæmə(r)/ *v*
1 hit something with a hammer ▷**hämmern**
2 hit something hard with the hand ▷**hämmern**: *He hammered on the door to wake us.* Er hämmerte an die Tür, um uns zu wecken.

hand[1] /hænd/ *n*
1 part of the body at the end of the arm ▷**Hand**
2 one of the two parts of a watch or clock which move to show the time ▷**Zeiger**: *At midday both hands point to twelve.* Mittags stehen beide Zeiger der Uhr auf zwölf.
by hand, without using a machine ▷**hand–**: *Pam's dress was made by hand.* Pams Kleid war handgearbeitet.
get out of hand, behave in a wild way ▷**außer Kontrolle geraten**: *My garden is getting completely out of hand.* Mein Garten gerät völlig außer Kontrolle.
give a hand, lend a hand, help someone ▷**helfen**: *Could you give me a hand with my homework?* Kannst du mir bei meinen Hausaufgaben helfen?
hands up, (a) put your hand in the air if you can answer the question ▷**meldet euch (b)** put your hands in the air because I have a gun ▷**Hände hoch**
on the one hand ... on the other hand, words that show the good and bad sides of an idea ▷**einerseits ... andererseits**: *On the one hand the hotel is near the sea, but on the other hand it costs a lot.* Einerseits liegt das Hotel am Meer, andererseits ist es sehr teuer.
shake hands with someone, give your hand to someone when you meet or leave him ▷**jemandem die Hand schütteln**

hand[2] /hænd/ *v*
put something into someone's hand ▷**geben**: *Please hand me that book.* Bitte gib mir das Buch.
hand in, give something to someone ▷**abgeben**: *Please hand in your essays on Monday.* Bitte gebt eure Aufsätze am Montag ab.
hand over, give something, which you do not want to give, to someone ▷**hergeben**: *'Hand over that knife!' said the policeman.* „Gib das Messer her!" sagte der Polizist.

handbag /ˈhændbæg/ *n*
woman's bag that holds small things ▷**Handtasche**

handcuffs /ˈhændkʌfs/ *n pl*
pair of metal rings with a chain, which you put on a prisoner's arms so that he cannot use his hands ▷**Handschellen**

handful /ˈhændfʊl/ *n*
1 what you can hold in one hand ▷**Hand voll**
2 small number ▷**Hand voll**: *Only a handful of people came to the meeting.* Es kam nur eine Hand voll Leute zu dem Treffen.

handicap /ˈhændɪkæp/ *n*
something that stops you doing well ▷**Handikap**: *Bad eyesight is a handicap for a student.* Es ist ein Handikap, wenn man als Student schlecht sehen kann.
handicap *v* (is handicapping, handicapped /ˈhændɪkæpt/, has handicapped) stop you doing well ▷**ein Handikap sein**
handicapped /ˈhændɪkæpt/ *adj* not able to use a part of your body well ▷**behindert**

handkerchief /ˈhæŋkətʃɪf/ *n*
square piece of cloth or paper that you use to wipe your nose ▷**Taschentuch**

handle[1] /ˈhændl/ *n*
the part of a thing that you hold ▷**Griff**: *I can't carry the bucket because the handle is broken.* Ich kann den Eimer nicht tragen, weil der Griff abgebrochen ist.

handle[2] /ˈhændl/ *v*
1 touch something with the hands ▷**anfassen**: *Please wash your hands before you handle the food.* Bitte wasch dir die Hände, bevor du die Lebensmittel anfasst.
2 control a person or animal ▷**fertig werden mit**: *A child can't handle that big dog.* Ein Kind wird mit dem großen Hund nicht fertig.
3 look after something ▷**erledigen**: *My assistant handles all letters.* Meine Assistentin erledigt alle Briefe.

handlebar /ˈhændlbɑː(r)/ *n*
part of a bicycle or motorbike that you hold when you are riding ▷**Lenker**

hand-made /ˌhænd ˈmeɪd/ *adj*
made by a person, not by a machine ▷**handgearbeitet**

handshake /ˈhændʃeɪk/ *n*
giving your hand to someone when you meet or leave him ▷**Händedruck**

handsome /ˈhænsəm/ *adj*
good-looking ▷**gut aussehend**: *a handsome boyfriend,* ein gut aussehender Freund. ☞Siehe Anmerkung bei **beautiful**.

handwriting /ˈhændraɪtɪŋ/ *n* (no *pl*)
the way you write ▷**Handschrift**: *Colin has clear handwriting.* Colin hat eine saubere Handschrift.

handy /ˈhændɪ/ *adj* (handier, handiest)
1 good with the hands ▷**geschickt**: *a handy workman,* ein geschickter Arbeiter.
2 useful ▷**praktisch**: *My box of tools is very handy.* Meine Werkzeugkiste ist sehr praktisch.
3 near; easy to find ▷**(griff)bereit**: *I always have an extra shirt handy.* Ich habe immer ein zusätzliches Hemd griffbereit.

hang /hæŋ/ *v* (hung /hʌŋ/, has hung)
1 fix something at the top so that the lower part falls freely ▷**hängen**: *Hang the washing on the line.* Häng die Wäsche auf die Leine.
2 be fixed at the top so that it falls freely ▷**hängen**: *Curtains hang at the windows.* Vor den Fenstern hängen Gardinen.
3 (hanged /hæŋgd/, has hanged) kill someone by holding him above the ground with a rope round his neck ▷**hängen**: *They hanged him for murder.* Er wurde wegen Mordes gehängt.
hang about, stand around doing nothing ▷**herumhängen**: *Why is he hanging about outside?* Warum hängt er draußen herum?
hang on, wait ▷**warten**: *Hang on — don't go yet!* Warte — geh noch nicht!
hang on to, hold something firmly ▷**sich festhalten**: *Hang on to my arm in the crowd.* Halte dich in der Menge an meinem Arm fest.
hang up, end a telephone call ▷**auflegen**: *She hung up when she heard my voice.* Sie legte auf, als sie meine Stimme hörte.

hanger /ˈhæŋə(r)/ *n*
bar with a hook for holding clothes ▷**Bügel**: *a coat hanger,* ein Kleiderbügel.

hang-glider /ˈhæŋ glaɪdə(r)/ *n*
1 thing with a very large piece of material on a frame, with no engine, from which someone hangs and flies through the air ▷**Drachen**
2 someone who flies in a hang-glider ▷**Drachenflieger(in)**
hang-gliding *n* (no *pl*) sport of flying in a hang-glider ▷**Drachenfliegen**

hankie, hanky /ˈhæŋkɪ/ *n* (*pl* hankies)
handkerchief ▷**Taschentuch**

happen /ˈhæpən/ *v*
be; take place ▷**passieren**: *The accident happened at 3 p.m.* Der Unfall passierte um 15 Uhr.
happen to, do something by chance ▷**zufällig etwas tun**: *You happened to be out when I came to your house.* Du warst zufällig nicht da, als ich vorbeikam.
happening *n* something that happens; event ▷**Ereignis**

happy /ˈhæpɪ/ *adj* (happier, happiest)
1 glad; content ▷**glücklich**: *Mary smiled be-*

cause she was happy. Mary lächelte, weil sie glücklich war.
2 word used in greetings: *Happy Christmas,* Fröhliche Weihnachten; *Happy New Year,* ein frohes Neues Jahr; *Happy Birthday,* herzlichen Glückwunsch zum Geburtstag.
happily *adv* ▷**glücklich**
happiness *n* (no *pl*) ▷**Glück**

harbor *American for* harbour

harbour /'hɑːbə(r)/ *n*
place where ships can go and stay in ▷**Hafen**

hard[1] /hɑːd/ *adj* (harder, hardest)
1 not soft; firm ▷**hart**: *These apples are very hard.* Diese Äpfel sind sehr hart.
2 difficult; not easy to do or understand ▷**schwierig**: *hard work,* schwierige Arbeit.
3 giving trouble, pain, etc ▷**hart**: *He's had a hard life.* Er hat ein hartes Leben gehabt.
4 not kind or gentle ▷**streng**: *a hard father,* ein strenger Vater.
hard disk *n* a plastic part inside a computer that stores information ▷**Festplatte**

hard[2] /hɑːd/ *adv* (harder, hardest)
1 strongly ▷**mit aller Kraft**: *Geoff hit Mike hard.* Geoff schlug mit aller Kraft auf Mike ein.
2 a lot ▷**schwer**: *You must work hard.* Du musst schwer arbeiten.

hardback /'hɑːdbæk/ *n*
book with hard covers ▷**gebundenes Buch**

hard-hearted /ˌhɑːd'hɑːtɪd/ *adj*
cruel; not kind ▷**hartherzig**

hardly /'hɑːdlɪ/ *adv*
only just; not well ▷**kaum**: *She speaks so quietly I can hardly hear her.* Sie spricht so leise, ich kann sie kaum verstehen.
hardly ever, almost never ▷**fast nie**: *I hardly ever see her.* Ich seh sie fast nie.

hardship /'hɑːdʃɪp/ *n* (no *pl*)
living without things that you need ▷**Not**: *His family suffered great hardship when he became unemployed.* Seine Familie litt große Not, als er arbeitslos wurde.

hare /heə(r)/ *n*
small animal like a rabbit, with long ears ▷**Hase**

harm[1] /hɑːm/ *n* (no *pl*)
hurt; damage ▷**Schaden**
come to harm, be hurt ▷**verletzt werden**: *They had an accident but nobody came to harm.* Sie hatten einen Unfall, aber keiner wurde verletzt.
harmful *adj* dangerous ▷**schädlich**: *Strong sunlight is harmful to small children.* Starkes Sonnenlicht ist für kleine Kinder schädlich.
harmfully *adv* ▷**verletzend**
harmless *adj* not dangerous ▷**ungefährlich**: *That old firework is harmless.* Das alte Feuerwerk ist ungefährlich.
harmlessly *adv* ▷**harmlos**

harm[2] /hɑːm/ *v*
hurt someone or something ▷**schaden**: *Hot water will harm the plants.* Heißes Wasser wird den Pflanzen schaden.

harmony /'hɑːmənɪ/ *n* (no *pl*)
1 musical notes that sound nice together ▷**Harmonie**: *singing in harmony,* in Harmonie singen.
2 having the same ideas, etc, with no arguments ▷**Eintracht**: *different races living together in harmony,* verschiedene Rassen, die in Eintracht zusammenleben.

harness /'hɑːnɪs/ *n* (*pl* harnesses)
leather straps and metal pieces that a horse wears ▷**Geschirr**

harp /hɑːp/ *n*
big musical instrument with strings, which you play with your fingers ▷**Harfe**

harsh /hɑːʃ/ *adj* (harsher, harshest)
1 rough and unpleasant ▷**rauh**: *a harsh voice,* eine rauhe Stimme.
2 cruel ▷**streng**: *a harsh master,* ein strenger Herr.
harshly *adv* ▷**streng**

harvest /'hɑːvɪst/ *n*
the time when you gather vegetables, corn, or other crops ▷**Ernte**: *The apple harvest comes in September.* Die Apfelernte fängt im September an.
harvest *v* gather crops ▷**ernten**: *When will you harvest your wheat?* Wann werden Sie den Weizen ernten?

has /hæz/ *form of* have

hasn't /'hæznt/ has not

haste /heɪst/ *n* (no *pl*)
speed; hurry ▷**Eile**
in haste, quickly; in a hurry ▷**eilig**: *He left in haste because he was late.* Weil er spät dran war, machte er sich eilig auf den Weg.

hasty /'heɪstɪ/ *adj* (hastier, hastiest)
1 that you do quickly ▷**hastig**: *We ate a hasty meal.* Wir nahmen eine hastige Mahlzeit zu uns.
2 that you say or do too quickly ▷**voreilig**: *I'm sorry now that my words were so hasty.* Es tut mir jetzt Leid, dass meine Worte so voreilig waren.
hastily *adv* ▷**eilig**

hat /hæt/ *n*
something that you wear on your head ▷**Hut**

hatch /hætʃ/ *v*
come out of an egg ▷**ausschlüpfen**: *When will the ducklings hatch?* Wann werden die Entenküken ausschlüpfen?

hate[1] /heɪt/ *n* (no *pl*)
very great dislike ▷**Hass**: *He looked at me with hate.* Er sah mich voller Hass an.

hate[2] *v*
1 feel that someone or something is very bad ▷**hassen**: *Cats hate water.* Katzen hassen Wasser. ☞Wird auch mit der **-ing** Form des Verbes benutzt, vor allem, wenn eine grundsätzliche Aussage gemacht wird: *He hates being late.* Er hasst es, zu spät zu kommen.
2 feel sorry about something ▷**Leid tun**: *I hate to trouble you.* Es tut mir Leid, Sie belästigen zu müssen.

hatred /'heɪtrɪd/ *n* (no *pl*)
very great dislike; hate ▷**Hass**: *He looked at me with hatred.* Er sah mich voller Hass an.

haul /hɔːl/ *v*
pull something heavy ▷**schleppen**: *The elephants were hauling logs.* Die Elefanten schleppten Baumstämme.

haunt /hɔːnt/ *v*
come as a spirit to a place ▷**spuken**: *A ghost haunts the castle.* In dem Schloss spukt es.

haunted /'hɔːntɪd/ *adj*
often visited by spirits ▷**Spuk-**: *a haunted house,* ein Spukhaus.

have /hæv/ *v* (had /hæd/, has had)
1 own or keep something ▷**haben**: *Susan has red hair.* Susan hat rotes Haar. *I have a small car.* Ich habe ein kleines Auto. ☞**have got** wird häufig bei einem Besitzverhältnis (in der Gegenwart) gebraucht: *He has got a brand-new car.* Er hat einen nagelneuen Wagen. *Have you got any brothers and sisters?* Hast du Geschwister? *She has got blue eyes.* Sie hat blaue Augen. Im amerikanischen Englisch würden diese drei Beispiele ohne **got**, allein mit **has** oder **have** gebildet.
2 word that you use with another word to show the past ▷**haben, sein**: *I have finished.* Ich habe aufgehört.
3 eat or drink something ▷**trinken, essen**: *Do you have tea or coffee in the morning?* Trinken Sie morgens Tee oder Kaffee?
4 word that shows something is happening to a person or thing ▷**haben**: *I have a bad pain in my back.* Ich habe schlimme Schmerzen im Rücken. *He had an accident.* Er hatte einen Unfall.
have to, have got to, must ▷**müssen**: *I have to go to school on Monday.* Am Montag muss ich in die Schule gehen. ☞Siehe Anmerkung bei **must**.
have something done, arrange for something to be done ▷**etwas machen lassen**: *Pat is having her hair cut by the hairdresser.* Pat lässt sich vom Friseur die Haare schneiden. ☞**have something done** darf man nicht mit **have done something** verwechseln. Die Stellung von **something** bewirkt einen entscheidenden Bedeutungsunterschied: *We had our car washed at the new carwash.* Wir ließen unser Auto in der neuen Waschanlage waschen. *We had washed our car before we sold it.* Vor dem Verkauf hatten wir unser Auto gewaschen.

haven't /'hævnt/ have not

hawk /hɔːk/ *n*
big bird that catches and kills smaller birds ▷**Habicht**

hay /heɪ/ *n* (no *pl*)
dried grass that the farmer gathers to feed his animals in the winter ▷**Heu**
haystack *n* big heap of hay ▷**Heuhaufen**

hazard /'hæzəd/ *n*
risk; danger ▷**Gefahr**: *Ice is a hazard for drivers.* Glatteis ist eine Gefahr für Autofahrer.
hazardous *adj* ▷**gefährlich**

haze /heɪz/ *n* (no *pl*)
thin mist ▷**Dunst**
hazy *adj* (hazier, haziest) ▷**diesig**: *a hazy day,* ein diesiger Tag.

hazel-nut /'heɪzl nʌt/ *n*
sort of nut that you can eat ▷**Haselnuss**

he /hiː/ *pron* (*pl* they)
word for any male person ▷**er**: *Where is your brother? He is at home.* Wo ist dein Bruder? Er ist zu Hause.

head[1] /hed/ *n*
1 part of the body above the neck ▷**Kopf**: *She tied a scarf round her head.* Sie band sich ein Tuch um den Kopf.
2 brain; mind; thinking ▷**Kopf**: *He added the figures up in his head.* Er addierte die Zahlen im Kopf.
3 front; front part ▷**Spitze**: *the head of the queue,* die Spitze der Schlange.
4 chief person ▷**Oberhaupt**: *The Pope is the head of the Roman Catholic Church.* Der Papst ist das Oberhaupt der römisch-katholischen Kirche.

head[2] /hed/ *v*
be at the front or top of a group ▷**anführen**: *Michael's name heads the list.* Michaels Name führt die Liste an.
head for, go towards ▷**zugehen auf, zufahren auf**: *Let's head for the next village.* Lasst uns auf das nächste Dorf zugehen.

headache /'hedeɪk/ *n*
pain in the head ▷**Kopfschmerzen**: *I've got a headache.* Ich habe Kopfschmerzen.

heading /ˈhedɪŋ/ *n*
title; word or words at the top of a piece of writing to show what it is about ▷**Überschrift**

headlamp /ˈhedlæmp/, **headlight** /ˈhedlaɪt/ *n* big, strong lamp at the front of a car, etc ▷**Scheinwerfer**

headline /ˈhedlaɪn/ *n*
words in big letters at the top of some writing in a newspaper ▷**Schlagzeile**

headmaster /ˌhedˈmɑːstə(r)/ *n*
man in charge of a school ▷**Direktor**

headmistress /ˌhedˈmɪstrɪs/ *n* (*pl* headmistresses)
woman in charge of a school ▷**Direktorin**

headphones /ˈhedfəʊnz/ *n pl*
things that fit over the head and ears for listening to a radio, personal stereo, etc ▷**Kopfhörer** ☞Man sagt **a pair of headphones**.

headquarters /ˌhedˈkwɔːtəz/ *n pl*
main offices of a company, etc ▷**Hauptsitz**

head teacher /ˌhed tiːtʃə(r)/ *n*
teacher in charge of a school ▷**Direktor(in)**

heal /hiːl/ *v*
become well again ▷**heilen**: *His burns healed quickly.* Seine Verbrennungen heilten schnell.

health /helθ/ *n* (no *pl*)
how the body is; how well you are ▷**Gesundheit**: *Cigarettes damage your health.* Zigaretten schaden der Gesundheit.
drink someone's health, have a drink and say you hope someone will stay well ▷**auf jemandes Wohl trinken**
health food *n* food that is very natural, without any chemicals ▷**Reformkost**

healthy /ˈhelθɪ/ *adj* (healthier, healthiest)
1 well; not ill ▷**gesund**: *Those puppies look very healthy.* Die kleinen Hunde sehen sehr gesund aus.
2 that will make or keep you well ▷**gesund**: *The seaside has a healthy climate.* Das Klima an der Küste ist gesund.

heap /hiːp/ *n*
many things together, one on top of the other ▷**Haufen**: *a heap of bricks,* ein Steinhaufen.
heap *v* put things in a heap ▷**häufen**: *They heaped more coal onto the fire.* Sie häuften mehr Kohle auf das Feuer.
heaps of, lots of; plenty ▷**haufenweise**: *We have heaps of books and toys.* Wir haben haufenweise Bücher und Spielzeug.

hear /hɪə(r)/ *v* (heard /hɜːd/, has heard)
1 notice sounds with the ears ▷**hören**: *I can hear the neighbours' radio because it is so loud.* Ich kann das Radio der Nachbarn hören, weil es so laut ist.
2 learn about something or someone with your ears ▷**hören**: *Have you heard the news?* Hast du die Neuigkeiten gehört?
☞Siehe Anmerkung bei **listen**.
hear from, get a letter, etc from someone ▷**hören von**: *Have you heard from your sister?* Hast du etwas von deiner Schwester gehört?
hear of, know about someone or something ▷**hören von**: *Who is he? I've never heard of him.* Wer ist er? Ich habe noch nie von ihm gehört.
☞Unterscheide genau zwischen **hear from** (von wem oder wo die Nachricht herkommt) und **hear of** (über wen oder was berichtet wird).

hearing /ˈhɪərɪŋ/ *n*
1 (no *pl*) power to hear ▷**Gehör**: *Speak loudly because his hearing is not good.* Sprich laut, sein Gehör ist nicht gut.
2 (no *pl*) how far you can hear ▷**Hörweite**
out of hearing, too far away to hear ▷**außer Hörweite**: *I called her but she was out of hearing.* Ich rief sie, aber sie war außer Hörweite.

hearing aid /ˈhɪərɪŋ eɪd/ *n*
thing that you put in your ear so that you can hear better ▷**Hörgerät**

heart /hɑːt/ *n*
1 part inside the body that pumps blood ▷**Herz**: *When I run, my heart beats fast.* Wenn ich laufe, schlägt mein Herz schnell.
2 your feelings ▷**Herz**: *Oliver has a kind heart.* Oliver hat ein gutes Herz.
3 centre; middle part ▷**Mitte**: *in the heart of the forest,* in der Mitte des Waldes.
4 the shape ♥ on a playing-card, etc ▷**Herz**
by heart, so that you know every word ▷**auswendig**: *I have learned this poem by heart.* Ich habe dieses Gedicht auswendig gelernt.
heart attack *n* sudden feeling of pain in your heart, when it stops working properly ▷**Herzinfarkt**

heat[1] /hiːt/ *n*
1 (no *pl*) hotness; the feeling that comes from the sun ▷**Hitze**
2 (*pl* heats) one race in a sports competition ▷**Vorlauf**

heat[2] /hiːt/ *v*
make something hot ▷**erhitzen**: *Frozen food should be heated slowly.* Gefrorene Lebensmittel sollten langsam erhitzt werden.

heater /ˈhiːtə(r)/ *n*
something that gives heat to make a place warm ▷**Ofen**: *an oil-heater,* ein Ölofen.

heather /ˈheðə(r)/ *n* (no *pl*)
sort of plant ▷**Heide**

heating /ˈhiːtɪŋ/ *n* (no *pl*)
system to heat a building ▷**Heizung**

heave /hiːv/ *v*
lift or pull something heavy ▷**(hoch)heben**

heaven /ˈhevn/ *n* (no *pl*)
home of God, where many people believe they will go when they die ▷**Himmel**

heavy /ˈhevɪ/ *adj* (heavier, heaviest)
1 with a lot of weight; not easy to lift or move ▷**schwer**: *I can't carry this bag because it's so heavy.* Ich kann diese Tasche nicht tragen, weil sie so schwer ist.
2 much; a lot of ▷**stark**: *heavy rain,* starker Regen.
3 strong ▷**schwer**: *a heavy blow,* ein schwerer Schlag.
heavily *adv* ▷**schwer, stark**
☞Vorsicht! **schwer** im Sinne von schwierig heißt **difficult**: „eine schwere Übung", *a difficult exercise.*

hectare /ˈhektɑː(r)/ *n*
measure of land = 10,000 square metres ▷**Hektar**

he'd /hiːd/
1 he had ▷**er hatte**
2 he would ▷**er würde**

hedge /hedʒ/ *n*
row of plants or bushes at the edge of a garden, field, or road ▷**Hecke**

hedgehog /ˈhedʒhɒg/ *n*
small animal covered with sharp needles ▷**Igel**

heel /hiːl/ *n*
1 back part of a foot or sock ▷**Ferse**
2 back part of a shoe ▷**Absatz**

height /haɪt/ *n*
1 measurement from bottom to top of a thing ▷**Höhe**: *The height of the room is three metres.* Die Höhe des Zimmers beträgt drei Meter.
2 measurement from head to toe of a person or animal ▷**Größe**: *Please tell me your height, weight, and age.* Geben Sie bitte Größe, Gewicht und Alter an.
3 greatest or strongest time ▷**Höhe(punkt)**: *The storm was at its height.* Der Sturm hatte seinen Höhepunkt erreicht.

heir /eə(r)/ *n*
someone who receives the money, goods, title, etc when another person dies ▷**Erbe**: *Prince Charles is Queen Elizabeth's heir.* Prinz Charles ist Königin Elisabeths Erbe.
heiress /ˈeərɪs/ *n* female heir ▷**Erbin**

held /held/ *form of* hold

helicopter /ˈhelɪkɒptə(r)/ *n*
sort of aeroplane with big, turning blades on top ▷**Hubschrauber**

hell /hel/ *n* (no *pl*)
place where some people think bad people go after they are dead ▷**Hölle**

he'll /hiːl/ he will ▷**er wird**

hello /həˈləʊ/ *exclam*
friendly word to greet someone ▷**hallo**

helmet /ˈhelmɪt/ *n*
hard hat that keeps the head safe ▷**Helm**: *Builders wear helmets.* Bauarbeiter tragen Helme.

help[1] /help/ *n*
1 aid; helping someone ▷**Hilfe**: *Thank you for your help.* Vielen Dank für deine Hilfe.
2 thing or person that helps ▷**Hilfe**: *A walking-stick is a great help to the old lady.* Ein Spazierstock ist eine große Hilfe für die alte Frau.

help[2] /help/ *v*
make another person's work easier, do something for someone who has problems ▷**helfen**: *Please help me to lift this heavy box.* Hilf mir bitte, die schwere Kiste zu heben.
cannot help something, cannot stop yourself doing something ▷**nichts dafür können**: *Babies can't help wetting their nappies.* Babys können nichts dafür, wenn sie in die Windeln machen.
help yourself, take what you want ▷**sich selbst bedienen**: *She helped herself to a sandwich.* Sie bediente sich selbst mit einem Sandwich.

helpful /ˈhelpfl/ *adj*
1 willing to do what is wanted ▷**hilfsbereit**: *The neighbours were very helpful when we moved.* Die Nachbarn waren sehr hilfsbereit, als wir umzogen.
2 useful ▷**hilfreich**: *This book is helpful for students.* Dieses Buch ist für Studenten sehr hilfreich.
helpfully *adv* ▷**hilfsbereit**

helping /ˈhelpɪŋ/ *n*
amount of food on your plate ▷**Portion**: *Hungry children like big helpings.* Hungrige Kinder mögen große Portionen.

helpless /ˈhelplɪs/ *adj*
not able to take care of yourself ▷**hilflos**: *A baby is totally helpless.* Ein Baby ist völlig hilflos.
helplessly *adv* ▷**hilflos**

hem /hem/ *n*
neat end of a piece of clothing ▷**Saum**: *The skirt is too short — let down the hem.* Der Rock ist zu kurz — lass den Saum aus.

hen /hen/ *n*
farm bird that lays eggs and that you eat ▷**Henne**

her[1] /hɜː(r)/ *adj*
of a woman or girl ▷**ihr**: *That is her book.* Das ist ihr Buch.

her[2] /hɜː(r)/ *pron* (*pl* them)
word that shows a woman or girl ▷**ihr, sie**: *I tried to telephone her and then I wrote to her.* Ich habe versucht, sie anzurufen — schließlich schrieb ich ihr.

herb /hɜːb/ *n*
plant, usually with a strong smell and taste, used in cooking ▷**Kraut**: *Parsley and mint are herbs.* Petersilie und Minze sind Kräuter.

herd /hɜːd/ *n*
group of animals ▷**Herde**: *a herd of cattle,* eine Rinderherde.

here /hɪə(r)/ *adv*
in, at, or to this place ▷**hier(her)**: *Don't go away — come here.* Geh nicht weg — komm hierher. *Here is my car.* Hier ist mein Auto.
here and there, in different places ▷**hier und da**: *There were boats here and there on the lake.* Hier und da waren Boote auf dem See.
here's, here is ▷**hier ist**

hero /'hɪərəʊ/ *n* (*pl* heroes)
1 very brave man or boy ▷**Held**: *David was a hero when he killed Goliath.* David war ein Held, als er Goliath tötete.
2 most important man in a story, play, etc ▷**Held**

heroic /hɪ'rəʊɪk/ *adj*
very brave ▷**heldenhaft**: *heroic deeds,* heldenhafte Taten.

heroin /'herəʊɪn/ *n* (no *pl*)
sort of dangerous drug ▷**Heroin**

heroine /'herəʊɪn/ *n*
1 very brave woman or girl ▷**Heldin**
2 most important woman in a story, play, etc ▷**Heldin**

herring /'herɪŋ/ *n*
sort of sea-fish that you can eat ▷**Hering**

hers /hɜːz/ *pron* (*pl* theirs)
thing that belongs to a woman or girl ▷**ihre(r, s)**: *This book is mine and that book is hers.* Dieses Buch ist meins und das ist ihres.

herself /hɜː'self/ *pron* (*pl* themselves)
1 word that describes the same woman or girl that you have just talked about ▷**sich**: *Sarah hurt herself when she fell.* Sarah verletzte sich, als sie hinfiel.
2 she and no other person ▷**selbst**: *Sue made the cake herself, without her mother's help.* Sue backte den Kuchen selbst, ohne Hilfe ihrer Mutter.
by herself, alone ▷**allein**: *Patricia is playing by herself in the garden.* Patricia spielt allein im Garten.

he's /hiːz/
1 he is ▷**er ist**
2 he has ▷**er hat**

hesitate /'hezɪteɪt/ *v*
stop for a moment to show that you are not sure about what you are doing ▷**zögern**: *Andrew hesitated before he took the last piece of cake.* Andrew zögerte, bevor er das letzte Stück Kuchen nahm.
hesitation /ˌhezɪ'teɪʃn/ *n* (no *pl*) ▷**Zögern**

hey /heɪ/ *exclam*
word to make someone hear you or to show surprise ▷**he**: *Hey! What are you doing?* He! Was machst du da?

hi /haɪ/ *exclam*
hello ▷**hallo**

hiccup, hiccough /'hɪkʌp/ *n*
sudden loud noise in the throat that comes again and again ▷**Schluckauf**: *If you eat too fast you'll have hiccups.* Wenn du zu schnell isst, wirst du einen Schluckauf bekommen.

hide /haɪd/ *v* (hid /hɪd/, has hidden /'hɪdn/)
be in a secret place; put something in a secret place ▷**(sich) verstecken**: *Peggy hid the broken cup behind her back.* Peggy versteckte die zerbrochene Tasse hinter ihrem Rücken.

hiding /'haɪdɪŋ/ *n* (no *pl*)
be in hiding, go into hiding, be in, or go into, a place where other people will not see or find you ▷**sich verstecken**: *The prisoners escaped and went into hiding.* Die Gefangenen flüchteten und versteckten sich.

high[1] /haɪ/ *adj* (higher, highest)
1 how far from bottom to top; tall ▷**hoch**: *The table is 80 cm high.* Der Tisch ist 80 cm hoch.
2 going up a long way ▷**hoch**: *Mount Everest is very high.* Der Mount Everest ist sehr hoch.
3 at the top of sound ▷**hoch**: *high notes,* hohe Töne.
4 costing a lot of money ▷**hoch**: *high prices,* hohe Preise.
☞Bei Angaben der Körpergröße darf nur **tall** verwendet werden: *How tall is John?* Wie groß ist John?

high[2] /haɪ/ *adv* (higher, highest)
far up ▷**hoch**: *The plane flew high above the clouds.* Das Flugzeug flog hoch über den Wolken.

high and low, everywhere ▷**überall**: *Bill looked high and low for his lost shoe.* Bill suchte überall nach seinem verlorenen Schuh.

highlands /'haɪləndz/ *n pl*
part of a country with hills or mountains ▷**Hochland**

highly /'haɪlɪ/ *adv*
very much; greatly ▷**hoch–**: *She is a highly paid manager.* Sie ist eine hochbezahlte Managerin.

Highness /'haɪnɪs/ *n* (*pl* Highnesses)
title for a royal person ▷**Hoheit**: *Your Highness,* Eure Hoheit.

high school /'haɪ skuːl/ *n*
1 school in Britain for pupils aged 11–18
2 school in America for pupils aged 15–18 ☞**high school** entspricht nicht der deutschen **Hochschule.** Vergleiche mit **university, college.**

highway /'haɪweɪ/ *n*
main road ▷**Landstraße** ☞**highway** bezeichnet meist die amerikanischen Überlandstraßen. Merke: **Highway Code** ist die britische Straßenverkehrsordnung.

highwayman /'haɪweɪmən/ *n* (*pl* highwaymen)
man who stopped travellers and robbed them in old times ▷**Straßenräuber**

hijack /'haɪdʒæk/ *v*
1 stop a car, lorry, etc, on the road and steal it ▷**überfallen**
2 make the driver of a car or the pilot of an aeroplane take you somewhere ▷**entführen**
hijacker *n* someone who hijacks a vehicle ▷**Entführer(in)**

hill /hɪl/ *n*
high piece of ground ▷**Hügel**: *the Cotswold Hills,* die Cotswold Hügel. *They pushed their bicycles up the hill.* Sie schoben ihre Fahrräder den Hügel hinauf.
hilly *adj* (hillier, hilliest) ▷**hügelig**

him /hɪm/ *pron* (*pl* them)
word that shows a man or boy ▷**ihm, ihn**: *I tried to telephone him and then I wrote to him.* Ich habe versucht, ihn anzurufen — schließlich schrieb ich ihm.

himself /hɪm'self/ *pron* (*pl* themselves)
1 word that describes the same man or boy that you have just talked about ▷**sich**: *Bernard hurt himself when he fell over.* Bernard verletzte sich, als er hinfiel.
2 he, and no other person ▷**selbst**: *Michael made this box himself, without his father's help.* Michael baute die Kiste selbst, ohne die Hilfe seines Vaters.
by himself, alone ▷**allein**: *He's spending Christmas by himself.* Er verbringt Weihnachten allein.

hinder /'hɪndə(r)/ *v*
make another person's work more difficult for him ▷**hindern**: *Don't hinder me when I am trying to work.* Hindere mich nicht, wenn ich zu arbeiten versuche.

hint /hɪnt/ *v*
say something, but not directly ▷**andeuten**: *Valerie closed her eyes to hint that she was tired.* Valerie schloss ihre Augen, um anzudeuten, dass sie müde war.
hint *n* ▷**Andeutung**

hip /hɪp/ *n*
place where the leg joins the side of the body ▷**Hüfte**: *A cowboy wears his gun on his hip.* Ein Cowboy trägt seinen Revolver auf der Hüfte.

hippopotamus /ˌhɪpə'pɒtəməs/ *n* (*pl* hippopotami or hippopotamuses) ☞Beliebte Kurzform **hippo**.
big river animal with a thick skin ▷**Nilpferd**

hire /'haɪə(r)/ *v*
1 pay to use something for a time ▷**mieten**: *Can I hire a car for three days?* Kann ich für drei Tage ein Auto mieten? ☞Siehe Anmerkung bei **rent**.
2 give someone a job ▷**anstellen**: *This company needs to hire another secretary.* Die Firma muss eine zusätzliche Sekretärin einstellen.
for hire *n* ▷**zu vermieten**: *Have you any bikes for hire?* Haben Sie Fahrräder zu vermieten?

his[1] /hɪz/ *adj*
of a man or boy ▷**sein**: *That is his book.* Das ist sein Buch.

his[2] /hɪz/ *pron* (*pl* theirs)
thing that belongs to a man or boy ▷**seine(r, s)**: *That book is his, not yours.* Das Buch ist seines, nicht deines.

historic /hɪ'stɒrɪk/ *adj*
important in past times ▷**historisch**: *1066 was an historic year for England.* 1066 war ein historisches Jahr für England.
historical /hɪ'stɒrɪkl/ *adj* of past times ▷**historisch**: *a historical novel,* ein historischer Roman.

history /'hɪstrɪ/ *n*
1 (*pl* histories) things that happened in the past ▷**Geschichte**
2 (no *pl*) study of the past ▷**Geschichte**: *Our next lesson is history.* Unsere nächste Stunde ist Geschichte.

hit[1] /hɪt/ *n*
1 blow; stroke ▷**Schlag**: *She gave the burglar a hit on the head.* Sie verpasste dem Einbrecher einen Schlag auf den Kopf.
2 song or film that most people like ▷**Hit**:

That pop group has had many hits. Diese Popgruppe hat viele Hits gehabt.

hit[2] /hɪt/ *v* (is hitting, hit, has hit)
1 knock someone or something hard ▷**schlagen**: *He hit the tennis ball over the fence.* Er schlug den Tennisball über den Zaun.
2 meet something with speed ▷**treffen**: *The arrow hit the target.* Der Pfeil traf ins Ziel.

hitch-hike /ˈhɪtʃ haɪk/, **hitch** /hɪtʃ/ *v*
travel by asking for free rides in cars and lorries ▷**trampen**
hitch-hiker *n* someone who hitch-hikes ▷**Tramper(in)**

hive /haɪv/ *n*
box where bees live ▷**Bienenstock**

hoard[1] /hɔːd/ *n*
store of money, food, etc ▷**Vorrat**

hoard[2] /hɔːd/ *v*
save and keep things secretly ▷**horten**: *The old man hoarded the gold in a box under his bed.* Der alte Mann hortete das Gold in einer Kiste unter dem Bett.

hobble /ˈhɒbl/ *v*
walk painfully and slowly ▷**humpeln**: *The old woman hobbled across the road.* Die alte Frau humpelte über die Straße.

hobby /ˈhɒbɪ/ *n* (*pl* hobbies)
interest; what you like to do when you are not working ▷**Hobby**: *My hobby is collecting stamps.* Mein Hobby ist Briefmarkensammeln.

hockey /ˈhɒkɪ/ *n* (no *pl*)
game with two teams of players who hit the ball with long, curved sticks ▷**Hockey**

hold[1] /həʊld/ *n*
place at the bottom of a ship, where you keep the goods ▷**Laderaum**

hold[2] /həʊld/ *n*
get hold of, take hold of, catch something ▷**etwas fest halten**
lose hold of, let something go ▷**loslassen**: *She lost hold of the rope and fell.* Sie ließ das Seil los und fiel hin.

hold[3] /həʊld/ *v* (held /held/, has held)
1 have something in the hand or arms ▷**halten**: *The mother is holding her baby.* Die Mutter hält ihr Baby.
2 have something inside or on itself ▷**fassen**: *How much water will that bucket hold?* Wieviel Wasser fasst der Eimer?
3 arrange a meeting, etc ▷**(ab)halten**: *We are holding the meeting on Saturday.* Wir halten die Versammlung am Samstag ab.
4 be strong enough to carry something ▷**halten**: *That branch won't hold you — it will break!* Der Ast wird dich nicht halten — er wird brechen.
hold someone back, stop someone from moving forward ▷**zurückhalten**: *The police held back the crowd.* Die Polizei hielt die Menschenmenge zurück.
hold on, hold tight, grip something and not let it go ▷**sich festhalten**: *Hold tight when we go round the corner.* Halt dich fest, wenn wir um die Ecke biegen.
hold up, (a) stop something for a time ▷**aufhalten**: *Rain held up the cricket match.* Weil es regnete, wurde das Kricketspiel aufgehalten. **(b)** try to steal from someone, using guns ▷**überfallen**: *The terrorists held up the bank.* Die Terroristen überfielen die Bank.

holdall /ˈhəʊldɔːl/ *n*
large bag for clothes, etc ▷**Reisetasche**

hold-up /ˈhəʊld ʌp/
1 being late; delay ▷**Verzögerung**: *a hold-up in the discussions,* eine Verzögerung bei den Verhandlungen.
2 robbery with guns ▷**Überfall**: *a bank hold-up,* ein Banküberfall.

hole /həʊl/ *n*
opening, gap, or space in something ▷**Loch**: *The dentist filled the hole in my tooth.* Die Zahnärztin füllte das Loch in meinem Zahn.

holiday /ˈhɒlədeɪ/ *n*
time when you rest from school or work ▷**Ferien**: *school holidays,* Schulferien.
on holiday, not at work, school, etc ▷**im Urlaub**

hollow /ˈhɒləʊ/ *adj*
empty; with nothing inside ▷**hohl**: *A drum is hollow.* Eine Trommel ist hohl.

holly /ˈhɒlɪ/ *n*
tree with prickly, green leaves and red berries ▷**Stechpalme**

holy /ˈhəʊlɪ/ *adj* (holier, holiest)
1 of God or religion ▷**heilig**: *the Holy Bible,* die Heilige Schrift.
2 religious; very good and pure ▷**heilig**: *The priest is a holy man.* Der Priester ist ein heiliger Mann.

home[1] /həʊm/ *adv*
1 to the place where you live ▷**heim**: *Go home quickly!* Geh schnell heim.
2 to your country ▷**heim**: *John went home after three years in Holland.* Nach drei Jahren in Holland kehrte John heim.

home[2] /həʊm/ *n*
1 place where you live ▷**Haus**: *I leave home at 8 a.m. every day.* Ich verlasse das Haus jeden Morgen um acht Uhr.
2 place where they look after old people, children who have no parents, etc ▷**Heim**
3 area or country where you were born or where you have lived for a long time ▷**Heimat**

at home, in your house ▷**zu Hause**: *Sandra stayed at home because she was tired.* Sandra blieb zu Hause, weil sie müde war.

homeless /ˈhəʊmlɪs/ *adj*
with nowhere to live ▷**obdachlos**: *The floods made many people homeless.* Die Überschwemmungen machten viele Menschen obdachlos.

home-made /ˌhəʊm ˈmeɪd/ *adj*
made in your house, not in a shop ▷**hausgemacht**: *home-made bread, cakes, etc.,* hausgemachtes Brot, Kuchen usw.

homesick /ˈhəʊmsik/ *adj*
be homesick, be sad because you are away from home ▷**Heimweh haben**

homework /ˈhəʊmwɜːk/ *n* (no *pl*)
school work that you do at home ▷**Hausaufgaben**: *Have you done your homework?* Hast du deine Hausaufgaben gemacht?

homosexual /ˌhəʊməˈsekʃʊəl/ *adj*
formal word for gay (1) ▷**homosexuell**

honest /ˈɒnɪst/ *adj*
saying what is true; not stealing or cheating ▷**ehrlich**: *An honest man does not tell lies.* Ein ehrlicher Mann lügt nicht.
honestly *adv* truly ▷**ehrlich**: *Tell me honestly if you like my new dress.* Sag mir ehrlich, ob du mein neues Kleid magst.
honesty /ɒnɪstɪ/ *n* (no *pl*) ▷**Ehrlichkeit**

honey /ˈhʌnɪ/ *n* (no *pl*)
sweet food that bees make ▷**Honig**

honeymoon /ˈhʌnɪmuːn/ *n*
holiday that a new husband and wife have just after their marriage ▷**Flitterwochen**

honor *American for* honour

honour /ˈɒnə(r)/ *n* (no *pl*)
good name; respect ▷**Ehre**
in honour of, to show you think a lot of someone ▷**zu Ehren**: *There is a party tonight in honour of the new chairman.* Heute Abend findet eine Party zu Ehren des neuen Vorsitzenden statt.

hood /hʊd/ *n*
part of a jacket or coat that goes over the head ▷**Kapuze**

hoof /huːf/ *n* (*pl* hoofs or hooves)
hard foot of a horse, sheep, cow, etc ▷**Huf**

hook /hʊk/ *n*
bent piece of metal or plastic ▷**Haken**: *Hang your coat on the hook.* Häng deinen Mantel an den Haken.

hooligan /ˈhuːlɪgən/ *n*
young person who causes trouble and fights other people ▷**Rowdy**: *football hooligans,* Fußballrowdys.

hoot[1] /huːt/ *n*
1 cry of an owl ▷**Eulenruf**
2 sound that a car-horn makes ▷**Hupen**

hoot[2] /huːt/ *v*
1 make the sound of an owl ▷**schreien**
2 make a sound with a car–horn ▷**hupen**: *A friend hooted at me as she drove past.* Eine Freundin hupte, als sie an mir vorbeifuhr.

Hoover /ˈhuːvə(r)/ *n*
vacuum-cleaner; machine that sucks in dirt from carpets, etc ▷**Staubsauger** ☞**Hoover** ist ein eingetragenes Warenzeichen.

hooves /huːvz/ *n pl of* hoof

hop /hɒp/ *v* (is hopping, hopped, has hopped)
1 jump on one foot ▷**hüpfen**
2 jump a short way, with both feet together ▷**hüpfen**: *The birds were hopping in the garden.* Die Vögel hüpften durch den Garten.

hope[1] /həʊp/ *n*
1 (no *pl*) thinking that your wish will happen, but not being sure ▷**Hoffnung**: *He is full of hope.* Er ist voller Hoffnung.
2 (*pl* hopes) good thing that you think will happen ▷**Erwartung**: *She has great hopes for the future.* Sie hat große Erwartungen an die Zukunft.
3 (no *pl*) chance that a good thing will happen ▷**Hoffnung**: *He has not worked so there is not much hope that he will pass the exam.* Er hat nicht gearbeitet, deshalb besteht nicht viel Hoffnung, dass er die Prüfung besteht.
lose hope, give up hope of, stop thinking that your wish will happen ▷**die Hoffnung aufgeben**: *When the postman passed my door, I gave up hope of a letter.* Als der Briefträger an meiner Tür vorbeiging, gab ich die Hoffnung, einen Brief zu bekommen, auf.
raise someone's hopes, make someone think that his/her wish will happen ▷**jemandes Hoffnung wecken**

hope[2] /həʊp/ *v*
wish for something to happen; think that something nice will happen but not be sure ▷**hoffen**: *I hope to see him soon.* Ich hoffe, ihn bald zu sehen.
I hope so, I think that will happen but I am not sure ▷**ich hoffe es**: *'Will you be at the party?' 'I hope so.'* „Wirst du zur Party kommen?" „Ich hoffe es."

hopeful /həʊpfl/ *adj*
with hope ▷**optimistisch**: *He is not very hopeful of success.* Er ist nicht sehr optimistisch, was den Erfolg angeht.
hopefully *adv* **(a)** with hope ▷**hoffnungsvoll**: *The dog looked hopefully at our plates.* Der Hund schaute hoffnungsvoll auf unsere Teller. **(b)** I hope ▷**hoffentlich**: *Hopefully I'll go to university this autumn.* Hoffentlich kann ich im Herbst zur Universität gehen.

hopeless /'həʊplɪs/ *adj*
very bad; useless ▷**hoffnungslos**: *He's a hopeless case.* Er ist ein hoffnungsloser Fall.
hopelessly *adv* ▷**hoffnungslos**: *We were hopelessly lost.* Wir hatten uns hoffnungslos verirrt.

horizon /hə'raɪzn/ *n*
line where the earth or sea seems to meet the sky ▷**Horizont**: *The sun sank below the horizon.* Die Sonne versank am Horizont.

horn /hɔːn/ *n*
1 one of a pair of sharp things on an animal's head ▷**Horn**
2 musical instrument that you blow ▷**Horn**
3 thing in a car that makes warning sounds ▷**Hupe**

horoscope /'hɒrəskəʊp/ *n*
something that tells you what will happen, using the planets and your date of birth ▷**Horoskop**: *Have you read your horoscope today?* Hast du heute schon dein Horoskop gelesen?

horrible /'hɒrəbl/ *adj*
1 making you very afraid, very sad, or shocked ▷**schrecklich**: *Murder is a horrible crime.* Mord ist ein schreckliches Verbrechen.
2 very bad ▷**schrecklich**: *What horrible weather.* Welch ein schreckliches Wetter.
horribly *adv* ▷**schrecklich**

horrify /'hɒrɪfaɪ/ *v* (horrified, has horrified)
frighten or shock someone ▷**entsetzen**: *The pictures of the car crash horrified us.* Wir waren entsetzt über die Bilder von dem Unfall.

horror /'hɒrə(r)/ *n* (no *pl*)
great fear or dislike ▷**Entsetzen**: *She ran away in horror from the snake.* Voller Entsetzen lief sie vor der Schlange davon.

horse /hɔːs/ *n*
big animal that carries people and goods, pulls carts, etc ▷**Pferd**
on horseback, riding a horse ▷**zu Pferde**

horseshoe /'hɔːsʃuː/ *n*
metal shoe, like a U, that a horse wears on its foot ▷**Hufeisen**

hose /həʊz/ **hose-pipe** /'həʊz paɪp/ *n*
long, soft tube that brings water to spray on fires, plants, etc ▷**Schlauch**

hospice /'hɒspɪs/ *n*
place where doctors and nurses look after people who are dying ▷**Pflegeheim für Sterbende**

hospital /'hɒspɪtl/ *n*
place where doctors and nurses look after people who are sick or hurt ▷**Krankenhaus**
☞Vorsicht! Kein Artikel, wenn die Funktion einer Institution, nicht ein bestimmtes Gebäude gemeint ist. Vergleiche: *He is still in hospital. We can walk to the hospital from here.*

hospitality /ˌhɒspɪ'tælətɪ/ *n* (no *pl*)
being friendly towards guests and looking after them well ▷**Gastfreundschaft**: *Thank you very much for your hospitality.* Vielen Dank für Ihre Gastfreundschaft.

host /həʊst/ *n*
someone who has guests ▷**Gastgeber(in)**
host family *n* family with whom you stay when you visit another country ▷**Gastfamilie**

hostage /'hɒstɪdʒ/ *n*
prisoner that you keep until people give you what you want ▷**Geisel**
hold someone hostage, keep someone as a hostage ▷**jemanden als Geisel halten**

hostel /'hɒstl/ *n*
place where people can get cheap rooms ▷**Herberge**

hostess /'həʊstɪs/ *n* (*pl* hostesses)
woman who has guests ▷**Gastgeberin**

hostile /'hɒstaɪl/ *adj*
like an enemy; not friendly ▷**feindlich**: *a hostile army,* eine feindliche Armee.

hot /hɒt/ *adj* (hotter, hottest)
1 that feels like the sun; with great heat ▷**heiß**: *hot water,* heißes Wasser.
2 that tastes very strong ▷**scharf**: *a hot curry,* ein scharfes Currygericht.

hotel /həʊ'tel/ *n*
building where you pay to sleep and eat ▷**Hotel**

hot-water bottle /ˌhɒt 'wɔːtə bɒtl/ *n*
rubber thing full of hot water, which you put in a bed to warm it ▷**Wärmflasche**

hour /'aʊə(r)/ *n*
sixty minutes ▷**Stunde**: *The journey took three hours.* Die Fahrt dauerte drei Stunden.
☞Eine **Schulstunde** muss man mit **lesson** übersetzen.
hours *n pl* time when you do something ▷**Zeiten**: *Office hours: 9 a.m. – 5 p.m.* Bürozeiten von 9 – 17 Uhr.

hourly /'aʊəlɪ/ *adj*
that happens or comes once every hour ▷**stündlich**: *an hourly train,* ein stündlich verkehrender Zug.
hourly *adv* ▷**stündlich**

house /haʊs/ *n*
building where a person or a family lives ▷**Haus**: *How many rooms are there in your house?* Wie viele Zimmer hat euer Haus?
The House of Commons, lower part of the British Parliament

The House of Lords, upper part of the British Parliament
The House of Representatives, lower part of the US Parliament

household /'haʊshəʊld/ *n*
the people in a house ▷**Haushalt**: *There are four in our household.* Zu unserem Haushalt gehören vier Personen.

housewife /'haʊswaɪf/ *n* (*pl* housewives)
wife or mother who looks after a home ▷**Hausfrau**

housework /'haʊswɜːk/ *n* (no *pl*)
cleaning, dusting, etc that you do in your house ▷**Hausarbeit** ☞Vergleiche mit **homework.**

housing /'haʊzɪŋ/ *n* (no *pl*)
houses ▷**Wohnungen**: *We need more housing for young people.* Wir brauchen mehr Wohnungen für junge Leute. *Cheap housing is difficult to find in this area.* Billige Wohnungen sind in diesem Gebeit schwer zu finden. ☞Das von **housing** abhängige Verb steht natürlich im Singular.
housing estate *n* large group of houses that one company has built ▷**Wohnsiedlung**

hovercraft /'hɒvəkrɑːft/ *n*
special boat that travels across the top of water on a cushion of air ▷**Luftkissenboot**

how[1] /haʊ/ *adv*
1 in what way ▷**wie**: *She doesn't know how to make tea.* Sie weiß nicht, wie man Tee macht.
2 word that you use to ask questions about amount ▷**wie**: *How much does that cost?* Wie viel kostet das? *How old is David?* Wie alt ist David?
how about, words that you say when you suggest something ▷**wie wäre es**: *How about a beer?* Wie wäre es mit einem Bier?
how are you? do you feel well? ▷**Wie geht es (dir, Ihnen)?**
how come, words that you say when you ask why ▷**wieso**: *How come you missed the party?* Wieso warst du nicht auf der Party?
how do you do, words that you say when you meet someone for the first time ▷**guten Tag**
how's /haʊz/ how is ▷**wie ist**

how[2] /haʊ/ *exclam*
word that shows surprise or strong feeling ▷**was für**: *How big that elephant is!* Was für ein großer Elefant!

however[1] /haʊ'evə(r)/ *adv*
1 no matter how ▷**wie ... auch immer**: *He won't win however hard he tries.* Er wird nicht gewinnen, wie sehr er es auch immer versuchen mag.
2 how? in what way? ▷**wie**: *However did that happen?* Wie ist das nur passiert?

however[2] /haʊ'evə(r)/ *conj*
but; still ▷**jedoch**: *Twenty prisoners escaped. However, the police have caught ten of them.* Zwanzig Gefangene entkamen. Die Polizei hat jedoch zehn von ihnen wieder gefasst.

hug /hʌg/ *v* (is hugging, hugged /hʌgd/, has hugged)
put your arms round someone ▷**umarmen**: *They hugged John when he scored the goal.* Sie umarmten John, als er ein Tor geschossen hatte.
hug *n* ▷**Umarmung**

huge /hjuːdʒ/ *adj*
very big ▷**riesig**

hullo /hə'ləʊ/ *exclam*
friendly word to greet someone ▷**hallo**

hum /hʌm/ *v* (is humming, hummed /hʌmd/, has hummed)
1 make a sound like bees ▷**summen**
2 sing with closed lips ▷**summen**: *She hummed a song.* Sie summte ein Lied.

human /'hjuːmən/ *adj*
of man; not animal ▷**menschlich**
human being *n* a person ▷**Mensch**

humanity /hjuː'mænətɪ/ *n* (no *pl*)
all human beings ▷**Menschheit**

humble /'hʌmbl/ *adj*
1 not thinking too well of yourself and what you can do ▷**demütig**: *He made a humble apology.* Er entschuldigte sich demütig.
2 simple; poor ▷**bescheiden**: *a humble home,* ein bescheidenes Haus.
humbly *adv* ▷**demütig**

humor *American for* humour

humorous /'hjuːmərəs/ *adj*
funny; making you smile and laugh ▷**humorvoll**
humorously *adv* ▷**lustig**

humour /'hjuːmə(r)/ *n* (no *pl*)
being funny or amusing ▷**Humor**: *a story full of humour,* eine Geschichte voller Humor.

hump /hʌmp/ *n*
round lump ▷**Höcker**: *a camel's hump,* ein Kamelhöcker.

hundred /'hʌndrəd/ 100 ▷**hundert**: *two hundred people,* zweihundert Leute.
hundredth /'hʌndrədθ/ *adj* ▷**hunderts-te(r,s)**

hung /hʌŋ/ *form of* hang, used for things, not people ▷**hängte**: *Father hung the picture on the wall.* Vater hängte das Bild an die Wand.

hunger /ˈhʌŋgə(r)/ *n* (no *pl*)
wanting food ▷**Hunger**: *Ted was weak with hunger.* Ted war schwach vor Hunger.

hungry /ˈhʌŋgrɪ/ *adj* (hungrier, hungriest)
wanting food ▷**hungrig**: *a hungry child,* ein hungriges Kind. ☞Merke: „ich habe Hunger" muss mit *I am hungry* wiedergegeben werden.

hunt /hʌnt/ *v*
chase wild animals for food or sport ▷**jagen**
hunt for, try to find something ▷**suchen**: *I spent the whole morning hunting for my watch.* Ich habe den ganzen Morgen damit verbracht, nach meiner Uhr zu suchen.
hunt *n* looking for something ▷**Suche**
hunter *n* someone who chases wild animals for food or sport ▷**Jäger(in)**
hunting *n* (no *pl*) chasing wild animals ▷**Jagen**

hurray /hʊˈreɪ/ *exclam*
word that shows joy, praise, etc ▷**hurra**: *Hurray for the team!* Ein Hurra für unsere Mannschaft!

hurricane /ˈhʌrɪkən/ *n*
dangerous storm with very strong winds ▷**Orkan**

hurry[1] /ˈhʌrɪ/ *n*
haste; speed ▷**Eile**
in a hurry, wanting to do something quickly ▷**in Eile**: *I can't stop because I'm in a hurry.* Ich kann nicht bleiben, weil ich in Eile bin.

hurry[2] /ˈhʌrɪ/ *v* (hurried, has hurried)
move or do something quickly ▷**sich beeilen**
hurry up, be quick ▷**sich beeilen**

hurt /hɜːt/ *v* (hurt, has hurt)
1 break, damage, or give pain to someone or something ▷**verletzen**: *Ben hurt his leg when he fell.* Ben verletzte sich am Bein, als er hinfiel.
2 feel pain ▷**wehtun**: *My shoes are so tight that my feet hurt.* Meine Schuhe sind so eng, dass mir die Füße wehtun.

husband /ˈhʌzbənd/ *n*
man to whom a woman is married ▷**(Ehe-)mann**: *Mr Kent is Mrs Kent's husband.* Mr Kent ist Mrs Kents Mann. ☞Siehe Darstellung bei **family**.

hut /hʌt/ *n*
small wooden or stone house with one room ▷**Hütte**

hymn /hɪm/ *n*
song of praise to God ▷**Hymne**

hyphen /ˈhaɪfn/ *n*
punctuation mark (-) that joins words, such as swimming-pool ▷**Bindestrich**

Ii

I /aɪ/ *pron* (*pl* we)
word for myself ▷**ich**: *I am happy.* Ich bin glücklich.

ice /aɪs/ *n* (no *pl*)
water that has become hard because it is very cold ▷**Eis**: *In winter there is ice on the pond.* Im Winter liegt eine Eisschicht auf dem Teich.

iceberg /ˈaɪsbɜːg/ *n*
very big piece of ice that floats in the sea ▷**Eisberg**

ice-cream /ˌaɪs ˈkriːm/ *n*
1 (no *pl*) kind of sweet, cold food ▷**Eis**: *Do you like ice-cream?* Isst du gerne Eis?
2 (*pl* ice-creams) bowl or cone full of ice-cream ▷**Eis**: *A strawberry ice-cream, please.* Ein Erdbeereis bitte.

ice hockey /ˌaɪs hɒkɪ/ *n* (no *pl*)
game that two teams play on ice ▷**Eishockey**

ice rink /ˌaɪs rɪŋk/ *n*
special place where you can skate ▷**Schlittschuhbahn**

ice-skating /ˌaɪs skeɪtɪŋ/ *n* (no *pl*)
moving on ice in special boots with metal blades ▷**Schlittschuhlaufen**

icicle /ˈaɪsɪkl/ *n*
long piece of ice that hangs from a roof, etc, when it is cold ▷**Eiszapfen**

icing /ˈaɪsɪŋ/ *n* (no *pl*)
sweet covering for a cake, etc ▷**Zuckerguss**: *A wedding cake has white icing.* Eine Hochzeitstorte hat einen weißen Zuckerguss.

icy /ˈaɪsɪ/ *adj* (icier, iciest)
1 very cold ▷**eisig**: *an icy wind,* ein eisiger Wind.
2 covered with ice ▷**vereist**: *an icy road,* eine vereiste Straße.

I'd /aɪd/
1 I had ▷**ich hatte**: *I'd planned to go to the market but it rained.* Ich hatte geplant, zum Markt zu gehen, aber es regnete.
2 I should; I would: *I'd like another cup of tea.* Ich hätte gerne noch eine Tasse Tee.

idea /aɪˈdɪə/ *n*
1 new thought; plan ▷**Idee**: *It was a good idea to give Dad a pen for his birthday.* Es war eine gute Idee, Papa einen Füller zum Geburtstag zu schenken.

2 what you believe ▷**Vorstellung**: *My grandmother has very strict ideas about the time when children should go to bed.* Meine Großmutter hat sehr strenge Vorstellungen darüber, wann Kinder zu Bett gehen sollten.
3 picture in your mind ▷**Vorstellung**: *Rita's letter gave us a good idea of her new job.* Ritas Brief vermittelte uns eine gute Vorstellung von ihrer neuen Arbeit.
no idea, I do not know ▷**keine Ahnung**: *'Where's my coat?' 'No idea!'* „Wo ist mein Mantel?" „Keine Ahnung!"

ideal /aɪˈdɪəl/ *adj*
very best; exactly right ▷**ideal**: *This place is ideal for a picnic.* Dieser Platz ist ideal für ein Picknick.

identical /aɪˈdentɪkl/ *adj*
exactly the same ▷**identisch**: *This camera is identical to my old one.* Dieser Fotoapparat ist mit meinem alten identisch.
identical twins *n pl* twins who are exactly the same ▷**eineiige Zwillinge**

identify /aɪˈdentɪfaɪ/ *v* (identified, has identified)
say or show who someone is or what something is ▷**identifizieren**: *The police have not identified the victim of the accident yet.* Die Polizei hat das Unfallopfer noch nicht identifiziert.
identification /aɪˌdentɪfɪˈkeɪʃn/ *n* (no *pl*) ▷**Identifizierung**

identity /aɪˈdentətɪ/ *n* (*pl* identities)
who someone is ▷**Identität**
identity card *n* card with your photograph, which shows who you are ▷**Ausweis**

idiom /ˈɪdɪəm/ *n*
group of words with a special meaning ▷**Redewendung**: *'To get into hot water' is an English idiom that means 'to be in trouble because of behaving badly'.* „To get into hot water" ist eine englische Redewendung, die bedeutet „in Teufels Küche geraten".

idiot /ˈɪdɪət/ *n*
someone who is stupid or does something silly ▷**Idiot**

i e /ˌaɪ ˈiː/
this is what I mean ▷**das heißt**

if /ɪf/ *conj*
1 on the condition that ▷**wenn**: *I'll help you today if you help me tomorrow.* Ich helfe dir heute, wenn du mir morgen hilfst.
2 word that shows what is possible; suppos-

if
Etwas vereinfacht kann man von 3 Haupttypen von **if**-Sätzen (Konditionalgefügen) sprechen:

Typ	*Bedingungssatz*	*Hauptsatz*
1	*If you eat all this ice-cream,*	*you'll be sick*
2	*If you ate all this ice-cream,*	*you would be sick.*
3	*If you had eaten all this ice-cream,*	*you would have been sick.*

Bei Typ **1** sagt der Hauptsatz aus, was zwangslaüfig geschehen wird, wenn die Riesenportion Eis gegessen wird. Das Konditionalgefüge drückt hier eine klare Warnung vor den Folgen einer unvernünftigen Handlung aus.

Bei Typ **2** geht man von einer Annahme aus: Wenn jemand auf solch einen Gedanken käme (Bedingungssatz), würde es ihm auch schlecht werden (Hauptsatz). Der Bedingungssatz enthält also eine zwar ziemlich unwahrscheinliche, vielleicht aber nicht ganz auszuschließende Voraussetzung. Der Hauptsatz schließt sich mit **would** + Verb an und wird damit beiden Möglichkeiten gerecht.

Bei Typ **3** liegt die Bedingung/Voraussetzung irgendwo in der Vergangenheit zurück: Der Eisesser hat sich zu jenem Zeitpunkt zurückgehalten, aber man kann sich ja ausmalen, was ihm passiert wäre, wenn er nicht so gehandelt hätte.

Zur Form: Alle 3 Typen von **if**-Sätzen können im Englischen wie im Deutschen in der Abfolge umgekehrt werden, also erst den Hauptsatz und dann den Nebensatz mit **if** bringen. Aber vor dem deutschen **wenn/falls** muss ein, vor dem englischen **if** darf kein Komma stehen.

Bei Typ **1** kann im englischen Hauptsatz gelegentlich auch statt der Zukunft die Gegenwart stehen, vor allem wenn eine Art „Naturgesetz" vorliegt:
Water freezes if the temperature is below zero.
Das Wasser gefriert, wenn die Temperatur unter Null ist.

Bei allen 3 Typen darf hinter dem **if** nie ein **would** stehen. Im Deutschen ist dagegen **würde** im Bedingungssatz 2 und 3 durchaus am Platze.

ing that ▷**wenn**: *If your feet were smaller, you could borrow my shoes.* Wenn deine Füße kleiner wären, könntest du dir meine Schuhe leihen. *If you visited us, we could show you the photographs.* Wenn du uns besuchen kämest, könnten wir dir die Fotos zeigen.
3 when ▷**wenn**: *If you press this button the engine starts.* Wenn Sie auf diesen Knopf drücken, springt der Motor an.
4 word that shows a question; whether ▷**ob**: *Do you know if Graham is at home?* Weißt du, ob Graham zu Hause ist?
as if, in a way that makes you think something ▷**als ob**: *Fiona looks as if she's ill.* Fiona sieht so aus, als ob sie krank wäre.
if only, words that show you want something very much ▷**wenn ... nur**: *If only we could go to the seaside today!* Wenn wir doch heute nur an die See fahren könnten!
☞Siehe Darstellung, Seite 138.

ignorance /ˈɪgnərəns/ *n* (no *pl*)
no knowledge, or not enough knowledge about something ▷**Unwissenheit**: *His ignorance of computers is astonishing.* Seine Unwissenheit in Bezug auf Computer ist erstaunlich.

ignorant /ˈɪgnərənt/ *adj*
knowing little; not knowing enough ▷**dumm**: *She's so ignorant, she doesn't even know where Scotland is.* Sie ist so dumm, dass sie nicht einmal weiß, wo Schottland liegt.
ignorantly *adv* ▷**dumm**

ignore /ɪgˈnɔː(r)/ *v*
know about someone or something but not do anything about it ▷**nicht beachten**: *Dennis ignored the warning and put his hand into the lion's cage.* Dennis beachtete die Warnung nicht und steckte seine Hand in den Löwenkäfig.

I'll /aɪl/
I shall; I will ▷**ich werde**: *I'll meet you tomorrow.* Ich werde dich morgen sehen.

ill /ɪl/ *adj*
sick; in bad health ▷**krank**: *Jill is in bed because she is ill.* Jill liegt im Bett, weil sie krank ist. ☞**ill** ist zwar ein Eigenschaftswort, wird aber zumeist nicht vor das zugehörige Hauptwort gestellt, sondern mit ihm durch eine Form von **be** verknüpft. Vergleiche mit **sick**, das dieser Einschränkung nicht unterliegt.
fall ill, become sick ▷**krank werden**: *Gordon fell ill on holiday.* Gordon wurde im Urlaub krank.

illegal /ɪˈliːgl/ *adj*
wrong; not allowed by law ▷**illegal**: *an illegal organization,* eine illegale Organisation.
illegally *adv* ▷**illegal**

illness /ˈɪlnɪs/ *n*
1 (no *pl*) bad health ▷**Krankheit**: *A lot of pupils couldn't come to school because of illness.* Wegen Krankheit konnten viele Schüler nicht zur Schule kommen.
2 (*pl* illnesses) disease ▷**Krankheit**: *Cancer is a serious illness.* Krebs ist eine schwere Krankheit.

illuminate /ɪˈluːmɪneɪt/ *v*
give light to something ▷**beleuchten**: *The moon illuminated the dark church.* Der Mond beleuchtete die dunkle Kirche.

illustrate /ˈɪləstreɪt/ *v*
draw a picture to show something more clearly ▷**illustrieren**: *Many artists have illustrated the stories of the Bible.* Viele Künstler haben Geschichten aus der Bibel illustriert.
illustrated book /ˈɪləstreɪtɪd/ *n* book with pictures ▷**Bildband**

illustration /ˌɪləˌstreɪʃn/ *n*
picture ▷**Illustration**

I'm /aɪm/
I am ▷**ich bin**: *I'm twelve years old.* Ich bin zwölf Jahre alt.

image /ˈɪmɪdʒ/ *n*
1 shape of someone or something in stone, metal, or wood ▷**(Ab)bild**: *an image of Buddha,* ein Abbild Buddhas.
2 picture in people's minds of something or someone ▷**Image**: *How can the company improve its image?* Wie kann die Firma ihr Image verbessern?

imaginary /ɪˈmædʒɪnərɪ/ *adj*
not real; only in the mind ▷**eingebildet**: *an imaginary illness,* eine eingebildete Krankheit.

imagination /ɪˌmædʒɪˈneɪʃn/ *n*
1 (no *pl*) making pictures in your mind ▷**Einbildung**: *You didn't really see a ghost — it was only your imagination.* Du hast gar keinen Geist gesehen — es war nur deine Einbildung.
2 (*pl* imaginations) thinking of new ideas ▷**Fantasie**: *Mark has the imagination to think of good new games.* Mark hat genug Fantasie, sich gute, neue Spiele auszudenken.

imagine /ɪˈmædʒɪn/ *v*
1 have a picture of something in your mind ▷**sich vorstellen**: *Can you imagine life on a desert island?* Kannst du dir ein Leben auf einer einsamen Insel vorstellen?
2 think that something will probably happen ▷**annehmen**: *I imagine that we shall go to Greece this summer.* Ich nehme an, dass wir

in diesem Sommer nach Griechenland fahren.

imitate /ˈɪmɪteɪt/ *v*
copy someone, or something; try to do the same as someone or something else ▷**nachahmen**

imitation /ˌɪmɪˈteɪʃn/ *n*
copy; something that you make to look like another thing ▷**Imitation**: *The diamond in that ring is only a glass imitation.* Der Diamant in diesem Ring ist nur eine Imitation aus Glas.

immediate /ɪˈmiːdɪət/ *adj*
happening at once ▷**umgehend**: *The company expects an immediate answer.* Die Firma erwartet eine umgehende Antwort.
immediately *adv* ▷**sofort**: *Take off your muddy shoes immediately!* Zieh sofort deine schmutzigen Schuhe aus!

immense /ɪˈmens/ *adj*
very big ▷**riesig**: *an immense building,* ein riesiges Gebäude.

immensely /ɪˈmenslɪ/ *adv*
very much ▷**unheimlich**: *We enjoyed the party immensely.* Die Party hat uns unheimlich Spaß gemacht.

immigrant /ˈɪmɪgrənt/ *n*
someone who immigrates ▷**Einwanderer(in)**

immigration /ˌɪmɪˈgreɪʃn/ *n* (no *pl*)
coming to another country to live there ▷**Einwanderung**

immune /ɪˈmju:n/ *adj*
safe, so that you cannot get a disease ▷**immun** *You're immune to measles if you've had it before.* Du bist immun gegen Masern, wenn du sie schon mal gehabt hast

impatience /ɪmˈpeɪʃns/ *n* (no *pl*)
not being calm when you are waiting ▷**Ungeduld**: *He waited for the bus with great impatience.* Er wartete voller Ungeduld auf den Bus.

impatient /ɪmˈpeɪʃnt/ *adj*
not wanting to wait ▷**ungeduldig**: *The children were too impatient to wait for their meal.* Die Kinder waren zu ungeduldig, um auf ihr Essen zu warten.
impatiently *adv* ▷**ungeduldig**: *'Hurry up!' said Richard impatiently.* „Beeil dich!" sagte Richard ungeduldig.

impolite /ˌɪmpəˈlaɪt/ *adj*
not polite; talking or acting in a way that makes other people sad, angry, etc ▷**unhöflich**: *It is impolite to watch TV while I'm talking to you.* Es ist unhöflich, fernzusehen, während ich mit dir rede. ☞Im Alltag häufiger verwendet wird **rude**.
impolitely *adv* ▷**unhöflich**

import /ˈɪmpɔːt/ *n*
1 (*pl* imports) something that one country buys from another ▷**Import(gut)**: *These radios are all imports.* All diese Radios sind Importe.
2 (no *pl*) buying goods, etc from other countries ▷**Import**: *the import of wine to Britain,* der Import von Wein nach Großbritannien.
import /ɪmˈpɔːt/ *v* bring in goods, etc from another country ▷**einführen**: *Britain imports oranges from Spain.* Großbritannien führt Apfelsinen aus Spanien ein.
☞Beachte die unterschiedliche Betonung von Substantiv und Verb.

importance /ɪmˈpɔːtns/ *n* (no *pl*)
power; great value ▷**Bedeutung**: *Oil is of great importance to industry.* Öl hat eine große Bedeutung für die Industrie.

important /ɪmˈpɔːtnt/ *adj*
1 powerful; special ▷**bedeutend**: *The Prime Minister is an important person.* Die Premierministerin ist eine bedeutende Persönlichkeit.
2 that you must do, have, or think about ▷**wichtig**: *Milk is an important food for babies.* Milch ist ein wichtiges Nahrungsmittel für Babys.

impossible /ɪmˈpɒsəbl/ *adj*
that cannot happen; that you cannot do ▷**unmöglich**: *This exercise is impossible.* Diese Übung ist unmöglich.
impossibility /ɪmˌpɒsəˈbɪlətɪ/ *n* (no *pl*) ▷**Unmöglichkeit**

impress /ɪmˈpres/ *v*
fix itself firmly in your mind because it is so good, big, fine, etc ▷**beeindrucken**: *Diana's singing impressed him so much that he asked her to sing on the radio.* Dianas Gesang beeindruckte ihn so, dass er sie bat, im Rundfunk zu singen.
impressive /ɪmˈpresɪv/ *adj* ▷**beeindruckend**: *Your work is impressive.* Ihre Arbeit ist beeindruckend. *An impressive castle,* ein beeindruckendes Schloss.

impression /ɪmˈpreʃn/ *n*
thoughts or feelings that you have about something ▷**Eindruck**: *What was your first impression of London?* Wie war Ihr erster Eindruck von London?
make an impression, give someone a certain idea of yourself ▷**Eindruck machen**: *Frank made a good impression so the manager gave him the job.* Frank machte einen guten Eindruck, sodass der Geschäftsführer ihm die Stelle gab.

imprison /ɪmˈprɪzn/ *v*
put a person, animal, etc in a place that he cannot leave ▷**einsperren**: *The bird was imprisoned in a cage.* Der Vogel war in einem Käfig eingesperrt.

imprisonment *n* (no *pl*) ▷**Gefangenschaft**: *two years' imprisonment,* zwei Jahre Gefangenschaft.

improbable /ɪm'prɒbəbl/ *adj*
not likely ▷**unwahrscheinlich**: *I find her explanation most improbable.* Ich halte ihre Erklärung für sehr unwahrscheinlich.

improve /ɪm'pruːv/ *v*
become better; make something better ▷**verbessern**: *You must improve your cooking before you invite them to dinner.* Du musst deine Kochkünste verbessern, bevor du sie zum Essen einlädst.

improvement /ɪm'pruːvmənt/ *n*
1 (no *pl*) becoming better ▷**Fortschritt**: *The teacher is pleased with the improvement in my work.* Der Lehrer ist über die Fortschritte in meiner Arbeit erfreut.
2 (*pl* improvements) something that is better ▷**Fortschritt**: *The new school is a great improvement on the old one.* Die neue Schule bedeutet einen großen Fortschritt gegenüber der alten.

in[1] /ɪn/ *adv*
1 to a place; from outside ▷**herein**: *Come in.* Komm herein.
2 at home, work, etc ▷**da**: *Is your brother in or has he gone to the match?* Ist dein Bruder da, oder ist er zu dem Spiel gegangen?
3 popular; liked by most people ▷**in**: *This year, short skirts are in.* In diesem Jahr sind kurze Röcke in.
in and out, coming and going ▷**rein und raus**: *The children were in and out all day.* Die Kinder liefen den ganzen Tag rein und raus.

in[2] /ɪn/ *prep*
1 word that shows where ▷**in**: *Glasgow is in Scotland.* Glasgow liegt in Schottland. *Ray put his hand in the water.* Ray steckte seine Hand ins Wasser.
2 word that shows when: *Margaret started school in 1985.* Margaret kam 1985 in die Schule.
3 word that shows how long ▷**in**: *I'll be ready in an hour.* Ich werde in einer Stunde fertig sein.
4 word that shows how someone or something is ▷**in**: *The room is in a mess.* Das Zimmer ist in einem völligen Durcheinander. *Emma was in tears.* Emma war in Tränen aufgelöst.
5 word that shows what sort of clothes ▷**in**: *The policeman is in uniform.* Der Polizist ist in Uniform.
6 word that shows what way, what language, etc ▷**in**: *The title is in capital letters.* Der Titel ist in Großbuchstaben. *This book is in English.* Dieses Buch ist in Englisch.
7 word that shows where someone belongs ▷**bei**: *He's in the army.* Er ist bei der Armee.
in all, altogether ▷**insgesamt**: *We were fifteen in all.* Wir waren insgesamt fünfzehn.

inability /ˌɪnə'bɪləti/ *n* (no *pl*)
not being able to do something ▷**Unfähigkeit**: *She does not learn much because of her inability to listen.* Wegen ihrer Unfähigkeit zuzuhören, lernt sie nicht viel.

inaccurate /ɪn'ækjʊrət/ *adj*
wrong; with mistakes ▷**ungenau**: *an inaccurate description,* eine ungenaue Beschreibung.
inaccurately *adv* ▷**ungenau**

incapable /ɪn'keɪpəbl/ *adj*
incapable of, not able to do something ▷**nicht in der Lage**: *I'm incapable of walking far today because I've hurt my foot.* Ich bin heute nicht in der Lage, weit zu laufen, weil ich mich am Fuß verletzt habe.

inch /ɪntʃ/ *n* (*pl* inches)
measure of length = 2.54 centimetres

incident /'ɪnsɪdənt/ *n*
small event; happening that is not very important ▷**Zwischenfall**: *There were some funny incidents on our holiday.* Es gab einige lustige Zwischenfälle in unserem Urlaub.

incidentally /ˌɪnsɪ'dentəlɪ/ *adv*
word that you say when you are going to talk about something different ▷**übrigens**: *Incidentally, did you know that my uncle is visiting us?* Wusstest du übrigens, dass mein Onkel uns besuchen kommt?

include /ɪn'kluːd/ *v*
1 have someone or something as part of the total ▷**einschließen**: *Service is included.* Bedienung ist eingeschlossen.
2 think of or count someone or something as part of the total ▷**(mit) berücksichtigen**: *Did you include me when you made the list?* Hast du mich mit berücksichtigt, als du die Liste gemacht hast?

including /ɪn'kluːdɪŋ/ *prep*
with; counting ▷**einschließlich**: *I have seen all his films, including the last.* Ich habe alle seine Filme gesehen, einschließlich des letzten.

income /'ɪŋkəm/ *n*
money that you receive for your work, etc ▷**Einkommen**: *He is changing his job because he wants a bigger income.* Er wechselt seine Stelle, weil er ein höheres Einkommen haben will. ☞Siehe Anmerkung bei **pay**.
income tax *n* money that the government takes from your income ▷**Lohnsteuer**

incomplete /ˌɪnkəm'pliːt/ *adj*
1 not finished ▷**unvollendet**: *The artist's picture is incomplete.* Das Bild des Malers ist unvollendet.

2 with some parts missing ▷**unvollständig**: *This report is incomplete.* Dieser Bericht ist unvollständig.

inconsiderate /ˌɪnkənˈsɪdərət/ *adj*
not thinking or caring about other people ▷**rücksichtslos**: *It is inconsiderate of you to make so much noise when people are asleep.* Es ist rücksichtslos von dir, so viel Lärm zu machen, wenn andere Leute schlafen.
inconsiderately *adv* ▷**rücksichtslos**

inconvenience /ˌɪnkənˈviːnɪəns/ *n* (no *pl*)
trouble ▷**Unannehmlichkeit**: *The deep snow and the strong wind caused a lot of inconvenience for drivers.* Hoher Schnee und starker Wind verursachten viele Unannehmlichkeiten für die Autofahrer.

inconvenient /ˌɪnkənˈviːnɪənt/ *adj*
giving trouble ▷**ungelegen**: *He came at an inconvenient time.* Er kam zu einer ungelegenen Zeit.
inconveniently *adv* ▷**ungelegen**

incorrect /ˌɪnkəˈrekt/ *adj*
with mistakes; wrong ▷**falsch**: *To say 2 + 2 = 5 is incorrect.* Die Aussage 2 + 2 = 5 ist falsch.
incorrectly *adv* ▷**falsch**

increase /ɪnˈkriːs/ *v*
1 become bigger or more ▷**steigen**: *People want more money because prices are increasing.* Die Leute wollen mehr Geld, weil die Preise steigen.
2 make something bigger or more ▷**erhöhen**: *The government has increased the number of staff.* Die Regierung hat die Zahl der Angestellten erhöht.
increase /ˈɪnkriːs/ *n* ▷**Anstieg**: *The police have reported an increase in road accidents.* Die Polizei meldete einen Anstieg bei Verkehrsunfällen.
☞Beachte die unterschiedliche Betonung von Substantiv und Verb. Das Gegenteil von **increase** ist **decrease**.

incredible /ɪnˈkredəbl/ *adj*
difficult to believe; amazing ▷**unglaublich**: *Michael told us an incredible story about his grandmother catching a thief.* Michael erzählte uns eine unglaubliche Geschichte darüber, wie seine Großmutter einen Dieb fing.
incredibly *adv* ▷**unglaublich**

indeed /ɪnˈdiːd/ *adv*
1 word that makes other words stronger ▷**wirklich**: *I am very glad indeed to hear that you are better.* Ich bin wirklich froh zu hören, dass es dir besser geht. *'She's a good rider.' 'Yes, indeed she is!'* „Sie ist eine gute Reiterin." „Ja, das ist sie wirklich."

indefinite /ɪnˈdefɪnət/ *adj*
not clear or certain ▷**unbestimmt**: *indefinite plans,* unbestimmte Pläne.

independence /ˌɪndɪˈpendəns/ *n* (no *pl*)
being free from another person, thing, or country ▷**Unabhängigkeit**: *America declared its independence in 1776.* Amerika erklärte 1776 seine Unabhängigkeit.

independent /ˌɪndɪˈpendənt/ *adj*
free; not controlled by another person, thing, or country ▷**unabhängig**: *Many women work so that they are independent of their husbands.* Viele Frauen arbeiten, damit sie von ihren Ehemännern unabhängig sind.

index /ˈɪndeks/ *n* (*pl* indexes)
list of names, subjects, etc, from A to Z, at the end of a book or in a library, etc ▷**Register**

indicate /ˈɪndɪkeɪt/ *v*
1 point to something ▷**bezeichnen**: *He indicated the place where he had seen the body.* Er bezeichnete die Stelle, an der er die Leiche gesehen hatte.
2 show something; be a sign of something ▷**zeigen**: *The marks on his face indicated that he'd been fighting.* Die Kratzer auf seinem Gesicht zeigten, dass er sich geprügelt hatte.
indication /ˌɪndɪˈkeɪʃn/ *n* ▷**Anzeichen**: *The President gave no indication that he was ill.* Der Präsident zeigte keinerlei Anzeichen einer Krankheit.

indicator /ˈɪndɪkeɪtə(r)/ *n*
1 something that tells you what is happening ▷**Zeiger**: *The indicator is at zero.* Der Zeiger steht auf Null.
2 lights on a car that show which way you want to turn ▷**Blinker**: *Don't forget to use the indicator when you overtake.* Vergessen Sie nicht, den Blinker zu betätigen, wenn Sie überholen wollen.

indifferent /ɪnˈdɪfrənt/ *adj*
not interested; not for and not against something ▷**gleichgültig**: *John was indifferent to the result of his exam.* John war das Ergebnis seiner Prüfung gleichgültig.

indignant /ɪnˈdɪgnənt/ *adj*
angry about something wrong, unfair, etc ▷**empört**: *She was indignant when I said she was lying.* Sie war empört, als ich sie als Lügnerin bezeichnete.
indignantly *adv* ▷**empört**
indignation /ˌɪndɪgˈneɪʃn/ *n* (no *pl*) ▷**Empörung**

indirect /ˌɪndɪˈrekt/ *adj*
not straight; not direct ▷**indirekt**: *indirect lighting,* indirekte Beleuchtung.
indirect speech *n* (no *pl*) indirekte Rede

individual /ˌɪndɪˈvɪdʒʊəl/ *adj*
for one person or thing only ▷**einzeln**: *She didn't read well so her teacher gave her individual help.* Sie konnte nicht gut lesen, deshalb gab ihr die Lehrerin Einzelunterricht.
individually *adv* ▷**einzeln**: *We packed the cups individually so they would not bang together.* Wir packten die Tassen einzeln ein, damit sie nicht aneinander stießen.

indoor /ˈɪndɔː(r)/ *adj*
that happens inside a building ▷**Haus-, Hallen-**: *Table tennis is an indoor game.* Tischtennis ist ein Hallensport.
indoors /ˌɪnˈdɔːz/ *adv* in or into a building ▷**im Haus**: *Catherine stayed indoors because it was raining.* Catherine blieb im Haus, weil es regnete.

industrial /ɪnˈdʌstrɪəl/ *adj*
1 with many factories ▷**Industrie-**: *Manchester is an industrial city.* Manchester ist eine Industriestadt.
2 of industry ▷**Industrie-**: *an industrial estate,* ein Industriegebiet.

industry /ˈɪndəstrɪ/ *n* (*pl* industries)
all the companies that make the same thing ▷**Industrie**: *the car industry,* die Autoindustrie.

inefficiency /ˌɪnɪˈfɪʃnsɪ/ *n* (no *pl*)
not being efficient ▷**Unfähigkeit**

inefficient /ˌɪnɪˈfɪʃnt/ *adj*
not working well ▷**unbrauchbar**: *an inefficient engine,* eine unbrauchbare Maschine.
inefficiently *adv* ▷**unbrauchbar**

inevitable /ɪnˈevɪtəbl/ *adj*
that is sure to happen ▷**unvermeidlich**: *There were inevitable delays because of strikes at the airport.* Auf Grund von Streiks auf dem Flughafen kam es zu unvermeidlichen Verzögerungen.

inexpensive /ˌɪnɪkˈspensɪv/ *adj*
cheap; not costing a lot of money ▷**billig** ☞Im Alltag häufiger verwendet wird **cheap**.
inexpensively *adv* ▷**billig**

infant school /ˈɪnfənt skuːl/ *n*
school for pupils aged 5–7 ▷**Grundschule**

infect /ɪnˈfekt/ *v*
give a disease to someone ▷**anstecken**: *When you have measles, you must stay at home or you will infect the whole class.* Wenn du die Masern hast, musst du zu Hause bleiben, weil du sonst die ganze Klasse ansteckst.
infected /ɪnˈfektɪd/ *adj* full of germs ▷**entzündet**: *The cut on his hand was infected because he had not kept it clean.* Die Wunde an seiner Hand war entzündet, weil er sie nicht sauber gehalten hatte.
infection /ɪnˈfekʃn/ *n* disease ▷**Entzündung**: *a skin infection,* eine Hautentzündung.
infectious /ɪnˈfekʃəs/ *adj* that goes from one person to another ▷**ansteckend**: *an infectious illness,* eine ansteckende Krankheit.

inferior /ɪnˈfɪərɪə(r)/ *adj*
worse; not as good, clever, important, etc. as another ▷**minderwertig**: *cheap and inferior products,* billige und minderwertige Erzeugnisse.

infertile /ɪnˈfɜːtaɪl/ *adj*
where plants grow badly ▷**unfruchtbar**: *infertile land,* unfruchtbares Land.

infinitive /ɪnˈfɪnətɪv/ *n*
simple form of a verb ▷**Infinitiv**: *'To be', 'to have', and 'to eat' are all infinitives.* „To be“, „to have“ und „to eat“ sind Infinitive.

inflammable /ɪnˈflæməbl/ *adj*
that will start to burn easily ▷**brennbar**: *Petrol is very inflammable.* Benzin ist leicht brennbar.

inflate /ɪnˈfleɪt/ *v*
fill something with air ▷**aufpumpen**: *George mended the tyre and then inflated it.* George reparierte den Reifen und pumpte ihn dann auf.
inflatable /ɪnˈfleɪtəbl/ *adj* that you can inflate ▷**aufblasbar**: *an inflatable rubber boat,* ein aufblasbares Gummiboot.

influence[1] /ˈɪnflʊəns/ *n*
1 (no *pl*) power to change what someone believes or does ▷**Einfluss**: *Television often has a strong influence on people.* Das Fernsehen hat oft einen großen Einfluss auf die Menschen.
2 (*pl* influences) person or thing that can change someone or something ▷**Einfluss**: *Dick is a big influence on his young brother.* Dick hat großen Einfluss auf seinen jüngeren Bruder.

influence[2] /ˈɪnflʊəns/ *v*
change someone or something; make someone do what you want ▷**beeinflussen**

inform /ɪnˈfɔːm/ *v*
tell something to someone ▷**benachrichtigen**: *Have you informed your boss that you will not be at work tomorrow?* Hast du deinen Chef benachrichtigt, dass du morgen nicht zur Arbeit kommst?

informal /ɪnˈfɔːml/ *adj*
that is not for a special, important time; casual ▷**zwanglos**: *informal clothes,* zwanglose Kleidung.
informally *adv* ▷**zwanglos**

information /ˌɪnfəˈmeɪʃn/ *n* (no *pl*)
what you tell someone; facts; news ▷**Auskunft**: *I'd like some information about trains*

to Edinburgh. Ich hätte gern einige Auskünfte über Züge nach Edinburgh.
☞**information** hat nie ein Plural **-s**, da es im Englischen ein unzählbarer Begriff ist. Man sagt *some information*, wenn es um **Auskünfte** geht.
information office *n* place where people can answer your questions ▷**Auskunft**: *Where is the travel information office?* Wo ist die Fahrplanauskunft?

ingredient /ɪn'griːdɪənt/ *n*
one of the parts of a mixture ▷**Zutat, Bestandteil**: *Eggs are the main ingredients of omelettes.* Eier sind der wichtigste Bestandteil von Omeletts.

inhabit /ɪn'hæbɪt/ *v*
live in a place ▷**bewohnen**
be inhabited, have people or animals living in it ▷**bewohnt sein**: *The South Pole is inhabited by penguins.*Der Südpol ist von Pinguinen bewohnt.

inhabitant /ɪn'hæbɪtənt/ *n*
someone who lives in a place ▷**Einwohner(in)**: *Our village has five hundred inhabitants.* Unser Dorf hat fünfhundert Einwohner.

inherit /ɪn'herɪt/ *v*
receive a house, money, title, etc from someone who has died ▷**erben**: *The children inherited their father's land.* Die Kinder erbten den Grundbesitz ihres Vaters.

inject /ɪn'dʒekt/ *v*
put medicine, etc into the body with a special needle ▷**(ein)spritzen**
injection /ɪn'dʒekʃn/ *n* ▷**Spritze**

injure /'ɪndʒə(r)/ *v*
hurt someone or something ▷**(sich) verletzen**: *John fell down from the tree and injured his back.* John fiel vom Baum und verletzte sich am Rücken.
injured /'ɪndʒəd/ *adj* hurt ▷**verletzt**: *After the crash, an ambulance took the injured man to hospital.* Nach dem Unfall fuhr ein Krankenwagen den verletzten Mann ins Krankenhaus.
injury *n* (*pl* injuries) ▷**Verletzung**: *He had terrible injuries.* Er hatte schreckliche Verletzungen.

injustice /ˌɪn'dʒʌstɪs/ *n* (no *pl*)
being unfair, not right ▷**Ungerechtigkeit**

ink /ɪŋk/ *n* (no *pl*)
coloured liquid for writing and printing ▷**Tinte**: *Write your homework in ink, not in pencil.* Schreib deine Hausaufgaben mit Tinte und nicht mit Bleistift.

inland /'ɪnlənd/ *adj*
not by the sea ▷**Binnen-**: *Germany has many inland harbours along its rivers.* Deutschland hat viele Binnenhäfen an seinen Flüssen.
inland /ɪn'lænd/ *adv* away from the sea; in or towards the middle of a country ▷**landeinwärts**: *We left the coast and travelled inland to Cambridge.* Wir ließen die Küste hinter uns und fuhren landeinwärts nach Cambridge.

inner /'ɪnə(r)/ *adj*
of the inside; in the centre or middle ▷**Innen**: *inner city,* Innenstadt.

innocence /'ɪnəsns/ *n* (no *pl*)
not having done wrong ▷**Unschuld**: *The prisoner's friends were sure of his innocence.* Die Freunde des Häftlings waren von seiner Unschuld überzeugt.

innocent /'ɪnəsnt/ *adj*
not having done wrong ▷**unschuldig**
innocently *adv* ▷**unschuldig**

innumerable /ɪ'njuːmərəbl/ *adj*
too many to count ▷**zahllos**: *He has had innumerable jobs.* Er hat zahllose Jobs gehabt.

inquire /ɪn'kwaɪə(r)/ *v*
ask; try to get an answer by saying something ▷**sich erkundigen**: *'How are you feeling?' he inquired.* „Wie geht es dir?" erkundigte er sich.
inquire into, try to learn more about something that has happened ▷**untersuchen**: *The police are inquiring into the murder.* Die Polizei untersucht den Mord.

inquiry /ɪn'kwaɪərɪ/ *n* (*pl* inquiries)
asking for information ▷**Erkundigung**
make inquiries ▷**Erkundigungen einziehen**: *The police are making inquiries about the murder.* Die Polizei zieht Erkundigungen über den Mord ein.

insane /ɪn'seɪn/ *adj*
mad; foolish ▷**verrückt**: *It was insane to go sailing in that storm.* Es war verrückt, bei diesem Sturm segeln zu gehen. ☞**insane** geht als formelles Wort mehr in die Richtung **geisteskrank**. In der Umgangssprache sind **mad** und **crazy** gebräuchlich.

insect /'ɪnsekt/ *n*
very small animal with six legs ▷**Insekt**: *Ants, flies, and wasps are insects.* Ameisen, Fliegen und Wespen sind Insekten.

insecure /ˌɪnsɪ'kjʊə(r)/ *adj*
not safe; not firm ▷**unsicher**: *An actor's job is very insecure.* Der Beruf des Schauspielers ist sehr unsicher.
insecurely *adv* ▷**nicht sicher**: *The picture fell because it was insecurely fixed to the wall.* Das Bild fiel herunter, weil es nicht sicher an der Wand befestigt war.

insert /ɪn'sɜːt/ *v*
put something inside something ▷**(hinein-)**

stecken: *He inserted his key into the lock.* Er steckte seinen Schlüssel in das Schloss.
☞Ein formelles Verb. Im Alltag gebraucht man **put in(to)**: *He put his key into the lock.*

inside[1] /ˈɪnsaɪd/ *adj*
on, near, or in the centre ▷**Innen-**: *the inside pages of a newspaper,* die Innenseiten einer Zeitung.

inside[2] /ɪnˈsaɪd/ *adv*
in; to a place ▷**herein**: *Come inside — it's raining.* Komm herein — es regnet.
inside out, with the inner side out ▷**links**: *Turn the sweater inside out before you wash it.* Drehen Sie den Pullover vor dem Waschen nach links. ☞Vergleiche mit **upside down**.

inside[3] /ˈɪnsaɪd/ *n*
the part near the middle of something ▷**Innere(s)**: *He did not look at the inside of the house before he bought it.* Er schaute sich das Innere des Hauses nicht an, bevor er es kaufte.

inside[4] /ɪnˈsaɪd/ *prep*
in ▷**in**: *Don't let the dog come inside the house.* Lass den Hund nicht ins Haus kommen!

insist /ɪnˈsɪst/ *v*
say something again and again, very strongly, although people do not believe you ▷**bestehen auf**: *Daniel insisted that he had seen a ghost.* Daniel bestand darauf, dass er einen Geist gesehen hatte.
insist on, say strongly that you must do something; say firmly that something must happen ▷**bestehen auf**: *I said I'd walk to the station, but he insisted on driving me there.* Ich sagte, dass ich zum Bahnhof laufen würde, aber er bestand darauf, mich zu fahren.

inspect /ɪnˈspekt/ *v*
look at something carefully to see that it is correct ▷**(über)prüfen**: *Ted inspected the car before he bought it.* Ted überprüfte das Auto, bevor er es kaufte.
inspection /ɪnˈspekʃn/ *n* ▷**Inspektion**: *to make an inspection,* eine Inspektion durchführen.

inspector /ɪnˈspektə(r)/ *n*
1 someone who visits schools, factories, hospitals, etc to see that everything is correct ▷**Prüfer(in)**
2 sort of police officer ▷**Inspektor(in)**

inspiration /ˌɪnspəˈreɪʃn/ *n*
1 (no *pl*) thought or idea that helps someone to write a book or music, paint pictures, etc ▷**Inspiration**: *Many artists get their inspiration from nature.* Viele Maler bekommen ihre Inspiration von der Natur.
2 (*pl* inspirations) sudden good idea ▷**Eingebung**

inspire /ɪnˈspaɪə(r)/ *v*
1 make someone want to do something ▷**veranlassen**: *The good weather inspired me to work in the garden.* Das gute Wetter veranlasste mich dazu, im Garten zu arbeiten.
2 put ideas into someone's mind ▷**inspirieren**: *The islands of Scotland inspired Mendelssohn to write some lovely music.* Die schottischen Inseln inspirierten Mendelssohn dazu, wunderschöne Musik zu komponieren.

install /ɪnˈstɔːl/ *v*
put a new thing in its place ▷**installieren, anschließen**: *He installed a washing-machine in the kitchen.* Er schloss eine Waschmaschine in der Küche an.

installment *American for* instalment

instalment /ɪnˈstɔːlmənt/ *n*
1 one part of a long story, etc, on the radio or television or in a magazine ▷**Folge**: *Did you watch the last instalment?* Hast du dir die letzte Folge angesehen?
2 part of the cost of something which you pay over a long time ▷**Rate**: *She is paying for her new car in twelve monthly instalments.* Sie bezahlt ihr neues Auto in zwölf Monatsraten.

instance /ˈɪnstəns/ *n*
example ▷**Beispiel**
for instance, as an example ▷**zum Beispiel**: *He's very greedy — yesterday, for instance, he ate all our biscuits!* Er ist unheimlich gierig — gestern hat er zum Beispiel unsere ganzen Kekse aufgegessen.

instant[1] /ˈɪnstənt/ *adj*
immediate; happening at once ▷**sofortig**: *He gave an instant answer to my question.* Er gab mir eine sofortige Antwort auf meine Frage.
instant coffee *n* (no *pl*) coffee that you make with coffee powder and hot water ▷**Pulverkaffee**
instantly *adv* at once ▷**sofort**

instant[2] /ˈɪnstənt/ *n*
very short time; moment ▷**Augenblick**: *She waited for an instant before she opened the letter.* Sie wartete einen Augenblick, bevor sie den Brief öffnete.
in an instant ▷**sofort**

instead /ɪnˈsted/ *adv*
in place of another; rather than another ▷**stattdessen**: *I couldn't find a nice dress so I bought a blouse and skirt instead.* Ich

konnte kein schönes Kleid finden und kaufte mir stattdessen eine Bluse und einen Rock.

instead of *prep*
in place of; rather than ▷**(an)statt**: *He has been swimming all afternoon instead of studying.* Statt zu lernen, ist er den ganzen Nachmittag schwimmen gewesen.

institution /ˌɪnstɪ'tjuːʃn/ *n*
large building, together with its people ▷**Einrichtung**: *Many institutions, including banks and schools, are finding it difficult to attract good workers.* Viele Einrichtungen, darunter Banken und Schulen, haben Schwierigkeiten, gute Arbeitskräfte zu bekommen.

instruct /ɪn'strʌkt/ *v*
tell someone what to do ▷**anweisen**: *He instructed the chauffeur to arrive at midday.* Er wies den Chauffeur an, mittags zu kommen.

instruction /ɪn'strʌkʃn/ *n*
words that tell someone what to do ▷**(Gebrauchs)anweisung**: *I can't find the instructions for the microwave.* Ich kann die Gebrauchsanweisung für den Mikrowellenherd nicht finden. ☞**instruction** steht gewöhnlich im Plural.

instructor /ɪn'strʌktə(r)/ *n*
someone who teaches or trains ▷**Lehrer(in)**: *a driving instructor,* eine Fahrlehrerin.

instrument /'ɪnstrəmənt/ *n*
tool for a special job ▷**Instrument**: *a musical instrument,* ein Musikinstrument; *a surgical instrument,* ein chirurgisches Instrument.

insufficient /ˌɪnsə'fɪʃnt/ *adj*
not enough; not as much or as many as you need ▷**ungenügend**: *Due to insufficient evidence he was released.* Er wurde wegen ungenügender Beweislage freigelassen.

insult /ɪn'sʌlt/ *v*
be rude to someone ▷**beleidigen**: *He insulted the Queen by arriving two hours late.* Er beleidigte die Königin, indem er zwei Stunden zu spät kam.
insult /'ɪnsʌlt/ *n* ▷**Beleidigung**

insure /ɪn'ʃʊə(r)/ *v*
1 pay a sum of money regularly to a company so that it will give you money if you have an accident, etc ▷**(sich) versichern**: *Have you insured your house against fire?* Haben Sie Ihr Haus gegen Feuer versichert?
2 *American for* ensure
insurance /ɪn'ʃʊərəns/ *n* (no *pl*) ▷**Versicherung**: *When my car crashed, the insurance paid for the repairs.* Als ich einen Autounfall hatte, bezahlte die Versicherung die Reparaturkosten.

intelligence /ɪn'telɪdʒəns/ *n* (no *pl*)
being quick to understand and learn ▷**Intelligenz**

intelligent /ɪntelɪdʒənt/ *adj*
clever; learning and understanding well ▷**intelligent**: *an intelligent pupil,* eine intelligente Schülerin.
intelligently *adv* ▷**intelligent**

intend /ɪn'tend/ *v*
plan to do something ▷**beabsichtigen**: *When do you intend to go to London?* Wann beabsichtigst du, nach London zu reisen?

intention /ɪn'tenʃn/ *n*
plan; what you are going to do ▷**Absicht**: *She went to Paris with the intention of learning French.* Sie ging mit der Absicht nach Paris, die französische Sprache zu erlernen.

intentional /ɪn'tenʃənl/ *adj*
that you want to do or say; planned ▷**beabsichtigt**: *I'm sorry I offended you — it was not intentional.* Es tut mir Leid, dass ich dich beleidigt habe — es war nicht beabsichtigt.
intentionally *adv* ▷**absichtlich**

interest[1] /'ɪntrəst/ *n*
1 (no *pl*) wanting to know or learn about something or someone because it is important to you ▷**Interesse**
2 (*pl* interests) something you do often because it pleases you ▷**Interessengebiet**: *Football and pop music are Alan's two great interests.* Fußball und Popmusik sind Alans Interessengebiete.

interest[2] /'ɪntrəst/ *v*
make someone want to know more ▷**interessieren**: *Does chess interest you?* Interessiert dich Schach?
be interested in, like something; want to know more about something ▷**sich interessieren für**: *Nigel is interested in aeroplanes.* Nigel interessiert sich für Flugzeuge.

interesting /'ɪntrəstɪŋ/ *adj*
making you want to know more ▷**interessant**: *He found the film so interesting that he saw it again.* Er fand den Film so interessant, dass er ihn sich noch einmal ansah.

interfere /ˌɪntə'fɪə(r)/ *v*
take part in someone's affairs when he has not asked you to or does not want you to ▷**sich einmischen**: *Don't interfere in things you don't understand.* Misch dich nicht in Sachen ein, die du nicht verstehst.
interfere with (a) stop someone from doing something well ▷**stören**: *I hope our party won't interfere with your studies.* Hoffentlich stört dich unsere Party nicht beim Lernen. **(b)** do something that makes trouble ▷**sich zu schaffen machen (an)**: *Someone has interfered with the brakes on my bike.* Je-

mand hat sich an den Bremsen meines Fahrrads zu schaffen gemacht.
interference *n* (no *pl*) ▷**Störung**: *Go away! I don't want any interference while I'm working!* Geh weg! Ich will keine Störung, wenn ich arbeite.

interior /ɪn'tɪərɪə(r)/ *adj*
on, of, in, or from the inside of a building or country ▷**Innen-**: *interior walls,* Innenwände.
interior *n* ▷**Innere(s)**: *The interior of the house is newly decorated.* Das Innere des Hauses wurde frisch gestrichen.

internal /ɪn'tɜːnl/ *adj*
of, on, or for the inside of a person or organisation ▷**innere(r, s)**: *He had internal injuries.* Er hatte innere Verletzungen.

international /ˌɪntə'næʃnəl/ *adj*
among many countries ▷**international**: *international trade,* internationaler Handel.

interpret /ɪn'tɜːprɪt/ *v*
say in one language what someone has said in another language ▷**dolmetschen**: *I couldn't speak Italian so I asked Maria to interpret for me in the shop.* Ich konnte kein Italienisch, deshalb bat ich Maria, im Geschäft für mich zu dolmetschen.
interpreter *n* someone who can interpret ▷**Dolmetscher(in)**: *Maria was my interpreter.* Maria war meine Dolmetscherin.

interrupt /ˌɪntə'rʌpt/ *v*
1 stop something for a time ▷**stören**: *The floods interrupted railway services.* Der Eisenbahnverkehr wurde durch die Überschwemmungen erheblich gestört.
2 speak while another person is speaking or doing something ▷**unterbrechen**: *She interrupted me to ask a question.* Sie unterbrach mich, um mir eine Frage zu stellen.
interruption /ˌɪntə'rʌpʃn/ *n* ▷**Unterbrechung**: *I can't finish this work because there are so many interruptions.* Wegen der vielen Unterbrechungen kann ich meine Arbeit nicht beenden.

interval /'ɪntəvl/ *n*
1 space between two things ▷**Abstand**
2 break during a play, concert, etc ▷**Pause**: *We bought drinks during the interval.* In der Pause kauften wir uns etwas zu trinken.

interview[1] /'ɪntəvjuː/ *n*
1 meeting when you try to find out more about someone ▷**(Vorstellungs)gespräch**: *I have an interview for a new job tomorrow.* Morgen habe ich ein Vorstellungsgespräch wegen einer neuen Stelle.
2 meeting when someone answers questions for radio, newspapers or TV ▷**Interview**: *Have you read the interview with the Prime Minister?* Haben Sie das Interview mit dem Premierminister gelesen?

interview[2] /'ɪntəvjuː/ *v*
1 ask someone questions for TV, radio, etc ▷**interviewen**: *Many journalists have interviewed Mr Clinton.* Viele Journalisten haben Mr Clinton interviewt.
2 ask someone questions to decide if you will give them a job ▷**ein Vorstellungsgespräch führen**: *How many people are you going to interview?* Wie viele Leute laden Sie zu einem Vorstellungsgespräch ein?

interviewer /'ɪntəvjuːə(r)/ *n*
1 someone who asks another person questions for a job ▷**Leiter(in) eines Vorstellungsgesprächs**
2 journalist who asks people questions for TV, radio, etc ▷**Reporter(in)**

into /'ɪntuː/, /'ɪntə/ *prep*
1 in ▷**in**: *Come into the house.* Komm ins Haus.
2 word that shows that something is changing ▷**zu**: *When it is very cold, water turns into ice.* Wenn es sehr kalt ist, wird Wasser zu Eis.
3 against ▷**gegen**: *The car crashed into a tree.* Das Auto krachte gegen einen Baum.
4 word in arithmetic ▷**durch**: *If you divide 4 into 12 you will get 3.* Wenn du 12 durch 4 teilst, bekommst du 3.

introduce /ˌɪntrə'djuːs/ *v*
1 bring people together for the first time and tell each of them the name of the other ▷**vorstellen**: *He introduced his new girlfriend to his mother.* Er stellte seiner Mutter seine neue Freundin vor.
2 bring something in for the first time ▷**einführen**: *The boss introduced new ways of working.* Der Chef führte neue Arbeitsverfahren ein.

introduction /'ɪntrə'dʌkʃn/ *n*
1 (*pl* introductions) bringing people together to meet each other ▷**Vorstellung**
2 (*pl* introductions) piece of writing at the beginning of a book to tell what the book is about ▷**Einleitung**
3 (no *pl*) bringing something in for the first time ▷**Einführung**: *the introduction of computers into schools,* die Einführung von Computern in Schulen.

invade /ɪn'veɪd/ *v*
go into another country to attack it ▷**einmarschieren in**: *William the Conqueror invaded England in 1066.* Wilhelm der Eroberer marschierte 1066 in England ein.
invader *n* person who invades ▷**Eindringling**
invasion /ɪn'veɪʒn/ *n* (no *pl*) ▷**Einmarsch**

invalid /'ɪnvəlɪd/ *n*
weak or sick person ▷**Kranke(r)** ☞Ein **invalid** ist entweder sehr krank oder körperbehindert.

invaluable /ɪn'væljʊbl/ *adj*
very useful ▷**unbezahlbar**: *Her help at home was invaluable.* Ihre Mithilfe zu Hause war unbezahlbar.

invariably /ɪn'veərɪəblɪ/ *adj*
always ▷**unweigerlich**: *John is invariably late for school.* John kommt unweigerlich zu spät zur Schule.

invent /ɪn'vent/ *v*
plan or make something new ▷**erfinden**: *Who invented aeroplanes?* Wer hat das Flugzeug erfunden?
invention /ɪn'venʃn/ *n* ▷**Erfindung**

inventor /ɪn'ventə(r)/ *n*
person who plans or thinks of something new ▷**Erfinder(in)**: *Alexander Graham Bell was the inventor of the telephone.* Alexander Graham Bell war der Erfinder des Telefons.

invest /ɪn'vest/ *v*
give money to a business or bank so that you will get more money back ▷**investieren**

investigate /ɪn'vestɪgeɪt/ *v*
study something with care ▷**untersuchen**: *The police are investigating the fire.* Die Polizei untersucht den Brand.
investigation /ɪn,vestɪ'geɪʃn/ *n* ▷**Ermittlung**: *The police are holding an investigation into the fire.* Die Polizei stellt Ermittlungen über den Brand an.

invisible /ɪn'vɪzəbl/ *adj*
that you cannot see ▷**unsichtbar**: *Wind is invisible.* Wind ist unsichtbar.

invite /ɪn'vaɪt/ *v*
ask someone to come somewhere or to do something ▷**einladen**: *Mrs Roberts invited me to tea.* Mrs Roberts lud mich zum Tee ein.
invitation /ɪnvɪ'teɪʃn/ *n* ▷**Einladung**: *Judith sent me an invitation to her party.* Judith schickte mir eine Einladung zu ihrer Party.

involve /ɪn'vɒlv/ *v*
include someone or something ▷**beteiligen**: *Please involve me when you're planning the party.* Bitte beteilige mich, wenn du die Party planst. *Many accidents involve cyclists.* An vielen Unfällen sind Radfahrer beteiligt.
involved /ɪn'vɒlvd/ *adj* with other people in something ▷**beteiligt**: *Who is involved in the school play?* Wer ist an der Schulaufführung beteiligt?

inward /'ɪnwəd/, **inwards** /'ɪnwədz/ *adv*
towards the inside ▷**nach innen**: *The door opened inwards, so I pushed it.* Die Tür ging nach innen auf, deshalb drückte ich dagegen.

iron[1] /'aɪən/ *n*
1 (no *pl*) strong, hard metal ▷**Eisen**
2 (*pl* irons) instrument that you heat for making clothes smooth ▷**Bügeleisen**

iron[2] /'aɪən/ *v*
make clothes smooth after washing them, etc ▷**bügeln** ☞Oft verwendet man den Ausdruck **do the ironing**: *I must do the ironing.*
ironing *n* (no *pl*) things that you must iron ▷**Bügelwäsche**: *There's a pile of ironing on the table.* Auf dem Tisch liegt ein ganzer Stapel Bügelwäsche.
ironing-board *n* special table where you iron clothes ▷**Bügelbrett**

irregular /ɪ'regjʊlə(r)/ *adj*
that does not follow the usual rule ▷**unregelmäßig**: *'Mice' is an irregular plural.* „Mice" ist ein unregelmäßiger Plural.

irritable /'ɪrɪtəbl/ *adj*
easily becoming angry ▷**reizbar**

irritate /'ɪrɪteɪt/ *v*
1 make someone rather angry ▷**ärgern**: *His behaviour irritated me.* Sein Benehmen ärgerte mich.
2 make part of the body a little hurt ▷**reizen**: *The cigarette smoke irritates my eyes.* Der Zigarettenrauch reizt meine Augen.
irritated /'ɪrɪteɪtɪd/ *adj* rather angry ▷**gereizt**
irritation /,ɪrɪ'teɪʃn/ *n* (no *pl*) ▷**Reizung**

is /ɪz/ *form of* be ▷**ist**: *Michael is a boy.* ▷**Michael ist ein Junge.**

Islam /'ɪzlɑ:m/ *n* (no *pl*)
the religion of Muslim people. Islam teaches that there is only one God and that Muhammad is his messenger ▷**Islam**
Islamic /ɪz'læmɪk/ *adj* ▷**islamisch**

island /'aɪlənd/ *n*
1 piece of land with water all round it ▷**Insel**: *Malta is an island.* Malta ist eine Insel.
2 something like an island because it stands on its own ▷**Insel**: *a traffic island,* eine Verkehrsinsel.

isle /aɪl/ *n*
island ▷**Insel**: *the British Isles,* die Britischen Inseln. ☞**isle** wird gewöhnlich in Namen verwendet. Eine **Insel** ist an **island.**

isn't /'ɪznt/
is not ▷**ist nicht**: *It isn't true!* Das ist nicht wahr!

issue[1] /ˈɪʃuː/ *n*
1 giving out ▷**Ausgabe**: *the issue of guns to the police,* die Ausgabe von Waffen an die Polizei.
2 all the copies for one day of a newspaper, or for one week of a magazine ▷**Ausgabe**: *Did you see Monday's issue of 'The Independent'?* Hast du die Montagsausgabe von „The Independent" gelesen?
3 important problem ▷**Thema**: *Unemployment and pollution are big issues today.* Arbeitslosigkeit und Umweltverschmutzung sind heutzutage wichtige Themen.

issue[2] /ˈɪʃuː/ *v*
give something out to someone ▷**ausgeben**: *Uniforms were issued to the soldiers.* Die Uniformen wurden an die Soldaten ausgegeben.

it /ɪt/ *pron* (*pl* they, them)
1 word for anything: *Where's my book? I can't find it.* Wo ist mein Buch? Ich kann es nicht finden.
2 word that points to an idea that follows ▷**es**: *It is difficult to learn Chinese.* Es ist schwierig, Chinesisch zu lernen.
3 word that shows who someone is or what something is ▷**es**: *'Who's at the door?' 'It's your mother.'* „Wer ist an der Tür?" „Es ist deine Mutter." *'What's that?' 'It's a radio.'* „Was ist das?" „Es ist ein Radio."
4 word at the beginning of a sentence about the time, weather, distance, etc ▷**es**: *It is six o'clock.* Es ist sechs Uhr. *It is hot today.* Es ist heiß heute. *It is 100 kilometres to Bradford.* Es sind 100 Kilometer bis Bradford.
☞**it** steht für „Sachen". Da diese aber im Deutschen drei verschiedene grammatische Geschlechter (**er, sie, es**) haben, muss die Übersetzung dies natürlich berücksichtigen.

italics /ɪˈtælɪks/ *n (pl)*
letters which lean to the side ▷**Kursivschrift**: *All the examples in this dictionary are in italics.* Sämtliche Beispiele in diesem Wörterbuch sind in Kursivschrift.

itch /ɪtʃ/ *v*
have a feeling on the skin that makes you want to scratch ▷**jucken**: *These socks make my legs itch.* Meine Beine jucken, wenn ich diese Socken anhabe.
itch *n* ▷**Jucken**
itchy *adj* (itchier, itchiest) that makes you itch ▷**juckend**

item /ˈaɪtəm/ *n*
1 one in a list of things ▷**Sache**: *How many items are on the list?* Wieviele Punkte stehen auf der Liste?
2 piece of news ▷**Meldung**: *Are there any interesting items in the newspaper today?* Stehen heute interessante Meldungen in der Zeitung?

it's /ɪts/
it is ▷**es ist**: *It's hot today.* Es ist heiß heute.

its *adj*
of it: *The dog wagged its tail.*

itself /ɪtˈself/ *pron* (*pl* themselves)
1 word that describes the same thing, animal, or baby that you have just talked about ▷**sich**: *The baby hurt itself when it fell out of its cot.* Das Baby verletzte sich, als es aus dem Kinderbett fiel.
2 it and no other ▷**selbst**: *The explosion itself was over in a second, but the fire lasted many hours.* Die Explosion selbst war in Sekundenschnelle vorbei, aber das Feuer brannte viele Stunden lang.
by itself, alone ▷**allein**: *The house stands by itself in the forest.* Das Haus steht ganz allein im Wald.

I've /aɪv/
I have ▷**ich habe**

ivy /ˈaɪvɪ/ *n* (no *pl*)
climbing plant with dark, shiny leaves ▷**Efeu**

Jj

jack /dʒæk/ *n*
playing-card after the ten, with a picture of a young man on it ▷**Bube**

jacket /ˈdʒækɪt/ *n*
short coat with sleeves ▷**Jacke**

jail /dʒeɪl/ *n*
prison ▷**Gefängnis**: *The thief went to jail for two years.* Der Dieb musste für zwei Jahre ins Gefängnis.
jail *v* put someone in prison ▷**einsperren**

jam /dʒæm/ *n* (no *pl*)
sweet food made from fruit and sugar ▷**Marmelade**: *I'd like some jam on my bread, please.* Ich möchte bitte etwas Marmelade auf mein Brot. ☞Vorsicht! Orangen- und Zitronenmarmelade heißen **marmalade**.

January /ˈdʒænjʊərɪ/ *n*
first month of the year ▷**Januar**

jar /dʒɑː(r)/ *n*
pot that holds food ▷**Glas**: *a jam-jar,* ein Marmeladenglas.

jaw /dʒɔː/ *n*
lower part of the face ▷**Kiefer**: *She has broken her jaw and can't eat.* Sie hat sich

den Kiefer gebrochen und kann nicht essen.

jazz /dʒæz/ *n* (no *pl*)
popular music with strong rhythms ▷**Jazz**

jealous /ˈdʒeləs/ *adj*
1 feeling sad and angry because you want what another person has ▷**neidisch**: *Ben was jealous of his brother's new job.* Ben war neidisch auf die neue Stelle seines Bruders.
2 feeling sad and angry because someone you like likes another person ▷**eifersüchtig**: *John is a little jealous of his baby sister.* John ist ein bisschen eifersüchtig auf seine kleine Schwester.
jealousy /ˈdʒeləsɪ/ *n* (no *pl*) **(a)** feeling that you want what another person has ▷**Neid**; **(b)** sad feeling when someone you like likes another person ▷**Eifersucht**

jeans /dʒiːnz/ *n pl*
trousers made from strong blue, cotton cloth ▷**Jeans** ☞**jeans** gehört zu den Paarwörtern und steht immer im Plural. Soll eine bestimmte Zahl angegeben werden, so verwendet man **pair(s) of jeans**.

jelly /ˈdʒelɪ/ *n* (no *pl*)
soft, sweet food made from fruit juice and sugar ▷**Gelee**

jellyfish /ˈdʒelɪfɪʃ/ *n* (*pl* jellyfish or jellyfishes)
sea-animal like jelly, that you can see through ▷**Qualle**

jersey /ˈdʒɜːzɪ/ *n*
piece of woollen clothing that you wear on the top half of your body ▷**Pullover**

jet /dʒet/ *n*
1 aeroplane that flies when its engines send out hot gas ▷**Düsenflugzeug**
2 strong stream of gas, water, etc, which comes very fast out of a small hole ▷**Strahl**: *a jet of water,* ein Wasserstrahl.

Jew /dʒuː/ *n*
person of the ancient religion of Israel ▷**Jude**
Jewish /dʒuːɪʃ/ *adj* ▷**jüdisch**

jewel /ˈdʒuːəl/ *n*
valuable stone, e g a diamond ▷**Edelstein**
jeweller *n* someone who sells jewels ▷**Juwelier(in)**
jewellery /ˈdʒuːəlrɪ/ *n* (no *pl*), jewels *n pl* necklaces and other ornaments with jewels in them ▷**Schmuck**

jeweler, jewelry *American for* jeweller, jewellery

jigsaw puzzle /ˈdʒɪgsɔː pʌzl/ *n*
picture in many small parts that you must put together ▷**Puzzle**

job /dʒɒb/ *n*
1 piece of work ▷**Arbeit**: *I have some jobs to do before we go out.* Ich muss noch einige Arbeiten erledigen, bevor wir ausgehen.
2 work that you do for money ▷**Stelle**: *Guy has left school and started his first job.* Guy hat die Schule verlassen und seine erste Stelle angetreten.
☞Siehe Anmerkung bei **work**.
a good job, a lucky thing ▷**ein Glück**: *It's a good job I was at home when you telephoned.* Es war ein Glück, dass ich zu Hause war, als du anriefst.
make a good job of something, do something well ▷**etwas gut machen**: *The hairdresser made a good job of my hair.* Die Friseurin hat mir die Haare gut geschnitten.

jockey /ˈdʒɒkɪ/ *n*
someone who rides in horse-races ▷**Jockey**

jog /dʒɒg/ *v* (is jogging, jogged /dʒɒgd/, has jogged)
1 shake, or give a small push, to something or someone ▷**stoßen an**: *He jogged my elbow and some coffee spilt on to my dress.* Er stieß an meinen Ellbogen, sodass Kaffee auf mein Kleid spritzte .
2 run slowly, for exercise ▷**joggen** ☞Der Jogger sagt: *I go jogging every morning.* Ich jogge jeden Morgen.
jogger *n* someone who runs slowly for exercise ▷**Jogger(in)**

join /dʒɔɪn/ *v*
1 bring or fix two things together ▷**verbinden**: *The two banks of the river are joined by a bridge.* Die beiden Ufer des Flusses werden durch eine Brücke verbunden.
2 come together ▷**sich treffen**: *The roads join in two miles.* Nach zwei Meilen treffen sich die beiden Straßen.
3 come and do something with someone ▷**sich anschließen**: *He joined us for a walk.* Er schloss sich uns zu einem Spaziergang an.
4 become a member of a group ▷**beitreten**: *Amanda has joined the tennis club.* Amanda ist dem Tennisklub beigetreten.
join in, do something with other people ▷**mitmachen bei**: *Kay joined in the game.* Kay machte bei dem Spiel mit.

joint[1] /dʒɔɪnt/ *adj*
that people do together ▷**gemeinsam**: *Tina and Jane gave a joint party.* Tina und Jane gaben eine gemeinsame Party.

joint[2] /dʒɔɪnt/ *n*
1 something that holds two parts together ▷**Gelenk**: *finger joints,* Fingergelenke.
2 big piece of meat that you cook ▷**Braten**: *a joint of beef,* ein Rinderbraten.

joke /dʒəʊk/ *n*
something that you say to make people

laugh ▷**Witz**: *Jim is always telling jokes.* Jim erzählt ständig Witze.
play a joke on someone, do something to someone to make people laugh ▷**jemandem einen Streich spielen**
joke *v* ▷**Spaß machen**: *I didn't really mean what I said — I was only joking.* Ich habe es nicht wirklich so gemeint — ich habe nur Spaß gemacht.

journalist /'dʒɜːnlɪst/ *n*
someone who writes for newspapers or magazines ▷**Journalist(in)**

journey /'dʒɜːnɪ/ *n*
going from one place to another ▷**Reise**: *Is it a long journey from Glasgow to London?* Ist es eine lange Reise von Glasgow nach London?

joy /dʒɔɪ/ *n* (no *pl*)
very happy feeling ▷**Freude**: *Our children give us great joy.* Unsere Kinder machen uns große Freude.

joystick /'dʒɔɪstɪk/ *n*
a handle that you move to control something, for example a computer or an aeroplane ▷**Joystick, Hebel**

judge[1] /dʒʌdʒ/ *n*
1 person in a law court who decides how to punish people for big crimes ▷**Richter(in)**: *The judge sent the thief to prison for two years.* Die Richterin verurteilte den Dieb zu zwei Jahren Gefängnis.
2 someone who decides the winner in a sports contest or competition, etc ▷**Schiedsrichter(in)**

judge[2] /dʒʌdʒ/ *v*
decide if something is right or wrong, good or bad, etc ▷**beurteilen**: *I can't judge which picture is better.* Ich kann nicht beurteilen, welches Bild besser ist.

judgement /'dʒʌdʒmənt/ *n*
1 what a judge says ▷**Urteil**: *The judgement will be announced at three o'clock.* Das Urteil wird um drei Uhr verkündet.
2 what you think about something ▷**Ansicht**: *In my judgement, Arthur will be a good doctor.* Meiner Ansicht nach wird Arthur ein guter Arzt werden.

judo /'dʒuːdəʊ/ *n* (no *pl*)
sort of fighting sport ▷**Judo**

jug /dʒʌg/ *n*
pot with a handle, for holding and pouring liquid ▷**Krug, Kanne**: *a milk jug,* ein Milchkännchen.

juggle /'dʒʌgl/ *v*
do clever tricks by throwing things into the air and catching them ▷**jonglieren**
juggler *n* someone who juggles ▷**Jongleur(in)**

juice /dʒuːs/ *n*
liquid in fruit and vegetables ▷**Saft**: *a glass of fruit juice,* ein Glas Fruchtsaft.
juicy *adj* (juicier, juiciest) with a lot of juice ▷**saftig**: *a juicy orange,* eine saftige Apfelsine.

July /dʒʊ'laɪ/ *n*
seventh month of the year ▷**Juli**

jumble sale /'dʒʌmbl seɪl/ *n*
market for selling old things to make money for a school, church, etc ▷**Wohltätigkeitsbasar**

jumbo jet /dʒʌmbəʊ'dʒet/ *n*
sort of very large aeroplane for many passengers ▷**Jumbojet**

jump /dʒʌmp/ *v*
1 move upwards, so that your feet leave the ground ▷**springen**: *The cat jumped on to a wall.* Die Katze sprang auf eine Mauer.
2 move quickly ▷**springen**: *She jumped into a car.* Sie sprang in ein Auto.
3 move suddenly because you are surprised, frightened, etc ▷**zusammenzucken**: *When the door banged, he jumped.* Als die Tür zuknallte, zuckte er zusammen.
jump *n* ▷**Sprung**
high jump *n* sports competition where you jump as high as you can ▷**Hochsprung**
long jump *n* sports competition where you jump as far as you can ▷**Weitsprung**

jumper /'dʒʌmpə(r)/ *n*
jersey ▷**Pullover**

junction /'dʒʌŋkʃn/ *n*
place where roads, rivers, railway lines, electric cables, etc meet ▷**Kreuzung**: *Turn right at the next junction.* Biegen Sie an der nächsten Kreuzung rechts ab.

June /dʒuːn/ *n*
sixth month of the year ▷**Juni**

jungle /'dʒʌŋgl/ *n*
thick forest in hot countries ▷**Dschungel**

junior /'dʒuːnɪə(r)/ *adj*
less important ▷**untergeordnet**: *a junior officer,* ein untergeordneter Offizier
junior high school *n* school in America for pupils aged 12–14 ▷**Mittelschule**
junior school *n* school for pupils aged 7–11 ▷**Grundschule**

jury /'dʒʊərɪ/ *n* (*pl* juries)
group of people who sit in a law court and say whether they think someone has done wrong or not ▷**Geschworenen**: *The jury decided that the man was guilty of stealing.* Die Geschworenen befanden, dass der Mann des Diebstahls schuldig war.

just[1] /dʒʌst/ *adj*
fair and right ▷**gerecht**: *a just man,* ein gerechter Mann.
justly *adv* ▷**gerecht**

just[2] /dʒʌst/ *adv*
1 exactly; not more or less ▷**genau**: *It's just two o'clock.* Es ist genau zwei Uhr.
2 a very short time before or after ▷**gerade**: *The dog is still very wet because it has just come out of the river.* Der Hund ist noch ganz nass, weil er gerade erst aus dem Fluss gekommen ist. *We are just going out.* Wir wollten gerade ausgehen.
3 only ▷**nur**: *I came here just to see you.* Ich bin hierher gekommen, nur um dich zu sehen.
4 word that helps to point to what you are saying ▷**bloß**: *Just look at this funny picture!* Sieh dir bloß mal das komische Bild an.
just as, (a) exactly as ▷**genauso**: *Laura is just as pretty as Jean.* Laura ist genauso hübsch wie Jean. **(b)** at the same time as ▷**in dem Moment als**: *I arrived just as the match started.* Ich kam in dem Moment an, als das Spiel anfing.
just now, (a) now ▷**im Moment**: *Just now, I'm working in a supermarket.* Im Moment arbeite ich in einem Supermarkt. **(b)** a very little time ago ▷**gerade**: *Bill came in just now, but has gone out again.* Bill ist gerade hereingekommen, aber sofort wieder gegangen.
only just, (a) with difficulty ▷**gerade so**: *I only just passed the exam.* Ich habe die Prüfung gerade so bestanden. **(b)** a very short time before ▷**gerade erst**: *He's only just left.* Er ist gerade erst gegangen.

justice /ˈdʒʌstɪs/ *n* (no *pl*)
1 being fair and right ▷**Gerechtigkeit**: *Justice for all!* Gerechtigkeit für alle!
2 the law ▷**Justiz**: *British justice,* die britische Justiz.

justify /ˈdʒʌstɪfaɪ/ *v* (justified, has justified)
show that something is right ▷**rechtfertigen**: *The government tried to justify the high taxes.* Die Regierung versuchte, die hohen Steuern zu rechtfertigen.

Kk

kangaroo /ˌkæŋgəˈruː/ *n*
Australian wild animal that jumps along on its big, back legs ▷**Känguru**

karate /kəˈrɑːtɪ/ *n* (no *pl*)
sort of fighting sport ▷**Karate**

keen /kiːn/ *adj* (keener, keenest)
liking something; wanting to do something ▷**eifrig**: *a keen student,* ein eifriger Schüler.
be keen to, wanting to do something ▷**unbedingt tun wollen**: *He's very keen to learn Spanish.* Er will unbedingt Spanisch lernen.
keen on, interested in someone or something ▷**heiß auf**: *I'm not very keen on swimming.* Ich bin nicht heiß auf Schwimmen.

keep /kiːp/ *v* (kept /kept/, has kept)
1 have something and not give it away ▷**behalten**: *Please keep these keys while I am on holiday.* Behalte bitte die Schlüssel, solange ich im Urlaub bin.
2 have something in a special place ▷**aufbewahren**: *I keep my bicycle in the garage.* Ich bewahre mein Fahrrad in der Garage auf.
3 stay; remain; not change ▷**bleiben**: *Keep still when I photograph you.* Bleib bitte still stehen, wenn ich dich fotografiere.
4 make someone or something stay the same and not change ▷**halten**: *Keep the baby warm.* Halte das Baby warm.
5 continue; not stop ▷**weitermachen**: *Keep knocking until someone opens the door.* Klopf weiter, bis jemand die Tür aufmacht.
keep someone or something from, stop someone or something from doing something ▷**abhalten**: *Please keep your dog from chasing our cat.* Halten Sie bitte ihren Hund davon ab, unsere Katze zu jagen.
keep going, continue; not stop ▷**weitermachen**: *Robert was tired but he kept going until the end of the race.* Robert war müde, aber er lief bis zum Ende des Rennens weiter.
keep off, stay away from something ▷**nicht betreten**: *Keep off the grass.* Rasenfläche nicht betreten!
keep on, (a) go farther ▷**weitergehen, weiterfahren**: *Keep straight on and you'll come to the market.* Geh geradeaus weiter, dann kommst du direkt zum Markt. **(b)** continue; not stop ▷**weitermachen**: *Laurie was tired but he kept on working.* Obwohl Laurie müde war, arbeitete er weiter.
keep out, stay outside ▷**draußen bleiben**
keep someone or something off, make someone or something stay away ▷**fern halten**: *Keep the dog off the furniture!* Halte den Hund von den Möbeln fern!
keep someone or something out, stop someone or something from coming in ▷**fern halten**: *We put a fence round the garden to keep the sheep out.* Wir umzäunten den Garten, um die Schafe fern zu halten.
keep up with, walk or drive as fast as another person or thing so that you are together ▷**mithalten**: *The children can't keep up with*

you when you walk so quickly. Die Kinder können nicht mithalten, wenn du so schnell gehst.

keeper /ˈkiːpə(r)/ *n*
guard; someone who looks after something ▷**Wärter(in)**: *The keeper looks after the animals in the zoo*. Die Wärterin kümmert sich um die Tiere im Zoo.

keep-fit /ˌkiːp ˈfɪt/ *n* (no *pl*)
doing exercises to stay healthy ▷**Gymnastik**

kennel /ˈkenl/ *n*
small hut where a dog sleeps ▷**Hundehütte**

kept /kept/ *form of* keep

kerb /kɜːb/ *n*
edge of a path or pavement ▷**Bordstein**: *Don't step off the kerb until the light is green*. Bleib auf dem Bordstein, bis die Ampel Grün zeigt.

ketchup /ˈketʃəp/ *n* (no *pl*)
tomato sauce in a bottle ▷**Ketchup**

kettle /ˈketl/ *n*
pot for boiling water ▷**Kessel, Wasserkocher**

key[1] /kiː/ *n*
1 piece of metal that opens and closes a lock ▷**Schlüssel**: *I turned the key and opened the door*. Ich drehte den Schlüssel herum und öffnete die Tür.
2 set of answers to tests, etc ▷**Schlüssel**: *Check your answers with the key at the back of the book*. Überprüfe deine Antworten mit Hilfe des Schlüssels am Ende des Buches.
3 part of a piano, a typewriter, etc that you press with a finger ▷**Taste**: *A piano has black and white keys*. Ein Klavier hat schwarze und weiße Tasten.

key[2] /kiː/ *v*
key something in put words or numbers into a computer by pressing the keys ▷**eingeben**: *Key in your name*. Gib deinen Namen ein.

keyboard /ˈkiːbɔːd/ *n*
1 set of keys on a piano, typewriter, etc ▷**Tastatur**
2 musical instrument like a small electrical piano ▷**Keyboard**

kick[1] /kɪk/ *n*
moving the foot up suddenly; hitting something or someone with the foot ▷**Tritt**: *Roger gave the ball a kick*. Roger gab dem Ball einen Tritt.

kick[2] /kɪk/ *v*
1 move the foot or feet up suddenly ▷**treten**: *The child was kicking and screaming*. Das Kind trat und schrie.
2 hit something or someone with the foot ▷**treten gegen**: *Dick kicked the ball and it went into the goal*. Dick trat gegen den Ball, und er flog ins Tor.

kid /kɪd/ *n*
1 child ▷**Kind** ☞Umgangssprachlich für **child**.
2 young goat ▷**Kitz**

kidnap /ˈkɪdnæp/ *v* (is kidnapping, kidnapped /ˈkɪdnæpt/, has kidnapped)
take and hide someone so that his family and friends will pay money to you ▷**entführen**
kidnapper *n* someone who kidnaps ▷**Entführer(in)**

kidney /ˈkɪdnɪ/ *n*
part inside the body ▷**Niere**

kill /kɪl/ *v*
make a living person, animal, or plant die ▷**töten**: *Three people were killed in the accident*. Bei dem Unfall wurden drei Personen getötet.

kilo /ˈkiːləʊ/ *n*
kilogram ▷**Kilo**

kilogram /ˈkɪləgræm/ *n*
measure of weight ▷**Kilogramm**

kilometer *American for* kilometre

kilometre /ˈkɪləmiːtə(r)/ *n*
measure of length ▷**Kilometer**

kilt /kɪlt/ *n*
skirt with many folds in it, from Scotland ▷**Schottenrock**

kind[1] /kaɪnd/ *adj* (kinder, kindest)
good to other people ▷**hilfsbereit**: *A kind woman helped the old man to cross the road*. Eine hilfsbereite Frau half dem alten Mann über die Straße.
kindness *n* (no *pl*) ▷**Hilfsbereitschaft**

kind[2] /kaɪnd/ *n*
sort; type ▷**Art**: *What kind of dog is that?* Was für eine Hundeart ist das? *He's the kind of boy who is always fighting*. Er gehört zu der Art von Jungen, die immer raufen.

king /kɪŋ/ *n*
man who rules a country and who belongs to a royal family ▷**König**: *King Arthur*, König Arthur.

kingdom /ˈkɪŋdəm/ *n*
country where a king or queen rules ▷**Königreich**: *the United Kingdom*, das Vereinigte Königreich.

kiosk /ˈkiːɒsk/ *n*
1 small, open shop where you can buy newspapers, cigarettes, etc ▷**Kiosk**: *I bought a magazine at the station kiosk*. Ich kaufte eine Zeitung am Bahnhofskiosk.
2 little building in the street where you can telephone ▷**Telefonzelle**

kipper /'kɪpə(r)/ *n*
fish that has been dried or smoked ▷**geräucherter Hering**

kiss /kɪs/ *v*
touch someone with your lips to show love or to say hello or goodbye ▷**küssen**: *Rosalind kissed her mother, when she left*. Rosalind küsste ihre Mutter, als sie ging.
kiss *n* ▷**Kuss**: *He gave her a kiss*. Er gab ihr einen Kuss.

kit /kɪt/ *n* (no *pl*)
special clothes or things that you need for a job or sport ▷**Ausrüstung**: *football kit*, Fußballausrüstung.

kitchen /'kɪtʃɪn/ *n*
room where you cook food ▷**Küche**

kite /kaɪt/ *n*
paper toy that flies in the wind, at the end of a long piece of string ▷**Drachen**

kitten /'kɪtn/ *n*
young cat ▷**Kätzchen**

knee /niː/ *n*
1 place in the middle of your leg where it bends ▷**Knie**
2 top part of your leg when you are sitting ▷**Schoß**: *The baby sat on my knee*. Das Baby saß auf meinem Schoß.

kneel /niːl/ *v* (knelt /nelt/, has knelt)
go down on your knees ▷**(sich) (hin)knien**: *She knelt and looked under the bed*. Sie kniete sich hin und schaute unter das Bett.

knew /njuː/ *form of* know

knickers /'nɪkəz/ *n pl*
piece of woman's or girl's underclothing; pants ▷**Schlüpfer**

knife /naɪf/ *n* (*pl* knives)
instrument with a sharp edge and a handle, for cutting or fighting ▷**Messer**

knight /naɪt/ *n*
noble soldier on a horse in old times ▷**Ritter**: *the knights of King Arthur*, König Arthurs Ritter.

knit /nɪt/ *v* (is knitting, knitted /'nɪtɪd/, knit, has knitted, has knit)
use long needles and wool, etc to make clothes ▷**stricken**: *My mother knitted me a pullover*. Meine Mutter strickte mir einen Pullover.
knitting *n* (no *pl*) what you are knitting ▷**Strickzeug**: *Mother keeps her knitting in a bag*. Meine Mutter bewahrt ihr Strickzeug in einer Tasche auf.
knitting-needle *n* long piece of plastic, steel, etc, for knitting ▷**Stricknadel**

knives /naɪvz/ *n pl of* knife

knob /nɒb/ *n*
1 round handle on a door, drawer, etc ▷**Knauf**
2 round handle for controlling part of a machine, like a radio or television set ▷**Knopf**

knock /nɒk/ *v*
1 hit something ▷**stoßen**: *The dog knocked the vase off the table*. Der Hund stieß die Vase vom Tisch.
2 hit something to make a noise ▷**klopfen**: *Someone is knocking at the door*. Da klopft jemand an die Tür.
knock something down, push or pull something so that it falls ▷**abreißen**: *They are knocking down the old school and will build a new one*. Sie reißen die alte Schule ab und errichten eine neue.
knock someone down, hit someone with a car, etc ▷**überfahren**: *The child was knocked down by a bus*. Das Kind wurde von einem Bus überfahren.
knock someone out, hit someone so that he/she falls and lies still ▷**bewusstlos schlagen**
knock *n* ▷**Klopfen**: *Did you hear a knock on the door?* Hast du ein Klopfen an der Tür gehört?

knocker /'nɒkə(r)/ *n*
piece of metal on a door, for knocking to tell people you are there ▷**Türklopfer**

knot[1] /nɒt/ *n*
1 place where you have tied string, rope, etc ▷**Knoten**: *Put the string around the parcel and make a knot*. Schnüre das Paket zu und mache einen Knoten.
2 measurement of how fast ships go ▷**Knoten**: *The ship sailed at 20 knots*. Das Schiff fuhr mit zwanzig Knoten.

knot[2] /nɒt/ *v* (is knotting, knotted /'nɒtɪd/, has knotted)
tie or fasten two pieces of string, rope, etc ▷**binden**: *He knotted the tie round his neck*. Er band die Krawatte um seinen Hals.

know /nəʊ/ *v* (knew /njuː/, has known /nəʊn/)
1 understand; have something in your mind because you have learned it ▷**wissen**: *We all know that two and two make four*. Wir wissen alle, dass zwei und zwei vier ist.
2 have a picture of someone or something in your mind because you have seen it, etc ▷**kennen**: *Do you know Canterbury?* Kennen Sie Canterbury?
☞**know** kann nie in der Verlaufsform (progressive) verwendet werden.
let someone know, tell someone ▷**jemanden wissen lassen**: *Let me know if you need any help*. Lass es mich wissen, wenn du Hilfe brauchst.
you know, words that make other words stronger ▷**weißt du was, wissen Sie was**: *You know, I think it's going to rain*. Weißt du was, ich glaube, es wird bald regnen.

knowledge /ˈnɒlɪdʒ/ *n* (no *pl*)
what you have learned ▷**Wissen**: *He has a good knowledge of mathematics*. Er verfügt über ein umfassendes mathematisches Wissen. ☞**knowledge** ist eine gute Entsprechung für **Kenntnisse** aller Art. Im Englischen steht nie ein Plural.

known /nəʊn/ *form of* know
be known as, have a special name ▷**bekannt sein als**: *Kent is known as the 'garden of England'*. Kent ist als „Garten von England" bekannt.
well-known *adj* famous ▷**berühmt**

koala /kəʊˈɑːlə/ *n*
small, wild animal that lives in Australia ▷**Koalabär**

Ll

label[1] /ˈleɪbl/ *n*
small piece of paper or metal that you fix on something to give information about it ▷**Etikett**: *I don't know what is in this tin because it has no label*. Ich weiß nicht, was in dieser Dose ist, weil sie kein Etikett hat.

label[2] /ˈleɪbl/ *v* (is labelling, labelled /ˈleɪbld/, has labelled)
put a label on something ▷**etikettieren**

labeled *American for* labelled

labor *American for* labour

laboratory /ləˈbɒrətrɪ/ *n* (*pl* laboratories)
place where scientists work ▷**Labor**

laborer *American for* labourer

labour /ˈleɪbə(r)/ *n* (no *pl*)
hard work that you do with your hands ▷**Arbeit** ☞Siehe Anmerkung bei **work**.
Labour Party *n* one of the main political parties in Great Britain ▷**Arbeiterpartei in Großbritannien**

labourer /ˈleɪbərə(r)/ *n*
someone who does heavy work with his hands ▷**Arbeiter(in)**: *farm labourers,* Farmarbeiter.

lace /leɪs/ *n*
1 (no *pl*) fine cloth with patterns of tiny holes ▷**Spitze**: *a handkerchief with lace round the edge,* ein Taschentuch mit einem Spitzenrand.
2 (*pl* laces) string that fastens a shoe ▷**Schnürsenkel**: *She bent down to tie her shoelaces*. Sie bückte sich, um ihre Schnürsenkel zuzubinden.

lack /læk/ *v*
not have something important or necessary ▷**mangeln**: *During a hot summer the plants lack water*. In einem heißen Sommer mangelt es den Pflanzen an Wasser.
lack *n* (no *pl*) ▷**Mangel**: *I haven't finished the painting for lack of time*. Aus Zeitmangel bin ich mit dem Anstreichen noch nicht fertig.

lad /læd/ *n*
boy; young man ▷**Junge** ☞Umgangssprachlich für einen **Jungen**.

ladder /ˈlædə(r)/ *n*
two poles with steps between for climbing ▷**Leiter**: *Jim went up the ladder to mend the roof*. Jim kletterte die Leiter hinauf, um das Dach zu reparieren.

ladle /ˈleɪdl/ *n*
big, deep spoon for taking soup, stew, etc out of a pot ▷**Schöpfkelle**

lady /ˈleɪdɪ/ *n* (*pl* ladies)
1 woman who is kind, polite, and honest ▷**Dame**
2 polite word for any woman ▷**Dame** ☞Die formelle Ansprache an ein Publikum wird mit *Ladies and gentlemen!* eingeleitet, also ohne das im Deutschen notwendige „Meine . . . ".
Lady *n* title for some women of high rank ▷**Lady** ☞Dieser großgeschriebene Titel steht immer in Verbindung mit einem (Vor-)namen, z.B. *Lady Diana*. Die Anrede lautet *Your Ladyship*.

lager /ˈlɑːgə(r)/ *n*
1 (no *pl*) light beer ▷**helles Bier**
2 (*pl* lagers) glass or can of lager ▷**helles Bier**

laid /leɪd/ *form of* lay

lain /leɪn/ *form of* lie

lake /leɪk/ *n*
big area of water, with land all round it ▷**See**: *Lake Victoria,* der Viktoriasee.

lamb /læm/ *n*
1 (*pl* lambs) young sheep ▷**Lamm**
2 (no *pl*) meat from a lamb ▷**Lamm(fleisch)**: *roast lamb,* Lammbraten. ☞Siehe Anmerkung bei **pig**.

lame /leɪm/ *adj*
not able to walk easily because your leg or foot is hurt ▷**lahm**: *He is lame in one leg*. Er hat ein lahmes Bein.

lamp /læmp/ *n*
thing that gives light ▷**Lampe**: *She switched on the lamp because it was dark*. Sie machte die Lampe an, weil es dunkel war.

lamp-post /ˈlæmp pəʊːst/ *n*
post that holds a street lamp ▷**Laternenpfahl**

lampshade /ˈlæmpʃeɪd/ *n*
cover for a lamp ▷**Lampenschirm**

land[1] /lænd/ *n*
1 (no *pl*) part of the earth that is not water ▷**Land**: *After the terrible sea voyage we were glad to arrive on land.* Nach der unruhigen Überfahrt waren wir froh, an Land zu kommen.
2 (no *pl*) ground; earth ▷**Boden**: *good land,* guter Boden; *stony land,* steiniger Boden.
3 (*pl* lands) country ▷**Land**: *the land where he was born,* das Land, in dem er geboren wurde. ☞Wenn man sagt, wo man herkommt, gebraucht man **country**.

land[2] /lænd/ *v*
1 come on to the ground from the air ▷**landen**: *The aeroplane landed at Gatwick.* Das Flugzeug landete in Gatwick.
2 come on to the ground from water ▷**anlegen**: *The boat landed at Dover.* Das Schiff legte in Dover an.
3 put an aircraft on to the ground ▷**zur Landung bringen**: *The pilot landed the plane.* Der Pilot brachte das Flugzeug zur Landung.

landing /ˈlændɪŋ/ *n*
1 coming onto the land; bringing an aircraft on to the land ▷**Landung**: *The spaceship made a safe landing on the moon.* Dem Raumschiff gelang eine sichere Landung auf dem Mond.
2 flat place at the top of stairs in a house or hotel ▷**Treppenabsatz**

landlady /ˈlændleɪdɪ/ *n* (*pl* landladies)
1 woman who has a house and lets people live there, for money ▷**Vermieterin**
2 woman who is in charge of a hotel or pub ▷**Wirtin**

landlord /ˈlændlɔːd/ *n*
1 man who has a house and lets people live there, for money ▷**Vermieter**
2 man who is in charge of a hotel or pub ▷**Wirt**

landscape /ˈlændskeɪp/ *n*
view of the countryside ▷**Landschaft**

lane /leɪn/ *n*
1 narrow road in the country ▷**Weg**
2 one part of a wide road ▷**Spur**: *He was driving in the middle lane of the motorway.* Er fuhr in der mittleren Spur der Autobahn.

language /ˈlæŋgwɪdʒ/ *n*
how people talk ▷**Sprache**: *foreign languages,* Fremdsprachen.

lap[1] /læp/ *n*
top part of your legs when you are sitting ▷**Schoß**: *The mother held her baby on her lap.* Die Mutter hatte ihr Baby auf dem Schoß.

lap[2] /læp/ *n*
going once round a race track ▷**Runde**: *Peter did not win the race because he fell on the last lap.* Peter hat das Rennen nicht gewonnen, weil er in der letzten Runde hinfiel.

large /lɑːdʒ/ *adj* (larger, largest)
big ▷**groß**: *A horse is a large animal.* Ein Pferd ist ein großes Tier.

largely /lɑːdʒlɪ/ *adv*
mainly; mostly ▷**zum Großteil**: *Colin's success was largely due to hard work.* Colins Erfolg lag zum Großteil an seiner harten Arbeit.

laser /ˈleɪzə(r)/ *n*
very strong ray of light ▷**Laser**: *Doctors use lasers in operations.* Ärzte wenden Laser bei Operationen an.

last[1] /lɑːst/ *adj*
1 at the end, after all others ▷**letzte(r, s)**: *December is the last month in the year.* Dezember ist der letzte Monat im Jahr.
2 coming just before the present ▷**letzte(r, s)**: *It's June now, so last month was May.* Jetzt ist es Juni, also war der letzte Monat Mai.
3 only one left ▷**letzte(r, s)**: *This is your last chance.* Das ist deine letzte Chance.
last night, yesterday in the evening ▷**gestern Abend**: *What did you do last night?* Was hast du gestern Abend gemacht?
lastly *adv* as the last thing ▷**zuletzt**

last[2] /lɑːst/ *adv*
1 after all others ▷**als Letzte(r, s)**: *He finished last in the race.* Er erreichte als Letzter das Ziel.
2 at a time before the present ▷**zuletzt**: *When did you last see Penelope?* Wann hast du Penelope zuletzt gesehen?

last[3] /lɑːst/ *n* (no *pl*)
what comes at the end ▷**der/die/das Letzte**: *These roses are the last of the summer.* Diese Rosen sind die letzten in diesem Sommer.
at last, in the end, after some time ▷**schließlich**: *We had a long journey by train, then at last we reached Aberdeen.* Es war eine lange Bahnreise, aber schließlich kamen wir doch in Aberdeen an. ☞Vorsicht! **zum Schluss** heißt **finally**: *Finally I would like to thank everyone here.*

last[4] /lɑːst/ *v*
1 go on ▷**dauern**: *The film lasted for three hours.* Der Film dauerte drei Stunden. ☞Unterscheide: *The fine weather lasted only two hours.* Das schöne Wetter dauerte nur zwei Stunden. *The job took three hours (to do).* Die Arbeit (zu machen) dauerte drei

Stunden. **last** mit der Angabe einer Zeitdauer bezeichnet einfach die verrinnende Zeit. **take** mit einer Zeitangabe drückt dagegen aus, dass man sich so und so lange für etwas eingesetzt hat.
2 be enough ▷**reichen**: *Will this loaf of bread last until tomorrow?* Wird dieser Laib Brot bis morgen reichen?

late[1] /leɪt/ *adj* (later, latest)
1 coming at the end ▷**spät**: *In summer the sun goes down in the late evening.* Im Sommer geht die Sonne am späten Abend unter.
2 coming after the usual time ▷**(zu) spät**: *John was late for work.* John kam zu spät zur Arbeit.
3 no longer alive ▷**verstorben**: *her late husband,* ihr verstorbener Mann.
at the latest, not later than that time ▷**spätestens**: *Be here by twelve o'clock at the latest.* Sei bis spätestens zwölf Uhr hier!

late[2] /leɪt/ *adv* (later, latest)
after the right or usual time ▷**spät**: *We always go to bed late on Saturday night.* Samstags gehen wir immer spät zu Bett.
later on, afterwards; at a later time ▷**später**: *I'll see you later on.* Ich seh dich dann später.
sooner or later, some time or other ▷**früher oder später**

lately /ˈleɪtlɪ/ *adv*
recently; not long ago ▷**in letzter Zeit**: *Have you seen Mark lately?* Hast du Mark in letzter Zeit gesehen?

latest /ˈleɪtɪst/ *adj*
1 *form of* late[1]
2 newest ▷**letzte(r, s)**: *What's the latest news about Jane?* Was sind die letzten Neuigkeiten über Jane?

latter /ˈlætə(r)/ *adj*
last ▷**letzte(r, s)**: *October and November come in the latter half of the year.* Oktober und November liegen in der letzten Hälfte des Jahres.

laugh[1] /lɑːf/ *v*
make a loud, happy sound ▷**lachen**: *I laughed until I cried.* Ich lachte, bis mir die Tränen kamen.
laugh about someone or something, laugh when something that has happened is funny ▷**lachen**: *We laughed about John's adventures on holiday.* Wir lachten über Johns Urlaubserlebnisse.
laugh at someone or something, laugh to show that you think someone or something is funny or silly ▷**sich lustig machen über**: *All the children laugh at Colin's big ears.* Die Kinder machen sich alle über Colins große Ohren lustig.

laugh[2] /lɑːf/ *n*
a loud, happy sound ▷**Lachen**: *Dennis has a very loud laugh.* Dennis Lachen ist sehr laut.
laughter /ˈlɑːftə(r)/ *n* (no *pl*) ▷**Lachen**: *John and Nina roared with laughter.* John und Nina brüllten vor Lachen.

launch /lɔːntʃ/ *v*
1 put a ship or boat into the water ▷**vom Stapel lassen**: *The QE2 was launched in 1967.* Die QE2 wurde 1967 vom Stapel gelassen.
2 send a spacecraft or rocket into the air ▷**abschießen**

launch-pad /ˈlɔːntʃ pæd/ *n*
starting place for a spaceship ▷**Abschussrampe**

launderette /ˌlɔːndəˈret/ *n*
place where you can pay to put your clothes in a washing-machine ▷**Waschsalon**

laundry /ˈlɔːndrɪ/ *n*
1 (*pl* laundries) place where you send clothes, sheets, etc for washing and ironing ▷**Wäscherei**
2 (no *pl*) clothes that must be washed and ironed ▷**Wäsche**

lavatory /ˈlævətrɪ/ *n* (*pl* lavatories)
toilet ▷**Toilette**

law /lɔː/ *n*
rule for all the people of a country ▷**Gesetz**: *There's no law against bad singing.* Es gibt kein Gesetz gegen schlechtes Singen.
law court *n* place where judges and lawyers listen to law cases ▷**Gericht**
the law, all the laws of a country ▷**das Gesetz**: *It's against the law to leave young children alone.* Man verstößt gegen das Gesetz, wenn man kleine Kinder allein lässt.

lawful /ˈlɔːfl/ *adj*
allowed by the law ▷**rechtmäßig**
lawfully *adv* ▷**rechtmäßig**

lawn /lɔːn/ *n*
area of short grass in a garden or park ▷**Rasen**
lawn-mower /ˈlɔːn məʊə(r)/ *n* machine that cuts grass on lawns ▷**Rasenmäher**

lawyer /ˈlɔːjə(r)/ *n*
someone who has studied law and who helps people or talks for them in court ▷**Rechtsanwalt, Rechtsanwältin**

lay[1] /leɪ/ *form of* lie

lay[2] /leɪ/ *v* (laid /leɪd/, has laid)
1 put something on top of another thing ▷**legen**: *She laid the papers on my desk.* Sie legte die Papiere auf meinen Tisch. ☞Vergleiche mit **lie**.
2 make an egg ▷**legen**: *Birds, fishes, and insects lay eggs.* Vögel, Fische und Insekten legen Eier.

lay the table, put knives, forks, glasses, etc ready on the table before you eat ▷**den Tisch decken**

layer /ˈleɪə(r)/ *n*
one thing laid thinly on another ▷**Schicht**: *a thick layer of dust,* eine dicke Staubschicht.

laze /leɪz/ *v*
do nothing ▷**faulenzen**: *He lazed on the beach all day.* Er faulenzte den ganzen Tag am Strand.

lazy /ˈleɪzɪ/ *adj* (lazier, laziest)
not wanting to work ▷**faul**: *My lazy brother never cleans his car.* Mein fauler Bruder wäscht nie sein Auto.
lazily *adv* ▷**faul**
laziness *n* (no *pl*) ▷**Faulheit**

lead[1] /led/ *n* (no *pl*)
heavy, grey metal for making water-pipes, etc ▷**Blei**

lead[2] /liːd/ *n* (no *pl*)
going in front; doing something first ▷**Beispiel**: *We all followed Jenny's lead and bought an ice-cream.* Wir folgten alle Jennys Beispiel und kauften ein Eis.
be in the lead, be in front ▷**führen**: *Harry was in the lead from the beginning of the race.* Harry führte in dem Rennen von Anfang an.

lead[3] /liːd/ *n*
rope or chain that you tie to an animal so that it walks with you ▷**Leine**

lead[4] /liːd/ *v* (led /led/, has led)
1 take a person or an animal somewhere by going in front ▷**führen**: *Sidney led us through the wood.* Sidney führte uns durch den Wald.
2 be in charge of a group ▷**führen**: *The captain led his team to victory.* Der Kapitän führte seine Mannschaft zum Sieg.
3 be first in a sport, etc ▷**(an)führen**: *Who's leading in the race?* Wer führt das Rennen an?
4 be a way to somewhere ▷**führen**: *This path leads to the next village.* Dieser Weg führt zum nächsten Dorf.

leader /ˈliːdə(r)/ *n*
1 someone who goes in front ▷**Führer(in)**
2 chief person ▷**(An)führer(in)**

leaf /liːf/ *n* (*pl* leaves)
one of the green parts of a plant or tree growing from a stem or a branch ▷**Blatt**: *In autumn the leaves turn yellow.* Im Herbst werden die Blätter gelb.

leaflet /ˈliːflɪt/ *n*
printed piece of paper that tells people about something ▷**Broschüre**

league /liːg/ *n*
group of teams that play against one another ▷**Liga**: *Our team is top of the football league this year.* Unsere Mannschaft steht dieses Jahr an der Spitze der Fußballiga.

leak /liːk/ *v*
flow slowly in or out through a small hole when you don't want it to ▷**tropfen**: *Oil was leaking from the bottom of the car.* Öl tropfte von der Unterseite des Wagens.
leak *n* ▷**undichte Stelle**: *There's a leak in the roof.* Im Dach ist eine undichte Stelle.

lean /liːn/ *v* (leaned /liːnd/, leant /lent/, has leaned, has leant)
1 bend yourself or itself ▷**sich lehnen**: *Nora leaned out of the window.* Nora lehnte sich aus dem Fenster.
2 put something against another thing ▷**lehnen**: *The window-cleaner leaned the ladder against the wall.* Der Fensterputzer lehnte die Leiter gegen die Mauer.

leap /liːp/ *v* (leaped /liːpt/, leapt /lept/, has leaped, has leapt)
make a big jump ▷**springen**: *The cat leapt from the wall to the tree.* Die Katze sprang von der Mauer auf den Baum.
leap *n* big jump ▷**Satz**: *He reached the window in one leap.* Er kam mit einem Satz bis zum Fenster.

leap year /ˈliːp jɪə(r)/ *n* year when there are 29 days in February ▷**Schaltjahr**

learn /lɜːn/ *v* (learned /lɜːnd/, learnt /lɜːnt/, has learned, has learnt)
1 get to know something, or how to do something, by studying or practising ▷**lernen**: *Anne is learning to swim.* Anne lernt schwimmen.
2 hear about something; find out something ▷**erfahren**: *I learnt from her letter that she was ill.* Ich erfuhr aus ihrem Brief, dass sie krank war.

learner /ˈlɜːnə(r)/ *n*
someone who is learning ▷**Lerner**: *This dictionary is for learners of English.* Dieses Wörterbuch ist für Englischlerner.

least[1] /liːst/ *adv*
less than all others ▷**am wenigsten**: *Of all the books I read, this was the least interesting.* Von allen Büchern, die ich gelesen habe, war dies das am wenigsten interessante.

least[2] /liːst/ *n* (no *pl*)
smallest amount, etc ▷**der/die/das wenigste**: *Jill has a little money, Sue has less, and Liz has the least.* Jill hat wenig Geld, Sue hat weniger, und Liz hat das wenigste.
at least, no less than ▷**mindestens**: *That book will cost at least £6.* Das Buch kostet mindestens £6.
not in the least, not at all ▷**überhaupt**

nicht: *He's not in the least angry.* Er ist überhaupt nicht wütend.
not least, quite importantly ▷**nicht zuletzt**: *She likes cycling, not least because it keeps her fit.* Sie fährt gerne Rad, nicht zuletzt, weil es sie fit hält.

leather /ˈleðə(r)/ *n* (no *pl*)
animal skin for making shoes, bags, etc ▷**Leder**

leave[1] /liːv/ *n* (no *pl*)
holiday from work ▷**Urlaub** ☞Mit **leave** bezeichnet man gewöhnlich den Urlaub, den eine Militärperson bekommt, sonst sagt man **holiday**.
on leave, having a holiday ▷**in Urlaub**: *My uncle is on leave for a month.* Mein Onkel hat einen Monat Urlaub.

leave[2] /liːv/ *v* (left /left/, has left)
1 go away from a person, thing, or place ▷**verlassen**: *What time will you leave home to go to the station?* Wann wirst du das Haus verlassen, um zum Bahnhof zu gehen?
2 go away from a person, thing, or place and never come back: ▷**verlassen** *Colin left his job in May.* Colin hat seine Stelle im Mai verlassen.
3 not change something ▷**lassen**: *Did you leave the window open?* Hast du das Fenster aufgelassen?
4 not take something ▷**lassen**: *I left my keys in the car.* Ich habe meine Schlüssel im Auto gelassen.
5 cause something to remain ▷**übrig bleiben**: *When you take 3 from 7 it leaves 4.* Wenn du von 3 von 7 abziehst, bleibt 4 übrig.
6 give something to someone after you die ▷**hinterlassen**: *My father left me his farm.* Mein Vater hinterließ mir seinen Bauernhof.
leave for, start a journey to a place ▷**gehen nach, zu**: *We're leaving for the party soon.* Wir gehen gleich zu der Party.
leave out, not put someone or something in ▷**(her)auslassen**: *Let's leave out this word — it's too difficult.* Lass uns dieses Wort auslassen — es ist zu schwierig.
leave someone alone, let someone be in peace ▷**jemanden in Ruhe lassen**: *Please leave me alone — I'm busy!* Bitte lass mich in Ruhe — ich bin beschäftigt.
leave someone or something behind, not take someone or something with you ▷**nicht mitnehmen**: *Mike left his money behind when he went shopping.* Mike nahm sein Geld nicht mit, als er einkaufen ging.
leave something alone, not touch or take something ▷**die Finger von etwas lassen**: *Leave my sewing alone!* Lass die Finger von meinem Nähzeug!

leaves /liːvz/ *n pl of* leaf

lecture /ˈlektʃə(r)/ *n*
planned talk to teach a group of people something ▷**Vorlesung**: *I went to a very interesting lecture today.* Ich war heute in einer sehr interessanten Vorlesung.
lecturer *n* someone who lectures ▷**Dozent(in)**

led /led/ *form of* lead

ledge /ledʒ/ *n*
long, narrow surface ▷**Vorsprung**: *He climbed onto a ledge halfway up the cliff.* Auf halber Höhe der Klippe kletterte er auf einen Vorsprung.

leek /liːk/ *n*
vegetable like a long onion ▷**Lauch**

left[1] /left/ *adj*
opposite of right ▷**linke(r, s)**: *I always kick the ball with my left foot.* Ich trete den Ball immer mit dem linken Fuß.
left *adv* ▷**links**: *Turn left when you reach the church.* An der Kirche musst du links abbiegen.
left *n* (no *pl*) ▷**linke Seite**: *In England we drive on the left.* In England fährt man auf der linken Seite.

left[2] /left/ *form of* leave
be left, be there after the rest is gone ▷**übrigbleiben**: *How much cake is left?* Wie viel Kuchen ist übriggeblieben?

left-hand /ˈleft hænd/ *adj*
on the left side ▷**linke(r, s)**: *She was sitting on the left-hand side of the room.* Sie saß in der linken Hälfte des Zimmers.
left-handed /ˌleft ˈhændɪd/ *adj* using your left hand more easily than the right ▷**linkshändig**

leg /leg/ *n*
1 one of the long parts of the body for walking and standing ▷**Bein**: *Horses have four legs.* Pferde haben vier Beine.
2 part of a chair, table, etc on which it stands ▷**Bein**

legal /ˈliːgl/ *adj*
1 of the law ▷**rechtlich**: *a legal problem,* ein rechtliches Problem.
2 allowed by the law ▷**legal**: *In some parts of America it is legal to carry a gun.* In manchen Teilen Amerikas ist es legal, eine Waffe zu tragen.
legally *adv* ▷**legal**

legend /ˈledʒənd/ *n*
old story ▷**Legende**

legislate /ˈledʒɪsleɪt/ *v*
make laws ▷**Gesetze erlassen**
legislature /ˈledʒɪsleɪtʃə(r) *n* group of people who make laws ▷**Gesetzgeber**

leisure /ˈleʒə(r)/ *n* (no *pl*)
time when you are not working and can do what you want ▷**Freizeit**

lemon /ˈlemən/ *n*
yellow fruit with a sour taste ▷**Zitrone**

lemonade /ˌleməˈneɪd/ *n* (no *pl*)
drink made from lemon juice and sugar ▷**Limonade**

lend /lend/ *v* (lent /lent/, has lent)
give something to someone for a time ▷**leihen**: *Please lend me your bicycle for an hour, Andrew.* Andrew, leih mir bitte dein Fahrrad für eine Stunde. ☞Siehe Anmerkung bei **borrow**.

length /leŋθ/ *n*
measurement from one end to the other ▷**Länge**: *Please state the length of your car.* Bitte geben Sie die Länge Ihres Autos an.

lengthen /ˈleŋθən/ *v*
1 become longer ▷**länger werden**: *In spring the days lengthen.* Im Frühling werden die Tage länger.
2 make something longer ▷**länger machen**: *to lengthen a dress,* ein Kleid länger machen.

lens /lenz/ *n* (*pl* lenses)
special piece of glass in a camera, microscope, or pair of spectacles ▷**Linse**

lent /lent/ *form of* lend

Lent /lent/ *n*
time of forty days before Easter ▷**Fastenzeit**

leopard /ˈlepəd/ *n*
big, wild animal with yellow fur and dark spots ▷**Leopard**

less[1] /les/ *adj* (lesser, least)
not so much; smaller in amount ▷**weniger**: *A poor man has less money than a rich man.* Ein armer Mann hat weniger Geld als ein reicher.

less[2] /les/ *adv*
word that makes an adjective or adverb weaker ▷**weniger**: *Bulls are less dangerous when they are with cows.* Bullen sind weniger gefährlich, wenn sie mit Kühen zusammen sind.
less than, not so much as ▷**weniger als**: *I like bananas less than apples.* Ich mag Bananen weniger gerne als Äpfel.

less[3] /les/ *n* (no *pl*)
smaller amount ▷**weniger**: *There is too much sugar in this tea — I'll put in less next time.* In dem Tee ist zuviel Zucker — nächstes Mal gebe ich weniger hinein.

lessen /ˈlesn/ *v*
1 make something smaller, fewer, weaker, etc ▷**verringern**: *A tablet will lessen the pain.* Eine Tablette wird die Schmerzen verringern.
2 become smaller, etc ▷**nachlassen**: *His interest lessened when he saw that I had no money.* Sein Interesse ließ nach, als er sah, dass ich kein Geld hatte.

lesson /ˈlesn/ *n*
time when you learn something with a teacher ▷**(Unterrichts)stunde**: *We have an English lesson every day.* Wir haben jeden Tag eine Englischstunde. ☞Vorsicht! Die deutsche **Stunde** bedeutet sowohl **lesson** (= Unterrichtseinheit) wie auch **hour** (= 60 Minuten).

let[1] /let/ *v* (is letting, let /let/, has let)
allow something or someone to do something ▷**lassen**: *The fierce dog would not let us go into the garden.* Der bissige Hund ließ uns nicht in den Garten. *Don't let the fire go out!* Lass das Feuer nicht ausgehen!
let go of, stop holding someone or something ▷**loslassen**: *She let go of the coat and it fell in the water.* Sie ließ den Mantel los, woraufhin dieser ins Wasser fiel.
let off, fire a gun; light a firework so that it explodes ▷**abschießen**: *We let off rockets on Guy Fawkes Day.* Am Guy Fawkes-Tag schossen wir Raketen ab.
let's, let us, I suggest that we ▷**lass(t) uns**: *Let's go to the cinema this evening.* Lass uns heute Abend ins Kino gehen.
let someone down, break a promise ▷**im Stich lassen**: *I've let you down — I said I would help you but I didn't.* Ich habe dich im Stich gelassen — ich versprach, dir zu helfen, habe es aber nicht getan.
let someone know, tell someone ▷**jemanden wissen lassen**: *Let me know if you can come.* Lass mich wissen, ob du kommen kannst.
let someone off, not punish someone ▷**jemanden davonkommen lassen**: *If I let you off this time will you promise not to do it again?* Wenn ich dich dieses Mal davonkommen lasse, versprichst du, es nicht wieder zu tun?

let[2] /let/ *v*
allow someone to live in your house or use your land if he pays you ▷**vermieten**: *Have you any rooms to let?* Haben Sie Zimmer zu vermieten?

letter /ˈletə(r)/ *n*
1 sign in writing ▷**Buchstabe**: *Z is the last letter in the English alphabet.* Z ist der letzte Buchstabe im englischen Alphabet.
2 piece of writing that one person sends to another ▷**Brief**: *I must post the letter to my boyfriend.* Ich muss den Brief an meinen Freund zur Post bringen. ☞Siehe Seite 162.

letter-box /ˈletə bɒks/ *n* (*pl* letter-boxes)
hole for letters in the door of a house, etc ▷**Briefschlitz**

lettuce /ˈletɪs/ *n*
plant with big, green leaves that you can eat in salads ▷**(Kopf)salat**

level[1] /ˈlevl/ *adj*
1 flat; smooth ▷**eben**: *We need level ground for a tent.* Für das Zelt brauchen wir einen Boden, der eben ist.
2 equal ▷**gleich**: *The two teams are level with 40 points each.* Die beiden Mannschaften stehen mit je 40 Punkten gleich.

level[2] /ˈlevl/ *n*
1 where something is ▷**Höhe**: *The cellar is below road level.* Der Keller liegt unterhalb der Straßenhöhe.
2 how high something is ▷**-stand**: *The river level rose after the rain.* Der Wasserstand des Flusses stieg nach den schweren Regenfällen.

level crossing /ˌlevl ˈkrɒsɪŋ/ *n*
place where a railway line goes over a road ▷**Bahnübergang**

liar /ˈlaɪə(r)/ *n*
someone who does not tell the truth ▷**Lügner(in)**: *Don't believe him — he's a liar.* Glaub ihm nicht — er ist ein Lügner.

liberal /ˈlɪbərəl/ *adj*
not strict ▷**liberal**: *liberal parents,* liberale Eltern.
Liberal Democrats one of the main political parties in Great Britain ▷**Liberaldemokratische Partei Großbritanniens**

liberty /ˈlɪbətɪ/ *n* (no *pl*)
being free ▷**Freiheit**: *Lincoln gave liberty to black slaves.* Lincoln gab den schwarzen Sklaven die Freiheit.

library /ˈlaɪbrərɪ/ *n* (*pl* libraries)
room or building for books ▷**Bücherei**
librarian /laɪˈbreərɪən/ *n* someone who works in a library ▷**Bibliothekar(in)**

licence /ˈlaɪsns/ *n*
piece of paper showing that the law allows you to do or have something ▷**Erlaubnis**: *You must have a driving licence before you can drive a car.* Du musst eine Fahrerlaubnis haben, bevor du ein Auto fahren darfst.

license *American for* licence

lick /lɪk/ *v*
touch something with the tongue ▷**lecken**: *The cat was licking its paws.* Die Katze leckte ihre Pfoten.
lick *n* ▷**Lecken**

lid /lɪd/ *n*
cover for a box, pot, etc ▷**Deckel**: *Where's the lid of the teapot?* Wo ist der Deckel für die Teekanne?

lie[1] /laɪ/ *v* (is lying /ˈlaɪɪŋ/, lied /laɪd/, has lied)
say something that you know is not true ▷**lügen**: *Don't believe her — she's always lying.* Glaub ihr nicht — sie lügt immer.
lie *n* ▷**Lüge**: *He told me a lie.* Er hat mir eine Lüge erzählt.

lie[2] /laɪ/ *v* (is lying /ˈlaɪɪŋ/, lay /leɪ/, has lain /leɪn/)
1 put your body in a flat position on a bed, etc ▷**sich legen**: *Kathy lay on the bed and read.* Kathy legte sich aufs Bett und las.
2 be on something ▷**liegen**: *In the autumn, there are a lot of leaves lying on the ground.* Im Herbst liegen viele Blätter auf dem Boden.
☞Vergleiche mit **lay**.
lie down, lie when you have been sitting or standing ▷**sich hinlegen**

lieutenant /lefˈtenənt/ *n*
officer in the army or navy ▷**(Ober)leutnant**

life /laɪf/ *n*
1 (no *pl*) what animals and plants have but stone, metal, and water do not have ▷**Leben**: *Is there any life on the moon?* Gibt es Leben auf dem Mond?
2 (*pl* lives) being alive ▷**Leben**: *Many people lost their lives in the fire.* Viele Menschen verloren bei dem Brand ihr Leben.
3 (*pl* lives) time that you have been alive ▷**Leben**: *Have you lived in Scotland all your life?* Haben Sie Ihr ganzes Leben in Schottland verbracht?
4 (no *pl*) the way you live ▷**Leben**: *Do you like life in the country better than town life?* Gefällt dir das Leben auf dem Land besser als das Stadtleben?

lifebelt /ˈlaɪfbelt/ *n*
special ring that you can put round yourself to stop you from drowning ▷**Rettungsring**

lifeboat /ˈlaɪfbəʊt/ *n*
boat that helps people or ships in trouble at sea ▷**Rettungsboot**

life-jacket /ˈlaɪf dʒækɪt/ *n*
jacket that you wear in a boat to stop you from drowning if you fall into the water ▷**Schwimmweste**

lifetime /ˈlaɪftaɪm/ *n*
all the time that you are alive ▷**Lebzeiten**: *There were no aeroplanes in Napoleon's lifetime.* Zu Napoleons Lebzeiten gab es keine Flugzeuge.

lift[1] /lɪft/ *n*
1 journey in another person's car ▷**Mitfahrgelegenheit**: *I need a lift to the station.* Ich brauche eine Mitfahrgelegenheit zum Bahnhof.

2 machine that takes people or goods up and down in a high building ▷**Aufzug**: *Shall we go up the stairs or take the lift?* Sollen wir die Treppen hinauflaufen oder den Aufzug nehmen?

lift[2] /lɪft/ *v*
take something or someone up ▷**(hoch)heben**: *He lifted the lid and looked into the box.* Er hob den Deckel hoch und schaute in die Kiste.

light[1] /laɪt/ *adj* (lighter, lightest)
1 bright; not dark ▷**hell**: *This room has a lot of windows and is very light.* Dieses Zimmer hat viele Fenster und ist sehr hell.
2 with a pale colour ▷**hell**: *Blue and white make light blue.* Blau und Weiß ergeben zusammen Hellblau.

light[2] /laɪt/ *adj* (lighter, lightest)
1 with little weight; easy to lift or move ▷**leicht**: *This case is very light — I can carry it alone.* Dieser Koffer ist ganz leicht — ich kann ihn allein tragen.
2 a little; not much ▷**leicht**: *light rain,* leichter Regen.
3 gentle; not strong ▷**leise**: *Your footsteps were so light I didn't hear them.* Deine Schritte waren so leise, dass ich sie nicht gehört habe.
lightly *adv* ▷**leicht**

light[3] /laɪt/ *n*
1 (no *pl*) what makes things clear so that you can see them ▷**Licht**: *The sun gives us light.* Die Sonne gibt uns Licht.
2 (*pl* lights) instrument or thing that makes brightness for us; lamp, etc ▷**Licht**: *Turn off the lights when you go out of the room.* Mach das Licht aus, bevor du aus dem Zimmer gehst.
3 (*pl* lights) fire from a match, etc ▷**Feuer**: *Can you give me a light for my cigarette?* Können Sie mir Feuer für meine Zigarette geben?

light[4] /laɪt/ *v* (lighted /ˈlaɪtɪd/, lit /lɪt/, has lighted, has lit)
make something start to burn or shine ▷**anmachen, anzünden**: *Please light the fire.* Mach bitte das Feuer an.

lighter /ˈlaɪtə(r)/ *n*
thing for lighting cigarettes, pipes, etc ▷**Feuerzeug**

lighthouse /ˈlaɪthaʊs/ *n*
high tower by or in the sea, with a strong light that shines at night to warn ships that there are rocks ▷**Leuchtturm**

lightning /ˈlaɪtnɪŋ/ *n* (no *pl*)
sudden flash of bright light in the sky ▷**Blitz**: *Two people were killed by lightning in the*

Schriftverkehr

Offizielle und Geschäftsbriefe

Beginne mit:

Dear Sir
Madam
Sirs
Dear Sir/Madam: (US)

Dear Mr Smith
Mrs Smith

Schließe so:

Yours faithfully
Yours sincerely

envelope

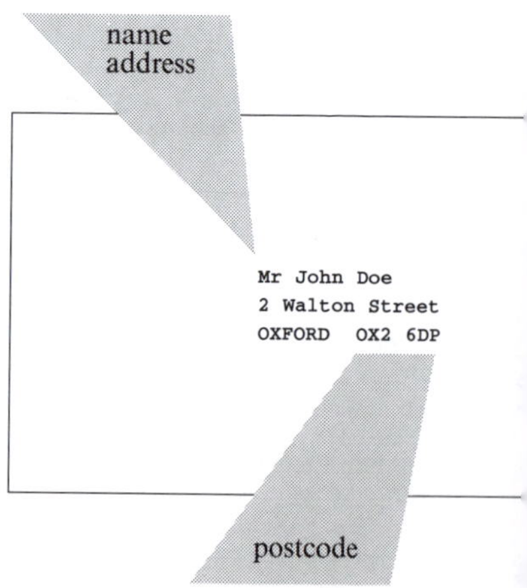

12 Kingston Road
Oxford OX2 6RR

14 April 1998

The Manager
Grand Hotel
Abbey Road
Southampton

Dear Sir,

While staying at your hotel recently, I lost a ring and spoke to your receptionist about it. She promised to inform me if the ring was found. It is now three weeks since I returned home and I still have not received any news. Does this mean that my ring is still missing?

I look forward to hearing from you.

Yours faithfully,

Mrs. I. Brown

stamp

Persönliche Briefe

Du kannst deinen Brief auch so abschließen:

Love from
Yours
With best wishes

12 Kingston Road
Oxford OX2 6RR

Dear Rosemary,

This is just a quick note to thank you very much for supper in Southampton. It was a great way to end my stay. As I told you, I lost my ring at the hotel and I still haven't heard back from them.

Hope to see you all soon.

Love,

Irene

storm. Zwei Leute wurden während des Gewitters vom Blitz getötet.

lightweight /'laɪtweɪt/ *adj*
that is less heavy than others ▷**leicht**: *a lightweight suit,* ein leichter Anzug.

like[1] /laɪk/ *prep*
1 such as; the same as ▷**wie**: *She was carrying a bag like mine*. Sie trug eine Tasche wie meine.
2 in the same way as ▷**wie**: *She sings like a bird*. Sie singt wie ein Vogel.
what is . . . like, words that you say when you want to know more about someone or something ▷**wie ist . . .** : *What is New York like?* Wie ist New York?
☞Siehe Anmerkung bei **as**.

like[2] /laɪk/ *v*
think that someone or something is good, lovely, interesting, etc; enjoy something ▷**mögen**: *Joe likes travelling*. Joe mag das Reisen.
☞**would like** drückt einen höflichen Wunsch aus: *I would like to say a word or two*. Ich würde gern ein paar Worte sagen. *I would like a cup of tea, please*. Ich hätte gern eine Tasse Tee.

likely /'laɪklɪ/ *adj* (likelier, likeliest)
probable; almost certain ▷**wahrscheinlich**: *Tony is the most likely winner of the race*. Tony ist wahrscheinlich der Gewinner des Rennens. *Tony is likely to win*. Tony wird wahrscheinlich gewinnen.

likewise /'laɪkwaɪz/ *adv*
do likewise, do the same ▷**es ebenso machen**: *Jean climbed the wall and then John did likewise*. Jean kletterte auf die Mauer, und dann machte John es ebenso.
likewise *conj* in the same way ▷**genauso**: *It's difficult to swim if you are frightened of water. Likewise, you don't climb mountains if you are afraid of heights*. Es ist schwierig zu schwimmen, wenn man Angst vor Wasser hat. Genauso wenig klettert man nicht auf Berge, wenn man Höhenangst hat.

lily /'lɪlɪ/ *n* (*pl* lilies)
sort of flower ▷**Lilie**

limb /lɪm/ *n*
leg or arm ▷**Glied**: *broken limbs,* gebrochene Glieder.

limerick /'lɪmərɪk/ *n*
funny poem with five lines ▷**Limerick**

limit /'lɪmɪt/ *n*
the most that is allowed ▷**Beschränkung**: *a speed limit,* Geschwindigkeitsbeschränkung.
limit *v* allow only a certain amount, number, sort, etc ▷**einschränken**: *He must limit his smoking*. Er muss das Rauchen einschränken.

limp /lɪmp/ *v*
walk with one foot that is hurt or stiff ▷**humpeln**: *She hurt her ankle and limped back home*. Sie verletzte sich am Knöchel und humpelte nach Hause.
limp *n* ▷**Humpeln**

line[1] /laɪn/ *n*
1 piece of string, rope, or wire ▷**Leine**: *We hung our washing on a clothes-line*. Wir hängten unsere Wäsche auf eine Wäscheleine.
2 long, thin mark ▷**Linie**: *He drew a line with his pencil and ruler*. Er zog eine Linie mit Bleistift und Lineal.
3 row of people or things ▷**Reihe**: *Please stand in a straight line*. Stellen Sie sich bitte in einer Reihe auf.
4 row of written or printed words ▷**Zeile**: *There are 58 lines on this page*. Auf dieser Seite sind 58 Zeilen.
5 what a train moves along ▷**Bahnlinie**: *There's a bridge across the line*. Über die Bahnlinie führt eine Brücke.

line[2] /laɪn/ *v*
stand or be in rows along a street, etc ▷**säumen**: *Crowds of people lined the streets to see the Royal Wedding*. Menschenmengen säumten die Straßen, um die königliche Hochzeit zu sehen.
line up, stand, or make people stand, in a row ▷**(sich) aufstellen**: *The customers lined up at the counter*. Die Kunden stellten sich an der Kasse an.

linen /'lɪnɪn/ *n* (no *pl*)
1 sort of cloth ▷**Leinen**
2 things made from linen cloth ▷**Wäsche**: *table linen,* Tischwäsche.

liner /'laɪnə(r)/ *n*
big ship that carries people ▷**Passagierschiff**

link[1] /lɪŋk/ *n*
1 one of the rings in a chain ▷**Glied**
2 something that holds things or people together ▷**Bindeglied**: *Letters are a link with friends who live far away*. Briefe sind ein Bindeglied zwischen Freunden, die weit voneinander entfernt leben.

link[2] /lɪŋk/ *v*
bring or fix two things together ▷**verbinden**: *Britain is linked to America by satellite*. Großbritannien ist durch Satellit mit Amerika verbunden. *A bridge links the two banks of the river*. Eine Brücke verbindet die beiden Ufer des Flusses.

lino /'laɪnəʊ/ *n* (no *pl*)
sort of smooth, hard covering for the floor ▷**Linoleum**

lion /'laɪən/ *n*
sort of big, wild animal ▷**Löwe**

lioness /ˈlaɪənes/ *n* (*pl* lionesses)
female lion ▷**Löwin**

lip /lɪp/ *n*
one of the two soft front edges of the mouth ▷**Lippe**: *She had a cigarette between her lips.* Sie hatte eine Zigarette zwischen den Lippen.

lipstick /ˈlɪpstɪk/ *n*
pink or red colour that people put on their lips ▷**Lippenstift**

liquid /ˈlɪkwɪd/ *n*
anything that flows, and is not a solid or a gas ▷**Flüssigkeit**: *Oil and water are liquids.* Öl und Wasser sind Flüssigkeiten.

liquidizer /ˈlɪkwɪdaɪzə(r)/ *n*
machine that makes solid food like liquid ▷**Mixgerät**

list /lɪst/ *n*
a lot of names, etc that you have written, with each thing under another ▷**Liste**: *a shopping list,* eine Einkaufsliste.
list *v* write things in a list ▷**aufschreiben**

listen /ˈlɪsn/ *v*
hear sounds carefully; try to hear sounds ▷**hören**: *Did you listen to the news on the radio this morning?* Hast du heute Morgen die Nachrichten im Radio gehört? ☞**listen** (meist mit **to**) bezeichnet ein bewusstes Hinhören: *You really didn't listen to me — I never said that.* Du hast mir gar nicht zugehört — das hab ich nie gesagt. **hear** dagegen bezeichnet das, was einfach vom Gehör wahrgenommen wird, ob man es will oder nicht: *We heard the noise of a car but didn't pay attention to it.* Wir hörten das Geräusch eines Autos, schenkten dem aber keine Aufmerksamkeit.

lit /lɪt/, **lighted** /ˈlaɪtɪd/ *forms of* light

liter *American for* litre

literature /ˈlɪtrətʃə(r)/ *n* (no *pl*)
stories, plays, poetry, etc ▷**Literatur**: *French literature,* die französische Literatur.

litre /ˈliːtə(r)/ *n*
measure of liquid ▷**Liter**

litter[1] /ˈlɪtə(r)/ *n*
1 (no *pl*) bits of paper, bottles, etc that people do not want and leave lying on the ground ▷**Abfall**: *Litter covered the cinema floor after the film.* Nach dem Film war der Boden des Kinos mit Abfall übersät.
2 (*pl* litters) family of new young animals ▷**Wurf**: *a litter of puppies,* ein Wurf junger Hunde.
litter bin, container for litter ▷**Abfalleimer**

litter[2] /ˈlɪtə(r)/ *v*
1 lie everywhere in an untidy way ▷**herumliegen**: *Books and papers littered his desk.* Bücher und Papiere lagen auf seinem Schreibtisch herum.
2 make a place untidy ▷**Abfälle liegen lassen**

little[1] /ˈlɪtl/ *adj*
1 small ▷**klein**: *a little village,* ein kleines Dorf.
2 young ▷**klein**: *little children,* kleine Kinder.
3 not much ▷**wenig**: *A busy farmer has little free time.* Ein vielbeschäftigter Bauer hat wenig Freizeit.
a little, some but not much ▷**ein bisschen**: *I can speak a little French.* Ich kann ein bisschen Französisch sprechen.
☞Siehe Anmerkung bei **small**.

little[2] /ˈlɪtl/ *adv*
not much ▷**wenig**: *I am tired because I slept very little last night.* Ich bin müde, weil ich letzte Nacht wenig geschlafen habe.

little[3] /ˈlɪtl/ *n* (no *pl*)
not much; only a small amount ▷**wenig**: *He did very little on his first day at work.* An seinem ersten Arbeitstag hat er nur wenig getan.
a little, (a) in a small way ▷**ein bisschen**: *Try to help your mother a little.* Versuche deiner Mutter ein bisschen zu helfen. **(b)** slightly; rather ▷**ein bisschen**: *This dress is a little too short for me.* Dieses Kleid ist ein bisschen zu kurz für mich.

live[1] /laɪv/ *adj*
1 having life; not dead ▷**lebend**: *You won't see live animals in a museum.* In einem Museum wirst du keine lebenden Tiere sehen.
2 happening now; not recorded ▷**live**: *The concert is live from the Royal Festival Hall.* Das Konzert kommt live aus der Royal Festival Hall.
3 full of electricity ▷**unter Spannung**: *Be careful! Those wires are live.* Sei vorsichtig! Die Drähte stehen unter Spannung.

live[2] /lɪv/ *v*
1 be alive, not dead ▷**leben**: *Samuel's grandfather lived until he was 90.* Samuels Großvater lebte bis er 90 Jahre alt war.
2 have your home ▷**wohnen**: *Where do you live?* Wo wohnen Sie? *I live in Norwich.* Ich wohne in Norwich.
live on, eat or drink only one thing ▷**leben von**: *Sheep live on grass and babies live on milk.* Schafe leben von Gras, Babys leben von Milch.

lively /ˈlaɪvlɪ/ *adj* (livelier, liveliest)
full of life; moving quickly ▷**lebhaft**: *lively kittens,* lebhafte Kätzchen.

liver /ˈlɪvə(r)/ *n*
part inside the body ▷**Leber**

lives /laɪvz/ *n pl of* life

livestock /ˈlaɪvstɒk/ *n* (no *pl*)
all the animals on a farm ▷**Vieh**

living[1] /ˈlɪvɪŋ/ *adj*
1 alive ▷**lebend**: *the greatest living writer,* der größter lebender Autor.
2 of or for life; for living in ▷**Lebens-**: *poor living conditions,* armselige Lebensverhältnisse.

living[2] /ˈlɪvɪŋ/ *n* (no *pl*) ▷**Lebensunterhalt**
cost of living *n* amount of money you need for living ▷**Lebenshaltungskosten**
earn your living, make a living, work to pay for the things that you need ▷**sich seinen Lebensunterhalt verdienen**: *Most people in this city earn their living by working in the car factory.* Die meisten Menschen in dieser Stadt verdienen sich ihren Lebensunterhalt in der Autofabrik.
standard of living *n* how rich or poor you are ▷**Lebensstandard**: *Many people in this country have a high standard of living.* Viele Leute in diesem Land haben einen hohen Lebensstandard.

living-room /ˈlɪvɪŋ rʊm/ *n*
main room of a house ▷**Wohnzimmer**

lizard /ˈlɪzəd/ *n*
animal like a snake with legs ▷**Eidechse**

load[1] /ləʊd/ *n*
something that is carried ▷**Ladung**: *The lorry transported a load of wood.* Der Lkw transportierte eine Ladung Holz.

load[2] /ləʊd/ *v*
1 put things on to a vehicle or ship ▷**laden**: *The two men loaded the furniture onto the van.* Die beiden Männer luden die Möbel auf den Transporter.
2 put bullets into a gun ▷**laden**: *He forgot to load his gun.* Er vergaß, sein Gewehr zu laden.

loaf /ləʊf/ *n* (*pl* loaves)
big piece of bread ▷**Laib**: *I bought a loaf of bread at the baker's.* Ich habe einen Laib Brot beim Bäcker gekauft.

loan /ləʊn/ *n*
lending something ▷**Kredit**: *Henry asked his bank for a loan of £1000.* Henry bat seine Bank um einen Kredit in Höhe von £1000.
loan *v* lend something ▷**verleihen**: *The public library loans books to people.* Die Stadtbücherei verleiht Bücher an jedermann.

loathe /ləʊð/ *v*
hate someone or something ▷**verabscheuen**: *I loathe rats.* Ich verabscheue Ratten.

loaves /ləʊvz/ *n pl of* loaf

lobster /ˈlɒbstə(r)/ *n*
shellfish with big front claws ▷**Hummer**

local /ˈləʊkl/ *adj*
near a place; near the place where you live, work, etc ▷**am Ort**: *We go to the town for clothes but we buy food in local shops.* Wir kaufen unsere Kleidung in der Stadt, aber Lebensmittel in den Geschäften am Ort.
local *n* pub you usually go to ▷**Stammkneipe**
locally *adv* ▷**am Ort**: *Do you live locally?* Leben Sie am Ort?

located /ləʊˈkeɪtɪd/ *adj*
be located, be in a place ▷**sich befinden**: *The company's offices are located in Norwich.* Der Sitz der Firma befindet sich in Norwich.

lock[1] /lɒk/ *n*
thing that keeps a door, gate, drawer, etc closed, so that you cannot open it without a key ▷**Schloss**

lock[2] /lɒk/ *v*
1 close something with a key ▷**abschließen**: *At night we lock the door.* Nachts schließen wir die Tür ab.
2 have a lock; become locked ▷**sich abschließen lassen**: *This suitcase won't lock because it is too full.* Dieser Koffer lässt sich nicht abschließen, weil er zu voll ist.
locked /lɒkt/ *adj* ▷**abgeschlossen**: *a locked door,* eine abgeschlossene Tür.
lock something away, put something away in a locked place ▷**etwas wegschließen**
lock something up, lock something in a place so that it will be safe ▷**abschließen**: *We lock up our house when we go out.* Wir schließen unser Haus ab, wenn wir weggehen.

locker /ˈlɒkə(r)/ *n*
small cupboard with a lock for one person's things ▷**Schließfach**: *At the swimming-pool I put my clothes in a locker.* Im Schwimmbad lege ich meine Sachen immer ins Schließfach.

locomotive /ˌləʊkəˈməʊtɪv/ *n*
railway engine ▷**Lokomotive**

lodge /lɒdʒ/ *v*
pay to live in rooms in another person's house ▷**wohnen**: *In the summer a foreign student lodged in our house.* Im Sommer wohnte ein ausländischer Student bei uns.
lodger /ˈlɒdʒə(r)/ *n* someone who pays to live in another person's house ▷**Untermieter(in)**

loft /lɒft/ *n*
room where you store things at the top of a house, under the roof ▷**Dachboden**

log /lɒg/ *n*
big piece of wood from a tree ▷**Holzstück**

lollipop /ˈlɒlɪpɒp/, **lolly** /ˈlɒlɪ/ *n* (*pl* lollipops, lollies)
big sweet on a stick ▷**Dauerlutscher**

lonely /ˈləʊnlɪ/ *adj* (lonelier, loneliest)
1 sad because you are alone ▷**einsam**: *Sarah felt lonely when her best friend left the town.* Sarah fühlte sich einsam, weil ihre beste Freundin aus der Stadt weggezogen war. ☞Vergleiche mit **alone**.
2 far away from other places ▷**einsam**: *a lonely farm,* ein einsamer Bauernhof.
loneliness *n* (no *pl*) ▷**Einsamkeit**

long[1] /lɒŋ/ *adj* (longer, longest)
1 from one end to the other ▷**lang**: *The snake is a metre long.* Die Schlange ist einen Meter lang.
2 far from one end to the other ▷**lang**: *long hair,* langes Haar; *a long-sleeved shirt,* ein langärmliges Hemd.
3 from beginning to end ▷**lang**: *Our holidays are two weeks long.* Unsere Ferien sind zwei Wochen lang.
4 going on for a lot of time ▷**lang**: *a long film,* ein langer Film.
no longer, not now ▷**nicht mehr**: *She's no longer living in Edinburgh.* Sie lebt nicht mehr in Edinburgh.

long[2] /lɒŋ/ *adv*
for a lot of time ▷**lange**: *We are in a hurry, so we can't stay long.* Wir sind in Eile, deshalb können wir nicht lange bleiben.
as long as, so long as, if ▷**vorausgesetzt, dass**: *You can borrow this book, as long as you give it back.* Du kannst dir dieses Buch ausleihen, vorausgesetzt, dass du es mir zurückgibst.
long after, at a time much after ▷**lange nachdem**: *We arrived long after the start of the film.* Wir kamen erst lange nachdem der Film angefangen hatte an.
long ago, many years in the past ▷**vor langer Zeit**: *Long ago there were no cars.* Vor langer Zeit gab es noch keine Autos.
long before, at a time much before ▷**lange bevor**: *Mark learned to read long before he started school.* Mark hatte lesen gelernt, lange bevor er in die Schule kam.

long[3] /lɒŋ/ *n* (no *pl*)
before long, soon ▷**bald**: *I shall see you before long.* Ich werde dich bald sehen.

look[1] /lʊk/ *n*
pointing your eyes somewhere ▷**Blick**: *John gave me a funny look.* John warf mir einen komischen Blick zu.
have a look at, take a look at, try to see something ▷**einen Blick werfen auf**: *Let me have a look at your new dress.* Lass mich einen Blick auf dein neues Kleid werfen.
have a look round, try to see many parts of a place ▷**sich ansehen**: *Let's have a look round the museum.* Lasst uns das Museum ansehen.

look[2] /lʊk/ *v*
1 try to see; keep your eyes on someone or something ▷**schauen**: *You must look both ways before you cross a road.* Du musst in beide Richtungen schauen, bevor du die Straße überquerst. ☞Siehe Anmerkung bei **see.**
2 appear; seem to be ▷**aussehen**: *You're looking cheerful today.* Du siehst heute so fröhlich aus.
look after, take care of someone or something ▷**sich kümmern um**: *Can you look after my cat when I'm on holiday?* Kannst du dich um meine Katze kümmern, wenn ich im Urlaub bin?
look as if, look as though, be probable or likely that ▷**aussehen, als ob**: *It looks as though he will win the race.* Es sieht aus, als ob er das Rennen gewinnen wird.
look at, keep your eyes on someone or something ▷**ansehen**: *Look at the bird in the garden!* Sieh dir mal den Vogel im Garten an!
look for, try to find someone or something ▷**suchen**: *John is looking for a job.* John sucht Arbeit.
look forward to, wait for something with pleasure ▷**sich freuen auf**: *I'm looking forward to our holiday next week.* Ich freue mich auf unseren Urlaub nächste Woche. ☞Nach **look forward to** muss das abhängige Verb mit **-ing** stehen: *I look forward to seeing you again.* Ich freue mich darauf, dich wieder zu sehen.
look into, study something carefully ▷**untersuchen**: *to look into a problem,* ein Problem untersuchen.
look like, (a) seem to be ▷**aussehen nach**: *That looks like an interesting film.* Das sieht nach einem interessanten Film aus. **(b)** have the appearance of ▷**aussehen wie**: *She looks like her mother.* Sie sieht wie ihre Mutter aus.
look on, look upon, think of someone or something ▷**betrachten**: *He looks upon me as his best friend.* Er betrachtet mich als seine beste Freundin.
look out for, watch and wait for someone or something ▷**Ausschau halten nach**
look out! be careful! ▷**pass auf!**
look up, try to find the meaning of something in a book, etc ▷**nachschlagen**: *I looked up the word in a dictionary.* Ich habe das Wort in einem Wörterbuch nachgeschlagen.

look-out /ˈlʊk aʊt/ *n* (no *pl*)
be on the look-out for, looking for something ▷**Ausschau halten nach**: *I am on the look-out for a good, cheap bicycle.* Ich halte nach einem guten und dennoch billigen Fahrrad Ausschau.

loop /luːp/ *n*
round shape of a piece of string, ribbon, etc when it crosses itself ▷**Schlaufe**: *A bow has two loops.* Eine Schleife hat zwei Schlaufen.

loose /luːs/ *adj* (looser, loosest)
not tight ▷**weit**: *Loose clothes are more comfortable than tight ones.* Weite Kleidung ist bequemer als enge.
loosely *adv* ▷**lose**: *The coat hung loosely from his shoulders.* Der Mantel hing lose von seinen Schultern.
loosen /ˈluːsn/ *v* become loose; make something loose ▷**(sich) lockern**: *The knot is so tight that I can't loosen it.* Der Knoten ist so fest, dass ich ihn nicht lockern kann.

Lord /lɔːd/ *n*
title for some men of high rank ▷**Lord**
the Lord *n* God; Christ ▷**Herr**
Lord Mayor, man or woman in charge of a city council ▷**Oberbürgermeister(in)**

lorry /ˈlɒrɪ/ *n* (*pl* lorries)
big vehicle that carries heavy loads; truck ▷**Lkw**

lose /luːz/ *v* (lost /lɒst/, has lost)
1 not have something or someone that you had before ▷**verlieren**: *Paul has lost his job because the factory has closed.* Paul hat seine Arbeit verloren, weil die Fabrik schließen musste.
2 not be able to find something ▷**verlieren**: *I can't open the door because I've lost the key.* Ich kann die Tür nicht öffnen, weil ich den Schlüssel verloren habe.
3 not win ▷**verlieren**: *Our team is losing the match.* Unsere Mannschaft verliert das Spiel.

loser /ˈluːzə(r)/ *n*
one who is not the winner ▷**Verlierer(in)**

loss /lɒs/ *n* (*pl* losses)
1 losing ▷**Verlust**: *He told the police about the loss of his car.* Er meldete der Polizei den Verlust seines Autos.
2 something that is lost; waste ▷**Verlust**: *The loss of the ship was disastrous.* Der Verlust des Schiffes war ein großes Unglück.
at a loss, for less money than you paid for it ▷**mit Verlust**: *If you buy a house for £80,000 and sell it for £70,000, you are selling at a loss.* Wenn du ein Haus für £80 000 kaufst und es für £70 000 verkaufst, so verkaufst du mit Verlust.
be at a loss, be uncertain ▷**nicht weiterwissen**: *When I lost my credit card and keys I was at a loss to know what to do.* Als ich meine Kreditkarte und meine Schlüssel verloren hatte, wusste ich nicht mehr weiter.

lost /lɒst/ *form of* lose
be lost, not know where you are ▷**sich verlaufen haben**: *I can't find my way home — I'm lost.* Ich kann den Weg nach Hause nicht mehr finden — ich habe mich verlaufen.
lost property *n* (no *pl*) things that people have lost ▷**Fundsache**: *If you left your bag on the bus, go to the lost property office.* Wenn du deine Tasche im Bus liegen lassen hast, musst du zum Fundbüro gehen.

lot /lɒt/ *n*
a lot, very much ▷**viel**: *It's a lot warmer today.* Heute ist es viel wärmer.
a lot of, lots of, a great number or amount of ▷**eine Menge**: *We spent a lot of money in the shop.* Wir gaben eine Menge Geld in dem Laden aus. *He bought lots of new clothes.* Er kaufte eine Menge neuer Sachen zum Anziehen.

lotion /ˈləʊʃn/ *n*
soft liquid that you put on the skin ▷**Lotion**: *suntan lotion,* Bräunungslotion.

loud /laʊd/ *adj* (louder, loudest)
making a lot of noise; that you can hear clearly ▷**laut**: *I couldn't hear what he said because the radio was so loud.* Ich konnte nicht hören, was er sagte, weil das Radio so laut war.
loud *adv* ▷**laut**: *Speak louder, I can't hear you.* Sprich lauter, ich kann dich nicht hören.
loudly *adv* ▷**laut**

loud-speaker /ˌlaʊd ˈspiːkə(r)/ *n*
part of a radio, etc from which you hear sound ▷**Lautsprecher**

lounge /laʊndʒ/ *n*
room in a house or hotel, where you can sit comfortably ▷**Gesellschaftszimmer**

love[1] /lʌv/ *v*
1 have a warm feeling for someone; like someone very much ▷**lieben**: *I love my parents.* Ich liebe meine Eltern.
2 like something very much ▷**etwas gerne tun**: *I'd love to come and see you again.* Ich würde dich gerne wieder besuchen.
loving *adj* feeling or showing love ▷**liebend**

love[2] /lʌv/ *n* (no *pl*)
1 warm feeling for someone you like ▷**Liebe**
2 word in tennis for nil ▷**null**: *The score is forty—love to Becker.* Es steht vierzig zu null für Becker.
be in love with, love someone ▷**verliebt sein in**
fall in love with, begin to love someone ▷**sich verlieben in**
love, love from, way of ending a letter to someone you know well ▷**Liebe Grüße**

lovely /ˈlʌvlɪ/ *adj* (lovelier, loveliest)
1 giving pleasure because it looks or sounds

good, etc ▷**schön**: *a lovely vase,* eine schöne Vase.
2 that you enjoy very much ▷**nett**: *a lovely party,* eine nette Party.

low[1] /ləʊ/ *adj* (lower, lowest)
1 very little from bottom to top ▷**niedrig**: *She jumped over the low wall.* Sie sprang über die niedrige Mauer.
2 not loud ▷**leise**: *She spoke in a low voice.* Sie sprach mit leiser Stimme.

low[2] /ləʊ/ *adv*
down; in or to a place that is not high ▷**tief**: *They bowed low to the Queen.* Sie verbeugten sich tief vor der Königin.

lower /'ləʊə(r)/ *v*
take something or someone down ▷**herunterlassen**: *They lowered the boats onto the water.* Sie ließen die Boote aufs Wasser herunter.
lower *adj* that is under another; bottom ▷**untere(r, s)**: *my lower lip,* meine Unterlippe.

loyal /'lɔɪəl/ *adj*
true and faithful ▷**treu**: *He is loyal to his firm.* Er ist seiner Firma treu.
loyally *adv* ▷**treu**
loyalty /'lɔɪəltɪ/ *n* (no *pl*) ▷**Treue**: *loyalty to your friends,* Treue zu Ihren Freunden.

LP /ˌel 'piː/ *n*
large record with many songs or pieces of music on it ▷**LP**

luck /lʌk/ *n* (no *pl*)
chance; what happens to someone or something ▷**Glück**: *Please wish me good luck for my exams!* Wünsch mir bitte Glück für meine Prüfungen.
be in luck, have good things happen ▷**Gluck haben**
be out of luck, have bad things happen ▷**Pech haben**
for luck, so that good things will happen ▷**als Glücksbringer**: *She gave him a lighter for luck!* Sie schenkte ihm ein Feuerzeug als Glücksbringer.

lucky /'lʌkɪ/ *adj* (luckier, luckiest)
1 having good luck ▷**Glück haben**: *You're lucky to own a car.* Du hast Glück, dass du ein eigenes Auto hast.
2 bringing good luck ▷**Glücks-**: *a lucky number,* eine Glückszahl.
luckily *adv* ▷**zum Glück**: *I got to the station late, but luckily the train was still there.* Ich kam zu spät zum Bahnhof, aber zum Glück war der Zug noch da.

luggage /'lʌgɪdʒ/ *n* (no *pl*)
bags, suitcases, trunks, etc for travelling ▷**Gepäck**

lump /lʌmp/ *n*
1 small, hard piece of something ▷**Stück**: *a lump of sugar,* ein Stück Zucker.
2 part in the body which has become hard and bigger ▷**Beule**: *a lump on the head,* eine Beule am Kopf.
lumpy *adj* (lumpier, lumpiest) full of lumps ▷**klumpig**: *lumpy sauce,* klumpige Soße.

lunch /lʌntʃ/ *n* (*pl* lunches)
meal that you eat in the middle of the day ▷**Mittagessen**

lung /lʌŋ/ *n*
part inside the body which makes you breathe ▷**Lunge**

luxurious /lʌg'ʒʊərɪəs/ *adj*
1 comfortable, rich, and pleasant ▷**luxuriös**: *a luxurious house,* ein luxuriöses Haus.
2 expensive ▷**luxuriös**: *luxurious clothes,* luxuriöse Kleidung.
luxuriously *adv* ▷**luxuriös**

luxury /'lʌkʃərɪ/ *n*
1 (no *pl*) way of living when you have all the rich things that you want ▷**Luxus**: *He lives in luxury.* Er lebt im Luxus.
2 (*pl* luxuries) something pleasant that you do not really need ▷**Luxus**: *We can't afford the luxury of drinking champagne every day.* Wir können uns den Luxus, jeden Tag Champagner zu trinken, nicht erlauben.
luxury *adj* ▷**luxuriös**: *a luxury hotel,* ein luxuriöses Hotel.

lying /'laɪɪŋ/ *form of* lie

Mm

mac /mæk/
light coat that you wear when it rains ▷**Regenmantel**

machine /mə'ʃiːn/ *n*
instrument with many parts that move together to make things ▷**Maschine**: *a washing-machine,* eine Waschmaschine.

machine-gun /mə'ʃiːn gʌn/ *n*
gun that can fire many bullets, one after the other ▷**Maschinengewehr**

machinery /mə'ʃiːnərɪ/ *n* (no *pl*)
1 parts of a machine ▷**Mechanismus**: *the complicated machinery of a lift,* der komplizierte Mechanismus eines Aufzugs.
2 group of machines ▷**Maschinen**: *We need heavy machinery to build the new road.* Wir

brauchen starke Maschinen, um die neue Straße zu bauen.

mad /mæd/ *adj* (madder, maddest)
1 with a sick mind ▷**wahnsinnig**
2 very foolish ▷**verrückt**: *You're mad to go out in this thunderstorm!* Du bist verrückt, bei diesem Gewitter nach draußen zu gehen.
3 very angry ▷**sauer**: *He was mad with me for losing his watch.* Er war sauer auf mich, weil ich seine Uhr verloren hatte.
go mad, **(a)** become sick in your mind ▷**wahnsinnig werden**: *Van Gogh went mad and cut off his ear.* Van Gogh wurde wahnsinnig und schnitt sich sein Ohr ab. **(b)** become very angry ▷**sauer werden**: *Jane always goes mad if you move any of her things.* Jane wird jedesmal sauer, wenn man ihre Sachen woanders hinlegt.
mad about, very fond of something ▷**verrückt auf**: *Julie is mad about pop music.* Julie ist verrückt auf Popmusik.
madness *n* (no *pl*) ▷**Wahnsinn**

madam /ˈmædəm/ *n*
1 polite word for a woman who is older, more important, or a stranger ▷**gnädige Frau**: *Can I help you, madam?* Kann ich Ihnen behilflich sein, gnädige Frau?
2 word you use when you write a business letter to a woman ▷**Dame**: *Dear Sir or Madam . . . ,* Sehr geehrte Damen und Herren . . . .

made /meɪd/ *form of* make[2]
made of something, from this material, cloth, etc ▷**aus**: *a shirt made of pure silk*, ein Hemd aus reiner Seide.

magazine /ˌmægəˈziːn/ *n*
book with a paper cover which comes every week, month, etc ▷**Zeitschrift**: *There are always good stories in this magazine.* In dieser Zeitschrift stehen immer gute Berichte.

magic /ˈmædʒɪk/ *n* (no *pl*)
strange, wonderful power ▷**Zauberei**: *The good fairy made Cinderella's coach come by magic.* Die gute Fee ließ Aschenputtels Kutsche durch Zauberei herbeikommen.
magic, magical *adj* ▷**Zauber-**

magician /məˈdʒɪʃn/ *n*
1 someone who has strange, wonderful power ▷**Zauberer**: *The magician turned the boy into a frog.* Der Zauberer verwandelte den Jungen in einen Frosch.
2 someone who does clever tricks to surprise people ▷**Zauberkünstler(in)**

magistrate /ˈmædʒɪstreɪt/ *n*
person in a law court who decides how to punish people for small crimes ▷**(Bezirks-)richter(in)**: *The magistrate fined him £50 for driving too fast.* Die Richterin verurteilte ihn zu einer Strafe von £50 für zu schnelles Fahren.

magnet /ˈmægnɪt/ *n*
piece of iron that can pick up other pieces of metal ▷**Magnet**

magnificent /mægˈnɪfɪsnt/ *adj*
very great, fine, or beautiful ▷**großartig**: *a magnificent palace,* ein großartiger Palast.
magnificently *adv* großartig

magnify /ˈmægnɪfaɪ/ *v* (magnified, has magnified)
make something look bigger ▷**vergrößern**
magnifying-glass *n* a special glass that can magnify things ▷**Lupe**: *He looked at the little insect through a magnifying-glass.* Er betrachtete das kleine Insekt durch eine Lupe.

maid /meɪd/ *n*
woman servant ▷**Dienstmädchen**

mail /meɪl/ *n* (no *pl*)
post; letters and parcels that you send ▷**Post**: *The mail was late because there was a postal strike.* Wegen des Streiks kam die Post später.

main /meɪn/ *adj*
chief; most important ▷**Haupt-**: *Piccadilly is one of London's main streets.* Piccadilly ist eine von Londons Hauptstraßen.
mainly *adv* mostly; usually ▷**hauptsächlich**: *Joe mainly drinks coffee.* Joe trinkt hauptsächlich Kaffee.
main road, big, important road between towns ▷**Hauptstraße**

maintain /meɪnˈteɪn/ *v*
1 go on with something ▷**beibehalten**: *If he can maintain this speed he will win the race.* Wenn er diese Geschwindigkeit beibehalten kann, wird er das Rennen gewinnen.
2 keep something working well ▷**(er)halten**: *maintain the roads in good condition,* die Straßen in gutem Zustand halten.

Majesty /ˈmædʒəstɪ/ *n* (*pl* Majesties)
title for a king or queen ▷**Majestät**: *Her Majesty Queen Elizabeth II,* Ihre Majestät Königin Elizabeth II.

major[1] /ˈmeɪdʒə(r)/ *adj*
bigger; important; very great ▷**bedeutend**: *Felixstowe is a major British port.* Felixstowe ist ein bedeutender britischer Hafen.

major[2] /ˈmeɪdʒə(r)/ *n*
army officer ▷**Major**

majority /məˈdʒɒrətɪ/ *n* (no *pl*)
most things or people in a group ▷**Mehrheit**: *The majority of families in Britain have a colour television.* Die Mehrheit aller Familien in Großbritannien besitzt einen Farbfernseher.

make[1] /meɪk/ *n*
sort; kind ▷**Marke**: *What make of car do you have?* Was für eine Automarke fahren Sie?

make[2] /meɪk/ (made /meɪd/, has made)
1 put many things together so that you have one new thing ▷**machen**: *Shall I make an omelette for lunch?* Soll ich ein Omelett zum Mittagessen machen?
2 cause something to appear or to happen; produce something ▷**machen**: *The plane made a loud noise when it landed.* Das Flugzeug machte bei der Landung großen Lärm.
3 prepare something; put something in order ▷**machen**: *He got up and made his bed.* Er stand auf und machte sein Bett.
4 cause someone to feel something ▷**machen**: *The film made me sad.* Der Film machte mich traurig.
5 cause something to be ▷**machen**: *Your books make this case very heavy.* Deine Bücher machen den Koffer sehr schwer.
6 put someone in a job ▷**ernennen zu**: *The club made him secretary.* Der Verein ernannte ihn zum Sekretär.
7 force someone to do something ▷**zwingen**: *She made her son apologize.* Sie zwang ihren Sohn, sich zu entschuldigen.
☞Siehe Anmerkung bei **do**.
make certain, make sure, find out about something so that you are certain, sure ▷**sich versichern**: *Please make sure that the door is locked.* Bitte versichere dich, dass die Tür abgeschlossen ist.
make up, (a) think of a story; imagine something that is not true ▷**erfinden**: *No one believes that story — he made it up!* Niemand glaubt an seine Geschichte — er hat sie erfunden. **(b)** end a quarrel ▷**sich vertragen**: *The brothers quarrelled last year, but now they have made it up.* Die Brüder zerstritten sich letztes Jahr, aber jetzt haben sie sich wieder vertragen.

make-up /ˈmeɪk ʌp/ *n* (no *pl*)
special powder, colour etc, for the skin ▷**Make-up**: *I don't wear much make-up — only lipstick.* Ich trage nicht viel Make-up — nur Lippenstift.

male /meɪl/ *n*
1 man or boy ▷**Mann**
2 animal that cannot have baby animals ▷**Männchen**
male *adj* ▷**männlich**: *A cock is a male bird.* Ein Hahn ist ein männlicher Vogel.

mammal /ˈmæml/ *n*
sort of animal where the female feeds her babies with milk from her body ▷**Säugetier**

man /mæn/ *n*
1 (*pl* men) grown-up male person ▷**Mann**: *Boys become men when they grow older.* Jungen werden Männer, wenn sie älter werden.
2 (*pl* men) male worker or soldier ▷**Mann**: *The builder said his men would start work the next day.* Der Bauunternehmer sagte, seine Männer würden am nächsten Tag mit der Arbeit anfangen.
3 (no *pl*) all human beings ▷**der Mensch**: *How long has man lived on this earth?* Wie lange lebt der Mensch schon auf der Erde?
☞**man** im ganz allgemeinen Sinne steht stets ohne bestimmten Artikel.
4 (*pl* men) any person ▷**Mensch**: *All men must have water to live.* Alle Menschen brauchen Wasser zum Leben.

manage /ˈmænɪdʒ/ *v*
1 control someone or something ▷**leiten**: *She manages a department of ten people.* Sie leitet eine Abteilung mit zehn Leuten.
2 be able to do something difficult ▷**schaffen**: *Can you manage to carry those suitcases?* Schaffst du es, die Koffer zu tragen?

management /ˈmænɪdʒmənt/ *n*
1 (no *pl*) control of a business, factory, etc ▷**Leitung**: *The old director has left and the firm is under new management.* Der alte Direktor ist gegangen, jetzt steht die Firma unter neuer Leitung.
2 (*pl* managements) all the people who control a firm, business, etc ▷**Geschäftsführung**

manager /ˈmænɪdʒə(r)/ *n*
someone who controls a business, hotel, etc ▷**Geschäftsführer(in)**
manageress /ˌmænɪdʒəˈres/ *n* female manager ▷**Geschäftsführerin**

managing director /ˌmænɪdʒɪŋ daɪˈrektə(r)/ *n*
the top person in a big business ▷**leitende(r) Direktor(in)**

mane /meɪn/ *n*
long hair on the neck of a horse, etc ▷**Mähne**

mankind /ˌmænˈkaɪnd/ *n* (no *pl*)
all human beings; all the people in the world ▷**Menschheit**

manner /ˈmænə(r)/ *n* (no *pl*)
way something happens; way you do something ▷**Art und Weise**: *The suspect was acting in a strange manner.* Der Verdächtige benahm sich in einer merkwürdigen Art und Weise.
manners *n pl* general way you behave when you are with other people ▷**Manieren**: *It's bad manners to talk with your mouth full.* Man zeigt schlechte Manieren, wenn man mit vollem Mund spricht.

mansion /ˈmænʃn/ *n*
very big house ▷**Villa**

manual[1] /ˈmænjʊəl/ *adj*
that you do with the hands ▷**körperlich**: *manual work,* körperliche Arbeit.
manually *adv* ▷**von Hand**: *This machine is operated manually.* Diese Maschine wird von Hand betrieben.

manual[2] /ˈmænjʊəl/ *n*
book that tells you how to do something ▷**Handbuch**

manufacture /ˌmænjʊˈfæktʃə(r)/ *v*
make things with machines in a factory ▷**herstellen**: *Rover manufactures cars.* Rover stellt Autos her.
manufacture *n* ▷**Produktion**: *Japan is famous for the manufacture of televisions.* Japan ist berühmt für die Produktion von Fernsehgeräten.
manufacturer *n* person or business that makes things with machines ▷**Hersteller**: *Cadburys are famous chocolate manufacturers.* Cadburys ist ein berühmter Schokoladenhersteller.

many[1] /ˈmenɪ/ *adj* (more, most)
a lot of ▷**viele**: *There are many flats in this block.* In diesem Block gibt es viele Wohnungen.
how many, what number of ▷**wie viele**: *How many cups are there?* Wie viele Tassen sind da?

many[2] /ˈmenɪ/ *n pl*
lots of things, animals, or people ▷**viele**: *All the children play tennis and many play badminton too.* Alle Kinder spielen Tennis und viele auch Badminton.
a good many, a great many, a lot of ▷**sehr viele**: *A good many people go on holiday in August.* Sehr viele Leute fahren im August in Urlaub.
many a, many ▷**so manche(r, s)**: *I've had many a good meal in that restaurant.* Ich habe so manches gute Gericht in diesem Restaurant gegessen.

map /mæp/ *n*
flat plan of the world, a country, or a town ▷**Karte**: *Sue looked at the map to find the way to Sheffield.* Sue schaute auf die Karte, um den Weg nach Sheffield zu finden.

marathon /ˈmærəθən/ *n*
very long running race (about 26 miles or 42 kilometres) ▷**Marathon(lauf)**

marble[1] /mɑːbl/ *n* (no *pl*)
cold, hard stone for statues and special buildings ▷**Marmor**

marble[2] /ˈmɑːbl/ *n*
small, glass ball for a children's game ▷**Murmel**

marbles *n* (no *pl*) game that children play with small glass balls ▷**Murmelspiel**

march[1] /mɑːtʃ/ *v*
1 walk like a soldier ▷**marschieren**: *The army marched past the general.* Die Armee marschierte am General vorbei.
2 make someone walk quickly ▷**marschieren lassen**: *They marched the soldiers up and down the hill.* Sie ließen die Soldaten den Hügel hinauf- und hinuntermarschieren.
march *n* **(a)** long walk ▷**Marsch (b)** piece of music for marching people ▷**Marsch**: *The band played a march.* Die Kapelle spielte einen Marsch.

March[2] /mɑːtʃ/ *n*
third month of the year ▷**März**

margarine /ˌmɑːdʒəˈriːn/ *n* (no *pl*)
soft oily food that you put on bread or use in cooking ▷**Margarine**

margin /ˈmɑːdʒɪn/ *n*
space with no writing or printing round the edges of a page or sheet of paper ▷**Rand**

mark[1] /mɑːk/ *n*
1 line, scratch, spot, etc ▷**Fleck**: *Jim's horse has a white mark on its head.* Jims Pferd hat einen weißen Fleck auf der Stirn. *What are those dirty marks on your shirt?* Was sind das für dreckige Flecken auf deinem Hemd?
2 score to show how good a piece of work, test, etc is ▷**Note**: *Irene got good marks for her essay.* Irene bekam gute Noten für ihren Aufsatz.
☞Vorsicht! Hat nichts mit Handelsmarke zu tun.

mark[2] /mɑːk/ *v*
1 put a sign on something by writing on it, etc ▷**markieren**: *Can you mark your house on this map?* Kannst du euer Haus auf dieser Karte markieren?
2 spoil something with a line, spot, etc ▷**schmutzig machen**: *You've marked my blouse with your pen.* Du hast meine Bluse mit deinem Füller schmutzig gemacht.
3 put a number, tick, or cross on written work to show how good it is ▷**bewerten**: *In the test the teacher marked all my answers right.* Im Test hat die Lehrerin alle meine Antworten als richtig bewertet.
4 be a special sign of something ▷**markieren**: *The X marks the house on the map.* Das X markiert das Haus auf der Karte.

market /ˈmɑːkɪt/ *n*
building or open space with small shops ▷**Markt**: *I buy fresh vegetables in the market.* Ich kaufe frisches Gemüse auf dem Markt.

marmalade /ˈmɑːməleɪd/ *n* (no *pl*)
soft, sweet jelly made from oranges or

lemons ▷**Orangen- oder Zitronenmarmelade** ☞**marmalade** wird nur aus Orangen oder anderen Zitrusfrüchten hergestellt und steht auf dem englischen Frühstückstisch. Konfitüre aus anderen Früchten heißt **jam**.

marriage /'mærɪdʒ/ *n*
1 getting married ▷**Hochzeit**: *Simon and Marissa's marriage was announced in the paper.* Simons und Marissas Hochzeit wurde in der Zeitung bekanntgegeben.
2 length of time that a man and a woman remain married ▷**Ehe**: *She's got two children from her first marriage.* Sie hat zwei Kinder aus erster Ehe.
☞**marriage** umfasst alles, was mit Eheschließung und Ehe zusammenhängt, **wedding** ist auf die Festlichkeit am Hochzeitstag oder seinem Jahrestag beschränkt.

marry /'mærɪ/ *v* (married, has married)
1 take someone as a husband or wife ▷**heiraten**: *Sam is going to marry my sister.* Sam wird meine Schwester heiraten. *Jean and John married last June.* Jean und John haben im Juni geheiratet.
2 join a man and woman as husband and wife ▷**trauen**: *The vicar married two couples on Saturday.* Der Pfarrer hat am Samstag zwei Paare getraut.
get married, marry ▷**heiraten**: *Sue and Mike got married last month.* Sue und Mike haben im letzten Monat geheiratet.
married /'mærɪd/ *adj* ▷**verheiratet**

marsh /mɑːʃ/ *n* (*pl* marshes)
wet, soft ground ▷**Sumpf**

marvellous /'mɑːvələs/ *adj*
wonderful; that pleases and surprises very much ▷**wunderbar**
marvellously *adv* ▷**wunderbar**

masculine /'mæskjʊlɪn/ *adj*
of or like a man; right for a man ▷**männlich**

mash /mæʃ/ *v*
crush or squash food to make it soft ▷**zerstampfen**
mashed potatoes *n* ▷**Kartoffelbrei**

mask /mɑːsk/ *n*
1 cover that you put over the face to hide it ▷**Maske**: *The thief was wearing a mask.* Der Dieb trug eine Maske.
2 covering for the face to stop gas, smoke, or germs ▷**Maske**: *a gas mask,* eine Gasmaske.
mask *v* cover the face with a mask ▷**(sich) maskieren**

mass /mæs/ *n* (*pl* masses)
1 many things together ▷**Menge**: *He's got masses of books.* Er hat eine Menge Bücher.
2 crowd; many people together ▷**Menge**: *There was a mass of children waiting for the train.* Eine ganze Menge Kinder wartete auf den Zug.
Mass *n* Roman Catholic service in church ▷**Messe**: *Are you coming to mass?* Kommen Sie mit zur Messe?

massive /'mæsɪv/ *adj*
very big and heavy ▷**riesig**: *We needed six men to lift the massive table.* Wir brauchten sechs Leute, um den riesigen Tisch anzuheben.

mass-produced /ˌmæs prə'djuːst/ *adj*
made in large numbers ▷**Massen-**: *mass-produced articles* Massenartikel.

master /'mɑːstə(r)/ *n*
1 male teacher ▷**Lehrer**: *Mr Davies is our maths master.* Mr Davies ist unser Mathelehrer. ☞**master** ist etwas altmodisch, man sagt heute eher **schoolteacher** oder **teacher**.
2 man in charge of a house, servants, etc ▷**Herr**

masterpiece /'mɑːstəpiːs/ *n*
very good piece of work; fine piece of writing, music, painting, etc ▷**Meisterwerk**

mat /mæt/ *n*
small piece of covering for the floor ▷**Matte**: *Wipe your feet on the door mat before you go in.* Putz dir die Schuhe auf der Matte ab, bevor du hineingehst.

match[1] /mætʃ/ *n* (*pl* matches)
special small stick that can make a fire ▷**Streichholz**: *He struck a match to light the fire.* Er zündete ein Streichholz an, um das Feuer anzumachen.

match[2] /mætʃ/ *n* (*pl* matches)
game between two people or teams ▷**Spiel**: *a football match,* ein Fußballspiel; *a tennis match,* ein Tennisspiel.

match[3] /mætʃ/ *v*
be the same colour, size, shape, etc ▷**passen zu**: *Ruth's blouse matches her skirt.* Ruths Bluse passt zu ihrem Rock.

material /mə'tɪərɪəl/ *n*
1 cloth ▷**Stoff**: *If you buy some material I will make the dress for you.* Wenn du Stoff besorgst, nähe ich das Kleid für dich.
2 what you use to make something ▷**Material**: *Wood and stone are building materials.* Holz und Stein sind Baumaterialien.

math *American for* maths

mathematics /ˌmæθə'mætɪks/ *n* (no *pl*)
study of numbers, sizes, and shapes ▷**Mathematik**

maths /mæθs/ *n pl*
mathematics ▷**Mathe**

matron /ˈmeɪtrən/ *n*
1 chief nurse in a hospital ▷**Oberschwester**
2 female nurse in a boarding school ▷**Hausmutter**

matter[1] /ˈmætə(r)/ *n*
affair; something to talk about or do ▷**Angelegenheit**: *There is a business matter I must talk to you about.* Ich muss mit Ihnen über eine geschäftliche Angelegenheit reden.
as a matter of fact, words that you say when you are going to tell someone a new, true, and interesting thing ▷**nämlich**: *I'm going home early — as a matter of fact it's my birthday.* Ich gehe heute eher nach Hause — ich habe nämlich Geburtstag.
no matter how, in any way ▷**egal wie**: *She's always cheerful, no matter how tired she is.* Sie ist immer fröhlich, ganz egal wie müde sie ist.
no matter what, whatever happens ▷**egal was**: *No matter what he says, don't give him any money.* Egal was er sagt, gib ihm bloß kein Geld.
no matter who, whoever it is ▷**egal wer**: *Don't open the door — no matter who it is.* Mach die Tür nicht auf — egal wer es ist.
what's the matter? what is wrong? ▷**was ist los?**

matter[2] /ˈmætə(r)/ *v*
be important ▷**(aus)machen**: *It doesn't matter that you came late.* Es macht nichts, dass du zu spät gekommen bist.

mattress /ˈmætrɪs/ *n* (*pl* mattresses)
soft thing that you lie on when you are in bed ▷**Matratze**

mature /məˈtʃʊə(r)/ *adj*
fully grown; like an adult ▷**reif**: *Jenny is very mature for her age.* Jenny ist sehr reif für ihr Alter. ☞Vergleiche mit **ripe**.

mauve /məʊv/ *adj*
with a pale purple colour ▷**malvenfarben**

maximum /ˈmæksɪməm/ *n*
most; biggest possible size, amount, number, etc ▷**Maximum**
maximum *adj* ▷**Höchst-**: *What is the maximum speed of this car?* Was ist die Höchstgeschwindigkeit dieses Autos?

May[1] /meɪ/ *n*
fifth month of the year ▷**Mai**

may[2] /meɪ/ *v*
1 word that shows what will perhaps happen ▷**können**: *It may rain today.* Es könnte heute regnen.
2 be allowed to do something ▷**dürfen**: *You may have another cake.* Du darfst noch ein Stück Kuchen nehmen. ☞Siehe Anmerkung bei **can**.

may und **might**

Form:
Beide Hilfsverben bleiben stets unverändert, dürfen also kein *-s* anhängen. Verneint werden sie mit einfachem **not**, eine Frage wird durch einfache Umstellung, also ohne Umschreibung gebildet. Das Hauptverb, das sich anschließt, steht zwar in der Grundform, darf aber kein *to* haben:
He might arrive late. Er könnte vielleicht spät ankommen.
May I use your phone? Darf ich Ihr Telefon benutzen?

Bedeutung:
(a) Beide, **may** wie **might**, drücken eine Möglichkeit aus:
Take an umbrella—it might rain. Nimm einen Schirm mit—es könnte regnen. *I may go to the cinema tonight.* Heute Abend gehe ich vielleicht ins Kino.
Aber: *Do you think you'll go to the cinema?* Glaubst du, du wirst ins Kino gehen?
(Man bildet keine Fragen mit **may** und **might**, wenn sie eine Möglichkeit ausdrücken.)
(b) Im Sinne von „dürfen" ist vor allem **might** recht förmlich. Es wird daher häufig durch **could** ersetzt. Für **may** wird die Ersatzform **can** verwendet:
Might/Could I have a word with you? Könnte ich mal mit Ihnen sprechen? *Young people under 16 may not enter this club.* Jugendliche unter 16 dürfen nicht in diesen Klub.

maybe /ˈmeɪbiː/ *adv*
perhaps; possibly ▷**vielleicht**

mayor /meə(r)/ *n*
man or woman in charge of a city council ▷**Bürgermeister**
mayoress /ˌmeəˈres/ *n* female mayor; wife of a mayor ▷**Bürgermeisterin**

me /miː/ *pron* (*pl* us)
word for myself ▷**mir, mich**: *When he saw me he told me about the accident.* Als er mich sah, erzählte er mir von dem Unfall.

meadow /ˈmedəʊ/ *n*
field of grass or wild flowers ▷**Wiese**

meal /miːl/ *n*
food that you eat at a certain time ▷**Mahlzeit**

mean[1] /miːn/ *adj* (meaner, meanest)
1 not wanting to give presents, spend a lot of money, etc ▷**geizig**: *She is very mean — she bought one Christmas present, and that was for herself.* Sie ist sehr geizig — sie hat ein

einziges Weihnachtsgeschenk gekauft, und das war für sie selbst.
2 unkind; unfriendly ▷**gemein**: *It was mean of you to tease the little boy.* Es war gemein von dir, den kleinen Jungen zu ärgern.
meanness *n* (no *pl*) ▷**Geiz**

mean[2] /miːn/ *v* (meant /ment/, has meant)
1 say something in different words ▷**bedeuten**: *'Tag' in German means 'day' in English.* „Tag" im Deutschen bedeutet „day" im Englischen.
2 want or plan to do something ▷**etwas mit Absicht machen**: *I didn't mean to hurt you.* Ich habe dir nicht mit Absicht weh getan.
3 show something ▷**bedeuten**: *Those dark clouds mean rain.* Die dunklen Wolken bedeuten Regen.

meaning /ˈmiːnɪŋ/ *n*
what a word or person is saying ▷**Bedeutung**: *This dictionary gives the meanings of many words.* Dieses Wörterbuch erklärt die Bedeutung von vielen Wörtern. ☞Vorsicht, ein falscher Freund! Die private Ansicht oder die öffentliche Meinung muss man mit **opinion** wiedergeben.
what is the meaning of this? why has this happened? ▷**was soll denn das?**: *'What is the meaning of this?' asked Trish, when she saw the water on the carpet.* „Was soll denn das?" fragte Trish, als sie das Wasser auf dem Teppich sah.

means /miːnz/ *n* (no *pl*)
way; how you can do something; how you can go somewhere ▷**Mittel**: *We have no means of transport this week — our car is being mended.* Wir haben in dieser Woche kein Transportmittel — unser Auto wird repariert.
by means of, with the help of something ▷**mittels**: *The thief got into the house by means of a ladder.* Der Dieb gelangte mittels einer Leiter ins Haus.

meant /ment/ *form of* mean[2]

meantime /ˈmiːntaɪm/ *n* (no *pl*)
in the meantime, at the same time ▷**inzwischen**: *Please phone for a taxi, and in the meantime I'll pay the bill.* Ruf bitte ein Taxi, inzwischen bezahle ich die Rechnung.

meanwhile /ˌmiːnˈwaɪl/ *adv*
at the same time ▷**inzwischen**: *Jane was painting the walls. Meanwhile Pat did the shopping.* Jane strich die Wände. Inzwischen ging Pat einkaufen.

measles /ˈmiːzlz/ *n* (no *pl*)
illness where small, red spots cover the skin ▷**Masern**

measure[1] /ˈmeʒə(r)/ *n*
1 way of showing the size, amount, etc of something ▷**Maß(einheit)**: *A metre is a measure of length.* Ein Meter ist ein Längenmaß.
2 something that helps you to find out how long, heavy, etc something is ▷**Maß**: *Don't guess how tall she is — fetch a tape-measure.* Rate nicht, wie groß sie ist — hol ein Maßband.

measure[2] /ˈmeʒə(r)/ *v*
1 find the size, amount, etc of something or someone ▷**(aus)messen**: *Can you measure the floor for the new carpet?* Kannst du den Fußboden für den neuen Teppich ausmessen?
2 be a certain length, etc ▷**messen**: *This room measures 5 metres across.* Dieser Raum misst 5 Meter in der Breite.

measurement /ˈmeʒəmənt/ *n*
how long, wide, high, etc something is ▷**Maß**: *What are the measurements of this room?* Welche Maße hat dieses Zimmer?

meat /miːt/ *n* (no *pl*)
flesh of an animal ▷**Fleisch**: *Some people don't eat meat.* Manche Leute essen kein Fleisch.

mechanic /mɪkænɪk/ *n*
someone who works with machines ▷**Mechaniker(in)**

mechanical /mɪˈkænɪkl/ *adj*
of or with a machine ▷**mechanisch**: *a mechanical pump,* eine mechanische Pumpe.
mechanically *adv* ▷**mechanisch**

medal /ˈmedl/ *n*
piece of metal, like a coin, that you give to someone for doing something special ▷**Medaille**: *In the Olympic Games the winners get gold medals.* Bei den Olympischen Spielen bekommen die Sieger Goldmedaillen.

media /ˈmiːdɪə/ *n* (*pl*)
the media television, radio and newspapers ▷**die Medien**: *The media are always interested in the lives of film stars.* Die Medien interessieren sich immer für das Leben von Filmstars.

medical /ˈmedɪkl/ *adj*
of medicine, hospitals, or doctors ▷**Medizin-**: *a medical student,* eine Medizinstudentin.

medicine /ˈmedsn/ *n*
1 (*pl* medicines) tablets, pills, special drinks, etc that help you get better when you are ill ▷**Medikament**: *Penicillin is a medicine.* Penizillin ist ein Medikament.
2 (no *pl*) study of health and illness ▷**Medizin**: *Sandra studied medicine for five years before she became a doctor.* Sandra studierte fünf Jahre Medizin, bevor sie Ärztin wurde.

medium /ˈmiːdɪəm/ *adj*
middle; not big and not small ▷**mittlere(r, s)**: *a man of medium height,* ein Mann von mittlerer Größe.

meet /miːt/ *v* (met /met/, has met)
1 see and say hello to someone ▷**treffen**: *I met Mr Butler in the library.* Ich traf Mr Butler in der Bücherei.
2 come together at a planned time and place to discuss something ▷**sich treffen**: *Shall we all meet at my house?* Sollen wir uns alle bei mir zu Hause treffen?
3 get to know someone ▷**kennen lernen**: *I don't think we have met before — what's your name?* Ich glaube nicht, dass wir uns schon kennen gelernt haben — wie heißen Sie?
4 be there when someone arrives by bus, train, etc ▷**abholen**: *Can you meet me? I arrive on the 10.30 train.* Kannst du mich abholen? Ich komme mit dem Zug um 10.30 an.

meeting /ˈmiːtɪŋ/ *n*
1 many people coming together at a planned time and place to discuss something ▷**Sitzung**: *There will be a committee meeting at the club this evening.* Heute Abend findet im Klub eine Ausschusssitzung statt.
2 two or more people coming together ▷**Begegnung**: *The meeting at the bus-stop was unexpected.* Die Begegnung an der Bushaltestelle war überraschend.

melody /ˈmelədɪ/ *n* (*pl* melodies)
sweet piece of music; tune ▷**Melodie**

melon /ˈmelən/ *n*
big, round, juicy fruit ▷**Melone**

melt /melt/ *v*
become liquid in heat; make something liquid with heat ▷**schmelzen**: *The ice quickly melted in the sunshine.* Das Eis schmolz schnell in der Sonne.

member /ˈmembə(r)/ *n*
someone in a group ▷**Mitglied**: *Robert is a member of the football team.* Robert ist Mitglied der Fußballmannschaft.
Member of Parliament *n* someone that you choose to speak for your town, etc in politics ▷**Abgeordnete(r)** ☞Die Abkürzung für den Abgeordneten im **House of Commons** (Unterhaus) ist **MP**.
membership *n* (no *pl*) belonging to a group ▷**Mitgliedschaft**: *You must pay £10 a year for membership of the club.* Für die Mitgliedschaft im Klub muss man jährlich £10 bezahlen.

memorial /mɪˈmɔːrɪəl/ *n*
building or statue to remind people of someone or something ▷**Denkmal**: *a memorial to the accident victims,* ein Denkmal für die Unfallopfer.

memorize /ˈmeməraɪz/ *v*
learn every word exactly ▷**auswendig lernen**: *An actor must memorize his part in a play.* Ein Schauspieler muss seine Rolle in einem Stück auswendig lernen.

memory /ˈmemərɪ/ *n* (*pl* memories)
1 power to remember things ▷**Gedächtnis**
2 what you remember ▷**Erinnerung**: *happy memories of a lovely holiday,* schöne Erinnerungen an einen tollen Urlaub.
have a bad memory, forget things easily ▷**ein schlechtes Gedächtnis haben**
have a good memory, be able to remember things well ▷**ein gutes Gedächtnis haben**

men /mən/ *n pl of* man

mend /mend/ *v*
repair something; make something good again ▷**reparieren**: *Can you mend this broken chair?* Können Sie diesen Stuhl reparieren?

mental /ˈmentl/ *adj*
of the mind ▷**Geistes-**: *mental illness,* Geisteskrankheit.
mentally *adv* ▷**geistig**

mention /ˈmenʃn/ *v*
speak or write a little about something ▷**erwähnen**: *My friend telephoned and mentioned that she had been ill.* Meine Freundin rief an und erwähnte, dass sie krank gewesen sei.
don't mention it, words that you say when someone thanks you ▷**gern geschehen**: *'You are so kind,' said Mrs Grafton. 'Don't mention it,' said Mrs Goddard.* „Sie sind so großzügig," sagte Mrs Grafton. „Gern geschehen," antwortete Mrs Goddard.

menu /menjuː/ *n*
list of food in a restaurant, hotel, etc ▷**Speisekarte**: *What sort of soup is on the menu today?* Welche Suppe steht heute auf der Speisekarte?

merchant /ˈmɜːtʃənt/ *n*
trader; someone who buys and sells things, especially from other countries ▷**Kaufmann, Kauffrau**

mercy /ˈmɜːsɪ/ *n* (no *pl*)
kindness; not punishing someone when you have the right or power to punish him ▷**Erbarmen**: *The judge had mercy on the young criminal.* Die Richterin hatte Erbarmen mit dem jungen Kriminellen.
be at the mercy of, be in the power of someone or something ▷**ausgeliefert sein**: *He was at the mercy of the kidnappers.* Er war seinen Kidnappern ausgeliefert.

mere /mɪə(r)/ *adj*
not more than; only ▷**bloß**: *The new king*

was a mere child. Der neue König war bloß ein Kind.

merely /'mɪəlɪ/ *adv*
only ▷**lediglich**: *I didn't stop to speak to him — I merely smiled.* Ich hielt nicht extra an, um mit ihm zu sprechen — ich habe ihm lediglich zugelächelt.

mermaid /'mɜːmeɪd/ *n*
girl in children's stories, who lives in the sea and has a fish's tail ▷**Nixe**

merry-go-round /'merɪ gəʊ raʊnd/ *n*
round machine where children can ride wooden horses, etc at a fair ▷**Karussell**

mess[1] /mes/ *n* (*pl* messes)
many untidy or dirty things, in the wrong place ▷**Chaos**: *There was a terrible mess after the party!* Nach der Party war alles in einem fürchterlichen Chaos.
be in a mess, untidy ▷**in Unordnung sein**: *His desk was in a mess.* Sein Schreibtisch war in Unordnung.

mess[2] /mes/ *v*
mess about, mess around, do something in a silly way; play when you should be working ▷**herumalbern**: *You'll never finish this job if you mess about.* Wenn du herumalberst, wirst du mit deiner Arbeit nie fertig.
mess something up, make something go wrong ▷**durcheinander bringen**: *The pilots' strike messed up our holiday.* Der Streik der Piloten brachte unsere ganze Ferienplanung durcheinander.

message /'mesɪdʒ/ *n*
words that you send to someone ▷**Nachricht**: *Someone has left a message for you.* Jemand hat für dich eine Nachricht hinterlassen.
messenger /'mesɪndʒə(r)/ *n* someone who brings a message ▷**Bote, Botin**

messy /'mesɪ/ *adj* (messier, messiest)
1 dirty; untidy ▷**unordentlich**: *a messy kitchen,* eine unordentliche Küche.
2 that makes you dirty ▷**schmutzig**: *Cleaning the car is a messy job.* Autowaschen ist eine schmutzige Arbeit.

met /met/ *form of* meet

metal /'metl/ *n*
iron, silver, gold, etc that comes from the ground ▷**Metall**

meter /'miːtə(r)/ *n*
machine that counts things ▷**Zähler**: *electricity meter,* Stromzähler.
parking meter *n* machine that takes your money and shows the time that you can leave your car ▷**Parkuhr**

method /'meθəd/ *n*
way of doing something ▷**Weise**: *Which method of payment do you prefer — cash or cheque?* Welche Zahlungsweise ist Ihnen lieber — bar oder per Scheck?

metre /'miːtə(r)/ *n*
measure of length or height = 100 centimetres ▷**Meter**
metric /ˌmetrɪk/ *adj* ▷**metrisch**: *the metric system,* das metrische Maßsystem.

mice /maɪs/ *n pl of* mouse

microcomputer /ˌmaɪkrəʊkəm'pjuːtə(r)/ *n*
small computer that people use at home or in their office ▷**Mikrocomputer**

microphone /'maɪkrəfəʊn/ *n*
instrument that takes in sound and makes it louder ▷**Mikrofon**

microscope /'maɪkrəskəʊp/ *n*
instrument with special glass that makes very small things look much bigger ▷**Mikroskop**: *Under a microscope a hair looks like a thick stick.* Unter einem Mikroskop sieht ein Haar wie ein dicker Stock aus.

microwave /'maɪkrəʊweɪv/, **microwave oven** /ˌmaɪkrəʊweɪv 'ʌvn/ *n*
thing like a box that cooks food very quickly ▷**Mikrowellenherd**

mid- /mɪd/ *adj*
in the middle of ▷**Mitte**: *mid-June,* Mitte Juni; *in his mid-forties,* in den Mittvierzigern

midday /ˌmɪd'deɪ/ *n*
12 o'clock in the day ▷**Mittag**

middle /'mɪdl/ *n*
1 centre ▷**Mitte**: *There is a stone in the middle of a peach.* In der Mitte eines Pfirsichs befindet sich ein Stein.
2 time after the beginning and before the end ▷**Mitte**: *The TV broke down right in the middle of the film.* Der Fernsehapparat ging genau in der Mitte des Films kaputt.
be in the middle of doing something, busy ▷**gerade mit etwas beschäftigt sein**: *I can't help you because I am in the middle of cooking dinner.* Ich kann dir nicht helfen, weil ich gerade damit beschäftigt bin, das Essen zu kochen.
middle *adj* ▷**mittlere(r, s)**: *There are three houses and ours is the middle house.* Da sind drei Häuser, und unseres ist das mittlere.

middle-aged /ˌmɪdl 'eɪdʒd/ *adj*
not old and not young ▷**mittleren Alters**: *a middle-aged man of 47,* ein Mann mittleren Alters, 47 Jahre alt.

middle school /'mɪdl skuːl/ *n*
school for pupils aged 9–14 ▷**englische Mittelschule**

midnight /ˈmɪdnaɪt/ *n*
12 o'clock at night ▷**Mitternacht**: *at midnight,* um Mitternacht.

midway /ˌmɪdˈweɪ/ *adv*
half-way ▷**auf halbem Wege**: *I live midway between the school and the town centre.* Ich wohne auf halbem Wege zwischen der Schule und dem Stadtzentrum.

might /maɪt/ *form of* may[2]
1 word that shows what will perhaps happen ▷**können**: *Don't run because you might fall.* Renne nicht, du könntest hinfallen. ☞Siehe Darstellung bei **may**.
2 very polite way of asking for something ▷**können**: *Might I borrow your newspaper for a moment?* Könnte ich vielleicht kurz Ihre Zeitung haben?

mighty /ˈmaɪtɪ/ *adj* (mightier, mightiest)
great; strong; powerful ▷**gewaltig**: *The Atlantic is a mighty ocean.* Der Atlantik ist ein gewaltiger Ozean.

mild /maɪld/ *adj* (milder, mildest)
1 gentle; moving softly ▷**leicht**: *a mild breeze,* eine leichte Brise.
2 not hot and not cold ▷**mild**: *Spring brings mild weather after the cold winter.* Nach dem kalten Winter bringt der Frühling mildes Wetter.

mile /maɪl/ *n*
measure of length=1.6 kilometre ▷**1,6 Kilometer**

military /ˈmɪlɪtrɪ/ *adj*
of soldiers ▷**Militär-**: *John was in military uniform.* John trug eine Militäruniform.

milk[1] /mɪlk/ *n* (no *pl*)
white liquid produced by female animals ▷**Milch**: *Have a glass of milk with your lunch.* Trink ein Glas Milch zu deinem Essen.

milk[2] /mɪlk/ *v*
take milk from an animal ▷**melken**: *When does the farmer milk the cows?* Wann melkt der Bauer die Kühe?

milkman /ˈmɪlkmən/ *n* (*pl* milkmen)
man who takes milk to people's homes ▷**Milchmann**

mill /mɪl/ *n*
building where a machine makes corn into flour ▷**Mühle**
miller *n* someone who makes grain into flour ▷**Müller(in)**

millimetre /ˈmɪlɪmiːtə(r)/ *n*
measure of length or height ▷**Millimeter**

million /ˈmɪlɪən/
one thousand thousand (1,000,000) ▷**Million**

millionaire /ˌmɪlɪəˈneə(r)/ *n*
very rich person who has more than a million pounds, dollars, etc ▷**Millionär(in)**

mince /mɪns/ *v*
cut up meat, etc into very small pieces ▷**kleinhacken**
mince *n* (no *pl*) meat in very small pieces ▷**Hackfleisch**

mind[1] /maɪnd/ *n*
part of you that thinks, feels, and remembers ▷**Verstand**: *She has a very sharp mind.* Sie hat einen sehr scharfen Verstand.
change your mind, have an idea and then decide to do something different ▷**seine Meinung ändern**: *I planned a holiday in May but then I changed my mind and went in June.* Ich hatte meinen Urlaub für Mai geplant, aber dann habe ich meine Meinung geändert und bin im Juni gefahren.
make up your mind, decide ▷**sich entschließen**: *Ken's made up his mind to become a doctor.* Ken hat sich entschlossen, Arzt zu werden.

mind[2] /maɪnd/ *v*
1 have a feeling against something ▷**ausmachen**: *'Do you mind if I smoke?' 'No I don't mind.'* „Macht es Ihnen etwas aus, wenn ich rauche?" „Nein, es macht mir nichts aus."
2 take care of someone or something; look after someone ▷**aufpassen auf**: *Can you mind the shop while I go out?* Kannst du auf den Laden aufpassen, während ich weg bin?
do you mind, would you mind, please would you ▷**würdest du bitte, würden Sie bitte**: *It's cold — do you mind closing the window?* Es ist kalt, würden Sie bitte das Fenster schließen?
mind! mind out! be careful! ▷**Pass auf! Passen Sie auf!**

mine[1] /maɪn/ *n*
very big hole that people make in the ground when they are looking for coal, metal, diamonds, etc. ▷**Bergwerk**
mine *v* dig for coal, gold, etc. in the ground ▷**abbauen**
miner *n* someone who works in a mine ▷**Bergarbeiter**

mine[2] /maɪn/ *n*
sort of bomb that you hide under the ground or sea ▷**Mine**
mine *v* put bombs and mines in a place ▷**verminen**: *The bay is mined.* Die Bucht ist vermint.

mine[3] /maɪn/ *pron*
thing that belongs to me ▷**meine(r, s)**: *Do you see that cat on the wall? Is it yours or mine?* Siehst du die Katze auf der Mauer? Ist es deine oder meine?

mineral /ˈmɪnərəl/ *n*
coal, tin, ore, gold, etc that comes from the ground ▷**Mineral**
mineral water *n* special sort of water with minerals in it ▷**Mineralwasser**

miniature /ˈmɪnɪtʃə(r)/ *adj*
very small ▷**Miniatur-**: *The doll's house had miniature tables and chairs.* Das Puppenhaus hatte Miniaturtische und -stühle.

minibus /ˈmɪnɪbʌs/ *n* (*pl* minibuses)
small bus for a few people ▷**Kleinbus**

minimum /ˈmɪnɪməm/ *n*
least; smallest possible size, amount, number, etc ▷**Minimum**: *We need a minimum of 20 staff.* Wir brauchen ein Minimum von 20 Leuten an Personal.
minimum *adj* ▷**Mindest-**

minister /ˈmɪnɪstə(r)/ *n*
1 one of the chief people in a government ▷**Minister(in)**: *the Minister of Defence,* der Verteidigungsminister.
2 Christian priest ▷**Pastor(in)**

ministry /ˈmɪnɪstrɪ/ *n* (*pl* ministries)
government department ▷**Ministerium**: *He works in the Ministry of Health.* Er arbeitet im Gesundheitsministerium.

minor /ˈmaɪnə(r)/ *adj*
smaller; not very important ▷**kleiner**: *a minor mistake,* ein kleinerer Fehler.

minority /ˌmaɪˈnɒrətɪ/ *n* (no *pl*)
small part of a group ▷**Minderheit**

mint /mɪnt/ *n* (no *pl*)
small plant with leaves that you use in cooking ▷**Minze**

minus /ˈmaɪnəs/ *prep*
less; when you take away ▷**minus**: *Nine minus four is five.* Neun minus vier ist fünf.

minute[1] /maɪˈnjuːt/ *adj*
very small ▷**winzig**: *minute grains of sand,* winzige Sandkörner.
☞Beachte die unterschiedliche Aussprache von Substantiv und Adjektiv.

minute[2] /ˈmɪnɪt/ *n*
measure of time ▷**Minute**
in a minute, soon ▷**sofort**: *I'll be ready in a minute.* Ich bin sofort fertig.
just a minute! wait! ▷**einen Moment!**: *Just a minute — there's someone at the door.* Einen Moment — da ist jemand an der Tür.

miracle /ˈmɪrəkl/ *n*
wonderful and surprising happening ▷**Wunder**: *It was a miracle that she did not die when she fell from the window.* Es war ein Wunder, dass sie den Sturz aus dem Fenster überlebte .

mirror /ˈmɪrə(r)/ *n*
piece of glass where you can see yourself ▷**Spiegel**: *Mary combed her hair in front of the mirror.* Mary kämmte ihr Haar vor dem Spiegel.

misbehave /ˌmɪsbɪˈheɪv/ *v*
be naughty; behave badly ▷**sich schlecht benehmen**: *Don't get angry if the children misbehave.* Werden Sie nicht gleich wütend, wenn sich die Kinder schlecht benehmen.

mischief /ˈmɪstʃɪf/ *n* (no *pl*)
trouble ▷**Unfug**
be up to mischief, get into mischief, do silly or bad things that make trouble ▷**Dummheiten machen**: *I hope that the children are not up to mischief.* Ich hoffe, dass die Kinder keine Dummheiten machen.
mischievous /ˈmɪstʃɪvəs/ *adj* ▷**boshaft**: *a mischievous child,* ein boshaftes Kind.
mischievously *adv* ▷**boshaft**

miser /ˈmaɪzə(r)/ *n*
someone who keeps a lot of money and never spends it ▷**Geizkragen**

miserable /ˈmɪzrəbl/ *adj*
1 very sad; feeling very sorry for yourself ▷**unglücklich**: *He was miserable when he failed his driving test.* Er war unglücklich, als er durch die Fahrprüfung fiel.
2 making people unhappy ▷**miserabel**: *It's raining again — what miserable weather!* Es regnet schon wieder — was für ein miserables Wetter!
miserably *adv* ▷**jämmerlich**: *The little boy was crying miserably.* Der kleine Junge weinte jämmerlich.

misery /ˈmɪsərɪ/ *n* (no *pl*)
being very unhappy, poor, ill, lonely, etc ▷**Elend**

misfortune /ˌmɪsˈfɔːtʃuːn/ *n*
something bad that happens; bad luck ▷**Pech**: *He had the misfortune to lose his job and crash his car on the same day.* Er hatte das Pech, am selben Tag seine Stelle zu verlieren und sein Auto zu Schrott zu fahren.

mislead /ˌmɪsˈliːd/ *v* (misled /ˌmɪsˈled/, has misled)
give someone the wrong idea ▷**täuschen, irreführen**: *You misled me when you told me you could give me a job.* Sie haben mich getäuscht, als Sie mir eine Stelle versprachen.

Miss[1] /mɪs/ *n* (*pl* Misses)
title for a girl or an unmarried woman ▷**Fräulein**: *Mrs Baker and her daughter, Miss Baker.* Frau Baker und ihre Tochter, Fräulein Baker. ☞Anstelle von **Mrs** oder **Miss** vor ihrem Namen ziehen heutzutage viele Frauen **Ms** /mɪz/ vor, was wie bei **Mr**

keinen Hinweis darauf liefert, ob die Person verheiratet ist oder nicht.

miss[2] /mɪs/ *v*
1 feel sad about someone or something that has gone ▷**vermissen**: *We shall miss Rachel when she moves to Canada.* Wir werden Rachel vermissen, wenn sie nach Kanada zieht.
2 not manage to hit, hold, catch, or see something ▷**verpassen**: *I missed the ball when Colin threw it to me.* Ich verpasste den Ball, den Colin mir zuwarf.
3 be too late for a bus, train, etc ▷**verpassen**: *I've missed the bus.* Ich habe den Bus verpasst.
miss out something, not put something in ▷**auslassen**: *The letter did not arrive because she missed out part of the address.* Der Brief kam nicht an, weil sie einen Teil der Adresse ausgelassen hatte.
missing *adj* that you cannot find ▷**vermisst**: *The police are looking for the missing child.* Die Polizei sucht das vermisste Kind.

missile /'mɪsaɪl/ *n*
something that you throw or fire from a gun to hurt someone ▷**Geschoss**: *The ship fired missiles at the aeroplane.* Vom Boot aus wurden Geschosse auf das Flugzeug abgefeuert.

missionary /'mɪʃənrɪ/ *n* (*pl* missionaries)
someone who goes to a foreign country to tell people about his/her religion ▷**Missionar(in)**

mist /mɪst/ *n*
sort of thin cloud near the ground ▷**Nebel**: *We had to drive slowly because of the mist.* Wegen des Nebels mussten wir langsam fahren. ☞Vergleiche mit **fog**.
misty *adj* (mistier, mistiest) ▷**neblig**: *a misty morning,* ein nebliger Morgen.

mistake[1] /mɪ'steɪk/ *n*
something that is not correct ▷**Fehler**: *spelling mistakes,* Schreibfehler. ☞Vorsicht, **mistake** ist der Fehler, den man persönlich macht, **fault** dagegen das Mangelhafte, Fehlerhafte an einer Sache oder in einer Situation. *It was a mistake not to inspect the material for possible faults.* Es war ein Fehler, das Material nicht auf mögliche Mängel hin zu prüfen.
by mistake, when you did not plan it ▷**aus Versehen**: *I took your book by mistake.* Ich habe dein Buch aus Versehen mitgenommen.

mistake[2] /mɪ'steɪk/ *v*
be mistaken, have the wrong idea ▷**sich irren**: *I said she was 20 but was mistaken because she is only 18.* Ich sagte, sie sei 20, aber ich habe mich geirrt, sie ist erst 18.

mistress /'mɪstrɪs/ *n* (*pl* mistresses)
1 female teacher ▷**Lehrerin**: *Mrs Williams is our history mistress.* Mrs Williams ist unsere Geschichtslehrerin. ☞**mistress** ist etwas altmodisch, man sagt heute eher **schoolteacher** oder **teacher**.
2 woman in charge of a house, servants, etc ▷**Herrin**

misunderstand /ˌmɪsʌndə'stænd/ *v* (misunderstood /ˌmɪsʌndə'stʊd/, has misunderstood)
not understand something correctly ▷**falsch verstehen**
misunderstanding *n* **(a)** thinking wrongly ▷**Missverständnis**. **(b)** angry talk between people that comes because one has understood the other wrongly ▷**Meinungsverschiedenheit**

mitten /mɪtn/ *n*
cover of leather, wool, etc for the hand ▷**Fausthandschuh**

mix /mɪks/ *v*
put different things together ▷**(ver)mischen**: *You mix flour, yeast, and water to make bread.* Um Brot zu backen, muss man Mehl, Hefe und Wasser mischen.
mix one thing up with another thing, **(a)** put things together so that you do not know which is which ▷**durcheinander bringen**: *You've mixed up all my papers and I can't find anything.* Du hast meine ganzen Unterlagen durcheinander gebracht, und ich kann nichts finden. **(b)** think one thing or person is another ▷**verwechseln**: *I'm always mixing up the twins.* Ich verwechsle die beiden Zwillinge ständig.

mixer /'mɪksə(r)/ *n*
machine that mixes things ▷**Mixer**

mixture /'mɪkstʃə(r)/ *n*
group or mass of different things ▷**Mischung**: *a cake mixture,* eine Backmischung.

mobile /'məʊbaɪl/ *adj*
that can move easily from place to place ▷**mobil**: *a mobile phone,* ein Mobiltelefon. *A mobile clinic visits this village every week.* In dieses Dorf kommt jede Woche die mobile Krankenstation.

model[1] /mɒdl/ *adj*
copied in a small size ▷**Modell-**: *a model aeroplane,* ein Modellflugzeug.

model[2] /'mɒdl/ *n*
1 small copy of something ▷**Modell**: *On the table we have a model of the Eiffel Tower.* Auf dem Tisch steht ein Modell des Eiffelturms.
2 new example of a type of car ▷**Modell**: *the latest model of the Ford Sierra,* das neuste Modell des Ford Sierra.
3 someone who wears clothes for photo-

graphs, etc, so that people will see them and buy them ▷**Mannequin, Dressman**
4 someone who sits, stands, etc for an artist to paint ▷**Modell**

moderate /ˈmɒdərət/ *adj*
in the middle; not too big and not too small; not too much and not too little ▷**mäßig**: *moderate heat,* mäßige Hitze.
moderately *adv* ▷**mäßig**

modern /ˈmɒdn/ *adj*
of the present time; of the sort that is usual now ▷**modern**: *modern furniture,* moderne Möbel; *modern languages,* moderne Sprachen.

moist /mɔɪst/ *adj* (moister, moistest)
a little wet ▷**feucht**: *The soil in the pot should be moist.* Die Erde im Topf sollte feucht sein.

moisture /ˈmɔɪstʃə(r)/ *n* (no *pl*)
a little wetness; tiny drops of water in the air or on something ▷**Feuchtigkeit**

mole /məʊl/ *n*
small animal that lives under the ground and makes tunnels ▷**Maulwurf**

mom *American for* mum

moment /ˈməʊmənt/ *n*
very short time ▷**Moment, Augenblick**: *It will only take me a moment to change.* Ich brauche nur einen Augenblick, um mich umzuziehen.
at the moment, now ▷**im Augenblick**: *At the moment she's on holiday, but she'll be back tomorrow.* Im Augenblick ist sie im Urlaub, aber sie wird morgen wieder da sein.
in a moment, very soon ▷**sofort**: *I'll be with you in a moment.* Ich habe sofort Zeit für Sie.
the moment, at the exact time that; as soon as ▷**in dem Augenblick, als**: *The moment I saw Andrew's face, I knew he'd won the prize.* In dem Augenblick, als ich Andrews Gesicht sah, wusste ich, dass er den Preis gewonnen hatte.

monarch /ˈmɒnək/ *n*
king, queen, emperor, or empress ▷**Monarch(in)**
monarchy *n* (*pl* monarchies) country that has a king, emperor, etc, at the top ▷**Monarchie**

monastery /ˈmɒnəstrɪ/ *n* (*pl* monasteries)
place where a group of Christian men called monks live, work, and worship together ▷**Kloster**

Monday /ˈmʌndeɪ/ *n*
second day of the week ▷**Montag**

money /ˈmʌnɪ/ *n* (no *pl*)
metal coins and paper banknotes ▷**Geld**
make money, get or earn money ▷**Geld verdienen**

monk /mʌŋk/ *n*
man who lives with a group of other men in a monastery ▷**Mönch**

monkey /ˈmʌŋkɪ/ *n*
sort of animal that is most like man ▷**Affe**

monster /ˈmɒnstə(r)/ *n*
very big person or animal, with a strange shape ▷**Ungeheuer**

month /mʌnθ/ *n*
1 one of the twelve parts of a year ▷**Monat**: *December is the last month of the year.* Der Dezember ist der letzte Monat im Jahr.
2 any time of four weeks ▷**Monat**: *I'm going on holiday for a month.* Ich fahre für einen Monat in Urlaub.

monthly /ˈmʌnθlɪ/ *adj*
that happens or comes once every month ▷**monatlich**: *Our club has a monthly meeting.* Unser Klub veranstaltet monatliche Treffen.
monthly *adv* ▷**monatlich**

monument /ˈmɒnjʊmənt/ *n*
building, statue, or stone to remind people of someone or something ▷**Denkmal**: *a monument to Queen Victoria,* ein Denkmal für Königin Viktoria.

mood /muːd/ *n*
how you feel ▷**Laune**: *Is the boss in a good mood today?* Hat der Chef heute gute Laune?

moon /muːn/ *n*
large, white thing that shines in the sky at night ▷**Mond**
moonlight *n* (no *pl*) light from the moon ▷**Mondschein**

moor /mʊə(r)/, **moorland** /ˈmʊələnd/ *n*
open, rough land on hills where only sheep can feed ▷**Hochmoor**

mop[1] /mɒp/ *n*
sort of soft brush for washing floors, etc ▷**Mop**

mop[2] /mɒp/ *v* (is mopping, mopped /mɒpt/, has mopped)
clean or wipe something ▷**wischen**
mop up, take up a lot of liquid, water, etc with a cloth ▷**aufwischen**: *I mopped up the milk that I'd spilled.* Ich wischte die Milch auf, die ich verschüttet hatte.

moped /ˈməʊped/ *n*
vehicle like a bicycle with a small engine ▷**Moped**

more[1] /mɔː(r)/ *adj*
bigger in amount ▷**mehr**: *Can I have some more sugar in my tea?* Kann ich etwas mehr Zucker in meinen Tee haben?

more[2] /mɔː(r)/ *adv*
word that makes an adjective or adverb stronger: *Denise speaks quietly but you speak more quietly.* Denise spricht leise, aber du sprichst noch leiser. *He is more intelligent than his brother.* Er ist intelligenter als sein Bruder.
any more, any longer ▷**nicht mehr**: *He works in a garage; he doesn't go to school any more.* Er arbeitet in einer Autowerkstatt, er geht nicht mehr zur Schule.
more than, a greater amount than ▷**-er als**: *I like bananas more than apples.* Ich mag Bananen lieber als Äpfel.
once more, again ▷**noch einmal**: *Play that music once more.* Spiel die Musik noch einmal.

more[3] /mɔː(r)/ *n* (no *pl*)
larger number, amount, etc ▷**mehr**: *That's not enough — give me more.* Das ist nicht genug — gib mir mehr!

moreover /mɔːr'əʊvə(r)/ *adv*
in addition ▷**außerdem**: *The firm did the work well. Moreover, the cost was not too high.* Die Firma hat die Arbeit gut ausgeführt. Außerdem waren die Kosten nicht zu hoch.

morning /'mɔːnɪŋ/ *n*
early part of the day; time between sunrise and midday ▷**Morgen**: *this morning,* heute Morgen; *tomorrow morning,* morgen früh; *yesterday morning,* gestern Morgen.
in the morning, **(a)** during the morning ▷**morgens**: *I start work at nine in the morning.* Ich fange um neun Uhr morgens an zu arbeiten. **(b)** tomorrow during the morning ▷**morgen früh**: *I'll see you in the morning.* Ich sehe dich morgen früh.

mosque /mɒsk/ *n*
building where Muslims pray and worship together ▷**Moschee**

mosquito /mə'skiːtəʊ/ *n* (*pl* mosquitoes)
flying insect that bites ▷**Stechmücke**

moss /mɒs/ *n* (no *pl*)
soft, green plant that grows like a carpet on walls, trees, etc ▷**Moos**
mossy *adj* covered with moss ▷**bemoost**

most[1] /məʊst/ *adj*
biggest in amount; more than all others ▷**meiste(r, s)**: *Most children like ice-cream but a few don't.* Die meisten Kinder mögen Eis, aber einige nicht.

most[2] /məʊst/ *adv*
1 more than all others: *Motor-racing is one of the most dangerous sports.* Autorennen gehört zu den gefährlichsten Sportarten. *I liked the last song most.* Mir gefiel das letzte Lied am besten.
2 very ▷**sehr**: *It is most kind of you to help me.* Es ist sehr nett von Ihnen, dass Sie mir helfen.

most[3] /məʊst/ *n* (no *pl*)
biggest amount ▷**der größte Teil**: *He was ill for most of last week.* Er war den größten Teil der letzten Woche krank.
at most, at the most, but not more ▷**höchstens**: *We can stay for two days at most.* Wir können höchstens zwei Tage bleiben.

mostly /'məʊstlɪ/ *adv*
mainly; chiefly ▷**hauptsächlich**: *Cows eat mostly grass.* Kühe fressen hauptsächlich Gras.

motel /məʊ'tel/ *n*
hotel by a main road for car-drivers, etc ▷**Motel**

moth /mɒθ/ *n*
insect that flies at night near lights ▷**Motte**

mother /'mʌðə(r)/ *n*
woman who has a child ▷**Mutter** ☞Siehe Darstellung bei **family**.

mother-in-law /'mʌðər ɪn lɔː/ *n* (*pl* mothers-in-law)
mother of your wife or husband ▷**Schwiegermutter** ☞Siehe Darstellung bei **family**.

mother tongue /ˌmʌðə 'tʌŋ/
language that you learn to speak as a baby ▷**Muttersprache**

motion /'məʊʃn/ *n* (no *pl*)
be in motion, moving ▷**fahren**: *Don't put your head out of the window while the train is in motion.* Steck den Kopf nicht aus dem Fenster, wenn der Zug fährt. ☞**be in motion** klingt offiziell, **be moving** ist Alltagsenglisch: *It is dangerous to jump off while the bus is still moving.* Es ist gefährlich vom Bus abzuspringen, wenn er noch fährt.

motor /'məʊtə(r)/ *n*
machine or engine that makes something move ▷**Motor**

motor bike /'məʊtə baɪk/, **motor cycle** /'məʊtə saɪkl/ *n*
vehicle like a heavy bicycle with a strong engine ▷**Motorrad**
motor-cyclist *n* someone who rides a motorcycle ▷**Motorradfahrer(in)**

motor-boat /'məʊtə bəʊt/ *n*
small boat with an engine ▷**Motorboot**

motorist /'məʊtərɪst/ *n*
someone who drives a car, etc ▷**Autofahrer(in)**

motor-racing /'məʊtə reɪsɪŋ/ *n* (no *pl*)
sport of driving very fast cars in competitions ▷**Autorennen**

motorway /ˈməʊtəweɪ/ *n*
wide, modern road where cars and lorries can travel a long way fast ▷**Autobahn**: *The M4 is the motorway from London to the West.* Die M4 ist die Autobahn, die von London aus nach Westen führt.

mountain /ˈmaʊntɪn/ *n*
very high piece of ground ▷**Berg**: *Everest is the highest mountain in the world.* Der Everest ist der höchste Berg der Welt.
mountainous *adj* **(a)** with many mountains ▷**bergig**: *mountainous country,* bergige Landschaft **(b)** very big ▷**riesig**: *mountainous waves,* riesige Wellen.

mountaineer /ˌmaʊntɪˈnɪə(r)/ *n*
someone who likes to climb mountains ▷**Bergsteiger(in)**
mountaineering *n* (no *pl*) sport of climbing mountains ▷**Bergsteigen**

mourn /mɔːn/ *v*
feel or show that you are sad because someone is dead, something is lost, etc ▷**trauern (über)**: *He mourned the death of his best friend.* Er trauerte über den Tod seines besten Freundes.
mourner *n* family member or friend who is sad about someone's death ▷**Trauernde(r)**

mourning /ˈmɔːnɪŋ/ *n* (no *pl*)
great sadness because someone has died ▷**Trauer**: *They were in mourning for their son.* Sie waren in Trauer um ihren verstorbenen Sohn.

mouse /maʊs/ *n* (*pl* mice)
1 small animal with a long tail, which lives in a hole ▷**Maus**: *The cat was chasing a mouse.* Die Katze jagte eine Maus.
2 thing that you move with your hand to tell a computer what to do ▷**Maus**

moustache /məˈstɑːʃ/ *n*
hair above a man's mouth ▷**Schnurrbart**

mouth /maʊθ/ *n*
part of the face that speaks and eats ▷**Mund**

mouth-organ /ˈmaʊθ ɔːgən/ *n*
small musical instrument that you blow ▷**Mundharmonika**

move /muːv/ *v*
1 go to another place ▷**sich begeben**: *I moved to the front of the crowd.* Ich begab mich an die Spitze der Menge.
2 put something in another place ▷**setzen, stellen, legen**: *It's cold — move your chair nearer to the fire.* Es ist kalt — stell deinen Stuhl näher ans Kaminfeuer. *The teacher moved Tom to the front of the class.* Die Lehrerin setzte Tom nach vorne.
3 change the position of part of your body ▷**bewegen**: *He can't move his leg — it must be broken.* Er kann sein Bein nicht bewegen — es muss gebrochen sein.
4 change your house ▷**umziehen**: *We're going to move next week.* Wir ziehen nächste Woche um.
move *n* ▷**Umzug**: *We must hire a big van for the move.* Wir müssen einen Möbelwagen für den Umzug mieten.
make a move going from one place to another ▷**sich bewegen**
move in, go into a house, etc, to live there ▷**einziehen**
move out, leave a room, house etc, where you have been living ▷**ausziehen**

movement /ˈmuːvmənt/ *n*
1 moving or being moved ▷**Bewegung**
2 group of people with the same aims or wishes ▷**Bewegung**: *a political movement,* eine politische Bewegung.

movie *American for* cinema film
the movies *American for* cinema

mow /məʊ/ *v* (mowed /məʊd/, has mown /məʊn/)
cut grass short ▷**mähen**: *Larry is mowing the lawn.* Larry mäht den Rasen.
mower *n* machine that cuts grass ▷**Rasenmäher**

MP /ˌem ˈpiː/ *n*
Member of Parliament ▷**Abgeordnete(r)**

Mr /ˈmɪstə(r)/ *abbrev*
title for a man ▷**Herr**: *Mr John Smith,* Herr John Smith.

Mrs /ˈmɪsɪz/ *abbrev*
title for a married woman ▷**Frau**: *Mrs Dorothy Williams,* Frau Dorothy Williams.

Ms /mɪz/
title for any woman, instead of 'Miss' or 'Mrs' ▷**Frau**

much[1] /mʌtʃ/ *adj*
a great number or amount of; a lot of ▷**viel**: *There was so much food that we couldn't eat it all.* Es war so viel zu essen da, dass wir nicht alles aufessen konnten.
how much, what amount ▷**wie viel**: *How much paper do you want?* Wie viel Papier möchten Sie?

much[2] /mʌtʃ/ *adv*
a lot ▷**viel**: *After a good sleep I felt much better.* Nachdem ich lange geschlafen hatte, ging es mir viel besser.

much[3] /mʌtʃ/ *n*
a lot; a great number or amount ▷**viel**
as much, the same amount ▷**genauso viel**: *Give me as much as you gave Jane.* Gib mir genausoviel, wie du Jane gegeben hast.
how much, (a) what amount ▷**wie viel**: *How much do you read?* Wie viel lesen Sie?

(b) what price; what cost ▷**wie viel**: *How much is that picture?* Wie viel kostet das Bild?

mud /mʌd/ *n* (no *pl*)
soft, wet earth ▷**Schlamm**: *After the football match Philip was covered with mud.* Nach dem Fußballspiel war Philip von oben bis unten mit Schlamm bespritzt.

muddy /ˈmʌdɪ/ *adj* (muddier, muddiest)
covered with earth and dirt ▷**schlammverschmutzt**: *muddy shoes,* schlammverschmutzte Schuhe.

mug[1] /mʌg/ *n*
big cup or glass with a handle ▷**Becher**

mug[2] /mʌg/ (is mugging, mugged /mʌgd/, has mugged)
hit or attack someone and take his/her money ▷**überfallen**
mugger *n* ▷**Straßenräuber(in)**

mule /mjuːl/ *n*
animal that is part horse and part donkey ▷**Maultier**

multicoloured /ˌmʌltɪ ˈkʌləd/ *adj*
with many colours ▷**mehrfarbig**

multicultural /ˌmʌltɪ ˈkʌltʃərəl/ *adj*
with people of different races, religions, languages or national traditions ▷**multikulturell**

multiply /ˈmʌltiplaɪ/ *v* (multiplied, has multiplied)
make something bigger by a certain number of times ▷**malnehmen**: *2 multiplied by 3 is 6; 2×3=6.* 2 mal 3 ist 6.
multiplication /ˌmʌltɪplɪˈkeɪʃn/ *n* (no *pl*) ▷**Multiplikation**

multi-storey /ˌmʌltɪˈstɔːrɪ/ *adj*
with many floors ▷**mehrgeschossig**: *The new multi-storey car-park holds 200 cars.* Das neue mehrgeschossige Parkhaus hat Platz für 200 Autos.

mum /mʌm/, **mummy** /ˈmʌmɪ/ (*pl* mummies) *n*
mother ▷**Mama**

mumps /mʌmps/ *n* (no *pl*)
illness that makes the neck fat ▷**Mumps**

murder /ˈmɜːdə(r)/ *v*
kill someone on purpose ▷**umbringen**: *He murdered him by putting poison in his drink.* Er brachte ihn um, indem er Gift in sein Getränk tat.
murder *n* ▷**Mord**
murderer *n* person who has murdered someone ▷**Mörder(in)**

murmur /ˈmɜːmə(r)/ *v*
say something very quietly; make a low, gentle sound ▷**murmeln**: *He murmured a prayer.* Er murmelte ein Gebet.
murmur *n* ▷**Gemurmel**: *the murmer of voices in the next room,* das Gemurmel von Stimmen im Nebenzimmer.

muscle /ˈmʌsl/ *n*
one of the parts of the body that help you move, lift things, etc ▷**Muskel**: *After the run she had very stiff muscles.* Nach dem Rennen hatte sie Muskelkater.

museum /mjuːˈzɪəm/ *n*
building where we keep beautiful, old, and interesting things so that people can see them ▷**Museum**: *the Victoria and Albert Museum,* das Victoria and Albert Museum.

mushroom /ˈmʌʃrʊm/ *n*
plant with no leaves, which we can eat ▷**(Speise)pilz**

music /mjuːzɪk/ *n* (no *pl*)
1 pleasant sounds that pianos, harps, drums, etc, or singing voices make; making these sounds ▷**Musik**: *Do you like rock music?* Magst du Rockmusik?
2 signs on paper to show people what to sing or play ▷**Noten**: *I can't play because I have lost my music.* Ich kann nicht spielen, weil ich meine Noten verloren habe.
music hall *n* (no *pl*) old-fashioned show in a theatre with comedians, singers, etc ▷**Varieté(theater)**

musical /ˈmjuːzɪkl/ *adj*
1 of music ▷**Musik-**: *musical instruments,* Musikinstrumente.
2 fond of music; clever at making music, singing, etc ▷**musikalisch**: *a musical child,* ein musikalisches Kind.
musical *n* musical play ▷**Musical**

musician /mjuːˈzɪʃn/ *n*
someone who writes music or plays a musical instrument ▷**Musiker(in)**

Muslim /ˈmʊzlɪm/ *n*
someone who believes in what Muhammad taught ▷**Moslem**

must /mʌst/ *v*
word to tell someone what to do; word that tells what is necessary ▷**müssen**: *You must have a passport before you go abroad.* Du musst einen Pass haben, bevor du ins Ausland fährst.
must be, words that show what is probable ▷**müssen**: *You must be tired after your long journey.* Nach der langen Reise musst du müde sein.
must have done something, words that show what probably happened ▷**müssen**: *If you were at the party you must have seen Colin.* Wenn du auf der Party warst, musst du Colin gesehen haben.

must

Form:

must darf kein *-s* anhängen, das von **must** abhängige Hauptverb steht zwar im Infinitiv, aber ohne ein *to*:

He must finish his homework. Er muss seine Hausaufgaben fertig machen. *Must you leave so soon?* Musst du schon gehen?

Für Vergangenheit und Zukunft sind die Ersatzformen mit **have to** zu verwenden:

We'll have to take an early lunch. Wir werden früh Mittag essen müssen.

At the frontier we had to show our passports. An der Grenze mussten wir unsere Pässe zeigen.

Vorsicht! Fragebildung und Verneinung bei **have to** nur mit Umschreibung:

Did you have to show your driving licence too? Musstest du auch den Führerschein zeigen? *No, I didn't (have to).* Nein, das nicht.

Falle:

must not heißt nur **nicht dürfen**:

Pedestrians must not cross the road when the light is red. Die Fußgänger dürfen nicht rüber, wenn die Ampel rot zeigt.

Um „nicht müssen, nicht brauchen" auszudrücken, können wir **have to** verneinen (Umschreibung beachten!) oder aber **need not** (in der Alltagssprache **needn't**) einsetzen, allerdings nur in der Gegenwart:

You needn't leave yet—it's only 3 o'clock. Du musst/brauchst noch nicht gehen—es ist erst 3 Uhr.

He needn't come tonight, we'll manage without him. Er braucht/muss heute Abend nicht kommen, wir schaffen es ohne ihn.

mustard /ˈmʌstəd/ *n* (no *pl*)
very thick, yellow or brown sauce, with a strong taste ▷**Senf**

mustn't /ˈmʌsnt/ must not

mutton /ˈmʌtn/ *n* (no *pl*)
meat from a sheep ▷**Hammel** ☞Siehe Anmerkung bei **pig**.

mutual /ˈmjuːtʃʊəl/ *adj*
1 of both or all people ▷**gemeinsam**: *Jim and I have a mutual friend in Paris.* Jim und ich haben einen gemeinsamen Freund in Paris.
2 from each person to the other ▷**gegenseitig**: *mutual aid,* gegenseitige Hilfe.

my maɪ/ *adj*
of me ▷**mein**: *I've lost my watch.* Ich habe meine Uhr verloren.

myself /maɪˈself/ *pron* (*pl* ourselves)
1 word that you say when you talk about yourself ▷**mir, mich**: *I hurt myself.* Ich habe mich verletzt.
2 I and no other person ▷**selbst**: *I can do it myself.* Ich kann das selbst machen.
by myself, alone ▷**allein**: *I live by myself.* Ich lebe allein.

mysterious /mɪˈstɪərɪəs/ *adj*
strange; that you do not know about or understand ▷**rätselhaft**: *There were mysterious lights at night in the empty house.* Nachts konnte man in dem leeren Haus rätselhafte Lichter beobachten.
mysteriously *adv* ▷**geheimnisvoll**: *She smiled mysteriously when I asked her about her new boy-friend.* Sie lächelte geheimnisvoll, als ich sie nach ihrem neuen Freund fragte.

mystery /ˈmɪstərɪ/ *n* (*pl* mysteries)
something strange that you cannot understand or explain ▷**Rätsel**: *His disappearance remained a mystery.* Sein Verschwinden blieb ein Rätsel.

Nn

nail[1] /neɪl/ *n*
1 hard part at the end of the finger or toe ▷**Nagel**: *a toe-nail,* ein Fußnagel. *Sue painted her finger-nails red.* Sue lackierte sich die Fingernägel rot.
2 small thin piece of metal with one sharp end and one flat, which you hit into wood to fasten things together ▷**Nagel**: *He hammered the nail into the wood.* Er hämmerte den Nagel in das Holz.

nail[2] /neɪl/ *v*
fasten or fix something with a nail ▷**nageln**: *David nailed the broken box together again.* David nagelte die kaputte Kiste wieder zusammen.

naked /ˈneɪkɪd/ *adj*
with no clothes ▷**nackt**: *naked swimmers,* nackte Schwimmer.

name[1] /neɪm/ *n*
word or words that we give to a person or animal when they are born ▷**Name**: *His name is Colin Brown.* Sein Name ist Colin Brown. ☞Dem deutschen Vornamen oder Rufnamen entsprechen im englischen Sprachbereich **first name** bzw. **Christian name**. Auf Formularen findet man das

etwas formelle **forename**. **given name** steht für (meist nachgestellte) Vornamen aus anderen Kulturkreisen. Vorsicht, dieser Ausdruck hat nichts mit Spitznamen (**nickname**) zu tun. **family name** und **surname** sind austauschbar wie im Deutschen Familienname und Nachname. Vor allem in den USA wird der **middle name**, meist in abgekürzter Form, noch sehr gepflegt: *Dwight D. Eisenhower.*

name[2] /neɪm/ *v*
1 give a name to someone or something ▷**nennen**: *They have named their new baby Sophie.* Sie nannten ihr Baby Sophie.
2 know and say the name or names of someone or something ▷**(be)nennen**: *Can you name all the flowers in our garden?* Kannst du alle Blumen in unserem Garten benennen?
named /neɪmd/ *adj* with the name of ▷**namens**: *a dog named Smoky,* ein Hund namens Smoky.

namely /ˈneɪmlɪ/ *adv*
that is to say ▷**nämlich**: *Only one boy, namely Nicholas, was late.* Nur ein Junge, nämlich Nicholas, kam zu spät.

nanny /ˈnænɪ/ *n* (*pl* nannies)
woman who looks after the small children of a family ▷**Kinderfrau**

nap /næp/ *n*
short sleep ▷**Nickerchen**: *I'm going to have a short nap.* Ich werde ein kleines Nickerchen machen.

napkin /næpkɪn/ *n*
small piece of cloth or paper that you use to wipe your mouth and fingers and to keep your clothes clean when you are eating ▷**Serviette**

nappy /ˈnæpɪ/ *n* (*pl* nappies)
special cloth that you put round a baby's bottom ▷**Windel**

narrow /ˈnærəʊ/ *adj* (narrower, narrowest)
not wide; not far from one side to the other ▷**schmal**: *The road was so narrow that two cars could not pass.* Die Straße war so schmal, dass zwei Autos nicht aneinander vorbeikamen.
have a narrow escape, very nearly land in trouble ▷**mit knapper Not entkommen**

narrowly /ˈnærəʊlɪ/ *adv*
only just ▷**um Haaresbreite**: *The bus narrowly missed me as I jumped to one side.* Ich sprang zur Seite, und der Bus verfehlte mich um Haaresbreite.

nasty /ˈnɑːstɪ/ *adj* (nastier, nastiest)
not pleasant; bad ▷**scheußlich**: *a nasty accident,* ein scheußlicher Unfall.
nastily *adv* ▷**scheußlich**
nastiness *n* (no *pl*) ▷**Scheußlichkeit**

nation /ˈneɪʃn/ *n*
big group of people who live in one country with one government; country ▷**Nation**: *France is a European nation.* Frankreich ist eine europäische Nation.

national /ˈnæʃənl/ *adj*
of a country ▷**National-**: *The British national flag is red, white, and blue.* Die britische Nationalflagge ist rot, weiß und blau.
national park *n* large area of land that the government protects because of its beauty ▷**Naturschutzgebiet**

nationality /ˌnæʃəˈnælətɪ/ *n* (*pl* nationalities)
belonging to a certain country ▷**Staatsangehörigkeit**: *What is your nationality?* Welche Staatsangehörigkeit haben Sie?

native[1] /ˈneɪtɪv/ *adj*
of the place where you were born ▷**Heimat-**
native country *n* country where you were born ▷**Heimatland**
native language *n* language that you learn first ▷**Muttersprache**
native speaker *n* speaker of a native language ▷**Muttersprachler(in)**

native[2] /ˈneɪtɪv/ *n*
person born in a place, country, etc ▷**Einheimische(r)**

natural /ˈnætʃrəl/ *adj*
1 made by nature, not made or changed by people ▷**Natur-**: *natural history,* Naturkunde
2 normal; usual ▷**natürlich**: *It is natural to laugh when you are happy.* Wenn man glücklich ist, ist es natürlich, dass man lacht.

naturally /ˈnætʃrəlɪ/ *adv*
1 by nature ▷**von Natur aus**: *Kittens are naturally playful.* Kleine Katzen sind von Natur aus verspielt.
2 in an ordinary way, not trying too hard ▷**natürlich**: *He smiled quite naturally while I took his photo.* Er lächelte ganz natürlich, als ich ihn fotografierte.
3 of course ▷**natürlich**: *Naturally I want to pass the exam!* Natürlich will ich die Prüfung bestehen.

nature /ˈneɪtʃə(r)/ *n*
1 (no *pl*) everything in the world that was not made by people ▷**Natur**: *the beauty of nature,* die Schönheit der Natur. ☞**nature** darf als umfassender Begriff hier im Englischen keinen Artikel haben.
2 (*pl* natures) what someone or something is like ▷**Wesen**: *She's got a friendly nature.* Sie hat ein freundliches Wesen.

naughty /ˈnɔːtɪ/ *adj* (naughtier, naughtiest)

behaving badly; making trouble ▷**ungezogen**: *naughty children,* ungezogene Kinder.
naughtily *adv* ▷**ungezogen**
naughtiness *n* (no *pl*) ▷**Ungezogenheit**

naval /ˈneɪvl/ *adj*
of a navy ▷**Marine-**: *Admiral Nelson was a naval officer.* Admiral Nelson war ein Marineoffizier.

navigate /ˈnævɪgeɪt/ *v*
say the way that a ship, aeroplane, car, etc must go ▷**steuern**
navigator *n* ▷**Steuermann**

navy /ˈneɪvɪ/ *n* (*pl* navies)
the warships of a country and the people who work in them and look after them ▷**Marine**: *Bob has joined the navy.* Bob ist in die Marine eingetreten.

navy-blue /ˌneɪvɪ ˈbluː/ *adj*
dark blue ▷**marineblau**

near[1] /nɪə(r)/ *adj* (nearer, nearest)
not far; close ▷**nah(e)**: *Is your house near or shall we take a bus?* Ist euer Haus nah, oder sollen wir einen Bus nehmen?

near[2] /nɪə(r)/ *adv*
not far; close ▷**in der Nähe**: *Do you live near?* Wohnst du in der Nähe?

near[3] /nɪə(r)/ *prep*
close to ▷**nahe (an)**: *I don't need a car because I live near the city centre.* Ich brauche kein Auto, weil ich nahe am Stadtzentrum wohne.

nearby /ˈnɪəbaɪ/ *adj*
close ▷**nahe gelegen**: *the nearby village,* das nahe gelegene Dorf.
nearby /nɪəˈbaɪ/ *adv* ▷**in der Nähe**: *Let's visit Tim — he lives nearby.* Lasst uns Tim besuchen — er wohnt in der Nähe.

nearly /ˈnɪəlɪ/ *adv*
almost ▷**fast**: *It's nearly lunch-time so we must go home.* Es ist fast Mittag, deshalb müssen wir nach Hause gehen.
not nearly, not at all ▷**bei weitem nicht**: *Robin has £20 but that's not nearly enough to buy a new bicycle.* Robin hat £20, aber das ist bei weitem nicht genug, um ein neues Fahrrad zu kaufen.

neat /niːt/ *adj* (neater, neatest)
tidy; with everything in the right place ▷**ordentlich**: *neat clothes,* ordentliche Kleidung.
neatly *adv* ▷**ordentlich**: *neatly dressed,* ordentlich angezogen.
neatness *n* (no *pl*) ▷**Ordentlichkeit**

necessary /ˈnesəsərɪ/ *adj*
that you need; important ▷**notwendig**: *Warm clothing is necessary in winter.* Im Winter ist warme Kleidung notwendig.
necessarily /ˈnesəserəlɪ/ *adv* ▷**zwangsläufig**: *Big men are not necessarily strong.* Große Männer sind nicht zwangsläufig stark.

necessity /nɪˈsesətɪ/ *n* (*pl* necessities)
something that you need; what you must have ▷**Notwendigkeit**: *Food and clothes are necessities of life.* Nahrung und Kleidung sind Lebensnotwendigkeiten.

neck /nek/ *n*
part of the body between the shoulders and head ▷**Hals**: *Jane wears a gold chain round her neck.* Jane trägt eine Goldkette um ihren Hals. ☞Merke: **Halsweh (haben)** wird im Englischen zu (**have**) **a sore throat**.

necklace /ˈneklɪs/ *n*
string of beads, jewels, etc that you wear round your neck ▷**Halskette**

need[1] /niːd/ *n*
be in need of, wanting something important ▷**brauchen**: *This patient is in need of immediate treatment.* Dieser Patient braucht eine sofortige Behandlung.

need[2] /niːd/ *v*
want something important and necessary that is not there; must have something ▷**brauchen**: *These flowers need water.* Die Blumen brauchen Wasser.
need to, must do something ▷**müssen**: *Colin's very ill — he needs to go to hospital.* Colin ist sehr krank — er muss ins Krankenhaus. ☞Zwei Verneinungsmöglichkeiten: *I don't need to do my homework today. I needn't do my homework today.* Ich brauche heute meine Hausaufgaben nicht zu machen.

needle /ˈniːdl/ *n*
1 very small, thin piece of metal with a hole at one end and a sharp point at the other, for sewing ▷**(Näh)nadel**: *I'll mend the hole in your blouse if you give me a needle and thread.* Ich werde das Loch in deiner Bluse stopfen, wenn du mir Nadel und Faden gibst.
2 long, thin piece of wood, plastic, or metal with a pointed end, for knitting ▷**Nadel**: *knitting needles,* Stricknadeln.
needlework *n* (no *pl*) things that you are sewing ▷**Handarbeit**

needn't /ˈniːdnt/ need not

negative[1] /ˈnegətɪv/ *adj*
having one of the words 'not', 'never', etc ▷**verneint**: *'I don't like beans,' is a negative sentence.* „Ich mag keine Bohnen," ist ein verneinter Satz.

negative[2] /ˈnegətɪv/ *n*
piece of film in which dark things are light and light things are dark, which we use to make photographs ▷**Negativ**

ɪ	e	æ	ɑː	ɒ	ɔː	ʊ	uː	ʌ	ɜː	ə
it	ten	cat	last	got	saw	stood	too	cut	heard	about

negotiate /nɪ'gəʊʃɪeɪt/ *v*
find something that you and another person can agree to ▷**verhandeln**: *We are negotiating with the management for a pay rise.* Wir verhandeln mit der Geschäftsführung um eine Lohnerhöhung.
negotiation *n* ▷**Verhandlung**: *The negotiations failed and everyone is still on strike.* Die Verhandlungen verliefen erfolglos, also geht der Streik weiter.

neigh /neɪ/ *n*
cry of a horse ▷**Wiehern**
neigh *v* ▷**wiehern**

neighbor *American for* neighbour

neighborhood *American for* neighbourhood

neighbour /'neɪbə(r)/ *n*
someone who lives near you; country that is near another ▷**Nachbar(in)**: *We have very noisy neighbours.* Wir haben sehr laute Nachbarn. ☞Für den direkten Haus- oder Wohnungsnachbarn wird gewöhnlich **next-door neighbour** verwendet.

neighbourhood /'neɪbəhʊd/ *n*
the streets or land around a place ▷**Nachbarschaft**: *There are not enough doctors in this neighbourhood.* Es gibt nicht genug Ärzte in der Nachbarschaft.

neither[1] /'naɪðə(r)/ *adj*
not this and not that ▷**keine(r, s) von beiden**: *Neither book was very interesting.* Keines der beiden Bücher war interessant.
neither *pron* ▷**keine(r, s) von beiden**: *Neither of the two films was very interesting.* Keiner von den beiden Filmen war besonders interessant.

neither[2] /'naɪðə(r)/ *adv*
(after a verb with 'not') then not ▷**auch nicht**: *If you do not go, neither will I.* Wenn du nicht gehst, gehe ich auch nicht.
neither ... nor, not ... and not ▷**weder ... noch**: *He neither wrote nor telephoned.* Er hat weder geschrieben noch angerufen.
☞**neither** wird von vielen, besonders von Amerikanern, auch als /nɪːðə(r)/ ausgesprochen.

nephew /'nevjuː/ *n*
son of your brother or sister ▷**Neffe** ☞Siehe Darstellung bei **family**.

nerve /nɜːv/ *n* (*pl* nerves)
thing that carries feelings and messages through the body ▷**Nerv**
nerves *n pl* feelings ▷**Nerven**
get on your nerves, annoy, upset you, etc ▷**auf die Nerven gehen**: *The noisy children get on my nerves.* Die lärmenden Kinder gehen mir auf die Nerven.

nervous /'nɜːvəs/ *adj*
afraid; worried ▷**nervös, ängstlich**: *Are you nervous when you are alone in the house?* Bist du nervös, wenn du allein zu Hause bist?
nervously *adv* ▷**nervös**
nervousness *n* (no *pl*) ▷**Nervosität**

nest /nest/ *n*
place where birds, insects, etc lay their eggs ▷**Nest**: *Alan found a bird's nest in the tree.* Alan fand ein Vogelnest im Baum.

net /net/ *n*
cloth of threads that are knotted together with big holes between ▷**Netz**: *a hairnet,* ein Haarnetz; *a fishing net,* ein Fischnetz.

netball /'netbɔːl/ *n* (no *pl*)
game where players try to throw a big ball into a high net ▷**Korbball**

nettle /'netl/ *n*
plant with leaves that hurt or sting you ▷**Nessel**

network /'netwɜːk/ *n*
large number of things that are in contact with one another across a country, etc ▷**Netz**: *the railway network,* das Eisenbahnnetz; *an international spy network,* ein internationales Spionagenetz.

never /'nevə(r)/ *adv*
not at any time ▷**nie**: *Children in Nigeria never see snow.* Kinder in Nigeria sehen nie Schnee.
never mind, don't worry about it ▷**macht nichts**: *It's too late to go to the film now — never mind, we'll go tomorrow.* Es ist zu spät, um noch ins Kino zu gehen — macht nichts, gehen wir eben morgen.

nevertheless /ˌnevəðə'les/ *conj*
but; however; still ▷**trotzdem**: *Laura knew that she would not win; nevertheless she went on trying.* Laura wusste, dass sie nicht gewinnen würde; trotzdem gab sie nicht auf.
nevertheless *adv* ▷**trotzdem**

new /njuː/ *adj* (newer, newest)
1 that has just been made or bought; fresh ▷**neu**: *I must buy a new pen because this one is broken.* Ich muss mir einen neuen Füller kaufen, weil der alte kaputt ist.
2 that you are seeing, hearing, etc for the first time ▷**neu**: *I've started learning a new language — Italian.* Ich habe angefangen, eine neue Sprache zu lernen — Italienisch.
New Year, time around 1 January ▷**Neujahr**: *We went to see my parents at New Year.* Neujahr besuchten wir meine Eltern.
New Year's Eve, 31 December ▷**Silvester**

news /njuːz/ *n* (no *pl*)
written or spoken words to tell people about

things that have just happened ▷**Nachrichten**: *We heard about the air crash on the news.* Wir hörten von dem Flugzeugunglück in den Nachrichten. ☞**news** hat zwar ein Plural -s, muss aber als Singular behandelt werden: *This is the 6 o'clock news from London.* Hier sind die 6 Uhr Nachrichten aus London.
break the news, tell someone about something important that has happened ▷**jemandem etwas beibringen**: *When will you break the news to your family?* Wann wirst du die Nachricht deiner Familie beibringen?

newsagent /ˈnjuːzeɪdʒənt/ *n*
shop-keeper who sells newspapers, magazines, etc ▷**Zeitschriftenhändler(in)**: *I'm going to buy some sweets at the newsagent's.* Ich werde einige Süßigkeiten beim Zeitschriftenhändler kaufen.

newspaper /ˈnjuːspeɪpə(r)/ *n*
big sheets of printed paper with news and advertisements, which you can buy every day or every week ▷**Zeitung** ☞Es genügt, einfach nur **paper** zu sagen.

newsreader /ˈnjuːzriːdə(r)/ *n*
someone on radio or television who tells you what is happening in the world ▷**Nachrichtensprecher(in)**

next[1] /nekst/ *adj*
1 nearest to this one ▷**nächste(r, s)**: *John lives in the next village.* John wohnt im nächsten Dorf. ☞Vorsicht! Im Deutschen drückt **nächste(r, s)** sowohl eine Reihenfolge wie auch eine Entfernung aus: *Next one, please.* Der Nächste bitte. *Where's the nearest chemist?* Wo ist die nächste Apotheke?
2 coming after this one ▷**nächste(r, s)**: *We missed the 5 o'clock train so we caught the next one.* Wir verpassten den Fünfuhrzug, deshalb nahmen wir den nächsten. *Andrew arrived the next day.* Andrew kam am nächsten Tag an.

next[2] /nekst/ *adv*
afterwards; then ▷**als Nächstes**: *I've done this job — what shall I do next?* Ich habe diese Arbeit erledigt — was soll ich als Nächstes tun?
next to, at the side of; beside ▷**neben**: *My best friend sits next to me in class.* Meine beste Freundin sitzt in der Klasse neben mir.

next[3] /nekst/ *n* (no *pl*)
person or thing coming after this one ▷**nächste(r, s)**: *Amy was the first to arrive and Mary was the next.* Amy kam als Erste an, und Mary war die Nächste.

next door /ˌnekst ˈdɔː(r)/ *adv*
in the nearest house ▷**nebenan**: *Who lives next door?* Wer wohnt nebenan?

nice /naɪs/ *adj* (nicer, nicest)
1 pleasant; good ▷**schön**: *It's a nice day for a walk.* Heute ist ein schöner Tag für einen Spaziergang.
2 friendly; pleasant ▷**nett**: *She's very nice.* Sie ist sehr nett.
nicely *adv* ▷**gut**: *She is doing nicely.* Sie macht sich sehr gut.

nickname /ˈnɪkneɪm/ *n*
name that you give to someone instead of his or her real name ▷**Spitzname**

niece /niːs/ *n*
daughter of your brother or sister ▷**Nichte** ☞Siehe Darstellung bei **family**.

night /naɪt/ *n*
time when it is dark, between sunset and sunrise ▷**Nacht**
at night, during the night ▷**nachts**: *I can't sleep at night.* Ich kann nachts nicht schlafen.

night-club /ˈnaɪtklʌb/ *n*
club that stays open very late for dancing, etc ▷**Nachtklub**

nightdress /ˈnaɪtdres/ (*pl* nightdresses), **nightie** /ˈnaɪtɪ/ *n*
loose dress that a woman or girl wears in bed ▷**Nachthemd**

nightingale /ˈnaɪtɪŋgeɪl/ n
small bird that sings sweetly ▷**Nachtigall**

nightly /ˈnaɪtlɪ/ *adj*
done or happening every night ▷**nächtlich**
nightly *adv* ▷**jede Nacht**: *We have to feed the baby twice nightly.* Wir müssen das Baby jede Nacht zweimal füttern.

nightmare /ˈnaɪtmeə(r)/ *n*
bad dream ▷**Alptraum**

night-watchman /ˌnaɪt ˈwɒtʃmən/ *n* (*pl* night-watchmen)
man who looks after a building, factory, etc at night ▷**Nachtwächter**

nil /nɪl/ *n*
nothing ▷**null**: *Our team won the football match three-nil.* Unsere Mannschaft gewann das Fußballspiel drei zu null. ☞**nil** wird zur Angabe eines Spielstands im Sport verwendet. Nur beim Tennis heißt es **love** für **null**. Eine Null in einer Telefonnummer wird wie der Buchstabe **O** im Alphabet ausgesprochen, also /əʊ/. Vergleiche mit **zero**.

nine /naɪn/
9 ▷**neun**: *a train with nine coaches,* ein Zug mit neun Waggons.
ninth /naɪnθ/ *adj* 9th ▷**neunte(r, s)**: *the ninth time,* zum neunten Mal.

nineteen /ˌnaɪn'tiːn/
19 ▷**neunzehn**: *Jeff is nineteen years old.* Jeff ist neunzehn Jahre alt.
nineteenth /ˌnaɪn'tiːnθ/ *adj* 19th ▷**neunzehnte(r, s)**

ninety /'naɪntɪ/ *n*
90 ▷**neunzig**
ninetieth /'naɪntɪəθ/ *adj* 90th ▷**neunzigste(r, s)**

no[1] /nəʊ/ *adj*
not a; not one; not any ▷**kein**: *There is no money in my purse — it is empty.* In meinem Portmonee ist kein Geld — es ist leer.
no *adv* in no way; not any ▷**nicht**: *He could walk no faster because he was tired.* Er konnte nicht schneller gehen, weil er müde war.
no parking, ▷**Parkverbot**
no smoking, ▷**Rauchen verboten**

no[2] /nəʊ/ *exclam*
word to show that you do not agree; not yes ▷**nein**

noble /'nəʊbl/ *adj* (nobler, noblest)
1 of the family of a king; of high rank ▷**adlig**: *a man of noble birth,* ein Mann von adligem Stand.
2 fine and good ▷**edel**: *noble thoughts,* edle Gedanken.
nobleman *n* (*pl* noblemen) man from a family of high rank ▷**Adliger**
noblewoman *n* (*pl* noblewomen) woman from a family of high rank ▷**Adlige**

nobody /'nəʊbədɪ/ *pron*
no person ▷**keiner, niemand**: *Nobody met me when I arrived.* Keiner holte mich ab, als ich ankam. *There's nobody here.* Es ist niemand hier.

nod /nɒd/ *v* (is nodding, nodded /'nɒdɪd/, has nodded)
bend your head forward quickly, to show that you know someone or that you agree with something ▷**nicken**: *He nodded when I asked if he understood.* Er nickte, als ich ihn fragte, ob er verstanden habe.
nod *n* ▷**Nicken**: *She greeted me with a nod.* Sie begrüßte mich mit einem Nicken.

noise /nɔɪz/ *n*
1 sound ▷**Geräusch**: *I heard a noise in the cellar. Perhaps it's a mouse.* Ich habe ein Geräusch im Keller gehört. Vielleicht ist es eine Maus.
2 loud sound that you do not like ▷**Lärm**: *Don't make so much noise!* Macht nicht so viel Lärm!
☞Vergleiche mit **sound**.

noisy /'nɔɪzɪ/ *adj* (noisier, noisiest)
1 making a lot of loud sound ▷**lärmend**: *noisy children,* lärmende Kinder.
2 full of loud sound ▷**laut**: *a noisy restaurant,* ein lautes Restaurant.
noisily *adv* ▷**laut**

nomad /'nəʊmæd/ *n*
person in a tribe that goes from place to place ▷**Nomade, Nomadin**

nominate /'nɒmineɪt/ *v*
choose or name someone for a special job ▷**ernennen**: *She has been nominated as candidate for the Presidency.* Man hat sie zur Präsidentschaftsanwärterin ernannt.
nomination *n* ▷**Ernennung**

none /nʌn/ *pron*
not one; not any ▷**keine(r, s)**: *'Is there any chocolate left?' 'No, none.'* „Ist noch Schokolade da?" „Nein, keine."

nonsense /'nɒnsns/ *n* (no *pl*)
silly words or ideas ▷**Unsinn**: *It's nonsense to say that Jill is lazy.* Die Behauptung, Jill sei faul, ist Unsinn.

non-smoker /ˌnʌn 'sməʊkə(r)/ *n*
someone who does not smoke ▷**Nichtraucher(in)**

non-stop /ˌnʌn 'stɒp/ *adj*
that does not stop ▷**durchgehend**: *a non-stop train,* ein durchgehender Zug.
non-stop *adv* without stopping ▷**ununterbrochen**: *I have been working non-stop all day.* Ich habe den ganzen Tag ununterbrochen gearbeitet.

noodles /'nuːdlz/ *n pl*
long pieces of hard food made from flour and water, etc ▷**Nudeln**

noon /nuːn/ *n*
12 o'clock in the day ▷**Mittag**

no one /'nəʊ wʌn/ *pron*
no person ▷**keiner, niemand**: *No one met me when I arrived.* Keiner holte mich ab, als ich ankam. *There's no one here.* Es ist niemand hier.

nor /nɔː(r)/ *conj*
(after a verb with 'not') then not ▷**auch nicht**: *If Jack doesn't go, nor will Jill.* Wenn Jack nicht geht, geht Jill auch nicht.
neither ... nor, not ... and not ▷**weder ... noch**: *Neither Tom nor Jerry can swim.* Weder Tom noch Jerry kann schwimmen.

normal /'nɔːml/ *adj*
usual; ordinary ▷**normal**: *The normal route is via Birmingham.* Die normale Strecke führt über Birmingham.
normally *adv* usually; mostly ▷**normalerweise**: *It is normally cold in January.* Im Januar ist es normalerweise kalt.

north /nɔːθ/ *n* (no *pl*)
one of the points of the compass ▷**Norden**: *The north of England is hillier than the*

south. Der Norden Englands ist hügeliger als der Süden.
north *adj* ▷**Nord-**: *the North Pole,* der Nordpol.
north *adv* ▷**nordwärts**: *They left London and travelled north to Glasgow.* Sie verließen London und reisten nordwärts nach Glasgow.
northern /ˈnɔːðən/ *adj* of the north part of a town, country, the world, etc ▷**Nord-**: *Leeds is in northern England.* Leeds liegt in Nordengland.

nose /nəʊz/ *n*
part of the face that breathes and smells ▷**Nase**
blow your nose, blow air through your nose to empty it, into a piece of cloth called a handkerchief ▷**sich die Nase putzen**

nosy /ˈnəʊzɪ/ *adj* (nosier, nosiest)
wanting to know too much; asking too many questions ▷**neugierig**

not /nɒt/ *adv*
word that gives an opposite meaning to another word or sentence ▷**nicht**: *You are not allowed to smoke in this house.* In diesem Haus dürfen Sie nicht rauchen. ☞Das **o** wird häufig ausgelassen, Hilfsverb und **n't** werden in der Schreibung zusammengerückt. Der Apostroph muss natürlich dahin gesetzt werden, wo das **o** ausgelassen wurde. **is not** wird zu **isn't**, **are not** zu **aren't**, **was not** zu **wasn't**, **have not** zu **haven't**, **cannot** zu **can't**.
not at all, (a) polite words that you say when someone has thanked you, etc ▷**gern geschehen**: *'It was kind of you to help me.' 'Not at all.'* „Es war nett von dir, mir zu helfen." „Gern geschehen." **(b)** no; not a little bit ▷**überhaupt nicht**: *'Are you tired?' 'Not at all.'* „Bist du müde?" „Überhaupt nicht."

note[1] /nəʊt/ *n*
1 few words that you write down to help you remember something ▷**Notiz**: *Sally made a note of the meeting in her diary.* Sally machte sich eine Notiz über das Treffen in ihren Kalender.
2 short letter ▷**Schreiben**: *a note of thanks,* ein Dankschreiben.
3 piece of paper money ▷**Schein**: *I found a briefcase full of £5 notes.* Ich fand eine Aktentasche, die voller £5-Scheine war.
4 one sound in music; mark that shows a sound in music ▷**Note**

note[2] /nəʊt/ *v*
notice and remember something ▷**beachten**: *Please note that all the shops are closed on Mondays.* Bitte beachten Sie, dass alle Geschäfte montags geschlossen sind.
note down write something so that you can remember it ▷**notieren**: *I noted down his address.* Ich notierte mir seine Adresse.

notebook /ˈnəʊtbʊk/ *n*
small book where you write things that you want to remember ▷**Notizbuch**

notepaper /ˈnəʊtpeɪpə(r)/ *n* (no *pl*)
paper for letters ▷**Briefpapier**

nothing[1] /ˈnʌθɪŋ/ *adv*
not at all ▷**überhaupt nicht**: *He's nothing like his brother.* Er ist überhaupt nicht wie sein Bruder.

nothing[2] /ˈnʌθɪŋ/ *n*
not anything ▷**nichts**: *There's nothing in this purse — it's empty.* In diesem Portmonnee ist nichts — es ist leer.
for nothing, (a) with no payment; free ▷**umsonst**: *You can have these apples for nothing.* Du kannst diese Äpfel umsonst haben. **(b)** without a good result ▷**vergebens**: *He went to the station for nothing because she wasn't on the train.* Er ging vergebens zum Bahnhof, denn sie war nicht im Zug.
have nothing on, have no clothes on ▷**nichts anhaben**: *I can't open the door because I have nothing on.* Ich kann die Tür nicht aufmachen, weil ich nichts anhabe.

notice[1] /ˈnəʊtɪs/ *n* (*pl* notices)
piece of writing that tells people something ▷**Bekanntmachung**: *John put a notice on the board.* John heftete eine Bekanntmachung an die Anschlagbrett.

notice[2] /ˈnəʊtɪs/ *n*
take no notice of, not listen to, or look at, someone or something ▷**keine Notiz nehmen von**: *Take no notice of what she said — she's not feeling well today.* Nimm keine Notiz davon, was sie sagte — ihr geht es heute nicht gut.

notice[3] /ˈnəʊtɪs/ *v*
see something or someone ▷**bemerken**: *Did you notice that Mr Bennett was driving a new car?* Hast du bemerkt, dass Mr Bennett ein neues Auto fuhr?

noticeable /ˈnəʊtɪsəbl/ *adj*
clear; easy to see ▷**merklich**: *There has been a noticeable change in the weather.* Es hat einen merklichen Wetterumschwung gegeben.
noticeably *adv* ▷**auffallend**: *She is noticeably thinner after her illness.* Seit ihrer Krankheit ist sie auffallend dünner.

notice-board /ˈnəʊtɪs bɔːd/ *n*
flat piece of wood fixed on to a wall, etc, where you can put papers to tell people about things ▷**Anschlagbrett**

notorious /nə'tɔːrɪəs/ *adj*
famous because he, she, or it is so bad ▷**berüchtigt**: *a notorious criminal,* ein berüchtigter Verbrecher.

nought /nɔːt/ *n*
the number 0; zero ▷**Null** ☞0.01 wird ausgesprochen *nought point nought one.* 0.5 wird ausgesprochen *nought point five.*

noun /naʊn/ *n*
word that is the name of someone or something ▷**Substantiv**

novel /'nɒvl/ *n*
book that is one long story ▷**Roman**: *'David Copperfield' is a novel by Charles Dickens.* „David Copperfield" ist ein Roman von Charles Dickens.
novelist *n* someone who writes novels ▷**Romanschriftsteller(in)**: *Charles Dickens was a famous novelist.* Charles Dickens war ein berühmter Romanschriftsteller.

November /nəʊ'vembə(r)/ *n*
eleventh month of the year ▷**November**

now /naʊ/ *adv*
at this time ▷**jetzt**: *You can't see Trevor because he's at school now.* Du kannst Trevor jetzt nicht besuchen, weil er in der Schule ist. *Don't wait — do it now!* Warte nicht — mach es jetzt!
from now on, after this; in future ▷**von jetzt an**: *This is the last time I go with you — from now on you must go alone.* Das ist das letzte Mal, dass ich dich begleite — von jetzt an musst du allein gehen.
now and then, now and again, sometimes, but not often ▷**manchmal**: *Susan comes to see me now and then.* Susan kommt mich manchmal besuchen.

nowadays /'naʊədeɪz/ *adv*
at this time ▷**heutzutage**: *There were no televisions when my grandmother was a child but nowadays most people have one.* Als meine Großmutter ein Kind war, gab es keine Fernsehapparate, aber heutzutage haben die meisten Leute einen.

nowhere /'nəʊweə(r)/ *adv*
at, in, or to no place; not anywhere ▷**nirgendwo**: *He went to look for Maurice but could find him nowhere.* Er begab sich auf die Suche nach Maurice, konnte ihn aber nirgendwo finden.

nuclear /'njuːklɪə(r)/ *adj*
atomic ▷**Kern-**: *nuclear weapons,* Kernwaffen; *nuclear power,* Kernenergie.

nuisance /'njuːsns/ *n*
something or someone that worries or annoys you ▷**Plage**: *These wasps are a nuisance.* Diese Wespen sind eine Plage.

number /'nʌmbə(r)/ *n*
1 word that shows how many ▷**Nummer, Zahl**: *What's your phone number?* Wie lautet deine Telefonnummer? *1, 2, and 3 are numbers.* 1, 2 und 3 sind Zahlen.
2 group of more than one person or thing ▷**Zahl**: *a large number of people,* eine große Zahl von Leuten.
☞Siehe Anmerkung bei **figure**.

number-plate /'nʌmbə pleɪt/ *n*
flat piece of metal at the front and back of a car, which shows the car's licence number ▷**Nummernschild**: *Number-plates are normally white.* Nummernschilder sind normalerweise weiß.

numerous /'njuːmərəs/ *adj*
very many ▷**zahlreich**: *She writes a lot of letters because she has numerous friends.* Sie schreibt viele Briefe, weil sie zahlreiche Freunde hat.

nun /nʌn/ *n*
woman who lives with a group of other women in a convent ▷**Nonne**

nurse[1] /nɜːs/ *n*
someone who looks after people who are sick or hurt ▷**Krankenschwester, Krankenpfleger(in)**: *In hospital the nurses helped me to wash.* Im Krankenhaus halfen mir die Krankenschwestern, mich zu waschen.
nursing *n* (no *pl*) ▷**Krankenpflege**

nurse[2] /nɜːs/ *v*
look after people who are sick or hurt ▷**pflegen**: *Mother nursed Bob until he was well again.* Mutter pflegte Bob, bis es ihm wieder besser ging.

nursery /'nɜːsərɪ/ *n* (*pl* nurseries)
special room for small children ▷**Kinderzimmer**
nursery rhyme *n* poem or song for young children ▷**Kinderreim**
nursery school *n* school for children aged 2–5 ▷**Kindergarten**

nut nʌt/ *n*
hard fruit of a tree or bush ▷**Nuss**: *walnuts,* Walnüsse; *hazelnuts,* Haselnüsse.

nylon /'naɪlɒn/ *n* (no *pl*)
strong thread, made by machines, for making cloth, brushes, etc ▷**Nylon**

Oo

oak /əʊk/ *n*
1 (*pl* oaks) sort of tree ▷**Eiche**

2 (no *pl*) wood of an oak tree ▷**Eichenholz**

OAP /ˌəʊ eɪ 'piː/ *n*
old age pensioner ▷**Rentner(in)**

oar /ɔː(r)/ *n*
long piece of wood with a flat end, for moving a boat through water ▷**Ruder**

oasis /əʊ'eɪsɪs/ *n* (*pl* oases /əʊ'eɪsiːz/)
place with water and trees in a desert ▷**Oase**

oats /əʊts/ *n pl*
plant that we use for food ▷**Hafer(flocken)**

obedience /ə'biːdɪəns/ *n* (no *pl*)
doing what someone tells you to do ▷**Gehorsam**
obedient /ə'biːdɪənt/ *adj* ▷**gehorsam**: *an obedient child,* ein gehorsames Kind.
obediently *adv* ▷**gehorsam**

obey /ə'beɪ/ *v*
do what someone tells you to do ▷**gehorchen**: *A good dog obeys his master.* Ein guter Hund gehorcht seinem Herrn.

object[1] /'ɒbdʒɪkt/ *n*
1 thing that you can see or touch ▷**Gegenstand**: *He was carrying a large black object.* Er trug einen großen, schwarzen Gegenstand.
2 part of a sentence affected by the verb ▷**Objekt**: *In the sentence 'John painted the doors,' the object of the sentence is 'the doors'.* In dem Satz „John strich die Türen," sind die Türen das Objekt.
3 what you plan to do ▷**Ziel**: *His object in life is to become as rich as possible.* Sein Lebensziel ist, so reich wie möglich zu werden.

object[2] /əb'dʒekt/ *v*
be against something; not like something ▷**dagegen sein**: *He objects to muddy shoes in the house.* Er ist gegen schmutzige Schuhe im Haus.
objection /əb'dʒekʃn/ *n* ▷**Einwand**
have an objection to, be against something ▷**Einwände haben**: *Have you any objections to the plan?* Haben Sie Einwände gegen den Plan?

oblige /ə'blaɪdʒ/ *v*
be obliged to, have to do something ▷**müssen**: *Drivers are obliged to wear seatbelts.* Autofahrer müssen sich anschnallen. ☞Statt des formellen **be obliged to** kann das gängigere **must** verwendet werden.

oblong /'ɒblɒŋ/ *n*
shape with four straight sides and four right angles ▷**Rechteck** ☞**rectangle** ist gebräuchlicher.
oblong *adj* ▷**rechteckig**: *Most envelopes are oblong.* Die meisten Briefumschläge sind rechteckig.

observation /ˌɒbzə'veɪʃn/ *n* (no *pl*)
watching carefully; being watched carefully ▷**Beobachtung**

observatory /əb'zɜːvətrɪ/ *n* (*pl* observatories)
building where you can watch the sun, stars, planets, etc ▷**Sternwarte**

observe /əb'zɜːv/ *v*
see or watch someone or something carefully ▷**beobachten**: *The trainer observed the players as they trained on the field.* Der Trainer beobachtete die Spieler, als sie auf dem Platz trainierten.

obstacle /'ɒbstəkl/ *n*
something that stands in your way so you must get over or round it before you can go on ▷**Hindernis**: *He jumped over the obstacle and ran on.* Er sprang über das Hindernis und lief weiter.

obstinate /'ɒbstɪnət/ *adj*
not willing to change your ideas ▷**widerspenstig**: *The obstinate donkey would not walk any further.* Der widerspenstige Esel ging einfach nicht weiter.
obstinately *adv* ▷**hartnäckig**

obstruct /əb'strʌkt/ *v*
stand in the way of something ▷**behindern**: *A bus broke down and obstructed the traffic.* Ein Bus hatte eine Panne und behinderte den Verkehr.
obstruction /əb'strʌkʃn/ *n* something that obstructs ▷**Hindernis**: *The train had to stop because of an obstruction on the line.* Der Zug musste wegen eines Hindernisses auf den Schienen anhalten.

obtain /əb'teɪn/ *v*
get or buy something ▷**bekommen**: *Where can I obtain tickets for the play?* Wo kann ich Karten für die Aufführung bekommen? ☞Ein formelles Wort, umgangssprachlich sagt man einfach **get**.

obvious /'ɒbvɪəs/ *adj*
very clear; easy to see or understand ▷**offensichtlich**
obviously *adv* in a way that is easy to see or understand ▷**offensichtlich**: *She was obviously very tired.* Sie war offensichtlich sehr müde.

occasion /ə'keɪʒn/ *n*
1 a certain time; time when something happens ▷**Mal**: *I have travelled in an aeroplane on three occasions.* Ich bin bisher dreimal mit dem Flugzeug gereist.
2 special time ▷**Ereignis**: *A wedding is a big family occasion.* Eine Hochzeit ist ein großes Familienereignis.

occasional /ə'keɪʒənl/ *adj*
happening sometimes, but not very often ▷**gelegentlich**: *an occasional visit,* ein gelegentlicher Besuch.
occasionally *adv* sometimes ▷**gelegentlich**: *I occasionally play badminton but I don't often have time.* Ich spiele gelegentlich Badminton, aber ich habe nicht oft die Zeit dazu.

occupation /ˌɒkjʊ'peɪʃn/ *n*
1 (*pl* occupations) job ▷**Beruf**: *What's your father's occupation?* Welchen Beruf übt Ihr Vater aus? ☞**occupation** ist ein formeller Ausdruck für **job**.
2 (*pl* occupations) anything that keeps you busy ▷**Beschäftigung**: *Swimming and canoeing are my favourite occupations.* Schwimmen und Kanufahren sind meine Lieblingsbeschäftigungen.
3 (no *pl*) taking and keeping a country, town, etc in war ▷**Besetzung**

occupy /'ɒkjʊpaɪ/ *v* (occupied, has occupied)
1 live in a place ▷**bewohnen**: *Grandmother occupies two rooms on the ground floor of our house.* Meine Großmutter bewohnt zwei Zimmer im Erdgeschoss unseres Hauses.
2 take and keep a country, town, etc, in war ▷**besetzen**: *The Normans occupied England from 1066.* Vom Jahre 1066 an hielten die Normannen England besetzt.
3 fill time; take someone's time ▷**beanspruchen**: *The children occupy most of my free time.* Die Kinder beanspruchen den größten Teil meiner Freizeit.
occupied /'ɒkjʊpaɪd/ *adj* busy ▷**beschäftigt**: *It's important for old people to keep themselves occupied.* Für alte Leute ist es wichtig, dass sie sich beschäftigen.

occur /ə'kɜː(r)/ *v* (is occurring, occurred /ə'kɜːd/, has occurred)
happen ▷**geschehen**: *The accident occurred when the bus hit a big lorry.* Der Unfall geschah, als der Bus auf einen großen Lastwagen fuhr. ☞Für das formelle **occur** kann **take place** oder **happen** verwendet werden.
occur to, come into your mind ▷**einfallen**: *It occurred to me that she didn't know our new address.* Mir fiel ein, dass sie unsere neue Adresse nicht kannte.

ocean /'əʊʃn/ *n*
very big piece of sea between countries ▷**Ozean**: *the Atlantic Ocean,* der Atlantische Ozean.

o'clock /ə'klɒk/ *adv*
word that shows what hour it is ▷**Uhr**: *six o'clock,* sechs Uhr. ☞Vorsicht! „Wie viel Uhr" wird natürlich nicht wörtlich sondern mit *What time is it?* wiedergegeben.

October /ɒk'təʊbə(r)/ *n*
tenth month of the year ▷**Oktober**

octopus /'ɒktəpəs/ *n* (*pl* octopuses)
sea animal with eight arms ▷**Tintenfisch**

odd /ɒd/ *adj* (odder, oddest)
1 that you cannot divide exactly by 2 ▷**ungerade**: *5 is an odd number; 6 is an even number.* 5 ist eine ungerade Zahl; 6 ist eine gerade Zahl.
2 strange; not usual ▷**komisch**: *He's an odd man — he never talks to anyone.* Er ist ein komischer Mann — er spricht mit keinem.
3 part of a pair when the other is missing ▷**verschieden**: *He's wearing two odd socks.* Er trägt zwei verschiedene Socken.
oddly *adv* strangely ▷**merkwürdig**: *oddly dressed,* merkwürdig angezogen.

of /ɒv/ *prep*
1 word that shows who or what has or owns something: *the back of the chair,* die Rückenlehne des Stuhls.
2 word that follows an amount: *a pound of butter,* ein Pfund Butter; *a glass of beer,* ein Glas Bier; *a cup of tea,* eine Tasse Tee. ☞Beachte, wie das Deutsche hier ganz ohne ein Wort für **of** auskommt.
3 made from ▷**aus**: *This dress is made of cotton.* Dieses Kleid ist aus Baumwolle.
4 having ▷**von**: *a woman of great beauty,* eine Frau von großer Schönheit.
5 written, painted, etc by: *the plays of Shakespeare,* Shakespeares Stücke; *the songs of John Lennon,* John Lennons Songs.
6 about ▷**an**: *I thought of you today.* Ich habe heute an dich gedacht.
of course, certainly ▷**natürlich**

off[1] /ɒf/ *adv*
1 not on; away from the place where it was ▷**aus**: *Carol took her clothes off to have a bath.* Carol zog sich aus, um zu baden.
2 not on; not working ▷**aus**: *Please put the lights off when you leave the room.* Mach bitte das Licht aus, wenn du aus dem Zimmer gehst.
3 away ▷**weg**: *It is not far off.* Es ist nicht weit weg. *He went off by train at 11 o'clock.* Er fuhr mit dem Zug um 11 Uhr weg.
4 not at work ▷**frei**: *The cook is having a day off today.* Die Köchin hat heute einen Tag frei.

off[2] /ɒf/ *prep*
1 from; down from; away from ▷**von**: *He fell off the roof.* Er fiel vom Dach.
2 joining ▷**von . . . ab**: *a track off the main road,* eine Abzweigung von der Hauptstraße ab. *The office is off the main corridor.* Das Büro geht vom Hauptgang ab.

offence /ə'fens/ *n*
something that you do against the law or

against the rules; crime ▷**Vergehen**: *Driving without lights at night is an offence.* Nachts ohne Licht zu fahren, ist ein Vergehen.
take offence, become upset ▷**gekränkt sein**: *Be careful what you say — he takes offence easily.* Sei vorsichtig mit dem, was du sagst — er ist schnell gekränkt.

offend /ə'fend/ *v*
make someone angry; hurt the feelings of someone ▷**kränken**: *I offended him when I said he was fat.* Ich kränkte ihn, als ich ihn als dick bezeichnete.

offense *American for* offence

offer /'ɒfə(r)/ *v*
1 hold out something that you want to give to someone ▷**anbieten**: *Jim offered me a piece of chocolate.* Jim bot mir ein Stück Schokolade an.
2 say that you are willing to give, do, or pay something ▷**anbieten**: *At the end of the interview they offered me a job.* Am Ende des Gesprächs bot man mir eine Stelle an.
offer *n* ▷**Angebot**: *She accepted my offer of help.* Sie nahm mein Angebot, ihr zu helfen, an.

office /'ɒfɪs/ *n*
1 room or rooms where you do business ▷**Büro**: *I share an office with two other people.* Ich teile mir ein Büro mit zwei anderen Leuten.
2 building for government work ▷**Amt**: *a post office,* ein Postamt.
office block *n* big building with many offices ▷**Bürogebäude**
office worker *n* someone who works in an office ▷**Büroangestellte(r)**

officer /'ɒfɪsə(r)/ *n*
1 someone who gives orders to others in the army, navy, etc ▷**Offizier**
2 someone who does important work, especially for the government ▷**Beamter, Beamtin**: *a customs officer,* ein Zollbeamter; *police officers,* Polizeibeamte. ☞Vergleiche mit **official** (*n*). Der **officer** (z.B. bei der Polizei, Feuerwehr, beim Zoll) hat einen Dienstgrad wie *sergeant* (Wachtmeister), während der **official** gewöhnlich ohne äußere Rangunterscheidung und Uniform auftritt.

official[1] /ə'fɪʃl/ *adj*
from a person with authority ▷**offiziell**: *an official report,* ein offizieller Bericht.
officially *adv* ▷**offiziell**: *We think he has got the job but they will tell him officially on Friday.* Wir glauben, dass er die Stelle bekommt, aber offiziell wird er es erst am Freitag erfahren.

official[2] /ə'fɪʃl/ *n*
someone who does important work, especially for the government ▷**Beamter, Beamtin**: *An official at the railway station said the train would arrive late.* Ein Bahnbeamter sagte, dass der Zug Verspätung haben würde.

often /'ɒfn/ *adv*
many times ▷**oft**: *We often play football after school.* Wir spielen oft Fußball nach der Schule.
every so often, sometimes ▷**manchmal**

oh /əʊ/ *exclam*
word that shows any strong feeling ▷**oh**: *Oh what a lovely rose!* Oh, was für eine schöne Rose!
oh dear, words to show that you are surprised or not happy ▷**Oh Gott**: *Oh dear — have you hurt yourself?* Oh Gott — hast du dir weh getan?

oil /ɔɪl/ *n*
thick, fatty liquid for cooking, helping machines work, etc ▷**Öl**: *I fried that fish in oil.* Ich habe den Fisch in Öl gebraten. *Did you put oil into the car?* Haben Sie Öl nachgefüllt?
oil *v* put oil in or on something ▷**ölen**

oil-painting /'ɔɪl peɪntɪŋ/ *n*
picture painted with oily paints ▷**Ölgemälde**

oil-rig /'ɔɪl rɪg/ *n*
special building with machines that dig for oil under the sea or on land ▷**Bohrinsel**

oil-tanker /'ɔɪl tæŋkə(r)/ *n*
ship or big lorry that carries oil ▷**Tanker**

oil-well /'ɔɪl wel/ *n*
deep hole in the ground, where petroleum oil comes from ▷**Ölquelle**

oily 'ɔɪlɪ/ *adj* (oilier, oiliest)
covered with oil, fat, etc ▷**fettig**: *oily fingers,* fettige Finger.

ointment /'ɔɪntmənt/ *n*
cream that you put on the skin, etc to make it well ▷**Salbe**

OK, okay /ˌəʊ'keɪ/ *exclam*
yes; all right ▷**okay**: *'Will you come with me?' 'OK, I will.'* „Kommst du mit?" „Okay, ich komme."
OK, okay *adj* all right ▷**in Ordnung**: *Is it OK to park my car here?* Ist es in Ordnung, wenn ich mein Auto hier parke?

old /əʊld/ *adj* (older, oldest)
1 of age ▷**alt**: *I am twelve years old.* Ich bin zwölf Jahre alt.
2 not young; having lived a long time ▷**alt**: *My great-grandfather is very old.* Mein Urgroßvater ist sehr alt.
3 not new; that was made or bought long ago; not fresh ▷**alt**: *She gave away her old*

coat and bought a new one. Sie verschenkte ihren alten Mantel und kaufte einen neuen.
4 known a long time ▷**alt**: *Jane is an old friend.* Jane ist eine alte Freundin.
old age *n* (no *pl*) the time when you are very old ▷**Alter**
old age pension *n* money that you receive from a company or a government when you are too old to work ▷**Rente**
old age pensioner *n* someone who gets an old age pension ▷**Rentner(in)**

old-fashioned /ˌəʊld ˈfæʃnd/ *adj*
not modern; old in style ▷**altmodisch**: *Clothes from the seventies look very old-fashioned.* Kleidungsstücke aus den siebziger Jahren sehen sehr altmodisch aus.

omelette /ˈɒmlɪt/ *n*
eggs that you beat together and cook in oil ▷**Omelett**

omit /əˈmɪt/ *v* (is omitting, omitted /əˈmɪtɪd/, has omitted)
leave something out ▷**auslassen**: *When we sing the next song, we shall omit the second verse.* Beim nächsten Lied werden wir die zweite Strophe auslassen. ☞**omit** ist formell, die umgangssprachliche Entsprechung ist **leave out**.

on[1] /ɒn/ *adv*
1 word that shows where ▷**an**: *It's cold, so put a warm coat on.* Es ist kalt, zieh deshalb einen warmen Mantel an.
2 so that it is working ▷**an**: *Is the television on?* Ist der Fernseher an?
3 moving forward or ahead ▷**weiter**: *You can't park here, so drive on.* Sie können hier nicht parken, fahren Sie bitte weiter.
and so on, and other things of the same kind ▷**und so weiter**: *You will find information about hotels, restaurants, and so on at the tourist information office.* Sie bekommen Informationen über Hotels, Restaurants und so weiter im Verkehrsbüro.
be on, happening ▷**laufen**: *We'll go to the cinema if there's a good film on.* Wenn ein guter Film läuft, gehen wir ins Kino. *What's on at the cinema?* Was läuft im Kino?
from now on, after this ▷**von jetzt an**: *He's left school and will go to work from now on.* Er hat die Schule verlassen und wird von jetzt an arbeiten.
on and on, without stopping ▷**immer weiter**: *It was a very long concert; the music went on and on.* Es war ein schrecklich langes Konzert, die Musik spielte immer weiter.

on[2] /ɒn/ *prep*
1 word that shows where ▷**an, auf, in**: *The boat is on the river.* Das Boot schwimmt auf dem Fluss. *The number is on the door.* Die Nummer steht an der Tür. *There's a good film on TV.* Im Fernsehen läuft ein guter Film.
2 word that shows when ▷**an**: *Shall we meet on Sunday?* Sollen wir uns am Sonntag treffen?
3 about ▷**über**: *a book on cars,* ein Buch über Autos.
4 word that shows what you are doing, how you are, how something is, etc ▷**in**: *They are on holiday.* Sie sind im Urlaub.

once[1] /wʌns/ *adv*
1 one time ▷**einmal**: *once a year,* einmal jährlich. *I've only been to Brighton once.* Ich war nur einmal in Brighton.
2 at some time in the past ▷**früher einmal**: *Once he lived in America but now he lives in England.* Er hat früher einmal in Amerika gelebt, aber jetzt wohnt er in England. ☞Mit *Once upon a time there was . . .* fangen die meisten Märchen an: „Es war einmal . . . "
all at once, suddenly ▷**plötzlich**: *All at once, there was a flash of lightning.* Plötzlich blitzte es.
at once, (a) now; immediately ▷**sofort**: *Come here at once!* Komm sofort hierher! **(b)** at the same time ▷**gleichzeitig**: *I can't do two things at once.* Ich kann nicht zwei Sachen gleichzeitig machen.
for once, this time only ▷**dieses eine Mal**: *For once he agreed to come shopping.* Dieses eine Mal erklärte er sich bereit, einkaufen zu gehen.
once again, once more, again ▷**noch einmal**: *Tell me the story once more.* Erzähl mir die Geschichte noch einmal.
once upon a time, a long time ago ▷**einst**

once[2] /wʌns/ *conj*
as soon as ▷**wenn . . . einmal**: *Once you learn to ride a bicycle you can go to school on it.* Wenn du einmal Fahrradfahren gelernt hast, darfst du mit dem Fahrrad zur Schule fahren.

one[1] /wʌn/ *adj*
1 a ▷**ein**: *I am going away for one week.* Ich fahre für eine Woche weg.
2 single ▷**ein**: *I can only find one sandal.* Ich kann nur eine Sandale finden.
3 the same ▷**ein**: *The birds all flew away in one direction.* Die Vögel flogen alle in eine Richtung davon.

one[2] /wʌn/ *n*
number 1 ▷**eins**: *One and one make two.* Eins und eins ist zwei.
one by one, one after the other; one at a time ▷**eine(r, s) nach der (dem) anderen**: *The cows walked through the gate one by one.* Die Kühe gingen eine nach der anderen durch das Tor.

one[3] /wʌn/ *pron*
1 a single thing ▷**eine(r, s)**: *I'll have one of those oranges, please.* Ich hätte gerne eine von diesen Apfelsinen.
2 a person; any person ▷**man**: *One can fly to America in three hours.* Man kann in drei Stunden nach Amerika fliegen.
3 word that you say instead of the name of a person or thing: *Two boys were playing and the fat one hit the thin one.* Zwei Jungen spielten zusammen, und der dicke schlug den dünnen. ☞Die Mehrzahlform ist durchaus gebräuchlich: *'Give me some of the apples.' 'Which ones?' 'The red ones of course.'* „Gib mir ein paar von den Äpfeln." „Welche?" „Natürlich die roten."
one another, each other ▷**einander**: *The three men never spoke because they didn't like one another.* Die drei Männer sprachen nie miteinander, weil sie einander nicht leiden konnten.

oneself /wʌn'self/ *pron*
a person's own self ▷**(sich) selbst**: *to hurt oneself,* sich verletzen.
by oneself, alone ▷**allein**

one-way street /ˌwʌn weɪ 'striːt/ *n*
road with traffic going in one direction only ▷**Einbahnstraße**

onion /'ʌnɪən/ *n*
round vegetable with a strong smell and taste ▷**Zwiebel**

only[1] /'əʊnlɪ/ *adj*
not anyone else; not anything else ▷**einzige(r, s)**: *He was the only student who failed.* Er war der einzige Schüler, der durchfiel.

only[2] /'əʊnlɪ/ *adv*
1 no more than; nothing more than; exactly ▷**nur**: *Only five children came to the party because the others were all sick.* Es kamen nur fünf Kinder zur Party, weil alle anderen krank waren.
2 just ▷**nur**: *He only walks to save money — he doesn't really like walking.* Er geht nur zu Fuß, weil er Geld sparen will — aber gerne läuft er nicht.
only just, **(a)** with difficulty ▷**gerade noch**: *Jim only just caught the train.* Jim erwischte den Zug gerade noch. **(b)** a very short time before ▷**gerade erst**: *We have only just arrived.* Wir sind gerade erst angekommen.

only[3] /'əʊnlɪ/ *conj*
but ▷**aber**: *That bag is just what I want, only it costs too much.* Die Tasche entspricht genau meinen Vorstellungen, aber sie ist zu teuer.

onto /'ɒn tuː/, /'ɒntə/ *prep*
to a place ▷**auf**: *Sally jumped onto the horse and rode away.* Sally sprang aufs Pferd und ritt davon.

onward /'ɒnwəd/, **onwards** /'ɒnwədz/ *adv*
1 forward; further ▷**weiter**: *The soldiers marched onwards until they came to a bridge.* Die Soldaten marschierten weiter, bis sie zu einer Brücke kamen.
2 after a certain time ▷**ab**: *I shall be at home from 8 o'clock onwards.* Ich werde ab 8 Uhr zu Hause sein.

open[1] /'əʊpən/ *adj*
1 not closed; so that people or things can go in and out ▷**auf**: *Leave the windows open.* Lass die Fenster auf!
2 not closed, so that you can look in ▷**offen**: *an open box,* eine offene Kiste; *an open book,* ein offenes Buch.
3 ready for business ▷**geöffnet**: *When is the post office open?* Wann ist das Postamt geöffnet?
open-air concert *n* concert outside ▷**Openairkonzert**.
open-air swimming pool *n* ▷**Freibad**
be open to someone, for ▷**jemandem offen stehen**: *The competition is open to all children under fourteen.* Der Wettbewerb steht allen Kindern unter vierzehn offen.

open[2] /'əʊpən/ *n* (no *pl*)
in the open, outside ▷**draußen**

open[3] /'əʊpən/ *v*
1 unfasten something; move something so that people or things can go in, out, or through ▷**öffnen**: *Please open the door.* Öffne bitte die Tür. *He opened the box.* Er öffnete die Kiste.
2 move so that you can see inside, underneath, etc ▷**sich öffnen**: *The door opened and three men entered.* Die Tür öffnete sich, und drei Männer kamen herein.
3 unfold something ▷**aufmachen**: *Open your hand and let me see what you have in it.* Mach die Hand auf und zeig mir, was darin ist.
4 begin; be ready for business ▷**(er)öffnen**: *The new shop opens next week.* Der neue Laden öffnet nächste Woche.
5 say that something can begin or is ready ▷**eröffnen**: *The mayor opened the new hospital.* Der Bürgermeister eröffnete das neue Krankenhaus.
opening hours *n pl* time when something is open ▷**Geschäftszeiten**: *the new supermarket's opening hours,* die Geschäftszeiten des neuen Supermarkts.

opener /'əʊpnə(r)/ *n*
thing that takes the lid, etc off something ▷**Öffner**: *a tin-opener,* ein Dosenöffner.

openly /'əʊpənlɪ/ *adv*
not secretly; freely ▷**offen**

opera /'ɒprə/ *n*
play where the actors sing but do not speak much ▷**Oper**
opera house *n* theatre for operas ▷**Opernhaus**

operate /'ɒpəreɪt/ *v*
1 cut into someone's body to mend a part inside ▷**operieren**: *The doctor will operate on her leg tomorrow.* Der Arzt wird ihr Bein morgen operieren. ☞Im Gegensatz zum Deutschen muss **operate** in diesem Sinn immer ein **on** dabeihaben.
2 function; work ▷**funktionieren**: *How does this machine operate?* Wie funktioniert diese Maschine?
3 make something work ▷**bedienen**: *It is not difficult to operate a lift.* Es ist nicht schwierig, einen Aufzug zu bedienen.

operation /ɒpə'reɪʃn/ *n*
1 (*pl* operations) doctor's work when he cuts into your body to mend a part inside ▷**Operation**: *an operation to take out the appendix,* eine Blinddarmoperation.
2 (no *pl*) working; the way something works ▷**Arbeitsablauf.**

operator /'ɒpəreɪtə(r)/ *n*
someone who works for a telephone company and helps people make calls, etc ▷**Vermittlung**: *In Britain you dial 100 for the operator.* In Großbritannien wählt man 100 für die Vermittlung.

opinion /ə'pɪnɪən/ *n*
what you believe or think about something ▷**Meinung**: *What is your opinion of her work?* Was ist Ihre Meinung über ihre Arbeit? *In my opinion this government will lose the next election.* Meiner Meinung nach wird diese Regierung die nächste Wahl verlieren.

opponent /ə'pəʊnənt/ *n*
someone with whom you fight, argue, or play a game ▷**Gegner(in)**: *The boxer beat his opponent.* Der Boxer schlug seinen Gegner.

opportunity /ˌɒpə'tjuːnətɪ/ *n* (*pl* opportunities)
chance; time when you can do something ▷**Gelegenheit**: *I was in a hurry this morning so I had no opportunity to read my letters.* Ich war heute Morgen in Eile, deshalb hatte ich keine Gelegenheit, meine Post zu lesen. ☞Siehe Anmerkung bei **possibility**.

oppose /ə'pəʊz/ *v*
be against someone or something; fight someone or something ▷**sich widersetzen**: *Many people opposed the plan for a nuclear power-station.* Viele Leute widersetzten sich den Plänen für ein Kernkraftwerk.
opposition *n* (no *pl*) being against someone or something ▷**Widerstand**: *his opposition to my plan,* sein Widerstand gegen meinen Plan.

opposite[1] /'ɒpəzɪt/ *adj*
1 across from where you are; other ▷**gegenüberliegend**: *You must cross the bridge if you want to get to the opposite bank of the river.* Du musst über die Brücke gehen, wenn du zum gegenüberliegenden Ufer willst.
2 totally different ▷**entgegengesetzt**: *North is the opposite direction to south.* Norden und Süden sind entgegengesetzte Richtungen.
opposite *adv* ▷**gegenüber**: *They don't live on this side of the road — they live opposite.* Sie wohnen nicht auf dieser Seite der Straße — sie wohnen gegenüber.
opposite *prep* ▷**gegenüber**: *The bank is opposite the supermarket.* Die Bank liegt gegenüber vom Supermarkt.

opposite[2] /'ɒpəzɪt/ *n*
word or thing that is totally different ▷**Gegenteil**: *Hot is the opposite of cold.* Heiß ist das Gegenteil von kalt.

optician /ɒp'tɪʃn/ *n*
someone who looks after your eyes ▷**Optiker(in)**: *I must take my glasses to the optician's.* Ich muss meine Brille zum Optiker bringen.

or /ɔː(r)/ *conj*
1 word that joins the words for two different people or things ▷**oder**: *Is the light red or green?* Ist die Ampel rot oder grün?
2 if not, then ▷**sonst**: *Hurry or you'll be late.* Beeil dich, sonst kommst du zu spät.
or else, if not, then ▷**sonst**: *Hurry or else you'll be late.* Beeil dich, sonst kommst du zu spät.
either . . . or, words to show two different things or people that you can choose ▷**entweder . . . oder**: *You can either walk or come by car.* Du kannst entweder zu Fuß oder mit dem Auto kommen.

oral /'ɔːrəl/ *adj*
speaking, not writing ▷**mündlich**: *an oral examination,* eine mündliche Prüfung.
orally *adv* ▷**mündlich**

orange /'ɒrɪndʒ/ *n*
1 (*pl* oranges) round, juicy fruit with a thick, yellow-red skin ▷**Apfelsine**
2 (no *pl*) colour between yellow and red; gold ▷**Orange**
orange *adj* ▷**orange**

orbit /'ɔːbɪt/ *v*
move round another thing in space, etc ▷**umkreisen**: *The spacecraft is orbiting the moon.* Das Raumschiff umkreist den Mond.
orbit *n* ▷**Umlaufbahn**

orchard /ˈɔːtʃəd/ *n*
big group of fruit trees ▷**Obstgarten**

orchestra /ˈɔːkɪstrə/ *n*
big group of people who play musical instruments together ▷**Orchester**

order[1] /ˈɔːdə(r)/ *n*
1 (no *pl*) way you arrange or place things or people ▷**Reihenfolge**: *The books are in alphabetical order.* Die Bücher stehen in alphabetischer Reihenfolge.
2 (no *pl*) when there is peace and calm and everyone is doing what is right ▷**Ordnung**: *Our boss likes order in the office.* Unsere Chefin will Ordnung im Büro.
3 (*pl* orders) words that tell someone to do something ▷**Befehl**: *The officer gave the soldiers an order to march.* Der Offizier gab den Soldaten den Befehl zu marschieren.
4 (*pl* orders) saying that you want to buy something in a shop, a meal in a restaurant, etc ▷**Bestellung**: *He sent an order for some books.* Er schickte eine Bestellung über einige Bücher.
in order that, in order to, so that ▷**damit**: *I posted the letter today in order that you'd get it tomorrow.* Ich habe den Brief heute eingeworfen, damit du ihn morgen bekommst.
out of order, not working ▷**außer Betrieb**: *I couldn't ring because the phone was out of order.* Ich konnte nicht anrufen, weil das Telefon außer Betrieb war.

order[2] /ˈɔːdə(r)/ *v*
1 tell someone to do something ▷**anordnen**: *When Muriel was ill the doctor ordered her to stay in bed.* Als Muriel krank war, ordnete der Arzt Bettruhe an.
2 say that you want to buy something in a shop, etc; ask for a meal in a restaurant, etc ▷**bestellen**: *When the waiter came we ordered steak and chips.* Als der Kellner kam, bestellten wir Steak mit Pommes frites.

ordinary[1] /ˈɔːdnrɪ/ *adj*
usual; not special ▷**normal**: *On ordinary days I get up at 8 o'clock, but on my birthday I was up early.* An normalen Tagen stehe ich um 8 Uhr auf, aber an meinem Geburtstag stand ich früher auf. ☞Vorsicht, ein falscher Freund! Das deutsche **ordinär** kann mit **vulgar** wiedergegeben werden.
ordinarily *adv* usually ▷**gewöhnlich**

ordinary[2] /ˈɔːdnrɪ/ *n*
out of the ordinary, unusual; strange ▷**Ungewöhnliches**: *Did you see anything out of the ordinary?* Hast du etwas Ungewöhnliches gesehen?

ore /ɔː(r)/ *n*
kind of rock or earth from which you get metal ▷**Erz**: *iron ore,* Eisenerz.

organ /ˈɔːgən/ *n*
big musical instrument with keys like a piano ▷**Orgel**: *There is usually an organ in a church.* In einer Kirche gibt es normalerweise eine Orgel.
organist /ˈɔgənɪst/ *n*
someone who plays an organ ▷**Organist(in)**

organic /ɔːˈgænɪk/ *adj*
1 of something living ▷**organisch**: *organic chemistry,* organische Chemie
2 that someone grows without chemicals ▷**biodynamisch**: *organic farming,* biodynamischer Anbau.

organization /ˌɔːgənaɪˈzeɪʃn/ *n*
1 (no *pl*) planning something ▷**Organisation**: *She's busy with the organization of her daughter's party.* Sie ist mit der Organisation der Geburtstagsparty ihrer Tochter beschäftigt.
2 (*pl* organizations) group of people, countries, etc, who are working together for some purpose ▷**Organisation**: *United Nations Organization,* die Organisation der Vereinten Nationen.

organize /ˈɔːgənaɪz/ *v*
plan something; control things or people ▷**organisieren**: *Our teacher has organized a class trip to Stratford-upon-Avon.* Unsere Lehrerin hat einen Klassenausflug nach Stratford-upon-Avon organisiert.

oriental /ˌɔːrɪˈentl/ *adj*
eastern ▷**orientalisch**: *oriental art,* orientalische Kunst.

origin /ˈɒrɪdʒɪn/ *n*
beginning; start of anything ▷**Ursprung**: *The origins of this custom are unknown.* Die Ursprünge dieser Tradition sind unbekannt.

original[1] /əˈrɪdʒənl/ *adj*
1 first; earliest ▷**ursprünglich**: *I have the bicycle now but my sister was the original owner.* Ich habe jetzt das Fahrrad, das ursprünglich meiner Schwester gehörte.
2 that is real, not a copy ▷**Original-**: *original paintings,* Originalgemälde.

original[2] /əˈrɪdʒənl/ *n*
thing of which there are copies ▷**Original**: *This is a good copy of the painting — the original is in the National Gallery.* Dies ist eine gute Kopie des Gemäldes — das Original hängt in der Nationalgalerie.

originally /əˈrɪdʒənəlɪ/ *adv*
in the beginning; at first ▷**ursprünglich**: *This hotel was originally the house of a duke.* Dieses Hotel war ursprünglich das Haus eines Herzogs.

ornament /ˈɔːnəmənt/ *n*
small, pretty thing that you put in your house ▷**Dekorationsstück**: *china ornaments,* Dekorationsstücke aus Porzellan.

ornamental /ˌɔːnəˈmentl/ *adj* ▷**Zier-**: *an ornamental pond,* ein Zierteich.

orphan /ˈɔːfn/ *n*
child whose parents are dead ▷**Waise**
orphanage /ˈɔːfənɪdʒ/ *n* home for orphans ▷**Waisenhaus**

ostrich /ˈɒstrɪtʃ/ *n* (*pl* ostriches)
very big bird from Africa that runs fast but cannot fly ▷**Strauß**

other[1] /ˈʌðə(r)/ *adj*
not the same; opposite ▷**andere(r, s)**: *I want the other bike.* Ich will das andere Rad.
the other day, not many days ago ▷**neulich**: *I saw your brother the other day.* Ich habe neulich deinen Bruder gesehen.

other[2] /ˈʌðə(r)/ *pron*
someone or something that is not the same ▷**der/die/das andere**: *This book is mine and the other is Adrian's.* Dieses Buch gehört mir und das andere Adrian.
each other, one another ▷**einander**: *Andrew and Graham often play tennis with each other.* Andrew und Graham spielen oft Tennis miteinander.

otherwise /ˈʌðəwaɪz/ *adv*
1 differently ▷**anders**: *My father wanted me to become a teacher, but I decided otherwise.* Mein Vater wollte, dass ich Lehrer werde, aber ich habe mich anders entschieden.
2 in other ways ▷**sonst**: *The house is small, but otherwise it is comfortable.* Das Haus ist klein, sonst aber komfortabel.
otherwise *conj* if not, then ▷**sonst**: *Walk slowly, otherwise you'll fall.* Geh langsam, sonst wirst du hinfallen.

ought /ɔːt/ *v*
ought to, (a) words that tell someone what is the right thing to do ▷**sollte**: *It's late, so I ought to go home.* Es ist spät, deshalb sollte ich besser nach Hause gehen. **(b)** words that show what you think will happen ▷**müsste**: *Bruce is the fastest runner, so he ought to win the race.* Bruce ist der schnellste Läufer, deshalb müsste er das Rennen eigentlich gewinnen. ☞**ought to** bleibt als Hilfsverb in seiner Form unverändert und besitzt auch keine Vergangenheitsform. Vergleiche mit **should**.

ounce /aʊns/ *n*
measure of weight = 28.3 grams ▷**28,3 Gramm** ☞In Kochrezepten wird oft die Abkürzung **oz** verwendet.

our /ɑː(r)/, /ˈaəʊ(r)/ *adj*
of us ▷**unser**: *Come and see us at our house.* Komm uns doch einmal in unserem Haus besuchen.
ours *pron* thing that belongs to us ▷**unsere(r, s)**: *Are these towels yours or ours?* Sind das eure Handtücher oder unsere?

ourselves /ɑːˈselvz/, /aʊəˈselvz/ *pron*
1 word that describes us when we have just been talked about ▷**uns**: *We hurt ourselves when we fell over.* Wir verletzten uns, als wir hinfielen.
2 we and no other people ▷**selbst**: *We made this ourselves.* Wir haben das selbst gemacht.
by ourselves, alone ▷**allein**

out /aʊt/ *adv*
1 away from a place; from inside ▷**(hin)aus**: *He went out of the house and forgot to lock the door.* Er ging aus dem Haus und vergaß die Tür abzuschließen. *When the pipe cracked, water leaked out.* Als das Rohr brach, tropfte Wasser heraus.
2 not at home, work, etc ▷**nicht da**: *Mr Johnson is out and will be back in two hours.* Mr Johnson ist nicht da, aber er wird in zwei Stunden zurück sein.
3 no longer popular; not liked by many people now ▷**aus der Mode**: *Smoking is going out.* Rauchen kommt aus der Mode.
4 not shining or burning ▷**aus**: *It was dark because the light was out.* Es war dunkel, weil das Licht aus war.
5 loudly; clearly ▷**auf**: *He cried out in pain.* Er schrie vor Schmerzen auf.
6 forwards; towards someone or something ▷**aus**: *Hold your hands out.* Streckt eure Hände aus!

outdoor /ˈaʊtdɔː(r)/ *adj*
in the open air; that happens outside a building ▷**im Freien**: *Football and cricket are outdoor games.* Fußball und Kricket sind Spiele, die man im Freien spielt.
outdoors /ˌaʊtˈdɔːs/ *adv* in the open air: outside ▷**draußen**: *We had our lunch outdoors.* Wir aßen unser Mittagessen draußen.

outer /ˈaʊtə(r)/ *adj*
of or for the outside; farther from the centre ▷**äußere(r, s)**: *the outer parts of the city,* die äußeren Bezirke der Stadt.

outfit /ˈaʊtfɪt/ *n*
set of clothes that you wear together, for sport or a special happening ▷**Kleidung**: *a new tennis outfit,* neue Tenniskleidung.

outing /ˈaʊtɪŋ/ *n*
short journey to enjoy yourself ▷**Ausflug**: *We went for an outing to the sea on Sunday.* Am Sonntag haben wir einen Ausflug ans Meer gemacht.

outline /ˈaʊtlaɪn/ *n*
line that shows the shape of something ▷**Umrisse**: *We could see the outline of the castle through the fog.* Im Nebel konnten wir die Umrisse des Schlosses erkennen.

out of /'aʊt əv/ *prep*
1 not in ▷**außerhalb**: *Fish cannot live out of water.* Fische können nicht außerhalb des Wassers leben.
2 words that show where from ▷**aus**: *It's time you got out of bed.* Es wird Zeit, dass du aus dem Bett kommst.
3 words that show why ▷**aus**: *Audrey helped us out of kindness.* Audrey half uns aus Freundlichkeit.
4 from that number ▷**aus, von**: *Twenty out of a class of thirty children were ill.* Zwanzig von dreißig Kindern in der Klasse waren krank.
5 with; from ▷**aus**: *He made a table out of an old box.* Er machte einen Tisch aus einer alten Kiste.
6 without; not having ▷**außer**: *We were out of breath after running up the hill.* Nachdem wir den Hügel hinaufgelaufen waren, waren wir außer Atem.
out of work *adj* not having a job ▷**arbeitslos**

out-of-date /ˌaʊt əv 'deɪt/ *adj*
1 not modern ▷**altmodisch**: *out-of-date clothes,* altmodische Kleidung.
2 with old information ▷**veraltet**: *an out-of-date list,* eine veraltete Liste.

output /ˌaʊtpʊt/ *n* (no *pl*)
amount of things that you have made ▷**Produktion**: *What is the output of the factory?* Wie groß ist die Produktion der Firma?

outside[1] /ˌaʊt'saɪd/ *adj*
on, near, or in the part away from the centre ▷**Außen-**: *an outside toilet,* eine Außentoilette.

outside[2] /ˌaʊt'saɪd/ *adv*
out; away from a place ▷**nach draußen**: *He went outside to look at the garden.* Er ging nach draußen, um sich den Garten anzusehen.

outside[3] /ˌaʊt'saɪd/ *n*
part away from the middle of something ▷**Äußere**: *The outside of the car is blue.* Das Äußere des Autos ist blau.

outside[4] /'aʊt'saɪd/ *prep*
not in ▷**außerhalb**: *There was no space, so she parked outside the car park.* Es war kein Platz frei, deshalb stellte sie den Wagen außerhalb des Parkplatzes ab.

outskirts /'aʊtskɜːts/ *n pl*
outer parts of a town or city ▷**Stadtrand**: *Heathrow airport is on the outskirts of London.* Der Flughafen Heathrow liegt am Stadtrand von London.

outstanding /ˌaʊt'stændɪŋ/ *adj*
very good; much better than others ▷**außergewöhnlich**: *Ingrid Bergman was an outstanding actress.* Ingrid Bergman war eine außergewöhnliche Schauspielerin.

outward /'aʊtwəd/, **outwards** *adv*
towards the outside ▷**nach außen**: *Does that window open inwards or outwards?* Geht das Fenster nach innen oder nach außen auf?

oval /'əʊvl/ *n*
shape like an egg ▷**Oval**
oval *adj* ▷**oval**

oven /'ʌvn/ *n*
inside part of a cooker; thing in which you can cook food ▷**Backofen**

over[1] /'əʊvə(r)/ *adv*
1 across ▷**(hin)über**: *Let's row over to the other side of the river.* Lass uns auf die andere Seite des Flusses hinüberrudern.
2 from one place to another ▷**herüber**: *Come over and see us on Saturday.* Komm herüber und besuch uns am Samstag.
3 through; from beginning to end ▷**durch-**: *I'll read the question over once more.* Ich werde mir die Frage noch einmal durchlesen. *Let's talk the problem over tomorrow.* Lasst uns das Problem morgen noch einmal durchsprechen.
4 down ▷**hin**: *He tripped and fell over.* Er stolperte und fiel hin.
5 left; not used ▷**übrig**: *If there's any soup over, we can eat it tomorrow.* Wenn noch Suppe übrig ist, können wir sie morgen essen.
6 more ▷**(dar)über**: *The race is for children of ten and over.* Das Rennen ist für Kinder, die zehn und darüber sind.
7 ended; finished ▷**zu Ende**: *We'll go home when the class is over.* Wir gehen nach Hause, wenn die Stunde zu Ende ist.
all over, everywhere ▷**ganz**: *The dog jumped into the water and now it's wet all over.* Der Hund sprang ins Wasser und ist jetzt ganz nass.
all over again, over again, another time ▷**noch einmal**: *The audience liked the song so much that she sang it all over again.* Dem Publikum gefiel das Lied so, dass sie es noch einmal sang.
over and over again, many times ▷**immer wieder**: *Say it over and over again until you remember it.* Sag es immer wieder, bis du es dir merkst.
over here, here ▷**hier(her)**: *Come over here.* Komm hierher!
over there, there ▷**dort(hin)**: *Go over there and see if you can help.* Geh dorthin und sieh nach, ob du helfen kannst.

over[2] /'əʊvə(r)/ *prep*
1 on something, to cover it ▷**über**: *I put a blanket over the sleeping child.* Ich legte eine Decke über das schlafende Kind.

2 above; higher than ▷**über**: *He warmed his hands over the fire.* Er wärmte seine Hände über dem Feuer.
3 across; to the other side of ▷**über**: *Can you jump over that wall?* Kannst du über die Mauer springen?
4 more than ▷**über**: *He was away for over a month.* Er war über einen Monat weg.

overall /'əʊvərɔːl/ *n*
piece of loose clothing that you wear over your normal clothes when you are doing a dirty job ▷**Kittel**
overalls /'əʊvərɔːlz/ *n pl* trousers and jacket in one piece that you wear over your normal clothes when you are doing a dirty job ▷**Overall**

overboard /'əʊvəbɔːd/ *adv*
over the side of a boat and into the water ▷**über Bord**: *They jumped overboard when the ship caught fire.* Sie sprangen über Bord, als auf dem Schiff ein Feuer ausbrach.

overcoat /'əʊvəkəʊt/ *n*
long coat that you wear over other clothes in cold weather ▷**Mantel** ☞Gewöhnlich sagt man **coat**.

overcrowded /ˌəʊvə'kraʊdɪd/ *adj*
too full of people ▷**überfüllt**: *an overcrowded train,* ein überfüllter Zug.

overdue /ˌəʊvə'djuː/ *adj*
1 late ▷**überfällig**: *The train is two hours overdue.* Der Zug ist seit zwei Stunden überfällig.
2 not yet paid ▷**überfällig**: *The landlady is angry because the rent is overdue.* Die Vermieterin ist verärgert, weil die Miete überfällig ist.

overflow /ˌəʊvə'fləʊ/ *v*
flow over the edge of something ▷**überlaufen**: *The bath has overflowed.* Die Badewanne ist übergelaufen.

overhead /ˌəʊvə'hed/ *adv*
above your head ▷**über dem Kopf**: *The light is directly overhead.* Die Lampe hängt direkt über dem Kopf.
overhead *adj* high above the ground ▷**Ober-**: *overhead cables,* Oberleitungen.

overhear /ˌəʊvə'hɪə(r)/ *v* (overheard /ˌəʊvə'hɜːd/, has overheard)
hear something by chance when the speaker does not know that you are listening ▷**(zufällig) hören**: *Talk more quietly or someone will overhear us.* Sprich leiser, sonst könnte uns jemand hören. ☞Vorsicht! Für **überhören** im Sinne von „nicht mitbekommen" sagt man **miss**.

overnight /ˌəʊvə'naɪt/ *adv*
for the night ▷**über Nacht**: *They stayed at our house overnight.* Sie blieben über Nacht bei uns.
overnight *adj* ▷**Nacht-**: *an overnight journey,* eine Nachtfahrt.

overseas /ˌəʊvə'siːz/ *adj*
in, to, or from places across the sea; foreign ▷**ausländisch**: *overseas news,* ausländische Nachrichten. ☞Vergleiche mit **foreign.**
overseas *adv* abroad ▷**im Ausland**: *He is living overseas.* Er lebt im Ausland. ☞Vergleiche mit **abroad**.

oversleep /ˌəʊvə'sliːp/ *v* (overslept /ˌəʊvə'slept/, has overslept)
sleep too long, not wake at the right time ▷**verschlafen**

overtake /ˌəʊvə'teɪk/ *v* (overtook /ˌəʊvə'tʊk/, has overtaken /ˌəʊvə'teɪkn/)
go past someone or something that is going more slowly ▷**überholen**: *I was riding my bicycle along the road when a car overtook me.* Ich fuhr mit dem Fahrrad die Straße entlang, als mich ein Auto überholte.

overtime /'əʊvətaɪm/ *n* (no *pl*)
extra time at work ▷**Überstunden**: *I never work overtime.* Ich mache nie Überstunden.

overtook /ˌəʊvə'tʊk/ *form of* overtake

overturn /ˌəʊvə'tɜːn/ *v*
turn over; turn something over ▷**umkippen**: *A big wave overturned the boat.* Eine große Welle kippte das Boot um.

overweight /ˌəʊvə'weɪt/ *adj*
too heavy ▷**übergewichtig**: *He eats too much and is very overweight.* Er isst zuviel und ist stark übergewichtig.

overwhelming /ˌəʊvə'welmɪŋ/ *adj*
very big ▷**überwältigend**: *an overwhelming victory,* ein überwältigender Sieg.

owe /əʊ/ *v*
1 must give money, etc back to someone ▷**schulden**: *I owe my brother £2 that he lent me last week.* Ich schulde meinem Bruder £2, die er mir letzte Woche geliehen hat.
2 feel that you have something because of what another person has done ▷**verdanken**: *She owes her life to that man who pulled her out of the river.* Sie verdankt ihr Leben dem Mann, der sie aus dem Wasser zog.

owing to /'əʊɪŋ tʊ/ *prep*
because of ▷**wegen**: *Owing to bad weather, the match was cancelled.* Wegen des schlechten Wetters wurde das Spiel abgesagt.

owl /aʊl/ *n*
bird that flies at night ▷**Eule**

own[1] /əʊn/ *adj*
word that shows that something belongs to or is a special part of someone or something ▷**eigen**: *This is my own camera, which I bought with my own money.* Das ist mein ei-

gener Fotoapparat, den ich mit meinem eigenen Geld gekauft habe.
own *pron* ▷**eigene(r, s)**: *Those books belong to the library but this is my own.* Diese Bücher gehören der Bücherei, aber das ist mein eigenes.
of your own, belonging to you and to no one else ▷**eigene(r, s)**: *a home of my own,* ein eigenes Heim.
on your own, alone ▷**allein**: *He lives on his own.* Er lebt allein.
☞Für „mein eigenes Zimmer" kann man sowohl *a room of my own* wie *my own room* sagen.

own[2] /əʊn/ *v*
have something that is yours ▷**besitzen**: *We don't rent our house; we own it.* Wir haben unser Haus nicht gemietet, wir besitzen es.
own up to, say that you have done something wrong ▷**zugeben**: *No one owned up to the broken window.* Keiner gab zu, dass er die Scheibe zerbrochen hatte.

owner /ˈəʊnə(r)/ *n*
someone who has something ▷**Besitzer(in)**: *Who is the owner of that red car?* Wer ist der Besitzer des roten Autos?

ox /ɒks/ *n* (*pl* oxen /ˈɒksn/)
bull used for farm work ▷**Ochse**

oxygen /ˈɒksɪdʒən/ *n* (no *pl*)
gas in the air, which we need so that we can breathe properly ▷**Sauerstoff**

oyster /ˈɔɪstə(r)/ *n*
shellfish that makes pearls ▷**Auster**

ozone /ˈəʊzəʊn/ *n* (no *pl*)
a gas in the air ▷**Ozon**: *the hole in the ozone layer,* das Ozonloch.

Pp

pack[1] /pæk/ *n*
1 bag or bundle of things that you have tied together so that they are easy to carry ▷**Bündel**
2 bag that you carry on your back ▷**Rucksack**: *The hikers had packs on their backs.* Die Wanderer hatten Rucksäcke auf dem Rücken.
3 group of animals that run and hunt together ▷**Rudel**: *a pack of wolves,* ein Rudel Wölfe.
pack of cards *n* set of cards for playing games ▷**Kartenspiel**

pack[2] /pæk/ *v*
1 put clothes, etc into a case for a journey ▷**einpacken**: *Have you packed your toothbrush?* Hast du deine Zahnbürste eingepackt?
2 put things into a box, bag, etc ▷**packen**: *Have you packed your suitcase?* Hast du deinen Koffer gepackt?

package /ˈpækɪdʒ/ *n*
something that you have wrapped in paper ▷**Paket**

package tour /ˈpækɪdʒ tʊə(r)/ *n*
complete holiday where a travel agent sells you your hotel, flight, etc together ▷**Pauschalreise**

packed /pækt/ *adj*
full ▷**überfüllt**: *The train was packed.* Der Zug war überfüllt.

packet /ˈpækɪt/ *n*
1 small parcel ▷**Päckchen**
2 small box or bag in which you buy things ▷**Päckchen**: *a packet of cigarettes,* ein Päckchen Zigaretten.

packing /ˈpækɪŋ/ *n* (no *pl*)
putting clothes, etc into a case for a journey ▷**Packen**: *When you've finished your packing we can go.* Wenn du mit dem Packen fertig bist, können wir gehen.

pad /pæd/ *n*
1 a lot of new pieces of paper, fixed together at one end ▷**(Schreib)block**: *a writing pad,* ein Schreibblock.
2 thick piece of soft stuff that you put on a part of your body to keep it safe ▷**Polster**: *shoulder pads,* Schulterpolster.

paddle[1] /ˈpædl/ *n*
long piece of wood with a flat end, for moving a canoe, etc through the water ▷**Paddel**

paddle[2] /ˈpædl/ *v*
1 move a canoe, etc through the water with a paddle ▷**paddeln**: *They paddled their boat up the river.* Sie paddelten mit dem Boot den Fluss hinauf.
2 walk around in shallow water with bare feet ▷**planschen**: *The children were paddling in the swimming-pool.* Die Kinder planschten im Swimmingpool.

padlock /ˈpædlɒk/ *n*
sort of lock ▷**Vorhängeschloss**: *She locked her bike with a padlock and chain.* Sie sicherte ihr Rad mit einem Vorhängeschloss und einer Kette.

page /peɪdʒ/ *n*
piece of paper that is part of a book ▷**Seite**

paid /peɪd/ *form of* pay

pain /peɪn/ *n*
what you feel when you are hurt ▷**Schmerz**: *His broken leg gave him a lot of pain.* Sein gebrochenes Bein bereitete ihm große Schmerzen. ☞Siehe Anmerkung bei **ache**.

painful /'peɪnfl/ *adj*
giving pain ▷**schmerzhaft**: *a painful bee sting,* ein schmerzhafter Bienenstich.

painless /'peɪnlɪs/ *adj*
not giving pain ▷**schmerzlos**

paint[1] /peɪnt/ *n*
coloured liquid that you put on something with a brush ▷**Farbe**: *Is the paint dry yet?* Ist die Farbe schon trocken?

paint[2] /peɪnt/ *v*
1 put paint onto something with a brush ▷**streichen**: *We painted the door blue.* Wir haben die Tür blau gestrichen.
2 make a picture with paints ▷**malen**: *Picasso painted that picture.* Dieses Bild hat Picasso gemalt.

paintbrush /'peɪntbrʌʃ/ *n* (*pl* paintbrushes)
brush for painting walls, pictures, etc ▷**Pinsel**

painter /'peɪntə(r)/ *n*
1 someone who paints pictures; artist ▷**Maler(in)**: *Picasso was a painter.* Picasso war ein Maler.
2 someone who paints houses, walls, etc ▷**Anstreicher(in)**

painting /'peɪntɪŋ/ *n*
picture made with paint ▷**Gemälde**

pair /peə(r)/ *n*
1 two things of the same kind that are together ▷**Paar**: *a pair of socks,* ein Paar Socken.
2 one thing with two parts that are joined together: *a pair of trousers,* eine Hose; *a pair of scales,* eine Waage; *a pair of scissors,* eine Schere.
in pairs, with two together ▷**paarweise**: *We worked in pairs.* Wir arbeiteten paarweise.

pajamas *American for* pyjamas

palace /'pælɪs/ *n*
very big house, especially of a king or other ruler ▷**Palast**

pale /peɪl/ *adj* (paler, palest)
1 with little colour in the face ▷**blass**: *He became pale with fear.* Er wurde blass vor Angst.
2 not bright or dark; with a light colour ▷**blass**: *a pale blue sky,* ein blassblauer Himmel.

palm[1] /pɑːm/ *n*
inside, flat part of the hand ▷**Handfläche**: *The mouse sat on the palm of her hand.* Die Maus saß auf ihrer Handfläche.

palm[2] /pɑːm/ *n*
sort of tree ▷**Palme**: *a coconut palm,* eine Kokospalme.

pan /pæn/ *n*
metal container for cooking ▷**Pfanne**: *a frying-pan,* eine Bratpfanne.

pancake /'pænkeɪk/ *n*
very thin, round cake that you make with milk, eggs, and flour and cook in a frying-pan ▷**Pfannkuchen**

panda /'pændə/ *n*
big black and white animal ▷**Panda**

pane /peɪn/ *n*
piece of glass in a window ▷**Glasscheibe**

panel /'pænl/ *n*
1 flat piece of wood, glass, metal, etc ▷**Platte**
2 board with dials, switches, etc ▷**Schalttafel**

panic /'pænɪk/ *n*
strong fear that spreads quickly ▷**Panik**
panic *v* (is panicking, panicked /'pænɪkt/, has panicked) ▷**in Panik geraten**: *The children panicked.* Die Kinder gerieten in Panik.

pantomime /'pæntəmaɪm/ *n*
play with music, dancing, singing, and jokes at Christmas ▷**Weihnachtsspiel**

pants /pænts/ *n pl*
1 piece of clothing that you wear on your bottom, under a skirt or trousers ▷**Unterhose**
2 *American for* trousers ▷**Hose**
☞**pants** gehört zu den Paarwörtern wie **trousers, glasses, jeans, scissors** und steht immer im Plural. Soll eine bestimmte Zahl angegeben werden, so verwendet man **pair(s) of**: *a pair of pants.*

paper /'peɪpə(r)/ *n*
1 (no *pl*) thin sheets for writing, printing, packing, etc ▷**Papier**: *This book is made of paper.* Dieses Buch ist aus Papier.
2 (*pl* papers) newspaper ▷**Zeitung**: *Have you read today's paper?* Hast du die Zeitung von heute gelesen?

paperback /'peɪpəbæk/ *n*
book with paper covers ▷**Taschenbuch**

paper-clip /'peɪpə klɪp/ *n*
small piece of wire that holds pieces of paper together ▷**Büroklammer**

papers /'peɪpəz/ *n pl*
special pieces of paper that show who you are, what you do, etc ▷**(Ausweis)papiere**: *The police asked to see his papers.* Die Polizei wollte seine Ausweispapiere sehen.

parachute /ˈpærəʃuːt/ *n*
thing like a big umbrella that you wear when you jump out of an aeroplane so that you will come down to earth safely ▷**Fallschirm**
parachute *v* jump from an aeroplane with a parachute ▷**mit dem Fallschirm abspringen**

parade /pəˈreɪd/ *n*
group of people walking, marching or riding together on a special occasion ▷**Umzug**: *a military parade,* eine Militärparade.
parade *v* ▷**vorbeimarschieren**

paradise /ˈpærədaɪs/ *n* (no *pl*)
heaven ▷**Paradies**

paragraph /ˈpærəgrɑːf/ *n*
group of lines of writing ▷**Absatz**

paralyse /ˈpærəlaɪz/ *v*
make someone lose the feeling or power to move ▷**lähmen**
paralysed /ˈpærəlaɪzd/ *adj* ▷**gelähmt**: *Mr Jones can't walk because his legs are paralysed.* Mr Jones kann nicht gehen, weil seine Beine gelähmt sind.

paralyze *American for* paralyse

parcel /ˈpɑːsl/ *n*
something wrapped in paper ▷**Paket**

> **pardon, excuse me,** und **sorry**
>
> Beachte die Verwendung von **pardon, excuse me, sorry**:
>
> **1** Man verwendet **excuse me** bevor man jemanden stört oder unterbricht:
> *Excuse me, could you tell me the way to the post office?* Entschuldigung, können Sie mir sagen, wo die Post ist?
>
> **2** **sorry** ist angebracht, um sich zu entschuldigen, nachdem man jemand gestört oder belästigt hat:
> *Sorry, did I hurt you?* Oh! Verzeihung, hab ich dir wehgetan?
> **I beg your pardon** ist eine sehr höfliche Form, sich für ein Fehlverhalten zu entschuldigen.
>
> **3** Hat man etwas nicht richtig gehört oder verstanden, so kann man mit **Sorry?** oder **(I beg your) pardon?** nachfragen:
> *Sorry/Pardon, what did you say?* Verzeihung/Entschuldigung, was haben Sie gesagt?

pardon /ˈpɑːdn/ *n*
I beg your pardon, (a) I am sorry ▷**Entschuldigung**: *I beg your pardon — I didn't mean to be rude.* Entschuldigung! Ich wollte nicht unhöflich sein. **(b)** What did you say? ▷**Wie bitte?**
pardon *exclam* What did you say? ▷**Wie bitte?**

parents /ˈpeərənts/ *n pl*
father and mother ▷**Eltern** ☞Siehe Darstellung bei **family**.

parish /ˈpærɪʃ/ *n* (*pl* parishes)
one church and the area that it controls ▷**Gemeinde**: *The vicar visits all the old people in his parish.* Der Pfarrer besucht alle alten Leute in seiner Gemeinde.

park[1] /pɑːk/ *n*
public garden in a town ▷**Park**: *Hyde Park,* Hyde Park.

park[2] /pɑːk/ *v*
put a car, lorry, etc somewhere for a time ▷**parken**: *He parked his car in the garage.* Er parkte sein Auto in der Garage.

parking meter /ˈpɑːkɪŋ miːtə(r)/ *n*
machine that takes your money and shows how long you can leave your car ▷**Parkuhr**

parking ticket /ˈpɑːkɪŋ: tɪkət/ *n*
piece of paper that tells you to pay a fine for parking in the wrong place ▷**Strafzettel**

parliament /ˈpɑːləmənt/ *n*
group of people who discuss and make the laws in a country ▷**Parlament**

parrot /ˈpærət/ *n*
bird that can copy what people say ▷**Papagei**

parsley /ˈpɑːslɪ/ *n* (no *pl*)
small plant with curly leaves that you use in cooking ▷**Petersilie**

part[1] /pɑːt/ *n*
1 some, but not all ▷**Teil**: *We spend part of the day at school.* Wir verbringen einen Teil des Tages in der Schule.
2 one of several equal bits ▷**Teil**: *A minute is the sixtieth part of an hour.* Eine Minute ist der sechzigste Teil einer Stunde.
3 the person you are in a play ▷**Rolle**: *She played the part of Ophelia.* Sie spielte die Rolle der Ophelia.
4 piece of a machine, etc ▷**Teil**: *The chain is an important part of a bicycle.* Die Kette ist ein wichtiges Teil des Fahrrads.
take part in something do something together with other people ▷**mitmachen**: *All the children took part in the concert.* Alle Kinder machten bei dem Konzert mit.

part[2] /pɑːt/ *v*
go away from each other ▷**sich trennen**: *He waved goodbye when we parted.* Als wir uns trennten, winkte er zum Abschied.

participate /pɑːˈtɪsɪpeɪt/ *v*
join other people to do something ▷**teilnehmen**: *Ten countries participated in the discussions.* Zehn Länder nahmen an den Verhandlungen teil.

participation /pɑːˌtɪsɪˈpeɪʃn/ *n* (no *pl*) ▷**Teilnahme**

participle /ˈpɑːtɪsɪpl/ *n*
form of a verb ▷**Partizip**: *The present participle of 'hurry' is 'hurrying' and the past participle is 'hurried'.* Das Partizip Präsens von „hurry" ist „hurrying" und das Partizip Perfekt ist „hurried".

particular /pəˈtɪkjʊlə(r)/ *adj*
1 one only, and not any other ▷**bestimmte(r, s)**: *Are you looking for a particular radio?* Suchen Sie ein bestimmtes Radio?
2 special ▷**besondere(r, s)**: *She took particular care over her make-up.* Sie gab sich besondere Mühe mit ihrem Make-up.
in particular, especially; more than others ▷**besonders**: *Do you want to see any film in particular?* Gibt es einen Film, den du besonders gern sehen möchtest?
particularly /pəˈtɪkjʊləlɪ/ *adv* especially; more than others ▷**besonders**: *I don't particularly like this beer.* Ich mag dieses Bier nicht besonders gern.

partly /ˈpɑːtlɪ/ *adv*
in some way but not totally ▷**zum Teil**: *The accident was partly my fault.* Der Unfall war zum Teil meine Schuld.

partner /ˈpɑːtnə(r)/ *n*
1 person who you play a game with, or dance with ▷**Partner(in)**: *Take your partners for the next dance.* Wählt eure Partner für den nächsten Tanz.
2 someone who shares a business with another ▷**Teilhaber(in)**
partnership /ˈpɑːtnəʃɪp/ *n* ▷**Teilhaberschaft**: *The two brothers are going into partnership in the shop.* Die beiden Brüder werden den Laden in Teilhaberschaft führen.

part-time /ˌpɑːt ˈtaɪm/ *adj*
that takes some, but not all, of your usual working hours ▷**Teilzeit-**: *a part-time job,* eine Teilzeitstelle.
part-time *adv* ▷**halbtags**: *She works part-time.* Sie arbeitet halbtags.

party /ˈpɑːtɪ/ *n* (*pl* parties)
1 meeting of friends to eat, drink, play games, dance, etc ▷**Party**: *a birthday party,* eine Geburtstagsparty. *Let's have a party.* Lasst uns eine Party machen.
2 group of people who have the same political ideas ▷**Partei**: *the Conservative Party,* die Konservative Partei.
3 group of people travelling or working together ▷**Gruppe**: *a party of American tourists,* eine amerikanische Reisegruppe.

pass[1] /pɑːs/ *n* (*pl* passes)
1 narrow road or path through high hills or mountains ▷**Pass**: *the St. Bernard Pass,* der Sankt-Bernhardin-Pass.
2 special piece of paper that says you can go somewhere or do something ▷**Ausweis**: *You need a pass to enter the factory.* Man braucht einen Ausweis, um die Fabrik betreten zu können.
3 kicking, throwing, or hitting the ball to someone in the same team in football, netball, hockey, etc ▷**Pass**

pass[2] /pɑːs/ *v*
1 go by someone or something ▷**vorbeigehen, vorbeifahren**: *Hugo waved as he passed Hilary in his car.* Hugo winkte, als er an Hilary vorbeifuhr.
2 go by ▷**vergehen**: *A week passed before his letter arrived.* Eine Woche verging, bevor sein Brief ankam.
3 give something to someone ▷**reichen**: *Please pass me the salt.* Reich mir bitte das Salz.
4 do well enough in an examination, etc ▷**bestehen**: *Arthur passed his driving test.* Arthur bestand seine Fahrprüfung.
pass on, tell something to another person ▷**weitergeben**: *Will you pass on a message to George for me?* Kannst du eine Nachricht von mir an George weitergeben?
pass the time, spend time ▷**sich die Zeit vertreiben**: *We played cards to pass the time until the train came.* Wir spielten Karten, um uns die Zeit bis zur Abfahrt des Zuges zu vertreiben.
pass through, go through a place ▷**fahren . . . durch**: *The train passes through Reading on its way to Bristol.* Auf dem Weg nach Bristol fährt der Zug durch Reading.

passage /ˈpæsɪdʒ/ *n*
narrow way in a building or between buildings ▷**Gang**: *Go along this passage to the library.* Gehen Sie durch diesen Gang in die Bücherei.

passenger /ˈpæsɪndʒə(r)/ *n*
someone who is travelling on a bus, train, ship, aeroplane, etc ▷**Passagier(in)**

passer-by /ˌpɑːsəˈbaɪ/ *n* (*pl* passers-by)
someone who passes you in the street ▷**Passant(in)**: *When I fell down, a passer-by helped me to get up.* Als ich hinfiel, half mir eine Passantin wieder auf.

passion /ˈpæʃn/ *n* (no *pl*)
strong feeling of love, hate, or anger ▷**Leidenschaft**

passive /ˈpæsɪv/ *n*
in the passive, where the subject of a sentence or verb is not doing the action ▷**im Passiv**: *In the sentence 'John was eaten by a lion' the verb is in the passive.* In dem Satz

„John wurde von einem Löwen gefressen" steht das Verb im Passiv.

passport /'pɑːspɔːt/ *n*
small book with your name, photograph, etc, which you take with you when you travel to other countries ▷**(Reise)pass**

password /'pɑːswɜːd/ *n*
secret word that you say to enter a place ▷**Kennwort**

past[1] /pɑːst/ *adj*
1 of the time that has gone ▷**frühere(r, s)**: *When he won first prize everyone forgot his past mistakes.* Als er den ersten Preis gewann, vergaß jeder seine früheren Fehler.
2 last ▷**letzte(r, s)**: *He has been ill for the past two weeks.* Er ist in den letzten zwei Wochen krank gewesen.

past[2] /pɑːst/ *adv*
by ▷**vorbei**: *We couldn't get on the bus because it drove past.* Wir konnten nicht in den Bus einsteigen, weil er vorbeifuhr.

past[3] /pɑːst/ *n*
the time before now and things that happened then ▷**Vergangenheit**: *In history lessons we learn about the past.* Im Geschichtsunterricht lernen wir etwas über die Vergangenheit.
in the past, at a time before now ▷**früher**: *In the past more people died of cancer.* Früher starben mehr Menschen an Krebs.
☞Siehe Darstellung, Seite 208.

past[4] /pɑːst/ *prep*
1 by ▷**vorbei**: *Marie took a biscuit as she walked past the table.* Marie nahm sich einen Keks, als sie am Tisch vorbeiging.
2 word that shows how many minutes after the hour ▷**nach**: *It's seven minutes past three.* Es ist sieben Minuten nach drei.
3 over a certain point ▷**über ... hinaus**: *It's past lunch-time and I'm hungry.* Es ist über die Essenszeit hinaus, und ich habe Hunger.

pasta /'pæstə/ *n* (no *pl*)
long, thin pieces of hard food made from flour and water, etc ▷**Nudeln**

paste /peɪst/ *n* (no *pl*)
stuff that sticks things together ▷**Kleister**
paste *v* stick something onto another thing with paste ▷**kleben**: *We pasted the paper onto the wall.* Wir klebten die Tapete an die Wand.

pastime /'pɑːstaɪm/ *n*
what you like to do when you are not working ▷**Hobby**: *Dancing is Mary's favourite pastime.* Tanzen ist Marys Lieblingshobby.-

Das Passiv

*They **washed** the car last Friday.*	Man verwendet eine Verbkonstruktion im Aktiv, wenn man ausdrücken will, **was Menschen oder Gegenstände tun**.
*The car **was washed** last Friday.*	Eine Passivkonstruktion betont, **was mit Menschen oder Gegenständen geschieht**.

Man erhält nun das englische Passiv ganz einfach, indem man an eine Form von **be** das past participle anhängt. Das past participle ist die „dritte Form" der Verben. Wenn wir ein unregelmäßiges Verb lernen, so steht es an dritter Stelle: **write—wrote—written** (dt.: geschrieben). Bei regelmäßigen Verben ist das past participle immer mit der Form des past tense identisch: **wash—washed—washed**.

Beispiele für Passivsätze:

simple present	*The car **is washed** regularly.*	Das Auto wird regelmäßig gewaschen.
present progressive	*The car **is being washed**.*	Das Auto wird (gerade) gewaschen.
past tense	*The car **was washed** last Saturday.*	Das Auto wurde vorigen Samstag gewaschen.
past progressive	*While the car **was being washed**, I did the shopping.*	Während das Auto gewaschen wurde, kaufte ich ein.
present perfect	*The car **has** already **been washed**.*	Das Auto ist schon gewaschen worden.
past perfect	*The car **had** already **been washed***	Das Auto war schon gewaschen worden
future	*The car **will be washed***	Das Auto wird gewaschen werden.
modal	*The car **must be washed**.*	Das Auto muss gewaschen werden.

Vergleich Passiv und Aktiv:

*The letter was written (**by Mary**)* ***Mary** wrote the letter.*	Soll der Verursacher der Handlung auch im Passivsatz ausgedrückt werden, so kann er mit **by** angeschlossen werden. Das Subjekt des Passivsatzes entspricht dabei dem Objekt des Aktivsatzes.

Die Vergangenheit

Vorsicht! Unterscheide gut die Verwendung von simple past und present perfect. Sie sind nicht austauschbar!

1 Simple past

FORM

I watched a western last night. Ich habe mir gestern Abend einen Western angesehen./Ich sah mir gestern Abend einen Western an.

Bei regelmäßigen Verben wird das simple past für alle Personen auf *-ed* gebildet.

Jane went to Edinburgh last month. Jane ist letzten Monat nach Edinburg gegangen./Jane ging letzten Monat nach Edinburg.

Unregelmäßige Verben bilden eine besondere Form.

Fragen und Verneinungen:

Did { you / he / she / we / they } meet my wife in the supermarket?

Hast du/hat er usw. meine Frau im Supermarkt getroffen?

{ I / You / He / She / We / They } { did not / didn't } meet my wife in the supermarket.

Ich habe/er hat usw. meine Frau im Supermarkt nicht getroffen.

- Aussprache von *-ed*:
- Nach den Lauten /d/ und /t/ wird *-ed* als /ɪd/ ausgesprochen:
  needed/ni:dɪd/
  waited/weɪtɪd/
- Nach allen anderen stimmlosen Lauten wird *-ed* als /t/ ausgesprochen:
  kicked/kɪkt/
  kissed/kɪst/
- Nach allen anderen stimmhaften Lauten wird *-ed* als /d/ ausgesprochen:
  played/pleɪd/
  burned/bɜːnd/

BENUTZUNG:

Wir verwenden das simple past, wenn wir über Dinge sprechen, die vergangen sind und als abgeschlossen gesehen werden. Häufig kommen Zeitangaben wie **yesterday**, **last night**, **last month**, **some time ago** vor.

2 Present perfect

FORM

I have washed my trousers. They're clean now. Ich habe meine Hose gewaschen. Sie ist jetzt sauber.

Hugh has just swum 1000 metres. Hugh ist gerade 1000 Meter geschwommen.

Das present perfect wird mit **have/has** + past participle gebildet. Bei regelmäßigen Verben besteht das past participle aus der Grundform des Verbs + *-ed*. Unregelmäßige Verben bilden eine besondere Form.

Fragen und Verneinungen:

Have { you / they } / Has { he / she } talked to her recently?

Hast du/haben sie usw. vor kurzem mit ihr gesprochen?

{ I / You / We / They } { have not / haven't } / (S)he { has not / hasn't } phoned yet.

Ich habe/du hast usw. noch nicht angerufen.

BENUTZUNG:

Das present perfect wird verwendet:

(a) um mitzuteilen, dass jemand etwas (nicht) getan hat/dass etwas (nicht) geschehen ist. (Ergebnis der Handlung wird betont.) (Häufig mit **just**, **already**, **not . . . yet**)

I've just bought a new car. Ich habe gerade ein neues Auto gekauft.

I've already driven 100 miles. Ich bin schon 100 Meilen gefahren.

(b) wenn man wissen will, ob jemand etwas schon einmal getan hat, oder ob etwas schon einmal geschehen ist. (Häufig mit **ever**, **never**.)

Have you ever been to Japan? Bist du je in Japan gewesen?

No, I've never been to Asia. Nein, ich bin nie in Asien gewesen.

(c) um mitzuteilen, dass etwas in der Vergangenheit begonnen hat und zum Zeitpunkt des Sprechens noch andauert. (Häufig mit **for**, **since**.)

I've had this car for five years. Ich habe dieses Auto seit fünf Jahren.

We've lived here since 1985. Wir wohnen hier seit 1985.

☞**pastime** klingt manchmal etwas altmodisch und wird oft durch **hobby** ersetzt.

pastry /ˈpeɪstrɪ/ *n* (no *pl*)
mixture of flour, fat, water, etc for making pies and biscuits ▷**Teig**

pat /pæt/ *v* (is patting, patted /ˈpætɪd/, has patted)
touch something or someone gently with your hand several times ▷**tätscheln**: *The little boy patted the dog.* Der kleine Junge tätschelte den Hund.
pat *n* ▷**Klaps**: *a pat on the shoulder,* ein Klaps auf die Schulter.

patch[1] /pætʃ/ *n* (*pl* patches)
1 piece of cloth that you put over a hole or torn place in cloth ▷**Flicken**: *I sewed a patch over the hole in my jeans.* Ich nähte einen Flicken auf das Loch in meiner Jeans.
2 small part of something that is a different colour ▷**Fleck**: *a dog with a white patch on its back,* ein Hund mit einem weißen Flecken auf dem Rücken.
3 place; small piece of ground ▷**Beet**: *our vegetable patch,* unser Gemüsebeet.

patch[2] /pætʃ/ *v*
put a piece of cloth over a hole or torn place; repair something ▷**flicken**: *I am patching the sleeves of this old shirt.* Ich flicke die Ärmel an diesem alten Hemd.

pâté /ˈpæteɪ/ *n* (no *pl*)
smooth mixture of cooked meat, fish, etc ▷**Pastete**: *Do you want pâté on your toast?* Möchtest du Pastete auf deinen Toast?

path /pɑːθ/ *n*
narrow way where people can walk ▷**Pfad**
☞Vergleiche mit **track**.

patience /ˈpeɪʃns/ *n* (no *pl*)
being calm when you are waiting or when you have trouble, problems, etc ▷**Geduld**: *We must have patience until the exam results come out.* Wir müssen Geduld haben, bis die Prüfungsergebnisse bekannt gegeben werden. *The job needs a lot of patience.* Für diesen Job braucht man viel Geduld.
patient *adj* ▷**geduldig**
patiently *adv* ▷**geduldig**: *Jo stood patiently at the bus-stop.* Jo stand geduldig an der Bushaltestelle.

patient /ˈpeɪʃnt/ *n*
sick person ▷**Patient(in)**: *The doctor advised his patient to stay in bed.* Der Arzt riet seiner Patientin, im Bett zu bleiben.

patrol /pəˈtrəʊl/ *n*
group of people, ships, aircraft, etc that go around to see that all is well ▷**Streife**
on patrol, going round a town, camp, etc to see that all is well ▷**auf Streife**: *During the carnival there will be 30 police cars on patrol.* Während des Karnevals werden 30 Polizeiwagen auf Streife sein.
patrol *v* (is patrolling, patrolled /pəˈtrəʊld/, has patrolled) ▷**patrouillieren**: *Guard dogs patrol the factory at night.* Nachts patrouillieren Wachhunde das Fabrikgelände.
patrol car *n* police car ▷**Streifenwagen**

pattern /ˈpætn/ *n*
1 plan that you can copy when you want to make something ▷**(Schnitt)muster**: *Stephanie bought a pattern and made a new dress.* Stephanie kaufte ein Schnittmuster und nähte sich ein neues Kleid.
2 shapes and colours on something; design ▷**Muster**: *My new curtains have a pretty blue and red pattern.* Meine neuen Vorhänge haben ein hübsches blaues und rotes Muster.

pause /pɔːz/ *v*
stop or wait for a short time ▷**anhalten**: *Pause before you cross the road.* Halte an, bevor du die Straße überquerst.
pause *n* ▷**Pause**

pavement /ˈpeɪvmənt/ *n*
path of flat stones or concrete at the side of a road where people can walk ▷**Bürgersteig**

paw /pɔː/ *n*
foot of an animal with nails or claws ▷**Pfote**: *A cat has paws but a horse has hooves.* Eine Katze hat Pfoten, aber ein Pferd hat Hufe.

pay *n*

pay ist der Oberbegriff für das Geld, das man für eine Tätigkeit bekommt.
Im konkreten Fall verwendet man:

payment	(eine einmalige) Bezahlung
salary	Gehalt (wird monatlich auf ein Bankkonto überwiesen)
wages	Lohn (wird wöchentlich bar ausgezahlt)
fee	Honorar (bei Anwälten und ähnlichen Berufsgruppen)
income	Einkommen (regelmäßige Einkünfte aus Arbeit oder Vermietung)

pay[1] /peɪ/ *n* (no *pl*)
money that you receive for work ▷**Bezahlung**

pay[2] /peɪ/ *v* (paid /peɪd/, has paid)
1 give money to get something ▷**bezahlen**: *I paid £50 for this dress.* Ich habe £50 für dieses Kleid bezahlt.
2 give money to someone who has done work for you ▷**bezahlen**: *The builder pays his men on Fridays.* Der Bauunternehmer bezahlt seine Männer freitags.
pay back, give back the money that someone has lent you ▷**zurückzahlen**

pay for, suffer; be hurt or punished for doing wrong ▷**bezahlen**: *He paid for his laziness by not passing his exam.* Er bezahlte für seine Faulheit damit, dass er durch die Prüfung fiel.

payment /'peɪmənt/ *n*
1 (no *pl*) paying ▷**Bezahlung**: *This money is in payment for the work you have done.* Dieses Geld ist die Bezahlung für die Arbeit, die du gemacht hast. ☞Vergleiche mit **pay**.
2 (*pl* payments) sum of money that you pay ▷**Zahlung**: *I am buying my bicycle with monthly payments of £4.* Ich kaufe das Fahrrad durch monatliche Zahlungen von £4.

PE /ˌpiː'iː/
physical education ▷**Turnunterricht**

pea /piː/ *n*
very small, round vegetable ▷**Erbse**: *Peas grow in pods.* Erbsen wachsen in Schoten.

peace /piːs/ *n* (no *pl*)
1 time when there is no fighting, war, or trouble between countries ▷**Frieden**
2 time when it is quiet and still ▷**Ruhe**: *the peace of a summer evening,* die Ruhe eines Sommerabends.
in peace, quiet; calm and happy ▷**in Ruhe**: *Leave me in peace to read my book.* Lass mich in Ruhe mein Buch lesen.
make peace, end a war or a fight ▷**Frieden schließen**: *The two countries made peace.* Die beiden Länder schlossen Frieden.

peaceful /'piːsfl/ *adj*
1 with no fighting ▷**friedlich**: *a peaceful demonstration,* eine friedliche Demonstration.
2 quiet ▷**ruhig**: *a peaceful evening,* ein ruhiger Abend.
peacefully *adv*

peach /piːtʃ/ *n* (*pl* peaches)
round, juicy fruit with a yellow-red skin ▷**Pfirsich**

peacock /'piːkɒk/ *n*
big, male bird with beautiful, long tail feathers ▷**Pfau**

peak /piːk/ *n*
1 pointed top of a hill or mountain ▷**Gipfel**
2 hard front part of a cap ▷**(Mützen)schirm**

peanut /'piːnʌt/ *n*
sort of nut that you can eat ▷**Erdnuss**

pear /peə(r)/ *n*
juicy green or yellow fruit ▷**Birne**

pearl /pɜːl/ *n*
precious small, white ball, which comes from an oyster ▷**Perle**

peasant /'peznt/ *n*
poor person who lives in the country and works on his own small piece of land ▷**Bauer, Bäuerin** ☞**peasant** wird heutzutage meistens nur in geschichtlichen Texten verwendet. Ein gebräuchlicheres Wort für **Bauer** ist **farmer**.

pebble /'pebl/ *n*
small, round stone on a beach or in a river ▷**Kieselstein**

peculiar /pɪ'kjuːlɪə(r)/ *adj*
strange; not usual ▷**merkwürdig**: *a peculiar noise,* ein merkwürdiger Lärm.

pedal /'pedl/ *n*
part of a bicycle, or other machine, that you move with your feet ▷**Pedale**
pedal *v* (is pedalling, pedalled /'pedld/, has pedalled) move pedals with your feet ▷**(in die Pedale) treten**: *She pedalled hard up the hill.* Sie trat hart in die Pedalen, um den Berg hinaufzukommen.

pedestrian /pɪ'destrɪən/ *n*
someone who is walking in a street, etc ▷**Fußgänger(in)**
pedestrian crossing *n* place where cars must stop for people to cross the road ▷**Fußgängerüberweg**
pedestrian precinct /pɪˌdestrɪən 'priːsɪŋkt/ *n* shopping street with no cars ▷**Fußgängerzone**

peel[1] /piːl/ *n* (no *pl*)
skin of some fruit or vegetables ▷**Schale**: *orange peel,* Apfelsinenschale.

peel[2] /piːl/ *v*
take the skin off a fruit or vegetable ▷**schälen**: *I peeled the potatoes before boiling them.* Ich schälte die Kartoffeln, bevor ich sie kochte.

peg /peg/ *n*
1 small piece of wood, metal, or plastic on a wall or door, where you can hang things ▷**Haken**: *He put his hat on the peg.* Er hängte seinen Hut an den Haken.
2 wood or metal thing that you put into the ground to hold a rope ▷**Pflock**
3 wooden or plastic clip that holds wet clothes on a line when they are drying ▷**Wäscheklammer**

pen[1] /pen/ *n*
instrument for writing with ink ▷**Füller**

pen[2] /pen/ *n*
small place where you can keep sheep, cattle, etc safe ▷**Pferch**

penalty /'penəltɪ/ *n* (*pl* penalties)
1 punishment ▷**Strafe**: *What is the penalty for speeding?* Wie hoch ist die Strafe für zu schnelles Fahren?
2 free kick or throw you get in a sport when the other team has done something wrong ▷**Strafstoß**: *They scored from a penalty.* Sie verwandelten einen Strafstoß.

pence /pens/ *n* (*pl*)
pennies ▷**Pennys**: *That costs twenty pence.* Das kostet zwanzig Pennys.

pencil /'pensl/ *n*
instrument for writing and drawing, made of a thin piece of wood with lead, etc inside it ▷**(Blei)stift**

pen-friend /'pen frend/ *n*
someone in another country whom you write to but have probably never seen ▷**Brieffreund(in)**

penguin /'peŋgwɪn/ *n*
bird that lives in cold places and can swim but not fly ▷**Pinguin**

penknife /'pennaɪf/ *n* (*pl* penknives)
small knife that folds ▷**Taschenmesser**

penny /'penɪ/ *n* (*pl* pence or pennies)
piece of British money ▷**Penny** ☞Vorsicht! Im Plural verwendet man **pennies** nur dann, wenn man über die einzelnen 1-Penny Münzen spricht: *He found several pennies in his pocket.* Soll ein bestimmter Geldbetrag angegeben werden, so benutzt man die Pluralform **pence**: *It only costs ten pence.*

pension /'penʃn/ *n*
money that you receive from a company or a government when you are too old to work ▷**Rente**
pensioner *n* someone who has a pension ▷**Rentner(in)**

people /'piːpl/ *n* (*pl*)
1 persons; men, women and children ▷**Leute**: *The streets were crowded with people.* Die Straßen waren voller Leute.
2 a person; any person ▷**man**: *People often arrive late for parties.* Auf Partys erscheint man häufig erst zu später Stunde.

pepper /'pepə(r)/ *n*
1 (no *pl*) powder with a hot taste, which you put on food ▷**Pfeffer**
2 (*pl* peppers) vegetable that tastes hot ▷**Paprika**

per /pɜː(r)/ *prep*
for each; in each ▷**pro**: *The dinner costs £15 per person.* Das Abendessen kostet £15 pro Person.
per cent, %; for each hundred ▷**Prozent**: *The company exports 65 per cent of its products.* Die Firma exportiert 65 Prozent ihrer Produkte.

perfect /'pɜːfɪkt/ *adj*
completely correct and good; with nothing wrong ▷**perfekt**: *a perfect diamond,* ein perfekter Diamant.

perfectly /'pɜːfɪktlɪ/ *adv*
1 totally ▷**völlig**: *He is perfectly happy in his new job.* Er ist völlig zufrieden mit seiner neuen Stelle.
2 extremely well ▷**perfekt**: *Janet sings that song perfectly.* Janet singt dieses Lied perfekt.

perform /pə'fɔːm/ *v*
1 do something that you said you would do, or that someone asked you to do, etc ▷**durchführen**: *Which doctor performed the operation?* Welcher Arzt hat die Operation durchgeführt?
2 be in a play, film, concert, etc ▷**spielen**: *They are performing live at the Odeon.* Sie spielen live im Odeon.
performer *n* someone who acts or sings ▷**Künstler(in)**

performance /pə'fɔːməns/ *n*
1 something that you have done ▷**Leistung**: *My father was pleased with my performance in the test.* Mein Vater war mit meiner Leistung bei der Prüfung zufrieden.
2 showing of a play, concert, etc ▷**Vorstellung**: *The pianist gave a fine performance.* Der Pianist gab eine wundervolle Vorstellung. *Shall we go to the afternoon or the evening performance of the ballet?* Sollen wir in die Nachmittags- oder in die Abendvorstellung des Balletts gehen?

perfume /'pɜːfjuːm/ *n*
1 scent; liquid with a sweet smell, which you put on your body ▷**Parfüm**
2 any sweet smell ▷**Duft**: *the perfume of roses,* der Duft von Rosen.

perhaps /pə'hæps/ *adv*
maybe; possibly ▷**vielleicht**: *Perhaps I'll see him tomorrow, but I'm not sure.* Vielleicht sehe ich ihn morgen, ich bin mir aber nicht sicher.

period /'pɪərɪəd/ *n*
1 amount of time ▷**Zeitraum**: *In a period of six years she won the championship four times.* In einem Zeitraum von sechs Jahren hat sie die Meisterschaft viermal gewonnen.
2 certain time in the life of a person, in the history of a country, etc ▷**Epoche**: *the Victorian period,* die viktorianische Epoche.
3 lesson ▷**Stunde**: *the maths period,* die Mathestunde. ☞Häufiger als **period** wird für Schulstunde das Wort **lesson** gebraucht.

periodical /ˌpɪərɪ'ɒdɪkl/ *n*
newspaper or magazine that comes every week, month, etc ▷**Zeitschrift** ☞**periodical** bezeichnet eher eine fachwissenschaftliche Zeitschrift. Das übliche Wort für Zeitschrift ist **magazine**.

permanent /'pɜːmənənt/ *adj*
for always; for a long time; not changing ▷**Dauer-**: *a permanent job,* eine Dauerstellung.
permanently *adv* always ▷**ständig**

ɪ	e	æ	ɑː	ɒ	ɔː	ʊ	uː	ʌ	ɜː	ə
it	ten	cat	last	got	saw	stood	too	cut	heard	about

permission /pəˈmɪʃn/ *n* (no *pl*)
allowing someone to do something ▷**Erlaubnis**: *He gave me permission to leave early.* Er gab mir die Erlaubnis, früher zu gehen.

permit[1] /ˈpɜːmɪt/ *n*
special piece of paper that says you can do something or go somewhere ▷**Genehmigung**: *a work permit,* eine Arbeitsgenehmigung.

permit[2] /pəˈmɪt/ *v* (is permitting, permitted /pəˈmɪtɪd/, has permitted)
allow someone to do something ▷**erlauben**: *They do not permit smoking in the theatre.* Das Rauchen ist im Theater nicht erlaubt.

person /ˈpɜːsn/ *n*
man, woman or child ▷**Person**: *We have room for another person in the car.* Wir haben noch für eine Person Platz im Auto.
in person, yourself ▷**persönlich**: *You have to collect the parcel in person.* Sie müssen das Paket persönlich abholen.

personal /ˈpɜːsnl/ *adj*
private; of or for one person ▷**persönlich**: *This letter is personal, and I don't want anyone else to read it.* Dieser Brief ist an mich persönlich, und ich will nicht, dass irgend jemand anders ihn liest.
personal stereo *n* small cassette recorder or radio with headphones, which is easy to carry about ▷**Walkman** ☞**Walkman** ist ein eingetragenes Warenzeichen.

personality /ˌpɜːsəˈnælətɪ/ *n* (*pl* personalities)
1 character; what sort of person you are ▷**Wesen, Persönlichkeit**: *an amibitious man with a strong personality,* ein ehrgeiziger Mann mit einer starken Persönlichkeit.
2 well-known person ▷**Berühmtheit**: *a television personality,* eine Fernsehberühmtheit

personally /ˈpɜːsənəlɪ/ *adv*
speaking for yourself ▷**persönlich**: *Personally, I like him, but many people do not.* Ich persönlich mag ihn, aber viele Leute mögen ihn nicht.

persuade /pəˈsweɪd/ *v*
make someone do or think something ▷**überreden**: *I persuaded Robert to try again.* Ich überredete Robert, es noch einmal zu versuchen.
persuasion /pəˈsweɪʒn/ *n* ▷**Überredung**

pet /pet/ *n*
animal, etc that you like very much and keep in the garden or house ▷**Haustier**: *Sammy has two pets — a goldfish and a cat.* Sammy hat zwei Haustiere — einen Goldfisch und eine Katze.

petition /pɪˈtɪʃn/ *n*
special letter from a group of people, asking for something ▷**Eingabe**: *Many people signed the petition for a pedestrian crossing.* Viele Leute unterzeichneten die Eingabe für den Fußgängerüberweg.

petrol /ˈpetrəl/ *n* (no *pl*)
sort of oil that makes car engines go ▷**Benzin**
petrol station *n* place where you can buy petrol ▷**Tankstelle**

philosophy /fɪˈlɒsəfɪ/ *n*
1 (no *pl*) study of life; thinking about life and man ▷**Philosophie**: *She's studying philosophy and politics.* Sie studiert Philosophie und Politik.
2 (*pl* philosophies) what one person thinks about life ▷**Lebenseinstellung**: *Work hard and play hard — that's my philosophy!* Hart arbeiten und sich gut amüsieren — das ist meine Lebenseinstellung.
philosopher /fɪˈlɒsəfə(r)/ *n* someone who studies philosophy ▷**Philosoph(in)**

phone /fəʊn/ *n*
telephone; instrument that you use to speak and listen to someone in another place ▷**Telefon**
be on the phone, be using the telephone ▷**telefonieren**: *Be quiet! I'm on the phone.* Sei still! Ich telefoniere gerade.
phone *v* use a telephone ▷**anrufen**: *I phoned my sister.* Ich rief meine Schwester an. ☞Vergleiche mit **telephone**.
phone box, phone booth *n* small building with a public telephone ▷**Telefonzelle**

photo /ˈfəʊtəʊ/ *n*
photograph ▷**Foto**

photocopy /ˈfəʊtəkɒpɪ/ *n* (*pl* photocopies)
copy of writing, drawing, etc which you make with a machine ▷**Fotokopie**
photocopy *v* (photocopied, has photocopied) ▷**fotokopieren**: *Please photocopy this letter.* Bitte fotokopieren Sie diesen Brief.
photocopier *n* machine that makes copies of writing, drawing, etc ▷**Fotokopierer**

photograph /ˈfəʊtəgrɑːf/ *n*
picture that you make with a camera ▷**Foto**: *The tourists took photographs of Buckingham Palace.* Die Touristen machten Fotos vom Buckingham-Palast.
photograph *v* ▷**fotografieren**: *They photographed the winning team.* Sie fotografierten die Siegermannschaft.
photographer /fəˈtɒgrəfə(r)/ *n* someone who takes pictures with a camera ▷**Fotograf(in)**
photography /fəˈtɒgrəfɪ/ *n* (no *pl*) ▷**Fotografie**

phrase /freɪz/ *n*
group of words in a sentence ▷**Satzteil**: *The words 'a quiet little village' make a phrase.*

Die Wörter „a quiet little village“ bilden einen Satzteil.

physical /ˈfɪzɪkl/ *adj*
of the body ▷**körperlich**: *physical pain,* körperliche Schmerzen.
physically *adv* ▷**körperlich**

physical education, lesson at school when you do and learn about sport ▷**Turnunterricht**: *Who teaches physical education at your school?* Wer gibt an eurer Schule Turnunterricht?

physics /ˈfɪzɪks/ *n* (no *pl*)
study of heat, light, sound, etc ▷**Physik**

piano /pɪˈænəʊ/ *n*
big musical instrument with black and white keys that you press to make music ▷**Klavier**
pianist /ˈpɪənɪst/ *n* someone who plays a piano ▷**Pianist(in)**

pick /pɪk/ *v*
1 take flowers, fruit, etc from plants or trees ▷**pflücken**: *Tommy has picked a bunch of flowers for his grandmother.* Tommy hat einen Strauß Blumen für seine Großmutter gepflückt.
2 take the person or thing you like best; choose ▷**(aus)wählen**: *We picked Simon as our captain.* Wir wählten Simon zum Mannschaftsführer.
pick someone or something out, be able to see someone or something in a lot of others ▷**entdecken**: *There's such a big crowd that I can't pick Samuel out.* Hier stehen so viele Leute, dass ich Samuel nicht entdecken kann.
pick up, (a) lift someone or something from the ground ▷**aufheben**: *He picked up his crying child.* Er hob sein weinendes Kind auf. **(b)** get someone in your car ▷**abholen**: *My father picks me up from school.* Mein Vater holt mich von der Schule ab.

picket /ˈpɪkɪt/ *v*
stand outside a work place to stop other people going to work ▷**mit Streikposten besetzen**: *The workers picketed the factory all day and all night.* Den ganzen Tag und die ganze Nacht über besetzten die Arbeiter die Fabrik mit Streikposten.
picket *n* ▷**Streikposten**

pickpocket /ˈpɪkpɒkɪt/ *n*
someone who steals things from people's pockets ▷**Taschendieb(in)**

picnic /ˈpɪknɪk/ *v* (is picnicking, picnicked /ˈpɪknɪkt/, has picnicked)
eat a meal outside ▷**ein Picknick machen**: *We picnicked on the beach yesterday.* Gestern haben wir ein Picknick am Strand gemacht.
picnic *n* ▷**Picknick**: *We had a picnic by the river.* Wir machten ein Picknick am Fluss.

picture /ˈpɪktʃə(r)/ *n*
drawing, painting, or photograph ▷**Bild**: *Annette painted a picture of a flower.* Annette malte ein Bild von einer Blume.
take a picture, photograph something ▷**ein Foto machen**
the pictures, the cinema ▷**Kino**

pie /paɪ/ *n*
meat, fish, fruit, vegetables, etc with pastry on top ▷**Pastete**

piece /piːs/ *n*
1 bit or part of something ▷**Stück**: *Will you have a piece of cake?* Möchtest du ein Stück Kuchen?
2 one single thing ▷**Stück**: *a piece of furniture,* ein Möbelstück.
in pieces, broken ▷**zerbrochen**: *The cup lay in pieces on the floor.* Die Tasse lag zerbrochen auf dem Fußboden.
take something to pieces, divide something into its parts ▷**auseinander nehmen**: *He's taking his bicycle to pieces to see how it works.* Er nimmt sein Fahrrad auseinander, um zu sehen, wie es funktioniert.

pig

Vorsicht! **pig** bezeichnet nur das lebende Tier. Für **Schweinefleisch** muss **pork** verwendet werden. Vergleiche:

TIER	FLEISCH
pig	pork
cow, ox	beef
calf	veal
sheep	mutton
lamb	lamb

pig /pɪg/ *n*
fat farm animal ▷**Schwein**

pigeon /ˈpɪdʒɪn/ *n*
bird that you often see in towns ▷**Taube**

piglet /ˈpɪglɪt/ *n*
young pig ▷**Ferkel**

pigsty /ˈpɪgstaɪ/ *n* (*pl* pigsties)
place on a farm where pigs live ▷**Schweinestall**

pile /paɪl/ *n*
many things together, one on top of the other; heap ▷**Stapel**: *a pile of books,* ein Stapel Bücher.

pilgrim /ˈpɪlgrɪm/ *n*
someone who travels a long way to a place because it is holy ▷**Pilger(in)**
pilgrimage /ˈpɪlgrɪmɪdʒ/ *n* journey of a pilgrim ▷**Pilgerfahrt**

pill /pɪl/ *n*
small, round, hard piece of medicine, which you swallow ▷**Pille**

pillar /ˈpɪlə(r)/ *n*
tall, strong piece of wood, stone, etc, to hold up a building ▷**Säule**

pillar-box /ˈpɪlə bɒks/ *n* (*pl* pillar-boxes)
tall letter-box in the street ▷**Briefkasten**

pillow /ˈpɪləʊ/ *n*
soft thing where you put your head when you are in bed ▷**Kopfkissen**

pilot /ˈpaɪlət/ *n*
1 someone who flies an aeroplane ▷**Pilot (-in)**
2 someone who guides a ship up a river into harbour, etc ▷**Lotse, Lotsin**
pilot *v* **(a)** fly an aeroplane ▷**fliegen (b)** guide a boat ▷**lotsen**

pin /pɪn/ *n*
very small, thin piece of metal with one flat end and one sharp end ▷**Stecknadel**
pin *v* (is pinning, pinned /pɪnd/, has pinned) use a pin ▷**heften**: *He pinned the pieces of paper together.* Er heftete die Papierstücke aneinander.

pinch /pɪntʃ/ *v*
take something tightly between your thumb and first finger ▷**kneifen**: *Don't pinch me, it hurts!* Kneif mich nicht, das tut weh!
pinch *n* (*pl* pinches) **(a)** holding or pressing something tightly between your thumb and first finger ▷**Kneifen (b)** how much you can hold with your thumb and first finger ▷**Prise**: *a pinch of salt,* eine Prise Salz.

pine /paɪn/ *n*
tree that has leaves like long needles ▷**Kiefer**

pineapple /ˈpaɪnæpl/ *n*
big, juicy fruit with a rough skin ▷**Ananas**

ping-pong /ˈpɪŋpɒŋ/ *n* (no *pl*)
table-tennis; game where players hit a small white ball over a net on a big table ▷**Tischtennis**

pink /pɪŋk/ *adj* (pinker, pinkest)
with a pale red colour ▷**rosa**
pink *n* ▷**Rosa**

pint /paɪnt/ *n*
measure of liquid = 0.57 litre ▷**0,57 Liter**

pioneer /ˌpaɪəˈnɪə(r)/ *n*
someone who goes to a new country to live or work there ▷**Pionier**: *The Pilgrim Fathers were pioneers.* Die Pilgerväter waren Pioniere.

pip /pɪp/ *n*
seed in a lemon, orange, apple, grapefruit, etc ▷**Obstkern**

pipe[1] /paɪp/ *n*
tube that takes water, oil, gas, etc from one place to another ▷**Rohr**
pipeline *n* big pipe that carries oil, etc a long way ▷**Rohrleitung**

pipe[2] /paɪp/ *n*
thing for smoking tobacco ▷**Pfeife**

pirate /ˈpaɪrət/ *n*
someone who sails on the sea and robs other ships ▷**Pirat(in)**

pistol /ˈpɪstl/ *n*
small gun ▷**Pistole**

pit /pɪt/ *n*
1 deep hole in the earth ▷**Grube**
2 coal-mine ▷**Zeche**: *Gareth works down the pit.* Gareth arbeitet auf der Zeche.

pity /ˈpɪtɪ/ *v* (pitied, has pitied)
feel sorry for someone ▷**bedauern**: *I pity people who have to work at night.* Ich bedauere Leute, die nachts arbeiten müssen.
pity *n* (no *pl*) ▷**Mitleid**
it's a pity, what a pity, it is sad ▷**schade**: *What a pity you can't come to the party.* Schade, dass du nicht zu der Party kommen kannst.

pizza /ˈpiːtsə/ *n*
cheese, tomato, etc on flat pastry ▷**Pizza**

place[1] /pleɪs/ *n*
1 where something or someone is ▷**Platz**: *That table is the best place for the flowers.* Der Tisch dort ist der beste Platz für die Blumen.
2 town, country, etc ▷**Ort**: *Hong Kong is a busy place.* Hong Kong ist ein Ort, an dem viel los ist.
3 where you are in a race, test, etc ▷**Stelle**: *Percy was first, and Jim was in second place.* Percy war Erster, und Jim lag an zweiter Stelle.
in place, where you want them; tidy ▷**an der richtigen Stelle**: *Are all the chairs in place?* Stehen alle Stühle an der richtigen Stelle?
in place of, instead of ▷**anstelle von**: *Sebastian became captain in place of Miles who had broken his leg.* Sebastian wurde anstelle von Miles, der sich ein Bein gebrochen hatte, Mannschaftsführer.
take place, happen; occur ▷**stattfinden**: *The demonstration took place in the afternoon.* Die Demonstration fand nachmittags statt.
take the place of, do the job of someone ▷**den Platz einnehmen**: *When his secretary went on holiday, Miss Tyson took her place for a week.* Als seine Sekretärin in Urlaub ging, nahm Miss Tyson ihren Platz für eine Woche ein.

place[2] /pleɪs/ *v*
put something somewhere ▷**setzen, stellen**: *The waiter placed the meal in front of me.* Der Kellner stellte das Essen vor mich hin. ☞Vorsicht! **place** klingt etwas steif. In der Alltagssprache verwendet man eher **put**.

plain[1] /pleɪn/ *adj* (plainer, plainest)
1 easy to hear, see, or understand; clear ▷**klar**: *It's plain that she doesn't like her new job.* Es ist klar, dass sie ihre neue Arbeit nicht mag.
2 ordinary; simple ▷**einfach**: *plain food,* einfaches Essen.
3 not pretty ▷**unattraktiv**: *a plain girl,* ein unattraktives Mädchen.
4 with no pattern ▷**einfarbig**: *plain blue material,* einfarbig blauer Stoff.

plain[2] /pleɪn/ *n*
piece of flat country ▷**Ebene**

plait /plæt/ *v*
twist or weave pieces of hair, etc together ▷**flechten**
plait *n* ▷**Zopf**: *I wear my hair in plaits.* Ich trage mein Haar zu Zöpfen geflochten.

plan[1] /plæn/ *v* (is planning, planned /plænd/, has planned)
think or say what you will do, how you will do it, etc ▷**planen**: *We're planning a tour of Italy this summer.* Wir planen in diesem Sommer eine Reise nach Italien.

plan[2] /plæn/ *n*
1 idea or arrangement for the future ▷**Plan**: *What are your holiday plans?* Was sind deine Urlaubspläne?
2 drawing for a new building, machine, etc ▷**Plan**
3 map ▷**Plan**: *a plan of the town,* ein Stadtplan.

plane /pleɪn/ *n*
aeroplane ▷**Flugzeug**: *Did you come by plane or by ship?* Bist du mit dem Flugzeug oder mit dem Schiff gekommen?

planet /'plænɪt/ *n*
thing in the sky that moves round the sun ▷**Planet**: *Mars and Venus are planets.* Mars und Venus sind Planeten.

plank /plæŋk/ *n*
long, flat piece of wood; board ▷**Brett** ☞**plank** ist ein roh bearbeitetes Brett, auf dem man gehen kann. Für Regalbretter verwendet man **shelf**.

plant[1] /plɑːnt/ *n*
anything that grows from the ground ▷**Pflanze**

plant[2] /plɑːnt/ *v*
put seeds, flowers, vegetables, etc in the ground to grow ▷**pflanzen**: *We planted some roses.* Wir pflanzten einige Rosen.

plantation /plɑːn'teɪʃn/ *n*
large area of land where tea, coffee, etc grow ▷**Plantage**: *a cotton plantation,* eine Baumwollplantage.

plaster /'plɑːstə(r)/ *n*
1 (no *pl*) stuff that you put over bricks, etc to make a smooth wall ▷**(Ver)putz**
2 (*pl* plasters) piece of sticky cloth that you put over a cut to keep it clean ▷**(Heft)pflaster**
3 (no *pl*) stuff that you put on broken arms, legs, etc to stop them moving ▷**Gips**: *She's got her leg in plaster.* Sie hat ihr Bein in Gips.

plastic /'plæstɪk/ *n* (no *pl*)
light, strong material made in factories ▷**Plastik**: *Our picnic plates are made of plastic.* Unsere Picknickteller sind aus Plastik.

plate /pleɪt/ *n*
round, flat dish for food ▷**Teller**

platform /'plætfɔːm/ *n*
1 place in a station where you stand to wait for a train ▷**Bahnsteig**: *Which is the platform for the London train?* An welchem Bahnsteig hält der Zug nach London?
2 place where a speaker, etc stands ▷**Podium**: *Each pupil came up to the platform for his prize.* Jeder Schüler kam auf das Podium, um seinen Preis entgegenzunehmen.

play[1] /pleɪ/ *n*
1 story that is shown in a theatre, on television, or on the radio ▷**Stück**: *'Hamlet' is a play by Shakespeare.* „Hamlet" ist ein Stück von Shakespeare.
2 (no *pl*) games; what children do for fun ▷**Spielen**: *Is it time for play?* Ist es Zeit zum Spielen? ☞Im Bereich Sport verwendet man für **Spiel** die Wörter **game** oder **match**.

play[2] /pleɪ/ *v*
1 have fun; do things to enjoy yourself ▷**spielen**: *The children are playing with their toys.* Die Kinder spielen mit ihren Spielsachen.
2 take part in a game ▷**spielen**: *We played tennis all afternoon.* Wir haben den ganzen Nachmittag Tennis gespielt.
3 make music with a musical instrument ▷**spielen**: *Isabel plays the violin very well.* Isabel spielt sehr gut Geige.
4 put a record on a record-player or a tape on a tape-recorder and listen to it ▷**spielen**
5 act a part in a play ▷**spielen**: *Quentin will play Hamlet.* Quentin wird Hamlet spielen.

player /'pleɪə(r)/ *n*
1 someone who plays a game ▷**Spieler(in)**: *football players,* Fußballspieler.
2 someone who plays a musical instrument ▷**Spieler(in)**: *the best player in the orchestra,* die beste Spielerin im Orchester.

playground /ˈpleɪgraʊnd/ *n*
piece of ground where children can play ▷**Spielplatz**

playing-cards /ˈpleɪɪŋ kɑːdz/ *n pl*
set of cards for playing games ▷**Spielkarten**

playing-field /ˈpleɪɪŋ fiːld/ *n*
field for games of cricket, football, etc ▷**Sportplatz**

plea /pliː/ *n*
asking for something with strong feeling ▷**Bitte**: *a plea for help,* eine Bitte um Hilfe.

plead /pliːd/ *v*
beg; ask strongly ▷**bitten**
plead guilty, say that you have done something wrong in a court ▷**sich schuldig bekennen**
plead with someone, ask someone for something, with strong feeling ▷**jemanden anflehen**: *He pleaded with the policeman to let him go.* Er flehte den Polizisten an, ihn gehen zu lassen.

pleasant /ˈpleznt/ *adj*
nice; that you enjoy ▷**angenehm**: *We had a pleasant evening at Alan's house.* Wir verbrachten einen angenehmen Abend bei Alan.
pleasantly *adv* ▷**angenehm**

please /pliːz/ *v*
make someone happy; satisfy someone ▷**gefallen**: *That picture pleases me.* Das Bild gefällt mir. ☞**please** wirkt in diesem Zusammenhang gestelzt. Gewöhnlich sagt man: *I like that picture.*
as you please, as you wish ▷**wie du möchtest, wie Sie möchten**: *Stay as long as you please.* Bleiben Sie so lange, wie Sie möchten.
please, word that you say when you ask politely ▷**bitte**: *Please tell me the time.* Sag mir bitte die Uhrzeit.

pleased /pliːzd/ *adj*
be pleased be glad, happy ▷**sich freuen**: *I'm pleased to see you, Adam.* Ich freue mich, dich zu sehen, Adam.

pleasing /ˈpliːzɪŋ/ *adj*
nice; that you like or enjoy ▷**angenehm**: *pleasing music,* angenehme Musik.

pleasure /ˈpleʒə(r)/ *n*
1 (no *pl*) feeling of being happy; enjoyment ▷**Freude**: *I go sailing for pleasure.* Ich gehe segeln, weil es mir Freude macht.
2 (*pl* pleasures) thing that gives happiness ▷**Vergnügen**: *His work leaves him no time for pleasures.* Seine Arbeit lässt ihm keine Zeit für Vergnügungen.
with pleasure, gladly ▷**gern**: *I'll help you with pleasure.* Ich helfe dir gern.

pleated /ˈpliːtɪd/ *adj*
with regular folds ▷**Falten-**: *a pleated skirt,* ein Faltenrock.

plenty /ˈplentɪ/ *n* (no *pl*)
a large number; as much as you need ▷**eine Menge**: *Don't hurry — we have plenty of time.* Beeil dich nicht — wir haben eine Menge Zeit.

plot /plɒt/ *n*
1 secret plan, usually to do wrong ▷**Komplott**: *a plot against the government,* ein Komplott gegen die Regierung.
2 small piece of land ▷**Beet**: *a vegetable plot,* ein Gemüsebeet.
3 what happens in a story or play ▷**Handlung**: *an exciting plot,* eine spannende Handlung.

plough /plaʊ/ *n*
machine that digs and turns over the soil before you plant crops ▷**Pflug**
plough *v* use a plough ▷**pflügen**: *The farmer ploughed the field.* Der Bauer pflügte das Feld.

plug /plʌg/ *n*
1 round thing that you put in the hole in a wash-basin or bath ▷**Stöpsel**: *Take the plug out of the sink and let the water out.* Zieh den Stöpsel aus dem Becken und lass das Wasser ab.
2 thing that joins a lamp, machine, etc to the point in the wall where there is electricity ▷**Stecker**
plug *v* ▷**verstopfen**
plug in, put the electric plug of a machine, etc into the electric point in the wall ▷**einstöpseln**: *The lamp will not work until you plug it in.* Die Lampe funktioniert nur, wenn du sie einstöpselst.

plum /plʌm/ *n*
round, juicy fruit ▷**Pflaume**

plum pudding /ˌplʌm ˈpʊdɪŋ/ *n*
Christmas pudding ▷**Früchtekuchen, der zu Weihnachten gegessen wird**

plumber /ˈplʌmə(r)/ *n*
someone who mends water-pipes, etc ▷**Installateur(in)**

plump /plʌmp/ *adj* (plumper, plumpest)
round and fat ▷**rundlich**: *a plump baby,* ein rundliches Baby.

plural /ˈplʊərəl/ *n*
form of a word that shows that there is more than one ▷**Mehrzahl**: *The plural of 'dog' is 'dogs'.* Die Mehrzahl von „dog" ist „dogs".

plus /plʌs/ *prep*
and; added to ▷**plus**: *Four plus five is nine.* Vier plus fünf ist neun.

p.m. /ˌpiː ˈem/ *abbrev*
between midday and midnight ▷**nachmit-**

tags: *Our friends came at 5 p.m.* Unsere Freunde kamen um 5 Uhr nachmittags. ☞Vorsicht! **p.m.** lässt sich nicht zusammen mit **o'clock** verwenden: *The train arrived at 6 p.m.* oder *The train arrived at 6 o'clock.*

pneumonia /njuːˈməʊnɪə/ *n* (no *pl*)
serious illness of the lungs ▷**Lungenentzündung**

poach[1] /pəʊtʃ/ *v*
cook food gently in liquid ▷**pochieren**

poach[2] /pəʊtʃ/ *v*
kill and steal animals, fish, or birds from another person's land ▷**wildern**
poacher *n* someone who poaches ▷**Wilderer**

pocket /ˈpɒkɪt/ *n*
small bag in your clothes for carrying things ▷**Tasche**: *I have a handkerchief in my pocket.* Ich habe ein Taschentuch in der Tasche.
pick someone's pocket, steal from someone's pocket ▷**jemanden bestehlen**

pocket-money /ˈpɒkɪt mʌnɪ/ *n* (no *pl*)
money that parents give to a child each week to buy things ▷**Taschengeld**

pod /pɒd/ *n*
long, narrow part of a plant, that holds peas, beans, and other seeds ▷**Schote**

poem /ˈpəʊɪm/ *n*
piece of writing in lines which have a rhythm ▷**Gedicht**

poet /ˈpəʊɪt/ *n*
someone who writes poems ▷**Dichter(in)**: *Keats was a famous poet.* Keats war ein berühmter Dichter.

poetry /ˈpəʊɪtrɪ/ *n* (no *pl*)
poems ▷**Gedichte**: *Wordsworth wrote beautiful poetry.* Wordsworth schrieb wundervolle Gedichte. ☞**poetry** ist nicht zählbar. Soll eine bestimmte Zahl ausgedrückt werden, so muss man **poem(s)** verwenden: *He is interested in Greek poetry. How many poems did she write?*

point[1] /pɔɪnt/ *n*
1 thin, sharp end ▷**Spitze**: *the point of a pin,* eine Nadelspitze.
2 dot (·) that shows part of a whole number ▷**Komma**: *2·5 (two point five),* 2,5 (zwei Komma fünf).
3 exact time ▷**Augenblick**: *I had just fallen asleep when at that point the bomb exploded.* Ich war gerade eingeschlafen, und in dem Augenblick explodierte die Bombe.
4 most important idea; purpose ▷**Zweck**: *The point of going to school is to learn.* Der Zweck der Schule ist, etwas zu lernen.
5 number that shows the score in a game or sport ▷**Punkt**: *Our team scored five points.* Unsere Mannschaft gewann fünf Punkte.
point of view, way of thinking about something ▷**Standpunkt**: *I understand your point of view.* Ich verstehe deinen Standpunkt.
on the point of, just going to do something ▷**im Begriff**: *I was on the point of going out when the phone rang.* Ich war im Begriff, aus dem Haus zu gehen, als das Telefon klingelte.

point[2] /pɔɪnt/ *v*
use a finger, arm, stick, etc to show something ▷**zeigen**: *He asked where it hurt and she pointed to her knee.* Er fragte, wo es wehtue, und sie zeigte auf ihr Knie.
point something at, hold something towards someone or something ▷**richten auf**: *He pointed a gun at the deer.* Er richtete sein Gewehr auf das Reh.
point out, tell about or show something ▷**darauf hinweisen**: *Evan pointed out that my bag was open.* Evan wies mich darauf hin, dass meine Tasche offen war.

pointed /ˈpɔɪntɪd/ *adj*
with a sharp end ▷**spitz**: *a pointed stick,* ein spitzer Stock.

pointless /ˈpɔɪntlɪs/ *adj*
wasted; with no purpose ▷**sinnlos**: *It is pointless to hang out washing when it is raining.* Es ist sinnlos, die Wäsche nach draußen zu hängen, wenn es regnet.

poison /ˈpɔɪzn/ *n*
thing that will kill you or harm you if you eat or drink it ▷**Gift**
poison *v* use poison to kill or harm someone ▷**vergiften**
poisonous *adj* that will harm you if you eat or drink it ▷**giftig**: *Some berries are poisonous.* Manche Beeren sind giftig.

polar /ˈpəʊlə(r)/ *adj*
of the North or South Pole ▷**Polar-**: *a polar expedition,* eine Polarexpedition.

pole[1] /pəʊl/ *n*
tall piece of wood or metal that stands in the ground to hold something up ▷**Stange**: *a flag pole,* eine Fahnenstange; *tent poles,* Zeltstangen.

pole[2] /pəʊl/ *n*
one of the points at the north or south of the earth ▷**Pol**: *North Pole,* Nordpol.

police /pəˈliːs/ *n* (*pl*)
group of men and women who keep order and see that people do not break the law of the country ▷**Polizei**
policeman /pəˈliːsmən/ *n* (*pl* policemen) ▷**Polizist**
police officer *n* ▷**Polizeibeamter, Polizeibeamtin**

police-station *n* office of the police ▷**Polizeiwache**
policewoman *n* (*pl* policewomen) ▷**Polizistin**

policy /'pɒləsɪ/ *n* (*pl* policies)
general plan of a government, business, company, etc ▷**Programm, Politik**: *What is the government's policy on education?* Wie sieht das Bildungsprogramm der Regierung aus? *foreign policy,* Außenpolitik.

polish /'pɒlɪʃ/ *v*
rub something so that it shines ▷**putzen**: *She polished her dirty shoes.* Sie putzte ihre schmutzigen Schuhe.
polish *n* (no *pl*) oily stuff that you use to polish something ▷**Creme**: *a tin of shoe-polish,* eine Dose Schuhcreme.

polite /pə'laɪt/ *adj*
not rude; talking and behaving in a way that does not make other people sad, angry, etc ▷**höflich**: *It is polite to say 'Please' when you ask for something.* Es ist höflich, „Bitte" zu sagen, wenn man etwas haben möchte.
politely *adv* ▷**höflich**
politeness *n* (no *pl*) ▷**Höflichkeit**

political /pə'lɪtɪkl/ *adj*
of government ▷**politisch**: *a political party,* eine politische Partei.
politician /ˌpɒlɪ'tɪʃn/ *n* someone who works in the government ▷**Politiker(in)**: *Members of Parliament are politicians.* Parlamentsabgeordnete sind Politiker.

politics /'pɒlɪtɪks/ *n* (no *pl*)
1 work of government ▷**Politik**
2 study of government ▷**Politikwissenschaft**

pollute /pə'luːt/ *v*
make air, water, etc dirty ▷**verschmutzen**: *Does modern farming pollute our rivers?* Verschmutzt die moderne Landwirtschaft unsere Flüsse?
pollution /pə'luːʃn/ *n* (no *pl*) ▷**Umweltverschmutzung**

pond /pɒnd/ *n*
small lake ▷**Teich**

pony /'pəʊnɪ/ *n* (*pl* ponies)
small horse ▷**Pony**

pony-tail /'pəʊnɪ teɪl/ *n*
long hair that you tie high up at the back of your head ▷**Pferdeschwanz**

pool /puːl/ *n*
1 a little water on the ground, floor, etc ▷**Pfütze**: *There were pools of water on the road after the storm.* Nach dem Gewitter waren Wasserpfützen auf der Straße.
2 place for swimming ▷**(Schwimm)becken**: *Perry dived into the pool.* Perry machte einen Kopfsprung in das Becken.

poor[1] /pʊə(r)/ *adj* (poorer, poorest)
1 with very little money ▷**arm**: *She is too poor to buy a warm coat.* Sie ist zu arm, um sich einen warmen Mantel zu kaufen.
2 that makes you feel sad ▷**arm**: *Poor Tom is sick.* Der arme Tom ist krank.
3 not good ▷**schlecht**: *The accident was caused by poor visibility.* Der Unfall wurde durch schlechte Sichtverhältnisse verursacht.

poor[2] /pʊə(r)/ *n* (*pl*)
the poor *n* people who have very little money, etc ▷**die Armen**

poorly /'pʊəlɪ/ *adv*
badly ▷**schlecht**: *The streets were poorly lit.* Die Straßen waren schlecht beleuchtet.

pop[1] /pɒp/ *n* (no *pl*)
popular music ▷**Popmusik**
pop *adj* ▷**Pop-**: *pop star,* Popstar; *pop group,* Popgruppe.

pop[2] /pɒp/ *n*
short, sharp sound ▷**Knall**: *The cork came out of the bottle with a pop.* Der Korken sprang mit einem Knall aus der Flasche.

pop[3] /pɒp/ *v* (is popping, popped /pɒpt/, has popped)
burst with a short, sharp sound ▷**platzen**: *The balloon will pop if you put a pin in it.* Der Ballon wird platzen, wenn du mit einer Nadel hineinstichst.
pop in, go somewhere for a short time ▷**vorbeischauen**: *I popped in to see John before he left.* Ich schaute bei John vorbei, bevor er wegging.
pop up, move up suddenly ▷**aus dem Boden schießen**: *Fast food restaurants are popping up everywhere.* Überall schießen Schnellrestaurants aus dem Boden.

pope /pəʊp/ *n*
the Pope *n* head of the Roman Catholic Church ▷**der Papst**

popular /'pɒpjʊlə(r)/ *adj*
that many people like ▷**beliebt**: *Football is a popular sport.* Fußball ist ein beliebter Sport.
popularity /ˌpɒpjʊ'lærətɪ/ *n* (no *pl*) ▷**Beliebtheit**

population /ˌpɒpjʊ'leɪʃn/ *n*
the number of people who live in a town, country, etc ▷**Bevölkerung(szahl)**: *The population of London is growing.* Die Bevölkerung von London wächst ständig.

pork /pɔːk/ *n* (no *pl*)
meat from a pig ▷**Schweinefleisch** ☞Vergleiche mit der Anmerkung bei **pig**.

porridge /'pɒrɪdʒ/ *n* (no *pl*)
soft food made from oats and water ▷**Haferbrei**

port /pɔːt/ *n*
town or city with a harbour ▷**Hafen(stadt)**: *Liverpool is a big port.* Liverpool ist eine große Hafenstadt.

portable /ˈpɔːtəbl/ *adj*
that you can carry about; not fixed ▷**tragbar**: *a portable radio,* ein tragbares Radio.

porter /ˈpɔːtə(r)/ *n*
man who carries your bags in a hotel, station, airport, etc ▷**Gepäckträger**

portion /ˈpɔːʃn/ *n*
share; how much one person gets ▷**Portion**

portrait /ˈpɔːtrɪt/ *n*
painting or picture of someone ▷**Porträt**: *There is a portrait of the mayor in the city hall.* Im Rathaus hängt ein Porträt des Bürgermeisters.

position /pəˈzɪʃn/ *n*
1 place where someone or something is ▷**Lage**: *Can you show me the position of your village on the map?* Kannst du mir die Lage eures Dorfes auf der Karte zeigen?
2 way in which someone or something is placed ▷**Stellung**: *He was still sitting in the same position when I returned.* Er saß noch in derselben Stellung, als ich zurückkam.
3 the way things are at a certain time ▷**Situation**: *He's in a difficult position because he hasn't enough money to finish his studies.* Er ist in einer schwierigen Situation, weil er nicht genug Geld hat, sein Studium zu beenden.

positive /ˈpɒzɪtɪv/ *adj*
1 sure; certain ▷**sicher**: *Are you positive that you put the key in your pocket?* Bist du sicher, dass du den Schlüssel in deine Tasche gesteckt hast?
2 not having one of the words 'not', 'never', etc ▷**bejaht**: *'I like beans' is a positive sentence.* „Ich mag Bohnen" ist ein bejahter Satz.

possess /pəˈzes/ *v*
have or own something ▷**besitzen**: *He lost all that he possessed when his house burned down.* Er verlor alles, was er besaß, als sein Haus abbrannte. ☞Das gebräuchlichere Wort für **besitzen** ist **own**.

possession /pəˈzeʃn/ *n*
1 (no *pl*) having or owning something ▷**Besitz**: *The criminal was in possession of a stolen watch.* Man fand eine gestohlene Uhr im Besitz des Täters.
2 (*pl* possessions) something that you have or own ▷**Besitz**: *We lost all our possessions in the fire.* Wir verloren unseren ganzen Besitz bei dem Brand.

possibility /ˌpɒsəˈbɪlətɪ/ *n* (*pl* possibilities)
something that can happen ▷**Möglichkeit**: *Take your umbrella because there's a possibility it will rain.* Nimm einen Schirm mit, es besteht die Möglichkeit, dass es regnen wird. ☞Vorsicht! Beachte die Unterschiede zwischen **possibility**, **chance** und **opportunity**. Soll nur die **Möglichkeit** ausgedrückt werden, so kann man **chance** oder **possibility** benutzen: *Is there a chance/possibility that I'll see you?* Für die Bedeutung **Gelegenheit** stehen nur **chance** und **opportunity** zur Verfügung: *I'll have a chance/opportunity to see you when I'm in London.*

possible /ˈpɒsəbl/ *adj*
that can happen; that you can do ▷**möglich**: *Is it possible to walk there in an hour?* Ist es möglich, in einer Stunde dorthin zu laufen?

possibly /ˈpɒsəblɪ/ *adv*
1 in a way that can be done ▷**wie möglich**: *I'll come as soon as I possibly can.* Ich komme so schnell wie möglich.
2 perhaps ▷**vielleicht**: *'Will it rain tomorrow?' 'Possibly.'* „Wird es morgen regnen?" „Vielleicht."

post[1] /pəʊst/ *n*
tall piece of wood or metal that stands in the ground to hold something up or to mark something ▷**Pfosten**

post[2] /pəʊst/ *n* (no *pl*)
letters and parcels that you send ▷**Post**: *I sent her birthday present by post.* Ich schickte ihr Geburtstagsgeschenk mit der Post.
postal /ˈpəʊstl/ *adj* of the post ▷**Post-**: *postal charges,* Postgebühren.
post-box *n* (*pl* post-boxes) box in the street where you put letters for the post ▷**Briefkasten**
postcard *n* card that you write on and send by post ▷**Postkarte, Ansichtskarte**
postcode *n* numbers and letters that show your address ▷**Postleitzahl**
postman *n* (*pl* postmen) man who takes letters and parcels to homes, offices, etc ▷**Briefträger**
post office *n* building where you go to send letters and parcels and to buy stamps ▷**Postamt**
postwoman *n* (*pl* postwomen) woman who takes letters and parcels to homes, offices, etc ▷**Briefträgerin**

post[3] /pəʊst/ *v*
1 send a letter or parcel ▷**abschicken**
2 send someone to a place to do a certain job ▷**versetzen**: *Sandra's firm has posted her abroad for two years.* Sandras Firma hat sie für zwei Jahre ins Ausland versetzt.

postage /ˈpəʊstɪdʒ/ *n* (no *pl*)
money that you must pay when you send a letter, etc ▷**Porto**: *What is the postage for a*

letter to Australia? Wie hoch ist das Porto für einen Brief nach Australien?

poster /ˈpəʊstə(r)/ *n*
big piece of paper with a picture or words ▷**Poster**: *a poster about the pop concert,* ein Poster vom Popkonzert.

postpone /pəˈspəʊn/ *v*
not do something until a later time ▷**verschieben**: *Because it was raining, we postponed the match until the next day.* Da es regnete, verschoben wir das Spiel auf den nächsten Tag.

pot /pɒt/ *n*
1 deep, round dish for cooking ▷**Topf**: *I put the potatoes in a pot and boiled them.* Ich tat die Kartoffeln in einen Topf und kochte sie.
2 jar that holds something ▷**Topf**: *a pot of honey,* ein Topf mit Honig; *a pot of paint,* ein Farbtopf.

potato /pəˈteɪtəʊ/ *n* (*pl* potatoes)
round, white vegetable that grows under the ground ▷**Kartoffel**

pottery /ˈpɒtərɪ/ *n*
1 (no *pl*) making dishes, jars, plates, etc from clay ▷**Töpfern**: *We are learning pottery at school.* Wir lernen Töpfern in der Schule.
2 (no *pl*) clay dishes, etc ▷**Tonwaren**: *This shop sells pottery and souvenirs.* In diesem Laden kann man Tonwaren und Souvenirs kaufen.
3 (*pl* potteries) place where clay dishes, etc are made ▷**Töpferei**

poultry /ˈpəʊltrɪ/ *n* (*pl*)
farm birds that lay eggs and that you can eat ▷**Geflügel**

pound /paʊnd/ *n*
1 measure of weight = 0.4 kg ▷**0, 4 Kilogramm** ☞Die Abkürzung lautet **lb**.
2 unit of British money = £1 ▷**Pfund**

pour /pɔː(r)/ *v*
1 let liquid run out of a container ▷**gießen**: *She poured wine into my glass.* Sie goss Wein in mein Glas.
2 stream; flow fast ▷**strömen**: *Oil poured out of the damaged ship.* Öl strömte aus dem beschädigten Schiff.
it's pouring, it's raining very hard ▷**es gießt in Strömen**

poverty /ˈpɒvətɪ/ *n* (no *pl*)
being poor ▷**Armut**

powder /ˈpaʊdə(r)/ *n*
any fine stuff like dust ▷**Pulver**: *baking powder,* Backpulver; *soap-powder,* Waschpulver.

power /ˈpaʊə(r)/ *n*
1 (no *pl*) what makes something able to move or change other things ▷**Kraft**: *the power of a rocket,* die Kraft einer Rakete; *the power of the tides,* die Kraft der Gezeiten.
2 (no *pl*) energy; force that makes things work ▷**Kraft**: *nuclear power,* Kernkraft.
3 (*pl* powers) the right to do something ▷**Macht**: *A policeman has the power to arrest a criminal.* Ein Polizist hat die Macht, einen Verbrecher festzunehmen.
4 (*pl* powers) strong person or country ▷**Macht**: *America and Russia are great powers.* Amerika und Russland sind Großmächte.
do everything in your power, try very hard ▷**alles tun, was in jemandes Macht steht**: *He did everything in his power to help me.* Er tat alles, was in seiner Macht stand, um mir zu helfen.
power station *n* place where electricity is made ▷**Kraftwerk**

powerful /ˈpaʊəfl/ *adj*
1 with a strong body; able to move heavy things easily ▷**kräftig**: *a powerful boxer,* ein kräftiger Boxer.
2 that you can smell or hear clearly, or feel strongly ▷**stark**: *a powerful smell,* ein starker Geruch.
3 with the right to do important things; able to make other people do what you want ▷**mächtig**: *a powerful president,* ein mächtiger Präsident.
powerfully *adj* ▷**kraftvoll**

practical /ˈpræktɪkl/ *adj*
1 that is about doing things, not about ideas ▷**praktisch**: *The book contains many practical hints for gardeners.* Das Buch enthält viele praktische Ratschläge für Gärtner.
2 able to do useful things ▷**praktisch veranlagt**: *She is a very practical person,* Sie ist eine sehr praktisch veranlagte Frau.
3 sensible and possible ▷**sinnvoll**: *a practical solution to the problem,* eine sinnvolle Lösung des Problems.

practically /ˈprætɪkəlɪ/ *adv*
almost; nearly ▷**so gut wie**: *Lunch is practically ready.* Das Essen ist so gut wie fertig.

practice *American for* practise

practise /ˈpræktɪs/ *v*
do something often so that you will do it well ▷**trainieren**: *The team is practising for the match.* Die Mannschaft trainiert für das Spiel.
practice *n* (no *pl*) ▷**Training**
out of practice, not good at something because you have not done it often enough ▷**aus der Übung**

prairie /ˈpreərɪ/ *n*
large area of flat land with grass in North America ▷**Prärie**

praise /preɪz/ *v*
say that something or someone is good ▷**loben**: *The nurse was praised for her bravery.* Die Krankenschwester wurde wegen ihrer Tapferkeit gelobt.
praise *n* ▷**Lob**

pram /præm/ *n*
small cart that holds a baby ▷**Kinderwagen**

prawn /prɔːn/ *n*
sort of shellfish ▷**Garnele**

pray /preɪ/ *v*
speak to your god ▷**beten**: *He was kneeling down and praying.* Er kniete nieder und betete.
prayer /'preə(r)/ *n* ▷**Gebet**

preach /priːtʃ/ *v*
talk about your god to a group of people ▷**predigen**

precaution /prɪ'kɔːʃn/ *n*
taking care so that something will not happen ▷**Vorsichtsmaßnahme**
take precautions, be careful so that something will not happen ▷**sich schützen**: *The police advise people to take precautions against theft.* Die Polizei rät den Leuten, sich vor Diebstahl zu schützen.

precede /prɪ'siːd/ *v*
come or go before someone or something ▷**vorangehen**: *The Queen preceded her guests into the ballroom.* Die Königin ging ihren Gästen voran in den Ballsaal.

precious /'preʃəs/ *adj*
1 very valuable ▷**wertvoll**: *Diamonds are precious stones.* Diamanten sind wertvolle Steine.
2 loved very much ▷**wert**: *My books are very precious to me.* Meine Bücher sind mir sehr viel wert.

precipice /'presɪpɪs/ *n*
high cliff or steep side of a mountain ▷**Abgrund**

precise /prɪ'saɪs/ *adj*
exact; not more or less ▷**genau**: *precise orders,* genaue Anweisungen.
precisely *adv* exactly ▷**genau**: *at twelve o'clock precisely,* um genau zwölf Uhr.

predecessor /'priːdɪsesə(r)/ *n*
someone who comes or goes before another person in a job ▷**Vorgänger(in)**: *Who was George Bush's predecessor?* Wer war der Vorgänger von George Bush?

predict /prɪ'dɪkt/ *v*
say what you think will happen ▷**vorhersagen**: *He looked at the clouds and predicted rain.* Er sah sich die Wolken an und sagte Regen vorher.
prediction /prɪ'dɪkʃn/ *n* ▷**Vorhersage**

prefect /'priːfekt/ *n*
one of a group of senior pupils in a school, who must keep the younger children in order ▷**Aufsichtsschüler(in)**

prefer /prɪ'fɜː(r)/ *v* (is preferring, preferred /prɪ'ʃɜːd/, has preferred)
like someone or something better ▷**lieber mögen**: *Do you prefer tea or coffee?* Mögen Sie lieber Tee oder Kaffee?
preferable /'prefrəbl/ *adj* better; that you like more ▷**besser**: *I think riding a bicycle is preferable to walking.* Ich finde, Radfahren ist besser als Laufen.
preferably *adv* ▷**am liebsten**

prefix /'priːfɪks/ *n* (*pl* prefixes)
group of letters that you add to the front of one word to make another word ▷**Vorsilbe**: *'Semi-' is a prefix that means 'half', so a 'semicircle' is half a circle.* „Semi-" ist eine Vorsilbe, die „halb" bedeutet, ein „semicircle" ist also ein Halbkreis.

pregnant /'pregnənt/ *adj*
having a baby in your body, before it is born ▷**schwanger**

prejudice /'predʒədɪs/ *n*
having a feeling against something before you know much about it ▷**Vorurteil**: *Old people often have a prejudice against new ideas.* Alte Leute haben oft Vorurteile gegenüber neuen Ideen.
prejudiced /'predʒədɪst/ *adj* with strong and unfair ideas ▷**voreingenommen**

preparation /ˌprepə'reɪʃn/ *n* (no *pl*)
getting ready for something ▷**Vorbereitung**
in preparation for, to be ready for something ▷**als Vorbereitung für**: *He packed his bags in preparation for the journey.* Er packte seine Taschen als Vorbereitung auf die Reise.
preparations (*pl*) what you do to get ready for something ▷**Vorbereitungen**: *What preparations have you made for the party?* Welche Vorbereitungen hast du für die Party getroffen?

preparatory school /prɪ'pærətrɪ skuːl/, **prep school** /'prep skuːl/ *n*
private school for young pupils ▷**private Vorbereitungsschule**

prepare /prɪ'peə(r)/ *v*
make something ready ▷**vorbereiten**: *He is in the kitchen preparing the dinner.* Er ist in der Küche und bereitet das Essen vor.
prepared for, ready to face something ▷**vorbereitet auf**: *She was not prepared for the bad news and fainted.* Sie war auf die schlechte Nachricht nicht vorbereitet und wurde ohnmächtig.
prepared to, ready and willing to do something ▷**bereit**: *I'm prepared to wait for half an hour, but not longer.* Ich bin bereit,

eine halbe Stunde zu warten, aber nicht länger.

preposition /ˌprepəˈzɪʃn/ *n*
word that you put in front of a noun or pronoun to show where, how, etc ▷**Präposition**: *In the sentence 'He travelled from London to Munich,' 'from' and 'to' are prepositions.* In dem Satz „Er reiste von London nach München," sind „von" und „nach" Präpositionen.

prescribe /prɪˈskraɪb/ *v*
say that someone must take a medicine ▷**verschreiben**: *The doctor prescribed some tablets for her.* Die Ärztin verschrieb ihr einige Tabletten.

prescription /prɪˈskrɪpʃn/ *n*
note from a doctor to a chemist to give some medicine to someone ▷**Rezept**

presence /ˈprezns/ *n* (no *pl*)
being in a place ▷**Anwesenheit**
presence of mind *n* (no *pl*) thinking and acting quickly and sensibly ▷**Geistesgegenwart**: *He had the presence of mind to stop the machine when she caught her hair in it.* Er hatte die Geistesgegenwart, die Maschine anzuhalten, als ihre Haare hineingerieten.

present[1] /ˈpreznt/ *adj*
1 here; there ▷**anwesend**: *Is all the class present?* Ist die ganze Klasse anwesend?
2 being or happening now ▷**derzeitig**: *my present job,* meine derzeitige Stelle.
present *n* the time now ▷**Gegenwart**

present[2] /ˈpreznt/ *n*
gift; something that you give to someone ▷**Geschenk**: *a birthday present,* ein Geburtstagsgeschenk.

present[3] /prɪˈzent/ *v*
give something ▷**überreichen**: *Who will present the prizes to the winners?* Wer wird den Gewinnern die Preise überreichen?
presentation /ˌpreznˈteɪʃn/ *n* ▷**Überreichung**

president /ˈprezɪdənt/ *n*
1 head of a government, especially in a country that has no king or queen ▷**Präsident(in)**
2 head of a club, etc ▷**Vorsitzende(r)**

press[1] /pres/ *n*
the press *n* newspapers and magazines, and the people who write them ▷**Presse**: *Did the press come to the meeting?* War die Presse bei der Versammlung anwesend?

press[2] /pres/ *v*
1 push something ▷**drücken**: *You must press this button to start the radio.* Du musst auf diesen Knopf drücken, um das Radio anzustellen.
2 iron clothes, etc ▷**bügeln**: *press trousers,* Hosen bügeln.

pressure /ˈpreʃə(r)/ *n*
force ▷**Druck**: *the air pressure in a tyre,* der Luftdruck in einem Reifen.

pretend /prɪˈtend/ *v*
try to make someone believe something that is not true ▷**so tun als ob**: *She didn't want to talk so she pretended she was asleep.* Sie wollte nicht reden, deshalb tat sie so, als ob sie schliefe.

pretty[1] /ˈprɪtɪ/ *adj* (prettier, prettiest)
lovely ▷**hübsch**: *a pretty little girl,* ein hübsches kleines Mädchen. ☞Siehe Anmerkung bei **beautiful**.

pretty[2] /ˈprɪtɪ/ *adv*
quite; fairly ▷**ziemlich**: *Your work is pretty good, but it could be better!* Deine Arbeit ist ziemlich gut, sie könnte aber noch besser sein.

prevent /prɪˈvent/ *v*
1 stop someone from doing something ▷**verhindern**: *She closed the gate to prevent the dog from going out of the garden.* Sie schloss die Pforte zu, um zu verhindern, dass der Hund hinauslief.
2 stop something happening ▷**vorbeugen**: *It is easier to prevent disease than to cure it.* Es ist einfacher, Krankheiten vorzubeugen, als sie zu heilen.

previous /ˈpriːvɪəs/ *adj*
of an earlier time; that came before ▷**vorherig**: *What was your previous job?* Was war deine vorherige Stelle?
previously *adv* before ▷**früher**

prey /preɪ/ *n* (no *pl*)
animal or bird that another one kills for food ▷**Beute**: *The lion was eating its prey.* Der Löwe fraß seine Beute.

price /praɪs/ *n*
money that you pay for something; cost ▷**Preis**: *They've put all the prices up.* Sie haben alle Preise angehoben.

prick /prɪk/ *v*
make a little hole in something, or hurt someone, with a sharp point ▷**stechen**: *She pricked her finger with a needle.* Sie stach sich mit einer Nadel in den Finger.
prick *n* ▷**Stich** ☞Vorsicht! **Bienenstich** wird mit **bee sting** übersetzt.

pride /praɪd/ *n* (no *pl*)
feeling pleased about something that you or others have done, own, etc ▷**Stolz**: *The parents took pride in their children's good work.* Die Eltern waren voller Stolz über die gute Arbeit ihrer Kinder.

priest /priːst/ *n*
religious man who looks after a church and its people ▷**Priester**

primary /ˈpraɪmərɪ/ *adj*
first; earliest ▷**erste(r, s)**

Das Präsens

Vorsicht! Das simple present (einfache Gegenwart) und das present progressive (Verlaufsform der Gegenwart) müssen gut unterschieden werden:

1 Simple present

FORM

I speak English and German.
Jane speaks French as well.

I, you, we, they	speak	he, she, it	speaks

Besonderheiten der Formen bei **he**, **she**, **it**:

- Schreibung:
  -s bei allen Verben
  -es bei Verben mit der Endung *-s*, *-z*, *-x*, *-ch* und *-sh* (*he washes*)
  -ies bei Verben mit der Endung Konsonant + y (*I try; he tries*)
- Aussprache:
  /s/ wenn das Verb auf einen stimmlosen Konsonanten endet (*he sits*)
  /z/ wenn das Verb auf einen stimmhaften Laut endet (*she plays*)
  /ɪz/ wenn das Verb in der **he**, **she**, **it** Form auf *-es* endet (*he finishes*).
- Besondere Schreibung und Aussprache: *he goes* /gəʊz/ *she does* /dʌz/ *he says* /sez/

Fragen und Verneinungen:

Do	you, they	speak Italian?
Does	he, she	speak Italian?

BENUTZUNG:
Wir benutzen das simple present bei:

(a) Gewohnheiten und regelmäßig wiederkehrenden Handlungen. **always**, **every day**, **normally**, **often**, **sometimes**, **usually** kommen häufig mit dem simple present vor: *I get up at 5 o'clock every day.* Ich stehe jeden Tag um 5 Uhr auf.
(b) Dauerzuständen und Tatsachen: *My sister lives in Birmingham.* Meine Schwester wohnt in Birmingham. *The earth turns round the sun.* Die Erde kreist um die Sonne.
(c) Gedanken und Gefühlen: *I think you are wrong.* Ich glaube, du hast Unrecht. *Do you like bananas?* Magst du Bananen?
(d) dem kommentieren von Abläufen (Kochrezepte, Versuche, Gebrauchsanweisungen, usw.): *You cut the butter into small pieces and mix it with the flour.* Man schneidet die Butter in kleine Stücke und vermengt sie mit dem Mehl.

2 Present progressive

FORM

I	am	reading a comic at the moment.
You, We, They	are	reading a comic at the moment.
(S)he	is	reading a comic at the moment.

Ich lese/du liest usw. im Moment einen Comic.

Are you waiting for the bus? Wartest du auf den Bus?
No, I'm not waiting for the bus. Nein, ich warte nicht auf den Bus.

BENUTZUNG
Wir verwenden das present progressive, um über Sachen zu sprechen, die im Augenblick des Sprechens stattfinden. (Signalwörter: **now**, **at the moment**, **this morning**, usw.)

Das present progressive kann man auch verwenden, wenn man über die Zukunft spricht—vergleiche Anmerkung bei **future**.

primary school *n* school for pupils aged 5–11 ▷**Grundschule**

Prime Minister /ˌpraɪm ˈmɪnɪstə(r)/ *n* leader of the government in some countries ▷**Premierminister(in)**

prince /prɪns/ *n*
1 son of a king or queen ▷**Prinz**
2 ruler ▷**Fürst**

princess /prɪnˈses/ *n* (*pl* princesses) daughter of a king or queen; wife of a prince ▷**Prinzessin**

principal[1] /ˈprɪnsɪpl/ *adj* most important ▷**Haupt-**: *What are our principal exports?* Was sind unsere Hauptexportgüter?

principal[2] /ˈprɪnsɪpl/ *n* head of a school or college ▷**Rektor(in)**

principally /ˈprɪnsɪplɪ/ *adv* mainly; chiefly ▷**hauptsächlich**

principle /ˈprɪnsɪpl/ *n* rule for living ▷**Prinzip**: *He has strong principles.* Er hat feste Prinzipien.

print[1] /prɪnt/ *n*
1 (no *pl*) letters, etc, that a machine makes on paper ▷**Druck**: *a book in large print,* ein Buch im Großdruck.
2 (*pl* prints) mark where something has pressed ▷**Abdruck**: *footprints,* Fußabdrücke.

print[2] /prɪnt/ *v*
1 make words or pictures on paper or cloth with a machine ▷**drucken**: *They print the newspaper daily.* Die Zeitung wird täglich gedruckt.
2 write words with separate letters, not with joined letters ▷**in Druckbuchstaben schreiben**: *Please print your name and address clearly.* Bitte schreiben Sie Ihren Namen und Ihre Adresse deutlich in Druckbuchstaben.

printer /ˈprɪntə(r) *n*
1 person that prints books, newspapers, etc ▷**Drucker(in)**
2 company that prints books, newspapers, etc ▷**Druckerei**
3 machine that prints words from a computer ▷**Drucker**

prison /ˈprɪzn/ *n* place where criminals must stay ▷**Gefängnis**: *The thief went to prison for six years.* Der Dieb musste für sechs Jahre ins Gefängnis.
prison officer *n* someone who guards people in prison ▷**Gefängnisaufseher(in)**

prisoner /ˈprɪznə(r)/ *n* someone who is in prison; someone who is not free ▷**Gefangene(r)**

private /ˈpraɪvɪt/ *adj*
1 of or for one person or a small group of people ▷**privat**: *private letters,* Privatbriefe; *private property,* Privatbesitz.
2 not of your job ▷**privat**: *The Queen made a private visit to Canada.* Die Königin machte einen privaten Besuch in Kanada.
3 not of the government ▷**privat**: *a private hospital,* ein privates Krankenhaus; *a private school,* eine Privatschule.
in private, alone; away from other people ▷**vertraulich**: *The boss wants to see me in private.* Der Chef will mit mir vertraulich sprechen.

privilege /ˈprɪvəlɪdʒ/ *n* something special that only one person or a few people can do or have ▷**Vorrecht**: *Diplomats have many privileges.* Diplomaten haben viele Vorrechte.
privileged /ˈprɪvəlɪdʒd/ *adj* ▷**bevorzugt**

prize /praɪz/ *n* present for the winner in a competition, exam, etc ▷**Preis**
prize-giving /ˈpraɪz gɪvɪŋ/ *n* time when a school gives prizes to pupils ▷**Preisverteilung**

probable /ˈprɒbəbl/ *adj* likely; almost certain ▷**wahrscheinlich**: *Is it probable that he will win?* Ist es wahrscheinlich, dass er gewinnen wird?
probably *adv* ▷**wahrscheinlich**: *I'm taking an umbrella — it's probably going to rain.* Ich nehme einen Schirm mit — es wird wahrscheinlich regnen.

problem /ˈprɒbləm/ *n*
1 something that is difficult ▷**Problem**: *Driving is a problem in deep snow.* Bei tiefem Schnee ist Autofahren ein Problem.
2 question in mathematics to be answered ▷**Aufgabe**: *a mathematical problem,* eine Rechenaufgabe.

process /ˈprəʊses/ *n* (*pl* processes) how you do or make something; piece of work, step by step ▷**Verfahren**: *Unloading the luggage was a slow process.* Das Entladen des Gepäcks erwies sich als ein langwieriges Verfahren.

procession /prəˈseʃn/ *n* line of people, cars, etc following one another ▷**Umzug**: *We watched the carnival procession.* Wir sahen uns den Karnevalsumzug an.

produce[1] /ˈprɒdjuːs/ *n* (no *pl*) what you grow on a farm, etc ▷**Erzeugnisse**: *My cousin sells her garden produce in the market.* Meine Kusine verkauft ihre Gartenerzeugnisse auf dem Markt.
☞Beachte die unterschiedliche Betonung von Substantiv und Verb.

produce[2] /prəˈdjuːs/ *v*
1 bring something out to show it ▷**vorzei-**

gen: *The taxi driver produced his licence.* Der Taxifahrer zeigte seine Fahrerlaubnis vor.
2 make something ▷**herstellen**: *This factory produces cars.* Dieses Werk stellt Autos her.
3 grow fruit, crops, etc ▷**erzeugen**: *What does this farm produce?* Was erzeugt dieser Bauernhof?
4 have young ones ▷**gebären**: *The cat produced six kittens.* Die Katze gebar sechs Junge.
5 make something happen ▷**(hervor)bringen**: *Eric's hard work produced good results.* Erics harte Arbeit brachte gute Ergebnisse.

product /'prɒdʌkt/ *n*
something that you have made or grown ▷**Erzeugnis**: *Coffee is Brazil's main product.* Kaffee ist Brasiliens Haupterzeugnis.

production /prə'dʌkʃn/ *n*
1 (no *pl*) making things ▷**Produktion**: *This company has doubled its production this year.* Die Firma hat in diesem Jahr ihre Produktion verdoppelt.
2 (*pl* productions) showing a play, drama, etc ▷**Aufführung**: *the school production of 'Macbeth',* die Schulaufführung von „Macbeth".

profession /prə'feʃn/ *n*
job that needs special training and a lot of thinking ▷**Beruf**: *He is a doctor by profession.* Er ist Arzt von Beruf.

professional /prə'feʃənl/ *adj*
playing sport, music, etc for money ▷**Profi-**: *a professional footballer,* ein Profifußballer

professor /prə'fesə(r)/ *n*
senior teacher at a university ▷**Professor(in)**
☞Vor **professor** steht nie **Mr** oder **Mrs**: *Professor Smith.*

profit[1] /'prɒfɪt/ *n*
money that you make when you sell something for more than you paid for it ▷**Gewinn**: *If you buy a bike for £20 and sell it for £30, you make a profit of £10.* Wenn du ein Fahrrad für £20 kaufst und es für £30 verkaufst, machst du einen Gewinn von £10.

profit[2] /'prɒfɪt/ *v*
profit by, profit from, get help from something ▷**profitieren**: *You will profit from spending a year in a foreign school.* Du wirst von einem Jahr an einer ausländischen Schule profitieren.

profitable /'prɒfɪtəbl/ *adj*
that brings money ▷**Gewinn bringend**: *a profitable business,* ein Gewinn bringendes Unternehmen.

program[1] *American for* programme

program[2] /'prəʊgræm/ *n*
list of instructions for a computer ▷**Programm**
programmer *n* someone who writes computer programs ▷**Programmierer(in)**

programme /'prəʊgræm/ *n*
1 list of things in a concert, etc ▷**Programm**: *Look at the programme and see who is singing.* Schau einmal im Programm nach, wer singt.
2 plan or list of times when something will happen, be done, etc ▷**Programm**: *What is our programme for tomorrow?* Wie sieht unser Programm für morgen aus?
3 something on radio or television ▷**Sendung**: *Did you see that programme on animals?* Hast du die Tiersendung gesehen?

progress /'prəʊgres/ *n* (no *pl*)
how much better something is becoming ▷**Fortschritt**: *my progress at school,* meine Fortschritte in der Schule.
make progress, do quite well ▷**Fortschritte machen**: *Austin is making progress at school.* Austin macht Fortschritte in der Schule.

progressive /prə'gresɪv/ *adj*
with new ideas ▷**fortschrittlich**: *a progressive government,* eine fortschrittliche Regierung.

prohibit /prə'hɪbɪt/ *v*
say that something must not happen ▷**untersagen**: *Smoking is prohibited in this theatre.* In diesem Theater ist das Rauchen untersagt.

project[1] /'prɒdʒekt/ *n*
big plan ▷**Vorhaben**: *a building project,* ein Bauvorhaben.
☞Beachte die unterschiedliche Betonung von Substantiv und Verb.

project[2] /'prə'dʒekt/ *v*
be further out ▷**(hervor)ragen**: *A rusty nail was projecting from the wall.* Aus der Wand ragte ein rostiger Nagel.

projector /prə'dʒektə(r)/ *n*
machine that shows films or slides on a wall, screen, etc ▷**Projektor**

prominent /'prɒmɪnənt/ *adj*
1 easy to see because it is bigger than normal ▷**vorstehend**: *prominent teeth,* vorstehende Zähne.
2 important and well-known ▷**prominent**: *a prominent writer,* ein prominenter Autor.

promise[1] /'prɒmɪs/ *v*
say that you will definitely do something ▷**versprechen**: *Philip has promised to take me to the cinema tomorrow.* Philip hat versprochen, morgen mit mir ins Kino zu gehen.

promise[2] /'prɒmɪs/ *n*
saying that you will definitely do something ▷**Versprechen**
break a promise, not do what you promised ▷**ein Versprechen brechen**
keep a promise, do what you promised ▷**ein Versprechen halten**
make a promise, say that you will definitely do something, etc ▷**ein Versprechen geben**

promote /prə'məʊt/ *v*
give someone a better job, etc ▷**befördern**
promotion /prə'məʊʃn/ *n* ▷**Beförderung**

prompt /prɒmpt/ *adj*
quick ▷**umgehend**: *a prompt answer,* eine umgehende Antwort.
promptly *adv* on time, not late ▷**pünktlich**: *David arrived promptly at 2 o'clock.* David kam pünktlich um 2 Uhr.

pronoun /'prəʊnaʊn/ *n*
word in place of a noun ▷**Fürwort**: *'I', 'him' and 'their' are pronouns.* „I", „him" und „their" sind Fürwörter.

pronounce /prə'naʊns/ *v*
make the sound of a letter or word ▷**aussprechen**: *The phonetic signs in this dictionary tell you how to pronounce words.* Die phonetischen Zeichen in diesem Buch zeigen dir, wie man die Wörter ausspricht.
pronunciation /prəˌnʌnsɪ'eɪʃn/ *n* (no *pl*) how you say a word or words ▷**Aussprache**

proof /pruːf/ *n*
thing that shows what is true ▷**Beweis**: *We have proof that you stole the car.* Wir haben Beweise dafür, dass Sie das Auto gestohlen haben.

proper /'prɒpə(r)/ *adj*
right; correct ▷**richtig**: *You work better if you have the proper tools.* Du kannst besser arbeiten, wenn du die richtigen Werkzeuge hast.
properly *adv* ▷**richtig**: *Please close the door properly.* Bitte mach die Tür richtig zu.

property /'prɒpətɪ/ *n*
1 (no *pl*) something that you have or own ▷**Eigentum**: *Those books are my property.* Diese Bücher sind mein Eigentum.
2 (*pl* properties) piece of land; piece of land and buildings ▷**Besitz**: *They have a property in Scotland.* Sie haben Grundbesitz in Schottland.

proposal /prə'pəʊzl/ *n*
1 plan ▷**Vorschlag**: *a peace proposal,* ein Friedensvorschlag.
2 asking someone to marry you ▷**(Heirats-)antrag**: *How many proposals has she had?* Wie viele Anträge hat sie bekommen?

propose /prə'pəʊz/ *v*
1 say what you will do or what you think should be done, etc ▷**vorschlagen**: *I propose we should have another meeting.* Ich schlage vor, dass wir uns noch einmal treffen sollten.
2 ask someone to marry you ▷**einen Heiratsantrag machen**: *Mark proposed to Valerie.* Mark machte Valerie einen Heiratsantrag.

protect /prə'tekt/ *v*
keep something or someone safe ▷**beschützen, schützen**: *The sheepdog protects the sheep from danger.* Der Hütehund beschützt die Schafe. *We want to protect the environment.* Wir wollen die Umwelt schützen
protection /prə'tekʃn/ *n* ▷**Schutz**: *An umbrella is a protection against the rain.* Ein Schirm ist ein Schutz gegen den Regen.

protest /prə'test/ *v*
complain; say firmly that you do not like something ▷**protestieren**: *They protested against the increase in taxes.* Sie protestierten gegen die Steuererhöhung.
protest /'prəʊtest/ *n* ▷**Protest(kundgebung)**: *They made a protest.* Sie veranstalteten eine Protestkundgebung.

proud /praʊd/ *adj* (prouder, proudest)
feeling pleased about something you have or did ▷**stolz**: *Jack is very proud of his garden.* Jack ist sehr stolz auf seinen Garten.
proudly *adv* ▷**stolz**: *He walked proudly to receive his prize.* Mit stolzem Gang nahm er seinen Preis entgegen.

prove /pruːv/ *v* (proved /pruːvd/, has proved, has proven /'pruːvn/
show that something is true ▷**beweisen**: *These footprints prove that someone came to the door.* Diese Fußabdrücke beweisen, dass jemand an der Tür war.

proverb /'prɒvɜːb/ *n*
wise saying ▷**Sprichwort**: *'The early bird catches the worm' is an English proverb.* „The early bird catches the worm" ist ein englisches Sprichwort.

provide /prə'vaɪd/ *v*
give something that someone needs ▷**zur Verfügung stellen**: *I'll provide food for the picnic.* Ich stelle das Essen für das Picknick zur Verfügung. *Can you provide me with the information I need?* Können Sie mir die Informationen, die ich brauche, zur Verfügung stellen?

provided /prə'vaɪdɪd/, **providing** /prə'vaɪdɪŋ/ *conj*
if ▷**vorausgesetzt, dass**: *I'll go, providing Pete can come with me.* Ich werde gehen, vorausgesetzt, dass Pete mitkommen kann.

province /'prɒvɪns/ *n*
part of a country; state ▷**Provinz**

tʃ	dʒ	θ	ð	ʃ	ʒ	ŋ	w	v	iː
cheap	**j**am	**th**ink	**th**is	**sh**oe	plea**s**ure	ri**ng**	**w**alk	**v**an	**ea**t

prune /pruːn/ *n*
dried plum ▷**Backpflaume**

pub /pʌb/ *n*
building where you go to drink beer, etc and to talk to friends ▷**Kneipe**

public[1] /ˈpʌblɪk/ *adj*
of everyone; for all people ▷**öffentlich**: *public transport,* öffentliche Verkehrsmittel; *a public library,* eine öffentliche Bücherei.
public school *n* private school for pupils of 13–18 ▷**Privatschule**
publicly *adv* ▷**öffentlich**

public[2] /ˈpʌblɪk/ *n* (no *pl*)
in public, where other people are; openly ▷**in der Öffentlichkeit**: *She is too shy to sing in public.* Sie ist zu schüchtern, um in der Öffentlichkeit zu singen.
public opinion, what most people think ▷**die öffentliche Meinung**
the public *n* all people ▷**die Öffentlichkeit**: *Can the public use this park?* Ist dieser Park der Öffentlichkeit zugänglich?

publication /ˌpʌblɪˈkeɪʃn/ *n*
1 (no *pl*) printing and selling books, newspapers, etc ▷**Veröffentlichung**
2 (*pl* publications) book, newspaper, etc ▷**Veröffentlichung**

publish /ˈpʌblɪʃ/ *v*
prepare a book, magazine, newsapaper, etc for selling ▷**veröffentlichen**: *Oxford University Press publishes many dictionaries.* Oxford University Press veröffentlicht viele Wörterbücher.
publisher *n* **(a)** person that publishes books, newspapers, etc ▷**Verleger(in)** **(b)** company that publishes books, newspapers, etc ▷**Verlag**

pudding /ˈpʊdɪŋ/ *n*
sweet food that you eat at the end of a meal ▷**Nachtisch**

puddle /ˈpʌdl/ *n*
small pool of dirty water, on the ground ▷**Pfütze**

pull /pʊl/ *v*
move something strongly towards you; go forward, holding something behind you ▷**ziehen**: *She pulled the drawer open.* Sie zog die Schublade auf.
pull *n* ▷**Ziehen**
pull down, take down a building ▷**abreißen**: *They pulled down the old school.* Sie rissen die alte Schule ab.
pull yourself together, take control of yourself when you are upset ▷**sich zusammenreißen**: *He was very shocked after the accident, but he pulled himself together and phoned the police.* Obwohl er nach dem Unfall einen Schock hatte, riss er sich zusammen und rief die Polizei an.

pullover /ˈpʊləʊvə(r)/ *n*
jersey; sweater ▷**Pullover**

pulpit /ˈpʊlpɪt/ *n*
place where the priest stands when he preaches in church ▷**Kanzel**

pulse /pʌls/ *n*
beat of the heart, which you feel in different parts of the body ▷**Puls**: *The nurse felt the pulse in his wrist.* Die Krankenschwester fühlte den Puls an seinem Handgelenk.

pump /pʌmp/ *n*
machine that moves liquid, air, etc into or out of something ▷**Pumpe**: *a bicycle pump,* eine Luftpumpe.
pump *v* move air, liquid, etc with a pump ▷**pumpen**
pump up, blow air into something with a pump ▷**aufpumpen**: *I pumped up my bicycle tyre.* Ich pumpte meinen Fahrradreifen auf.

pumpkin /ˈpʌmpkɪn/ *n*
big, round vegetable with a hard, yellow skin ▷**Kürbis**

punch /pʌntʃ/ *v*
hit something or someone hard with the fist ▷**boxen**: *He punched the boy in the face.* Er boxte den Jungen ins Gesicht.
punch *n* ▷**Schlag**: *a punch on the chin,* ein Schlag auf das Kinn.

punctual /ˈpʌŋktjʊəl/ *adj*
coming at the right time ▷**pünktlich**
punctually *adv* ▷**pünktlich**: *The train arrived punctually.* Der Zug kam pünktlich an.

punctuate /ˈpʌŋktjʊeɪt/ *v*
put marks such as (.) (,) (;) (:) (?) into a piece of writing ▷**Satzzeichen setzen**
punctuation /ˌpʌŋktjʊˈeɪʃn/ *n* (no *pl*) ▷**Zeichensetzung**

puncture /ˈpʌŋktʃə(r)/ *n*
hole in a tyre, etc ▷**Reifenpanne**: *My bicycle has a puncture.* Mein Fahrrad hat eine Reifenpanne.

punish /ˈpʌnɪʃ/ *v*
make someone suffer because he has done wrong ▷**bestrafen**
punishment *n* ▷**Strafe**: *As a punishment, the child was sent to bed.* Das Kind wurde zur Strafe ins Bett gesteckt.

pupil /ˈpjuːpl/ *n*
someone who is learning in school or from a private teacher ▷**Schüler(in)**: *There are twenty pupils in the class.* In der Klasse sind zwanzig Schüler.

puppet /ˈpʌpɪt/ *n*
1 doll or toy animal that you move with strings ▷**Marionette**
2 doll or toy animal that you put your hand inside ▷**Handpuppe**

puppy /'pʌpɪ/ *n* (*pl* puppies)
young dog ▷**Hündchen, Welpe**

purchase /'pɜːtʃəs/ *v*
buy something ▷**kaufen**: *Our company has purchased three new shops.* Unsere Firma hat drei neue Geschäfte gekauft.
purchase *n* something that you have bought ▷**(Ein)kauf**: *She made several purchases and then left.* Sie tätigte mehrere Einkäufe und ging dann.

pure /pjʊə(r)/ *adj* (purer, purest)
totally clean; not mixed with any other thing ▷**rein**: *pure water from a spring,* reines Wasser aus einer Quelle.
purely *adv* totally; only ▷**völlig**

purple /'pɜːpl/ *adj*
with a blue-red colour ▷**violett**: *purple grapes,* violette Trauben.
purple *n* (no *pl*) ▷**Violett**

purpose /'pɜːpəs/ *n*
plan; intention; what you are going to do ▷**Zweck**: *What is the purpose of your trip?* Was ist der Zweck Ihrer Reise?
on purpose, because you planned it ▷**absichtlich**: *Did you break his pencil on purpose?* Hast du seinen Bleistift absichtlich zerbrochen?

purr /pɜː(r)/ *v*
make the sound of a happy cat ▷**schnurren**: *The cat purred when I gave it some milk.* Die Katze schnurrte, als ich ihr etwas Milch gab.
purr *n* ▷**Schnurren**

purse /pɜːs/ *n*
small bag where you keep money ▷**Portmonee**

pursue /pə'sjuː/ *v*
chase or follow someone because you want to catch him ▷**verfolgen**: *They pursued the thief down the road.* Sie verfolgten den Dieb die ganze Straße entlang.

push /pʊʃ/ *v*
move something away from you ▷**schieben**: *We had to push the car when it broke down.* Wir mussten das Auto schieben, als wir eine Panne hatten.
push *n* ▷**Schubs**: *I fell because someone gave me a push.* Ich fiel, weil mir jemand einen Schubs gab.
push chair *n* seat on wheels for a small child ▷**Sportkinderwagen**

put /pʊt/ *v* (is putting, put /pʊt/, has put)
move something to another place ▷**setzen, stellen, legen**: *He put his hat on his head.* Er setzte seinen Hut auf den Kopf.
put on, (a) take a piece of clothing and wear it ▷**anziehen**: *He put on his coat and went out.* Er zog seinen Mantel an und ging weg. **(b)** press a switch to start electricity ▷**anmachen**: *It's very dark — put the lights on.* Es ist sehr dunkel — mach das Licht an.
put out, stop a fire or light burning or shining ▷**löschen**: *I put out the fire with a bucket of water.* Ich löschte das Feuer mit einem Eimer Wasser.
put someone off, (a) ask someone to do something later than he planned ▷**hinhalten**: *I'm busy today, so I shall have to put Jack off until tomorrow.* Ich bin heute beschäftigt, deshalb muss ich Jack bis morgen hinhalten. **(b)** make you feel angry, sick etc so that you do not do something ▷**die Lust verderben**: *The advertisement put me off the film.* Die Werbung hat mir die Lust auf den Film verdorben.
put someone up, let someone sleep in your home ▷**unterbringen**: *When I was in Cardiff, my cousin put me up.* Als ich in Cardiff war, hat meine Kusine mich bei sich untergebracht.
put something away, store something in its usual place ▷**(ein)räumen**: *I put my books away on the shelf.* Ich räumte meine Bücher in das Regal ein.
put something off, not do something until a later time ▷**verschieben**: *He put off his holiday because his wife was ill.* Er verschob seinen Urlaub, weil seine Frau krank war.
put something right, mend something; change something so that it is correct ▷**in Ordnung bringen**: *My car won't start — can you put it right?* Mein Auto springt nicht an — können Sie das in Ordnung bringen?
put up, stay at a place ▷**unterkommen**: *They put up at a hotel.* Sie kamen in einem Hotel unter.
put up with, bear something or someone that you do not like ▷**sich abfinden mit**: *We can't change the bad weather, so we must put up with it.* Wir können das schlechte Wetter nicht ändern, deshalb müssen wir uns damit abfinden.

puzzle /'pʌzl/ *n*
1 game where you must find an answer or solve a problem ▷**Rätsel**
2 jigsaw puzzle; picture in many small parts that you must put together ▷**Puzzle**
puzzled /pʌzld/ *adj* not understanding something ▷**verwirrt**: *He looked puzzled when he read the first question.* Er sah verwirrt aus, als er die erste Frage las.

pyjamas /pə'dʒɑːməz/ *n* (*pl*)
loose jacket and trousers that you wear in bed ▷**Schlafanzug**

pyramid /'pɪrəmɪd/ *n* thing with a flat bottom and three or four sides that come to a point at the top ▷**Pyramide**: *the pyramids of Egypt,* die ägyptischen Pyramiden.

Qq

quack /kwæk/ *v*
make the sound of a duck ▷**quaken**
quack *n* ▷**Quaken**

qualification /ˌkwɒlɪfɪˈkeɪʃn/ *n*
the right knowledge and training to do a special job ▷**Befähigung**

qualify /ˈkwɒlɪfaɪ/ *v* (qualified /ˈkwɒlɪfaɪd/, has qualified)
get the right knowledge and training ▷**sich qualifizieren**: *John has qualified as a doctor.* John hat sich als Arzt qualifiziert.

quality /ˈkwɒlətɪ/ *n* (no *pl*)
how good or bad something is ▷**Qualität**: *I want meat of the best quality.* Ich möchte Fleisch von der besten Qualität.

quantity /ˈkwɒntətɪ/ *n* (*pl* quantities)
amount; how much there is of something ▷**Menge**: *I can only eat a small quantity of rice.* Ich kann nur eine kleine Menge Reis essen.

quarrel /ˈkwɒrəl/ *v* (is quarrelling, quarrelled /ˈkwɒrəld/, has quarrelled)
argue; talk angrily because you cannot agree ▷**(sich) streiten**: *We were quarrelling because we both wanted to use the car.* Wir stritten uns, weil wir beide das Auto haben wollten.
quarrel *n* argument; fight with words ▷**Streit**: *You started the quarrel.* Du hast mit dem Streit angefangen.

quarter /ˈkwɔːtə(r)/ *n*
1 one of four equal parts ▷**Viertel**
2 part of a town ▷**Viertel**: *John lives in a modern quarter of the city.* John wohnt in einem modernen Viertel der Stadt.
a quarter past, 15 minutes after the hour ▷**Viertel nach**: *It's a quarter past two.* Es ist Viertel nach zwei.
a quarter to, 15 minutes before the hour ▷**Viertel vor**

quay /kiː/ *n*
place in a harbour where you tie a boat or ship ▷**Kai**

queen /kwiːn/ *n*
1 woman who rules a country and who belongs to a royal family ▷**Königin**: *Elizabeth II is Queen of England.* Elizabeth II ist Königin von England.
2 wife of a king ▷**Königin**

question[1] /ˈkwestʃən/ *n*
1 what you ask ▷**Frage**: *He did not answer my question.* Er hat meine Frage nicht beantwortet.
2 something to talk about; problem ▷**Frage**: *the housing question,* die Wohnungsfrage.
question tag, words that you add to the end of a sentence if you want an answer ▷**Frageanhängsel**: *In the sentence, 'You are English, aren't you?' 'aren't you' is a question tag.* In dem Satz „You are English, aren't you?" ist „aren't you" ein Frageanhängsel.

question[2] /ˈkwestʃən/ *v*
ask someone about something ▷**befragen**: *The police questioned him about the stolen car.* Die Polizei befragte ihn wegen des gestohlenen Autos.

question-mark /ˈkwestʃən mɑːk/ *n*
punctuation mark (?) that you put at the end of a sentence to show a question ▷**Fragezeichen**

queue /kjuː/ *n*
line of people who are waiting to do something ▷**Schlange**: *a queue at the bus-stop,* eine Schlange an der Bushaltestelle.
queue *v* ▷**Schlange stehen**
queue up, stand in a queue ▷**anstehen**: *We queued up for half an hour to get into the cinema.* Wir standen eine halbe Stunde an, um ins Kino zu kommen.

quick /kwɪk/ *adj* (quicker, quickest)
fast; that takes little time ▷**schnell**: *a quick worker,* eine schnelle Arbeiterin.
quick, quickly *adv* ▷**schnell**: *She finished before I did because she writes quickly.* Sie war vor mir fertig, weil sie schnell schreibt.

quiet /kwaɪət/ *adj* (quieter, quietest)
not loud; with little sound or no sound ▷**still**: *Be quiet — the baby is asleep.* Sei still — das Baby schläft.
quietly *adv* ▷**leise**: *I didn't hear Jane because she came in so quietly.* Ich hörte Jane nicht, weil sie so leise hereinkam.
quiet *n* (no *pl*) ▷**Ruhe**: *I need quiet when I do my homework.* Ich brauche Ruhe, wenn ich meine Hausaufgaben mache.

quilt /kwɪlt/ *n*
thick, warm bed-cover ▷**Steppdecke**

quit *American for* leave

quite /kwaɪt/ *adv*
1 totally ▷**ganz**: *You're quite right.* Du hast ganz recht.
2 rather; fairly; not very ▷**ziemlich**: *It's quite warm today.* Heute ist es ziemlich warm.
quite a few, a lot of ▷**eine ganze Menge**: *I have quite a few books.* Ich habe eine ganze Menge Bücher.

quiz /kwɪz/ *n* (*pl* quizzes)
game where you try to answer questions ▷**Quiz**

quotation /kwəʊ'teɪʃn/ *n*
words that another person has said or written ▷**Zitat**: *a quotation from one of Shakespeare's plays,* ein Zitat aus einem Shakespeare-Stück.

quotation marks /kwəʊ'teɪʃn mɑːks/ *n pl*
punctuation marks (' . . . ', " . . . ") that you put round a quotation ▷**Anführungszeichen**

quote /kwəʊt/ *v*
say or write words that another person has said or written ▷**zitieren**: *Sheila quoted a poem by T.S. Eliot.* Sheila zitierte ein Gedicht von T.S. Eliot.

Rr

rabbi /'ræbaɪ/ *n*
Jewish religious person who looks after a synagogue and its people ▷**Rabbiner**

rabbit /'ræbɪt/ *n*
small animal, with long ears, which lives in holes under the ground ▷**Kaninchen**

rabies /'reɪbiːz/ *n* (no *pl*)
dangerous illness that animals and people can get ▷**Tollwut**

race[1] /reɪs/ *n*
group of people of the same sort with the same colour of skin, etc ▷**Rasse**
racial /'reɪʃl/ *adj* of race ▷**Rassen-**: *racial problems,* Rassenprobleme.

race[2] /reɪs/ *n*
competition or contest to see who can run, drive, ride, etc fastest ▷**Rennen**: *Who will win the 200 metres race?* Wer wird das 200-Meter-Rennen gewinnen?
the races *n pl* horse-races ▷**Pferderennen**: *He lost a lot of money at the races.* Er hat viel Geld beim Pferderennen verloren.
race-course *n* place where you go to see horse-races ▷**Rennbahn**

race[3] /reɪs/ *v*
run, drive, etc in a competition ▷**(um die Wette) fahren, laufen, etc**: *Top drivers race at Brands Hatch.* Die Spitzenrennfahrer fahren in Brands Hatch um die Wette.

racing /'reɪsɪŋ/ *n* (no *pl*)
sport where horses, cars, etc race against each other ▷**Rennsport**

racist /'reɪsɪst/ *n*
someone who thinks that people are better or worse because of the group they belong to ▷**Rassist(in)**
racist *adj* ▷**rassistisch**: *To say that white people are cleverer than black people is a racist remark.* Wenn man sagt, dass weiße Menschen klüger als schwarze sind, dann ist das eine rassistische Bemerkung.

rack /ræk/ *n*
sort of shelf or frame for holding things ▷**Gestell**
luggage rack *n* rack in a train or bus for bags, etc ▷**Gepäcknetz**
roof rack *n* rack on the roof of a car for bags, etc ▷**Dachgepäckträger**

racket, racquet /'rækɪt/ *n*
instrument for hitting the ball in tennis, etc ▷**Schläger** ☞Siehe Anmerkung bei **bat**.

radar /'reɪdɑː(r)/ *n* (no *pl*)
instrument in a ship or aeroplane that shows you where things are when you cannot see them ▷**Radar**

radiator /'reɪdɪeɪtə(r)/ *n*
instrument that has hot water flowing through to heat the room ▷**Heizkörper**

radiation /ˌreɪdɪ'eɪʃn/ *n* (no *pl*)
dangerous energy that some substances send out ▷**Strahlung**

radio /'reɪdɪəʊ/ *n*
instrument that brings voices and music from far away ▷**Radio**: *We were listening to some music on the radio.* Wir hörten uns Musik im Radio an.

radish /'rædɪʃ/ (*pl* radishcs)
small red and white vegetable ▷**Radieschen**

raft /rɑːft/ *n*
sort of flat boat with no sides and no engine ▷**Floß**

rag /ræg/ *n*
any small piece of cloth ▷**Lappen**: *Can I have a rag to clean my bicycle?* Kann ich einen Lappen zum Fahrradputzen haben?

rage /reɪdʒ/ *n*
great anger; fury ▷**Wut**: *Dad was in a rage when he found that thieves had taken his car.* Vati war voller Wut, als er feststellte, dass Diebe sein Auto gestohlen hatten.

raid /reɪd/ *v*
make a sudden attack on a place ▷**überfallen**: *They raided the bank.* Sie überfielen die Bank.
raid *n* ▷**Überfall**

rail /reɪl/ *n*
long piece of metal that makes a track for a train, etc ▷**Schiene**
by rail, in a train ▷**mit der Bahn**: *I went*

from London to Leeds by rail. Ich fuhr mit der Bahn von London nach Leeds.

railing /ˈreɪlɪŋ/ *n*
fence made with thin rails ▷**Zaun**

railroad *American for* railway

railway /ˈreɪlweɪ/ *n*
1 rails where a train runs ▷**Gleis**: *a bridge over the railway,* eine Brücke über die Gleise.
2 train service that carries people and goods ▷**(Eisen)bahn**: *a railway timetable,* ein Eisenbahnfahrplan.
railway station *n* place where a train stops so that people can get on and off ▷**Bahnhof**

rain /reɪn/ *n* (no *pl*)
drops of water that fall from the sky ▷**Regen**: *Her coat is wet because she was out in the rain.* Ihr Mantel ist nass, weil sie draußen im Regen war.
rain *v* fall from the sky as water ▷**regnen**: *It often rains in Scotland.* In Schottland regnet es oft.
rain forest /ˈreɪn fɒrɪst/ *n* a forest in a hot part of the world where there is a lot of rain ▷**Regenwald**
rainy *adj* (rainier, rainiest) with rain falling ▷**regnerisch**: *a rainy day,* ein regnerischer Tag.

rainbow /ˈreɪnbəʊ/ *n*
half circle of bright colours that you see in the sky when rain and sun come together ▷**Regenbogen**

raincoat /ˈreɪnkəʊt/ *n*
coat that you wear when it rains ▷**Regenmantel**

raise /reɪz/ *v*
1 lift something or someone up ▷**hochheben**: *He raised the lid and looked into the box.* Er hob den Deckel hoch und schaute in die Kiste. ☞Häufiger wird in dieser Bedeutung das Verb **lift** verwendet.
2 make an amount, size, etc bigger ▷**erhöhen**: *The shopkeeper raised the price of sugar.* Der Ladeninhaber erhöhte den Zuckerpreis.
3 keep animals to make young animals ▷**züchten**: *The farmer raises pigs.* Der Bauer züchtet Schweine.
4 have and bring up children ▷**großziehen**: *My grandmother raised a family of ten.* Meine Großmutter hat zehn Kinder großgezogen.
5 collect something from other people ▷**sammeln**: *She raised money for poor children.* Sie sammelte Geld für arme Kinder.
6 say or write something because you want people to know about it, etc ▷**aufwerfen**: *She raised an interesting question.* Sie warf eine interessante Frage auf.
raise your voice, speak louder ▷**lauter sprechen**

raisin /ˈreɪzn/ *n*
dried grape ▷**Rosine**

rake /reɪk/ *n* garden instrument with a long handle, for making soil flat, etc ▷**Harke**
rake *v* ▷**harken**: *Rake the dead leaves off the grass.* Hark die abgefallenen Blätter vom Rasen.

rally /ˈrælɪ/ *n* (*pl* rallies)
1 group of people walking or standing together in public to show that they feel strongly about something ▷**Kundgebung**: *a peace rally,* eine Friedenskundgebung.
2 car race ▷**Rallye**

ramp /ræmp/ *n*
pavement that goes from one level to another ▷**Rampe**: *Paul pushed the wheelchair up the ramp.* Paul schob den Rollstuhl die Rampe hinauf.

ran /ræn/ *form of* run

ranch /rɑːntʃ/ *n* (*pl* ranches)
big cattle farm ▷**Ranch**

rang /ræŋ/ *form of* ring

range /reɪndʒ/ *n*
1 line or row of things ▷**Kette**: *a mountain range,* eine Gebirgskette.
2 a lot of different sorts ▷**Sortiment**: *This shop sells a wide range of bicycles.* Dieses Geschäft führt ein großes Sortiment an Fahrrädern.

ransom /ˈrænsəm/ *n*
money that you pay so that a criminal will free a person that he has taken ▷**Lösegeld**: *The hijackers demanded a ransom of a million pounds.* Die Entführer verlangten ein Lösegeld von einer Million Pfund.

rapid /ˈræpɪd/ *adj*
quick; fast ▷**schnell**: *rapid growth,* schnelles Wachstum.
rapidly *adv* ▷**schnell**

rare /reə(r)/ *adj* (rarer, rarest)
not happening often; that you do not often see, hear, etc ▷**selten**: *Pandas are rare.* Pandas sind selten.
rarely *adv* ▷**selten**: *My grandmother rarely leaves her house.* Meine Großmutter geht selten aus dem Haus.

raspberry /ˈrɑːzbrɪ/ *n* (*pl* raspberries)
small, soft, red fruit ▷**Himbeere**

rat /ræt/ *n*
animal like a big mouse ▷**Ratte**

rate /reɪt/ *n*
1 speed; measurement of how fast ▷**Geschwindigkeit**: *The car travelled at a rate of 90 miles per hour.* Die Geschwindigkeit des Autos betrug 90 Meilen in der Stunde.

2 measurement of how much ▷**Rate**: *Germany has a very low rate of inflation.* Deutschland hat eine sehr niedrige Inflationsrate.
at any rate, whatever happens ▷**auf jeden Fall**: *I hope to be back by 10 p.m. — at any rate I'll be back before midnight.* Ich hoffe, um zehn Uhr abends zurück zu sein — auf jeden Fall werde ich vor Mitternacht wieder da sein.
at this rate, if this is true; if this goes on ▷**unter diesen Umständen**: *We're working so slowly that at this rate we'll never finish the job.* Wir arbeiten so langsam, dass wir unter diesen Umständen nie fertig werden.

rather /'rɑːðə(r)/ *adv*
more than is usual ▷**ziemlich**: *We were rather tired after our long walk.* Nach dem langen Spaziergang waren wir ziemlich müde.
would rather, would prefer to do something ▷**würde lieber**: *I would rather play tennis than football.* Ich würde lieber Tennis spielen als Fußball.
rather than, which is better than; instead of ▷**lieber als**: *Shall we go for a walk rather than watch television?* Sollen wir lieber spazieren gehen als fernsehen?

raw /rɔː/ *adj*
1 not cooked ▷**roh**: *Animals eat raw meat.* Tiere fressen rohes Fleisch.
2 natural; just as it comes from the soil, from plants, etc ▷**Roh-**: *Oil is an important raw material.* Öl ist ein wichtiger Rohstoff.

ray /reɪ/ *n*
line or beam of light, heat, etc ▷**Strahl**: *the rays of the sun,* die Sonnenstrahlen.

razor /'reɪzə(r)/ *n*
sharp instrument for taking hair off the body ▷**Rasierapparat**: *My father shaves with a razor every morning.* Mein Vater rasiert sich jeden Morgen mit einem Rasierapparat.
razor-blade *n* piece of metal with a sharp edge that you put in a razor ▷**Rasierklinge**

reach[1] /riːtʃ/ *n* (no *pl*)
how far you can put your hand ▷**Reichweite**
beyond reach, out of reach, too far away ▷**außer Reichweite**: *We keep tablets out of the reach of young children.* Wir bewahren die Tabletten außer Reichweite der Kinder auf.
within reach, near enough to touch it or go to it ▷**in Reichweite**: *The station is within easy reach of my house.* Der Bahnhof liegt in Reichweite meines Hauses.

reach[2] /riːtʃ/ *v*
1 put your hand out and touch something; be able to touch something ▷**erreichen**: *I can't reach the apples on the tree.* Ich kann die Äpfel am Baum nicht erreichen.
2 get to a place; arrive somewhere ▷**ankommen**: *Telephone me when you reach London.* Ruf mich an, wenn du in London ankommst.

react /rɪ'ækt/ *v*
say, do, or think something when another thing happens ▷**reagieren**: *How did Tim react to your plan?* Wie hat Tim auf deinen Vorschlag reagiert?
reaction /rɪ'ækʃn/ *n* ▷**Reaktion**

read /riːd/ *v* (read /red /has read)
1 look at words and understand them ▷**lesen**: *She was reading a book in her room.* Sie las ein Buch auf ihrem Zimmer.
2 say aloud words that you can see ▷**vorlesen**: *Will you read this letter to me?* Kannst du mir diesen Brief vorlesen?
read out, read something aloud ▷**vorlesen**: *The headmistress read out the list of names.* Die Direktorin las die Namensliste vor.

reader /'riːdə(r)/ *n*
1 someone who is reading ▷**Leser(in)**
2 book of stories for reading in class, etc ▷**Lesebuch**

> **ready**
>
> **be ready** und **finish** werden oft verwechselt:
>
> - **be ready**, fertig sein, bereit, etwas anderes zu tun:
>   *I'm ready. We can leave now.* Ich bin fertig. Wir können jetzt gehen.
> - **finish**, mit etwas fertig sein, etwas ist abgeschlossen:
>   *I've finished my homework.* Ich bin mit meinen Hausaufgaben fertig.

ready /'redɪ/ *adj*
1 able to do something now; able to do something at a certain time ▷**fertig**: *I'll be ready to leave in five minutes.* In fünf Minuten bin ich fertig zum Aufbruch.
2 prepared ▷**fertig**: *Is the meal ready?* Ist das Essen fertig?
3 willing ▷**bereit**: *She's always ready to help.* Sie ist immer bereit, zu helfen.
get ready, make yourself ready; prepare for something ▷**sich fertig machen**: *I must get ready for the party.* Ich muss mich für die Party fertig machen.

real /'rɪəl/ *adj*
1 true; natural ▷**echt**: *This is real gold.* Das ist echtes Gold.
2 not just in the mind ▷**wirklich**: *The economy is making real progress.* Die Wirtschaft macht wirkliche Fortschritte.
reality /rɪ'ælətɪ/ *n* (no *pl*) ▷**Wirklichkeit**

realistic /ˌrɪə'lɪstɪk/ *adj*
1 sensible; that you can do ▷**realistisch**: *Is*

her plan realistic? Ist ihr Vorschlag realistisch?
2 that looks, sounds, etc like the real person or thing ▷**naturgetreu**: *a realistic drawing of a lion,* eine naturgetreue Zeichnung eines Löwens.

realize /'rɪəlaɪz/ *v*
understand or know something ▷**jemandem klar werden**: *When Stephen heard the car, he realized his father had come home.* Als Stephen das Auto hörte, wurde ihm klar, dass sein Vater nach Hause gekommen war.

really[1] /'rɪəlɪ/ *adv*
truly ▷**wirklich**: *What do you really want to do?* Was willst du wirklich machen?

really[2] /'rɪəlɪ/ *exclam*
word that shows surprise, interest, etc ▷**wirklich**: *'I'm going to China next year.' 'Really?'* „Ich fahre nächstes Jahr nach China." „Wirklich?"

rear[1] /rɪə(r)/ adj
at the back ▷**Rück-**: *the rear lights of a car,* die Rücklichter eines Autos.

rear[2] /rɪə(r)/ n
back part ▷**hinterer Teil**: *The kitchen is at the rear of the house.* Die Küche ist im hinteren Teil des Hauses.

rear[3] /rɪə(r)/ *v*
keep animals to make young animals ▷**züchten**

reason /'riːzn/ n
cause; why you do or say something ▷**Grund**: *What is the reason for your hurry?* Was ist der Grund für Ihre Eile?

reasonable /'riːznəbl/ *adj*
1 willing to listen to what someone says; willing to think carefully about something ▷**vernünftig**: *You must be reasonable; I can't meet you at the station while I am at work.* Du musst vernünftig sein; ich kann dich nicht vom Bahnhof abholen, wenn ich arbeite.
2 fair; right ▷**angemessen**: *That seems a reasonable price.* Das scheint ein angemessener Preis zu sein.
reasonably *adv* ▷**vernünftig**

reassure /ˌriːə'ʃʊə(r)/ *v*
say something to make someone feel happier, safer, etc ▷**versichern**: *The doctor reassured her that she was not very ill.* Der Arzt versicherte ihr, dass sie nicht ernsthaft krank war.

rebel[1] /'rebl/ *n*
someone who fights against the people in control ▷**Rebell(in)**

rebel[2] /rɪ'bel/ *v* (is rebelling, rebelled /rɪ'beld/, has rebelled)
fight against the people in control ▷**rebellieren**: *The slaves rebelled against their masters.* Die Sklaven rebellierten gegen ihre Herren.
rebellion /rɪ'belɪən/ *n* ▷**Rebellion**

recall /rɪ'kɔːl/ *v*
remember something ▷**sich erinnern an**: *What was the name of the hotel? I can't recall it.* Wie war noch der Name des Hotels? Ich kann mich nicht daran erinnern.

receipt /rɪ'siːt/ *n*
piece of paper that shows you have paid for something ▷**Quittung**: *Could I have a receipt please?* Könnte ich bitte eine Quittung haben?

receive /rɪ'siːv/ *v*
1 be given something; get something ▷**bekommen**: *Did you receive many presents on your birthday?* Hast du viele Geschenke zum Geburtstag bekommen? ☞Im Alltag häufiger verwendet wird **get**.
2 welcome someone ▷**empfangen**: *He received his visitors with a smile.* Er empfing seine Besucher mit einem Lächeln.

receiver /rɪ'siːvə(r)/ *n*
part of a telephone that you pick up and hold next to your mouth and ear ▷**Hörer**

recent /'riːsnt/ *adj*
that happened, etc a short time ago; not old ▷**neuere(r, s)**: *a recent letter,* ein Brief neueren Datums.
recently *adv* ▷**vor kurzem**: *She's so brown because she's been on holiday recently.* Sie ist so braun, weil sie vor kurzem im Urlaub war.

reception /rɪ'sepʃn/ *n*
1 (*pl* receptions) official party ▷**Empfang**: *There was a reception after the wedding.* Nach der Hochzeit gab es einen Empfang.
2 (no *pl*) place where you go when you arrive at a hotel, company, etc ▷**Rezeption**: *He went to reception for his room key.* Er ging zur Rezeption, um seinen Zimmerschlüssel zu holen.

receptionist /rɪ'sepʃənɪst/ *n*
1 someone who helps people when they arrive at a hotel, company, etc ▷**Empfangschef, Empfangsdame**
2 someone who helps people when they come to the doctor, dentist, etc ▷**Sprechstundenhilfe**

recipe /'resəpɪ/ *n*
piece of writing that tells you how to make food ▷**Rezept**: *a cake recipe,* ein Kuchenrezept.

reckon /'rekən/ *v*
believe something because you have thought about it, worked it out, etc ▷**schätzen**: *I reckon we'll need £500 for the trip.* Ich

schätze, dass wir £500 für die Reise brauchen.

recognize /ˈrekəgnaɪz/ *v*
1 know someone when you see him again; know something because you have seen it, heard it, etc before ▷**wieder erkennen**: *I didn't recognize him without his glasses.* Ohne seine Brille habe ich ihn nicht wieder erkannt.
2 understand or guess what someone or something is ▷**erkennen**: *You can recognize a tiger by its stripes.* Einen Tiger kann man an seinen Streifen erkennen.
recognition /ˌrekəgˈnɪʃn/ *n* ▷**Erkennen**: *He showed no sign of recognition.* Er zeigte keinerlei Anzeichen des Erkennens.

recommend /ˌrekəˈmend/ *v*
tell someone helpfully what you think is good, etc ▷**empfehlen**: *Can you recommend a hotel near the airport?* Können Sie ein Hotel in der Nähe des Flughafens empfehlen?
recommendation /ˌrekəmenˈdeɪʃn/ *n* (no *pl*) ▷**Empfehlung**

record[1] /ˈrekɔːd/ *n*
1 round thing that makes sounds when you play it on a record-player ▷**Schallplatte**
2 the biggest, fastest, highest, lowest, etc of its sort; the greatest that has ever been done ▷**Rekord**: *Who holds the record for swimming 500 metres?* Wer hält den Rekord im 500-Meter-Schwimmen?
3 exact notes about things that have happened ▷**Unterlagen**: *All records were destroyed in the fire.* Sämtliche Unterlagen gingen im Brand verloren.
beat the record, break the record, do better in a sport than anyone has done before ▷**den Rekord brechen**
☞Beachte die unterschiedliche Betonung von Substantiv und Verb.

record[2] /rɪˈkɔːd/ *v*
1 write notes about things that happen ▷**aufschreiben**: *In his diary he recorded everything that he did.* In seinem Tagebuch schrieb er alles auf, was er machte.
2 put sound on a disc, tape, etc so that you can hear it again ▷**aufnehmen**: *I recorded the concert.* Ich habe das Konzert aufgenommen.
recording *n* words or music on a disc, tape, etc ▷**Aufnahme**: *a new recording of the opera,* eine neue Aufnahme der Oper.

recorder /rɪˈkɔːdə(r)/ *n*
musical instrument that you blow ▷**Blockflöte**

record-player /ˈrekɔːd pleɪə(r)/ *n*
machine that plays records ▷**Plattenspieler**

recover /rɪˈkʌvə(r)/ *v*
1 find or get back something that was lost ▷**wieder finden**: *The police recovered the stolen car.* Die Polizei fand das gestohlene Auto wieder.
2 become well, happy, etc again ▷**sich erholen**: *He is slowly recovering from his illness.* Er erholt sich langsam von seiner Krankheit.
recovery *n* (*pl* recoveries) ▷**Erholung**

rectangle /ˈrektæŋgl/ *n*
shape with four straight sides ▷**Rechteck**
rectangular /rekˈtæŋgjʊlə(r)/ *adj* ▷**rechteckig**: *This is a rectangular page.* Dies ist eine rechteckige Seite.

re-cycle /ˌriːˈsaɪkl/ *v*
do something to material so that it can be used again ▷**wieder aufbereiten**: *re-cycle old newspapers,* alte Zeitungen wieder aufbereiten.

red /red/ *adj*
(redder, reddest) with the colour of blood ▷**rot**
red *n* (no *pl*) ▷**Rot**
red-hot, extremely hot ▷**glühend heiß**

reduce /rɪˈdjuːs/ *v*
make something less or smaller ▷**verringern, herabsetzen**: *We must reduce petrol consumption.* Wir müssen den Benzinverbrauch verringern. *The price has been reduced.* Der Preis ist herabgesetzt worden.
reduction /rɪˈdʌkʃn/ *n* (no *pl*) ▷**Verringerung**: *a big reduction in crime,* eine deutliche Verringerung der Verbrechen.

reed /riːd/ *n*
sort of tall grass that grows in or near water ▷**Schilf**

reel /riːl/ *n*
thing with round sides that holds thread, film, etc ▷**Spule**: *a reel of cotton*, eine Spule Baumwollgarn.

refer /rɪˈfɜː(r)/ *v* (is referring, referred /rɪˈfɜːd/, has referred)
refer to, (a) look at a book or ask a person for information ▷**nachschauen in**: *You can't refer to your book when you are in the exam.* Ihr dürft während der Prüfung nicht in euren Büchern nachschauen. **(b)** speak about something ▷**sprechen von**: *When I said that some people are stupid, I wasn't referring to you!* Als ich sagte, dass manche Leute dumm sind, habe ich nicht von dir gesprochen!

referee /ˌrefəˈriː/ *n*
someone who controls a sports match and sees that the players obey the rules ▷**Schiedsrichter(in)** ☞Siehe Anmerkung bei **umpire**.

reference /ˈrefrəns/ *n*
1 what someone says or writes about some-

thing ▷**Verweis**: *There are many references to Stratford in this book about Shakespeare.* In diesem Buch über Shakespeare findet man viele Verweise auf Stratford.
2 letter, etc that tells you about someone ▷**Zeugnis**: *Did your boss give you a good reference?* Hat dir dein Chef ein gutes Zeugnis gegeben? ☞**Zeugnis** wird nicht immer mit **reference** wiedergegeben. Im schulischen Bereich verwendet man **school report**.
reference book *n* book where you look up information ▷**Nachschlagewerk**: *A dictionary is a reference book.* Ein Wörterbuch ist ein Nachschlagewerk.

reflect /rɪ'flekt/ *v*
give back light, pictures, etc ▷**spiegeln**: *The glass reflected her face.* Ihr Gesicht spiegelte sich im Glas.

reflection /rɪ'flekʃn/ *n*
1 (no *pl*) giving back light, pictures, etc ▷**Reflexion**: *the reflection of light from a white wall,* die Reflexion des Lichts auf einer weißen Wand.
2 (*pl* reflections) picture that a mirror, glass, or water gives back ▷**Spiegelbild**: *Tessa looked into the pool and saw a reflection of herself.* Tessa schaute ins Wasser und sah ihr Spiegelbild.

reform /rɪ'fɔːm/ *v*
make something better ▷**reformieren**: *The government wants to reform the post office.* Die Regierung will das Postwesen reformieren.
reform *n* ▷**Reform**: *Napoleon made many reforms.* Napoleon führte viele Reformen durch.

refresh /rɪ'freʃ/ *v*
make you feel cooler, less tired, etc ▷**erfrischen**: *A cold drink will refresh you.* Ein kühles Getränk wird Sie erfrischen.
refreshing *adj* that makes you feel cooler, less tired, etc ▷**erfrischend**: *a refreshing breeze,* eine erfrischende Brise.

refreshments /rɪ'freʃmənts/ *n (pl)*
snacks; food or drink that you can buy in a public place ▷**Erfrischungen**: *Refreshments will be sold in the interval.* In der Pause werden Erfrischungen verkauft.

refrigerator /rɪ'frɪdʒəreɪtə(r)/ *n*
cold cupboard for food ▷**Kühlschrank** ☞Im Alltag häufiger verwendet wird **fridge**.

refuge /'refjuːdʒ/ *n*
place where you are safe from danger, trouble, etc ▷**Zuflucht**
take refuge from something, go to a safe place to get away from something ▷**sich flüchten**: *The bird took refuge from the cat in the tree.* Der Vogel flüchtete sich vor der Katze in den Baum.

refugee /ˌrefjʊ'dʒiː/ *n*
someone who leaves his own country because he is in danger ▷**Flüchtling**

refuse /rɪ'fjuːz/ *v*
say 'no' when someone asks you to do something ▷**sich weigern**: *The shop-assistant refused to change the damaged record.* Die Verkäuferin weigerte sich, die beschädigte Platte umzutauschen.
refusal /rɪ'fjuːzl/ *n* ▷**Weigerung**

regard[1] /rɪ'gɑːd/ *n*
1 (no *pl*) care; thought ▷**Rücksicht**: *He drove with no regard for safety.* Er fuhr ohne Rücksicht auf Sicherheit.
2 (no *pl*) what you think about someone or something ▷**Respekt**: *I have a high regard for my uncle because he is a brave man.* Ich habe großen Respekt vor meinem Onkel, weil er ein mutiger Mann ist.
regards *n (pl)* kind thoughts and wishes ▷**Gruß**: *Please give my regards to your mother.* Bitte bestell deiner Mutter einen Gruß von mir.
with kind regards, words that you use at the end of a letter to someone ▷**mit freundlichen Grüßen** ☞Siehe Anmerkung bei **letter**.

regard[2] /rɪ'gɑːd/ *v*
1 believe something ▷**halten für**: *Many people regard Martin Luther King as a hero.* Viele Leute halten Martin Luther King für einen Helden.
2 look at someone or something ▷**betrachten**: *He regarded me with a smile.* Er betrachtete mich mit einem Lächeln.

region /'riːdʒən/ *n*
part of a country; part of the world ▷**Gegend**: *Monkeys live in hot regions.* Affen leben in heißen Gegenden.
regional 'riːdʒənl/ *adj* ▷**örtlich**

register[1] /'redʒɪstə(r)/ *n*
list of names, etc ▷**Verzeichnis**: *a register of voters,* ein Wählerverzeichnis.

register[2] /'redʒɪstə(r)/ *v*
put a name, etc on a list ▷**(sich) eintragen, (sich) anmelden**: *New guests must register in the hotel book.* Neue Gäste müssen sich in das Gästebuch eintragen. *I'd like to register for the English course.* Ich möchte mich für den Englischkurs anmelden.
registration /ˌredʒɪ'streɪʃn/ *n* (no *pl*) ▷**Eintragung**

registration number /redʒɪ'streɪʃn ˌnʌmbə(r)/ *n*
numbers and letters that must be shown on the front and back of a car, etc ▷**polizeiliches Kennzeichen**

regret /rɪ'gret/ *v* (is regretting, regretted /rɪ'gretɪd/, has regretted)
1 feel sorry ▷**bereuen**: *He regrets that he was rude to her.* Er bereute, dass er unhöflich zu ihr war.
2 say 'no' politely ▷**bedauern**: *I regret that we cannot give you the job.* Ich bedaure, dass wir Ihnen die Stelle nicht geben können.
regret *n* ▷**Bedauern**

regular /'regjʊlə(r)/ *adj*
1 doing something or happening again and again at the same time, or at fixed times ▷**regelmäßig**
2 without changing or stopping ▷**gleichmäßig**: *regular heartbeats,* gleichmäßige Herzschläge.
3 that follows the usual rule ▷**regelmäßig**: *regular verbs,* regelmäßige Verben.
regular customer *n* person who buys things often at the same shop, pub, etc ▷**Stammkunde, Stammkundin**
regularly *adv* ▷**regelmäßig**: *We visit our cousins regularly.* Wir besuchen unsere Kusinen regelmäßig.

regulate /'regjʊːleɪt/ *v*
control something so that it works in a certain way ▷**regeln**: *to regulate traffic,* den Verkehr regeln.

regulation /ˌregjʊ'leɪʃn/ *n*
rule; order ▷**Vorschrift**: *traffic regulations,* Verkehrsvorschriften.

rehearse /rɪ'hɜːs/ *v*
practise music, a play, etc before doing it for other people ▷**proben**: *Anita rehearsed her song until she could sing it perfectly.* Anita probte ihr Lied, bis sie es perfekt singen konnte.
rehearsal /rɪ'hɜːsl/ *n* ▷**Probe**

reign[1] /reɪn/ *n*
time when someone is a king or queen ▷**Herrschaft**: *The reign of Queen Elizabeth II began in 1953.* Die Herrschaft von Königin Elizabeth II begann 1953.

reign[2] /reɪn/ *v*
be king or queen of a country ▷**herrschen**: *Queen Victoria reigned for a long time.* Königin Viktoria herrschte eine lange Zeit.

rein /reɪn/ *n*
long, thin strap that a horse wears on its head so that a rider can control it ▷**Zügel**

reindeer /'reɪndɪə(r)/ *n* (*pl* reindeer)
animal that lives in cold, northern countries ▷**Rentier**

reject /rɪ'dʒekt/ *v*
say 'no' to something; not take something ▷**ablehnen**: *She rejected my offer of help.* Sie lehnte mein Hilfsangebot ab.

related /rɪ'leɪtɪd/ *adj*
be related, be in the same family ▷**verwandt sein**: *Are those two boys related?* Sind diese beiden Jungen verwandt?

relation /rɪ'leɪʃn/ *n*
1 someone in your family ▷**Verwandte(r)**: *An uncle is a relation.* Ein Onkel ist ein Verwandter.
2 what one person, group, country, etc is to another ▷**Beziehung**: *America and Britain have friendly relations.* Amerika und Großbritannien pflegen freundschaftliche Beziehungen.

relationship /rɪ'leɪʃnʃɪp/ *n*
how people, things, or ideas are to each other ▷**Verhältnis**: *We have a good relationship with our neighbours.* Wir haben ein gutes Verhältnis zu unseren Nachbarn.

relative /'relətɪv/ *n*
someone in your family ▷**Verwandte(r)**: *Aunts, uncles, and cousins are all relatives.* Tanten, Onkel und Cousins sind alle Verwandte.

relax /rɪ'læks/ *v*
rest and be calm ▷**(sich) ausruhen**: *Let's relax for an hour before we finish the job.* Lass uns eine Stunde ausruhen, bevor wir die Arbeit fertig stellen.
relaxation /ˌriːlæk'seɪʃn/ *n* (no *pl*) ▷**Entspannung**

release /rɪ'liːs/ *v*
let someone or something go free ▷**freilassen**: *We released the bird from the cage.* Wir ließen den Vogel aus dem Käfig frei.
release *n* Freilassung

reliable /rɪ'laɪəbl/ *adj*
that you can trust ▷**zuverlässig**: *a reliable car,* ein zuverlässiges Auto; *a reliable person,* ein zuverlässiger Mensch.
reliability /rɪˌlaɪə'bɪlətɪ/ *n* (no *pl*) ▷**Zuverlässigkeit**
reliably *adv* ▷**zuverlässig**

relied /rɪ'laɪd/ *form of* rely

relief /rɪ'liːf/ *n* (no *pl*)
1 taking away pain, worry, etc ▷**Erleichterung**: *These tablets give relief from headaches.* Diese Tabletten verschaffen Erleichterung bei Kopfschmerzen.
2 something that takes away pain, worry, etc ▷**Wohltat**: *The rain was a great relief after many weeks of hot, dry weather.* Nach den vielen Wochen mit heißem, trockenem Wetter war der Regen eine große Wohltat.

relieved /rɪ'liːvd/ *adj*
pleased that a problem has gone away ▷**froh**: *I am relieved that Gwen is better.* Ich bin froh, dass es Gwen besser geht.

religion /rɪˈlɪdʒən/ *n*
1 (no *pl*) believing in a god ▷**Glaube**
2 (*pl* religions) one of the different ways of believing in a god ▷**Religion**: *Christianity and Islam are two of the great religions of the world.* Das Christentum und der Islam sind zwei der großen Weltreligionen.
religious /rɪˈlɪdʒəs/ *adj* ▷**religiös**
religious education, lesson in school when you learn about God ▷**Religion(sunterricht)**

reluctant /rɪˈlʌktənt/ *adj*
be reluctant not wanting to do something ▷**etwas ungern tun**: *Gill was reluctant to leave the party.* Gill verließ die Party nur ungern.
reluctantly *adv* ▷**widerwillig**
reluctance /rɪˈlʌktəns/ *n* (no *pl*) ▷**Widerwille**

rely /rɪˈlaɪ/ *v*
rely on, trust someone; be sure that someone will do what he says ▷**sich verlassen auf**: *You can rely on him because he always keeps his promises.* Du kannst dich auf ihn verlassen, denn er hält seine Versprechen immer.

remain /rɪˈmeɪn/ *v*
1 stay after a part has gone ▷**übrig bleiben**: *We ate until nothing remained on the plates.* Wir aßen, bis nichts mehr auf den Tellern übrig blieb.
2 stay in the same place ▷**bleiben**: *We remain at home on Sundays.* Sonntags bleiben wir zu Hause.
3 not change ▷**bleiben**: *I asked her a question but she remained silent.* Ich stellte ihr eine Frage, aber sie blieb stumm.

remains /rɪˈmeɪnz/ *n* (*pl*)
what there is when most has gone ▷**Reste**: *She couldn't finish her lunch so I gave the remains to the dog.* Sie konnte ihr Mittagessen nicht aufessen, deshalb gab ich die Reste dem Hund.

remark /rɪˈmɑːk/ *v*
say something ▷**bemerken**: *'It's raining again,' remarked Peter.* „Es regnet schon wieder," bemerkte Peter.
remark *n* ▷**Bemerkung**: *They all made nice remarks about the meal.* Sie machten alle freundliche Bemerkungen über das Essen.

remarkable /rɪˈmɑːkəbl/ *adj*
unusual and surprising ▷**bemerkenswert**: *a remarkable discovery,* eine bemerkenswerte Entdeckung.
remarkably *adv* ▷**bemerkenswert**

remedy /ˈremədɪ/ *n* (*pl* remedies)
something that will end a problem or an illness ▷**(Heil)mittel**: *A long drink of water is a good remedy for hiccups.* Ein Glas Wasser ist ein gutes Mittel gegen Schluckauf.

> **remember**
>
> Nach **remember** kann eine *-ing* Form oder ein *to*-Infinitiv folgen. Es gibt jedoch einen Bedeutungsunterschied:
> - **remember doing something**
>   *He remembered meeting Jill last Friday*
>   Er erinnerte sich, Jill letzten Freitag getroffen zu haben
>   (Die Handlung ist bereits geschehen.)
> - **remember to do something**
>   *Remember to visit Jill on Friday.* Denke daran, Jill am Freitag zu besuchen.
>   (Die Handlung soll erst geschehen.)

remember /rɪˈmembə(r)/ *v*
1 keep something in your mind; not forget something ▷**daran denken**: *Did you remember to post the letter?* Hast du daran gedacht, den Brief einzuwerfen?
2 bring something into your mind ▷**(sich) erinnern**: *I can't remember the name of the singer.* Ich kann mich nicht an den Namen des Sängers erinnern. ☞Siehe Seite 240.

remind /rɪˈmaɪnd/ *v*
1 make you think of someone or something ▷**erinnern**: *These photographs remind me of my holiday.* Diese Fotos erinnern mich an meinen Urlaub.
2 tell someone to remember something ▷**erinnern**: *He reminded me to buy a loaf of bread.* Er erinnerte mich daran, Brot zu kaufen.
reminder *n* ▷**Gedächtnisstütze**

remote /rɪˈməʊt/ *adj* (remoter, remotest)
far from other places ▷**abgelegen**: *a remote farm,* ein abgelegener Bauernhof.

remove /rɪˈmuːv/ *v*
1 take something or someone away ▷**(weg)nehmen**: *Please remove your books from my desk.* Bitte nehmen Sie Ihre Bücher von meinem Tisch.
2 make something go away so that you cannot see it ▷**entfernen**: *He washed his hands to remove the dirt.* Er wusch sich die Hände, um den Schmutz zu entfernen.
removal /rɪˈmuːvl/ *n* ▷**Beseitigung**

rent /rent/ *v*
1 pay to use something; pay to live or work in another person's house, office, etc ▷**mieten**: *He rents a room near the office where he works.* Er hat in der Nähe des Büros, in dem er arbeitet, ein Zimmer gemietet. ☞**rent** und **hire** weisen nur geringe Bedeutungsunterschiede auf: **rent** wird für Dinge benutzt, die über einen längeren Zeitraum gemietet werden: *rent a house, flat, TV, . . .* **hire** wird benutzt, wenn Dinge für einen kürzeren

Zeitraum gemietet werden: *hire a car, van, suit, . . .*
2 let someone use your rooms, land, etc if he pays you for it ▷**vermieten**: *We rent a flat to him for £100 a month.* Wir vermieten ihm ein Zimmer für £100 im Monat.
rent *n* (no *pl*) ▷**Miete**: *How much rent do you pay each month?* Wieviel bezahlen Sie jeden Monat an Miete?

repaid /rɪ'peɪd/ *form of* repay

repair /rɪ'peə(r)/ *v*
mend something ▷**reparieren**: *There is a hole in my shoe — can you repair it?* Ich habe ein Loch in meinem Schuh — können Sie das reparieren?
repair *n* ▷**Reparatur**

repay /rɪ'peɪ/ *v* (is repaying, repaid /rɪ'peɪd/, has repaid)
1 pay back money ▷**zurückzahlen**: *If you lend me £10, I'll repay you next week.* Wenn du mir £10 leihst, zahle ich sie dir nächste Woche zurück.
2 do something for someone to show your thanks ▷**wieder gutmachen**: *How can I repay you for all your help?* Wie kann ich deine Hilfe wieder gutmachen?

repeat /rɪ'piːt/ *v*
1 say or do something again ▷**wiederholen**: *I repeated the question because he had not heard.* Ich wiederholte die Frage, weil er sie nicht gehört hatte.
2 tell other people what someone has told you ▷**weitersagen**: *If I tell you a secret, you must promise not to repeat it.* Wenn ich dir ein Geheimnis verrate, musst du versprechen, es nicht weiterzusagen.
repeat *n* doing something again ▷**Wiederholung**: *There are often repeats of popular programmes on TV.* Im Fernsehen gibt es oft Wiederholungen von beliebten Sendungen.

repetition /ˌrepɪ'tɪʃn/ *n*
saying or doing something again ▷**Wiederholung**: *This book is boring — it is full of repetitions.* Dieses Buch ist langweilig — es ist voller Wiederholungen.

replace /rɪ'pleɪs/ *v*
1 put something back in its place again ▷**zurückstellen**: *When you have finished the book, please replace it on the shelf.* Wenn du das Buch gelesen hast, stell es bitte ins Regal zurück.
2 put one thing in place of another thing ▷**ersetzen**: *You must replace the record if you break it.* Wenn du die Platte kaputtmachst, musst du sie ersetzen.

reply /rɪ'plaɪ/ *v*
answer ▷**antworten**: *'Yes, sir,' he replied.* „Ja, Sir," antwortete er.
reply *n* (*pl* replies) answer ▷**Antwort**: *Have you received a reply to your letter?* Hast du eine Antwort auf deinen Brief bekommen?
in reply, as an answer ▷**als Antwort**: *What did you say in reply to his question?* Was hast du als Antwort auf seine Frage gesagt?

report[1] /rɪ'pɔːt/ *n*
1 something that someone writes or says to give information ▷**Bericht, Meldung**: *Did you read the newspaper report of the match?* Hast du den Zeitungsbericht über das Spiel gelesen?
2 something that teachers write about their students at the end of term ▷**Zeugnis**

report[2] /rɪ'pɔːt/ *v*
give information about something ▷**berichten, melden**: *He reported that there had been a plane crash.* Er berichtete, dass ein Flugzeug abgestürzt war. *We reported the accident to the police.* Wir meldeten den Unfall bei der Polizei

reporter /rɪ'pɔːtə(r)/ *n*
someone who gets information about things that have happened and writes it in a newspaper or talks about it on radio, television, etc ▷**Reporter(in)**

represent /ˌreprɪ'zent/ *v*
1 be a sign for something ▷**stehen für**: *On the map dots represent towns.* Die Punkte auf der Karte stehen für Städte.
2 speak or do something in place of another person or other people ▷**vertreten**: *Chris represented his school in the competition.* Chris vertrat seine Schule beim Wettbewerb.

representative /ˌreprɪ'zentətɪv/ *n*
someone who says or does something in the name of other people ▷**Vertreter(in)**: *There is a representative of each class on the school committee.* Im Schulausschuss sitzt ein Vertreter aus jeder Klasse.

reptile /'reptaɪl/ *n*
animal with cold blood, which lays eggs ▷**Reptil**: *Snakes, lizards, crocodiles, and tortoises are reptiles.* Schlangen, Eidechsen, Krokodile und Schildkröten sind Reptilien.

republic /rɪ'pʌblɪk/ *n*
country where there is a president and parliament but no king or queen ▷**Republik**
republican /rɪ'pʌblɪkən/ *n* **(a)** someone who wants or believes in a republic ▷**Republikaner(in)** **(b)** someone in the American Republican Party ▷**Republikaner(in)**

reputation /ˌrepjʊ'teɪʃn/ *n* (no *pl*)
what people think or say about someone or something ▷**Ruf**: *Graham has the reputation for being greedy.* Graham steht in dem Ruf, gierig zu sein.

request /rɪ'kwest/ *v*
1 ask for something ▷**bitten um**: *The prisoner requested a cigarette.* Der Gefangene bat um eine Zigarette. ☞**request** klingt steif und wird in der Alltagssprache meist durch **ask for** ersetzt: *The prisoner asked for a cigarette.*
2 ask someone to do something ▷**ersuchen**: *The police requested drivers to take care on the icy roads.* Die Polizei ersuchte die Autofahrer, auf den vereisten Straßen vorsichtig zu fahren.
request *n* ▷**Bitte**

require /rɪ'kwaɪə(r)/ *v*
need something ▷**brauchen**: *You require a passport to travel to other countries.* Man braucht einen Pass, wenn man in andere Länder reisen will.
requirement *n* something that you need ▷**Erfordernis**

rescue /'reskjuː/ *v*
save someone or something from danger ▷**retten**: *Arthur rescued the child from drowning.* Arthur rettete das Kind vor dem Ertrinken.
rescue *n* ▷**Rettung**
come to someone's rescue, go to someone's rescue, help someone ▷**jemandem zur Hilfe kommen**: *The firemen went to his rescue.* Die Feuerwehr kam ihm zur Hilfe.

research /rɪ'sɜːtʃ/ *n* (*pl* researches)
studying to find out more about things, life, etc ▷**Forschung**: *medical research,* medizinische Forschung.

resemble /rɪ'zembl/ *v*
look like someone or something ▷**ähneln**: *Lisa resembles her mother.* Lisa ähnelt ihrer Mutter.
resemblance /rɪ'zembləns/ *n* ▷**Ähnlichkeit**

reserve[1] /rɪ'zɜːv/ *n*
something that you keep to use later ▷**Vorrat**: *a reserve of food,* ein Lebensmittelvorrat.
in reserve, for using later ▷**in Reserve**: *We must keep some money in reserve because you never know what will happen.* Wir müssen etwas Geld in Reserve haben, weil man nie weiß, was passiert.

reserve[2] /rɪ'zɜːv/ *v*
keep a place, etc for yourself or others ▷**reservieren**: *He reserved two seats on the train to Dover.* Er reservierte zwei Plätze für den Zug nach Dover.
reservation /ˌrezə'veɪʃn/ *n* arrangement to keep a seat in a train, a room in a hotel, etc for someone ▷**Reservierung**: *We have reservations on the midday plane to Washington.* Wir haben eine Reservierung für die Mittagsmaschine nach Washington.

reservoir /'rezəvwɑː(r)/ *n*
lake where a town stores water ▷**Stausee**

residence /'rezɪdəns/ *n*
1 (no *pl*) living in a place ▷**Aufenthalt**: *a residence permit,* eine Aufenthaltserlaubnis.
2 (*pl* residences) large, impressive house ▷**Residenz**: *the Prime Minister's residence,* die Residenz der Premierministerin.

resident /'rezɪdənt/ *n*
someone who lives in a place ▷**Einwohner(in)**: *I'm a visitor, not a resident.* Ich bin ein Besucher, kein Einwohner.

resign /rɪ'zaɪn/ *v*
leave your job ▷**kündigen**: *The director has resigned and a new one will take his place.* Der Direktor hat gekündigt, deshalb wird ein neuer seinen Platz einnehmen.
resignation /ˌrezɪg'neɪʃn/ *n* ▷**Kündigung**
hand in your resignation, send in your resignation, write a letter to say that you are leaving your job ▷**die Kündigung einreichen**

resist /rɪ'zɪst/ *v*
1 be against someone; try to stop someone who is attacking you ▷**sich wehren**: *They tried to push Ken into the pool but he resisted.* Sie versuchten, Ken in das Schwimmbecken zu werfen, aber er wehrte sich.
2 be strong and say no to something ▷**widerstehen**: *Can you resist chocolate?* Kannst du Schokolade widerstehen?
resistance *n* ▷**Widerstand**

resolution /ˌrezə'luːʃn/ *n*
plan; something that you decide to do ▷**Vorsatz**: *My father has made a resolution to stop smoking.* Mein Vater hat den Vorsatz gefasst, das Rauchen aufzugeben.

resort /rɪ'zɔːt/ *n*
place that many people visit for holidays ▷**Urlaubsort**: *Brighton is a seaside resort.* Brighton ist ein Urlaubsort am Meer.

resources /rɪ'sɔːsɪz/ *n pl*
1 money and wealth that a person or a country has ▷**Reichtum**
2 metal, fuel, etc that a country has under the ground ▷**Bodenschätze**: *Coal is one of our most important natural resources.* Kohle ist einer unserer wichtigsten Bodenschätze.

respect[1] /rɪ'spekt/ *n* (no *pl*)
good opinion; thinking well of someone ▷**Respekt**: *I have no respect for a man who drinks too much.* Ich habe keinen Respekt vor einem Mann, der zu viel trinkt.

respect[2] /rɪ'spekt/ *v*
think well of someone ▷**achten**: *Everyone respects a brave man.* Jeder achtet einen mutigen Menschen

respectable /rɪ'spektəbl/ *adj*
proper; wearing the right kind of clothes and doing things in the right way ▷**anständig**
respectably *adv* ▷**anständig**: *respectably dressed,* anständig angezogen.

respond /rɪ'spɒnd/ *v*
do or say something in answer to someone ▷**reagieren**: *When I looked at him he responded by smiling.* Als ich ihn ansah, reagierte er mit einem Lächeln.
response /rɪ'spɒns/ *n* ▷**Erwiderung**

responsibility /rɪˌspɒnsə'bɪlətɪ/ *n*
1 (no *pl*) having a duty to look after someone or something ▷**Pflicht**: *It is the responsibility of the police to protect politicians.* Es ist die Pflicht der Polizei, Politiker zu beschützen.
2 (*pl* responsibilities) someone or something that you must look after ▷**Verantwortung**: *The dog is my sister's responsibility.* Meine Schwester hat die Verantwortung für den Hund übernommen.

responsible /rɪ'spɒnsəbl/ *adj*
having a duty to look after someone or something ▷**verantwortlich**: *The driver is responsible for the lives of the people on the train.* Der Zugführer ist für das Leben der Reisenden verantwortlich.
be responsible for something, be the person who made something bad happen ▷**verantwortlich sein für**: *Who's responsible for this broken window?* Wer ist für diese zerbrochene Scheibe verantwortlich?

rest[1] /rest/ *n* (no *pl*)
the rest, (a) what is there when some has gone; the other things ▷**der Rest**: *I spent £50 on clothes and put the rest in the bank.* Ich gab £50 für Kleidung aus und brachte den Rest zur Bank. **(b)** the other people ▷**die übrigen, die anderen**: *Alan watched television and the rest of us went for a walk.* Alan sah fern, während wir anderen spazieren gingen.

rest[2] /rest/ *n*
being still and quiet ▷**Pause**: *After walking for an hour, we stopped for a rest.* Nachdem wir eine Stunde gewandert waren, machten wir eine Pause.

rest[3] /rest/ *v*
1 be still or quiet on a bed, chair, etc ▷**sich ausruhen**: *We rested for an hour in the afternoon.* Am Nachmittag ruhten wir uns eine Stunde lang aus.
2 let someone or something be still or quiet ▷**ausruhen lassen**: *He stopped for an hour to rest his horse.* Er machte eine Stunde Pause, um sein Pferd ausruhen zu lassen.
3 be on something ▷**liegen**: *Her arms were resting on the table.* Ihre Arme lagen auf dem Tisch.
4 put something onto another thing ▷**lehnen**: *She rested her head on his shoulder.* Sie lehnte ihren Kopf an seine Schulter.

restaurant /'restrɒnt/ *n*
place where you buy a meal and eat it ▷**Restaurant**

result /rɪ'zʌlt/ *n*
1 something that happens because of another thing ▷**Folge**: *The accident was the result of bad weather.* Der Unfall war die Folge schlechten Wetters.
2 something that shows how well or badly you have done in a test, an exam, etc ▷**Ergebnis**: *Michael worked well and got good results.* Michael gab sich bei der Arbeit Mühe und erzielte gute Ergebnisse.
3 score ▷**Ergebnis**: *football results,* Fußballergebnisse.
4 answer to a sum ▷**Ergebnis**: *The result of 2 plus 3 is 5.* Das Ergebnis von 2 plus 3 ist 5.
as a result, because of something ▷**folglich**: *He didn't practise and, as a result, he failed his violin exam.* Er übte nicht und fiel folglich durch die Geigenprüfung.

retire /rɪ'taɪə(r)/ *v*
1 stop working when you are a certain age ▷**Rentner(in) werden**: *My mother retired at 60.* Meine Mutter wurde mit 60 Rentnerin.
2 go away from something ▷**ausscheiden**: *Three runners retired from the race.* Drei Läufer schieden aus dem Rennen aus.

retirement /rɪ'taɪəmənt/ *n* (no *pl*)
time when an old person stops working ▷**Ruhestand**

return[1] /rɪ'tɜːn/ *adj*
1 for a journey to a place and back again ▷**Rückfahr-**: *a return ticket,* eine Rückfahrkarte.
2 coming back ▷**Rück-**: *my return journey,* meine Rückreise.

return[2] /rɪ'tɜːn/ *n*
1 (no *pl*) coming, going, taking, sending, or putting back ▷**Rückkehr**: *a return to work,* eine Rückkehr an die Arbeit.
in return, in exchange ▷**dafür**: *Lend me your bicycle, and you can borrow my radio in return.* Leih mir dein Fahrrad; du kannst dafür mein Radio haben.
2 (*pl* returns) ticket for a journey to a place and back again. ▷**Rückfahrkarte, Rückflugkarte**
on your return, when you get back ▷**bei deiner, Ihrer Rückkehr**: *I'll meet you at the airport on your return.* Ich hole dich bei deiner Rückkehr vom Flughafen ab.

return[3] /rɪ'tɜːn/ *v*
1 come back; go back ▷**zurückkommen**: *When does he return from work?* Wann kommt er von der Arbeit zurück?
2 give, put, take, or pay something back ▷**zurückgeben**: *We must return these books to the library.* Diese Bücher müssen wir der Bücherei zurückgeben

returns /rɪ'tɜːnz/ *n pl*
many happy returns, words that you say on someone's birthday ▷**herzlichen Glückwunsch**

reunion /ˌriː'juːnɪən/ *n*
meeting of old friends, etc after a long time ▷**(Zusammen)treffen**: *a family reunion at a wedding,* ein Familientreffen auf einer Hochzeit.

reveal /rɪ'viːl/ *v*
1 show something that was hidden before ▷**zeigen**: *The inspection revealed cracks in the plaster.* Die Überprüfung zeigte Risse im Verputz.
2 tell something that was a secret ▷**verraten**: *Please don't reveal the secret.* Bitte verrate das Geheimnis nicht.

revenge /rɪ'vendʒ/ *n*
take, have, or **get your revenge on someone,** harm someone who has harmed you or your friends ▷**(sich) rächen**: *If you spoil his picture, he'll get his revenge on you.* Wenn du sein Bild zerstörst, wird er sich rächen.

Reverend /'revərənd/ *n*
title of a Christian priest ▷**Pfarrer**: *the Reverend Mark Brown,* Pfarrer Mark Brown.

review /rɪ'vjuː/ *n*
piece of writing in a magazine or newspaper about a play, film, book, etc ▷**Kritik**: *That film had a very bad review in 'The Times'.* Der Film hat eine sehr schlechte Kritik in der „Times“ bekommen..
review *v* write a review ▷**besprechen**

revise /rɪ'vaɪz/ *v*
1 change or correct a plan, piece of writing, etc ▷**überarbeiten**
2 read school books or notes, etc again, before you do an exam ▷**wiederholen**
revision /rɪ'vɪʒn/ *n* (no *pl*) ▷**Wiederholung**: *You must do some revision before your exam, Bill.* Vor der Prüfung musst du an der Wiederholung des Stoffes arbeiten, Bill.

revolt[1] /rɪ'vəʊlt/ *n* (no *pl*)
fighting against the government of your country ▷**Aufstand**: *The people were in revolt against their ruler.* Das Volk machte einen Aufstand gegen seinen Herrscher.

revolt[2] /rɪ'vəʊlt/ *v*
1 fight against the government of your country ▷**rebellieren**
2 shock someone; be so bad that it makes you feel sick ▷**anekeln**: *The restaurant food revolted me.* Das Essen im Restaurant ekelte mich an.

revolting /rɪ'vəʊltɪŋ/ *adj*
horrible; making you feel angry, shocked, sick, etc ▷**ekelhaft**: *a revolting crime,* ein ekelhaftes Verbrechen.

revolution /ˌrevə'luːʃn/ *n*
1 total change in the way of doing things ▷**Revolution**: *the Industrial Revolution,* die Industrielle Revolution.
2 total change in the way of governing a country ▷**Revolution**: *the French Revolution,* die Französische Revolution.

revolutionary /ˌrevə'luːʃənərɪ/ *adj*
bringing or wanting total change ▷**revolutionär**: *revolutionary ideas,* revolutionäre Ideen.

revolver /rɪ'vɒlvə(r)/ *n*
small gun ▷**Revolver**

reward /rɪ'wɔːd/ *n*
present or money that you give to thank someone for something ▷**Belohnung**: *There will be a reward for the person who finds my dog.* Wer meinen Hund findet, erhält eine Belohnung.
reward *v* ▷**belohnen**: *I shall reward the person who finds my dog.* Ich werde denjenigen, der meinen Hund findet, belohnen.

rewarding /rɪ'wɔːdɪŋ/ *adj*
that brings you pleasure when you have it or do it ▷**befriedigend**: *He finds his work with refugees very rewarding.* Er findet seine Arbeit mit Flüchtlingen sehr befriedigend.

rhinoceros /raɪ'nɒsərəs/ *n* (*pl* rhinoceroses)
big, wild animal with a horn on its nose ▷**Nashorn**

rhyme[1] /raɪm/ *n*
1 (no *pl*) when two words have the same sound at the end, like 'bell' and 'well' ▷**Reim**
2 short poem where lines end in the same sounds ▷**Reim**: *Young children like nursery rhymes.* Kleine Kinder mögen Kinderreime.

rhyme[2] /raɪm/ *v*
rhyme with, have the same sound as another word ▷**sich reimen**: *'Drip' rhymes with 'trip'.* „Drip“ reimt sich auf „trip“.

rhythm /'rɪðəm/ *n*
regular beat in music or words ▷**Rhythmus**: *I like the slow rhythm of that song.* Mir gefällt der langsame Rhythmus dieses Liedes.

rib /rɪb/ *n*
one of the bones round your chest ▷**Rippe**

ribbon /ˈrɪbən/ *n*
long, narrow piece of cloth for tying things ▷**Band**: *Anne had a yellow ribbon in her hair.* Anne trug ein gelbes Band im Haar.

rice /raɪs/ *n* (no *pl*)
plant that we use for food ▷**Reis**: *chicken and rice,* Huhn mit Reis.

rich /rɪtʃ/ *adj* (richer, richest)
1 with a lot of money, land, etc ▷**reich**: *a rich man,* ein reicher Mann.
2 with a lot of fat, oil, sugar, etc in it ▷**schwer**: *rich food,* schweres Essen.
the rich *n* people who have a lot of money ▷**die Reichen**

riches /ˈrɪtʃɪz/ *n* (*pl*)
much money, land, etc; wealth ▷**Reichtümer**

rid /rɪd/ *v* (is ridding, rid, has rid)
get rid of, (a) throw something away because you do not want it ▷**wegwerfen**: *Get rid of that old coat!* Wirf den alten Mantel weg! **(b)** free yourself from someone or something ▷**loswerden**: *I can't get rid of this cough.* Ich kann diesen Husten nicht loswerden.

ridden /ˈrɪdn/ *form of* ride

riddle /ˈrɪdl/ *n*
game with words; trick question ▷**Rätsel**: *Here's a riddle: What has four legs but can't walk? The answer is 'a chair'.* Dies ist ein Rätsel: Was hat vier Beine und kann nicht laufen? Die Antwort ist „ein Stuhl".

ride /raɪd/ *v* (rode /rəʊd/, has ridden /ˈrɪdn/
1 go on a horse ▷**reiten**: *She is learning to ride.* Sie lernt reiten.
2 drive a bycicle ▷**fahren**: *Don't ride your bicycle on the grass!* Fahr nicht mit dem Fahrrad über den Rasen!
3 travel in a bus, car, etc ▷**fahren**: *We rode in the back of the bus.* Wir fuhren im hinteren Teil des Busses. ☞Häufig verwendet man **travel by** oder **go by** im Zusammenhang mit Transportmitteln: *He went/travelled to Cambridge by car.*
ride *n* journey on a horse, bicycle, etc or in a bus, car, etc ▷**Fahrt**
rider *n* someone who rides horses, etc ▷**Reiter(in)**
riding /ˈraɪdɪŋ/ *n* (no *pl*) sport of riding horses ▷**Reiten**

ridiculous /rɪˈdɪkjʊləs/ *adj*
foolish; so silly that it makes you laugh ▷**lächerlich**: *It is ridiculous to play tennis with a football!* Mit einem Fußball Tennis zu spielen, ist lächerlich.

rifle /ˈraɪfl/ *n*
sort of gun that you hold against your shoulder when you fire it ▷**Gewehr**

right[1] /raɪt/ *adj*
opposite of left ▷**rechte(r, s)**: *Most people write with their right hand.* Die meisten Leute schreiben mit der rechten Hand.
right *adv* ▷**rechts**: *Turn right at the end of the street.* Bieg am Ende der Straße rechts ab.
right *n* (no *pl*) ▷**rechte Seite**: *Our house is the first one on the right.* Unser Haus ist das erste auf der rechten Seite.

right[2] /raɪt/ *adj*
1 good; what the law, religion, etc allows ▷**recht**: *It's not right to steal.* Es ist nicht recht, zu stehlen.
2 correct ▷**richtig**: *the right answer,* die richtige Antwort. *Is this the right way to the station?* Ist dies der richtige Weg zum Bahnhof?
3 be right say or think something that is true ▷**Recht haben**: *You're right. The film starts at six.* Du hast Recht. Der Film fängt um sechs an.
all right, (a) good; well ▷**in Ordnung**: *Is everything all right?* Ist alles in Ordnung? **(b)** yes, I agree ▷**okay**: *All right, I'll come.* Okay, ich komme.

right[3] /raɪt/ *adv*
1 straight; directly ▷**direkt**: *The wind blew right in our faces.* Der Wind blies uns direkt ins Gesicht.
2 exactly ▷**genau**: *Our house is right in the middle of the town.* Unser Haus liegt genau in der Stadtmitte.
3 all the way ▷**ganz**: *Go right to the end of the road.* Gehen Sie ganz bis zum Ende der Straße.
4 correctly ▷**richtig**: *Did you guess right or wrong?* Hast du richtig oder falsch geraten?
5 word that shows that you agree with someone or that you want someone to listen to you ▷**gut**: *Are you ready? Right. Let's go.* Bist du fertig? Gut. Gehen wir.
rightly *adv* correctly ▷**richtig**: *You rightly decided to leave early.* Du hast dich richtig entschieden, als du vorzeitig gingst.

right[4] /raɪt/ *n*
1 (no *pl*) what is good, true, etc ▷**Recht**: *Our parents teach us about right and wrong.* Unsere Eltern bringen uns bei, was Recht und was Unrecht ist.
2 (*pl* right) being able to do something by law ▷**Recht**: *All citizens have the right to a passport.* Alle Bürger haben das Recht auf einen Pass.

right-hand /ˈraɪt hænd/ *adj*
on the right side ▷**Rechts-**: *a right-hand bend,* eine Rechtskurve.
right-handed /ˌraɪt ˈhændɪd/ *adj* using

your right hand more easily than your left ▷**rechtshändig**

rim /rɪm/ *n*
edge of something round ▷**Rand**: *the rim of a pot,* der Rand eines Topfes.

ring[1] /rɪŋ/ *n*
1 circle of metal that you wear round your finger ▷**Ring**: *a wedding-ring,* ein Ehering.
2 circle ▷**Kreis**: *Please stand in a ring.* Bitte stellt euch in einem Kreis auf.
boxing ring, place for a boxing-match ▷**Ring**

ring[2] /rɪŋ/ *n*
sound of a bell or a piece of metal when you hit it ▷**Läuten**: *a ring at the door,* ein Läuten an der Tür.
give someone a ring, telephone someone ▷**jemanden anrufen**: *I'll give you a ring later.* Ich rufe dich später an.

ring[3] /rɪŋ/ (rang/ræŋ/, has rung/ rʌŋ/) *v*
1 make a sound like a bell ▷**klingeln, läuten**: *The telephone is ringing.* Das Telefon klingelt.
2 hit or press a bell so that it makes a sound ▷**klingeln**: *She went to the door and rang the bell.* Sie ging zur Tür und klingelte.
3 telephone someone ▷**anrufen**: *I'll ring you tomorrow.* Ich rufe dich morgen an. *Sue wasn't in so I left a message for her to ring me back.* Sue war nicht da, deshalb hinterließ ich eine Nachricht für sie, dass sie mich anrufen sollte.
ring someone up, telephone someone ▷**anrufen**: *When can I ring you up?* Wann kann ich Sie anrufen?

rinse /rɪns/ *v*
wash something away with water ▷**(aus-)spülen**: *Rinse the tea-leaves out of the teapot.* Spül die Teeblätter aus der Teekanne.

riot /'raɪət/ *n*
noisy, wild crowd of people ▷**Krawall**

rip /rɪp/ *v* (is ripping, ripped /rɪpt/, has ripped)
pull or tear something quickly and roughly ▷**reißen**: *He ripped the letter open impatiently.* Ungeduldig riss er den Brief auf.

ripe /raɪp/ *adj*
ready to pick and eat ▷**reif**: *Ripe plums are sweet.* Reife Pflaumen sind süß. ☞Siehe die Anmerkung bei **mature**.

rise[1] /raɪz/ *n*
becoming higher, more, etc ▷**Anstieg**: *a rise in the price of sugar,* ein Anstieg der Zuckerpreise.

rise[2] /raɪz/ *v* (rose /rəʊz/, has risen /rɪzn/)
1 go up ▷**aufgehen**: *The sun rises early in summer.* Im Sommer geht die Sonne früh auf.
2 become more ▷**(an)steigen**: *Prices are rising.* Die Preise steigen an.

risk /rɪsk/ *n*
danger; chance that something bad may happen ▷**Gefahr**: *The water is not deep, so there is no risk of your drowning.* Das Wasser ist nicht tief; es besteht also keine Gefahr, dass du ertrinkst.
take a risk, do something although there is a chance of danger, loss, etc ▷**etwas riskieren**
risk *v* put someone or something in danger ▷**riskieren**: *Norman risked his own life when he saved the girl from the burning house.* Norman riskierte sein Leben, als er das Mädchen aus dem brennenden Haus rettete.

risky /'rɪskɪ/ *adv* (riskier, riskiest)
dangerous ▷**riskant**

rival /'raɪvl/ *n*
someone who wants to do as well as you; someone who is trying to take what you want ▷**Konkurrent(in)**: *business rivals,* Geschäftskonkurrenten.

river /'rɪvə(r)/ *n*
big stream of water that flows to the sea ▷**Fluss**: *The Thames is a big river.* Die Themse ist ein großer Fluss.

road /rəʊd/ *n*
way from one place to another, where cars, etc can travel ▷**Straße**: *Is this the road to York?* Ist dies die Straße nach York? ☞Beachte den Unterschied zwischen **road** und **street**. **street** kann nur für eine Straße in einer Stadt oder Ortschaft verwendet werden. Es stehen Häuser auf beiden Seiten: *There are shops on both sides of our street.* **road** bezeichnet sowohl eine Straße in einer Stadt als auch eine Landstraße: *There is a new road between Oxford and Islip.*
by road, in a car, bus, etc ▷**mit dem Auto, Bus, etc**: *Shall we go by road or by rail?* Sollen wir mit dem Auto oder mit der Bahn fahren?

roar /rɔː(r)/ *v*
make a loud, deep sound ▷**brüllen**: *The lion roared.* Der Löwe brüllte.

roast /rəʊst/ *v*
cook meat or vegetables in a hot oven or over a fire ▷**braten**: *Shall we roast the potatoes?* Sollen wir die Kartoffeln braten?
roast *adj* ▷**gebraten**: *roast beef,* gebratenes Rindfleisch.
roast *n* piece of meat that you have cooked in an oven, or over a fire ▷**Braten**

rob /rɒb/ *v* (is robbing, robbed /rɒbd/, has robbed)
take something that is not yours ▷**(be)rauben**: *The thief knocked him down and robbed*

him of his watch. Der Dieb schlug ihn zu Boden und raubte ihm seine Uhr.
robber *n* thief ▷**Räuber(in)**
robbery *n* (*pl* robberies) stealing ▷**Raub**

robin /ˈrɒbɪn/ *n*
small, brown bird with a red front, which you often see in the garden ▷**Rotkehlchen**

robot /ˈrəʊbɒt/ *n*
machine that can work like a person ▷**Roboter**

rock[1] /rɒk/ *n*
1 (no *pl*) stone; very hard part of the ground ▷**Fels**
2 (*pl* rocks) big piece of rock ▷**Fels**: *The ship went on the rocks and sank.* Das Schiff lief auf einen Felsen und sank.

rock[2] /rɒk/ *n* (no *pl*)
sort of music ▷**Rock**
rock *adj* ▷**Rock-**: *rock star,* Rockstar; *rock group,* Rockgruppe; *rock concert,* Rockkonzert.

rock[3] /rɒk/ *v*
go, or move something, gently backwards and forwards, or from side to side ▷**wiegen**: *She rocked her baby to sleep.* Sie wiegte ihr Baby in den Schlaf.

rocket /ˈrɒkɪt/ *n*
1 firework that goes high into the air very fast and then bursts into flames with a loud noise ▷**Rakete**
2 engine that pushes a spacecraft high into space ▷**Rakete**

rocky /ˈrɒkɪ/ *adj* (rockier, rockiest)
covered with stones and rocks ▷**felsig**: *a rocky coast,* eine felsige Küste.

rod /rɒd/ *n*
thin, straight piece of wood or metal ▷**Stab**

rode /rəʊd/ *form of* ride

role /rəʊl/ *n*
1 what one person does ▷**Rolle**: *A captain's role is to lead the team.* Die Rolle eines Kapitäns besteht darin, die Mannschaft zu führen.
2 the person you are in a play ▷**Rolle**: *the role of Hamlet,* die Rolle des Hamlet

roll[1] /rəʊl/ *n*
1 something that you have wound over and over ▷**Rolle**: *a roll of film,* eine Rolle Film.
2 (*pl* rolls) small piece of bread baked in a ball ▷**Brötchen**

roll[2] /rəʊl/ *v*
move along, turning over and over; make something go over and over ▷**rollen**: *The coin rolled under the table.* Die Münze rollte unter den Tisch.
roll up, turn something over and over into the shape of a tube ▷**aufrollen**: *The campers rolled up their sleeping-bags.* Die Camper rollten ihre Schlafsäcke auf.

Rollerblade /ˈrəʊlə bleɪd/*n*
sort of shoe with wheels in a row ▷**Inliner**
☞**Rollerblade** ist ein eingetragenes Warenzeichen.

roller-skate /ˈrəʊlə skeɪt/ *n*
sort of shoe with small wheels, which children wear for fun and play ▷**Rollschuh**
roller-skating /ˈrəʊlə skeɪtɪŋ/ *n* (no *pl*)
moving on roller-skates ▷**Rollschuhlaufen**

rolling-pin /ˈrəʊlɪŋ pɪn/ *n*
wooden instrument that you roll over pastry to make it flat ▷**Nudelholz**

romance /rəʊˈmæns/ *n*
1 story about love ▷**Liebesroman**
2 being in love ▷**Liebeserlebnis**
romantic /rəʊˈmæntɪk/ *adj* ▷**romantisch**: *a romantic story,* eine romantische Geschichte.

roof /ruːf/ *n*
top of a building, car, etc ▷**Dach**

room /ruːm/ *n*
1 (*pl* rooms) part of a building ▷**Zimmer**: *a bedroom,* ein Schlafzimmer; *a bathroom,* ein Badezimmer.
2 (no *pl*) space; enough space ▷**Platz**: *This big table takes up too much room.* Dieser große Tisch nimmt zu viel Platz ein.

root /ruːt/ *n*
the part of a plant that grows under the ground ▷**Wurzel**

rope /rəʊp/ *n*
very thick, strong string ▷**Tau, Seil**: *They tied the ship to the quay with ropes.* Sie machten das Schiff mit Tauen am Kai fest.

rose[1] rəʊz/ *n*
1 (*pl* roses) type of flower ▷**Rose**
2 (no *pl*) pink or red colour ▷**Rosarot**

rose[2] /rəʊz/ *form of* rise

rot /rɒt/ *v* (is rotting, rotted /ˈrɒtɪd/, has rotted)
make something go bad; become bad, as things do when they die ▷**verrotten (lassen)**: *No one picked the apples so they rotted.* Niemand pflückte die Äpfel, deshalb verrotteten sie.

rotten /ˈrɒtn/ *adj*
1 old and not fresh enough to use ▷**faul**: *Rotten eggs smell horrible.* Faule Eier stinken fürchterlich.
2 not pleasant; not good ▷**mies**: *What rotten weather!* Was für ein mieses Wetter!

rough /rʌf/ *adj* (rougher, roughest)
1 not smooth; not flat ▷**rau, holperig**: *The bus bumped up and down on the rough road.* Auf der holperigen Straße schaukelte der Bus hin und her. *rough skin*, raue Haut.
2 not behaving gently ▷**grob**: *a rough man,* ein grober Mann.
3 not moving gently ▷**stürmisch**: *rough sea,* stürmische See.

roughly /ˈrʌflɪ/ *adv*
1 not gently; in a violent way ▷**grob**: *If you play with the baby so roughly, you'll hurt him!* Wenn du das Baby beim Spielen so grob behandelst, wirst du ihm weh tun.
2 about ▷**ungefähr**: *The holiday will cost roughly £200.* Der Urlaub wird ungefähr £200 kosten.

round[1] /raʊnd/ *adj*
with the shape of a circle or a ball ▷**rund**: *a round plate,* ein runder Teller.

round[2] /raʊnd/ *adv*
1 in a half-circle; in the opposite direction ▷**(her)um**: *She turned round and went back again.* Sie drehte sich um und ging zurück. *Turn your chair round.* Dreh deinen Stuhl herum.
2 in a full circle ▷**herum**: *In one hour the minute-hand of a clock goes right round.* Innerhalb einer Stunde bewegt sich der Minutenzeiger einer Uhr einmal ganz herum.
3 to all parts, etc ▷**herum**: *Please pass these pictures round.* Zeig bitte diese Fotos herum.
come round, (a) come to someone's home, etc; visit someone ▷**vorbeikommen**: *Would you like to come round at two o'clock?* Willst du um zwei Uhr vorbeikommen? **(b)** wake up after fainting ▷**zu sich kommen**: *After a few seconds she came round but she still felt very weak.* Nach ein paar Sekunden kam sie wieder zu sich, aber sie war noch sehr schwach.
go round, (a) go to someone's home, etc; visit someone ▷**vorbeigehen**: *We went round to see Paul.* Wir gingen bei Paul vorbei. **(b)** be enough for everyone ▷**ausreichen**: *Will the coffee go round?* Wird der Kaffee ausreichen?

round[3] /raʊnd/ *prep*
1 making a circle ▷**um**: *The earth moves round the sun.* Die Erde dreht sich um die Sonne.
2 turning left or right ▷**um**: *He followed me round the corner.* Er folgte mir um die Ecke.
3 on all sides of ▷**um**: *They are sitting round the table.* Sie sitzen um den Tisch.
4 to all parts of ▷**um**: *I looked round the room.* Ich sah mich im Zimmer um.

round about, nearly; not exactly ▷**ungefähr**: *It costs round about £100.* Es kostet ungefähr £100.

roundabout[1] /ˈraʊndəbaʊt/ *adj*
longer than usual ▷**Um-**: *The bridge had fallen down, so we had to go a roundabout way.* Die Brücke war eingestürzt, sodass wir einen Umweg machen mussten .

roundabout[2] /ˈraʊndəbaʊt/ *n*
1 big, round machine where children can ride wooden horses, etc at a fair ▷**Karussell**
2 crossroads where cars drive round a circle ▷**Kreisverkehr**

route /ruːt/ *n*
way from one place to another ▷**Strecke**: *Which is the quickest route from London to Paris?* Welches ist die kürzeste Strecke von London nach Paris?

row[1] /raʊ/ *n*
1 (no *pl*) loud noise ▷**Lärm**: *What's that row in the street?* Was ist das für ein Lärm auf der Straße?
2 (*pl* rows) noisy quarrel ▷**Krach**
☞Beachte die unterschiedliche Aussprache von **row**[1] und **row**[2].

row[2] /rəʊ/ *n*
line of people or things ▷**Reihe**: *We sat in the front row of seats at the theatre.* Wir saßen im Theater in der ersten Reihe.

row[3] /rəʊ/ *v*
move a boat through the water with oars ▷**rudern**: *He rowed across the Atlantic.* Er ruderte über den Atlantik. ☞Man sagt: *I go rowing every morning.* Ich rudere jeden Morgen. ☞Siehe Anmerkung bei **swim**.
rowing *adj* ▷**Ruder-**: *a rowing boat,* ein Ruderboot.

royal /ˈrɔɪəl/ *adj*
of a king or queen ▷**königlich**: *the Royal Family,* die königliche Familie.

royalty /ˈrɔɪəltɪ/ *n* (no *pl*)
kings, queens, and their families ▷**Mitglieder der königlichen Familie**

rub /rʌb/ *v* (is rubbing, rubbed /rʌbd/, has rubbed)
move something backwards and forwards on another thing ▷**reiben**: *Rub yourself with oil before you sit in the sun.* Reib dich mit Öl ein, bevor du dich sonnst.
rub off, rub out, take marks, writing, etc off something ▷**ausradieren**: *Rub out the word you spelled wrongly and write it again.* Radier das Wort, das du falsch geschrieben hast, aus und schreib es noch einmal.
rub *n* (no *pl*) ▷**Reiben**

rubber /ˈrʌbə(r)/ *n*
1 (no *pl*) material that we use to make tyres, balls, etc ▷**Gummi**
2 (*pl* rubbers) small piece of rubber that takes away pencil marks, etc ▷**Radiergummi**

rubbish /ˈrʌbɪʃ/ *n* (no *pl*)
1 things that you throw away ▷**Müll**: *Burn this rubbish on the fire.* Wirf diesen Müll ins Feuer.
2 nonsense; silly ideas ▷**Quatsch**: *He's talking a lot of rubbish.* Er redet eine Menge Quatsch.

rucksack /ˈrʌksæk/ *n*
bag for food, clothes, etc that you carry on your back ▷**Rucksack**

rude /ruːd/ *adj* (ruder, rudest)
not polite; talking or acting in a way that hurts other people ▷**unhöflich**: *It's rude to turn your back when someone is talking to you.* Es ist unhöflich, Leuten den Rücken zuzudrehen, wenn sie mit dir sprechen.
rudely *adv* ▷**unhöflich**
rudeness *n* (no *pl*) ▷**Unhöflichkeit**

rug /rʌg/ *n*
1 small carpet; small piece of covering for the floor ▷**Läufer**
2 thick covering to keep you warm ▷**Decke**

rugby /ˈrʌgbɪ/ *n* (no *pl*)
ball game with two teams of thirteen or fifteen players ▷**Rugby**

ruin[1] /ˈruːɪn/ *n*
1 (no *pl*) bad damage; disaster ▷**Ruin**: *The war brought ruin to the country.* Der Krieg brachte dem Land den Ruin.
2 (*pl* ruins) building, etc that has been broken, etc ▷**Ruine**
in ruins, broken; destroyed ▷**in Trümmern**: *The house was in ruins after the fire.* Nach dem Brand lag das Haus in Trümmern.

ruin[2] /ˈruːɪn/ *v*
spoil or damage something so that it is no longer good; break something totally ▷**verderben**: *The storm ruined our picnic.* Der Sturm verdarb unser Picknick.

rule[1] /ruːl/ *n*
1 (*pl* rules) what you must and must not do in a game, at school, at work, etc ▷**Regel**: *It's a rule of chess that a player can move only one piece at a time.* Eine Schachregel besagt, dass ein Spieler jeweils nur eine Figur bewegen darf.
2 (no *pl*) government; control ▷**Herrschaft**: *India was once under British rule.* Indien stand einst unter britischer Herrschaft.
as a rule, usually ▷**normalerweise**: *As a rule, I get up at six, but today I woke up late.* Normalerweise stehe ich um sechs auf, aber heute bin ich später aufgewacht.

rule[2] /ruːl/ *v*
be in charge of a country ▷**herrschen**: *Queen Victoria ruled for many years.* Königin Viktoria herrschte viele Jahre lang.

ruler /ˈruːlə(r)/ *n*
1 leader of a country ▷**Herrscher(in)**
2 long piece of wood, plastic, etc that helps you to draw straight lines or to measure things ▷**Lineal**

rumor *American for* rumour

rumour /ˈruːmə(r)/ *n*
story that goes from person to person but that may not be true ▷**Gerücht**: *There is a rumour that our teacher is leaving.* Es gibt ein Gerücht, dass uns unsere Lehrerin verlässt.

run /rʌn/ *v* (is running, ran /ræn/ has run)
1 move quickly on your legs ▷**laufen, rennen**: *I was late for the bus so I ran to the bus-stop.* Ich war spät dran, deshalb lief ich zur Bushaltestelle.
2 go; make a journey ▷**fahren**: *The bus was not running because of the snow.* Wegen des Schnees fuhr der Bus nicht.
3 work ▷**laufen**: *The car had stopped but the engine was still running.* Das Auto hatte angehalten, aber der Motor lief noch.
4 flow ▷**fließen**: *Two rivers run into this lake.* In diesen See fließen zwei Flüsse.
5 control or organize a business, club, etc ▷**führen**: *Who runs the business?* Wer führt das Geschäft?
6 stand; be placed ▷**verlaufen**: *The fence runs parallel to the road.* Der Zaun verläuft parallel zur Straße.
run after, try to catch a person or animal ▷**hinterherrennen**: *I ran after the dog that had taken my hat.* Ich rannte hinter dem Hund her, der meinen Hut geschnappt hatte.
run away, go quickly away, and stay away, from a place ▷**weglaufen**: *He has run away from home.* Er ist von zu Hause weggelaufen.
run out of, have no more of something ▷**jemandem ausgehen**: *We've run out of sugar, so I must buy some more.* Uns ist der Zucker ausgegangen, deshalb muss ich neuen kaufen.
run over, drive over someone or something ▷**überfahren**: *A bus ran over the cow and killed it.* Die Kuh wurde von einem Bus überfahren und starb.
run someone down, knock someone over ▷**jemanden überfahren**: *A lorry ran the*

cyclist down. Der Radfahrer wurde von einem LKW überfahren.

rung[1] /rʌŋ/ *n*
one of the steps of a ladder ▷**Sprosse**

rung[2] /rʌŋ/ *form of* ring

runner /'rʌnə(r)/ *n*
person or horse that runs ▷**Läufer(in)**: *How many runners are there in the race?* Wie viele Läufer nehmen an dem Rennen teil?

runway /'rʌnweɪ/ *n*
long, wide road where a plane takes off and lands ▷**Startbahn**

rush /rʌʃ/ *v*
1 move to do something quickly; hurry ▷**sich beeilen**: *She rushed to finish her homework.* Sie beeilte sich, um mit ihren Hausaufgaben fertig zu werden.
2 go somewhere quickly ▷**eilen**: *She rushed out of the room.* Sie eilte aus dem Zimmer.
3 take someone or something quickly to a place ▷**schnell bringen**: *They rushed him to hospital.* Sie brachten ihn schnell ins Krankenhaus.
rush *n* (no *pl*) ▷**Gedränge**: *There was a rush to get the best seats.* Es gab ein Gedränge um die besten Plätze.
the rush hour *n* time when everyone is travelling to work, or back home again ▷**Hauptverkehrszeit**

rust /rʌst/ *n* (no *pl*)
hard red-brown covering that forms on metals when they get wet ▷**Rost**
rusty /'rʌstɪ/ *adj* (rustier, rustiest) covered with rust ▷**rostig**: *a rusty nail,* ein rostiger Nagel.

Ss

sabotage /'sæbətɑːʒ/ *n*
harming something so that other people cannot use it ▷**Sabotage**: *The police think it was sabotage.* Die Polizei glaubt, dass es Sabotage war.
sabotage *v* ▷**sabotieren**

sack[1] /sæk/ *n*
big, strong bag for carrying heavy things ▷**Sack**: *a sack of potatoes,* ein Sack Kartoffeln

sack[2] /sæk/ *v*
make someone leave his job ▷**feuern**: *The manager sacked him because he stole some money.* Die Geschäftsführerin feuerte ihn, weil er Geld gestohlen hatte.
sack *n* (no *pl*)
get the sack, lose your job ▷**gefeuert werden**
give someone the sack, make someone leave his job ▷**feuern**

sacred /'seɪkrɪd/ *adj*
of god; of religion; holy ▷**heilig**

sacrifice /'sækrɪfaɪs/ *v*
1 kill an animal, etc as a present to a god ▷**opfern**: *They sacrificed a lamb.* Sie opferten ein Lamm.
2 give up something important so that you can help someone ▷**opfern**: *Andrew sacrificed his holiday to look after his sick friend.* Andrew hat seinen Urlaub geopfert, um sich um seinen kranken Freund kümmern zu können.
sacrifice *n* ▷**Opfer**: *Harry made big sacrifices to send his brother to America.* Harry brachte große Opfer, um seinen Bruder nach Amerika schicken zu können.

sad /sæd/ *adj* (sadder, saddest)
unhappy ▷**traurig**: *The children are sad because their dog has died.* Die Kinder sind traurig, weil ihr Hund gestorben ist.
sadly *adv* ▷**traurig**
sadness *n* (no *pl*) ▷**Traurigkeit**

saddle /'sædl/ *n*
seat on a horse, bicycle, etc ▷**Sattel**

safari /sə'fɑːrɪ/ *n*
journey to see or hunt wild animals ▷**Safari**
safari park /sə'fɑːrɪ pɑːk/ *n*
big park where many wild animals are kept so that you can see them ▷**Safaripark**

safe[1] /seɪf/ *adj* (safer, safest)
1 not hurt; not in danger ▷**in Sicherheit**: *There has been an accident. Are the children safe?* Da war ein Unfall. Sind die Kinder in Sicherheit?
2 not dangerous ▷**sicher, ungefährlich**: *Where is it safest to cross the river?* Wo ist es am ungefährlichsten, den Fluss zu überqueren?
safe and sound, not hurt or harmed ▷**gesund und wohlbehalten**: *They found the lost climber safe and sound in a cave.* Sie fanden den vermissten Bergsteiger gesund und wohlbehalten in einer Höhle.
safely *adv* ▷**ungefährdet**: *The children can play safely in the garden.* Die Kinder können ungefährdet im Garten spielen.
safety /'seɪftɪ/ *n* (no *pl*) ▷**Sicherheit**

safe[2] /seɪf/ *n*
metal box with a strong lock, where you keep money, jewels, etc ▷**Tresor**

safety-belt /ˈseɪftɪ belt/ *n*
belt that you wear in a car or aeroplane to keep you safe in an accident ▷**Sicherheitsgurt**

safety-pin /ˈseɪftɪ pɪn/ *n*
pin with a cover over the point ▷**Sicherheitsnadel**

said /sed/ *form of* say

sail[1] /seɪl/ *n*
big piece of cloth on a boat to catch the wind and move the boat along ▷**Segel**

sail[2] /seɪl/ *v*
1 travel on water ▷**fahren**: *The ship sailed slowly into harbour.* Das Schiff fuhr langsam in den Hafen ein.
2 control a boat, etc ▷**segeln**: *Where did you learn to sail?* Wo haben Sie segeln gelernt? ☞Vorsicht! Spricht man über Sport oder andere Freizeitbeschäftigungen, wie hier **segeln**, so verwendet man häufig **go sailing**: *Did you go sailing last Friday?*
sailing *n* (no *pl*) ▷**Segeln**: *Sailing is a wonderful sport.* Segeln ist ein toller Sport.

sailor /ˈseɪlə(r)/ *n*
someone who works on a boat or ship ▷**Matrose, Seemann**

saint /seɪnt/ *n*
very good, holy person ▷**Heilige(r)**

sake /seɪk/ *n*
for the sake of, for someone's sake, because of someone; to help someone ▷**zuliebe**: *Try to get home early for your mother's sake.* Versuche deiner Mutter zuliebe, früh nach Hause zu kommen.

salad /ˈsæləd/ *n*
dish of cold, raw vegetables ▷**Salat** ☞Vorsicht! Das englische Wort **salad** bezeichnet ein Gericht, das verschiedene Zutaten wie Gurken, Tomaten, Kopfsalat usw., aber auch Fleisch, Fisch oder Käse hat. **Kopfsalat** heißt **lettuce**.

salary /ˈsælərɪ/ *n* (*pl* salaries)
money that you receive every month for your work ▷**Gehalt** ☞Siehe Anmerkung bei **pay**.

sale /seɪl/ *n*
1 (no *pl*) selling something ▷**Verkauf**
2 (*pl* sales) time when a shop sells things for less money than usual ▷**Schlussverkauf**: *Harrods is holding its summer sale this month.* Harrods hält in diesem Monat seinen Sommerschlussverkauf.
for sale, to be sold ▷**zu verkaufen**: *Is that house for sale?* Ist das Haus zu verkaufen?

salesman /ˈseɪlzmən/ (*pl* salesmen), **saleswoman** /ˈseɪlzwʊmən/ (*pl* saleswomen) *n*
someone who sells things ▷**Verkäufer(in)**

salmon /ˈsæmən/ *n* (*pl* salmon)
big fish that lives in the sea and in rivers ▷**Lachs**

salt /sɔːlt/ *n* (no *pl*)
stuff like white sand, which you put on food ▷**Salz**
salty *adj* (saltier, saltiest) with the taste of salt ▷**salzig**: *Sea water is salty.* Meerwasser ist salzig.

same[1] /seɪm/ *adj*
the same, not different; that and no other ▷**der-, die-, dasselbe**: *I have no time to change so I'll wear the same clothes.* Ich habe keine Zeit, mich umzuziehen, deshalb werde ich dieselben Sachen tragen.

same[2] /seɪm/ *adv*
the same as, like someone or something ▷**genauso wie**: *Your book looks the same as mine.* Dein Buch sieht genauso aus wie meins.

same[3] /seɪm/ *pron*
all the same, still; however ▷**trotzdem**: *I think you should apologize to her all the same.* Ich finde, du solltest dich trotzdem bei ihr entschuldigen.
the same, this or that person or thing, not a different one ▷**der/die/das Gleiche**: *Please give me the same.* Bitte geben Sie mir das Gleiche.

sample /ˈsɑːmpl/ *n*
1 small piece that shows what the rest is like ▷**Probe**: *a blood sample,* eine Blutprobe.
2 something made to show what the rest is like ▷**Muster**: *The salesman showed us samples of the new products.* Der Vertreter zeigte uns Muster der neuen Produkte.

sand /sænd/ *n* (no *pl*)
fine white, yellow, or grey powder that you find in the desert, by the sea, or by a river ▷**Sand**
sandy *adj* (sandier, sandiest) with sand ▷**sandig**: *a sandy beach,* ein sandiger Strand.

sandal /ˈsændl/ *n*
light, open shoe with straps ▷**Sandale**

sandwich /ˈsændwɪdʒ/ *n* (*pl* sandwiches)
two pieces of bread with other food between ▷**(belegtes) Brot**: *a ham sandwich,* ein Schinkenbrot.

sane /seɪn/ *adj* (saner, sanest)
not mad; healthy in the mind ▷**geistig gesund**

sang /sæŋ/ *form of* sing

sank /sæŋk/ *form of* sink

sardine /sɑːˈdiːn/ *n*
small fish that we usually buy in tins ▷**Sardine**

sat /sæt/ *form of* sit

satchel /ˈsætʃl/ *n*
bag for carrying school books, etc on your back ▷**Schultasche**

satellite /ˈsætəlaɪt/ *n*
1 thing that moves around a planet ▷**Trabant**: *The moon is a satellite of the earth.* Der Mond ist ein Trabant der Erde.
2 spacecraft that moves around the earth and sends back radio and television signals ▷**Satellit**

satin /ˈsætɪn/ *n* (no *pl*)
very shiny, smooth cloth ▷**Satin**

satisfaction /ˌsætɪsˈfækʃn/ *n* (no *pl*)
being pleased with what you or others have done ▷**Zufriedenheit**: *She read her first newspaper article with great satisfaction.* Sie las ihren ersten Zeitungsartikel mit großer Zufriedenheit.

satisfactory /ˌsætɪsˈfæktərɪ/ *adj*
good enough; not very good and not very bad ▷**zufrieden stellend**: *Her marks were satisfactory.* Ihre Zensuren waren zufrieden stellend.

satisfy /ˈsætɪsfaɪ/ *v* (satisfied, has satisfied)
give someone what he wants or needs; be good enough to please someone ▷**zufrieden stellen**: *I hope this painting will satisfy my art teacher.* Ich hoffe, dieses Bild wird meinen Kunstlehrer zufrieden stellen.
satisfied /ˈsætɪsfaɪd/ *adj* pleased with what you or others have done ▷**zufrieden**: *She looked at the cake with a satisfied smile.* Sie betrachtete den Kuchen mit einem zufriedenen Lächeln.

Saturday /ˈsætədeɪ/ *n*
seventh day of the week ▷**Samstag, Sonnabend**

sauce /sɔːs/ *n*
thick liquid that you eat with other food ▷**Soße**: *The British eat pork with apple sauce.* Die Briten essen Schweinebraten mit Apfelsoße.

saucepan /ˈsɔːspən/ *n*
metal container for cooking ▷**Kochtopf**

saucer /ˈsɔːsə(r)/ *n*
small, round plate that you put under a cup ▷**Untertasse**

sausage /ˈsɒsɪdʒ/ *n*
long roll of minced meat in a thin skin ▷**Wurst**

save /seɪv/ *v*
1 take someone or something away from danger ▷**retten**: *He saved her from drowning.* Er rettete sie vor dem Ertrinken.
2 keep money, etc to use later ▷**sparen**
3 not use too much of something ▷**sparen**: *If you drive slower, you'll save petrol.* Wenn du langsamer fährst, sparst du Benzin.
save up for, keep money to buy something later ▷**sparen auf**: *Jill is saving up for a bicycle.* Jill spart auf ein Fahrrad.

savings /ˈseɪvɪŋz/ *n* (*pl*)
money that you are keeping to use later ▷**Ersparnisse**: *Dick has £100 in his savings.* Dick hat £100 an Ersparnissen.

saw[1] /sɔː/ *n*
metal instrument with sharp teeth for cutting wood, etc ▷**Säge**
saw *v* (sawed /sɔːd/, has sawn /sɔːn/) ▷**sägen**: *He sawed the chair in half.* Er sägte den Stuhl in zwei Teile.

saw[2] /sɔː/ *form of* see

sawdust /ˈsɔːdʌst/ *n* (no *pl*)
fine powder that falls when you saw wood ▷**Sägemehl**

sawn /sɔːn/ *form of* saw

saxophone /ˈsæksəfəʊn/ *n*
sort of musical instrument that you blow ▷**Saxofon**

say und **tell**
Vorsicht! **say** und **tell** haben zwar eine sehr ähnliche Bedeutung, ihre Verwendung im Satz ist jedoch unterschiedlich:

Bill	*said*	*"I'm ready."*
		that he was ready.
Bill	*told me*	*that he was ready.*
Bill	*told me*	*a joke.*

say /seɪ/ *v* (said /sed/, has said)
1 make words with your mouth ▷**sagen**: *Say 'please' when you ask for something.* Sag „bitte", wenn du etwas haben willst.
2 give information to someone ▷**sagen**: *She said that she was cold.* Sie sagte, dass ihr kalt sei.

saying /ˈseɪɪŋ/ *n*
wise thing that people often say ▷**Sprichwort**: *'There's no smoke without fire' is a saying.* „Wo Rauch ist, ist auch Feuer" ist ein Sprichwort

scaffolding /ˈskæfəldɪŋ/ *n* (no *pl*)
frame of ladders, planks, and metal bars, where people stand while they are working on high parts of a building ▷**Gerüst**

scale /skeɪl/ *n*
1 set of marks on an instrument for measuring ▷**Einteilung**: *The ruler has a scale marked in centimetres.* Das Lineal hat eine Einteilung in Zentimetern

2 measurement used on a map to show real distance ▷**Maßstab**

scales /skeɪlz/ *n pl*
instrument for weighing things ▷**Waage**

scandal /ˈskændl/ *v*
1 (no *pl*) unkind talk about a person ▷**Klatsch**: *Don't listen to scandal!* Hör nicht auf den Klatsch!
2 (*pl* scandals) bad thing that makes people angry ▷**Skandal**: *The dirty trains are a scandal.* Die dreckigen Züge sind ein Skandal.

scar /skɑː(r)/ *n*
mark on the skin, which an old wound has left ▷**Narbe**
scar *v* (is scarring, scarred /skɑːd/, has scarred) make a scar ▷**eine Narbe hinterlassen**: *The cut will scar his face.* Die Schnittwunde wird eine Narbe in seinem Gesicht hinterlassen

scarce /skeəs/ *adj*
rare; difficult to find; not enough ▷**knapp**: *During the hot summer water became scarce.* In dem heißen Sommer wurde das Wasser knapp

scarcely /ˈskeəslɪ/ *adv*
only just ▷**kaum**: *He was so frightened that he could scarcely speak.* Er war so erschrocken, dass er kaum sprechen konnte.

scare /skeə(r)/ *v*
frighten someone; make someone afraid ▷**erschrecken**: *The thunder scared the children.* Der Donner erschreckte die Kinder.
be scared /skeəd/ *adj* frightened ▷**Angst haben**: *Are you scared of dogs?* Hast du Angst vor Hunden?
scare *n* ▷**Schrecken**

scarecrow /ˈskeəkrəʊ/ *n*
figure of sticks and old clothes, which a farmer puts in a field to frighten birds away from crops ▷**Vogelscheuche**

scarf /skɑːf/ *n* (*pl* scarves)
1 piece of cloth that you wear round your neck or over your shoulders ▷**Schal**
2 piece of cloth that you wear over your head ▷**Kopftuch**

scarlet /ˈskɑːlət/ *adj*
bright red ▷**scharlachrot**
scarlet *n* (no *pl*) ▷**Scharlachrot**

scatter /ˈskætə(r)/ *v*
1 go in different directions ▷**sich zerstreuen**: *The crowd scattered when the storm broke.* Die Menge zerstreute sich, als das Gewitter losbrach
2 throw things here and there ▷**(ver-)streuen**: *We scattered crumbs for the birds* Wir streuten Krumen für die Vögel.

scene /siːn/ *n*
1 place where something is happening or has happened ▷**Schauplatz**: *The police arrived at the scene of the crime.* Die Polizei traf am Schauplatz des Verbrechens ein.
2 view; something that you can look at ▷**Anblick**: *a beautiful scene*, ein wunderbarer Anblick.
3 part of a play ▷**Szene**: *'Hamlet', Act I, Scene 2,* „Hamlet", 1.Akt, 2. Szene

scenery /ˈsiːnərɪ/ *n* (no *pl*)
1 countryside; the look of the land ▷**Landschaft**: *the mountain scenery of Scotland*, die schottische Berglandschaft. ☞Vorsicht! **scenery** wird verwendet, wenn die Landschaft unter dem Gesichtspunkt der Schönheit gesehen wird. Es kommt deshalb oft mit Adjektiven wie **beautiful, fantastic, picturesque** usw. vor. **landscape** bezeichnet dagegen jede Einheit von Bergen, Tälern, Feldern usw. **countryside** steht im Gegensatz zu **city** oder **town** und bezieht sich auf ländliche Gebiete (die landwirtschaftlich genutzt werden).
2 things on the stage of a theatre that make it look like a real place ▷**Kulisse**

scent /sent/ *n*
1 no (*pl*) sweet smell ▷**Duft**: *the scent of roses*, der Duft von Rosen.
2 (no *pl*) liquid with a sweet smell, which you put on your body ▷**Parfüm**: *a bottle of scent,* eine Flasche Parfüm.

schedule /ˈʃedjuːl/ *n*
programme; plan or list of times when something will happen, be done, etc ▷**Zeitplan**
behind schedule, late ▷**im Rückstand, mit Verspätung**: *We are behind schedule with this project.* Wir sind mit diesem Projekt im Rückstand.
on schedule, at the right time ▷**planmäßig**: *The trains are running on schedule.* Die Züge verkehren planmäßig.

scheme[1] /skiːm/ *n*
plan ▷**Programm**: *a youth training scheme,* ein Ausbildungsprogramm für Jugendliche.

scheme[2] /skiːm/ *v*
make plans to do something, usually wrong ▷**planen**: *They were scheming to rob the bank.* Sie planten, die Bank auszurauben.

scholar /ˈskɒlə(r)/ *n*
someone who has learned a lot about something ▷**Gelehrte(r)**: *a famous history scholar,* ein berühmter Gelehrter für Geschichte.

scholarship /ˈskɒləʃɪp/ *n*
special sum of money to help a clever student go on studying ▷**Stipendium**: *Fergus won a scholarship to Cambridge.* Fergus gewann ein Stipendium für Cambridge.

Das Schulwesen

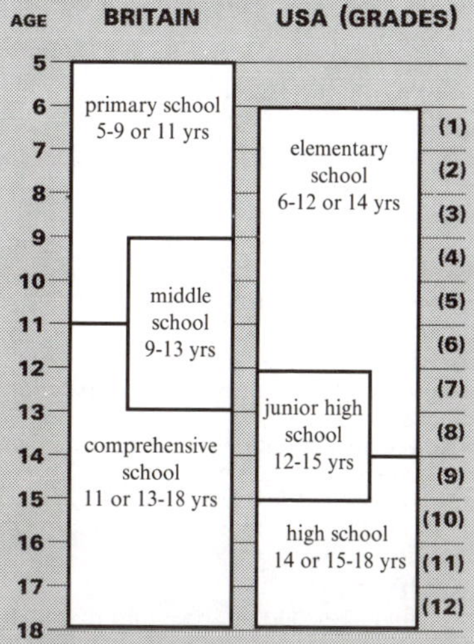

Du wirst bemerkt haben, dass man die amerikanischen und britischen Schulen nicht mit der Haupt- oder Realschule, oder Gymnasium vergleichen kann. Alle Schüler besuchen die gleiche Art von höherer Schule. Es gibt dazu noch Privatschulen in Großbritannien, vorbereitende Schulen (preparatory schools) für den Grundschulbereich und höhere Privatschulen (public schools) für den Sekundarbereich. Allerdings besuchen nur c. 7% aller Schüler solche Schulen.

school /skuːl/ *n*
1 (*pl* schools) place where children go to learn ▷**Schule**: *primary and secondary schools,* Grund- und weiterführende Schulen. ☞Vorsicht! Kein Artikel, wenn die Funktion einer Institution, nicht ein bestimmtes Gebäude gemeint ist: *Belinda hates school. — The school she goes to is near her house.*
2 (no *pl*) lessons ▷**Unterricht**: *There will be no school tomorrow because it's a holiday.* Morgen findet wegen des Feiertags kein Unterricht statt.
schoolboy /ˈskuːlbɔɪ/ *n* boy at school ▷**Schüler**
schoolchildren *pl* boys and girls at school ▷**Schulkinder**
schooldays /ˈskuːldeɪz/ *n* (*pl*) time when you are at school ▷**Schulzeit**
schoolgirl /ˈskuːlgɜːl/ *n* girl at school ▷**Schülerin**

science /ˈsaɪəns/ *n*
study of natural things ▷**(Natur)wissenschaft**: *Biology, chemistry, and physics are sciences.* Biologie, Chemie und Physik sind Naturwissenschaften.
science fiction /ˌsaɪəns ˈfɪkʃn/ *n* (no *pl*) stories about what will perhaps happen in the future or may perhaps be happening in other parts of the universe ▷**Science Fiction**
scientific /ˌsaɪənˈtɪfɪk/ *adj* of science ▷**wissenschaftlich**: *scientific instruments,* wissenschaftliche Geräte.
scientist /ˈsaɪəntɪst/ *n* someone who studies science or works with science ▷**(Natur)wissenschaftler(in)**

scissors /ˈsɪzəz/ *n* (*pl*)
instrument with two blades for cutting ▷**Schere** ☞**scissors** gehört zu den Paarwörtern, und steht immer im Plural. Soll eine bestimmte Zahl angegeben werden, so verwendet man **pair(s) of**: *a pair of scissors, two pairs of scissors.*

scooter /ˈskuːtə(r)/ *n*
1 light motorcycle with small wheels ▷**Motorroller**
2 toy on wheels, which a child can ride ▷**Tretroller**

score[1] /skɔː(r)/ *n*
1 number of points that you win in a game ▷**Punktzahl**: *The winner got a score of 320.* Die Gewinnerin erreichte eine Punktzahl von 320.
2 number of points that players have at any time in a game ▷**Spielstand**: *Is the score still two nil?* Ist der Spielstand immer noch zwei zu null?
keep the score, write down or remember the points ▷**Punkte zählen**

score[2] /skɔː(r)/ *v*
1 win a point in a game ▷**erzielen**: *Who scored the goal?* Wer hat das Tor erzielt?
2 write down or remember the points in a game ▷**Punkte zählen**: *Will you please score for this match?* Kannst du bitte die Punkte in diesem Spiel zählen?

Scout /skaʊt/ *n*
member of a special club for boys ▷**Pfadfinder**

scrambled eggs /ˌskræmbld ˈegz/ *n pl*
eggs that you beat with milk and cook in butter ▷**Rühreier**

scrap /skræp/ *n*
small piece of something ▷**Stückchen**: *a scrap of paper,* ein Stückchen Papier.

scrape /skreɪp/ *v*
rub or scratch something with a hard or rough thing ▷**kratzen**: *Scrape the mud off your shoes!* Kratz den Dreck von deinen Schuhen!

scratch[1] /skrætʃ/ *n* (*pl* scratches)
cut or mark that a sharp or rough thing has made ▷**Kratzer**: *Hilda's hands were covered with scratches from the rose bush.* Hildas Hände waren voller Kratzer vom Rosenstock.

scratch[2] /skrætʃ/ *v*
cut or mark something with a rough or sharp thing ▷**kratzen**: *The cat scratched me with its claws.* Die Katze kratzte mich mit ihren Krallen.

scream /skriːm/ *v*
cry out loudly, usually because you are hurt or afraid ▷**schreien**: *She screamed when she saw the snake.* Sie schrie, als sie die Schlange sah.
scream *n* ▷**Schrei**

screen /skriːn/ *n*
1 the flat sqaure part of a television or computer where you see pictures or words ▷**Bildschirm**
2 part of the television or cinema where the pictures appear ▷**Leinwand**
3 piece of cloth, wood, etc that you put in front of something to protect it or to stop people from watching ▷**Wandschirm**: *The nurse put a screen round his bed.* Die Krankenschwester stellte einen Wandschirm um sein Bett.

screw /skruː/ *n*
sort of nail that you twist into wood, etc ▷**Schraube**
screw-driver /ˈskruːdraɪvə(r)/ *n* tool for turning screws ▷**Schraubenzieher**

scrub /skrʌb/ *v* (is scrubbing, scrubbed /skrʌbd/, has scrubbed)
rub something with a brush and water to clean it ▷**schrubben**: *He scrubbed the floor.* Er schrubbte den Fußboden.
scrubbing-brush /ˈskrʌbɪŋ brʌʃ/ *n* hard brush for cleaning floors, etc ▷**Scheuerbürste**

sculptor /ˈskʌlptə(r)/ *n*
someone who makes statues or other shapes from metal, wood, stone, etc ▷**Bildhauer(in)**

sculpture /ˈskʌlptʃə(r)/ *n*
1 (no *pl*) making statues or other shapes from metal, clay, wood, stone, etc ▷**Bildhauerei**
2 (*pl* sculptures) shape in metal, clay, etc ▷**Skulptur**

sea /siː/ *n*
1 (no *pl*) salty water that covers many parts of the earth ▷**Meer**: *The sea was very rough.* Das Meer war sehr unruhig.
2 (*pl* seas) big area of sea ▷**Meer**: *the Mediterranean Sea,* das Mittelmeer.
at sea, while you are on the sea ▷**auf See**: *a storm at sea,* ein Sturm auf See.
by sea, in a ship ▷**auf dem Seeweg**: *Did you fly to New York or did you go by sea?* Bist du nach New York geflogen oder auf dem Seeweg gereist?

seagull /ˈsiːgʌl/ *n*
sort of sea-bird ▷**Möwe**

seal[1] /siːl/ *n*
furry animal that lives in the sea and on the land ▷**Seehund**

seal[2] /siːl/ *v*
stick something down so that it is tightly closed ▷**versiegeln**: *She licked the envelope and sealed it.* Sie feuchtete den Umschlag an und versiegelte ihn.

search[1] /sɜːtʃ/ *n* (*pl* searches)
trying to find someone or something ▷**Suche**
in search of, looking for something ▷**auf der Suche nach**: *He drove round the town in search of a good hotel.* Auf der Suche nach einem guten Hotel fuhr er durch die ganze Stadt.

search[2] /sɜːtʃ/ *v*
try to find someone or something ▷**(durch-) suchen**: *The customs officer searched my bag for drugs.* Der Zollbeamte durchsuchte meine Tasche nach Drogen.

seashell /ˈsiːʃel/ *n*
hard covering of some sea animals ▷**Muschel**

seashore /ˈsiːʃɔː(r)/ *n*
land next to the sea; beach ▷**Strand**: *We pulled the boat out of the water onto the seashore.* Wir zogen das Boot aus dem Wasser an den Strand.

seasick /ˈsiːsɪk/ *adj*
feeling sick because the boat moves up and down ▷**seekrank**: *I don't get seasick.* Ich werde nicht seekrank.
seasickness *n* (no *pl*) ▷**Seekrankheit**

seaside /ˈsiːsaɪd/ *n* (no *pl*)
at the seaside, by the sea ▷**am Meer**: *Children always enjoy holidays at the seaside.* Kindern macht ein Urlaub am Meer immer Spaß.

season /ˈsiːzn/ *n*
1 one of the four parts of the year ▷**Jahreszeit**: *Winter is the coldest season.* Winter ist die kälteste Jahreszeit.
2 special time of the year ▷**Saison**: *the holiday season,* die Urlaubssaison.

seat /siːt/ *n*
chair; place where you sit ▷**(Sitz)platz**: *We had good seats at the theatre.* Wir hatten gute Plätze im Theater.
take a seat, sit down ▷**sich (hin)setzen**: *Please take a seat — the manager will soon be here.* Bitte setzen Sie sich — der Geschäftsführer wird gleich da sein.

seat-belt /ˈsiːt belt/ *n*
belt that you wear in a car or aeroplane to keep you safe in an accident ▷**Sicherheitsgurt**

seaweed /ˈsiːwiːd/ *n*
sort of plant that grows in the sea and on rocks by the sea ▷**Seetang**

second[1] /ˈsekənd/ *adj*
1 next after the first ▷**zweite(r, s)**: *February is the second month of the year.* Der Februar ist der zweite Monat im Jahr.
2 extra; another ▷**andere(r, s)**: *Your shoes may get wet, so bring a second pair.* Deine Schuhe könnten nass werden, bring deshalb noch ein anderes Paar mit.

second[2] /ˈsekənd/ *n*
measure of time ▷**Sekunde**
in a second, soon ▷**in einer Minute**: *I'll be ready in a second.* Ich bin in einer Minute fertig.

secondary school /ˈsekəndrɪ skuːl/ *n*
school for pupils aged 11–16 or 18 ▷**weiterführende Schule der Sekundarstufe**

second-class /ˌsekənd ˈklɑːs/ *adj*
not the best ▷**zweitklassig**
travel second-class, travel in one of the usual seats, not in one of the most expensive ▷**zweiter Klasse reisen**

second-hand /ˌsekənd ˈhænd/ *adj*
not new; that another person has used before ▷**gebraucht**: *a second-hand car,* ein Gebrauchtwagen.

secrecy /ˈsiːkrəsɪ/ *n* (no *pl*)
not telling other people ▷**Verschwiegenheit**
in secrecy, ▷**im Geheimen**: *They worked in secrecy.* Sie arbeiteten im Geheimen.

secret[1] /ˈsiːkrɪt/ *adj*
that other people must not know ▷**geheim**: *a secret hiding-place,* ein geheimes Versteck.
secretly *adv* so that other people do not know about it ▷**im Geheimen**: *Spies do their work secretly.* Spione arbeiten im Geheimen.

secret[2] /ˈsiːkrɪt/ *n*
something that you must not tell other people ▷**Geheimnis**
in secret, so that other people do not know about it ▷**im Geheimen**: *They made their plans in secret.* Sie machten ihre Pläne im Geheimen.
keep a secret, not tell other people about something ▷**ein Geheimnis hüten**

secretary /ˈsekrətrɪ/ *n* (*pl* secretaries)
someone who types letters, looks after papers, answers the telephone, etc ▷**Sekretär(in)**
secretarial /ˌsekrəˈteərɪəl/ *adj* ▷**Sekretärinnen-**: *a secretarial college,* eine Sekretärinnenschule.

section /ˈsekʃn/ *n*
1 one of the parts of something ▷**Teil**: *This section of road is closed.* Dieser Teil der Straße ist gesperrt.
2 part of an organization ▷**Abteilung**: *You will find that book in the historical section of the library.* Sie finden das Buch in der Geschichtsabteilung der Bücherei. ☞**section** ist das allgemeinere Wort für **Abteilung**. **department** bezieht sich dagegen auf Abteilungen in den Bereichen Regierung, Verwaltung, Universität und Handel.

secure /sɪˈkjʊə(r)/ *adj*
safe; firm; that will not easily move or fall ▷**sicher**: *Don't climb that ladder — it's not secure.* Steig nicht auf die Leiter — sie ist nicht sicher.
securely *adv* ▷**fest**: *Is the window securely closed?* Ist das Fenster fest verschlossen?
security /sɪˈkjʊərətɪ/ *n* (no *pl*) ▷**Sicherheit**

see /siː/ *v* (saw /sɔː/, has seen /siːn/)
1 use your eyes ▷**sehen**: *If you shut your eyes, you can't see.* Wenn du deine Augen zumachst, kannst du nicht sehen.
2 learn about something with your eyes ▷**sehen**: *Did you see that aeroplane?* Hast du das Flugzeug gesehen?
3 understand something ▷**verstehen**: *Do you see what I mean?* Verstehst du, was ich meine?
4 go to find out about something ▷**nachsehen**: *Please see what he's doing.* Sieh bitte nach, was er macht.
5 visit or meet someone ▷**besuchen**: *I went to see my grandmother in hospital.* Ich besuchte meine Großmutter im Krankenhaus.
6 make certain about something; arrange something ▷**sich kümmern um**: *I'll see that everything is ready.* Ich werde mich darum kümmern, dass alles fertig ist.
seeing that, since; because ▷**weil**: *Seeing that you came home so late last night, you can stay in bed longer.* Weil du gestern so spät nach Hause gekommen bist, darfst du länger im Bett bleiben.
see someone off, go to a station, airport, etc with someone who is going away ▷**verabschieden**: *I saw Vera off at 6 o'clock this morning.* Ich habe Vera heute Morgen um sechs Uhr verabschiedet.
see to, do what is necessary; mend something ▷**sich kümmern um**: *I have to see to the brakes on my bicycle tyre.* Ich muss mich um die Bremsen an meinem Fahrrad kümmern.
☞Unterscheide **see**, **look** und **watch**. **see** bedeutet, etwas mit den Augen (unbeabsichtigt) wahrzunehmen: *I saw him in the street.* **look** drückt aus, dass man seine Augen absichtlich auf etwas richtet: *They looked everywhere but they couldn't find*

him. **watch** bezieht sich immer auf etwas, das in Bewegung ist: *We are watching a football match.*

seed /siːd/ *n*
little thing that grows into a new plant ▷**Samenkorn**

seek /siːk/ *v* (sought /sɔːt/, has sought)
1 try to find something ▷**suchen** ☞Vorsicht! **seek** klingt manchmal etwas steif. Im Alltag häufiger verwendet wird **look for**.
2 ask for something ▷**suchen**: *He sought help from the lawyer.* Er suchte Hilfe beim Rechtsanwalt.

seem /siːm/ *v*
make you think that something is true ▷**scheinen**: *His eyes are closed and he seems asleep.* Seine Augen sind geschlossen, und er scheint zu schlafen. ☞Siehe Anmerkung bei **smell**.
seem as if, seem as though, be likely that ▷**scheinen**: *It seems as though Ken will win the race.* Es scheint, als ob Ken das Rennen gewinnen wird.

seen /siːn/ *form of* see

seesaw /ˈsiːsɔː/ *n*
special piece of wood that can move up and down when a child sits on each end ▷**Wippe**

seize /siːz/ *v*
take something roughly and quickly ▷**(er)-greifen**: *The thief seized my bag and ran away.* Der Dieb griff sich meine Tasche und rannte weg.

seldom /ˈseldəm/ *adv*
not often ▷**selten**: *The old lady seldom leaves her house.* Die alte Dame geht selten aus dem Haus.

select /sɪˈlekt/ *v*
take the person or thing you like best; choose ▷**auswählen**: *Three new players have been selected for the team.* Drei neue Spieler wurden für die Mannschaft ausgewählt. ☞Vorsicht! **select** klingt sehr steif und ist meistens auf den schriftlichen Sprachgebrauch beschränkt. Im Alltag häufiger verwendet wird **choose**.

selection /sɪˈlekʃn/ *n*
1 (no *pl*) choosing the person or thing you like best ▷**(Aus)wahl**
2 (*pl* selections) group of things from which you can choose; group of things that you have chosen ▷**Auswahl**: *Richard has a good selection of records.* Richard hat eine große Plattenauswahl.

self-confident /ˌself ˈkɒnfɪdənt/ *adj*
sure of yourself and what you can do ▷**selbstbewusst**

self-conscious /ˌself ˈkɒnʃəs/ *adj*
worried about what other people think about you ▷**befangen**: *He felt very self-conscious as he walked onto the stage.* Er fühlte sich sehr befangen, als er auf die Bühne ging.

self-control /ˌself kənˈtrəʊl/ *n* (no *pl*)
behaving in a careful way and not showing strong feelings ▷**Selbstbeherrschung**

selfish /ˈselfɪʃ/ *adj*
thinking too much about yourself and what you want; not thinking about other people ▷**egoistisch**: *It was selfish of you to go out when your mother was ill.* Es war egoistisch von dir, wegzugehen, als deine Mutter krank war.
selfishly *adv* ▷**egoistisch**

self-service /ˌself ˈsɜːvɪs/ *adj*
where you can serve yourself ▷**Selbstbedienungs-**: *Self-service restaurants are usually cheaper.* Selbstbedienungsrestaurants sind normalerweise billiger.

sell /sel/ *v* (sold /səʊld/, has sold)
1 give something to someone who pays you money for it ▷**verkaufen**: *Ann sold me her old piano.* Ann verkaufte mir ihr altes Klavier.
2 have things that people can buy ▷**führen**: *We sell books and records.* Wir führen Bücher und Platten.

Sellotape *n* /ˈseləˌteɪp/ (no *pl*)
kind of tape for sticking paper, etc together ▷**Tesafilm** ☞**Sellotape** und **Tesafilm** sind eingetragene Warenzeichen.

semester *American for* term

semicolon /ˌsemɪˈkəʊlən/ *n*
punctuation mark (;) ▷**Semikolon**

semi-detached house /ˌsemɪ dɪˌtætʃt ˈhaʊs/ *n*
house joined to another house in the middle ▷**Doppelhaushälfte**

semifinal /ˌsemɪˈfaɪnl/ *n*
match that comes before the final match in a competition ▷**Halbfinale**

senate /ˈsenɪt/ *n*
one of the parts of parliament in some countries ▷**Senat**
The Senate *n* upper part of the US parliament ▷**Der Senat**
senator /ˈsenətə(r)/ *n* member of a senate ▷**Senator(in)**

send /send/ *v* (sent /sent/, has sent)
make someone or something go somewhere ▷**schicken**: *Have you sent a letter to John?* Hast du John einen Brief geschickt? *Peter's boss has sent him to New York.* Peters Chef hat ihn nach New York geschickt.
send for, ask for someone or something to come to you ▷**kommen lassen**: *The manager sent for his secretary.* Der Geschäftsführer ließ seine Sekretärin kommen.

senior /ˈsiːnɪə(r)/ *adj*
1 older ▷**älter**: *a senior class,* eine ältere Klasse.
2 more important ▷**ranghöher**: *a senior officer,* ein ranghöherer Offizier.
senior citizen /ˌsiːnɪə(r) ˈsɪtɪzn/ *n* old man or woman ▷**Senior(in)**

sensation /senˈseɪʃn/ *n*
1 feeling ▷**Gefühl**: *a sensation of fear,* ein Angstgefühl.
2 great excitement and interest; something that makes people excited ▷**Sensation**: *The new musical caused a sensation.* Das neue Musical war eine Sensation.

sensational /senˈseɪʃənl/ *adj*
making people interested and excited ▷**sensationell**: *sensational news,* sensationelle Neuigkeiten.

sense /sens/ *n*
1 (*pl* senses) sight, smell, hearing, taste, and touch ▷**Sinn**: *Dogs have a good sense of smell.* Hunde haben einen guten Geruchssinn.
2 (no *pl*) right and wise ideas ▷**Verstand**
3 (*pl* senses) meaning ▷**Bedeutung**: *The word 'bear' has several senses.* Das Wort „bear" hat mehrere Bedeutungen.
make sense, have a meaning that you can understand ▷**(einen) Sinn ergeben**: *I can't follow these instructions — they don't make sense.* Ich verstehe diese Anleitungen nicht — sie ergeben keinen Sinn.
sense of humour /ˌsəns əv ˈhjuːmə(r)/ *n* (no *pl*) ability to find things amusing ▷**Humor**

sensible /ˈsensəbl/ *adj*
1 wise; knowing what is the best thing to do ▷**vernünftig**: *Let John decide — he's very sensible.* Lass John entscheiden, er ist sehr vernünftig.
2 right and good; useful ▷**vernünftig**: *Wear sensible shoes for a walk in the country.* Für einen Spaziergang auf dem Land musst du vernünftige Schuhe tragen.
☞Vorsicht! Dieses Wort wird oft falsch verwendet. Es bedeutet immer nur **vernünftig**. Deutsch **sensibel** übersetzt man mit **sensitive**.
sensibly *adv* ▷**vernünftig**: *She was sensibly dressed.* Sie war vernünftig angezogen.

sensitive /ˈsensətɪv/ *adj*
feeling things quickly and deeply ▷**empfindlich**: *Don't shout at her — she's very sensitive.* Schrei sie nicht an — sie ist sehr empfindlich.
sensitively *adv* ▷**empfindlich**

sent /sent/ *form of* send

sentence /ˈsentəns/ *n*
group of words that tells you something or asks a question ▷**Satz**

sentimental /ˌsentɪˈmentl/ *adj*
having strong but not always sensible feelings ▷**sentimental**

separate[1] /ˈseprət/ *adj*
1 not together; not joined ▷**einzeln**: *I cut the fish into separate pieces.* Ich schnitt den Fisch in einzelne Stücke.
2 different; not the same ▷**unterschiedlich**: *My brother and I go to separate schools.* Mein Bruder und ich gehen in unterschiedliche Schulen.
separately *adv* ▷**einzeln**

separate[2] /ˈsepəreɪt/ *v*
1 divide something into parts ▷**teilen**: *The teacher separated the class into two groups.* Die Lehrerin teilte die Klasse in zwei Gruppen.
2 be between two things ▷**trennen**: *The Mediterranean Sea separates Europe and Africa.* Das Mittelmeer trennt Europa und Afrika.
separation /ˌsepəˈreɪʃn/ *n* ▷**Trennung**

September /sepˈtembə(r)/ *n*
ninth month of the year ▷**September**

sergeant /ˈsɑːdʒənt/ *n*
1 junior officer in the police ▷**Polizeiobermeister**
2 junior officer in the army ▷**Feldwebel**

serial /ˈsɪərɪəl/ *n*
story, play, etc that comes in weekly parts on the radio or television or in a magazine ▷**Serie**

series /ˈsɪəriːz/ *n* (*pl* series)
1 number of things that come one after the other ▷**Reihe**: *There has been a series of robberies in this area.* In der Nachbarschaft hat es eine Reihe von Raubüberfällen gegeben.
2 group of programmes on the radio or television; group of articles in a newspaper or magazine ▷**Serie**: *Have you been watching the series on birds?* Hast du die Serie über Vögel gesehen?

serious /ˈsɪərɪəs/ *adj*
1 thinking a lot; not playing or joking ▷**ernsthaft**: *a serious boy,* ein ernsthafter Junge.
2 not funny ▷**ernst**: *a serious film,* ein ernster Film.
3 very bad ▷**schwer**: *a serious accident,* ein schwerer Unfall.
4 important ▷**ernsthaft**: *a serious discussion,* eine ernsthafte Diskussion.
seriously *adv* ▷**schwer**: *seriously ill,* schwer krank.

sermon /ˈsɜːmən/ *n*
talk that a priest gives in church ▷**Predigt**

servant /ˈsɜːvənt/ *n*
someone who works in another person's house, cooking, cleaning, etc ▷**Diener(in)**

serve /sɜːv/ *v*
1 give a meal to someone ▷**servieren**: *I shall serve lunch at 1 p.m.* Ich werde das Mittagessen um ein Uhr servieren.
2 sell things to someone in a shop ▷**bedienen**: *Are you being served?* Werden Sie schon bedient?
3 work in the army, air force, or navy ▷**dienen**: *He served in the air force for three years.* Er diente drei Jahre lang bei der Luftwaffe.
it serves you right, it is right that this bad thing has happened to you ▷**es geschieht jemandem recht**: *She feels sick. It serves her right — she ate too much!* Ihr ist schlecht. Das geschieht ihr ganz recht — sie hat zu viel gegessen.

service /ˈsɜːvɪs/ *n*
1 (no *pl*) good or bad work that someone does for customers in a hotel, restaurant, shop, etc ▷**Bedienung**: *The food was good but the service was poor.* Das Essen war gut, aber die Bedienung war schlecht.
2 (no *pl*) time that you work in the army, air force, or navy ▷**Militärdienst**
3 (*pl* services) business that does useful work for all the people in a country: *the railway service,* die Eisenbahn; *the postal service,* die Post.
4 (*pl* services) meeting in a church, with prayers, hymns, etc ▷**Gottesdienst**: *Shall we attend the evening service?* Sollen wir zum Abendgottesdienst gehen?

serviette /ˌsɜːvɪˈet/ *n*
small piece of cloth or paper that you use to wipe your mouth and fingers and to keep your clothes clean when you are eating ▷**Serviette**

set[1] /set/ *n*
1 group of things of the same sort; group of things that you use together ▷**Satz**: *a set of tools,* ein Werkzeugsatz.
2 radio or television instrument ▷**Gerät**: *We bought a new television set.* Wir haben ein neues Fernsehgerät gekauft.

set[2] /set/ *v* (is setting, set, has set)
1 put something on another thing ▷**stellen**: *Dad set the plate in front of me.* Vati stellte den Teller vor mich hin.
2 make something start working, happening, etc ▷**stellen**: *I set my alarm for 6 a.m.* Ich stellte meinen Wecker auf sechs Uhr.
3 go down from the sky ▷**untergehen**: *What time does the sun set?* Um wie viel Uhr geht die Sonne unter?
4 give some work to someone to do ▷**stellen**: *He set us a very difficult test.* Er stellte uns einen sehr schwierigen Test.
set fire to something, set something on fire, make something burn ▷**in Brand stecken**: *Someone set fire to the house.* Jemand steckte das Haus in Brand.
set free, let someone or something leave a prison, cage, etc ▷**freilassen**
set off, start a journey, race, etc ▷**aufbrechen**: *Mr Carter set off for London at 11 o'clock.* Mr Carter brach um elf Uhr nach London auf.

settee /seˈtiː/ *n*
long, soft seat ▷**Sofa**

settle /ˈsetl/ *v*
1 come down and rest ▷**sich niederlassen**: *The bird settled on a branch of the tree.* Der Vogel ließ sich auf einem Ast nieder.
2 make your home in a new place ▷**sich niederlassen**: *Roy left England and went to settle in Australia.* Roy verließ England und ließ sich in Australien nieder.
3 end a discussion, argument, etc; decide something after discussing it ▷**beilegen**: *to settle an argument,* einen Streit beilegen.
settle down (a) sit comfortably ▷**es sich bequem machen**: *He settled down on a chair.* Er machte es sich in einem Sessel bequem. **(b)** get a home and live quietly there ▷**sich niederlassen**: *After travelling for many years she has finally settled down.* Nach vielen Jahren des Herumreisens hat sie sich endlich niedergelassen. **(c)** become used to a new job, place, etc ▷**sich eingewöhnen**: *Have they settled down in their new school yet?* Haben sie sich schon in ihrer neuen Schule eingewöhnt?

settlement /ˈsetlmənt/ *n*
1 agreeing about something after discussing it ▷**Einigung**: *After long talks about pay, the managers and workers reached a settlement.* Nach langen Lohnverhandlungen erzielten Geschäftsführung und Arbeiter eine Einigung.
2 group of homes in a place where no people have lived before ▷**Siedlung**: *The Pilgrim Fathers founded a settlement in America.* Die Pilgerväter gründeten eine Siedlung in Amerika. ☞Vorsicht! **Siedlung** wird nur dann mit **settlement** übersetzt, wenn es sich auf eine Besiedlung von unbewohntem Land oder von Kolonien bezieht. Eine Wohnsiedlung in einer Stadt heißt **housing estate**.

settler /ˈsetlə(r)/ *n*
someone who goes to live in a country where no people or few people have lived before ▷**Siedler(in)**

seven /ˈsevən/
7 ▷**sieben**: *She has seven pets.* Sie hat sieben Haustiere.
seventh /ˈsevənθ/ *adj* 7th ▷**siebte(r, s)**

seventeen /ˌsevənˈtiːn/
17 ▷**siebzehn**
seventeenth /ˌsevənˈtiːnθ/ *adj* 17th ▷**siebzehnte(r, s)**

seventy /ˈsevəntɪ/
70 ▷**siebzig**
seventieth /ˈsevəntɪəθ/ *adj* 70th ▷**siebzigste(r, s)**

several /ˈsevrəl/ *adj*
some, but not many ▷**mehrere**: *I've read this book several times.* Ich habe dieses Buch mehrere Male gelesen.
several *pron* ▷**einige**: *Several of us went to the theatre yesterday.* Einige von uns waren gestern im Theater.

severe /səˈvɪə(r)/ *adj*
1 hard; strict ▷**streng**: *a severe boss,* ein strenger Chef.
2 that you feel strongly ▷**stark**: *a severe headache,* starke Kopfschmerzen.
severely *adv* ▷**schwer**

sew /səʊ/ *v* (sewed /səʊd/, has sewn /səʊn/, has sewed)
use a needle and thread or a machine to put pieces of cloth together; make clothes ▷**nähen**: *sew a dress,* ein Kleid nähen.
sewing *n* (no *pl*) what you sew ▷**Näharbeit**
sewing-machine *n* machine that sews ▷**Nähmaschine**

sex /seks/ *n* (*pl* sexes)
being a male or a female ▷**Geschlecht**: *What sex is the new baby?* Welchen Geschlechts ist das Neugeborene?

sh! /ʃ/ *exclam*
word that you say when you want someone to be quiet ▷**Pst!**: *Sh! Don't wake the baby!* Pst! Weck das Baby nicht auf!

shabby /ˈʃæbɪ/ *adj* (shabbier, shabbiest)
1 old and worn ▷**schäbig**: *a shabby coat,* ein schäbiger Mantel.
2 with poor clothes ▷**heruntergekommen**: *a shabby man,* ein heruntergekommener Mann.

shade[1] /ʃeɪd/ *n*
1 (no *pl*) place where it is dark because the sun does not shine there ▷**Schatten**: *Let's sit in the shade of the tree.* Lasst uns im Schatten des Baumes sitzen.
2 (*pl* shades) colour ▷**Ton**: *a dress in several shades of blue,* ein Kleid in mehreren Blautönen.

shade[2] /ʃeɪd/ *v*
stop light from shining onto something ▷**abschirmen**: *He shaded his eyes from the light with his hand.* Er schirmte seine Augen mit der Hand vor dem Licht ab.

shadow /ˈʃædəʊ/ *n*
dark shape that comes when someone or something is in front of the light ▷**Schatten**

shady /ˈʃeɪdɪ/ *adj* (shadier, shadiest)
not in bright sunshine; rather dark ▷**schattig**: *the shady side of the street,* die schattige Seite der Straße.

shake /ʃeɪk/ *v* (shook /ʃʊk/, has shaken /ˈʃeɪkən/)
1 move something quickly, many times ▷**schütteln**: *The wind is shaking the trees.* Der Wind schüttelt die Bäume.
2 move quickly, from side to side, etc ▷**zittern**: *She was shaking with fear.* Sie zitterte vor Angst.

shall /ʃl/, /ʃæl/ *v*
1 word that shows something is going to happen ▷**werden**: *I shall come tomorrow.* Ich werde morgen kommen.
2 word that you say when you are asking what is the right thing to do ▷**soll**: *'Shall I help him?' asked Rob.* „Soll ich ihm helfen?" fragte Rob.
☞Siehe Anmerkung bei **future**.

shallow /ˈʃæləʊ/ *adj*
not deep; with little water ▷**seicht**: *The river is shallow here — we can walk across.* An dieser Stelle ist der Fluss seicht, also können wir hinübergehen.

shame /ʃeɪm/ *n* (no *pl*)
unhappy feeling because you have done something wrong or foolish ▷**Scham**
it's a shame, what a shame, I am sorry ▷**es ist schade**: *It's a shame they lost the match.* Es ist schade, dass sie das Spiel verloren haben.

shampoo /ʃæmˈpuː/ *n*
special sort of soap for washing hair ▷**Shampoo**

shan't /ʃɑːnt/ shall not

shape /ʃeɪp/ *n*
how something looks ▷**Form**: *What is the shape of the table — round or square?* Welche Form hat der Tisch — rund oder eckig?
in bad shape, in a bad condition ▷**in schlechter Verfassung**: *He was in bad shape after the accident.* Nach dem Unfall war er in schlechter Verfassung.
in good shape, in shape, in a good condition ▷**in gutem Zustand**: *Is your garden in good shape?* Ist dein Garten in einem gutem Zustand?
out of shape, not having its right shape ▷**aus der Form**: *My jumper got wet and is*

now out of shape. Mein Pullover wurde nass und ist aus der Form geraten.

share[1] /ʃeə(r)/ *n*
what each person gets ▷**(An)teil**: *Here is your share of the cake.* Hier ist dein Anteil vom Kuchen. *I did my share of the work.* Ich habe meinen Teil der Arbeit getan.

share[2] /ʃeə(r)/ *v*
1 have or use something with another person ▷**(sich) teilen**: *I share a bedroom with my sister.* Ich teile ein Schlafzimmer mit meiner Schwester.
2 divide something and give some to each person ▷**verteilen**: *Please share the sweets among all the children.* Bitte verteile die Süßigkeiten unter allen Kindern.

shark /ʃɑːk/ *n*
big, fierce fish ▷**Hai**

sharp /ʃɑːp/ *adj* (sharper, sharpest)
1 with an edge that cuts easily ▷**scharf**: *a sharp knife,* ein scharfes Messer. ☞Vorsicht! **sharp** in der Bedeutung **scharf** bezieht sich nur auf Gegenstände. Bei Speisen verwendet man **hot**. *This curry is very hot.* Dieses Curry ist sehr scharf.
2 with a fine point; that makes holes easily ▷**spitz**: *a sharp needle,* eine spitze Nadel.
3 clear; that you can see or smell easily ▷**klar**: *the sharp outline of mountains against the sky,* die klare Linie der Berge gegen den Himmel.
4 that you hear loudly and suddenly ▷**schrill**: *a sharp cry,* ein schriller Schrei.
5 that can see, hear, etc well ▷**scharf**: *sharp eyes,* scharfe Augen; *sharp ears,* scharfes Gehör.
6 angry; severe ▷**spitz**: *a sharp remark,* eine spitze Bemerkung.
sharpen /'ʃɑːpən/ *v* make something sharp or sharper ▷**schärfen**: *sharpen a knife,* ein Messer schärfen.
sharpener *n* instrument for making something sharp ▷**(An)spitzer**: *a pencil-sharpener,* ein Bleistiftspitzer.

shave /ʃeɪv/ *v* (shaved /ʃeɪvd/, has shaved, has shaven /'ʃeɪvn/)
cut hair off the face or body closely ▷**(sich) rasieren**: *Father shaves every morning.* Vater rasiert sich jeden Morgen.
shaver /'ʃeɪvə(r)/ *n* electric instrument for taking hair off the face ▷**Rasierapparat**

shawl /ʃɔːl/ *n*
big piece of warm cloth that a woman wears round her shoulders or that people wrap round babies ▷**Tuch**

she /ʃiː/ *pron*
word for any female person ▷**sie**: *Sue left early because she wanted to catch the bus.* Sue ging früh, weil sie den Bus nehmen wollte.

she'd /ʃiːd/
1 she had ▷**sie hatte**
2 she would ▷**sie würde**

shed[1] /ʃed/ *n*
building for animals, tools, etc ▷**Schuppen**: *a garden shed,* ein Gartenschuppen.

shed[2] /ʃed/ *v* (is shedding, shed, has shed)
let something fall off yourself or itself ▷**abwerfen**: *The tree shed its leaves.* Der Baum warf seine Blätter ab.

sheep /ʃiːp/ *n* (*pl* sheep)
farm animal that you keep to eat and for wool ▷**Schaf** ☞Siehe Anmerkung bei **pig**.

sheet /ʃiːt/ *n*
1 big piece of thin cloth on a bed ▷**Betttuch**
2 big, flat piece of something thin ▷**Bogen**: *sheets of paper,* Papierbögen.

shelf /ʃelf/ *n* (*pl* shelves)
flat piece of wood, etc on a wall or in a cupboard, to hold things ▷**Regal**: *Please put the book back on the shelf when you have read it.* Stell das Buch bitte wieder ins Regal, wenn du es gelesen hast. ☞Siehe Anmerkung bei **plank**.

she'll /ʃiːl/ she will

shell /ʃel/ *n*
hard covering of birds' eggs, nuts, peas, and some sea animals ▷**Schale**

shellfish /'ʃelfɪʃ/ *n* (*pl* shellfish)
crabs, shrimps, and other water animals that have a hard covering ▷**Schalentier**

shelter[1] /'ʃeltə(r)/ *n*
1 (no *pl*) being safe from bad weather, danger, etc ▷**Schutz**: *We took shelter from the rain under a tree.* Unter einem Baum suchten wir Schutz vor dem Regen.
2 (*pl* shelters) place where you will be safe from bad weather, danger, etc ▷**Unterstand**: *a shelter at a bus-stop,* ein Unterstand an der Bushaltestelle.

shelter[2] /'ʃeltə(r)/ *v*
1 make someone or something safe from bad weather, danger, etc ▷**schützen**: *The wall sheltered him from the wind.* Die Wand schützte ihn vor dem Wind.
2 find a safe place from bad weather, danger, etc ▷**Schutz suchen**: *Let's shelter under this tree until the rain stops.* Lasst uns unter dem Baum Schutz suchen, bis der Regen aufhört.

shelves /ʃelvz/ *n pl of* shelf

shepherd /'ʃepəd/ *n*
man who looks after sheep ▷**Schäfer, Hirte**
shepherdess /ˌʃepə'des/ *n* woman who looks after sheep ▷**Schäferin, Hirtin**

she's /ʃiːz/
1 she is ▷**sie ist**

2 she has ▷**sie hat**

shield[1] /ʃiːld/ *n*
piece of metal, wood, etc that a soldier carried in wars long ago to keep himself safe from arrows, swords, etc ▷**Schild**

shield[2] /ʃiːld/ *v*
keep something or someone safe from danger, hurt, etc ▷**schützen**: *He shielded his eyes from the sun.* Er schützte seine Augen vor der Sonne.

shift /ʃɪft/ *n*
group of workers who begin work when another group finishes ▷**Schicht**: *Each shift in the factory works for eight hours.* Jede Schicht in der Fabrik arbeitet acht Stunden.

shine /ʃaɪn/ *v* (shone /ʃɒn/, has shone)
give out light; be bright ▷**scheinen**: *The moon shines at night.* Nachts scheint der Mond.
shine at something, do something very well ▷**glänzen**: *Isabel shines at ballet.* Isabel glänzt im Ballett.
shiny *adj* (shinier, shiniest) bright ▷**glänzend**: *a shiny, new bike,* ein glänzendes, neues Fahrrad.

ship /ʃɪp/ *n*
big boat that sails on the sea ▷**Schiff**
ship *v* (is shipping, shipped /ʃɪpt/, has shipped) send something in a ship ▷**verschiffen**: *Australia ships meat to Britain.* Australien verschifft Fleisch nach Großbritannien.

shipwreck /ˈʃɪprek/ *n*
accident when a ship breaks up in a storm or on the rocks ▷**Schiffbruch**
shipwreck *v* ▷**Schiffbruch erleiden**: *We were shipwrecked off the coast of Cornwall.* Wir erlitten vor der Küste von Cornwall Schiffbruch.

shipyard /ˈʃɪpjɑːd/ *n*
place where people build ships ▷**Werft**

shirt /ʃɜːt/ *n*
piece of thin clothing that a man wears on the upper part of his body, under a jacket ▷**Hemd**

shiver /ˈʃɪvə(r)/ *v*
shake because you are cold, ill, or afraid ▷**zittern**: *He shivered in the cold wind.* Er zitterte im kalten Wind.

shock[1] /ʃɒk/ *n*
1 nasty surprise ▷**Schock**: *The news was a terrible shock.* Die Nachricht war ein schrecklicher Schock.
2 sudden pain when electricity passes through the body ▷**Schlag**: *an electric shock,* ein elektrischer Schlag.

shock[2] /ʃɒk/ *v*
upset someone; give someone a nasty surprise ▷**schockieren**: *Everyone was shocked by the news.* Die Neuigkeiten schockierten alle.

shocking /ˈʃɒkɪŋ/ *adj*
surprising in a very bad way ▷**furchtbar**: *a shocking crime,* ein furchtbares Verbrechen.

shoe /ʃuː/ *n*
covering of leather, rubber, etc that you wear on your foot ▷**Schuh**: *a pair of shoes,* ein Paar Schuhe.

shoelace /ˈʃuːleɪs/ *n*
string that fastens a shoe ▷**Schnürsenkel**

shone /ʃɒn/ *form of* shine

shook /ʃʊk/ *form of* shake

shoot /ʃuːt/ *v* (shot /ʃɒt/, has shot)
1 send a bullet from a gun or an arrow from a bow; hurt or kill a person or animal with a bullet or arrow ▷**(er)schießen**: *He shot the dying horse.* Er erschoss das sterbende Pferd.
2 move suddenly or quickly ▷**schießen**: *The cat shot out of the house with the dog behind her.* Die Katze schoss aus dem Haus mit dem Hund dicht auf den Fersen.

shop[1] /ʃɒp/ *n*
building or part of a building where you buy things ▷**Geschäft, Laden**: *a furniture shop,* ein Möbelgeschäft; *There's a shop on the corner where you can buy milk.* Gleich an der Ecke ist ein Laden, wo man Milch kaufen kann.
shop assistant *n* someone who works in a shop and sells things to people ▷**Verkäufer(in)**
shopkeeper /ˈʃɒp kiːpə(r)/ *n* someone who owns a shop ▷**Ladenbesitzer(in)**
shop-lifter /ˈʃɒp lɪftə(r)/ *n* someone who steals something from a shop ▷**Ladendieb(in)**

shop[2] /ʃɒp/ *v* (is shopping, shopped /ʃɒpt/, has shopped)
buy things ▷**einkaufen**: *I always shop on Fridays.* Ich kaufe immer freitags ein.
go shopping, go out to buy things ▷**einkaufen gehen**: *Will you buy some butter for me when you go shopping?* Kannst du mir Butter mitbringen, wenn du einkaufen gehst?
shopping *n* (no *pl*) ▷**Einkäufe**: *She does her shopping after work.* Sie erledigt ihre Einkäufe nach der Arbeit.
shopper /ˈʃɒpə(r)/ *n* someone who is buying things ▷**Käufer(in)**

shopping centre /ˈʃɒpɪŋ sentə(r)/ *n*
big building or area with many shops ▷**Einkaufszentrum**

shopping precinct /ˈʃɒpɪŋ priːsɪŋkt/*n*

street with shops, where cars cannot drive ▷**Fußgängerzone**

shore /ʃɔː/ *n*
land by the sea or a lake ▷**Ufer**

short[1] /ʃɔːt/ *adj* (shorter, shortest)
1 very little from one end to the other ▷**kurz**: *It's only a short way, so you can walk there in a few minutes.* Es ist nur ein kurzer Weg; zu Fuß kannst du in wenigen Minuten da sein. *'Tom' is short for 'Thomas'.* „Tom" ist die Kurzform von „Thomas".
2 very little from bottom to top ▷**klein**: *She's too short to reach the top shelf.* Sie ist zu klein, um an das oberste Regal zu kommen.
3 going on for a very little time ▷**kurz**: *We have a short break in the morning.* Morgens haben wir eine kurze Pause.
be short of, not have enough of something ▷**knapp sein mit**: *I'm short of money this month.* Ich bin in diesem Monat knapp mit Geld.
short cut *n* quick, direct way to a place ▷**Abkürzung**: *Do you know a short cut to the station?* Kennst du eine Abkürzung zum Bahnhof?
short-sleeved /ˈʃɔːt sliːvd/ *adj* with short sleeves ▷**kurzärmelig**: *a short-sleeved blouse,* eine kurzärmelige Bluse.

short[2] /fɔːt/ *adv*
go short, not have enough of something ▷**zu kurz kommen**: *He took all the food and his children went short.* Er aß alles auf, sodass seine Kinder zu kurz kamen.

shortage 'ʃɔːtɪdʒ/ *n* not enough of something ▷**Knappheit**: *a water shortage,* eine Wasserknappheit.

shorten /ˈʃɔːtn/ *v*
make something shorter ▷**kürzen**: *My dress is too long — I must shorten it.* Mein Kleid ist zu lang — ich muss es kürzen.

shorthand /ˈʃɔthænd/ *n* (no *pl*)
way of writing quickly, with special signs ▷**Steno(grafie)**

shortly /ˈʃɔːtlɪ/ *adv*
soon ▷**bald**: *We'll follow you shortly.* Wir werden euch bald nachkommen.
shortly after, soon after ▷**kurz nach**: *He left shortly after six.* Er ging kurz nach sechs.
shortly before, not long before ▷**kurz bevor**: *We arrived shortly before the film started.* Wir kamen kurz bevor der Film anfing.

shorts /ʃɔːts/ *n pl*
short trousers ▷**kurze Hose(n)**: *Football players wear shorts.* Fußballer tragen kurze Hosen.

shot[1] /ʃɒt/ *n*
1 firing a gun; sound that a gun makes ▷**Schuss**: *We heard two shots.* Wir hörten zwei Schüsse.
2 photograph ▷**Aufnahme**: *This is a good shot of the boat.* Dies ist eine gute Aufnahme vom Boot.

shot[2] /ʃɒt/ *form of* shoot

should /ʃʊd/
1 word that tells someone what is the right thing to do ▷**sollen**: *You should wear a coat.* Du solltest einen Mantel tragen. ☞**should** ist mit **ought to** austauschbar. Es ist unveränderlich und hat keine Vergangenheitsform.
2 word that tells someone what you think will happen ▷**müssen**: *He should arrive soon.* Er müsste bald ankommen.

shoulder /ˈʃəʊldə(r)/ *n*
part where the arm joins the main part of the body ▷**Schulter**

shouldn't /ˈʃʊdnt/
should not ▷**sollte(n, st) nicht**

shout /ʃaʊt/ *v*
say something very loudly ▷**rufen**: *She shouted to me to take care.* Sie rief mir zu, dass ich aufpassen sollte.
shout *n* ▷**Schrei**

show[1] /ʃəʊ/ *n*
1 group of things for people to see ▷**Ausstellung**: *the Boat Show,* die Bootsausstellung.
2 something that you watch in the theatre or on television ▷**Vorstellung**

show[2] /ʃəʊ/ *v* (showed /ʃəʊd/, has shown /ʃəʊn/, has showed)
1 let someone see something ▷**zeigen**: *Please show me your new coat.* Zeig mir bitte deinen neuen Mantel.
2 be a sign of something ▷**beweisen**: *His cough shows that he smokes too much.* Sein Husten beweist, dass er zu viel raucht.
show off, talk loudly and do things in a foolish way because you want people to think you are important ▷**angeben**
show someone round, go with someone and show him everything in a place ▷**herumführen**: *David showed me round his old school.* David führte mich in seiner alten Schule herum.
show something off, let people see something new, beautiful, etc ▷**vorführen**: *Sue wanted to show off her new dress.* Sue wollte ihr neues Kleid vorführen.

shower /ˈʃaʊə(r)/ *n*
1 rain that falls for a short time ▷**Schauer**
2 place where you wash yourself under falling water ▷**Dusche**: *There is a shower in our*

bathroom. Wir haben eine Dusche im Badezimmer.
have a shower, washing yourself in a shower ▷**duschen**: *He had a shower after playing football.* Nach dem Fußballspiel duschte er.

shown /ʃəʊn/ *form of* show

shrank /ʃræŋk/ *form of* shrink

shrimp /ʃrɪmp/ *n*
sort of shellfish ▷**Garnele**

shrink /ʃrɪŋk/ *v* (shrank /ʃræŋk/, shrunk /ʃrʌŋk/, has shrunk)
become smaller ▷**schrumpfen, einlaufen**: *Woollen clothes shrink in hot water.* In heißem Wasser laufen Wollsachen ein.

shrub /ʃrʌb/ *n*
low bush ▷**Strauch**

shrug /ʃrʌg/ *v* (is shrugging, shrugged /ʃrʌgd/, has shrugged)
move your shoulders up to show that you do not know or do not care about something ▷**mit den Achseln zucken**

shrunk /ʃrʌŋk/ *form of* shrink

shut /ʃʌt/ *v* (is shutting, shut, has shut)
1 fasten something; move something so that things cannot get in, out, or through ▷**zumachen**: *Please shut the door so that the dog cannot run away.* Mach bitte die Tür zu, damit der Hund nicht weglaufen kann.
2 close ▷**schließen**: *When does the supermarket shut?* Wann schließt der Supermarkt?
shut up, stop talking; make someone stop talking ▷**den Mund halten**: *Shut up — I can't hear the radio!* Halt den Mund! Ich kann das Radio nicht hören.

shutters /ˈʃʌtəz/ *n pl*
two wooden or metal covers for a window ▷**Fensterläden**

shy /ʃaɪ/ *adj* (shyer, shyest)
not sure of yourself; not able to talk easily to new people ▷**schüchtern**: *He was very shy when he was a boy.* Als Junge war er sehr schüchtern.

sick /sɪk/ *adj*
ill; not feeling well ▷**krank**: *Sick people go to see a doctor.* Kranke Menschen gehen zum Arzt. ☞Siehe Anmerkung bei **ill**.
be sick, bring up food from the stomach ▷**sich erbrechen**
be sick of, be tired of something ▷**die Nase voll haben**: *I'm sick of all this rain.* Ich hab die Nase voll vom Regen.

side[1] /saɪd/ *n*
1 one of the flat, outside parts of something ▷**Seite**: *A box has six sides.* Eine Kiste hat sechs Seiten. *A piece of paper has two sides.* Ein Blatt Papier hat zwei Seiten. ☞Vorsicht! Spricht man von den Seiten eines Buches oder einer Zeitung, so verwendet man **page**: *This book has 500 pages.* Dieses Buch hat 500 Seiten.
2 edge; part away from the middle ▷**Rand**: *Leave the bones on the side of your plate.* Lass die Knochen am Tellerrand liegen.
3 part that is not the front or the back ▷**Seite**: *There's a door at the side of our house.* Das Haus hat eine Seitentür.
4 one of two or more groups who are fighting or playing a game against each other ▷**Seite**: *Which side will win?* Welche Seite wird gewinnen?
be on someone's side, agree with someone; help someone in a fight, game, etc ▷**auf jemandes Seite stehen**: *Who was on Spain's side during the Peninsular War?* Wer stand während des Halbinselkrieges auf Spaniens Seite?
side by side, next to each other ▷**nebeneinander**: *The two houses stood side by side.* Die beiden Häuser standen nebeneinander.
take sides against someone, not agree with someone; not help someone in a quarrel, etc ▷**Partei gegen jemanden ergreifen**
take sides with someone, agree with someone; help someone in a quarrel, etc ▷**Partei für jemanden ergreifen**

side[2] /saɪd/ *v*
side with someone, agree with someone; help someone in a quarrel, etc ▷**Partei für jemanden ergreifen**: *Jack said I was wrong but Andy sided with me.* Jack sagte, ich hätte Unrecht, aber Andy ergriff für mich Partei.

sideways /ˈsaɪdweɪz/ *adv*
1 to one side ▷**von der Seite**: *She looked sideways at the girl in the next seat.* Sie sah das Mädchen auf dem Platz daneben von der Seite an.
2 with a side coming first ▷**seitwärts**: *Crabs move sideways.* Krebse bewegen sich seitwärts fort.

sigh /saɪ/ *v*
take a long, deep breath to show you are tired, sad, or pleased ▷**seufzen**: *She sighed when she saw the hole in her blouse.* Sie seufzte, als sie das Loch in ihrer Bluse sah.
sigh *n* ▷**Seufzer**

sight /saɪt/ *n*
1 (no *pl*) power to see ▷**Sehkraft**: *She is losing her sight.* Sie verliert ihre Sehkraft.
2 (*pl* sights) something that you see ▷**Anblick**: *After the fire, the house was a terrible sight.* Nach dem Brand bot das Haus einen schrecklichen Anblick.

3 (*pl* sights) something that is interesting to see ▷**Sehenswürdigkeit**: *the sights of London,* die Sehenswürdigkeiten von London.

at first sight, when you see something or someone for the first time ▷**auf den ersten Blick**: *At first sight the sum looked difficult but I managed to do it.* Auf den ersten Blick sah die Rechenaufgabe schwierig aus, aber ich schaffte sie doch.

be in sight, be where you can see it ▷**in Sicht**: *Is the plane in sight yet?* Ist das Flugzeug schon in Sicht?

be out of sight, be where you cannot see it ▷**außer Sichtweite**: *We waved until the car was out of sight.* Wir winkten, bis das Auto außer Sichtweite war.

catch sight of, see someone or something suddenly ▷**erblicken**: *I caught sight of Tim in the crowd.* Ich erblickte Tim in der Menge.

come into sight, come close enough for you to see it ▷**in Sicht kommen**: *We ran to the bus-stop when the bus came into sight.* Wir rannten zur Haltestelle, als der Bus in Sicht kam.

know someone by sight, know what someone looks like ▷**jemanden vom Sehen kennen**

lose sight of, no longer be able to see someone or something ▷**aus den Augen verlieren**

sightseer /'saɪtsiːə(r)/ *n*
someone who comes to look at an interesting place or happening ▷**Tourist(in)**: *The castle was full of sightseers.* Das Schloss war voller Touristen.

sightseeing *n* (no *pl*) ▷**Besichtigung**: *a sightseeing tour of Stratford-on-Avon,* eine Besichtigungsfahrt durch Stratford-on-Avon.

sign[1] /saɪn/ *n*
1 mark, word, picture, or movement to show something ▷**Zeichen**: *The policeman made a sign for us to stop.* Der Polizist gab uns das Zeichen, anzuhalten.
2 something that tells you about another thing ▷**Anzeichen**: *Dark clouds are a sign of rain.* Dunkle Wolken sind ein Anzeichen für Regen.

sign[2] /saɪn/ *v*
write your name in your own way on something ▷**unterschreiben**: *His secretary typed the letter and he signed it.* Seine Sekretärin tippte den Brief, und er unterzeichnete ihn.

signal /'sɪgnəl/ *n*
1 word, picture, movement, noise, or light to tell people something ▷**Signal**: *a distress signal,* ein Notsignal.
2 special lights to tell train drivers to move forward or stop ▷**Signal**

signal *v* (is signalling, signalled /'sɪgnəld/, has signalled) tell someone something with a signal ▷**Zeichen geben**: *The policewoman signalled to the children to cross the road.* Die Polizistin gab den Kindern das Zeichen, die Straße zu überqueren.

signature /'sɪgnətʃə(r)/ *n*
your name that you have written in your own way ▷**Unterschrift**

significant /sɪg'nɪfɪkənt/ *adj*
with a special meaning; important ▷**bedeutungsvoll**: *That was a very significant decision.* Das war eine sehr bedeutungsvolle Entscheidung.

signpost /'saɪnpəʊst/ *n*
sign by the road that shows the way to a place, how far the place is, etc ▷**Wegweiser**

silence /'saɪləns/ *n* (no *pl*)
1 total quiet ▷**Ruhe**: *Silence! Do not disturb!* Ruhe! Nicht stören!
2 not saying anything ▷**Schweigen**

silence /'saɪləns/ *v* make someone or something quiet ▷**beruhigen**: *The chairman silenced the meeting.* Der Vorsitzende beruhigte die Versammlung.

silent /'saɪlənt/ *adj*
1 with no sound; completely quiet ▷**still**: *At night the flat is silent.* Nachts ist es vollkommen still in der Wohnung.
2 saying nothing; giving no answer ▷**schweigend**: *the silent majority,* die schweigende Mehrheit.

silently *adv* ▷**still**

silk /sɪlk/ *n* (no *pl*)
sort of thin, soft cloth ▷**Seide**

silly /'sɪlɪ/ *adj* (sillier, silliest)
foolish; stupid ▷**dumm**

silver /'sɪlvə(r)/ *n* (no *pl*)
1 shining white metal of great value ▷**Silber**
2 things made of silver ▷**Silber**

similar /'sɪmɪlə(r)/ *adj*
alike; almost the same as another thing or person ▷**ähnlich**: *Rats are similar to mice.* Ratten sind Mäusen ähnlich.

similarity /sɪmə'lærətɪ/ *n* ▷**Ähnlichkeit**

simple /'sɪmpl/ *adj* (simpler, simplest)
1 easy to do or understand ▷**einfach**: *I did the work quickly because it was so simple.* Ich erledigte die Arbeit schnell, weil sie so einfach war.
2 plain; ordinary ▷**einfach**: *a simple meal,* eine einfache Mahlzeit.

simplify /'sɪmplɪfaɪ/ *v* (simplified, has simplified)
make something easy to understand or do ▷**vereinfachen**: *You must simplify your instructions for the children.* Für die Kinder musst du deine Anweisungen vereinfachen.

simply /ˈsɪmplɪ/ *adv*
1 in a plain, ordinary way ▷**einfach**: *simply dressed,* einfach gekleidet.
2 really; quite ▷**einfach**: *Your French accent is simply terrible!* Dein französischer Akzent ist einfach schrecklich.

sin /sɪn/ *n*
breaking of God's laws; doing something wicked ▷**Sünde**

since[1] /sɪns/ *adv*
from then until now ▷**seit(dem)**: *Alan went away two years ago and we have not seen him since.* Alan ging vor zwei Jahren weg, seitdem haben wir ihn nicht mehr gesehen.
ever since, in all the time from then until now ▷**seither**: *Jack went to Canada in 1974 and has lived there ever since.* Jack ging 1974 nach Kanada und lebt seither dort.

since[2] /sɪns/ *conj*
1 from the time when ▷**seit(dem)**: *What have you done since I saw you last?* Was hast du gemacht, seit ich dich das letzte Mal gesehen habe?
2 because; as ▷**da**: *Since I have no money, I can't buy any food.* Da ich kein Geld habe, kann ich nichts zu essen kaufen.

since[3] /sɪns/ *prep*
in all the time after ▷**seit**: *She has been ill since last Sunday.* Sie ist seit letztem Sonntag krank. ☞**since** und **for** bedeuten **seit**. Man muss beachten, dass sich **since** immer auf einen Zeitpunkt bezieht: *He's been here since four o'clock.* Er ist seit vier Uhr hier. **for** beschreibt den Zeitraum: *We've been working for three days.* Wir arbeiten seit drei Tagen.

sincere /sɪnˈsɪə(r)/ *adj*
honest; meaning what you say ▷**ernst**: *Are you sincere when you say you don't want to work any longer?* Meinst du es ernst, wenn du sagst, dass du nicht mehr arbeiten willst?
sincerely *adv* ▷**aufrichtig**
Yours sincerely, way of ending a letter to someone you know ▷**mit freundlichen Grüßen** ☞Siehe Anmerkung bei **letter**.

sing /sɪŋ/ *v* (sang /sæŋ/, has sung /sʌŋ/)
make music with your voice ▷**singen**: *Robert sings in a church choir.* Robert singt in einem Kirchenchor.
singer *n* someone who sings ▷**Sänger(in)**

single[1] /ˈsɪŋgl/ *adj*
1 one ▷**einzige(r, s)**: *I haven't a single enemy.* Ich habe keinen einzigen Feind.
2 not married ▷**unverheiratet**: *a single man,* ein unverheirateter Mann.
3 for or by one person ▷**Einzel-**: *a single room,* ein Einzelzimmer.
4 for a journey to a place but not back again ▷**einfach**: *a single ticket,* eine einfache Fahrkarte.

single[2] /ˈsɪŋgl/ *n*
1 ticket for a journey to a place but not back again ▷**Einzelfahrkarte**: *A single to London, please.* Eine Einzelfahrkarte nach London, bitte.
2 record with one song on each side ▷**Single**

singular /ˈsɪŋgʊlə(r)/ *n*
form of a word that shows that there is only one ▷**Singular**: *The singular of 'men' is 'man'.* Der Singular von „men" ist „man".

sink[1] /sɪŋk/ *n*
place in a kitchen where you wash dishes, etc ▷**Spüle**

sink[2] /sɪŋk/ *v* (sank /sæŋk/, has sunk /sʌŋk/)
1 go down under water ▷**sinken**: *The fishing boat sank in the storm.* Das Fischerboot sank im Sturm.
2 go down; go lower ▷**untergehen**: *The sun was sinking in the west.* Die Sonne ging im Westen unter.

sip /sɪp/ *v* (is sipping, sipped /sɪpt/, has sipped)
drink slowly, a little at a time ▷**in kleinen Schlückchen trinken**: *She sipped the hot tea.* Sie trank den heißen Tee in kleinen Schlückchen.
sip *n* ▷**Schluck**: *Have a sip of my wine to see if you like it.* Nimm einen Schluck von meinem Wein, damit du siehst, ob du ihn magst.

sir /sɜː(r)/ *n*
polite word for a man who is older, more important, or a stranger ▷**Herr**
Sir, word before the name of a knight ▷**Sir**: *Sir Winston Churchill,* Sir Winston Churchill.

siren /ˈsaɪərən/ *n*
thing that makes a long, loud noise to warn people ▷**Sirene**: *a police siren,* eine Polizeisirene.

sister /ˈsɪstə(r)/ *n*
girl or woman who has the same parents as you ▷**Schwester** ☞Siehe Darstellung bei **family** und Anmerkung bei **brother**.

sister-in-law /ˈsɪstər ɪn lɔː/ *n* (*pl* sisters-in-law)
sister of your wife or husband; wife of your brother ▷**Schwägerin** ☞Siehe Darstellung bei **family**.

sit /sɪt/ *v* (is sitting, sat /sæt/, has sat)
rest on your bottom; put yourself on a seat, etc ▷**sitzen**: *John sat on the most comfortable chair.* John saß im bequemsten Sessel.

sit down, put yourself on a seat, etc ▷**sich setzen**: *He came in and sat down.* Er kam herein und setzte sich.
sitting-room /ˈsɪtɪŋ rʊm/ *n* room in a house where you can sit comfortably ▷**Wohnzimmer**

site /saɪt/ *n*
place where something is, was, or will be ▷**Platz**: *London was built on the site of a Roman fort.* London wurde auf dem Platz einer alten römischen Festung erbaut. *We put up our tent in the camp-site.* Wir stellten unser Zelt auf dem Campingplatz auf.

situated /ˈsɪtʃʊeɪtɪd/ *adj*
be situated, be in a place ▷**liegen**: *The house is situated near the station.* Das Haus liegt in der Nähe des Bahnhofs.

situation /ˌsɪtʃʊˈeɪʃn/ *n*
the way things are at a certain time ▷**Situation**: *The family was in a difficult situation when mother was in hospital.* Als Mutter im Krankenhaus war, befand sich die Familie in einer schwierigen Situation.

six /sɪks/
6 ▷**sechs**: *Alex was six today.* Alex ist heute sechs geworden.
sixth /sɪksθ/ *adj* 6th ▷**sechste(r, s)**: *Alexander's sixth birthday,* Alexanders sechster Geburtstag.

sixteen /sɪkˈstiːn/
16 ▷**sechzehn**
sixteenth /sɪkˈstiːnθ/ *adj* 16th ▷**sechzehnte(r, s)**

sixth form college /ˈsɪksθ fɔːm kɒlɪdʒ/ *n*
school for pupils aged 16–18 who learn academic subjects ▷**Schule für die Oberstufe** ☞Siehe Anmerkung bei **school**.

sixty /ˈsɪkstɪ/
60 ▷**sechzig**
sixtieth /ˈsɪkstɪəθ/ *adj* 60th ▷**sechzigste(r, s)**

size /saɪz/ *n*
1 (no *pl*) how big or small something is ▷**Größe**: *You can wear my dress because we are the same size.* Du kannst mein Kleid tragen, weil wir die gleiche Größe haben.
2 (*pl* sizes) exact measurement ▷**Größe**: *Her shoes are size 5.* Ihre Schuhe sind Größe 5.

skate /skeɪt/ *n*
sort of shoe or boot with a sharp metal edge for moving on ice ▷**Schlittschuh**: *a pair of skates,* ein Paar Schlittschuhe.
skate *v* move on skates ▷**Schlittschuh laufen**: *The children skated over the frozen lake.* Die Kinder liefen Schlittschuh auf dem zugefrorenen See. ☞Vorsicht! Spricht man über Sport oder andere Freizeitbeschäftigungen, so verwendet man häufig **go skating**: *Did you go skating at the weekend?*
skater *n* someone who skates ▷**Schlittschuhläufer(in)**
skating-rink *n* special place where you can skate ▷**Eisbahn**

skateboard /ˈskeɪtbɔːd/ *n*
piece of wood or plastic on wheels, for standing and riding ▷**Skateboard**

skeleton /ˈskelɪtn/ *n*
bone frame of an animal or person ▷**Skelett**

sketch /sketʃ/ *v*
draw something quickly ▷**skizzieren**
sketch *n* (*pl* sketches) quick drawing ▷**Skizze**

ski /skiː/ *n*
one of two long pieces of wood for moving over snow ▷**Ski**: *a pair of skis,* ein Paar Skier.
ski *v* (is skiing, skied /ˈskiːd/, has skied) move on skis ▷**(Ski) fahren**: *We skied down the hill.* Wir fuhren den Hügel auf Skiern hinunter. ☞Vorsicht! Spricht man über Sport oder andere Freizeitbeschäftigungen, so verwendet man häufig **go skiing**: *Did you go skiing at the weekend?*
skier *n* someone who skies ▷**Skiläufer(in)**
skiing *n* (no *pl*) sport of moving over snow on skis ▷**Skifahren**

skies /skaɪz/ *n pl* of sky

skill /skɪl/ *n*
1 (no *pl*) being able to do something well and in the right way ▷**Geschick**: *You need skill to make jewellery.* Um Schmuck anzufertigen, braucht man Geschick.
2 (*pl* skills) something you can do well ▷**Fertigkeit**: *Embroidery is a skill.* Sticken ist eine Fertigkeit.
skilful *adj* ▷**geschickt**: *a skilful athlete,* ein geschickter Sportler.
skilfully *adv* ▷**geschickt**

skilled /skɪld/ *adj*
trained; good because you have learned for a long time ▷**gelernt**: *skilled and unskilled workers,* gelernte und ungelernte Arbeiter.

skin /skɪn/ *n*
1 (no *pl*) outside part of the body ▷**Haut**: *The thorns scratched my skin.* Die Dornen zerkratzten meine Haut.
2 (*pl* skins) outside part of some vegetables and fruit ▷**Schale**: *banana skins,* Bananenschalen.

skinny /ˈskɪnɪ/ *adj* (skinnier, skinniest)
very thin ▷**dünn**: *a skinny child,* ein dünnes Kind. ☞Vorsicht! **skinny** klingt etwas abwertend und sollte deshalb vermieden werden.

tʃ	dʒ	θ	ð	ʃ	ʒ	ŋ	w	v	iː
cheap	jam	think	this	shoe	pleasure	ring	walk	van	eat

skip /skɪp/ *v* (is skipping, skipped /skɪpt/, has skipped)
1 run, jumping lightly with each foot ▷**hüpfen**: *The little girl skipped down the road.* Das kleine Mädchen hüpfte die Straße hinunter.
2 jump again and again over a rope that you are swinging ▷**seilspringen**
skipping-rope /'skɪpɪŋ rəʊp/ *n* piece of rope for skipping ▷**Springseil**

skirt /skɜːt/ *n*
piece of clothing for a woman or girl, which hangs from the waist ▷**Rock**

skull /skʌl/ *n*
bones of the head ▷**Schädel**

sky /skaɪ/ *n* (*pl* skies)
space above the earth ▷**Himmel**: *There were no clouds in the sky.* Es waren keine Wolken am Himmel.

skyline /'skaɪlaɪn/ *n*
shape of the land or a town against the sky ▷**Silhouette**

skyscraper /'skaɪskreɪpə(r)/ *n*
very high building ▷**Wolkenkratzer**

slang /slæŋ/ *n* (no *pl*)
words that a certain group of people use ▷**Slang**: *The word 'quid' is slang for 'pound'.* Das Wort „quid" ist ein Slangausdruck für „Pfund".

slave /sleɪv/ *n*
servant who belongs to a master and receives no money ▷**Sklave, Sklavin**

slavery /'sleɪvərɪ/ *n* (no *pl*)
1 being a slave ▷**Sklaverei**: *They lived in slavery.* Sie lebten in Sklaverei.
2 having slaves ▷**Sklaverei**: *William Wilberforce worked hard to end slavery.* William Wilberforce arbeitete hart daran, die Sklaverei abzuschaffen.

sledge /sledʒ/ *n*
sort of cart that moves on long pieces of metal or wood over the snow ▷**Schlitten**

sleep /sliːp/ *v* (slept /slept/, has slept)
close your eyes and rest ▷**schlafen**
sleep *n* (no *pl*) ▷**Schlaf**
go to sleep, start to sleep ▷**einschlafen**: *She will go to sleep quickly because she's very tired.* Sie wird schnell einschlafen, weil sie sehr müde ist.

sleeping bag /'sliːpɪŋ bæg/ *n*
big, warm bag that you sleep inside when you are camping, etc ▷**Schlafsack**

sleepy /'sliːpɪ/ *adj* (sleepier, sleepiest)
tired; wanting to sleep ▷**müde**: *I'm sleepy after my long walk.* Nach dem langen Spaziergang bin ich müde.

sleet /sliːt/ *n* (no *pl*) snow and rain together ▷**Schneeregen**

sleeve /sliːv/ *n*
part of a dress, shirt, coat, etc that covers your arm ▷**Ärmel**

sleigh /sleɪ/ *n*
sort of cart that moves on long pieces of metal or wood over the snow and is pulled by a horse ▷**Schlitten**

slender /'slendə(r)/ *adj*
nicely thin ▷**schlank**: *a slender girl,* ein schlankes Mädchen.

slept /slept/ *form of* sleep

slice /slaɪs/ *n*
thin piece that you cut off bread, meat, or other food ▷**Scheibe**: *a slice of bread,* eine Scheibe Brot.
slice *v* cut something into slices ▷**in Scheiben schneiden**: *Heather sliced the ham for sandwiches.* Für die belegten Brote schnitt Heather den Schinken in Scheiben.

slide[1] /slaɪd/ *v* (slid /slɪd/, has slid)
move smoothly ▷**gleiten**: *The boat slid down the bank into the water.* Das Boot glitt die Uferböschung hinunter ins Wasser.

slide[2] /slaɪd/ *n*
1 special thing where a child climbs up steps on one side and then sits down and slides down the other side ▷**Rutsche**
2 piece of film that you put in a projector which shows the picture on a screen ▷**Dia**: *Have you seen the slides of our holiday?* Hast du die Dias von unserem Urlaub gesehen?

slight /slaɪt/ *adj* (slighter, slightest)
small; not important or bad ▷**leicht**: *a slight headache,* leichte Kopfschmerzen.

slightly /'slaɪtlɪ/ *adv*
a little ▷**etwas**: *I'm feeling slightly better today.* Ich fühle mich heute etwas besser.

slim[1] /slɪm/ *adj* (slimmer, slimmest)
not fat ▷**schlank**: *slim legs,* schlanke Beine.

slim[2] /slɪm/ *v* (is slimming, slimmed /slɪmd/, has slimmed)
try to get thinner by eating less food, etc ▷**eine Diät machen, abnehmen**

sling /slɪŋ/ *n*
piece of cloth that holds up a broken or hurt arm ▷**Schlinge**

slip[1] /slɪp/ *n*
small piece of paper ▷**Zettel**: *Paul gave me a slip with his telephone number.* Paul gab mir einen Zettel mit seiner Telefonnummer.

slip[2] /slɪp/ *v* (is slipping, slipped /slɪpt/, has slipped)
fall or nearly fall ▷**ausrutschen**: *She slipped on the ice.* Sie rutschte auf dem Eis aus.
slip *n* small mistake that you make when you are not careful ▷**Ausrutscher**

slipper /ˈslɪpə(r)/ *n*
light, soft shoe that you wear in the house ▷**Hausschuh**: *a pair of slippers,* ein Paar Hausschuhe.

slippery /ˈslɪpərɪ/ *adj*
so smooth, wet, etc that you cannot hold it or stand on it easily ▷**glitschig**: *The skin of a fish is slippery.* Die Haut eines Fisches ist glitschig.

slit /slɪt/ *n* long, narrow hole ▷**Spalt**: *I looked out through a slit in the curtains.* Ich sah durch einen Spalt in den Vorhängen.
slit *v* (is slitting, slit, has slit) make a slit ▷**schlitzen**: *to slit an envelope open,* einen Umschlag aufschlitzen.

slogan /ˈsləʊgən/ *n*
words that are often said or written to make people believe or do something ▷**Slogan**: *'Black is beautiful' is a slogan.* „Black is beautiful" ist ein Slogan.

slope /sləʊp/ *n*
piece of ground that goes up or down ▷**Hang**: *He skied down the mountain slope fast.* Mit großer Geschwindigkeit fuhr er auf Skiern den Hang hinunter.

slot /slɒt/ *n*
narrow hole where you can push something through ▷**Schlitz**

slot-machine /ˈslɒt məʃiːn/ *n*
machine that pushes out a packet of cigarettes, sweets, etc when you put a coin through a hole ▷**Münzautomat**

slow[1] /sləʊ/ *adj* (slower, slowest)
not quick; that takes a long time ▷**langsam**: *A tortoise is a slow animal.* Eine Schildkröte ist ein langsames Tier.
be slow, show an earlier time ▷**nachgehen**: *My watch is ten minutes slow.* Meine Uhr geht zehn Minuten nach.
slowly *adv* ▷**langsam**: *The old lady walked slowly up the hill.* Die alte Dame ging langsam den Berg hinauf.

slow[2] /sləʊ/ *v*
slow down, slow up, go slower ▷**langsamer werden**: *The train slowed down as it came to the station.* Der Zug wurde langsamer, als er in den Bahnhof einfuhr.

slum /slʌm/ *n*
poor building; part of a town where there are many poor, dirty houses ▷**Elendsviertel**

small /smɔːl/ *adj* (smaller, smallest)
1 not big; little ▷**klein**: *A mouse is a small animal.* Eine Maus ist ein kleines Tier.
2 young ▷**klein**: *This game is unsuitable for small children.* Dieses Spiel ist nichts für kleine Kinder.
☞Eine geringe Größe kann man mit **small** oder **little** ausdrücken. **small** bezieht sich allein auf die Größe, bei **little** spielt aber immer eine gefühlsmäßige Komponente mit: *a sweet little girl.*

smart /smɑːt/ *adj* (smarter, smartest)
neat and looking good ▷**schick**: *a smart suit,* ein schicker Anzug.
smartly *adv* ▷**schick**

smash[1] /smæʃ/ *n* (*pl* smashes)
1 accident; two things coming together hard ▷**Zusammenstoß**: *a car smash,* ein Zusammenstoß von zwei Autos.
2 loud noise when something falls, breaks, etc ▷**Krachen**: *The vase fell with a smash.* Die Vase fiel mit einem Krachen zu Boden.

smash[2] /smæʃ/ *v*
1 break something into many pieces ▷**zerschlagen**: *The ball smashed a window.* Der Ball zerschlug eine Scheibe.
2 break into pieces ▷**zerbrechen**: *Did the glass smash when it fell?* Ist das Glas zerbrochen, als es hinunterfiel?

smell /smel/ *v* (smelt, smelled /smelt/, has smelt, has smelled)
1 learn about something with your nose ▷**riechen**: *Can you smell smoke?* Kannst du den Rauch riechen?
2 make you smell it in a certain way ▷**riechen**: *That fish smells bad.* Dieser Fisch riecht schlecht. *These roses smell lovely.* Diese Rosen riechen gut.
☞Vorsicht! **smell** wird wie andere Verben der sinnlichen Wahrnehmung (**taste, feel, seem**) nicht in der progressive form gebraucht. Nach diese Verben wird auch ein Adjektiv nicht zu einem Adverb verändert: *The soup smells delicious.* Die Suppe riecht köstlich.
smell *n* what you smell ▷**Geruch**: *the smell of garlic,* der Knoblauchgeruch.

smelly /ˈsmelɪ/ *adj* (smellier, smelliest)
with a bad smell ▷**stinkend**: *dirty, smelly clothes,* dreckige, stinkende Kleider.

smile /smaɪl/ *v*
move your mouth to show that you are happy or that you think something is funny ▷**lächeln**: *He smiled at his baby.* Er lächelte sein Baby an.
smile *n* ▷**Lächeln**

smog /smɒg/ *n* (no *pl*)
cloud of smoke and gas over a city ▷**Smog**

smoke[1] /sməʊk/ *n* (no *pl*)
grey or black stuff that goes up into the air from a fire ▷**Rauch**: *cigarette smoke,* Zigarettenrauch.

smoke[2] /sməʊk/ *v*
have a burning cigarette, pipe, etc in the mouth ▷**rauchen**: *He smoked a cigar after*

lunch. Nach dem Mittagessen rauchte er eine Zigarre.

smoked /sməʊkt/ *adj*
dried over a wood fire so that it will keep for a long time ▷**geräuchert**: *smoked ham,* geräucherter Schinken.

smoker /ˈsməʊkə(r)/ *n*
someone who smokes cigarettes, etc ▷**Raucher(in)**

smoky /ˈsməʊkɪ/ *adj* (smokier, smokiest)
1 full of smoke ▷**verraucht**: *a smoky room,* ein verrauchtes Zimmer.
2 giving out a lot of smoke ▷**rauchend**: *a smoky fire,* ein rauchendes Feuer.

smooth /smuːð/ *adj* (smoother, smoothest)
1 flat and soft; not rough ▷**weich**: *Babies have smooth skins.* Babys haben eine weiche Haut.
2 moving gently ▷**ruhig**: *Did you have a smooth flight?* Hatten Sie einen ruhigen Flug?
smoothly *adv* ▷**ruhig**

smuggle /ˈsmʌgl/ *v*
take something secretly out of one place or country and into another ▷**schmuggeln**: *He smuggled drugs out of the country.* Er schmuggelte Drogen aus dem Land.
smuggler *n* someone who smuggles ▷**Schmuggler(in)**

snack /snæk/ *n*
small, quick meal ▷**Imbiss**
snack-bar *n* place where you can buy and eat snacks ▷**Imbissstube**

snail /sneɪl/ *n*
small animal with a shell on its back ▷**Schnecke**

snake /sneɪk/ *n*
long reptile with no legs ▷**Schlange**

snap[1] /snæp/ *v* (is snapping, snapped /snæpt/, has snapped)
break with a sharp sound ▷**entzweibrechen**: *Sam snapped the pencil in two.* Sam brach den Bleistift entzwei.

snap[2] /snæp/, **snapshot** /ˈsnæpʃɒt/ *n*
photograph ▷**Schnappschuss**

snatch /snætʃ/ *v*
take something roughly and quickly ▷**entreißen**: *The thief snatched her handbag and ran off.* Der Dieb entriss ihr die Handtasche und rannte davon.

sneeze /sniːz/ *v*
send air suddenly and loudly out of your mouth and nose when you have a cold, etc ▷**niesen**

sniff /snɪf/ *v*
1 take air noisily through your nose ▷**schniefen**: *Don't sniff! Blow your nose.* Schnief nicht so! Putz dir die Nase.
2 try to smell something ▷**schnuppern (an)**: *The dog sniffed the meat.* Der Hund schnupperte am Fleisch.

snore /snɔː(r)/ *v*
breathe noisily while you are asleep ▷**schnarchen**

snow /snəʊ/ *n* (no *pl*)
soft, white stuff that falls from the sky when it is very cold ▷**Schnee**: *The road was blocked with snow.* Die Straße war durch den Schnee unpassierbar.
snow *v* ▷**schneien**: *It often snows in Scotland in the winter.* Im Winter schneit es oft in Schottland.
snowflake /ˈsnəʊfleɪk/ *n* one piece of falling snow ▷**Schneeflocke**
snowy /ˈsnəʊɪ/ *adj* (snowier, snowiest) with a lot of snow ▷**verschneit**: *snowy hills,* verschneite Hügel.

so[1] /səʊ/ *adv*
1 word that makes another word stronger ▷**so**: *This case is so heavy.* Dieser Koffer ist so schwer. *Why are you so late?* Warum kommst du so spät? ☞Siehe Anmerkung bei **such**.
2 also ▷**auch**: *Carol is pretty and so is her sister.* Carol ist hübsch und ihre Schwester auch.
not so . . . as, not the same amount as ▷**nicht so . . . wie**: *He's not so tall as his sister.* Er ist nicht so groß wie seine Schwester.
so as to, in order to ▷**damit**: *I'll get up early, so as to be ready when you come.* Ich werde früh aufstehen, damit ich fertig bin, wenn du kommst.
so that, in order that ▷**damit**: *Speak loudly, so that I can hear what you say.* Sprich laut, damit ich hören kann, was du sagst.

so[2] /səʊ/ *conj*
for this reason; for that reason ▷**deshalb**: *The shop is closed, so I can't buy the bread.* Der Laden ist zu, deshalb kann ich kein Brot kaufen.
so what /səʊˈwɒt/ why is that important or interesting ▷**na und**: *'Mr Smith is going away next week.' 'So what?'* „Mr Smith ist nächste Woche nicht da." „Na und?"

so[3] /səʊ/ *exclam*
word that shows you are a little surprised ▷**also, so**: *So you've come back again!* So, da bist du ja wieder!

soak /səʊk/ *v*
make something or someone very wet ▷**durchweichen**: *The rain soaked us.* Wir sind vom Regen ganz durchgeweicht.

soap /səʊp/ *n* (no *pl*)
stuff that you use with water for washing ▷**Seife**
soap opera, long TV or radio drama about the lives of a group of people ▷**Familienserie**
soap-powder *n* soap in the form of powder for washing ▷**Waschpulver**

sob /sɒb/ *v* (is sobbing, sobbed /sɒbd/, has sobbed)
cry ▷**schluchzen**: *The child started to sob when he couldn't find his mother.* Als das Kind seine Mutter nicht finden konnte, fing es an zu schluchzen.

sober /ˈsəʊbə(r)/ *adj*
not drunk ▷**nüchtern**: *A driver must stay sober.* Ein Fahrer muss nüchtern bleiben.

so-called /ˈsəʊ kɔːld/ *adj*
word that you use to show you do not believe something ▷**sogenannt**: *Her so-called friends did not help her.* Ihre sogenannten Freunde haben ihr nicht geholfen.

soccer /ˈsɒkə(r)/ *n* (no *pl*)
football ▷**Fußball** ☞In den Medien spricht man häufiger von **soccer** als von **football.** In den USA sagt man immer **soccer**, um es von **(American) football** zu unterscheiden.

social /ˈsəʊʃl/ *adj*
of people together; of being with other people ▷**gesellschaftlich**: *social problems,* gesellschaftliche Probleme.
social worker /ˈsəʊʃl ˌwɜːkə(r)/ *n* someone whose job is to help people who have problems ▷**Sozialarbeiter(in)**

socialist /ˈsəʊʃəlɪst/ *n*
someone who believes that all people should have equal shares of things ▷**Sozialist(in)**

society /səˈsaɪətɪ/ *n*
1 (no *pl*) people living together ▷**Gesellschaft**: *A murderer is a danger to society.* Ein Mörder ist eine Gefahr für die Gesellschaft.
2 (*pl* societies) club; group of people with the same interests ▷**Verein**: *the Music Society,* der Musikverein.
☞Vorsicht! **society** steht, wenn es nicht näher bestimmt wird, immer ohne **the**: *He's a danger to society.* aber: *the local drama society.*

sock /sɒk/ *n*
piece of clothing that you wear on your foot, inside a shoe ▷**Socke, Strumpf**

socket /ˈsɒkɪt/ *n*
hole where something goes ▷**Steckdose**: *She pushed the plug into the electric socket.* Sie steckte den Stecker in die Steckdose.

sofa /ˈsəʊfə/ *n*
long, soft seat ▷**Sofa**

soft /sɒft/ *adj* (softer, softest)
1 not hard; that moves easily ▷**weich**: *I don't like soft beds.* Ich mag keine weichen Betten.
2 not rough; smooth ▷**zart**: *soft hands,* zarte Hände.
3 that you cannot see or hear clearly; not bright; not loud ▷**gedämpft**: *a soft light,* gedämpftes Licht.
4 too kind and gentle ▷**nachsichtig**: *She's too soft with her students and they don't work hard enough.* Sie behandelt ihre Schüler zu nachsichtig und sie strengen sich nicht an.
5 that does not move strongly ▷**leicht**: *a soft wind,* ein leichter Wind.
softly *adv* gently; quietly ▷**leise**: *Speak softly — the baby's asleep.* Sprich leise — das Baby schläft.

soil /sɔɪl/ *n*
ground; earth ▷**Erde**

solar /ˈsəʊlə(r)/ *adj*
of or from the sun ▷**Sonnen-**: *solar energy,* Sonnenenergie.

sold /səʊld/ *form of* sell
be sold out, have no more left to sell ▷**ausverkauft sein**: *I'm sorry — the bananas are sold out.* Es tut mir Leid, Bananen sind ausverkauft.

soldier /ˈsəʊldʒə(r)/ *n*
person in an army ▷**Soldat(in)**

sole[1] /səʊl/ *adj*
only; single ▷**einzige(r, s)**: *Her aunt is her sole relative — all the rest of the family are dead.* Ihre Tante ist ihre einzige Angehörige — der Rest der Familie ist tot.

sole[2] /səʊl/ *n*
the under part of a foot, or of a sock, shoe, etc ▷**Sohle**

solemn /ˈsɒləm/ *adj*
serious ▷**ernst**: *a solemn face,* ein ernstes Gesicht.
2 slow and sad ▷**feierlich**: *solemn music,* feierliche Musik.
solemnly *adv* ▷**ernst**

solid /ˈsɒlɪd/ *adj*
1 hard; not liquid or gas ▷**fest**: *He can't take solid food.* Er kann keine feste Nahrung zu sich nehmen.
2 with no hollow inside; the same all through ▷**massiv**: *a plate of solid gold,* ein Teller aus massivem Gold.

solo[1] /ˈsəʊləʊ/ *adj*
done by one person alone ▷**Allein-, Solo-**: *a solo flight,* ein Alleinflug; *a solo performance,* eine Solovorstellung.
solo *adv* ▷**allein**

solo[2] /ˈsəʊləʊ/ *n*
music for one person to sing or play ▷**Solo**: *a piano solo,* ein Klaviersolo.
soloist /ˈsəʊləʊɪst/ *n* someone who sings or plays a musical instrument alone ▷**Solist(in)**

solution /səˈluːʃn/ *n*
the answer to a question or a problem ▷**Lösung**: *Is there any solution to this problem?* Gibt es eine Lösung für dieses Problem?

solve /sɒlv/ *v*
find the answer to a question or a problem ▷**lösen**: *Will you help me to solve this puzzle?* Wirst du mir helfen, dieses Rätsel zu lösen?

some[1] /sʌm/ *adj*
1 a number of; an amount of ▷**einige, etwas**: *Go to the supermarket and buy some tomatoes and some meat.* Geh in den Supermarkt und kauf einige Tomaten und etwas Fleisch.
2 part of a number or amount ▷**einige**: *Some of these children can swim, but the others can't.* Einige der Kinder können schwimmen, aber andere noch nicht.
☞Siehe Anmerkung bei **any**.
some other time, at a time in the future; not now ▷**ein anderes Mal**: *I'm busy — please call some other time.* Ich habe zu tun — bitte rufen Sie ein anderes Mal an.
some more, a few more; a little more ▷**einige mehr, etwas mehr**.
some time, quite a long time ▷**eine ganze Weile**: *We waited for some time, but Fay didn't come.* Wir warteten eine ganze Weile, aber Fay kam nicht.

some[2] /sʌm/ *pron* (no *pl*)
a number; an amount ▷**einige, etwas**: *Those apples look lovely — can I have some?* Diese Äpfel sehen gut aus — kann ich einige haben?

somebody /ˈsʌmbədɪ/ *pron* (no *pl*)
a person; a person you do not know ▷**jemand**: *Somebody knocked at the door.* Jemand klopfte an die Tür.

somehow /ˈsʌmhaʊ/ *adv*
in some way that you do not know ▷**irgendwie**: *Somehow, I'll save enough money for a motor bike.* Irgendwie werde ich genug Geld für ein Motorrad sparen.

someone /ˈsʌmwʌn/ *pron* (no *pl*)
a person; a person you do not know ▷**jemand**: *Can someone answer the question?* Kann jemand die Frage beantworten?

somersault /ˈsʌməsɔːlt/ *n*
jumping and turning over completely and landing on your feet again ▷**Purzelbaum**
somersault *v* ▷**Purzelbäume schlagen**

something /ˈsʌmθɪŋ/ *pron* (no *pl*)
a thing; a thing that you cannot name ▷**etwas**: *There's something in my shoe.* Da ist etwas in meinem Schuh.

sometime /ˈsʌmtaɪm/ *adv*
at a time that you do not know exactly ▷**irgendwann**: *I saw him sometime last year.* Ich habe ihn irgendwann letztes Jahr gesehen.

sometimes /ˈsʌmtaɪmz/ *adv*
not often; not many times ▷**manchmal**: *We sometimes visit my grandmother.* Manchmal besuchen wir meine Großmutter.

somewhat /ˈsʌmwɒt/ *adv*
a little ▷**ein bisschen**: *He was somewhat tired.* Er war ein bisschen müde.

somewhere /ˈsʌmweə(r)/ *adv*
in a place you cannot name ▷**irgendwo**: *I think she lives somewhere near London.* Ich glaube, sie wohnt irgendwo in der Nähe von London.

son /sʌn/ *n*
boy child ▷**Sohn**: *He was walking with his son.* Er ging mit seinem Sohn spazieren.
☞Siehe Darstellung bei **family**.

song /sɒŋ/ *n*
1 (no *pl*) singing; music that a person or bird makes ▷**Gesang**
2 (*pl* songs) piece of music that you sing ▷**Lied**: *'Greensleeves' is an old English song.* „Greensleeves" ist ein altes englisches Lied.

son-in-law /ˈsʌn ɪn lɔː/ *n* (*pl* sons-in-law)
husband of your daughter ▷**Schwiegersohn**
☞Siehe Darstellung bei **family**.

soon /suːn/ *adv*
a short time after this ▷**bald**: *Will Neville come home soon?* Wird Neville bald nach Hause kommen?
as soon as, when; at the exact time that ▷**sobald**: *I'll leave as soon as I'm ready.* Ich werde gehen, sobald ich fertig bin.
soon after, not long after a time ▷**kurz nach**: *We arrived soon after three o'clock.* Wir kamen kurz nach drei Uhr an.
sooner or later, some time or other ▷**früher oder später**: *I expect I'll see him again sooner or later.* Ich denke, ich werde ihn früher oder später wiedersehen.
too soon, too early ▷**zu früh**: *We got to the station twenty minutes too soon.* Wir kamen zwanzig Minuten zu früh am Bahnhof an.

soot /sʊt/ *n* (no *pl*)
black powder that comes from smoke in chimneys ▷**Ruß**

soothe /suːð/ *v*
make someone quiet or calm ▷**beruhigen**: *The rider soothed the horse.* Die Reiterin beruhigte das Pferd.

sore /sɔː(r)/ *adj*
giving you pain ▷**wund**: *My feet are sore after the long walk.* Nach dem langen Marsch sind meine Füße wund.

sorrow /ˈsɒrəʊ/ *n*
sadness ▷**Traurigkeit**

sorry[1] /ˈsɒrɪ/ *adj* (sorrier, sorriest)
be sorry, be sad about something ▷**Leid tun**: *I'm sorry that your bike is broken.* Es tut mir Leid, dass dein Fahrrad kaputt ist.
feel sorry for someone, pity someone ▷**jemanden bedauern**: *I felt sorry for all the tourists in the rain.* Ich bedauerte die armen Touristen im Regen.

sorry[2] /ˈsɒrɪ/ *exclam*
word to say 'no' politely ▷**tut mir Leid**: *Sorry — I can't help you.* Tut mir Leid — ich kann dir nicht helfen. ☞Siehe Anmerkung bei **pardon**.

sort[1] /sɔːt/ *n*
kind; group of people or things that are the same ▷**Art**: *What sort of music do you like best — pop or classical?* Welche Art von Musik gefällt dir am besten — Pop oder Klassik?
sort of, words that you use when you are not sure ▷**irgendwie**: *He looks sort of ill.* Er sieht irgendwie krank aus.

sort[2] /sɔːt/ *v*
put things in groups ▷**sortieren**: *I sorted the shoes into pairs.* Ich sortierte die Schuhe nach Paaren.

SOS /ˌesəʊˈes/ *n*
call for help from a ship, aeroplane, etc that is in danger ▷**SOS**

sought /sɔːt/ *form of* seek

soul /səʊl/ *n*
1 your spirit; the part of you that is not your body ▷**Seele**
2 one person ▷**Menschenseele**: *Everyone had gone out and there was not a soul in the house.* Alle waren ausgegangen, und keine Menschenseele war zu Hause.

sound[1] /saʊnd/ *adv*
totally ▷**fest**: *to be sound asleep,* fest schlafen.

sound[2] /saʊnd/ *n*
1 noise from musical instruments ▷**Klang**: *I heard the sound of church bells.* Ich hörte den Klang der Kirchenglocken.
2 noise; what you hear ▷**Geräusch**: *I heard a sound in the bedroom.* Ich hörte ein Geräusch im Schlafzimmer.
☞Vergleiche **sound** und **noise**. **sound** kann sich auf alles, was man hört, beziehen, während **noise** oft laut und unangenehm ist: *What a terrible noise!*

sound[3] /saʊnd/ *v*
1 make you hear it in a certain way ▷**sich anhören**: *That music sounds too loud.* Die Musik hört sich zu laut an.
2 seem ▷**sich anhören**: *He told me about the book — it sounds interesting.* Er hat mir etwas über das Buch erzählt — es hört sich interessant an.

soup /suːp/ *n*
liquid food that you eat with a spoon ▷**Suppe**

sour /ˈsaʊə(r)/ *adj*
1 with a sharp, bitter taste; not sweet ▷**sauer**: *A lemon is sour.* Eine Zitrone ist sauer.
2 with a taste that is not fresh ▷**sauer**: *sour milk,* saure Milch.

source /sɔːs/ *n*
place where something comes from ▷**Quelle**: *Our information comes from many sources.* Unsere Informationen stammen aus vielen Quellen.

south /saʊθ/ *n* (no *pl*)
one of the points of the compass ▷**Süden**
south *adj* ▷**Süd-**: *the South Pole,* der Südpol.
south *adv* ▷**südlich**: *Spain is south of France.* Spanien liegt südlich von Frankreich.
southern /ˈsʌðən/ *adj* of, from, or in the south part of a place ▷**südlich**: *a southern town,* eine südliche Stadt.

souvenir /ˌsuːvəˈnɪə(r)/ *n*
something that you buy or give because it will bring memories ▷**Andenken**: *He brought back a cowboy hat as a souvenir of America.* Er brachte einen Cowboyhut als Andenken aus Amerika mit.

space /speɪs/ *n*
1 (*pl* spaces) empty place between other things ▷**Platz**: *Leave a space between the words.* Lass zwischen den einzelnen Wörtern Platz.
2 (no *pl*) big enough place for someone or something to go into it or onto it ▷**Platz**: *Is there space for another bed in this room?* Ist in diesem Zimmer noch Platz für ein weiteres Bett?
3 (no *pl*) place far away, outside the air of our Earth ▷**Weltraum**: *They travelled through space to the moon.* Sie fuhren durch den Weltraum zum Mond.
space capsule /ˈspeɪs kæpsjuːl/ *n* part of a spacecraft where people live ▷**Weltraumkapsel**
spacecraft *n* (*pl* spacecraft) vehicle for travelling through space ▷**Raumfahrzeug**

spaceman *n* (*pl* spacemen) man who travels in a spaceship ▷**Astronaut**
spaceship *n* vehicle for travelling through space ▷**Raumschiff**
space shuttle /'speɪs ʃʌtl/ *n* vehicle that carries people and things into space ▷**Raumfähre**
space station *n* big spacecraft that stays in space ▷**Raumstation**
spacesuit *n* special clothes that someone wears in a spacecraft ▷**Raumanzug**
spacewoman *n* (*pl* spacewomen) woman who travels in a spaceship ▷**Astronautin**

spade /speɪd/ *n*
1 instrument for digging ▷**Spaten**
2 the shape ♠ on a playing card ▷**Pik**

spaghetti /spə'getɪ/ *n* (no *pl*)
long, thin pieces of hard food made from flour and water, etc ▷**Spaghetti**

spare[1] /speə(r)/ *adj*
that you do not need now; extra ▷**übrig**: *Have you got a spare pencil to give me?* Hast du einen Bleistift übrig, den du mir geben kannst?
spare time /ˌspeə 'taɪm/ *n* (no *pl*)
time when you are not working ▷**Freizeit**

spare[2] /speə(r)/ *n*
extra tyre or wheel for a car; extra part that you can put in a machine when a part breaks ▷**Ersatzteil**: *Do you keep spares?* Haben Sie Ersatzteile?

spare[3] /speə(r)/ *v*
1 find enough money, time, etc for someone ▷**übrig haben**: *Can you spare a few minutes — I can't carry this box on my own.* Hast du ein paar Minuten für mich übrig — ich kann diese Kiste nicht allein tragen.
2 not hurt or kill someone when you could ▷**verschonen**: *He spared the life of the prisoner.* Er verschonte das Leben des Gefangenen.

spark /spɑːk/ *n*
tiny bit of fire ▷**Funke**

sparrow /'spærəʊ/ *n*
small bird that you often see in towns ▷**Spatz**

spat /spæt/ *form of* spit

speak /spiːk/ *v* (spoke /spəʊk/, has spoken /'spəʊkən/)
1 say words; talk to someone ▷**sprechen**: *She speaks very fast.* Sie spricht sehr schnell. *Did you speak to the doctor about your back?* Hast du mit dem Arzt über deinen Rücken gesprochen?
2 know and use a language ▷**sprechen**: *Martin speaks English, German, and French.* Martin spricht Englisch, Deutsch und Französisch.
3 make a speech ▷**reden**: *The chairman spoke for half an hour at the meeting.* Der Vorsitzende redete eine halbe Stunde auf der Versammlung.

speaker /'spiːkə(r)/ *n*
1 someone who talks to a big group of people ▷**Redner(in)**
2 part of a radio or record-player from which the sound comes ▷**Lautsprecher(box)**

spear /spɪə(r)/ *n*
long stick with a metal point on the end, for hunting and killing ▷**Speer**

special /'speʃl/ *adj*
not like others; for one person, thing, or time only ▷**besondere(r, s)**: *You must have special boots for skiing.* Zum Skilaufen brauchst du besondere Schuhe.
specially *adv* mainly; chiefly ▷**extra**: *I came here specially to see you.* Ich bin extra hierher gekommen, um dich zu sehen.

specialist /'speʃəlɪst/ *n*
expert; someone who knows a lot about something ▷**Spezialist(in)**: *a specialist in Chinese art,* eine Spezialistin für chinesische Kunst: *a specialist in sporting injuries,* ein Spezialist für Sportverletzungen.

specimen /'spesɪmən/ *n*
small piece that shows what the rest is like; one example of a group of things ▷**Probe**: *a specimen of rock,* eine Gesteinsprobe.

spectacle /'spektəkl/ *n*
something that a lot of people watch ▷**Schauspiel**: *The coronation was a wonderful spectacle.* Die Krönung war ein wunderbares Schauspiel.

spectacles /'spektəkəlz/ *n* (*pl*)
glasses; round pieces of glass that you wear over the eyes so that you can see better ▷**Brille**: *He put on his spectacles and started to read.* Er setzte seine Brille auf und fing an zu lesen. ☞**spectacles** gehört zu den Paarwörtern und steht immer im Plural. Soll eine bestimmte Zahl angegeben werden, so verwendet man **pair(s) of**. Im Alltag häufiger verwendet wird **glasses.**

spectacular /spek'tækjʊlə(r)/ *adj*
wonderful to watch ▷**sensationell**: *a spectacular jump,* ein sensationeller Sprung.

spectator /spek'teɪtə(r)/ *n*
someone who watches something that is happening ▷**Zuschauer(in)**: *There were 2,000 spectators at the match.* Es waren 2000 Zuschauer bei dem Spiel.

sped /sped/ *form of* speed

speech /spiːtʃ/ *n*
1 (no *pl*) power to speak ▷**Sprache**
2 (*pl* speeches) talk that you give to a group of people on a special occasion ▷**Rede**: *The*

president made a speech today. Der Präsident hielt heute eine Rede.

speed[1] /spiːd/ *n*
how fast something goes ▷**Geschwindigkeit**: *We drove at a speed of 50 kilometres an hour.* Wir fuhren mit einer Geschwindigkeit von 50 Kilometern in der Stunde.
at full speed, as fast as you can ▷**mit Höchstgeschwindigkeit**
at high speed, very fast ▷**schnell**
speed limit *n* the fastest that you are allowed to travel ▷**Geschwindigkeitsbegrenzung**: *The speed limit on the motorway is 100 kilometres an hour.* Auf der Autobahn gilt eine Geschwindigkeitsbegrenzung von 100 Stundenkilometer.

speed[2] /spiːd/ *v* (sped /sped/, speeded /ˈspiːdɪd/, has sped, has speeded)
1 travel quickly ▷**rasen**: *The cars were speeding along the road.* Die Autos rasten die Straße entlang.
2 travel too quickly ▷**zu schnell fahren**: *The policeman stopped him because he was speeding.* Der Polizist hielt ihn wegen zu schnellen Fahrens an.
speed up, make something go more quickly ▷**beschleunigen**: *Can you speed up the machine?* Kannst du die Maschine beschleunigen?

spell[1] /spel/ *n*
magic words ▷**Zauber**
put a spell on, say magic words which you believe will change someone or make him do what you want ▷**verzaubern**

spell[2] /spel/ *v* (spelt /spelt/, spelled /speld/, has spelt, has spelled)
use the right letters to make a word ▷**buchstabieren**: *Could you spell your name please?* Buchstabieren Sie bitte Ihren Namen.
spelling *n* way of writing a word correctly ▷**Rechtschreibung**

spend /spend/ *v* (spent /spent/, has spent)
1 pay money for something ▷**ausgeben**: *Peter spent £30 on records.* Peter hat £30 für Schallplatten ausgegeben.
2 use time for something ▷**verbringen**: *I spent a holiday with my grandparents.* Ich verbrachte einen Urlaub bei meinen Großeltern.

spice /spaɪs/ *n*
things like ginger, pepper, cinnamon, cloves, etc that we put into food ▷**Gewürz**

spider /ˈspaɪdə(r)/ *n*
very small animal with eight long legs ▷**Spinne**

spied /spaɪd/ *form of* spy

spies *n pl* of spy

spike /spaɪk/ *n*
1 pointed piece of metal on a wall, fence, etc ▷**Spitze**
2 pointed piece of metal on a running-shoe ▷**Spike**

spill /spɪl/ *v* (spilt /spɪlt/, spilled /spɪld/, has spilt, has spilled)
let liquid fall out of something by mistake ▷**(ver)schütten**: *He knocked his cup over and spilt tea on the carpet.* Er stieß seine Tasse um und verschüttete Tee über den Teppich.

spin /spɪn/ *v* (is spinning, spun /spʌn/, has spun)
1 make thread by twisting cotton, silk, wool, etc ▷**spinnen**: *to spin wool,* Wolle spinnen.
2 make a web ▷**spinnen**: *The spider was spinning a web.* Die Spinne sponn ein Netz.
3 go round fast; make something go round fast ▷**(sich) drehen**: *She heard a noise and spun round.* Sie hörte ein Geräusch und drehte sich um.

spinach /ˈspɪnɪdʒ/ *n* (no *pl*)
vegetable with green leaves ▷**Spinat**

spine /spaɪn/ *n*
backbone ▷**Rückgrat**

spire /ˈspaɪə(r)/ *n*
tall, pointed roof of a church ▷**Turmspitze**

spirit /ˈspɪrɪt/ *n*
your soul; the part of you that is not your body ▷**Geist**
spirits /ˈspɪrɪts/ *n pl* feeling happy, sad etc ▷**Stimmung**: *He was in high spirits after getting the new job.* Er war in guter Stimmung, weil er die Stelle bekommen hatte.
spiritual /ˈspɪrɪtʃʊəl/ *adj* ▷**geistig**

spit /spɪt/ *v*
send liquid out from the mouth ▷**spucken**: *She spat in the man's face.* Sie spuckte dem Mann ins Gesicht.

spite /spaɪt/ *n* (no *pl*)
wish to hurt someone ▷**Bosheit**: *She broke her brother's watch out of spite.* Sie machte die Uhr ihres Bruders aus Bosheit kaputt.
in spite of, not taking notice of; not caring about ▷**trotz**: *He slept well in spite of the noise.* Trotz des Lärms schlief er gut.
spiteful *adj* ▷**gehässig**: *She's always making spiteful remarks.* Sie macht ständig gehässige Bemerkungen.
spitefully *adv* ▷**gehässig**

splash /splæʃ/ *v*
1 throw water or other liquid over someone or something ▷**voll spritzen**: *The car splashed us as it drove past.* Das Auto spritzte uns voll, als es vorbeifuhr.
2 move through water, sending some of it

into the air ▷**platschen**: *We splashed through the stream.* Wir platschten durch den Fluss.
splash *n* (*pl* splashes) ▷**Platschen**: *There was a splash when Mary jumped into the pool.* Man hörte ein Platschen, als Mary in das Schwimmbecken sprang.

splendid /ˈsplendɪd/ *adj*
very fine, beautiful, etc ▷**herrlich**: *a splendid sunset,* ein herrlicher Sonnenuntergang.

split /splɪt/ *v* (is splitting, split, has split)
1 break something into two parts ▷**spalten**: *He split the wood with an axe.* Er spaltete das Holz mit der Axt.
2 break open ▷**(zer)reißen**: *Your dress has split at the side.* Dein Kleid ist an der Seite gerissen.
3 share something into parts ▷**teilen**: *They split the cost of the party between them.* Sie teilten sich die Kosten der Party.
split *n* place where something has broken or torn ▷**Riss**: *a split in your trousers,* ein Riss in deiner Hose.

spoil /spɔɪl/ *v* (spoilt /spɔɪlt/, spoiled /spɔɪld/, has spoilt, has spoiled)
1 make something less good than before ▷**ruinieren**: *The mud spoiled my shoes.* Der Schlamm hat meine Schuhe ruiniert.
2 give someone a lot or too much of something; do a lot or too much for someone ▷**verwöhnen**: *Jenny spoils her little sister.* Jenny verwöhnt ihre kleine Schwester.
spoilt /ˌspɔɪlt/ *adj* selfish because someone has given you too much or done too much for you ▷**verwöhnt**: *a spoilt pet,* ein verwöhntes Haustier.

spoke /spəʊk/ *form of* speak

spoken /ˈspəʊkən/ *form of* speak

sponge /spʌndʒ/ *n*
soft thing that you use for washing and cleaning ▷**Schwamm**: *He was washing his car with a sponge.* Er wusch sein Auto mit einem Schwamm.

sponsor /ˈspɒnsə(r)/ *v*
give money or support so that something will happen ▷**(finanziell) unterstützen**: *Which firm is sponsoring the tennis match?* Welche Firma unterstützt das Tennismatch?
sponsor *n* person or company that sponsors ▷**Sponsor(in),Förderer, Förderin**

spoon /spuːn/ *n*
instrument with a round end for lifting food ▷**Löffel**: *Can you pass me a teaspoon?* Kannst du mir einen Teelöffel geben?
spoonful /ˈspuːnfʊl/ *n* amount that you can put in a spoon ▷**Löffel**: *a spoonful of sugar,* ein Löffel Zucker.

sport /spɔːt/ *n*
1 (no *pl*) what you do for exercise and enjoyment; physical games ▷**Sport**: *Do you like playing sport?* Treibst du gern Sport?
2 (*pl* sports) game ▷**Sportart**: *Football and swimming are popular sports in this country.* Fußball und Schwimmen sind in diesem Land beliebte Sportarten.
sports /ˈspɔːts/ *n pl* meeting for running, jumping and other competitions ▷**Wettkämpfe**: *When are your school sports?* Wann finden eure Schulwettkämpfe statt?
sports centre *n* big building where you can play many games ▷**Sportzentrum**
sportsman /ˈspɔːtsmən/ *n* (*pl* sportsmen) man who plays sports ▷**Sportler**
sportswoman /ˈspɔːtswʊmən/ *n* (*pl* sportswomen /ˈspɔːtswɪmən/ woman who plays sports ▷**Sportlerin**

sports car /ˈspɔːts kɑː(r)/ *n*
low, fast car ▷**Sportwagen**

spot[1] /spɒt/ *n*
1 small, usually round mark ▷**Fleck**: *A tiger has stripes and a leopard has spots.* Ein Tiger hat Streifen und ein Leopard Flecken.
2 place ▷**Stelle**: *a shady spot under a tree,* eine schattige Stelle unter dem Baum.
spotted /ˈspɒtɪd/ *adj* with small, round marks ▷**gepunktet**: *a spotted tie,* eine gepunktete Krawatte.
spotty *adj* (spottier, spottiest) with small, sore places on the skin ▷**pickelig**: *a spotty face,* ein pickeliges Gesicht.

spot[2] /spɒt/ *v* (is spotting, spotted /ˈspɒtɪd/, has spotted)
1 make a mark on something ▷**Flecken machen**: *The ink has spotted my clean shirt.* Die Tinte hat Flecken in mein sauberes Hemd gemacht.
2 see someone or something suddenly ▷**entdecken**: *He spotted his friend in the crowd.* Er entdeckte seinen Freund in der Menge.

sprang /spræŋ/ *form of* spring

spray /spreɪ/ *n*
1 (no *pl*) liquid going through the air in tiny drops ▷**Gischt**: *Clouds of spray rose from the sea as it crashed on the rocks.* Gischtwolken stiegen aus dem Meer auf, als es sich am Felsen brach.
2 (*pl* sprays) can with liquid that shoots out in fine drops when you press a button ▷**Spray**: *a hair spray,* ein Haarspray.
spray *v* make liquid shoot out ▷**(be)sprühen**: *He sprayed the plants to kill the insects.* Er besprühte die Pflanzen, um die Insekten zu vernichten.

spread /spred/ *v* (spread, has spread)
1 open something and lay it down ▷**ausbreiten**: *We spread a rug on the grass for the picnic.* Für das Picknick breiteten wir eine Decke auf dem Rasen aus.

2 put soft stuff all over something ▷**streichen**: *He spread butter on a piece of bread.* Er strich Butter auf eine Scheibe Brot.
3 move to other places ▷**sich ausbreiten**: *The fire spread to the next house.* Das Feuer breitete sich auf das nächste Haus aus.

spring[1] /sprɪŋ/ *n*
1 thin piece of metal or wire that is twisted round and round so that it will jump back into place if you pull or push it ▷**(Sprung-)feder**
2 place where water comes out of the ground ▷**Quelle**
3 sudden, strong jump ▷**Sprung**

spring[2] /sprɪŋ/ *n*
time of the year after the winter, when plants begin to grow ▷**Frühling**

spring[3] /sprɪŋ/ *v* (sprang /spræŋ/, has sprung /sprʌŋ/)
jump suddenly ▷**springen**: *The cat sprang on the mouse.* Die Katze sprang nach der Maus.

sprinkle /'sprɪŋkl/ *v*
throw little bits or drops on to something ▷**streuen**: *Mother sprinkled salt on the potatoes.* Mutter streute Salz auf die Kartoffeln.

sprout /spraʊt/, **Brussels sprout** /ˌbrʌslz 'spraʊt/ *n*
round, green vegetable like a small cabbage ▷**Rosenkohl**: *Sprouts are my favourite vegetable.* Rosenkohl ist mein Lieblingsgemüse.

sprung /sprʌŋ/ *form of* spring

spun /spʌn/ *form of* spin

spy /spaɪ/ *v* (spied, has spied)
try to learn secrets about another person, company, or country ▷**spionieren**
spy on, watch something or someone secretly ▷**bespitzeln**
spy *n* (*pl* spies) someone who spies ▷**Spion(in)**

square[1] /skweə(r)/ *adj* (squarer, squarest)
with four equal, straight sides ▷**quadratisch**: *a square table,* ein quadratischer Tisch.

square[2] /skweə(r)/ *n*
1 shape like □, with four equal, straight sides ▷**Quadrat**
2 open space in a town with buildings round it ▷**Platz**: *I'll meet you in Trafalgar Square.* Ich treffe dich auf Trafalgar Square.

squash[1] /skwɒʃ/ *n* (no *pl*)
game where two players hit a ball hard against a wall ▷**Squash**

squash[2] /skwɒʃ/ *v*
1 press something hard so that you make it flat ▷**zerdrücken**: *He sat on my hat and squashed it.* Er setzte sich auf meinen Hut und zerdrückte ihn.
2 push too much into a small space ▷**quetschen**: *He squashed three suits into the suitcase.* Er quetschte drei Anzüge in den Koffer.

squat /skwɒt/ *v* (is squatting, squatted, has squatted)
live in an empty building that is not yours and that you do not pay for ▷**ein Haus besetzen**
squatter *n* someone who squats in an empty building ▷**Hausbesetzer(in)**

squeak /skwiːk/ *v*
make a short, high sound ▷**quietschen**: *Mark put some oil on the door because it was squeaking.* Mark ölte die Tür, weil sie quietschte.

squeeze /skwiːz/ *v*
1 press something hard between other things ▷**(aus)pressen**: *to squeeze a lemon,* eine Zitrone auspressen.
2 get into a small space; push too much into a small space ▷**(sich) quetschen**: *We squeezed into the crowded room.* Wir quetschten uns in das überfüllte Zimmer.

squirrel /'skwɪrəl/ *n*
small grey or brown animal with a big, furry tail, which lives in trees ▷**Eichhörnchen**

squirt /skwɜːt/ *v*
1 burst or flow out suddenly ▷**spritzen**: *Water was squirting out from a hole in the pipe.* Aus einem Loch in der Leitung spritzte Wasser.
2 make liquid, etc shoot out ▷**(be)spritzen**: *The elephant squirted the clown with water.* Der Elefant bespritzte den Clown mit Wasser.

stab /stæb/ *v* (is stabbing, stabbed /stæbd/, has stabbed)
push a knife or other sharp weapon into someone or something ▷**(er)stechen**

stable /'steɪbl/ *n*
building where you keep horses ▷**Stall**

stack /stæk/ *n*
big pile or heap of something ▷**Stapel**: *a stack of books,* ein Bücherstapel.
stack *v* put things into a pile ▷**stapeln**: *I stacked the books on my desk.* Ich stapelte die Bücher auf meinem Schreibtisch.

stadium /'steɪdɪəm/ *n*
place for sports, with seats around the sides ▷**Stadion**: *Wembley Stadium,* das Wembley Stadion.

staff /stɑːf/ *n pl*
1 group of people who work together under a leader ▷**Belegschaft**
2 teachers at a school, etc ▷**Lehrerkollegium**: *The headmaster has a staff of twenty teachers.* Der Direktor steht einem zwanzigköpfigen Lehrerkollegium vor.

staff room, room where teachers work and rest ▷**Lehrerzimmer**

stage[1] /steɪdʒ/ *n*
part of the theatre where actors, dancers, etc stand and move ▷**Bühne**

stage[2] /steɪdʒ/ *n*
certain point or time while things are happening or changing ▷**Stadium**: *The project is at an experimental stage.* Das Projekt befindet sich im Experimentalstadium.
at this stage, now ▷**an diesem Punkt**
at a later stage, later ▷**später**

stain /steɪn/ *n*
coloured or dirty mark on something ▷**Fleck**: *blood stains,* Blutflecken.
stain *v* ▷**Flecken hinterlassen**

stairs /steəz/ *n pl*
steps that go from one floor to the next ▷**Treppe**: *She ran up the stairs to the bathroom.* Sie rannte die Treppe hinauf ins Badezimmer.
staircase /'steəkeɪs/ *n*
group of steps ▷**Treppe(nhaus)**

stale /steɪl/ *adj*
not fresh ▷**altbacken, schal**: *stale bread,* altbackenes Brot; *stale beer,* schales Bier.

stalk /stɔːk/ *n*
tall part of a plant that has leaves, flowers, fruit, etc ▷**Stiel**

stall /stɔːl/ *n*
small, open shop in a street, railway station, market, etc ▷**Stand**: *a flower stall,* ein Blumenstand.

stamp[1] /stæmp/ *n*
small piece of paper that you stick onto an envelope, etc to show that you have paid to send it ▷**Briefmarke**
stamp *v* put a stamp onto an envelope, etc ▷**frankieren**: *You must stamp your letters before you post them.* Du musst die Briefe frankieren, bevor du sie einwirfst.

stamp[2] /stæmp/ *v*
put your foot down hard ▷**stampfen**: *Sam stamped his foot in rage.* Sam stampfte wütend mit dem Fuß auf.

stand[1] /stænd/ *n*
place where people can sit or stand to watch races, sports, etc ▷**Tribüne**

stand[2] /stænd/ (stood /stʊd/, has stood)
1 get up onto your feet ▷**aufstehen**: *At the end of the concert, the audience stood and clapped.* Am Ende des Konzerts stand das Publikum auf und klatschte.
2 be on your feet ▷**stehen**: *Many people were standing on the platform.* Auf dem Bahnsteig standen viele Leute.
3 be in a certain place ▷**liegen**: *The house stands on the hill.* Das Haus liegt auf einem Hügel.
4 put something somewhere ▷**stellen**: *Stand the ladder against the wall.* Stell die Leiter an die Wand.
5 bear something that you do not like ▷**aushalten**: *I can't stand a lot of noise when I'm trying to read.* Ich kann nicht viel Krach aushalten, wenn ich lese.
stand by, (a) watch but not do anything ▷**danebenstehen**: *She just stood by when those boys were kicking the cat?* Sie stand nur daneben, als die Jungen die Katze traten? **(b)** be ready to do something ▷**sich bereithalten**: *Stand by until I call you!* Halt dich bereit, bis ich dich rufe.
stand by someone, help someone ▷**beistehen**: *He stood by his daughter when she was in trouble.* Er stand seiner Tochter bei, als sie in Schwierigkeiten war.
stand for, be the sign or short word for something ▷**stehen für**: *BBC stands for British Broadcasting Corporation.* BBC steht für British Broadcasting Corporation.
stand still, not move ▷**stillstehen**: *Stand still while I photograph you.* Steh still, während ich dich fotografiere.
stand up, get up on to your feet ▷**aufstehen** ☞Vorsicht! **(aus dem Bett) aufstehen** muss man mit **get up** übersetzen: *What time did you get up this morning?*
stand up for, say that someone is right; support someone ▷**eintreten für**: *Stuart always stands up for his brother.* Stuart tritt immer für seinen Bruder ein.
stand up to, show that you are not afraid of someone ▷**sich behaupten**: *My little brother always stands up to the bigger boys.* Mein kleiner Bruder behauptet sich immer gegen größere Jungen.

standard[1] /'stændəd/ *adj*
usual ▷**Standard-**: *Clothes are sold in standard sizes.* Kleidung wird in Standardgrößen verkauft.

standard[2] /'stændəd/ *n*
how good something or someone is ▷**Niveau**: *Her work is of a high standard.* Ihre Arbeit hat ein hohes Niveau.
standard of living, rich or poor way of living ▷**Lebensstandard**

star[1] /stɑː(r)/ *n*
1 one of the bright things that shine in the sky at night ▷**Stern**
2 shape with points, like a star ▷**Sternchen**

star[2] /stɑː(r)/ *n*
famous actor, singer, sportsman, etc ▷**Star**: *pop stars,* Popstars; *football stars,* Fußballstars.
star *v* (starring, starred /stɑːd/ , has starred) be the star ▷**die Hauptrolle spielen**: *She starred in the play.* Sie spielte die Hauptrolle in dem Stück.

stare /steə(r)/ *v*
look at someone or something for a long time ▷**(an)starren**: *He stared at the famous actor.* Er starrte den berühmten Schauspieler an.

start[1] /stɑːt/ *n*
beginning of an event, journey, etc ▷**Beginn**: *The chairman spoke at the start of the meeting.* Der Vorsitzende sprach zu Beginn der Versammlung.

start[2] /stɑːt/ *v*
1 begin to do something ▷**anfangen mit**: *I'm starting piano lessons next week.* Ich fange nächste Woche mit Klavierstunden an.
2 begin to happen ▷**anfangen**: *When does the match start?* Wann fängt das Spiel an?
3 make something begin to work or move ▷**starten**: *I can't start the car.* Ich kann das Auto nicht starten.
4 begin a new thing ▷**gründen**: *She has started a new business in computers.* Sie hat eine neue Computerfirma gegründet.
☞Siehe Anmerkung bei **begin**.

startle /ˈstɑːtl/ *v*
surprise or shock someone ▷**erschrecken**: *You startled me when you knocked on the window!* Du hast mich erschreckt, als du ans Fenster geklopft hast.

starve /stɑːv/ *v*
not have enough to eat ▷**(ver)hungern**: *Many people have starved in Ethiopia.* Viele Menschen sind in Äthiopien verhungert.
starvation /stɑːˈveɪʃn/ *n* (no *pl*) ▷**Hunger(tod)**: *The population was weakened by starvation.* Die Bevölkerung war durch Hunger geschwächt. *Thousands died of starvation.* Tausende starben den Hungertod.

state[1] /steɪt/ *adj*
of the government ▷**staatlich**
state school *n* government school where pupils do not have to pay ▷**öffentliche Schule**

state[2] /steɪt/ *n*
1 (no *pl*) how someone or something is ▷**Zustand**: *Her room is in a terrible state!* Ihr Zimmer ist in einem schrecklichen Zustand.
2 (*pl* states) country ▷**Land**: *France is a European state.* Frankreich ist ein europäisches Land. ☞Dieses Wort ist förmlich und wird in der Politik verwendet. Im Alltag häufiger verwendet wird **country**.
3 (*pl* states) part of a country ▷**Staat**: *the state of Texas,* der Staat Texas.

state[3] /steɪt/ *v*
say or write something ▷**vortragen**
statement /ˈsteɪtmənt/ *n* ▷**Aussage**: *Robert made a statement to the police.* Robert machte eine Aussage bei der Polizei.

station /ˈsteɪʃn/ *n*
place where trains or buses stop so that people can get on and off ▷**Bahnhof**: *a bus station,* ein Busbahnhof.

stationary /ˈsteɪʃənrɪ/ *adj*
standing in one place; not moving ▷**haltend**: *He crashed into a stationary bus.* Er fuhr auf einen haltenden Bus.

stationery /ˈsteɪʃənrɪ/ *n* (no *pl*)
paper, pens, and other things for writing, etc ▷**Schreibwaren**

statue /stætjuː/ *n*
shape of a person or animal in stone, metal, wood, etc ▷**Statue**: *There is a statue of Nelson in Trafalgar Square.* Auf dem Trafalgar Square steht die Nelson-Statue.

stay[1] /steɪ/ *n*
visit; time in a place ▷**Aufenthalt**: *Ed is back from a short stay with his uncle.* Ed ist von einem kurzen Aufenthalt bei seinem Onkel zurück.

stay[2] /steɪ/ *v*
1 remain or continue in the same place ▷**bleiben**: *On Sundays we stay at home.* Sonntags bleiben wir zu Hause.
2 not change ▷**bleiben**: *After her husband died my sister stayed single.* Nachdem ihr Mann gestorben war, blieb meine Schwester ledig.
3 live somewhere for a time ▷**wohnen, unterkommen**: *I stayed with my aunt when I was in London.* Ich wohnte bei meiner Tante, als ich in London war.
stay behind, not go with others ▷**dableiben**: *My friends have gone out but I am staying behind to do my homework.* Meine Freunde sind ausgegangen, aber ich bin dageblieben, um meine Hausaufgaben zu machen.
stay up, not go to bed ▷**aufbleiben**: *We stayed up until after midnight.* Wir blieben bis nach Mitternacht auf.

steady /ˈstedɪ/ *adj* (steadier, steadiest)
1 not moving; firm ▷**ruhig**: *Hold the ladder steady while I stand on it.* Halt die Leiter fest, während ich auf ihr stehe.
2 regular; not changing or stopping ▷**gleichmäßig**: *a steady wind,* ein gleichmäßiger Wind.

steak /steɪk/ *n*
1 (no *pl*) thick meat or fish for cooking ▷**Steak**
2 (*pl* steaks) piece of steak ▷**Steak**

steal /stiːl/ *v* (stole /stəʊl/, has stolen /ˈstəʊlən/)
secretly take something that is not yours ▷**stehlen**: *Someone has stolen my money.* Man hat mein Geld gestohlen.

steam /stiːm/ *n* (no *pl*)
cloud of gas that rises from very hot water ▷**Dampf**: *the steam from the kettle,* der Dampf des Kessels.

steam-engine /'stiːm endʒɪn/ *n*
engine that works with steam ▷**Dampfmaschine**

steamer /'stiːmə(r)/ *n*
ship with engines that work with steam ▷**Dampfer**

steel /stiːl/ *n* (no *pl*)
strong, hard metal for making knives, tools, machines, etc ▷**Stahl**

steep /stiːp/ *adj* (steeper, steepest)
rising quickly from a low place to a high place ▷**steil**: *Sandy walked slowly up the steep hill.* Sandy ging langsam den steilen Hügel hinauf.

steer /stɪə(r)/ *v*
turn a wheel or handle to guide a boat, car, bicycle, etc ▷**lenken**
steering-wheel *n* wheel that turns a boat, car, etc left or right ▷**Lenkrad**

stem /stem/ *n*
the part of a plant that grows from the ground ▷**Stiel**: *Cut the stems before you put them in water.* Schneid die Stiele ein, bevor du sie ins Wasser stellst.

step[1] /step/ *n*
1 one movement forwards or backwards when you walk, dance, etc; sound of someone walking ▷**Schritt**: *The dog barked when he heard steps in the garden.* Der Hund bellte, als er Schritte im Garten hörte.
2 place to put your foot when you go up or down stairs; walk up or down ▷**Stufe**: *There are steps down into the garden.* Es führen Stufen in den Garten hinunter.
3 one in a list of things that you must do ▷**Schritt**: *What is the first step in planning a holiday?* Was ist der erste Schritt, wenn man einen Urlaub plant?
step by step, slowly; doing one thing at a time ▷**Schritt für Schritt**

step[2] /step/ (is stepping, stepped /stept/, has stepped) *v*
move your foot to go forwards or backwards ▷**treten**: *Don't step on that snail!* Tritt nicht auf die Schnecke!

step-ladder /'step lædə(r)/ *n*
short ladder ▷**Trittleiter**

stereo /'sterɪəʊ/ *n*
record-player with two speakers ▷**Stereoanlage**

stew /stjuː/ *n*
dish of cooked meat, vegetables, etc ▷**Eintopf**

steward /'stjuːəd/ *n*
man who looks after passengers on a ship or aeroplane ▷**Steward**
stewardess /ˌstjuːə'des/ *n* woman who looks after passengers on a ship or aeroplane ▷**Stewardess**

stick[1] /stɪk/ *n*
1 thin piece of wood ▷**Stock**
2 piece of wood that helps you to walk ▷**Stock**: *The old man uses a stick.* Der alte Mann geht am Stock.

stick[2] /stɪk/ (stuck /stʌk/, has stuck) *v*
1 push a pointed or sharp thing into something ▷**stechen**: *Don't stick that needle into your finger!* Stich dir nicht mit der Nadel in den Finger.
2 fix something onto another thing with glue, etc ▷**kleben**: *She stuck a stamp onto the envelope.* Sie klebte eine Briefmarke auf den Umschlag.
3 become fixed so that it cannot move ▷**stecken bleiben**: *The car stuck in the mud.* Das Auto blieb im Schlamm stecken.
stick up for, say that someone is right; support someone ▷**eintreten für**: *The other children laughed at Godfrey, but Oliver stuck up for him.* Die anderen Kinder lachten Godfrey aus, aber Oliver trat für ihn ein.

sticker /'stɪkə(r)/ *n*
small piece of paper, with a picture or message, that you stick onto something ▷**Aufkleber**

sticking plaster /'stɪkɪŋ ˌplɑːstə(r)/ *n*
piece of sticky cloth that you put over a cut to keep it clean ▷**Heftpflaster**

sticky /'stɪkɪ/ *adj* (stickier, stickiest)
1 that stays on the thing that touches it ▷**klebrig**: *Jam is sticky.* Marmelade ist klebrig.
2 covered with stuff that you have touched ▷**klebrig**: *sticky fingers,* klebrige Finger.

stiff /stɪf/ *adj* (stiffer, stiffest)
not bending easily ▷**steif**: *a stiff collar,* ein steifer Kragen.

still[1] /stɪl/ *adj* (stiller, stillest)
not moving or making any sound ▷**stehend**: *In the still air, the smoke went straight up.* In der stehenden Luft stieg der Rauch nach oben.

still[2] /stɪl/ *adv*
without moving or making any sound; quietly ▷**still**: *Please sit still while I cut your hair.* Sitz bitte still, während ich deine Haare schneide.

still[3] /stɪl/ *adv*
1 word that you use to show that something has not changed ▷**noch**: *Are you still there?* Bist du noch da? *The fire is still burning.* Das Feuer brennt noch.

2 nevertheless ▷**dennoch**: *Although she was ill, she still went to work.* Obwohl sie krank war, ging sie dennoch zur Arbeit.

stilts /stɪlts/ *n pl*
long sticks for walking high above the ground ▷**Stelzen**

sting /stɪŋ/ *n*
sore place that an insect or a plant makes ▷**Stich**: *Her face was covered with bee stings.* Ihr Gesicht war voller Bienenstiche.
sting (stung /stʌŋ/, has stung) *v* ▷**stechen**: *A wasp stung him.* Er ist von einer Wespe gestochen worden.

stir /stɜː(r)/ (is stirring, stirred /stɜːd/, has stirred)
move a spoon, etc round and round to mix something ▷**(um)rühren**: *Have you stirred your tea?* Hast du deinen Tee umgerührt?

stitch /stɪtʃ/ *n* (*pl* stitches)
putting a needle once into cloth or wool ▷**Stich**

stock /stɒk/ *n*
goods in a shop that you are keeping to sell ▷**Vorrat**: *That shoe-shop has a big stock of boots.* Dieses Schuhgeschäft hat einen großen Vorrat an Stiefeln.
in stock, ready to sell ▷**vorrätig**
out of stock, not there to sell ▷**ausverkauft**: *I'm sorry — brown sugar is out of stock.* Es tut mir Leid — brauner Zucker ist ausverkauft.
stock *v* keep a stock of something ▷**führen**: *Does that shop stock raincoats?* Führt dieser Laden Regenmäntel?

stocking /ˈstɒkɪŋ/ *n*
long, thin thing that a woman or girl wears to cover her leg ▷**Strumpf**: *a pair of stockings,* ein Paar Strümpfe.

stole /stəʊl/ *form of* steal

stolen /ˈstəʊlən/ *form of* steal
stolen *adj* ▷**gestohlen**: *a stolen car,* ein gestohlenes Auto.

stomach /ˈstʌmək/ *n*
part inside the body where food goes ▷**Magen**: *I've got a stomach-ache.* Ich habe Magenschmerzen.

stone /stəʊn/ *n*
1 (no *pl*) very hard part of the ground; rock ▷**Stein**: *a wall of stone,* eine Steinmauer.
2 (*pl* stones) piece of stone ▷**Stein**: *Don't throw stones at the cat.* Wirf nicht mit Steinen nach der Katze.
3 (*pl* stones) jewel ▷**Stein**: *A diamond is a precious stone.* Ein Diamant ist ein Edelstein.
4 (*pl* stones) hard part in the middle of some fruit ▷**(Obst)kern**

stood /stʊd/ *form of* stand

stool /stuːl/ *n*
small seat with no back ▷**Hocker**

stop[1] /stɒp/ *n*
1 the moment when someone or something no longer moves ▷**Halt(en)**: *The train came to a sudden stop.* Der Zug kam plötzlich zum Halten.
2 place where buses, trains, etc stop moving so that people can get on and off ▷**Haltestelle**: *Please can I get off the bus at the next stop?* Kann ich bitte an der nächsten Haltestelle aussteigen?
3 punctuation mark (.) that shows the end of a sentence ▷**Punkt**
put a stop to, make something end ▷**ein Ende machen**: *We must put a stop to parking in this narrow street.* Wir müssen dem Parken in dieser engen Straße ein Ende machen.

stop[2] /stɒp/ *v* (is stopping, stopped /stɒpt/, has stopped)
1 not do something any more ▷**aufhören**: *Please stop talking.* Hör bitte auf zu reden.
2 finish moving; become still ▷**(an)halten**: *The train stopped at every station.* Der Zug hielt an jedem Bahnhof.
3 make something no longer move ▷**anhalten**: *He stopped his car at the traffic lights.* An der Ampel hielt er sein Auto an.
4 make something no longer happen ▷**ein Ende bereiten**: *She put up her hand and stopped the noise.* Sie hob ihre Hand und bereitete dem Krach ein Ende.

store[1] /stɔː(r)/ *n*
1 big shop ▷**Kaufhaus**: *Selfridges is a London store.* Selfridges ist ein Londoner Kaufhaus.
2 place for keeping a lot of things ▷**Lager**: *a furniture store,* ein Möbellager.
3 what you put away and keep for a later time ▷**Vorrat**: *a store of food,* ein Lebensmittelvorrat.

store[2] /stɔː(r)/ *v*
keep something for a later time ▷**lagern**: *The farmer stores the hay in the barn.* Der Bauer lagert das Heu in der Scheune.

storey /ˈstɔːrɪ/ *n*
floor in a building ▷**Stockwerk**: *A skyscraper has many storeys.* Ein Wolkenkratzer hat viele Stockwerke.

storm /stɔːm/ *n*
strong wind and rain ▷**Unwetter**

stormy /ˈstɔːmɪ/ *adj* (stormier, stormiest)
1 with strong wind, rain, etc ▷**stürmisch**: *a stormy day,* ein stürmischer Tag.
2 angry ▷**hitzig**: *a stormy meeting,* eine hitzige Versammlung.

story /ˈstɔːrɪ/ *n* (*pl* stories)
true or untrue things that someone tells

others ▷**Geschichte**: *Hans Christian Andersen wrote stories for children.* Hans Christian Andersen schrieb Geschichten für Kinder. *Granny tells us stories about her childhood.* Oma erzählt uns Geschichten aus ihrer Kindheit.

stove /stəʊv/ *n*
cooker ▷**Herd**

straight[1] /streɪt/ *adj*
not bending; with no curve ▷**gerade**: *straight lines,* gerade Linien.
put something straight, make something tidy ▷**in Ordnung bringen**: *I put my desk straight before I went on holiday.* Ich brachte meinen Schreibtisch in Ordnung, bevor ich in Urlaub fuhr.

straight[2] /streɪt/ *adv*
1 not bending; with no curve in a line that does not bend ▷**gerade**: *The smoke rose straight up because there was no wind.* Der Rauch stieg gerade nach oben, weil kein Wind wehte.
2 directly; by the shortest way, not stopping ▷**direkt**: *Come straight home.* Komm direkt nach Hause.
straight away, now ▷**sofort**: *I'll do it straight away.* Ich werde es sofort machen.
straight on, without turning ▷**geradeaus**: *Don't turn left — walk straight on.* Biegen Sie nicht links ab — gehen Sie geradeaus weiter.

straighten /'streɪtn/ *v*
1 become straight ▷**gerade werden**
2 make something straight ▷**gerade machen**

straightforward /ˌstreɪt'fɔːwəd/ *adj*
easy to understand or do ▷**einfach**: *a straightforward task,* eine einfache Aufgabe.

strange /streɪndʒ/ *adj* (stranger, strangest)
that you do not know; not usual ▷**merkwürdig**: *What is that strange noise?* Was ist das für ein merkwürdiges Geräusch?

stranger /'streɪndʒə(r)/ *n*
someone that you do not know ▷**Fremde(r)**: *There's a stranger at the door.* Da ist ein Fremder an der Tür.

strap /stræp/ *n*
long, narrow piece of leather or plastic to hold something ▷**Träger**: *a sun-dress with narrow straps,* ein Sonnenkleid mit schmalen Trägern.
watch-strap, ▷**Uhrarmband**

straw /strɔː/ *n*
1 (no *pl*) dry stalks of grass, corn, etc ▷**Stroh**: *My rabbit sleeps on a bed of straw.* Mein Kaninchen schläft auf einem Bett aus Stroh.
2 (*pl* straws) one dry stalk of a wheat plant, etc ▷**Strohhalm**
3 (*pl* straws) thin tube of paper or plastic for drinking a cold drink ▷**Strohhalm**: *He drank lemonade through a straw.* Er trank Limonade mit einem Strohhalm.

strawberry /'strɔːbrɪ/ *n* (*pl* strawberries)
small, soft, red fruit ▷**Erdbeere**

stream /striːm/ *n*
1 small river ▷**Bach**
2 a lot of moving liquid or other things ▷**Strom**: *a stream of hot air,* ein heißer Luftstrom.

street /striːt/ *n*
way from one place to another, where cars, etc can go ▷**Straße**: *The streets here are very narrow.* Die Straßen hier sind sehr eng. ☞Siehe Anmerkung bei **road**.
street light *n* lamp on a long post that lights a street ▷**Laterne**

strength /streŋθ/ *n* (no *pl*)
being strong ▷**Kraft**: *The little boy hasn't the strength to lift that heavy box.* Der kleine Junge hat nicht die Kraft, die schwere Kiste zu heben.
strengthen /'streŋθən/ *v* make something stronger ▷**(ver)stärken**

stress[1] /stres/ *n* (*pl* stresses)
1 saying one word or part of a word more strongly than another ▷**Betonung**: *The stress is on the first part of the word 'happy'.* Bei dem Wort „happy" liegt die Betonung auf dem ersten Teil.
2 feeling of worry ▷**Stress**: *Business people often suffer from stress.* Geschäftsleute leiden oft unter Stress.

stress[2] /stres/ *v*
1 speak firmly to show that what you are saying is important ▷**betonen**: *Mum stressed that Jacky should be home by ten o'clock.* Mama betonte, dass Jacky um zehn zu Hause sein sollte.
2 say one word or part of a word more strongly than another ▷**betonen**: *You must stress the first part of the word 'London'.* Du musst den ersten Teil des Wortes „London" betonen.

stretch /stretʃ/ *v*
1 pull something to make it longer, wider, etc ▷**dehnen**: *Don't stretch that elastic too much — it'll break.* Dehn das Gummi nicht so — es reißt sonst.
2 become longer, wider, etc when you pull it ▷**sich dehnen**: *Rubber bands stretch.* Gummibänder dehnen sich.
3 push your arms or legs out as far as you can ▷**sich strecken**: *The cat woke up and stretched.* Die Katze wachte auf und streckte sich.

stretcher /'stretʃə(r)/ *n*
sort of light bed for carrying a sick person ▷**Tragbahre**

strict /strɪkt/ *adj* (stricter, strictest)
very firm with people; making people do what you want ▷**streng**: *a strict teacher,* eine strenge Lehrerin.

strike[1] /straɪk/ *n*
time when people will not work because they want more money or are angry about something ▷**Streik**: *There are no trains because the drivers are on strike.* Es fahren keine Züge, weil sich die Lokführer im Streik befinden.

strike[2] /straɪk/ *v* (struck/ /strʌk/, has struck.
1 hit someone or something ▷**schlagen**: *He struck me with a stick.* Er schlug mich mit einem Stock. ☞Im Alltag häufiger verwendet wird **hit**.
2 hit a bell to tell the hour ▷**schlagen**: *At midday the clock strikes twelve.* Mittags schlägt die Uhr zwölf.
3 stop working because you want more money or are angry about something ▷**streiken**: *They are striking for more pay.* Sie streiken für höhere Löhne.

string /strɪŋ/ *n*
1 (no *pl*) strong thread for tying things ▷**Schnur**: *John tied up the parcel with string.* John band eine Schnur um das Paket.
2 (*pl* strings) line of things on a piece of cord ▷**Kette**: *a string of pearls,* eine Perlenkette.
3 (*pl* strings) piece of cord, wire, etc on a musical instrument ▷**Saite**: *the strings of a violin,* die Saiten einer Geige.

strip[1] /strɪp/ *n*
long, narrow piece of something ▷**Streifen**: *a strip of paper,* ein Papierstreifen; *a strip of land,* ein Streifen Land. ☞Bei einem Muster spricht man von **stripe**.

strip[2] /strɪp/ *v* (is stripping, stripped /strɪpt/, has stripped)
1 take away the outside part of something ▷**abmachen**: *He stripped the paper off the parcel.* Er machte das Papier vom Päckchen ab.
2 take off your clothes ▷**sich ausziehen**: *He stripped and got into the bath.* Er zog sich aus und stieg in die Badewanne.

stripe /straɪp/ *n*
long, narrow band of colour ▷**Streifen**: *Zebras have black and white stripes.* Zebras haben schwarze und weiße Streifen.
striped /straɪpt/ *adj* with stripes ▷**gestreift**: *a striped shirt,* ein gestreiftes Hemd.

stroke /strəʊk/ *v*
move your hand gently across something to show love ▷**streicheln**: *He stroked the horse's neck.* Er streichelte den Hals des Pferdes.

strong /strɒŋ/ *adj* (stronger, strongest)
1 with a powerful body ▷**stark**: *He lifted the heavy box in his strong arms.* Er hob die schwere Kiste mit seinen starken Armen hoch.
2 that will not break easily ▷**stabil**: *Don't sit on that chair — it's not very strong.* Setz dich nicht auf den Stuhl — er ist nicht sehr stabil.
3 that you can see, smell, taste, or feel very easily ▷**stark**: *a strong smell of oranges,* ein starker Apfelsinengeruch.
4 able to make other people do what you want ▷**tatkräftig**: *a strong government,* eine tatkräftige Regierung.
strongly *adv* ▷**stark**: *She objected strongly to the plans.* Sie hat den Plänen stark widersprochen.

struck /strʌk/ *form of* strike

structure /'strʌktʃə(r)/ *n*
1 (no *pl*) way something is made ▷**(Auf-)bau**: *We are studying the structure of a bird's wing.* Wir untersuchen den Bau eines Vogelflügels.
2 (*pl* structures) building or other thing that people have made with many parts ▷**Konstruktion**: *The Humber Bridge is a huge structure.* Die Brücke über den Humber ist eine gewaltige Konstruktion.

struggle /'strʌgl/ *v*
1 fight ▷**kämpfen**: *She struggled with the burglar.* Sie kämpfte mit dem Einbrecher.
2 try very hard to do something that is not easy ▷**sich abmühen**: *He struggled to lift the heavy suitcase.* Er mühte sich ab, den schweren Koffer hochzuheben.
struggle *n* ▷**Kampf**

stubborn /'stʌbən/ *adj*
not willing to change your ideas ▷**stur**
stubbornly *adv* ▷**stur**

stuck /stʌk/ *form of* stick

student /'stju:dnt/ *n*
someone who is learning something ▷**Student(in)**: *A lot of students get jobs in the holidays.* Viele Studenten arbeiten in den Ferien.

studio /'stju:dɪəʊ/ *n*
1 room with a lot of light where a painter works ▷**Atelier**
2 room where people make films and radio or television programmes ▷**Studio**

study[1] /'stʌdɪ/ *n* (*pl* studies)
1 learning ▷**Studium**: *When are you beginning your studies at college?* Wann fängst du dein Studium an der Hochschule an?

☞**study** wird normalerweise im Plural verwendet.
2 private room where you study, read, and write ▷**Arbeitszimmer**

study[2] /'stʌdɪ/ *v* (studied, has studied)
1 read about, think about, and learn something ▷**studieren**: *Edward studies wildlife.* Edward studiert die Tierwelt.
2 look at something carefully ▷**studieren**: *We must study the map before we leave.* Wir müssen die Karte studieren, bevor wir uns auf den Weg machen.

stuff /stʌf/ *n* (no *pl*)
sort of thing; material ▷**Zeug**: *What is this sticky stuff on the carpet?* Was ist das für ein klebriges Zeug auf dem Teppich?

stumble /'stʌmbl/ *v*
1 hit your foot against something and almost fall ▷**stolpern**: *He stumbled over the doorstep.* Er stolperte über die Türschwelle.
2 walk like an ill or drunk person ▷**stolpern**: *The drunk stumbled along the road.* Der Betrunkene stolperte die Straße entlang.

stung /stʌŋ/ *form of* sting

stunt /stʌnt/ *n*
something difficult or dangerous that you do to make other people look at you ▷**Kunststück**: *That was a daring stunt.* Das war ein gewagtes Kunststück.

stupid /'stjuːpɪd/ *adj*
foolish; not able to understand quickly ▷**dumm**: *a stupid question*, eine dumme Frage. ☞Vorsicht! Das deutsche **stupid** wird mit **boring** übersetzt: *a boring job*, eine stupide Arbeit.
stupidly *adv* ▷**dumm**
stupidity /stjuː'pɪdətɪ/ *n* (*pl* stupidities) ▷**Dummheit**

style /staɪl/ *n*
way of doing, making, or saying something ▷**Stil**: *I don't like his style of writing.* Mir gefällt sein Schreibstil nicht.

subject /'sʌbdʒɪkt/ *n*
1 someone who belongs to a certain country ▷**Staatsangehörige(r)**: *Nigel is a British subject.* Nigel ist britischer Staatsangehöriger.
2 chief idea that you are talking or writing about ▷**Thema**: *What is the subject of that book?* Was ist das Thema des Buches?
3 what you learn at school, college, etc ▷**Fach**: *Maths and Geography are my favourite subjects.* Mathe und Erdkunde sind meine Lieblingsfächer.
4 word in a sentence that does the action of the verb ▷**Subjekt**: *In the sentence 'John painted the doors', the subject is 'John'.* In dem Satz „John strich die Türen“, ist „John“ das Subjekt.

submarine /ˌsʌbmə'riːn/ *n*
ship that can travel under the sea ▷**U-Boot**

substance /'sʌbstəns/ *n*
sort of thing; material ▷**Material**: *Stone is a hard substance.* Stein ist ein hartes Material.

substitute /'sʌbstɪtjuːt/ *v*
put someone or something in the place of another ▷**ersetzen**: *I substituted margarine for butter.* Ich ersetzte die Butter durch Margarine.
substitute *n* ▷**Ersatz**: *The goalkeeper was ill so we found a substitute.* Der Torwart war krank, deshalb besorgten wir einen Ersatz.

subtract /səb'trækt/ *v*
take one number away from another number ▷**abziehen**: *If you subtract 6 from 9, you will have 3.* Wenn du 6 von 9 abziehst, erhältst du 3.
subtraction /səb'trækʃn/ *n* ▷**Subtraktion**: *We do addition and subtraction in arithmetic.* Im Mathematikunterricht üben wir Addition und Subtraktion.

suburb /'sʌbɜːb/ *n*
one of the outside parts of a town or city ▷**Vorort**: *Wimbledon is a suburb of London.* Wimbledon ist ein Vorort von London.

subway /'sʌbweɪ/ *n*
path for people, which goes under a busy street ▷**Unterführung**

succeed /sək'siːd/ *v*
1 manage to do something that you were trying to do ▷**(es) schaffen**: *Did you succeed in booking the flight to Rome?* Hast du es geschafft, den Flug nach Rom zu buchen?
2 come or go after someone or something ▷**folgen auf**: *Queen Elizabeth II succeeded King George VI.* Königin Elisabeth II folgte auf König Georg VI.

success /sək'ses/ *n*
1 (no *pl*) managing to do something that you were trying to do ▷**Erfolg**: *I wished Jill success with her studies.* Ich wünschte Jill Erfolg bei ihrem Studium.
2 (*pl* successes) someone or something that pleases people ▷**Erfolg**: *The new sports centre is a big success.* Das neue Sportzentrum ist ein großer Erfolg.
successful *adj* ▷**erfolgreich**: *a successful actor,* ein erfolgreicher Schauspieler.
successfully *adv* ▷**erfolgreich**

successor /sək'sesə(r)/ *n*
someone who comes or goes after another person in a job ▷**Nachfolger**: *When the chairman leaves, who will his successor be?* Wenn der Vorsitzende geht, wer wird dann sein Nachfolger?

such /sʌtʃ/ *adj*
word that makes another word stronger ▷**so**: *We're having such good weather!* Wir haben so tolles Wetter! ☞**such** und **so** sind sich in der Bedeutung sehr ähnlich, werden aber unterschiedlich gebraucht. **such** (+ Adjektive) + Substantiv: *It's such a nice day. He's such a bore.* **so** kann nur von einem Adjektiv gefolgt werden: *This box is so heavy. She's so kind.*
such a, words that make another word stronger ▷**so ein(e)**: *She's such a nice woman.* Sie ist so eine nette Frau.
such as, like something ▷**wie**: *Do you like books such as this?* Gefallen dir Bücher wie dieses?

suck /sʌk/ *v*
1 pull liquid, etc into your mouth through your lips ▷**saugen**: *A baby sucks milk from a bottle.* Ein Baby saugt Milch aus der Flasche.
2 hold something in the mouth and lick it ▷**lutschen**: *She was sucking a sweet.* Sie lutschte ein Bonbon.

sudden /ˈsʌdn/ *adj*
happening quickly; that you do not expect ▷**plötzlich**: *His sudden death shocked us all.* Sein plötzlicher Tod schockierte uns alle.
all of a sudden, suddenly ▷**plötzlich**: *All of a sudden the phone rang.* Plötzlich klingelte das Telefon.
suddenly *adv* ▷**plötzlich**: *Suddenly there was a loud explosion.* Plötzlich hörte man eine laute Explosion.

suffer /ˈsʌfə(r)/ *v*
have pain, sadness, etc ▷**leiden**: *He is suffering from toothache.* Er leidet an Zahnschmerzen.

sufficient /səˈfɪʃnt/ adj
as much as you need; as many as you need ▷**genügend**: *Is there sufficient time to see the museum?* Haben wir genügend Zeit, um das Museum zu besichtigen? ☞Dieses Wort klingt sehr förmlich. Im Alltag häufiger verwendet wird **enough**.

suffix /ˈsʌfɪks/ *n* (*pl* suffixes)
group of letters that you add to the end of one word to make another word ▷**Nachsilbe**: *We add the suffix -ly to make the adjective 'quick' into the adverb 'quickly'.* Wir hängen die Nachsilbe -ly an, um aus dem Adjektiv „quick" das Adverb „quickly" zu bilden.

sugar /ˈʃʊgə(r)/ *n* (no *pl*)
sweet stuff that comes from some sorts of plant ▷**Zucker**: *Do you take sugar in your tea?* Nehmen Sie Zucker in den Tee?

suggest /səˈdʒest/ *v*
give someone an idea ▷**vorschlagen**: *Sue suggested that we should go for a swim.* Sue schlug vor, schwimmen zu gehen.
suggestion /səˈdʒestʃn/ *n* ▷**Vorschlag**: *I don't know what to buy for her birthday — have you any suggestions?* Ich weiß nicht, was ich ihr zum Geburtstag schenken soll — hast du irgendwelche Vorschläge?

suicide /ˈsjuːɪsaɪd/ *n* (no *pl*)
killing yourself ▷**Selbstmord**: *He committed suicide by jumping out of a high window.* Er beging Selbstmord, indem er aus einem hochgelegenen Fenster sprang.

suit[1] /suːt/ *n*
1 jacket and trousers, that you wear together ▷**Anzug**
2 jacket and skirt, that you wear together ▷**Kostüm**

suit[2] /suːt/ *v*
1 be the right dress or hairstyle, etc for you ▷**stehen**: *The blue dress doesn't suit me.* Dieses blaue Kleid steht mir nicht.
2 be what you want or need ▷**gefallen**: *This room will suit me very well.* Dieses Zimmer gefällt mir sehr gut.
suitable /ˈsuːtəbl/ *adj* ▷**geeignet**: *Thick clothes are not suitable for hot weather.* Dicke Kleidung ist für warmes Wetter nicht geeignet.
suitably *adv* ▷**passend**: *Val was not suitably dressed for a walk in the country.* Val war für einen Spaziergang auf dem Land nicht passend angezogen.

suitcase /ˈsuːtkeɪs/ *n*
thing that holds your clothes, etc when you travel ▷**Koffer**: *Have you packed your suitcase?* Hast du deinen Koffer gepackt?

sulk /sʌlk/ *v*
not speak because you are angry about something ▷**schmollen**

sum /sʌm/ *n*
1 piece of work in arithmetic ▷**Rechenaufgabe**: *Can you do simple sums in your head?* Kannst du einfache Rechenaufgaben im Kopf lösen?
2 amount of money ▷**Summe**: *£20,000 is a large sum.* £20 000 ist eine große Summe.

summer /ˈsʌmə(r)/ *n*
warm time of the year ▷**Sommer**

summit /ˈsʌmɪt/ *n*
top of a hill or mountain ▷**Gipfel**

sun /sʌn/ *n* (no *pl*)
1 big, round thing that shines in the sky during the day and gives us light and heat ▷**Sonne**
2 light and heat from the sun ▷**Sonne**: *It's too hot in the sun — we'll sit in the shade.* Es ist zu heiß in der Sonne — wir setzen uns in den Schatten.

sunbathe /ˈsʌnbeɪð/ *v*
lie in the sun ▷**sich sonnen**: *We sunbathed on the beach.* Wir sonnten uns am Strand.

sunburn /ˈsʌnbɜːn/ *n* (no *pl*)
brown or red colour of your skin when you have been in the hot sun ▷**Sonnenbrand**
sunburned, sunburnt /ˈsʌnbɜːnt/ *adj* ▷**von der Sonne verbrannt**: *sunburnt arms,* von der Sonne verbrannte Arme.

Sunday /ˈsʌndeɪ/ *n*
first day of the week ▷**Sonntag**: *On Sunday many people go to church.* Sonntags gehen viele Leute zur Kirche.

sung /sʌŋ/ *form of* sing

sunglasses /ˈsʌnglɑːsɪz/ *n pl*
dark glasses that you wear in strong light ▷**Sonnenbrille** ☞**sunglasses** gehört zu den Paarwörtern und steht immer im Plural. Soll eine bestimmte Zahl angegeben werden, so verwendet man **pair(s) of**: *a pair of sunglasses.*

sunk /sʌŋk/ *form of* sink

sunlight /ˈsʌnlaɪt/ *n* (no *pl*)
light from the sun ▷**Sonnenlicht**

sunny /ˈsʌnɪ/ *adj* (sunnier, sunniest)
bright with light from the sun ▷**sonnig**: *a sunny day,* ein sonniger Tag.

sunrise /ˈsʌnraɪz/ *n* (no *pl*)
time when the sun comes up ▷**Sonnenaufgang**

sunset /ˈsʌnset/ *n*
time when the sun goes down ▷**Sonnenuntergang**

sunshine /ˈsʌnʃaɪn/ *n* (no *pl*)
bright light from the sun ▷**Sonnenschein**

suntan /ˈsʌntæn/ *n*
brown colour of your skin when you have been in the hot sun ▷**Sonnenbräune**
suntanned /ˈsʌntænd/ *adj* ▷**gebräunt**

super /ˈsuːpə(r)/ *adj*
wonderful; very big, great, etc ▷**toll**: *We had a super holiday.* Wir hatten einen tollen Urlaub.

superb /suːˈpɜːb/ *adj*
wonderful; beautiful ▷**großartig**

superior /suːˈpɪərɪə(r)/ *adj*
better; cleverer, more important, etc than another ▷**besser**: *Fresh coffee is superior to instant coffee.* Frischer Kaffee ist besser als Pulverkaffee.

supermarket /ˈsuːpəmɑːkɪt/ *n*
big food shop where you collect things in a basket and pay when you leave ▷**Supermarkt**

supersonic /ˌsuːpəˈsɒnɪk/ *adj*
faster than the speed of sound ▷**Überschall-**: *Concorde is a supersonic aircraft.* Die Concorde ist ein Überschallflugzeug.

superstore /ˈsuːpəstɔː(r)/ *n*
a very big shop ▷**Großmarkt**: *There's a new superstore on the edge of town.* Es gibt einen neuen Großmarkt am Rande der Stadt.

supervise /ˈsuːpəvaɪz/ *v*
watch to see that people are working correctly ▷**beaufsichtigen**
supervision /ˌsuːpəˈvɪʒn/ *n* ▷**Aufsicht**: *There is strict supervision of exams.* Bei Prüfungen wird strenge Aufsicht geführt.
supervisor /ˈsuːpəvaɪzə(r)/ *n* someone who supervises people ▷**Aufseher(in)**

supper /ˈsʌpə(r)/ *n*
last meal of the day ▷**Abendessen**: *We normally have supper at 7 o'clock.* Wir nehmen unser Abendessen gewöhnlich um 7 Uhr ein.

supply[1] /səˈplaɪ/ *n* (*pl* supplies)
amount of something ▷**Vorrat**
a good supply, plenty ▷**ein reichlicher Vorrat**: *Mother always has a good supply of food in the house.* Mutter hat immer einen reichlichen Vorrat an Lebensmitteln im Haus.

supply[2] /səˈplaɪ/ *v* (supplied, has supplied)
give or sell something that someone needs ▷**versorgen**: *Butchers supply us with meat.* Metzger versorgen uns mit Fleisch.

support /səˈpɔːt/ *v*
1 hold the weight of someone or something so that it does not fall ▷**tragen**: *Will the shelves support those heavy books?* Wird das Regal das Gewicht der schweren Bücher tragen?
2 help someone to live by giving him money, etc ▷**unterhalten**: *She supports a large family.* Sie unterhält eine große Familie.
3 say or think that someone is best, right, etc ▷**unterstützen**: *Which candidate do you support?* Welchen Kandidaten unterstützt du?
support *n* ▷**Unterstützung**: *I'm grateful for all your support.* Ich bin für deine Unterstützung dankbar.

supporter /səˈpɔːtə(r)/ *n*
someone who helps, shows interest, gives money, etc ▷**Anhänger(in)**: *The government's supporters welcomed the new laws.* Die Anhänger der Regierung begrüßten die neuen Gesetze.

suppose /səˈpəʊz/ *v*
think something but not be sure ▷**annehmen**: *I suppose a bus will arrive soon.* Ich nehme an, dass bald ein Bus kommen wird.

supposed /sə'pəʊzd/ *form of* suppose
be supposed to, be expected to do something; must do something ▷**müssen**: *Are you supposed to do homework every day?* Musst du jeden Tag Hausaufgaben machen?

supposing /sə'pəʊzɪŋ/ *conj*
if ▷**angenommen**: *Supposing it rains, will we still go to the match?* Angenommen, es regnet, gehen wir dann trotzdem zum Spiel?

sure[1] /ʃʊə(r)/ *adj* (surer, surest)
certain; knowing that something is true or will happen ▷**sicher**: *I'm sure it's going to rain.* Ich bin sicher, dass es regnen wird.
be sure to, do not forget to do something ▷**nicht vergessen**: *Be sure to lock the door when you leave.* Vergiss nicht, die Tür abzuschließen, wenn du gehst.
make sure, find out about something so that you are certain ▷**herausfinden**: *I'll ring David to make sure when the party starts.* Ich rufe David an, um herauszufinden, wann die Party anfängt.

sure[2] /ʃʊə(r)/ *adv*
for sure, certainly; definitely ▷**genau**: *I don't know the number for sure — I'll look in the phone book.* Ich weiß die Nummer nicht genau — ich sehe im Telefonbuch nach.
sure enough, as you thought ▷**tatsächlich**: *I said it would rain, and sure enough, it did.* Ich sagte, dass es regnen würde, und tatsächlich, es regnete.

surely /'ʃʊəlɪ/ *adv*
1 certainly; with no doubt ▷**bestimmt**: *He works so hard that he will surely pass.* Er arbeitet so hart, dass er bestimmt bestehen wird.
2 word that you say when you think something must be true ▷**doch sicher**: *Surely you know where your brother works?* Du weißt doch sicher, wo dein Bruder arbeitet.

surf /sɜːf/ *v*
move over waves by holding or standing on a long piece of wood, etc ▷**surfen**
surfboard *n* special piece of wood, etc for surfing ▷**Surfbrett**
surfer *n* someone who surfs ▷**Surfer(in)**
surfing *n* (no *pl*) sport of riding over waves ▷**Surfen**

surface /'sɜːfɪs/ *n*
1 outside of something ▷**Oberfläche**: *A tomato has a shiny, red surface.* Eine Tomate hat eine glänzende, rote Oberfläche.
2 top of a liquid, a lake, the sea, etc ▷**Wasseroberfläche**: *He dived below the surface.* Er tauchte unter die Wasseroberfläche.

surgeon /'sɜːdʒən/ *n*
doctor who operates and mends parts inside you ▷**Chirurg(in)**

surgery /'sɜːdʒərɪ/ *n*
1 (no *pl*) cutting into the body to mend a part inside ▷**Operation**: *After surgery patients must rest.* Nach einer Operation müssen die Patienten sich ausruhen.
2 (*pl* surgeries) place where you go to see the doctor or dentist ▷**Praxis**

surname /'sɜːneɪm/ *n*
family name ▷**Nachname**: *Andrew Butcher's surname is Butcher.* Andrew Butchers Nachname ist Butcher. ☞Siehe Anmerkung bei **name**.

surplus /'sɜːpləs/ *n* (*pl* surpluses)
amount that is more than you need ▷**Überschuss**: *The farmers produced a surplus of wheat.* Die Bauern produzierten einen Überschuss an Weizen.

surprise[1] /sə'praɪz/ *n*
feeling that you have when something happens that you did not expect ▷**Überraschung**: *My uncle's visit was a surprise.* Der Besuch meines Onkels war eine Überraschung.
give someone a surprise, do something that someone does not expect ▷**jemanden überraschen**: *I went in quietly because I wanted to give her a surprise.* Ich ging leise hinein, weil ich sie überraschen wollte.
take someone by surprise, do something that someone is not expecting ▷**jemanden überraschen**: *Your phone call took me by surprise because I thought you were on holiday.* Dein Anruf hat mich überrascht, weil ich dachte, du wärst in Urlaub.
to my surprise, I was surprised that ▷**zu meiner Überraschung**: *I thought he would be angry but, to my surprise, he smiled.* Ich dachte, er würde wütend sein, aber zu meiner Überraschung lächelte er.

surprise[2] /sə'praɪz/ *v*
do something that someone does not expect ▷**überraschen**: *My good marks surprised my father.* Meine guten Noten überraschten meinen Vater.
surprised /sə'praɪzd/ *adj* ▷**überrascht**: *He looked so surprised — I couldn't help laughing.* Er sah so überrascht aus — ich musste einfach lachen.
surprising *adj* that you do not expect ▷**überraschend**: *surprising news,* überraschende Neuigkeiten.
surprisingly *adv* ▷**überraschend**: *He recovered surprisingly quickly.* Er erholte sich überraschend schnell.

surrender /sə'rendə(r)/ *v*
stop fighting because you are not strong enough ▷**sich ergeben**: *After six hours on the roof, the gunman surrendered to the police.* Nach sechs Stunden auf dem Dach ergab sich der Schütze der Polizei.

surrender *n* ▷**Kapitulation, Aufgabe**

surround /sə'raʊnd/ *v*
be or go all round something ▷**umgeben**: *Trees surround the lake.* Bäume umgeben den See.

surroundings /sə'raʊndɪŋz/ *n pl*
everything round a place, person, etc ▷**Umgebung**: *Animals in a zoo are not living in their natural surroundings.* Tiere im Zoo leben nicht in ihrer natürlichen Umgebung.

survey /'sɜːveɪ/ *n*
asking questions about what people think or do, what is happening, etc ▷**(Meinungs)umfrage**: *They are making a survey of smoking habits.* Sie machen eine Umfrage über Rauchgewohnheiten.

survive /sə'vaɪv/ *v*
go on living through a difficult or dangerous time ▷**überleben**: *Camels can survive for many days with no water.* Kamele können viele Tage ohne Wasser überleben.
survival /sə'vaɪvl/ *n* ▷**Überleben**: *After eight days in an open boat, his survival was a miracle.* Nach acht Tagen in einem offenen Boot war sein Überleben ein Wunder.
survivor /sə'vaɪvə(r)/ *n*
someone who survives ▷**Überlebende(r)**: *The government sent help to the survivors of the earthquake.* Die Regierung schickte den Überlebenden des Erdbebens Hilfe.

suspect[1] /'sʌspekt/ *n*
someone whom you think has probably done wrong ▷**Verdächtige(r)**: *When the man was found dead, the police arrested two suspects.* Als der Mann tot aufgefunden wurde, nahm die Polizei zwei Verdächtige fest.

suspect[2] /sə'spekt/ *v*
1 think that something is true, but not be certain ▷**vermuten**: *I suspect that she is ill, but I'm not sure.* Ich vermute, dass sie krank ist, aber ich bin mir nicht sicher.
2 think that someone has done something wrong ▷**verdächtigen**: *I suspect that girl of taking my book.* Ich verdächtige das Mädchen, mein Buch genommen zu haben. *Who do the police suspect?* Wen verdächtigt die Polizei?

suspicion /sə'spɪʃn/ *n*
1 (*pl* suspicions) idea that is not totally certain ▷**Vermutung**: *His suspicions were proved wrong.* Seine Vermutungen erwiesen sich als falsch.
2 (no *pl*) idea that someone has done wrong ▷**Verdacht**: *When she saw the broken window, she was filled with suspicion.* Als sie das eingeschlagene Fenster sah, hatte sie einen Verdacht.

suspicious /sə'spɪʃəs/ *adj*
1 thinking that someone has done wrong; not believing ▷**misstrauisch**: *I'm suspicious of her story.* Ihre Geschichte macht mich misstrauisch.
2 making you think that something is wrong ▷**verdächtig**: *a suspicious noise,* ein verdächtiges Geräusch.
suspiciously *adv* ▷**verdächtig**

swallow[1] /'swɒləʊ/ *n*
sort of small bird ▷**Schwalbe**

swallow[2] /'swɒləʊ/ *v*
take something into the mouth and down the throat ▷**schlucken**: *I can't swallow these tablets without a drink of water.* Ich kann die Tabletten nicht ohne Wasser schlucken.
swallow *n* ▷**Schluck**

swam /swæm/ *form of* swim

swamp /swɒmp/ *n*
wet, soft ground ▷**Sumpf**

swan /swɒn/ *n*
big water-bird with a long neck ▷**Schwan**

swear /sweə(r)/ *v* (swore /swɔː(r)/, has sworn /swɔːn/)
1 say something firmly ▷**schwören**: *He swears that he's telling the truth.* Er schwört, dass er die Wahrheit sagt.
2 say bad words ▷**fluchen**

sweat /swet/ *n* (no *pl*)
drops of water that come out of your skin when you are hot, afraid, etc ▷**Schweiß**
sweat *v* ▷**schwitzen**: *He was sweating after the race.* Er schwitzte nach dem Rennen.

sweater /'swetə(r)/ *n*
jersey; pullover ▷**Pullover**

sweatshirt /'swetʃɜːt/ *n*
thick cotton shirt with long sleeves ▷**Sweatshirt**

sweep[1] /swiːp/ *n*
person who cleans chimneys ▷**Schornsteinfeger(in)**

sweep[2] /swiːp/ *v* (swept /swept/, has swept)
clean a floor with a brush or broom ▷**fegen**: *He swept the floor.* Er fegte den Boden.
sweep away, push something along or away ▷**wegreißen**: *The floods have swept the bridge away.* Die Fluten haben die Brücke weggerissen.
sweep up, sweep dirt, leaves, etc away ▷**zusammenfegen**

sweet[1] /swiːt/ *adj* (sweeter, sweetest)
1 with a taste of sugar ▷**süß**: *Honey is sweet.* Honig ist süß.
2 with a good smell ▷**süß**: *the sweet smell of roses,* der süße Duft von Rosen.
3 pleasant; nice ▷**süß**: *What a sweet girl!* Was für ein süßes Mädchen!
sweetly *adv* ▷**süß**

sweetness *n* (no *pl*) ▷**Süße**

sweet[2] /swiːt/ *n*
1 small piece of sweet food ▷**Süßigkeit**: *Chocolates and toffees are sweets.* Pralinen und Karamellbonbons sind Süßigkeiten.
2 pudding; dessert; sweet food that you eat at the end of a meal ▷**Nachtisch**

sweetcorn /ˈswiːtkɔːn/ *n* (no *pl*)
seeds from maize, which you cook and eat ▷**Mais**

sweetheart /ˈswiːthɑːt/ *n*
boyfriend or girlfriend ▷**Schatz** ☞Dieses Wort ist ziemlich altmodisch.

swell /swel/ (swelled /sweld/, has swollen /ˈswəʊlən/, has swelled)
swell up *v* become bigger than it usually is ▷**(an)schwellen**: *When I hurt my ankle it swelled up.* Als ich mir den Knöchel stieß, schwoll er an.

swelling /ˈswelɪŋ/ *n*
part in the body which has become hard and bigger ▷**Schwellung**: *a swelling on the head,* eine Schwellung am Kopf.

swept /swept/ *form of* sweep

swift /swɪft/ *adj* (swifter, swiftest)
quick; fast ▷**schnell**

swim /swɪm/ *v* (is swimming, swam /swæm/, has swum /swʌm/)
move your body through the water ▷**schwimmen**: *Can you swim across the lake?* Kannst du durch den See schwimmen? ☞Vorsicht! Spricht man über Sport oder andere Freizeitbeschäftigungen, so verwendet man häufig **go swimming**: *I went swimming yesterday.*
swim *n* ▷**Schwimmen**: *Let's go for a swim.* Lass uns zum Schwimmen gehen.
swimmer *n* someone who is swimming ▷**Schwimmer(in)**

swimming /swɪmɪŋ/ *n* (no *pl*)
move your body through the water ▷**Schwimmen**: *Swimming is my favourite sport.* Schwimmen ist mein Lieblingssport.
swimming-costume *n*, **swimsuit** *n* piece of clothing that someone wears for swimming ▷**Badeanzug**
swimming-pool *n* **(a)** special place for swimming ▷**Schwimmbecken** **(b)** special building where you swim ▷**Schwimmbad**
swimming trunks /ˈswɪmɪŋ trʌŋks/ *n pl* shorts that a man or boy wears for swimming ▷**Badehose**

swing[1] /swɪŋ/ *n*
1 (no *pl*) hanging and moving through the air ▷**Schwung**
2 (*pl* swings) hanging seat for a child to move through the air ▷**Schaukel**

swing[2] /swɪŋ/ *v* (swung /swʌŋ/, has swung)
hang and move through the air ▷**(sich) schwingen**: *The monkey was swinging from tree to tree.* Der Affe schwang sich von Baum zu Baum.

switch[1] /swɪtʃ/ *n* (*pl* switches)
small handle, knob, or button that starts and stops electricity ▷**Schalter**: *a light switch,* ein Lichtschalter.

switch[2] /swɪtʃ/ *v*
press something to start or stop electricity ▷**schalten**
switch on, press something to start electricity ▷**anschalten**
switch off, press something to stop electricity ▷**ausschalten**: *When the programme finished, we switched the radio off.* Als das Programm zu Ende war, schalteten wir das Radio aus.
☞Vergleiche mit **turn off** und **turn on**.

swollen /ˈswəʊlən/ *form of* swell
swollen *adj* ▷**geschwollen**: *a swollen wrist,* ein geschwollenes Handgelenk.

swop /swɒp/ *v* (is swopping, swopped /swɒpt/, has swopped)
give one thing and get another thing for it ▷**tauschen**: *I swopped my knife for Kit's pen.* Ich tauschte mein Messer gegen Kits Füller.

sword /sɔːd/ *n*
very long, sharp knife for fighting ▷**Schwert**

swore /swɔː(r)/ *form of* swear

sworn /swɔːn/ *form of* swear

swum /swʌm/ *form of* swim

swung /swʌŋ/ *form of* swing

syllable /ˈsɪləbl/ *n*
part of a word that has one vowel sound ▷**Silbe**: *The word 'big' has one syllable and the word 'Africa' has three syllables.* Das Wort „big" besteht aus einer Silbe, das Wort „Africa" hat drei Silben.

symbol /ˈsɪmbl/ *n*
mark, sign, or picture that shows something ▷**Symbol**: + *and* - *are symbols for plus and minus in arithmetic.* + und - sind Symbole für plus und minus in der Mathematik.

sympathy /ˈsɪmpəθɪ/ *n* (no *pl*)
feeling sorry for someone; sharing the feelings of someone ▷**Mitgefühl, Beileid**: *She wrote me a letter of sympathy when my father died.* Sie schrieb mir einen Beileidsbrief, als mein Vater starb.
sympathetic /sɪmpəˈθetɪk/ *adj* feeling or showing sympathy ▷**freundlich**: *a sympathetic smile,* ein freundliches Lächeln. ☞Vorsicht! Ein falscher Freund; **sympathisch** heißt **nice** oder **pleasant**.
sympathetically *adv* ▷**freundlich**

sympathize /ˈsɪmpəθaɪz/ *v* ▷**Verständnis haben**
sympathize with, feel sorry for someone; share someone's feelings ▷**mitfühlen mit**: *I sympathize with your feelings of anger, but there's nothing I can do.* Ich kann mit deiner Wut mitfühlen, aber ich kann dir nicht helfen.

symptom /ˈsɪmptəm/ *n*
sign of something ▷**Anzeichen**: *A sore throat is a symptom of a cold.* Halsschmerzen sind ein Anzeichen für eine Erkältung.

synagogue /ˈsɪnəgɒg/ *n*
building where Jews pray and worship together ▷**Synagoge**

synthetic /sɪnˈθetɪk/ *adj*
not natural; made by people ▷**synthetisch**: *Nylon is synthetic, but wool is natural.* Nylon ist synthetisch, aber Wolle ist ein Naturprodukt.

syrup /ˈsɪrəp/ *n* (no *pl*)
thick, sweet liquid made with sugar and water or fruit juice ▷**Sirup**

system /ˈsɪstəm/ *n*
1 group of things or parts that work together ▷**System**: *The solar system consists of the sun and nine planets.* Das Sonnensystem besteht aus der Sonne und neun Planeten.
2 set of ideas; way of doing things ▷**System**: *a system of government,* ein Regierungssystem.

Tt

table /ˈteɪbl/ *n*
1 piece of furniture that has legs and a flat top ▷**Tisch**
2 list ▷**Tabelle**: *a table of weights and measures,* eine Tabelle mit Gewichten und Maßen.
clear the table, take everything off the table ▷**den Tisch abräumen**
set the table, lay the table, put things on the table ready for a meal ▷**den Tisch decken**

table-cloth /ˈteɪbl klɒθ/ *n*
piece of cloth that you put over a table when you have a meal ▷**Tischdecke**

tablespoon /ˈteɪblspuːn/ *n*
big spoon for serving food ▷**Esslöffel** ☞Mit einem **tablespoon** wird das Essen aufgefüllt. In Rezepten wird er als Maßeinheit gebraucht. Ein **Esslöffel**, mit dem man isst, heißt **dessert spoon**. Er ist etwas kleiner als ein **tablespoon**.

tablet /ˈtæblɪt/ *n*
pill; small, round, hard piece of medicine, which you swallow ▷**Tablette**: *aspirin tablets,* Aspirintabletten.

table tennis /ˈteɪbl tenɪs/ *n* (no *pl*)
game where players hit a small, white ball over a net on a big table; ping-pong ▷**Tischtennis**

tackle[1] /ˈtækl/ *n* (no *pl*)
special things that you need for a job or sport ▷**Ausrüstung**: *Did Edward take his fishing tackle with him to the river?* Hat Edward seine Angelausrüstung mit zum Fluss genommen?

tackle[2] /ˈtækl/ *v*
1 try to catch and hold someone ▷**sich stürzen auf**: *The policeman tackled the thief.* Der Polizist stürzte sich auf den Dieb.
2 start to do a difficult or unpleasant job ▷**angehen**: *How shall we tackle this problem?* Wie sollen wir dieses Problem angehen?

tact /tækt/ *n* (no *pl*)
knowing how and when to say things so that you will not hurt people ▷**Takt**
tactful /ˈtæktfl/ *adj* polite and careful with people's feelings ▷**taktvoll**: *Jack wrote me a tactful letter about the money I owe him.* Jack schrieb mir einen taktvollen Brief wegen des Geldes, das ich ihm schulde.
tactfully *adv* ▷**taktvoll**
tactless *adj* rude and careless about people's feelings ▷**taktlos**
tactlessly *adv* ▷**taktlos**

tail /teɪl/ *n*
1 moving part at the back of an animal, bird, or fish ▷**Schwanz**: *The dog wagged its tail.* Der Hund wedelte mit dem Schwanz.
2 back part of an aircraft, etc ▷**Heck**

tailor /ˈteɪlə(r)/ *n*
someone who makes clothes ▷**Schneider(in)**

take /teɪk/ *v* (took /tʊk/, has taken /ˈteɪkən/)
1 move something from one place to another ▷**bringen**: *I must take this suit to the cleaners.* Ich muss diesen Anzug in die Reinigung bringen. ☞Siehe Anmerkung bei **bring**.
2 remove something; steal something ▷**wegnehmen**: *Someone has taken my bike.* Jemand hat mein Fahrrad weggenommen.
3 bring someone ▷**mitnehmen**: *Geoff took me to the concert.* Geoff hat mich zum Konzert mitgenommen.
4 receive or accept something ▷**annehmen**: *That shop won't take cheques.* Das Geschäft nimmt keine Schecks an.

5 need an amount of time ▷**dauern**: *The flight took seven hours.* Der Flug dauerte sieben Stunden.
6 get hold of someone or something with your hand, etc ▷**nehmen**: *He took his baby in his arms.* Er nahm sein Baby in die Arme.
7 travel in a vehicle ▷**nehmen**: *I'll take a taxi.* Ich werde ein Taxi nehmen.
8 travel by a certain way ▷**nehmen**: *If you take that road you'll reach the river.* Wenn Sie diese Straße nehmen, kommen Sie zum Fluss.
9 eat or drink something ▷**(zu sich) nehmen**: *Do you take sugar?* Nimmst du Zucker?
it takes, you need ▷**man braucht**: *It took five men to lift the piano.* Man brauchte fünf Männer, um das Klavier zu tragen.
take a chance, do something although you know that the result may not be good ▷**ein Risiko eingehen**: *I took a chance and went out without a coat.* Ich ging das Risiko ein und ging ohne Mantel nach draußen.
take advantage of, use something ▷**ausnutzen**: *Adam took advantage of the fine weather and weeded his garden.* Adam nutzte das gute Wetter aus und jätete Unkraut in seinem Garten.
take after, look like someone ▷**ähneln**: *She takes after her father.* Sie ähnelt ihrem Vater.
take a risk, do something although there is a chance of danger, loss, etc ▷**ein Risiko eingehen**: *Gamblers always take risks.* Spieler gehen immer ein Risiko ein.
take care, be careful ▷**aufpassen**: *Take care — the roads are icy.* Pass auf! Die Straßen sind glatt.
take care of, look after someone or something ▷**sich kümmern um**: *She takes care of her elderly parents.* Sie kümmert sich um ihre betagten Eltern
take off, leave the ground and start to fly ▷**starten**: *The plane took off at 7 o'clock.* Das Flugzeug startete um 7 Uhr.
take something apart, separate something into its parts ▷**auseinander nehmen**: *She took the machine apart to mend it.* Sie nahm die Maschine auseinander, um sie zu reparieren.
take something away, (a) remove something ▷**wegnehmen**: *I took the scissors away from the baby.* Ich nahm dem Baby die Schere weg. **(b)** subtract a number, from another number ▷**abziehen**: *If you take 36 away from 74 what is the answer?* Wie lautet das Ergebnis, wenn man 36 von 74 abzieht?
take something off, remove a piece of clothing ▷**ausziehen**: *She took her boots off.* Sie zog ihre Stiefel aus.
take something up, start to learn something ▷**anfangen mit**: *Edward is taking up piano lessons.* Edward fängt mit Klavierstunden an.
take up, fill a space ▷**einnehmen**: *That cupboard takes up half the room!* Der Schrank nimmt das halbe Zimmer ein.
take your time, not hurry; do something slowly ▷**sich Zeit lassen**: *Take your time—there's no hurry.* Lass dir Zeit—es hat keine Eile.

take-away /'təɪk əweɪ/ *n*
cooked food that you can buy in a shop or restaurant and take out with you ▷**Essen zum Mitnehmen**: *Let's get a Chinese take-away.* Lass uns beim Chinesen etwas zum Mitnehmen holen.

taken /'teɪkən/ *form of* take

take-off /'təɪk ɑf/ *n*
moment when an aeroplane leaves the ground ▷**Start**

tale /təɪl/ *n*
story ▷**Geschichte**: *the tale of the hare and the tortoise*, die Geschichte von der Schildkröte und dem Hasen.

talent /'tælənt/ *n*
natural skill; something that you do naturally well ▷**Talent**: *Isabel has a talent for painting.* Isabel hat Talent zum Malen.
talented /'tæləntɪd/ *adj* ▷**talentiert**: *a talented footballer,* ein talentierter Fußballspieler.

talk[1] /taːk/ *n*
1 conversation between two or more people ▷**Gespräch**: *Dave and I had a long talk.* Dave und ich führten ein langes Gespräch.
2 speaking to a group of people ▷**Vortrag**: *Professor Wilson gave an interesting talk on birds.* Professor Wilson hielt einen interessanten Vortrag über Vögel.

talk[2] /tɔːk/ *v*
say words; speak to someone ▷**sprechen**: *She is talking to her boyfriend.* Sie spricht mit ihrem Freund.

tall /tɔːl/ *adj* (taller, tallest)
1 from bottom to top ▷**groß**: *Ella is 1.7 metres tall.* Ella ist 1,70 Meter groß.
2 going up a long way ▷**groß**: *Richard is a tall boy.* Richard ist ein großer Junge. ☞Vergleiche mit **high**.

tame /teɪm/ *adj* (tamer, tamest)
not wild; that lives with people ▷**zahm**: *a tame fox,* ein zahmer Fuchs.

tan /tæn/ *n*
brown colour of your skin when you have been in the hot sun ▷**Bräune**
tanned /ltænd/ *adj* ▷**gebräunt**: *a tanned face,* ein gebräuntes Gesicht.

tangerine /ˌtædʒəˈriːn/ *n*
fruit like a small, sweet orange, with a loose skin ▷**Mandarine**

tank /tæŋk/ *n*
1 container for oil or water ▷**Tank**: *the petrol-tank of a car*, der Benzintank eines Autos.
2 strong, heavy army vehicle with guns ▷**Panzer**

tanker /ˈtæŋkə(r)/ *n*
1 ship that carries oil ▷**Tanker**
2 lorry that carries petrol ▷**Tanklastzug**

tap[1] /tæp/ *n*
handle that you turn to let water, gas, etc come out of pipe ▷**Hahn**

tap[2] /tæp/ *v* (is tapping, tapped /tæpt/, has tapped)
touch or hit something quickly and lightly ▷**klopfen**: *He tapped her on the shoulder.* Er klopfte ihr auf die Schulter.
tap *n* ▷**Klopfen**: *a tap on the window*, ein Klopfen am Fenster

tape /teɪp/ *n*
1 ribbon; long, narrow strip of cloth ▷**Band**
2 strip of electronic material that stores voices and music ▷**Tonband**

tape-measure /ˈteɪp meʒə(r)/ *n*
long, narrow band of cloth, plastic, or metal for measuring ▷**Bandmaß**: *The tailor put a tape-measure round his waist.* Der Schneider legte ein Bandmaß um seine Taille.

tape-recorder /ˈteɪp rɪkɔːdə(r)/ *n*
machine that can put sound on tapes and play it back later ▷**Tonbandgerät**

tapestry /ˈtæpɪstrɪ/ *n*
piece of cloth with pictures or patterns made from coloured threads of wool, cotton, etc ▷**Wandteppich**

tar /tɑː(r)/ *n* (no *pl*)
black stuff that is thick and sticky when it is hot, and hard when it is cool ▷**Teer**: *We use tar for making roads.* Beim Straßenbau verwendet man Teer.

target /ˈtɑːgɪt/ *n*
the thing that you are trying to hit when you shoot a bullet or arrow ▷**Ziel(scheibe)**

tart /tɑːt/ *n*
fruit, jam, etc in a pastry container ▷**Obsttorte**

tartan /ˈtɑːtən/ *n*
special pattern on cloth that comes from Scotland ▷**Schottenkaro**

task /tɑːsk/ *n*
job; piece of work ▷**Aufgabe**: *Papering the ceiling is a difficult task.* Das Tapezieren der Decke ist eine schwierige Aufgabe.

taste[1] /teɪst/ *n*
1 (no *pl*) power to learn about something with your mouth ▷**Geschmack**: *When I have a cold, I lose my sense of taste.* Wenn ich erkältet bin, verliere ich meinen Geschmackssinn.
2 (*pl* tastes) feeling that a certain food or drink gives in the mouth ▷**Geschmack**: *Sugar has a sweet taste and lemons have a sour taste.* Zucker hat einen süßen Geschmack, Zitronen dagegen sind sauer.
3 (*pl* tastes) little bit of something to eat or drink ▷**Kostprobe**: *We had a taste of several different wines.* Wir nahmen Kostproben von verschiedenen Weinen.
4 (*pl* tastes) what you like ▷**Geschmack**: *She spends a lot of money on clothes because she has expensive tastes.* Sie gibt viel Geld für Kleidung aus, weil sie einen teuren Geschmack hat.

taste[2] /teɪst/ *v*
1 learn about something with your mouth: ▷**schmecken** *I can taste onions in this dish.* Ich schmecke Zwiebeln in diesem Gericht.
2 make you taste it in a certain way ▷**schmecken**: *This tea tastes too sweet.* Dieser Tee schmeckt zu süß. ☞Im Deutschen genügt „Das schmeckt!“. Im Englischen muss erweitert werden zu: *That tastes good.*
3 eat or drink a little of something ▷**probieren**: *The cook tasted the stew to see if it had enough salt.* Die Köchin probierte den Eintopf, um festzustellen, ob genug Salz daran war.

tasty /ˈteɪstɪ/ *adj* (tastier, tastiest)
good to eat ▷**schmackhaft**: *a tasty meal*, ein schmackhaftes Essen

tattoo /təˈtuː/ *n*
picture or pattern that you make on someone's skin with a needle and dyes ▷**Tätowierung**

taught /tɔːt/ *form of* teach

tax /tæks/, **taxes** /ˈtæksɪz/ (*pl*)
money that the government takes from your pay or from the sale of some goods ▷**Steuer**
tax *v* make someone pay tax ▷**besteuern**

taxi /ˈtæksɪ/ *n*
car, with a driver, that you can hire for short journeys ▷**Taxi**
taxi-rank /ˈtæksɪ ræŋk/ *n* place where taxis wait for customers ▷**Taxistand**

tea /tiː/ *n*
1 (no *pl*) drink that you make with hot water and special dry leaves ▷**Tee**: *a pot of tea*, eine Kanne Tee.
2 (*pl* teas) cup of tea ▷**Tee**

3 (*pl* teas) small afternoon meal with sandwiches, cakes, and cups of tea ▷**Nachmittagstee** ☞Dem englischen Nachmittagstee entspricht in Deutschland zeitlich etwa der Kaffee mit Kuchen. In Nordengland versteht man unter **high tea** auch ein frühes Abendessen, zu dem Tee getrunken wird.
tea-bag *n* small paper bag, with tea leaves inside ▷**Teebeutel**
teapot /ˈtiːpɒt/ *n* special pot for holding tea ▷**Teekanne**

teach /tiːtʃ/ *v* (taught /tɔːt/, has taught)
1 educate someone; tell or show someone how to do something ▷**beibringen**: *My brother is teaching me to swim.* Mein Bruder bringt mir das Schwimmen bei.
2 have a job in a school ▷**unterrichten**: *Sue teaches maths and physics.* Sue unterrichtet Mathe und Physik

teacher /ˈtiːtʃə(r)/ *n*
someone who gives lessons ▷**Lehrer(in)**

team /tiːm/ *n*
1 group of people who play on one side in a game ▷**Mannschaft**: *A football match is between two teams of players.* Ein Fußballspiel wird zwischen zwei Mannschaften ausgetragen.
2 group of people or animals working together ▷**Team**: *a team of scientists*, ein Team von Wissenschaftlern

tear[1] /tɪə(r)/ *n*
drop of water from your eye ▷**Träne**
be in tears, be crying ▷**weinen**: *Why is Erica in tears?* Warum weint Erica?
burst into tears, suddenly start crying ▷**in Tränen ausbrechen.** ☞Beachte die unterschiedliche Aussprache bei **tear**[2] und **tear**[3].

tear[2] /teə(r)/ *n*
rough hole or split in cloth, paper, etc ▷**Riss**: *There's a tear in your shirt.* Dein Hemd hat einen Riss.

tear[3] /teə(r)/ *v* (tore /tɔː(r)/, has torn /tɔːn/)
1 make a rough hole in something ▷**(ein-)reißen**: *Carol tore her dress on a nail.* Carol hat sich ihr Kleid an einem Nagel eingerissen.
2 pull something roughly away from a person or place ▷**reißen**: *Tear a page out of your notebook.* Reiß eine Seite aus deinem Notizbuch.
3 break; come apart ▷**(zer)reißen**: *Paper tears easily.* Papier zerreißt leicht.
tear something up, pull something into small pieces ▷**zerreißen**

tease /tiːz/ *v*
laugh at someone; make fun of someone in an unkind way ▷**ärgern**: *They teased the fat boy.* Sie ärgerten den dicken Jungen.

teaspoon /ˈtiːspuːn/ *n*
small spoon for putting sugar into tea, etc and stirring it ▷**Teelöffel**

technical /ˈteknɪkl/ *adj*
of special, practical knowledge ▷**technisch**

technician /tekˈnɪʃn/ *n*
someone who works with machines, instruments, or tools ▷**Techniker(in)**

technique /tekˈniːk/ *n*
way of doing something ▷**Technik**: *Dick Fosbury invented a new technique for doing the high jump.* Dick Fosbury erfand eine neue Hochsprungtechnik.

technology /tekˈnɒlədʒɪ/ *n* (no *pl*)
1 ideas about how things work ▷**Technologie**: *Technology is very important for the future.* Technologie ist für die Zukunft sehr wichtig.
2 machines and ideas that make things work ▷**Technik**: *printing technology*, die Drucktechnik.

teddy-bear /ˈtedɪ beə(r)/ *n*
toy bear ▷**Teddybär**

teenager /ˈtiːneɪdʒə(r)/ *n*
boy or girl between the ages of 13 and 19 ▷**Teenager**
teens /tiːnz/ *n pl* the ages from 13 to 19 ▷**Teenageralter**: *boys and girls in their teens*, Jungen und Mädchen im Teenageralter.

teeth /tiːθ/ *n pl of* tooth
grit your teeth, be brave when there is trouble, pain, etc ▷**die Zähne zusammenbeißen**

telegram /ˈtelɪgræm/ *n*
message that you send quickly by radio ▷**Telegramm**

telephone /ˈtelɪfəʊn/ *n*
instrument that you use to speak and listen to someone in another place ▷**Telefon**
answer the telephone, pick up the telephone when it rings and speak to the person who is calling ▷**abnehmen**
be on the telephone, be talking to someone by telephone ▷**telefonieren**
telephone *v* use a telephone ▷**anrufen**: *Oliver telephoned to say that he had missed the train.* Oliver rief an, um zu sagen, dass er den Zug verpasst hatte.
telephone book, telephone directory *n* book with lists of people's names, addresses, and telephone numbers ▷**Telefonbuch**
telephone booth, telephone box *n* small building with a public telephone ▷**Telefonzelle**
telephone call *n* speaking to someone on the telephone ▷**Anruf**: *I had a telephone call from Pete.* Ich bekam einen Anruf von Pete. ☞**telefonieren** lässt sich mit verschiede-

nen Ausdrücken wiedergeben: *I must telephone/phone/ring(up)/call my parents.* Auch: *I must give my parents a ring.*

telescope /ˈtelɪskəʊp/ *n*
long instrument with special glass that makes distant things look bigger and nearer ▷**Fernrohr**

television /ˈtelɪvɪʒn,/ **television set** *n*
machine, with a screen, which shows you pictures and brings you sounds from far away ▷**Fernsehgerät, Fernsehen**: *I want to watch television this evening.* Ich möchte heute Abend Fernsehen gucken. ☞Wird gerne zu **TV** /ˌtiːˈviː/ abgekürzt.

tell /tel/ *v* (told /təʊld/, has told)
1 speak to someone and give him information ▷**mitteilen**: *Has she told you her new address?* Hat sie dir ihre neue Adresse mitgeteilt?
2 say what someone must do ▷**auftragen**: *Our teacher told us to write a short story.* Unser Lehrer trug uns auf, eine Kurzgeschichte zu schreiben.
can tell, know, guess, or understand something ▷**wissen**: *I can tell that she's unhappy because she's crying.* Ich weiß, dass sie unglücklich ist, weil sie weint.
I told you so! I told you what would happen and now you see I am right! ▷**Hab ich's nicht gesagt!**
tell someone off, speak to someone in an angry way because they have done something wrong ▷**ausschimpfen**: *I told the children off for making a noise.* Ich habe die Kinder ausgeschimpft, weil sie so laut waren. ☞Siehe Anmerkung bei **say**

telly /ˈtelɪ/ (*pl* tellies) *n*
television ▷**Fernseher**

temper /ˈtempə(r)/ *n*
how you feel ▷**Laune**
in a bad temper, angry ▷**schlechter Laune**
keep your temper, not become angry ▷**ruhig bleiben**
lose your temper, become suddenly angry ▷**wütend werden**: *Dad lost his temper when we arrived home late.* Vati wurde wütend, als wir zu spät nach Hause kamen.

temperature /ˈtemprətʃə(r)/ *n*
how hot or cold someone or something is ▷**Temperatur**: *On a very hot day, the temperature reaches 35°C.* An einem heißen Tag steigt die Temperatur auf 35°C.
have a temperature, run a temperature, feel very hot because you are ill ▷**Fieber haben**

temple /ˈtempl/ *n*
building where people pray and worship ▷**Tempel**

temporary /ˈtemprərɪ/ *adj*
for a short time ▷**befristet**: *a temporary job,* eine befristete Stelle.
temporarily *adv* ▷**vorübergehend**: *The road is temporarily closed for repairs.* Die Straße ist wegen Bauarbeiten vorübergehend gesperrt.

tempt /temt/ *v*
make someone want to do something ▷**in Versuchung führen**
be tempted to, want to do something ▷**es reizt jemanden**: *I'm tempted to go swimming but I should do my homework.* Es reizt mich, schwimmen zu gehen, aber ich sollte besser meine Hausaufgaben machen

ten /ten/ *n*
10 ▷**zehn**

tenant /ˈtenənt/ *n*
someone who pays money to live or work in another person's house, offices, etc ▷**Mieter(in)**: *The tenants pay a monthly rent of £100 for their flat.* Die Mieter zahlen jeden Monat £100 für ihre Wohnung.

tend /tend/ *v*
usually do something; be likely to do or be something ▷**neigen**: *John tends to forget the washing-up.* John neigt dazu, den Abwasch zu vergessen.
tendency /ˈtendənsɪ/ *n* (*pl* tendencies) ▷**Neigung**

tender /ˈtendə(r)/ *adj*
1 that you can bite or chew easily ▷**zart**: *tender meat,* zartes Fleisch.
2 kind; gentle ▷**zärtlich**: *a tender mother,* eine zärtliche Mutter.

tennis /ˈtenɪs/ *n* (no *pl*)
game where players hit a ball over a net ▷**Tennis**
tennis-court *n* piece of ground with lines on it where you play tennis ▷**Tennisplatz**

tense /tens/ *adj*
1 pulled tightly ▷**gespannt**: *tense muscles,* gespannte Muskeln.
2 excited because you are waiting for something to happen ▷**nervös**: *Everyone is very tense about the exams.* Alle sind sehr nervös wegen der Prüfungen.
tension /ˈtenʃn/ *n* (no *pl*) ▷**Spannung**

tent /tent/ *n*
house made of cloth ▷**Zelt**

tenth /tenθ/ *adj*
10th ▷**zehnte(r, s)**: *Bella's tenth birthday,* Bellas zehnter Geburtstag.

term /tɜːm/ *n*
time when schools, universities, etc are open ▷**Semester, Trimester**: *The summer term*

runs from April to July. Das Sommersemester geht von April bis Juli.

terminal /ˈtɜːmɪnl/ *n*
building where you wait for a ship, aircraft, etc at the beginning or end of a journey ▷**Abfertigungsgebäude**

terrace /ˈterəs/ *n*
1 special steps where you stand to watch a football match ▷**Rang**
2 row of houses joined together ▷**Häuserreihe**
3 flat piece of ground, covered with flat stones, etc outside a house ▷**Terrasse**
terraced house *n* house that is part of a row of houses, all joined together ▷**Reihenhaus**

terrible /ˈterəbl/ *adj*
1 making you very afraid, very sad, or shocked ▷**schrecklich**: *a terrible war*, ein schrecklicher Krieg.
2 very bad ▷**schrecklich**: *The food they gave us at the hotel was terrible.* Das Essen in unserem Hotel war schrecklich.

terribly /ˈterəblɪ/ *adv*
1 in a terrible way ▷**schrecklich**: *She was terribly injured in the crash.* Sie wurde bei dem Unfall schrecklich verletzt.
2 very ▷**fürchterlich**: *It's terribly hot!* Es ist fürchterlich heiß!

terrific /təˈrɪfɪk/ *adj*
1 very great, loud, etc ▷**stark**: *a terrific storm*, ein starker Sturm.
2 that pleases you very much; wonderful ▷**toll**: *That was a terrific party!* Das war eine tolle Party!

terrify /ˈterɪfaɪ/ *v*
make you very afraid ▷**erschrecken**: *The thunder terrified the children.* Der Donner erschreckte die Kinder.
terrified /ˈterɪfaɪd/ *adj* very frightened ▷**voller Angst**
terrifying *adj* making you very afraid ▷**fürchterlich**: *a terrifying storm*, ein fürchterlicher Sturm.

territory /ˈterətrɪ/ *n* (*pl* territories)
land; land that belongs to one government ▷**(Herrschafts)gebiet**: *Angola was once a Portuguese territory.* Angola war einst portugiesisches Herrschaftsgebiet.

terror /ˈterə(r)/ *n*
great fear ▷**schreckliche Angst**: *a terror of the dark*, schreckliche Angst vor der Dunkelheit.

terrorist /ˈterərɪst/ *n*
someone who frightens, hurts, or kills others so that people will do what he wants ▷**Terrorist(in)**
terrorism /ˈterərɪzəm/ *n* (no *pl*) ▷**Terrorismus**

test /test/ *v*
1 look at something carefully to see if it works well ▷**testen**: *the doctor tested my eyes.* Die Ärztin testete meine Augen.
2 ask questions to find out what someone knows or can do ▷**(über)prüfen**: *The teacher is testing our spelling tomorrow.* Der Lehrer prüft morgen unsere Rechtschreibung.
test *n* ▷**Test**: *an eye test*, ein Sehtest; *a maths test*, ein Mathetest.

test-tube /ˈtest tjuːb/ *n*
long, narrow glass bottle for chemistry, etc ▷**Reagenzglas**

text /tekst/ *n*
words in a book, etc ▷**Text**

textbook /ˈtekstbʊk/ *n*
book that teaches about something ▷**Lehrbuch**: *a history textbook*, ein Geschichtslehrbuch

textiles /ˈtekstaɪlz/ *n pl*
different types of cloth made by weaving ▷**Textilien**

than /ðən/, /ðæn/, *conj*
word that you use when you compare things or people ▷**als**: *Edward is older than Andrew.* Edward ist älter als Andrew.

thank /θæŋk/ *v*
tell someone that you are pleased with what he did or gave you ▷**danken**: *I thanked Tim for his present.* Ich dankte Tim für sein Geschenk.
no thank you, no, I don't want it; no, I don't want to do it ▷**nein, danke**
thanks *n pl* ▷**Dank**
thanks for, I thank you for something ▷**vielen Dank für**: *Thanks for your help.* Vielen Dank für deine Hilfe.
thank you, thanks, I thank you ▷**danke**

thankful /ˈθæŋkfl/ *adj*
very glad; grateful ▷**dankbar**: *I was thankful for a rest after the long walk.* Nach dem langen Spaziergang war ich für die Pause dankbar.

that[1] /ðət/, /ðæt/ *adj*
1 the thing there; the person there ▷**der, die, das**: *Who is that man?* Wer ist der Mann?
2 the one then ▷**der, die das**: *I enjoyed that holiday.* Ich habe den Urlaub genossen.

that[2] /ðət/, /ðæt/ *adv*
so ▷**so**: *The next village is ten kilometres away, and we can't walk that far.* Das nächste Dorf ist zehn Kilometer entfernt; so weit können wir nicht laufen.

that[3] /ðət/, /ðæt/ *conj*
word to join two parts of a sentence ▷**dass**: *Jo said that he would come.* Jo sagte, dass er kommen würde. *Katy was so happy that she cried.* Katy war so glücklich, dass sie weinte.

so that, in order that ▷**damit**: *She opened the window so that she could hear the children.* Sie öffnete das Fenster, damit sie die Kinder hören konnte.

that[4] /ðət/, /ðæt/ *pron*
who; whom; which ▷**der, die, das**: *A lion is an animal that lives in Africa.* Ein Löwe ist ein Tier, das in Afrika lebt. *That was the last time I ever saw him.* Das war das letzte Mal, dass ich ihn sah.

thatched /θætʃt/ *adj*
with a roof of dried reeds or straw ▷**reet-, strohgedeckt**: *a thatched cottage*, ein strohgedecktes Häuschen.

thaw /θɔː/ *v*
warm something frozen so that it starts to melt; become warmer so that it melts ▷**(auf)-tauen**: *The sun thawed the ice on the lake.* Die Sonne taute das Eis auf dem See.

the[1] /ðə/, /ðiː/ *def art*
1 word that you use before the name of someone or something that you know ▷**der, die, das**: *I had a present today. The present came from my girlfriend.* Ich bekam heute ein Geschenk. Das Geschenk war von meiner Freundin.
2 word that you use before the names of rivers, oceans, mountains, some countries, etc ▷**der, die, das**: *the Thames*, die Themse; *the Atlantic*, der Atlantik; *the White House*, das Weiße Haus.

the[2] /ðə/, /ðiː/ *adv*
word that you use when you compare things ▷**je . . . desto**: *The more he has, the more he wants.* Je mehr er hat, desto mehr will er.

theater *American for* theatre

theatre /'θɪətə(r)/ *n*
building where you go to see plays ▷**Theater**

theft /θeft/ *n*
stealing ▷**Diebstahl**: *Have you told the police about the theft of your bicycle?* Hast du der Polizei den Diebstahl deines Fahrrads gemeldet?

their /ðeə(r)/ *adj*
of them ▷**ihr**: *Their flat is on the third floor.* Ihre Wohnung liegt im dritten Stock.

theirs /ðeəz/ *pron*
thing that belongs to them ▷ **ihre(r, s)**: *Are those towels ours or theirs?* Sind das unsere Handtücher oder ihre?

them /ðem/ *pron*
word for other people or things ▷**sie, ihnen**: *First I wrote them a letter and then I phoned them.* Zuerst schrieb ich ihnen einen Brief und dann rief ich sie an.

theme /θiːm/ *n*
subject; chief idea that you are talking or writing about ▷**Thema**: *What is the theme of the opera?* Was ist das Thema der Oper?

themselves /ðəm'selvz/ *pron*
1 word that describes the same people or things that you have just talked about ▷**sich**: *They fell and hurt themselves.* Sie fielen hin und verletzten sich.
2 they and no other people ▷**selbst**: *They did it themselves.* Das haben sie selbst gemacht.
by themselves, alone ▷**allein**

then /ðen/ *adv*
1 at that time ▷**dann**: *Come at 6 o'clock—I should be home by then.* Komm um sechs—ich müsste dann zu Hause sein.
2 next; afterwards ▷**dann**: *I went home for dinner and then went to the cinema.* Ich ging nach Hause zum Essen und dann ins Kino.
3 if that is so ▷**dann**: *You feel ill? Then go home.* Du fühlst dich krank? Dann geh nach Hause.

theory /'θɪərɪ/ *n* (*pl* theories)
idea that tries to explain something ▷**Theorie**: *Einstein's theory of relativity,* Einsteins Relativitätstheorie.

there /ðeə(r)/ *adv*
in, at, or to that place ▷**dort(hin)**: *Don't put the box here—put it there.* Stell die Kiste nicht hierhin—stell sie dorthin.
here and there, in different places ▷**hier und da**
there is, (a) words to give information ▷**es gibt**: *There is a good film on television tonight.* Es gibt heute Abend ein guter Film im Fernsehen. **(b)** words to show something ▷**da ist**: *There is our house.* Da ist unser Haus.

therefore /'ðeəfɔː(r)/ *adv*
because of this ▷**deshalb**: *Sue was on holiday and therefore couldn't come to our party.* Sue war im Urlaub und konnte deshalb nicht zu unserer Party kommen.

thermometer /θə'mɒmɪtə(r)/ *n*
instrument that shows how hot or colt something is ▷**Thermometer**

these /ðiːz/ *adj*
1 the things here; the people here ▷**diese**: *These books are mine.* Diese Bücher gehören mir.
2 the ones now ▷**diese**: *Do you enjoy these hot days?* Magst du diese heißen Tage?
these *pron* ▷**diese**: *Would you like these?* Möchten Sie gerne diese?

they /ðeɪ/ *pron*
word for more than one person or thing ▷**sie**: *Bob and Jean came at 11 a.m. and they left at 6 p.m.* Bob and Jean kamen morgens um elf und gingen abends um sechs.

they'd /ðeɪd/
1 they had ▷**sie hatten**: *John said they'd won the match.* John sagte, dass sie das Spiel gewonnen hätten.
2 they would ▷**sie würden**: *They said they'd come tomorrow.* Sie sagten, sie würden morgen kommen.

they'll /ðeɪəl/
they will ▷**sie werden**: *They'll be here soon.* Sie werden bald hier sein.

they're /ðeɪə(r)/
they are ▷**sie sind**: *They're wet and tired.* Sie sind durchnässt und müde.

they've /ðeɪv/
they have ▷**sie haben**: *They've seen the film already.* Sie haben den Film schon gesehen.

thick /θɪk/ *adj* (thicker, thickest)
1 wide; from one side to the other ▷**dick**: *The castle walls are 80 cm thick.* Die Schlossmauern sind 80 cm dick. ☞Zur Bezeichnung von dicken Menschen und anderen Lebewesen verwendet man **fat**: *a fat man.*
2 far from one side to the other ▷**dick**: *You'll need a thick coat in that icy wind.* In dem eisigen Wind brauchst du einen dicken Mantel.
3 with a lot of people or things close together ▷**dicht**: *a thick forest*, ein dichter Wald.
4 difficult to pour ▷**dick(flüssig)**: *thick sauce*, dickflüssige Soße.

thief /θi:f/ *n* (*pl* thieves)
someone who steals ▷**Dieb(in)**: *A thief has taken my car.* Ein Dieb hat mein Auto gestohlen.

thigh /θaɪ/ *n*
part of the leg above the knee ▷**Oberschenkel**

thin /θɪn/ *adj* (thinner, thinnest)
1 with little flesh; not fat ▷**mager**: *a tall, thin man*, ein großer, magerer Mann.
2 not thick; not far from one side to the other ▷**dünn**: *thin cloth*, dünner Stoff.
3 easy to pour ▷**dünn(flüssig)**: *thin sauce*, eine dünne Soße.

thing /θɪŋ/ *n*
1 object; something hard that you can see or touch ▷**Ding**: *What is that thing in the sky?* Was ist das für ein Ding am Himmel?
2 happening; event ▷**Sache**: *A funny thing happened today.* Heute ist eine komische Sache passiert.
things, possessions; what you own ▷**Sachen**: *Have you packed your things for the trip?* Hast du deine Sachen für den Ausflug gepackt?

think /θɪŋk/ *v* (thought /θɔ:t/, has thought)
1 work with your mind ▷**(nach)denken**: *Think before you answer the question.* Denk nach, bevor du antwortest.
2 believe something ▷**glauben**: *I think it's going to rain.* Ich glaube, es wird regnen.
think about, (a) have something or someone in your mind ▷**denken an**: *I often think about my family.* Ich denke oft an meine Familie. **(b)** consider whether to do something or not ▷**darüber nachdenken**: *Paul is thinking about becoming a doctor.* Paul denkt darüber nach, ob er Arzt werden soll.
think of, (a) have something in your mind ▷**denken an**: *I thought of you yesterday.* Ich habe gestern an dich gedacht. **(b)** have an opinion about someone or something ▷**halten von**: *What do you think of that record?* Was hältst du von dieser Platte? **(c)** consider whether to do something or not ▷**daran denken**: *I'm thinking of going to Spain for my holiday.* Ich denke daran, meinen Urlaub in Spanien zu verbringen.

third /θɜ:d/
3rd ▷**dritte(r, s)**: *March is the third month of the year.* Der März ist der dritte Monat im Jahr.

thirsty /ˈθɜ:stɪ/ *adj* (thirstier, thirstiest)
wanting drink ▷**durstig**: *The horse was so thirsty that it drank a whole bucket of water.* Das Pferd war so durstig, dass es einen ganzen Eimer Wasser trank.
thirst *n* (no *pl*) ▷**Durst**

thirteen /θɜ:ˈti:n/
13 ▷**dreizehn**
thirteenth /ˌθɜ:ˈti:nθ/ *adj* 13th ▷**dreizehnte(r, s)**

thirty /ˈθɜ:ti/ *n*
30 ▷**dreißig**
thirtieth /ˈθɜ:tɪəθ/ *adj* 30th ▷**dreißigste(r, s)**

this /ðɪs/ *adj*
1 thing here; the person here ▷**diese(r, s)**: *I like this dress better than that.* Mir gefällt dieses Kleid besser als das.
2 the one now ▷**diese(r, s)**: *Are you on holiday this week?* Hast du diese Woche Urlaub?
this *pron* ▷**dies**: *How much is this?* Wie viel kostet dies?

thorn /θɔ:n/ *n*
sharp point that grows on a plant ▷**Dorn**: *I've got a thorn in my finger.* Ich habe einen Dorn im Finger.

thorough /ˈθʌrə/ *adj*
complete; well done ▷**gründlich**: *a thorough spring cleaning*, ein gründlicher Frühjahrsputz.

thoroughly /ˈθʌrəlɪ/ *adj*
1 done well and completely ▷**gründlich**: *He cleaned the room thoroughly.* Er putzte das Zimmer gründlich.
2 totally ▷**durch und durch**: *He's thoroughly honest.* Er ist durch und durch ehrlich.

those /ðəʊz/ *adj*
1 the things there; the people there ▷**die**: *Whose are those children?* Zu wem gehören die Kinder?
2 the ones then ▷**jene**: *They were poor in those days.* In jenen Tagen waren sie arm.
those *pron* ▷**diese dort**: *Please give me some of those.* Bitte geben Sie mir welche von diesen dort.

though[1] /ðəʊ/ *adv*
however ▷**(aber) doch**: *He said he would come; he didn't though.* Er sagte, er würde kommen, aber er kam doch nicht.

though[2] /ðəʊ/ *conj*
1 although; in spite of the fact that ▷**obwohl**: *Though she was in a hurry, she stopped for a chat.* Obwohl sie in Eile war, hielt sie für einen Plausch an.
2 even if; but ▷**obwohl**: *I thought it was right though I wasn't sure.* Ich glaubte, es sei richtig, obwohl ich nicht sicher war.
as though, in a way that makes you think something ▷ **als ob**: *He frowned as though he didn't understand.* Er runzelte die Stirn, als ob er nicht verstehen würde.

thought[1] /θɔːt/ *n*
1 (no *pl*) thinking ▷**Denken**
2 (*pl* thoughts) idea ▷**Gedanke**: *Have you had any thoughts about our next holiday?* Hast du dir schon Gedanken über unseren nächsten Urlaub gemacht?

thought[2] /θɔːt/ *form of* think

thousand /ˈθaʊznd/
1,000 ▷**tausend**
thousandth *adj* 1,000th ▷**tausendste(r, s)**

thread /θred/ *n*
long, thin piece of cotton, silk, wool, etc for sewing or weaving ▷**Faden**

threat /θret/ *n*
promise to harm someone if he does not do what you want ▷**Drohung**
carry out a threat, do the harmful thing that you promised ▷**eine Drohung wahr machen**: *Do you think that the workers will carry out their threat to go on strike?* Glauben Sie, dass die Arbeiter ihre Drohung wahr machen und in den Streik treten?

threaten /ˈθretn/ *v*
promise to harm someone if he does not do what you want ▷**drohen**: *She threatened to call the police.* Sie drohte damit, die Polizei zu rufen.

three /θriː/
3 ▷**drei**

threw /θruː/ *form of* throw

thrilled /θrɪld/ *adj*
excited; very pleased, happy, etc ▷**begeistert**: *We're all thrilled that you have won first prize.* Wir sind alle begeistert darüber, dass du den ersten Preis gewonnen hast.

thrilling /ˈθrɪlˌɪŋ/ *adj*
exciting ▷**aufregend**

thriller /ˈθrɪlə(r)/ *n*
exciting story, play, or film about crime ▷**Thriller**

throat /θrəʊt/ *n*
1 front part of the neck ▷**Hals**
2 tube inside the neck, which takes food from the mouth down into the stomach ▷**Kehle**

throne /θrəʊn/ *n*
special seat for a king or queen ▷**Thron**

through[1] /θruː/ *adv*
1 from one end to the other; from one side to the other ▷**durch**: *The light was red but the ambulance drove straight through.* Die Ampel war rot, aber der Krankenwagen fuhr einfach durch.
2 from beginning to end; completely ▷**durch**: *I read the book through in a day.* Ich las das Buch an einem Tag durch.

through[2] /θruː/ *prep*
1 from one end to the other of; from one side to the other of ▷**durch**: *We drove through the tunnel.* Wir fuhren durch den Tunnel.
2 from the start to the end of ▷**durch**: *I have to travel through the night.* Ich muss die Nacht durch fahren.

throughout[1] /θruːˈaʊt/ *adv*
1 in every part ▷**ganz**: *They painted the house throughout.* Das Haus wurde ganz gestrichen.
2 all the time ▷**die ganze Zeit hindurch**: *I watched the film and cried throughout.* Ich sah mir den Film an und weinte die ganze Zeit hindurch.

throughout[2] /θruːˈaʊt/ *prep*
1 in every part of ▷**überall**: *This bank has branches throughout the country.* Diese Bank hat überall im Land Zweigstellen.
2 from the start to the end ▷**während der/des ganzen**: *We laughed throughout the film.* Wir lachten während des ganzen Films.

throw /θrəʊ/ *v* (threw /θruː/, has thrown /θrəʊn/)
move your arm quickly to send something through the air ▷**werfen**: *The boys were throwing stones into the river* Die Jungen warfen Steine in den Fluss.
throw something away or **out,** put something in the dustbin, etc because you do

not want it ▷**wegwerfen**: *He threw away the broken glass.* Er warf das zerbrochene Glas Weg.

thrush /θrʌʃ/ *n* (*pl* thrushes)
brown bird that you often see in the garden ▷**Drossel**

thug /θʌg/ *n*
someone who attacks and harms other people ▷**Schläger**

thumb /θʌm/ *n*
short, thick finger on the inside of the hand ▷**Daumen**

thunder /ˈθʌndə(r)/ *n* (no *pl*)
big noise in the sky when there is a storm ▷**Donner**
thunderstorm /ˈθʌndəstɔːm/ *n* storm with heavy rain, lightning, and thunder ▷**Gewitter**

Thursday /ˈθɜːzdeɪ/ *n*
fifth day of the week ▷**Donnerstag**: *Thursday comes before Friday.* Donnerstag kommt vor Freitag.

tick[1] /tɪk/ *n*
1 sound that a clock or watch makes ▷**Ticken**
2 small mark (✓) ▷**Haken**

tick[2] /tɪk/ *v*
1 make a sound like a clock or watch ▷**ticken**
2 make a mark like this (✓) ▷**abhaken**: *The teacher ticked the correct answers.* Die Lehrerin hakte die richtigen Antworten ab.

ticket /ˈtɪkɪt/ *n*
1 small piece of card or paper that shows you have paid to travel ▷**Fahrkarte**: *He bought a ticket at the railway station.* Er kaufte eine Fahrkarte am Bahnhof.
2 small piece of card or paper that shows you have paid to go to a place, have a seat, etc ▷**(Eintritts)karte**: *cinema ticket*, Kinokarte.
ticket collector *n* someone who checks and collects tickets from people on trains, etc ▷**Kontrolleur(in)**
ticket office *n* **(a)** place where you buy tickets for a train etc ▷**Fahrkartenschalter** **(b)** place where you buy tickets for a theatre, cinema, etc ▷**Kasse**

tickle /ˈtɪkl/ *v*
touch someone lightly so that he feels funny and laughs ▷**kitzeln**: *The mother tickled her baby's feet.* Die Mutter kitzelte ihr Baby an den Füßen.

tide /taɪd/ *n*
rise and fall of the sea that happens twice a day: *The tide is going out.* Es ist Ebbe. *The tide is coming in.* Es ist Flut.
high tide ▷**Flut**
low tide ▷**Ebbe**

tidy /ˈtaɪdɪ/ *adj* (tidier, tidiest)
neat; with everything in the right place ▷**ordentlich**: *a tidy room*, ein ordentliches Zimmer.
tidy (tidied, has tidied), **tidy up** *v* put things in their right places; make something clean and neat ▷**aufräumen**: *The waitress tidied the table.* Die Kellnerin räumte den Tisch auf.
tidily *adv* ▷**ordentlich**

tie[1] /taɪ/ *n*
1 long, narrow piece of cloth that a man wears round his neck ▷**Krawatte**
2 equal marks, etc in a game or competition ▷**Unentschieden**: *The match ended in a tie, 2-2.* Das Spiel endete mit einem Unentschieden, 2-2.

tie[2] /taɪ/ *v*
1 fasten two pieces of string, ribbon, rope, etc together ▷**binden**: *She tied a scarf around her neck.* Sie band sich einen Schal um den Hals.
2 end a game or competition with the same marks, etc for both sides ▷**gleichstehen**: *The two boys tied in the examination—each got 88%* Die Jungen standen in der Prüfung beide gleich—jeder erreichte 88%.
tie someone up, put a piece of rope round someone so that he cannot move ▷**fesseln**: *The robbers tied up the shopkeeper* Die Räuber fesselten den Ladenbesitzer.
tie something up, put a piece of string, rope, etc round something to hold it firm ▷**verschnüren**: *I tied up the parcel.* Ich verschnürte das Päckchen.

tiger /ˈtaɪgə(r)/ *n*
big, wild animal with yellow fur and black stripes ▷**Tiger**

tight /taɪt/ *adj* (tighter, tightest)
1 firm so that you cannot untie or undo it easily ▷**fest**: *This knot is so tight I can't undo it.* Der Knoten ist so fest, dass ich ihn nicht aufmachen kann.
2 fitting your body closely ▷**eng**: *These trousers are too tight.* Diese Hose ist zu eng.
tightly *adv* ▷**fest**

tighten /ˈtaɪtn/ *v*
make something tighter ▷**fester machen**: *He tightened the knot.* Er machte den Knoten fester.

tightrope /ˈtaɪtrəʊp/ *n*
piece of rope or wire above the ground, on which acrobats walk in a circus ▷**Drahtseil**

tights /taɪts/ *n pl*
long, thin things that a woman or girl wears on her legs ▷**Strumpfhose**

tile /taɪl/ *n*
1 thin, hard piece of material for making roofs ▷**Ziegel**
2 thin, hard piece of material for putting on walls and floors ▷**Kachel**

till[1] /tɪl/ *conj*
until; up to the time when ▷**bis**: *We'll wait till the rain stops.* Wir werden warten, bis der Regen aufhört.

till[2] /tɪl/ *n*
machine that holds money and adds up prices ▷**(Laden)kasse**

till[3] /tɪl/ *prep*
1 up to a certain time ▷**bis**: *I'll be here till Monday.* Ich werde bis Montag hier sein.
2 before ▷**vor**: *I can't come till Tuesday.* Vor Dienstag kann ich nicht kommen.

timber /ˈtɪmbə(r)/ *n* (no *pl*)
wood that is ready for building, making things, etc ▷**Bauholz**: *We bought some timber to build a shed.* Wir kauften Bauholz, um einen Schuppen zu bauen.

time[1] /taɪm/ *n*
1 (no *pl*) seconds, minutes, hours, days, weeks, months, and years ▷**Zeit**: *Time passes quickly when you're busy.* Die Zeit vergeht schnell, wenn man beschäftigt ist.
2 (*pl* times) length of time; period ▷**Zeit**: *visiting time*, Besuchszeit
3 (no *pl*) the hour of the day ▷**Uhr**: *What time is it?* Wie viel Uhr ist es?
4 (*pl* times) a certain moment or occasion ▷**Mal**: *It's a long way—I'll go by bus next time.* Der Weg ist weit—nächstes Mal nehme ich den Bus.
5 (*pl* times) experience; something that you do, etc ▷**Zeit**: *We had a lovely time in France.* Wir hatten eine tolle Zeit in Frankreich.
at a time, together ▷**gleichzeitig**: *He carried six boxes at a time.* Er trug sechs Kisten gleichzeitig.
at the time, then ▷**damals**: *In 1969 the first men landed on the moon. I was 2 at the time.* 1969 betraten die ersten Menschen den Mond. Damals war ich 2.
be on time, come at the right time ▷**pünktlich sein**: *Is the train on time?* Ist der Zug pünktlich?
by the time, when ▷**als**: *By the time we arrived the food was finished.* Als wir ankamen, war vom Essen nichts mehr übrig.
free time, spare time, *n* time free from work, when you can do other things ▷**Freizeit**: *He plays the drums in his spare time.* In seiner Freizeit spielt er Schlagzeug.
from time to time, sometimes ▷**gelegentlich**: *I paint from time to time* Ich male gelegentlich
have a good time, enjoy yourself ▷**Spaß haben**: *Did you have a good time?* Hattet ihr viel Spaß?
in a week's, etc time, after a week, etc ▷**Woche**: *In a week's time I'll be on holiday.* In einer Woche werde ich in Urlaub sein.
in good time, early ▷**frühzeitig**: *We went to the station in good time.* Wir gingen frühzeitig zum Bahnhof.

Die Uhr

five o'clock
five (p.m.)

three minutes past five
five o three (p.m.)

ten past five
five ten (p.m.)

quarter past five
five fifteen (p.m.)

half past five
five thirty (p.m.)

twenty-five to six
five thirty-five (p.m.)

quarter to six
five forty-five (p.m.)

Im Alltagsenglisch verwendet man normalerweise nicht die 24-Stunden-Uhr.

in time, (a) not too late ▷**rechtzeitig**: *If you hurry you'll arrive in time.* Wenn du dich beeilst, kommst du rechtzeitig an. **(b)** at some time in the future ▷**mit der Zeit**: *Swimming is difficult but you'll learn in time.* Schwimmen ist schwierig, aber mit der Zeit wirst du es lernen.
it's about time, it's high time, it is necessary ▷**es wird Zeit**: *If you want to pass, it's high time you started to work!* Wenn du bestehen willst, wird es Zeit, mit der Arbeit anzufangen.
it's time to, it's the right time to do something ▷**es ist Zeit**: *It's time to go to bed.* Es ist Zeit, ins Bett zu gehen.
some other time, at another time but not now ▷**ein andermal**: *I'll see you some other time.* Ich sehe dich ein andermal.
tell the time, read a clock or watch correctly die Uhr kennen: *The little boy can't tell the time yet.* Der kleine Junge kennt die Uhr noch nicht.

time[2] /taɪm/ *v*
1 plan something so that it will happen when you want it to ▷**planen**: *Tom timed his journey so that he would be home before dark.* Tom plante seine Reise so, dass er vor Anbruch der Dunkelheit zu Hause sein würde.
2 measure how long something takes ▷**die Zeit nehmen**: *The teacher timed all the boys to see who could run the fastest.* Die Lehrerin nahm bei allen Jungen die Zeit, um zu sehen, wer am schnellsten laufen konnte.

times /taɪmz/ *n pl*
1 certain years in history ▷**Zeiten**: *There was a house in this field in Roman times.* Zu Zeiten der Römer stand auf diesem Feld ein Haus.
2 word that you use when you are comparing things or people ▷**mal**: *Edinburgh is five times bigger than Oxford.* Edinburgh ist fünfmal so groß wie Oxford.
times *prep* multiplied by ▷**mal**: *Two times two is four.* Zwei mal zwei ist vier.

timetable /ˈtaɪmteɪbl/ *n*
1 list of times when trains, buses, etc leave ▷**Fahrplan**
2 list of times when lessons start in a school ▷**Stundenplan**
3 programme; plan when things will happen ▷**Zeitplan**

timid /ˈtɪmɪd/ *adj*
easily frightened ▷**ängstlich**: *He's so timid that he won't talk to anyone.* Er ist so ängstlich, dass er mit niemandem sprechen mag.
timidly *adv* ▷**schüchtern**

tin /tɪn/ *n*
1 (no *pl*) soft, white metal ▷**Blech**
2 (*pl* tins) can; metal container for keeping food, etc ▷**Dose**: *a tin of peaches,* eine Dose Pfirsiche.
tinned /tɪnd/ *adj* in a tin or can so that it will stay fresh ▷**Dosen-**: *tinned milk,* Dosenmilch.
tin-opener *n* instrument for opening a tin ▷**Dosenöffner**

tinsel /ˈtɪnsəl/ *n* (no *pl*)
special string of shiny paper that you put on a Christmas tree ▷**Lametta**

tiny /ˈtaɪnɪ/ *adj* (tinier, tiniest)
very small ▷**winzig**: *Ants are tiny insects.* Ameisen sind winzige Insekten.

tip[1] /tɪp/ *n*
pointed end of something ▷**Spitze**: *the tips of your fingers,* deine Fingerspitzen.

tip[2] /tɪp/ *n*
1 extra money that you give to a waiter, taxi driver, etc ▷**Trinkgeld**: *How much should we leave as a tip at the restaurant?* Wie viel Trinkgeld sollen wir im Restaurant geben?
2 little piece of advice ▷**Tip**: *He gave me some tips about gardening.* Er gab mir einige Tips für die Gartenarbeit.

tip[3] /tɪp/ *v* (is tipping, tipped /tɪpt/, has tipped)
give extra money to a waiter, taxi driver, etc ▷**Trinkgeld geben**: *Shall I tip the porter?* Soll ich dem Gepäckträger ein Trinkgeld geben?

tip[4] /tɪp/ *v*
1 move something so that it leans to one side ▷**(um)kippen**: *She tipped the tray and all the cups slid onto the floor.* Sie kippte das Tablett um, sodass alle Tassen zu Boden glitten.
2 pour something out of a container ▷**schütten**: *She tipped a bucket of water over the plants.* Sie schüttete einen Eimer Wasser über die Pflanzen.

tiptoe /ˈtɪptəʊ/ *v*
walk quietly on your toes ▷**auf Zehenspitzen gehen**
on tiptoe ▷**auf Zehenspitzen**

tire *American for* tyre

tired /ˈtaɪd/ *adj*
wanting to rest ▷**müde**: *I'm feeling tired.* Ich bin müde.
be tired of, not want something any longer ▷**leid sein**: *I'm tired of this job — let's have a break.* Ich bin diese Arbeit leid — lass uns eine Pause machen.
tiring *adj* making you tired ▷**ermüdend**: *a tiring journey,* eine ermüdende Reise.

tissue /ˈtɪʃuː/ *n*
paper handkerchief ▷**Papiertaschentuch**

title /ˈtaɪtl/ *n*
1 name of a book, film, picture, etc ▷**Titel**

2 word that you put in front of a person's name ▷**Anrede**: *'Mrs' is a title.* „Mrs" ist eine Anrede.

to[1] /tuː/ *adv*
to and fro, backwards and forwards ▷**hin und her**: *She swung to and fro on the swing.* Sie schaukelte hin und her.

to[2] /tə/, /tʊ/, /tuː/ *prep*
1 as far as a place; word that shows where someone or something is going, etc ▷**in, nach, zu**: *He walked to town.* Er ging in die Stadt. *Point to the blackboard.* Zeig auf die Tafel.
2 until a time ▷**bis**: *She works from 9 to 5.* Sie arbeitet von 9 bis 5.
3 word that shows who is receiving something: *I gave the book to Mary.* Ich gab Mary das Buch.
4 word that shows how many minutes before the hour ▷**vor**: *It's ten minutes to six.* Es ist zehn Minuten vor sechs.
5 word that shows where ▷**an**: *He fixed the shelf to the wall.* Er brachte das Regal an der Wand an.
6 word that shows why ▷**um**: *He came to help me.* Er kam, um mir zu helfen.
7 word that shows how something is changing ▷**nach**: *The traffic lights changed from red to green.* Die Ampel schaltete von Rot auf Grün.
8 word that shows the highest number, price, etc ▷**bis**: *Coats cost from £40 to £100.* Mäntel kosten von £40 bis £100.

toad /təʊd/ *n*
animal like a frog, with rough skin ▷**Kröte**

toast[1] /təʊst/ *n* (no *pl*)
bread that you have put close to heat so that it is brown and crisp ▷**Toast**
toast *v* ▷**toasten**: *Shall I toast your bread?* Soll ich dein Brot toasten?
toaster *n* instrument for toasting bread ▷**Toaster**

toast[2] /təʊst/ *v*
wish someone happiness, etc by drinking a glass of wine ▷**auf jemanden anstoßen**: *We all toasted the bride and groom.* Wir stießen alle auf das Brautpaar an.
drink a toast, drink a glass of wine to celebrate something ▷**anstoßen (auf)**: *The wedding guests drank a toast to the bride and groom.* Die Hochzeitsgäste stießen auf das Brautpaar an.

tobacco /tə'bækəʊ/ *n* (no *pl*)
special dried leaves that you burn in cigarettes, cigars, and pipes ▷**Tabak**

toboggan /tə'bɒgən/ *n*
children's sledge for sliding down snowy slopes ▷**Schlitten**
toboggan *v* ▷**rodeln**

today /tə'deɪ/ *n* (no *pl*)
1 this day ▷**heute**: *Have you seen today's newspaper?* Hast du die Zeitung von heute gesehen?
2 now; present time ▷**heute**: *the young people of today,* die jungen Leute von heute.
today *adv* ▷**heute**: *I couldn't go yesterday but I am going today.* Gestern konnte ich nicht gehen, aber ich gehe heute.

toe /təʊ/ *n*
1 one of the parts at the end of the foot ▷**Zeh(e)**
2 front part of a sock ▷**Zeh(e)**
3 front part of a shoe ▷**Schuhspitze**
toenail *n* nail at the end of your toe ▷**Fußnagel**

toffee /'tɒfɪ/ *n*
sort of sticky sweet ▷**Karamellbonbon**

together /tə'geðə(r)/ *adv*
1 so that they are next to each other, joined, etc ▷**zusammen**: *Tie the ends of the rope together.* Binde die Enden des Seils zusammen.
2 with each other ▷**zusammen**: *Grace and Catherine always walk to school together.* Grace und Catherine gehen immer zusammen zur Schule.

toilet /'tɔɪlɪt/ *n*
lavatory; place to empty waste from the body ▷**Toilette**: *I'm just going to the toilet.* Ich gehe nur gerade zur Toilette.
toilet paper *n* (no *pl*) special paper that you use in the toilet ▷**Toilettenpapier**
toilet roll *n* roll of toilet paper ▷**Rolle Toilettenpapier**

told /təʊld/ *form of* tell

tolerate /tɒləreɪt/ *v*
accept something that you do not understand, like, etc ▷**ertragen**: *I can't tolerate rudeness.* Ich kann Unhöflichkeit nicht ertragen.
tolerance *n* (no *pl*) ▷**Toleranz, Duldsamkeit**
tolerant *adj* ▷**tolerant**

tomato /tə'mɑːtəʊ/ *n* (*pl* tomatoes)
soft, round, red fruit which we cook or eat raw ▷**Tomate**

tomorrow /tə'mɒrəʊ/ *n* (no *pl*)
the day after today ▷**morgen**: *It's Sunday today, so tomorrow is Monday.* Heute ist Sonntag, also ist morgen Montag.
tomorrow *adv* ▷**morgen**: *We'll go tomorrow.* Wir werden morgen gehen.
tomorrow morning, tomorrow in the morning ▷**morgen früh**

ton /tʌn/ *n*
measure of weight = 1,016 kilograms

tongue /tʌŋ/ *n*
soft part inside the mouth that moves when you talk, eat, lick, etc ▷**Zunge**
tongue-twister /ˈtʌŋ ˌtwɪstə(r)/ *n* words that are difficult to say together ▷**Zungenbrecher**

tonight /təˈnaɪt/ *n* (no *pl*)
this night ▷**der heutige Abend**: *Tonight will be fun.* Der heutige Abend wird lustig werden.
tonight *adv* ▷**heute Abend**: *I'm going to a party tonight.* Ich gehe heute Abend auf eine Party.

tonne /tʌn/ *n*
measure of weight ▷**Tonne**

too /tuː/ *adv*
1 also; as well ▷**auch**: *I want to go too.* Ich will auch gehen.
2 more than you want; more than is good, etc ▷**zu**: *That question is too hard — I can't answer it.* Die Frage ist zu schwer — ich kann sie nicht beantworten.

took /tʊk/ *form of* take

tool /tuːl/ *n*
instrument; thing that you use to do a job ▷**Werkzeug**: *A hammer is a tool.* Ein Hammer ist ein Werkzeug.

tooth /tuːθ/ *n* (*pl* teeth)
1 one of the hard, white things in the mouth, for biting and chewing ▷**Zahn**
2 something like a tooth ▷**Zacke**: *the teeth of a saw,* die Zacken einer Säge.
toothache /ˈtuːθeɪk/ *n* (no *pl*) pain in a tooth ▷**Zahnschmerzen**: *I've got toothache.* Ich habe Zahnschmerzen.
toothbrush /ˈtuːθbrʌʃ/ *n* small brush for cleaning your teeth ▷**Zahnbürste**
toothpaste /ˈtuːθpeɪst/ *n* special stuff for cleaning your teeth ▷**Zahnpasta**

top[1] /tɒp/ *adj*
1 highest ▷**obere(r, s)**: *the top shelf,* das obere Regal.
2 best ▷**beste(r, s)**: *top marks,* beste Noten.

top[2] /tɒp/ *n*
1 highest part ▷**Spitze**: *The top of the monument was covered in pigeons.* Die Spitze des Denkmals war voller Tauben.
2 cover; lid ▷**Deckel**: *Where's the top of the box?* Wo ist der Deckel für die Schachtel?
at the top of your voice, very loudly ▷**aus Leibeskräften**: *He shouted at the top of his voice.* Er rief aus Leibeskräften.
on top, at or on its highest part ▷**oben**: *The cake had sugar on top.* Der Kuchen war oben mit Zucker überzogen.

topic /ˈtɒpɪk/ *n*
subject; chief idea that you are talking or writing about ▷**Thema**: *Football is his main topic of conversation.* Fußball ist sein Hauptgesprächsthema.

topical /ˈtɒpɪkl/ *adj*
connected with something that is happening now ▷**aktuell**

torch /tɔːtʃ/ *n* (*pl* torches)
small electric lamp that you carry ▷**Taschenlampe**

tore /tɔː(r)/ *form of* tear

torn /tɔːn/ *form of* tear

tortoise /ˈtɔːtəs/ *n*
slow animal with a shell on its back ▷**Schildkröte**

torture /ˈtɔːtʃə(r)/ *v*
hurt someone terribly; give someone great pain ▷**foltern**
torture *n* ▷**Folter**

Tory Party /ˈtɔːrɪ pɑːtɪ/ *n*
Conservative Party in Great Britain ▷**die Konservative Partei in Großbritannien** ☞Eine informelle Bezeichnung für das offizielle **Conservative Party**.

total[1] /ˈtəʊtl/ *adj*
complete; entire ▷**völlig**: *No one spoke, and there was total silence in the room.* Keiner sprach, und es herrschte völlige Stille im Zimmer.
totally *adv* completely ▷**völlig**: *It's totally dark in here.* Hier ist es völlig dunkel.

total[2] /ˈtəʊtl/ *n*
complete amount ▷**(End)summe**: *Add these figures together and find the total.* Addiere diese Zahlen und errechne die Endsumme.

touch[1] /tʌtʃ/ *n* (*pl* touches)
when a hand, etc is put on someone or something ▷**Berührung**: *I felt a touch on my arm.* Ich fühlte eine Berührung auf meinem Arm.
be in touch with, keep in touch with, still see or hear from someone ▷**in Verbindung stehen mit**: *Are you still in touch with Kate?* Stehst du noch mit Kate in Verbindung?
be out of touch with, no longer see or hear from someone ▷**keine Verbindung mehr haben zu**
get in touch with, write to or telephone someone ▷**sich in Verbindung setzen mit**: *I got in touch with Peter.* Ich habe mich mit Peter in Verbindung gesetzt.
lose touch with, stop seeing or hearing from someone ▷**den Kontakt verlieren zu**: *I used to write to Ann, but I've lost touch with her.* Früher habe ich Ann geschrieben, aber jetzt habe ich den Kontakt zu ihr verloren.

touch[2] /tʌtʃ/ *v*
1 put a hand, etc on or against something ▷**anfassen**: *Don't touch the paint until it's*

dry. Fass die Farbe nicht an, bevor sie trocken ist.
2 be against something ▷**berühren**: *The tree touches the roof.* Der Baum berührt das Dach.

touchdown /ˈtʌtʃdaʊn/ *n*
moment when an aeroplane or spacecraft comes down to the ground ▷**Landung**

tough /tʌf/ *adj* (tougher, toughest)
1 strong in the body ▷**zäh**: *You have to be tough to run a marathon.* Um einen Marathon laufen zu können, muss man zäh sein.
2 difficult; hard ▷**schwierig**: *a tough job,* ein schwieriger Job.
3 that you cannot bite or chew easily ▷**zäh**: *tough meat,* zähes Fleisch.
4 that you cannot break or tear easily ▷**strapazierfähig**: *A leather bag is tougher than a paper bag.* Eine Ledertasche ist strapazierfähiger als eine Papiertüte.

tour /tʊə(r)/ *n*
1 journey to see many places ▷**Rundreise**: *The Queen is making a tour of Canada.* Die Königin macht eine Rundreise durch Kanada.
2 short visit to see a certain place ▷**Führung**: *a tour of the Tower of London,* eine Führung durch den Tower von London.
tour *v* ▷**eine Rundreise machen**: *Our American friends are touring Europe.* Unsere amerikanischen Freunde machen eine Rundreise durch Europa.

tourist /ˈtʊərɪst/ *n*
someone on holiday who travels around to see places ▷**Tourist(in)**
tourism /ˈtʊərɪzəm/ *n* ▷**Tourismus**

tournament /ˈtʊənəmənt/ *n*
sport competition ▷**Turnier**: *a tennis tournament,* ein Tennisturnier.

towards /təˈwɔːdz/ *prep*
moving nearer to someone or something ▷**auf ... zu**: *The car came towards us.* Das Auto kam auf uns zu.

towel /ˈtaʊəl/ *n*
cloth for drying something ▷**Handtuch**

tower /ˈtaʊə(r)/ *n*
tall, narrow building; tall part of a building ▷**Turm**: *a church tower,* ein Kirchturm.

tower-block /ˈtaʊə blɒk/ *n*
very high building ▷**Hochhaus**

town /taʊn/ *n*
place where there are many houses and other buildings ▷**Stadt**: *Stratford-on-Avon is a small town.* Stratford-on-Avon ist eine kleine Stadt.

town hall /ˌtaʊn ˈhɔːl/ *n*
building with offices for the people in charge of the town ▷**Rathaus**

toy /tɔɪ/ *n*
something that a child plays with ▷**Spielzeug**: *toy shop,* Spielzeuggeschäft.

trace[1] /treɪs/ *n*
mark or sign that shows where someone or something has been ▷**Spur**: *The police couldn't find any trace of the lost children.* Die Polizei konnte keine Spur von den vermissten Kindern finden.

trace[2] /treɪs/ *v*
1 search for and find someone or something ▷**ausfindig machen**: *The police have traced the stolen car.* Die Polizei hat das gestohlene Auto ausfindig gemacht.
2 put thin paper over a map, picture, etc and draw over the lines to make a copy ▷**durchpausen**

track /træk/ *n*
1 rough path or road ▷**Pfad**
2 rails where a train runs ▷**Gleise**
3 marks that people, animals, or vehicles make on the ground ▷**Fährte**
4 special road for races ▷**Rennbahn**
☞Vergleiche mit **path**. Ein **track** bildet sich gewöhnlich durch die Einwirkung von Tieren, Fahrzeugen usw., während ein **path** von Menschen geschaffen ist.

tracksuit /ˈtræksuːt/ *n*
special jacket and trousers that you wear for sport ▷**Trainingsanzug**

tractor /ˈtræktə(r)/ *n*
strong farm vehicle which pulls ploughs, heavy carts, etc ▷**Trecker**

trade /treɪd/ *n*
1 (no *pl*) buying and selling ▷**Handel**: *Britain does a lot of trade with Hong Kong.* Großbritannien treibt viel Handel mit Hongkong.
2 (*pl* trades) job ▷**Beruf**: *Don is a plumber by trade.* Don ist Klempner von Beruf.
trade union /ˌtreɪd ˈjuːnɪən/ *n* group of workers who have joined together to talk to their bosses about the way they work, their pay, etc ▷**Gewerkschaft**

tradition /trəˈdɪʃn/ *n*
custom; what a group of people have always done ▷**Tradition**: *In Britain it is a tradition to give children chocolate eggs at Easter.* In Großbritannien ist es Tradition, den Kindern zu Ostern Schokoladeneier zu schenken.
traditional *adj* ▷**traditionell**
traditionally *adv* ▷**traditionell**

traffic /ˈtræfɪk/ *n* (no *pl*)
all the vehicles and people moving in the roads and streets ▷**Verkehr**
traffic jam *n* when a road is so full of cars, etc that none of them can move ▷**Verkehrsstau**

ɪ	e	æ	ɑː	ɒ	ɔː	ʊ	uː	ʌ	ɜː	ə
it	ten	cat	last	got	saw	stood	too	cut	heard	about

traffic lights *n pl* electric lights that change from green to yellow and red to control cars, etc ▷**Ampel**
traffic warden *n* someone who checks that cars, etc park in the right places and for the right time ▷**Politesse, Verkehrspolizist**

tragedy /'trædʒədɪ/ *n* (*pl* tragedies)
1 sad or serious play for the theatre, cinema, etc ▷**Tragödie**: *'Hamlet' is a tragedy.* „Hamlet" ist eine Tragödie.
2 very sad thing that happens ▷**Tragödie**: *The child's death was a great tragedy.* Der Tod des Kindes war eine Tragödie.

trailer /'treɪlə(r)/ *n*
vehicle with no engine, which a car or lorry pulls ▷**Anhänger**

train[1] /treɪn/ *n*
engine with railway coaches behind ▷**Zug**: *We travelled to Manchester by train.* Wir fuhren mit dem Zug nach Manchester.
catch a train, get on a train to travel somewhere ▷**den Zug nehmen**: *We caught a train to Hull.* Wir nahmen den Zug nach Hull.
change trains, go from one train to another ▷**umsteigen**

train[2] /treɪn/ *v*
1 teach a person or animal to do something well ▷**trainieren**: *He's training a horse for the race.* Er trainiert ein Pferd für das Rennen.
2 learn to do a sport, etc well by practice ▷**trainieren**: *She trains twice a week in the gym.* Sie trainiert zweimal in der Woche in der Sporthalle.
3 teach someone to do a job, etc ▷**ausbilden**: *We need to train more doctors.* Wir müssen mehr Ärzte ausbilden.
4 study, learn, or prepare for something ▷**studieren**: *She is training to become a doctor.* Sie studiert Medizin.
training *n* ▷**Training, Ausbildung**

trainer /'treɪnə(r)/ *n*
1 someone who teaches people a sport; someone who teaches animals to do something ▷**Trainer(in)**
2 sort of soft shoe for playing sport ▷**Turnschuh**

traitor /'treɪtə(r)/ *n*
someone who harms his friend, his group, or his country, to help another person, group, or country ▷**Verräter(in)**: *The traitor told the enemy what our soldiers were planning.* Der Verräter gab dem Feind preis, was unsere Soldaten planten.

tram /træm/ *n*
electric bus that goes along rails in a town ▷**Straßenbahn**

tramp /træmp/ *n*
poor person with no home or work, who walks from one place to another ▷**Landstreicher(in)**

transfer /træns'fɜː(r)/ *v* (is transferring, transferred /træns'fɜːd/, has transferred)
move something or someone to another place ▷**versetzen**: *Pete's boss transferred him to Scotland.* Petes Chefin versetzte ihn nach Schottland.
transfer /'trænsfɜː(r)/ *n* ▷**Versetzung**

transform /træns'fɔːm/ *v*
change the shape of someone or something; make something look different ▷**verwandeln**: *Nature transforms a caterpillar into a butterfly.* Die Natur verwandelt eine Raupe in einen Schmetterling.

translate /trænz'leɪt/ *v*
say or write in one language what someone has said or written in another language ▷**übersetzen**: *Could you translate this Spanish letter for me?* Könntest du diesen spanischen Brief für mich übersetzen?
translation *n* ▷**Übersetzung**: *an accurate translation,* eine genaue Übersetzung.
translator *n* someone who translates ▷**Übersetzer(in)**

transparent /træns'pærənt/ *adj*
that you can see through ▷**durchsichtig**: *This material is almost transparent.* Dieser Stoff is fast durchsichtig.

transport[1] /'trænspɔːt/ *n* (no *pl*)
way of carrying people or things from one place to another ▷**Transport**: *We hired a van for transport.* Wir mieteten einen Lieferwagen für den Transport. ☞Beachte den Unterschied in der Aussprache von Substantiv und Verb.

transport[2] /træn'spɔːt/ *v*
carry people or goods from one place to another ▷**transportieren**: *They transported the bricks in a lorry.* Sie transportierten die Ziegel in einem LKW.

trap[1] /træp/ *n*
1 instrument for catching animals, fish, etc ▷**Falle**: *The farmer set traps to catch the rats.* Der Bauer stellte Fallen auf, um die Ratten zu fangen.
2 plan to catch someone; trick to make someone do or say something ▷**Falle**

trap[2] /træp/ *v* (is trapping, trapped /træpt/, has trapped)
catch or trick a person or animal ▷**fangen**: *The police trapped the smugglers at the airport.* Die Polizei fing die Schmuggler am Flughafen.

travel /'trævl/ *v* (is travelling, travelled /'trævld/, has travelled)
go on a journey; visit other places ▷**reisen**

travel agency /'trævl eɪdʒənsɪ/ *n* (*pl* travel agencies), **travel agent,** company that plans holidays and journeys for people ▷**Reisebüro**

traveler *American for* traveller

traveller /'trævlə(r)/ *n*
someone on a journey ▷**Reisende(r)**
traveller's cheque *n* special cheque for taking your money safely when you go to other countries ▷**Reisescheck**

tray /treɪ/ *n*
flat piece of wood, plastic, metal, etc for carrying things ▷**Tablett**: *The waiter brought the cups in on a tray.* Der Kellner brachte die Tassen auf einem Tablett herein.

tread /tred/ *v* (trod /trɒd/, has trodden /trɒdn/)
walk on something ▷**treten**: *Don't tread on the dog!* Tritt nicht auf den Hund!

treasure /'treʒə(r)/ *n*
gold, silver, jewels, money, or other valuable things ▷**Schatz**

treat[1] /triːt/ *n*
something unusual and special to please someone ▷**besondere Freude**: *My aunt took me to the zoo as a treat.* Meine Tante machte mir eine besondere Freude und nahm mich mit in den Zoo.

treat[2] /triːt/ *v*
1 behave towards someone or something ▷**behandeln**: *How does your boss treat you?* Wie behandelt dich dein Chef? *You should treat your video more carefully.* Du solltest dein Videogerät vorsichtiger behandeln.
2 try to make a sick person better; try to cure an illness ▷**behandeln**: *He is being treated for a broken leg.* Er wird wegen seines gebrochenen Beins behandelt.
treat something as, think about something as ▷**betrachten als**: *He treated my plan as a joke.* Er betrachtete meinen Plan als Witz.
treatment /'triːtmənt/ *n* (no *pl*) ▷**Behandlung**

tree /triː/ *n*
big plant with one tall stem ▷**Baum**

tremble /'trembl/ *v*
shake because you are afraid, cold, weak, etc ▷**zittern**: *He was trembling with fear.* Er zitterte vor Angst.

tremendous /trɪ'mendəs/ *adj*
1 very big; very great ▷**ungeheuer**: *That aeroplane flies at a tremendous speed.* Das Flugzeug fliegt mit ungeheurer Geschwindigkeit.
2 wonderful ▷**großartig**: *a tremendous singer,* eine großartige Sängerin.

trespass /'trespəs/ *v*
walk or drive on private land without the owner's permission ▷**(unbefugt) betreten**: *There was a sign 'No Trespassing!' near the gate of the big house.* In der Nähe des großen Hauses hing ein Schild „Betreten verboten!".
trespasser *n* someone who trespasses ▷**Unbefugte(r)**

trial /'traɪəl/ *n*
time when questions are asked in a court to find out if someone has done wrong ▷**(Gerichts)verhandlung**
be on trial, (a) be in a court because the police think you have broken the law ▷**angeklagt sein**: *She's on trial for theft.* Sie ist wegen Diebstahls angeklagt. **(b)** being tested ▷**getestet werden**: *This car's on trial.* Dieses Auto wird getestet.

triangle /'traɪæŋgl/ *n*
shape with three straight sides ▷**Dreieck**
triangular /traɪ'æŋgjʊlə(r)/ *adj* ▷**dreieckig**

tribe /traɪb/ *n*
group of people with the same language, ancestors, and customs ▷**Stamm**
tribal *adj* ▷**Stammes-**: *tribal dances,* Stammestänze.

trick[1] /trɪk/ *n*
1 clever plan to cheat someone ▷**Trick**: *He got the money from me by a trick.* Er verschaffte sich mein Geld durch einen Trick.
2 something clever that you do to entertain people or to make them laugh ▷**Kunststück**: *card tricks,* Kartenkunststücke.

trick[2] /trɪk/ *v*
do something that is not honest to get what you want from someone ▷**hereinlegen**: *He tricked the girl and she gave him all her money.* Er legte das Mädchen herein, sodass sie ihm ihr ganzes Geld gab.

trickle /'trɪkl/ *v*
flow slowly or in drops ▷**tröpfeln**: *Blood trickled onto the carpet.* Blut tröpfelte auf den Teppich.

tried /traɪd/ *form of* try

trigger /'trɪgə(r)/ *n*
part of the gun that you pull with your finger to fire a bullet ▷**Abzug**

trim /trɪm/ *v* (is trimming, trimmed /trɪmd/, has trimmed)
cut something to make it tidy ▷**nachschneiden**: *The barber trimmed George's hair.* Der Friseur schnitt Georges Haar nach.

trip[1] /trɪp/ *n*
journey ▷**Ausflug**: *We went on a trip to the coast last Saturday.* Letzten Samstag machten wir einen Ausflug an die Küste.

trip[2] /trɪp/ *v* (is tripping, tripped /trɪpt/, has tripped)

catch your foot on something so that you fall or nearly fall ▷**stolpern**: *He tripped over the step.* Er stolperte über die Stufe.
trip someone up, make someone catch his foot on something so that he falls ▷**ein Bein stellen**: *Ken tripped me up.* Ken stellte mir ein Bein.

trod /trɒd/, **trodden** /trɒdn/ *forms of* tread

trolley /'trɒlɪ/ *n*
1 small table on wheels ▷**Teewagen**
2 metal basket on wheels for carrying things in a supermarket ▷**Einkaufswagen**
luggage trolley, ▷**Kofferkuli**

trombone /trɒm'bəʊn/ *n*
musical instrument that you blow ▷**Posaune**

trophy /'trəʊfɪ/ *n* (*pl* trophies)
prize for winning a competition ▷**Trophäe**: *a tennis trophy,* eine Tennistrophäe.

trot /trɒt/ *v* (is trotting, trotted /'trɒtɪd/, has trotted)
run or ride quite fast, with short steps ▷**traben**: *The child trotted beside his mother.* Das Kind trabte neben seiner Mutter her.

trouble[1] /'trʌbl/ *n* (no *pl*)
1 sadness and worry ▷**Sorgen**: *His life is full of trouble.* Sein Leben ist voller Sorgen.
2 problem; difficulty ▷**Schwierigkeiten**: *Are you having trouble with your car?* Haben Sie Schwierigkeiten mit ihrem Auto?
3 (no *pl*) extra work and care ▷**Mühe**: *Don't go to any trouble for me.* Mach dir meinetwegen keine Mühe.
be in trouble, get into trouble, have problems because something has gone wrong, someone is angry with you, etc ▷**in Schwierigkeiten geraten**: *She's always in trouble.* Sie gerät ständig in Schwierigkeiten. *You'll get into trouble if you park your car here.* Sie werden in Schwierigkeiten geraten, wenn Sie Ihr Auto hier parken.
save trouble, save the trouble of, stop yourself from having problems or extra work ▷**die Mühe ersparen**: *If you telephone it'll save you the trouble of writing.* Wenn du telefonierst, ersparst du dir die Mühe des Schreibens.

trouble[2] /'trʌbl/ *v*
worry someone; give someone pain or sadness ▷**Sorgen machen**: *His back is troubling him.* Sein Rücken macht ihm Sorgen.

trousers /'traʊzəz/ *n* (*pl*)
piece of clothing for the legs and lower part of the body ▷**Hose** ☞**trousers** gehört zu den Paarwörtern und steht immer im Plural. Soll eine bestimmte Zahl angegeben werden, so verwendet man **pair(s) of**: *three pairs of trousers,* drei Hosen.

truck[1] /trʌk/ *n*
railway wagon for carrying heavy goods ▷**Güterwagen**

truck[2] *American for* lorry

true /truː/ *adj* (truer, truest)
correct; right ▷**wahr**: *Is it true that you have five brothers?* Ist es wahr, dass du fünf Brüder hast?
come true, really happen ▷**wahr werden**: *Her dream came true.* Ihr Traum wurde wahr.

truly /'truːlɪ/ *adv*
really ▷**wirklich**: *Are you truly happy in your work?* Bist du wirklich zufrieden mit deiner Arbeit?

trumpet /'trʌmpɪt/ *n*
musical instrument that you blow ▷**Trompete**

trunk /trʌŋk/ *n*
1 main stem of a tree, which grows up from the ground ▷**Stamm**
2 big strong box for carrying things when you travel ▷**Schrankkoffer**
3 long nose of an elephant ▷**Rüssel**

trunks /trʌŋks/ *n* (*pl*)
short trousers that a man or boy wears for swimming ▷**Badehose** ☞**trunks** gehört zu den Paarwörtern und steht immer im Plural. Soll eine bestimmte Zahl angegeben werden, so verwendet man **pair(s) of**: *a pair of trunks.*

trust[1] /trʌst/ *n* (no *pl*)
faith; believing that someone or something is good, strong, right, honest, etc ▷**Vertrauen**
put your trust in, believe in someone or something ▷**vertrauen**: *Put your trust in God.* Vertraue auf Gott.

trust[2] /trʌst/ *v*
1 believe that someone or something is good, right, honest, etc ▷**(ver)trauen**: *I don't trust that man.* Ich traue diesem Mann nicht.
2 hope ▷**hoffen**: *I trust that you are well.* Ich hoffe, dass es dir gut geht.
trust someone to do something, believe that someone will do something in the right way ▷**jemandem etwas zutrauen**: *I trust Peter to do the job well.* Ich traue Peter zu, dass er die Arbeit gut macht.

trustworthy /'trʌstwɜːðɪ/ *adj*
that you can trust ▷**vertrauenswürdig**: *A trustworthy person does not lie or steal.* Ein vertrauenswürdiger Mensch lügt und stiehlt nicht.

truth /truːθ/ *n* (no *pl*)
being true; what is correct, real, and right ▷**Wahrheit**
tell the truth, say what is true ▷**die Wahr-**

heit sagen: *Are you telling me the truth?* Sagst du die Wahrheit?

truthful /ˈtruːθfl/ *adj*
1 saying what is true ▷**ehrlich**: *a truthful person,* ein ehrlicher Mensch.
2 true ▷**wahr**: *a truthful story,* eine wahre Geschichte.
truthfully *adv* ▷**ehrlich**

try[1] /traɪ/ *n* (*pl* tries)
attempt ▷**Versuch**: *It's worth a try.* Es ist einen Versuch wert.

try[2] /traɪ/ *v* (tried, has tried)
1 work hard to do something; attempt to do something ▷**versuchen**: *I don't think I can mend this watch, but I'll try.* Ich glaube nicht, dass ich diese Uhr reparieren kann, aber ich werde es versuchen.
2 use something to find out if you like it ▷**ausprobieren**: *John tried the new recipe.* John probierte das neue Rezept aus.
3 ask someone questions in a court to find out if he has done wrong ▷**vor Gericht stellen**: *They tried him for murder.* Er wurde wegen Mordes vor Gericht gestellt.
try and do something, try to do something ▷**versuchen**: *Please try and come early.* Bitte versuche, früh zu kommen.
try something on, put a piece of clothing on to find out if you like it ▷**anprobieren**: *He tried the jacket on before he bought it.* Er probierte das Jackett an, bevor er es kaufte.

T-shirt /ˈtiːʃɜːt/ *n*
casual shirt with short sleeves and no collar ▷**T-Shirt**

tub /tʌb/ *n*
bowl or pot ▷**Becher**

tube /tjuːb/ *n*
1 long, thin pipe of metal, glass, or rubber ▷**Rohr**
2 long, narrow container of soft metal, plastic, etc ▷**Tube**: *a tube of toothpaste,* eine Tube Zahnpasta.
3 underground railway ▷**U-Bahn**: *the London tube,* die Londoner U-Bahn.

Tuesday /ˈtjuːzdeɪ/ *n*
third day of the week ▷**Dienstag**

tumble /ˈtʌmbl/ *v*
fall suddenly ▷**stürzen**: *He tripped and tumbled down the slope.* Er stolperte und stürzte den Abhang hinunter.

tumbler /ˈtʌmblə(r)/ *n*
a glass for drinks ▷**Trinkglas**

tummy /ˈtʌmɪ/ *n* (*pl* tummies)
stomach ▷**Bauch** ☞Ein informelles Wort, das im Gespräch mit oder von Kindern oft verwendet wird.

tune /tjuːn/ *n*
group of notes that make a piece of music; melody ▷**Melodie**: *She whistled a cheerful tune.* Sie pfiff eine fröhliche Melodie.

tunnel /ˈtʌnl/ *n*
long hole under the ground or sea for a road or railway ▷**Tunnel**

turban /ˈtɜːbən/ *n*
piece of cloth that you wind round your head ▷**Turban**

turkey /ˈtɜːkɪ/ *n*
big farm bird that we eat ▷**Truthahn**

turn[1] /tɜːn/ *n*
1 moving round ▷**Drehung**: *a turn of the wheel,* eine Drehung des Rades.
2 change of direction ▷**Abzweigung**: *Drive on for a kilometre then take a right turn.* Fahr einen Kilometer weiter geradeaus und folge dann der Abzweigung nach rechts.
3 time for you to do something ▷**Reihe**: *It's your turn to wash the dishes!* Du bist an der Reihe, das Geschirr abzuwaschen.
do someone a good turn, help someone ▷**jemandem einen guten Dienst erweisen**: *He did me a good turn when he found me a job.* Er erwies mir einen guten Dienst, als er mir eine Stelle besorgte.
in turn, one after the other ▷**der Reihe nach**: *The teacher helped all the pupils in turn.* Die Lehrerin half allen Schülern der Reihe nach.
take turns at, take it in turns to, do something one after the other ▷**abwechselnd tun**: *Sam and I took turns at riding the bike.* Sam und ich fuhren abwechselnd auf dem Fahrrad.

turn[2] /tɜːn/ *v*
1 move round; move something round ▷**(sich) drehen**: *Wheels turn.* Räder drehen sich. *Turn the key.* Dreh den Schlüssel herum.
2 move in another direction ▷**abbiegen**: *Turn right at the next corner.* Bieg an der nächsten Ecke rechts ab.
3 make someone or something change ▷**machen**: *The sun turned the milk sour.* Die Sonne machte die Milch sauer.
4 become different ▷**werden**: *The weather has turned cold.* Das Wetter ist kalt geworden.
turn a page ▷**umblättern**
turn down, say no to what someone wants to do, give you, etc ▷**ablehnen**: *The union turned down the new offer.* Die Gewerkschaft lehnte das neue Angebot ab.
turn into, change something or someone into something different; become different ▷**(sich) verwandeln**: *Caterpillars turn into butterflies.* Raupen verwandeln sich in Schmetterlinge.

turn off, turn a handle, knob, etc to stop something ▷**abstellen**: *Turn off the tap.* Stell den Wasserhahn ab.
turn on, turn a handle, knob, etc to start something ▷**anstellen**: *Turn on the television.* Stell den Fernseher an.
turn out a light, switch off a light ▷**(Licht) ausmachen**
☞Vergleiche mit **switch on** und **switch off**.
turn over, move into another position; move something into another position ▷**(sich) umdrehen**: *Turn over or you'll get sunburnt.* Dreh dich um, sonst bekommst du einen Sonnenbrand.
turn up, come; arrive ▷**auftauchen**: *Has Jake turned up yet?* Ist Jake schon aufgetaucht?

turnip /ˈtɜːnɪp/ *n*
sort of vegetable ▷**Rübe**

turnstile /ˈtɜːnstaɪl/ *n*
gate that turns to let one person through at a time ▷**Drehkreuz**: *We went through the turnstile into the zoo.* Wir gingen durch das Drehkreuz in den Zoo.

turtle /ˈtɜːtl/ *n*
big sea animal with a shell on its back ▷**Wasserschildkröte**

TV /ˌtiːˈviː/ *n*
television ▷**Fernsehen**: *I want to watch TV tonight.* Ich möchte heute Abend Fernsehen gucken.

tweed /twiːd/ *n* (no *pl*)
thick, woollen cloth for coats and suits ▷**Tweed**

tweezers /ˈtwiːzəz/ *n* (*pl*)
small instrument for holding very small things ▷**Pinzette**: *She pulled the splinter out of her finger with a pair of tweezers.* Sie zog sich den Splitter mit einer Pinzette aus dem Finger.

twelve /twelv/
12 ▷**zwölf**: *Ali is twelve years old today.* Ali ist heute zwölf geworden.
twelfth /twelfθ/ *adj* 12th ▷**zwölfte(r, s)**: *her twelfth birthday,* ihr zwölfter Geburtstag.

twenty /ˈtwentɪ/
20 ▷**zwanzig**
twentieth /ˈtwentɪəθ/ *adj* 20th ▷**zwanzigste(r, s)**

twice /twaɪs/ *adv*
two times ▷**zweimal**: *Twice two is four.* Zwei mal zwei ist vier.

twig /twɪg/ *n*
small, thin stick on a bush or tree ▷**Zweig**

twilight /ˈtwaɪlaɪt/ *n* (no *pl*)
time between daylight and darkness; half light ▷**Dämmerung**

twin[1] /twɪn/ *adj*
with a brother or sister of exactly the same age ▷**Zwillings-**: *my twin brother,* mein Zwillingsbruder.

twin[2] /twɪn/ *n*
one of two children who are born to the same mother at the same time ▷**Zwilling**

twist /twɪst/ *v*
turn something strongly ▷**drehen**: *He twisted the lid off the jar.* Er drehte den Deckel vom Glas. *He twisted the sheets into a strong rope and escaped.* Er drehte die Betttücher zu einem festen Strick und entkam.

two /tuː/
2 ▷**zwei**

type[1] /taɪp/ *n*
1 (*pl* types) sort; kind ▷**Art**: *An almond is a type of nut.* Eine Mandel ist eine Art Nuss.
2 (no *pl*) letters that a machine makes on paper ▷**Schrift(type)**

type[2] /taɪp/ *v*
use a special machine to print letters and numbers ▷**tippen**
typewriter /ˈtaɪpraɪtə(r)/ *n*
machine that you use to print letters and numbers ▷**Schreibmaschine**

typical /ˈtɪpɪkl/ *adj*
that is a good example of its kind ▷**typisch**: *We had a typical English breakfast — bacon, eggs, toast, and tea.* Wir hatten ein typisch englisches Frühstück — Schinken, Eier, Toast und Tee.

typist /ˈtaɪpɪst/ *n*
someone who uses a typewriter ▷**Schreibkraft**

tyre /ˈtaɪə(r)/ *n*
rubber ring, full of air, that fits round the wheel of a car, bicycle, etc ▷**Reifen**

Uu

UFO /ˈjuːfəʊ/ *abbrev*
Unidentified Flying Object; flying object that some people think they have seen and that may come from another planet ▷**Ufo**

ugly /ˈʌglɪ/ *adj* (uglier, ugliest)
not beautiful; that does not please you when you look at it ▷**hässlich**

umbrella /ʌmˈbrelə/ *n*
special cover on a stick, which you hold over your head to keep off rain ▷**Regenschirm**

umpire /ˈʌmpaɪə(r)/ *n*
someone who controls a sports match ▷**Schiedsrichter(in)** ☞**umpire** wird für Schiedsrichter beim Tennis, Kricket, Badminton und Schwimmen gebraucht. Beim Fußball, Hockey, Boxen, Billardspiel und Basketball heißen sie **referee**.

unable /ʌnˈeɪbl/ *adj*
be unable to, cannot do something ▷**nicht können**: *Jamie was unable to come to work because he was ill.* Jamie konnte nicht zur Arbeit kommen, weil er krank war.

unanimous /juːˈnænɪməs/ *adj*
with the agreement of every person ▷**einstimmig**: *a unanimous vote,* eine einstimmige Wahl.
unanimously *adv* ▷**einstimmig**

unarmed /ˌʌnˈɑːmd/ *adj*
with no weapon ▷**unbewaffnet**

unattractive /ˌʌnəˈtræktɪv/ *adj*
not pleasing to see, hear, etc ▷**unattraktiv**

unavoidable /ˌʌnəˈvɔɪdəbl/ *adj*
that you cannot keep away from, get away from, stop, etc ▷**unvermeidlich**: *The fog caused unavoidable delays.* Der Nebel verursachte unvermeidliche Verzögerungen.

unaware /ˌʌnəˈweə(r)/ *adj*
be unaware not knowing about something ▷**sich nicht bewusst sein**: *John was unaware of the danger ahead.* John war sich der lauernden Gefahr nicht bewusst.

unbearable /ʌnˈbeərəbl/ *adj*
that you cannot accept because it is so unpleasant ▷**unerträglich**: *She left the room because the noise was unbearable.* Sie verließ das Zimmer, weil der Lärm unerträglich war.

unbelievable /ˌʌnbɪˈliːvəbl/ *adj*
difficult to believe; amazing ▷**unglaublich**: *What unbelievable luck!* Was für ein unglaubliches Glück!

unbreakable /ˌʌnˈbreɪkəbl/ *adj*
that you cannot break; that will not break easily ▷**unzerbrechlich**: *Our camping plates are unbreakable.* Unsere Campingteller sind unzerbrechlich.

uncertain /ʌnˈsɜːtn/ *adj*
not sure; not definite ▷**ungewiss**: *My holiday plans are uncertain because I don't know how much money I can spend.* Meine Urlaubspläne sind ungewiss, weil ich nicht weiß, wie viel Geld ich ausgeben kann.

uncle /ˈʌŋkl/ *n*
brother of your father or mother; husband of your aunt ▷**Onkel** ☞Siehe Darstellung bei **family**.

uncomfortable /ʌnˈkʌmftəbl/ *adj*
not comfortable; not pleasant ▷**unbequem**: *This sofa is very uncomfortable!* Dieses Sofa ist sehr unbequem.
uncomfortably *adv* ▷**unbequem**

uncommon /ʌnˈkɒmən/ *adj*
that you do not often see, hear, etc ▷**ungewöhnlich**: *an uncommon name,* ein ungewöhnlicher Name.

unconscious /ʌnˈkɒnʃəs/ *adj*
not awake; not knowing what is happening ▷**bewusstlos**: *A cricket ball hit him on the head and he was unconscious for three days.* Er wurde von einem Kricketball getroffen und war drei Tage lang bewusstlos.

under /ˈʌndə(r)/ *prep*
1 below; lower than ▷**unter**: *The boat sailed under the bridge.* Das Boot fuhr unter der Brücke durch. *The cat is under the table.* Die Katze ist unter dem Tisch.
2 less than ▷**unter**: *Children under 12 are not allowed to see this film.* Kinder unter 12 dürfen diesen Film nicht sehen.
under *adv* ▷**unter**

undergraduate /ˌʌndəˈgrædʒʊət/ *n*
student at a university ▷**Student(in)**

underground /ˈʌndəgraʊnd/ *adj*
that is under the ground ▷**unterirdisch**: *an underground tunnel,* ein unterirdischer Tunnel.
underground *n* (no *pl*) underground railway ▷**U-Bahn**: *We went by underground from Trafalgar Square to Paddington station.* Wir fuhren mit der U-Bahn vom Trafalgar Square bis zum Bahnhof Paddington.

underline /ˌʌndəˈlaɪn/ *v*
draw a line under a word, sentence, etc ▷**unterstreichen**

underneath /ˌʌndəˈniːθ/ *adv*
below; under ▷**unter**: *The cat sat on top of the table while the dog lay underneath.* Die Katze saß auf dem Tisch und der Hund lag darunter.
underneath *prep* ▷**unter**: *Maurice is wearing a red sweater underneath his jacket.* Maurice trägt einen roten Pullover unter seiner Jacke.

understand /ˌʌndəˈstænd/ *v* (understood /ˌʌndəˈstʊd/, has understood)
1 know what something means; know why something happens ▷**verstehen**: *Did you understand the film?* Hast du den Film verstanden?
2 know something because someone has told you about it ▷**gehört haben**: *I understand that the plane from Geneva will be late.* Ich habe gehört, dass das Flugzeug aus Genf Verspätung hat.

understood /ˌʌndəˈstʊd/ *form of* understand

undertaker /ˈʌndəteɪkə(r)/ *n*
someone who buries dead people ▷**Beerdigungsunternehmer(in)**

underwater /ˈʌndəwɔːtə(r)/ *adj*
that is under the water ▷**Unterwasser-**: *an underwater expedition,* eine Unterwasser-expedition.

underwear /ˈʌndəweə(r)/ *n* (no *pl*)
clothes that you wear next to your skin, under your other clothes ▷**Unterwäsche**

undid /ʌnˈdɪd/ *form of* undo

undo /ʌnˈduː/ *v* (undid /ʌnˈdɪd/, has undone /ʌnˈdʌn/)
1 make a knot or fastening loose ▷**aufmachen**: *Please undo this knot for me.* Mach bitte diesen Knoten für mich auf.
2 take the string, rope, etc off something ▷**aufmachen**: *Phil undid the parcel.* Phil machte das Päckchen auf.
3 open something that was tied or fixed ▷**aufmachen**: *I can't undo these buttons.* Ich kann diese Knöpfe nicht aufmachen.

undone /ʌnˈdʌn/ *form of* undo
undone *adj* not fastened ▷**offen**: *Your shirt is undone.* Dein Hemd ist offen.

undoubtedly /ʌnˈdaʊtɪdlɪ/ *adv*
certainly; with no doubt ▷**zweifellos**: *Edward is undoubtedly the best swimmer in the class.* Edward ist zweifellos der beste Schwimmer in der Klasse.

undress /ʌnˈdres/ *v*
take clothes off yourself or another person ▷**(sich) ausziehen**: *I undressed and got into bed.* Ich zog mich aus und ging ins Bett.
get undressed, take off your clothes ▷**sich ausziehen**: *I got undressed quickly.* Ich zog mich schnell aus.

uneasy /ʌnˈiːzɪ/ *adj*
worried; feeling that something is wrong ▷**unruhig**: *She felt uneasy when the children did not come home.* Sie war unruhig, als die Kinder nicht nach Hause kamen.

unemployed /ˌʌnɪmˈplɔɪd/ *adj*
with no work ▷**arbeitslos**: *unemployed men,* arbeitslose Männer.
unemployment *n* (no *pl*) ▷**Arbeitslosigkeit**: *When the factory closed unemployment in the town increased.* Als die Fabrik zumachte, stieg die Arbeitslosigkeit in der Stadt.

uneven /ˌʌnˈiːvn/ *adj*
rough ▷**uneben**: *We had to drive very slowly because the road was so uneven.* Wir mussten sehr langsam fahren, weil die Straße so uneben war.

unexpected /ˌʌnɪkˈspektɪd/ *adj*
that surprises you; that you do not expect ▷**unerwartet**: *an unexpected visitor,* ein unerwarteter Besucher.
unexpectedly *adv* ▷**unerwartet**

unfair /ˌʌnˈfeə(r)/ *adj*
not fair; not treating people in the same way ▷**ungerecht**: *an unfair decision,* eine ungerechte Entscheidung.
unfairly *adv* ▷**ungerecht**

unfaithful /ˌʌnˈfeɪθfl/ *adj*
that you cannot trust ▷**treulos**

unfamiliar /ˌʌnfəˈmɪlɪə(r)/ *adj*
strange; that you do not know ▷**unbekannt**: *a room full of unfamiliar faces,* ein Zimmer voll von unbekannten Gesichtern.
be unfamiliar with, not know something ▷**nicht kennen**: *I'm unfamiliar with that opera.* Ich kenne diese Oper nicht.

unfashionable /ˌʌnˈfæʃnəbl/ *adj*
not fashionable ▷**unmodern**
unfashionably *adv* ▷**unmodern**

unfasten /ˌʌnˈfɑːsn/ *v*
open something that was closed ▷**aufmachen**: *He unfastened his belt.* Er machte seinen Gürtel auf. *She unfastened the door.* Sie machte die Tür auf.

unfold /ʌnˈfəʊld/ *v*
open something out ▷**auseinander falten**: *Mr Wilkinson unfolded his napkin and started to eat.* Mr Wilkinson faltete seine Serviette auseinander und begann zu essen.

unfortunate /ʌnˈfɔːtʃʊnət/ *adj*
not lucky ▷**bedauerlich**: *It's unfortunate but I'm afraid I shall miss the meeting.* Es ist bedauerlich, aber ich fürchte, ich kann zu der Versammlung nicht kommen.
unfortunately *adv* ▷**leider**

unfriendly /ˌʌnˈfrendlɪ/ *adj*
not kind, helpful, etc; showing that you do not like another person ▷**unfreundlich**: *an unfriendly letter,* ein unfreundlicher Brief.

ungrateful /ʌnˈgreɪtfl/ *adj*
not showing thanks when someone has helped you or given you a present ▷**undankbar**: *Don't be so ungrateful. I spent all morning looking for this present.* Sei nicht so undankbar. Ich habe den ganzen Morgen nach diesem Geschenk gesucht.

unhappy /ʌnˈhæpɪ/ *adj* (unhappier, unhappiest)
sad ▷**unglücklich**: *The unhappy child was crying.* Das unglückliche Kind weinte.
unhappily *adv* ▷**unglücklich**
unhappiness *n* (no *pl*) ▷**Traurigkeit**

unhealthy /ʌnˈhelθɪ/ *adj*
1 not well; often ill ▷**kränklich**: *an unhealthy person,* ein kränklicher Mensch.

2 that can make you ill ▷**ungesund**: *Smoking is unhealthy.* Rauchen ist ungesund.

uniform /ˈjuːnɪfɔːm/ *n*
special clothes for all the people in a job, school, etc ▷**Uniform**: *A policeman wears a uniform when he is working.* Ein Polizist trägt im Dienst Uniform.

uninhabited /ˌʌnɪnˈhæbɪtɪd/ *adj*
where nobody lives ▷**unbewohnt**: *an uninhabited island,* eine unbewohnte Insel.

union /ˈjuːnɪən/ *n*
1 group of people who have joined together ▷**Vereinigung**
2 organization for protecting workers' rights, etc ▷**Gewerkschaft**

unit /ˈjuːnɪt/ *n*
1 one person; one thing; one group ▷**Einheit**
2 a measurement ▷**Einheit, Maß**: *A metre is a unit of length and a kilogram is a unit of weight.* Ein Meter ist ein Längenmaß und ein Kilogramm ist eine Gewichtseinheit.

unite /juːˈnaɪt/ *v*
join together to become one; put two things together to become one ▷**vereinigen**: *In 1707 England and Scotland were united.* 1707 wurden England und Schottland vereinigt.

united /juːˈnaɪtɪd/ *adj*
joined together to become one ▷**vereinigt**: *the United Kingdom,* das Vereinigte Königreich; *the United States,* die Vereinigten Staaten.
the United Nations, ▷**die Vereinten Nationen**

unity /ˈjuːnətɪ/ *n* (no *pl*)
agreement; having the same feelings, etc ▷**Einigkeit**: *After the discussion there was a feeling of unity in the party.* Nach der Diskussion herrschte in der Partei ein Gefühl der Einigkeit.

universe /ˈjuːnɪvɜːs/ *n* (no *pl*)
the Universe, the earth and all the stars, planets, etc ▷**das Universum**

university /ˌjuːnɪˈvɜːsətɪ/ *n* (*pl* universities)
place where people go to study more difficult subjects when they have left school ▷**Universität**: *Keith studied medicine at Edinburgh University and is now a doctor.* Keith hat Medizin an der Universität von Edinburgh studiert und ist jetzt Arzt. ☞Beachte den Bedeutungsunterschied, den der Artikel **the** bewirkt: *He went to university before the war.* Er ging vor dem Krieg auf die Uni. (Ausbildung) *This shortcut will take you straight to the university.* Diese Abkürzung bringt Sie direkt zur Universität. (Gebäude)

unjust /ˌʌnˈdʒʌst/ *adj*
not fair; not treating people in the right way ▷**ungerecht**: *It's unjust to punish one boy and not the other.* Es ist ungerecht, nur den einen Jungen zu bestrafen und den anderen nicht.

unkind /ʌnˈkaɪnd/ *adj*
not kind; cruel ▷**unfreundlich**: *It was unkind of you to laugh.* Es war unfreundlich von dir zu lachen.

unknown /ˌʌnˈnəʊn/ *adj*
that you do not know ▷**unbekannt**: *an unknown face,* ein unbekanntes Gesicht.

unless /ənˈles/ *conj*
if not ▷**wenn . . . nicht**: *You won't catch the bus unless you run.* Wenn du nicht rennst, erwischst du den Bus nicht.

unlike /ˌʌnˈlaɪk/ *prep*
not like; different from ▷**anders als**: *He is unlike his brother who is much fatter.* Er ist anders als sein Bruder, der viel dicker ist.

unlikely /ʌnˈlaɪklɪ/ *adj*
that you do not expect will happen; not probable ▷**unwahrscheinlich**: *It is unlikely that he will pass the exam.* Es ist unwahrscheinlich, dass er die Prüfung bestehen wird.

unload /ʌnˈləʊd/ *v*
1 take things off a vehicle or ship ▷**abladen**: *He unloaded the potatoes from the van.* Er lud die Kartoffeln vom Lieferwagen ab.
2 empty a vehicle or ship ▷**entladen**: *They unloaded the ship in twelve hours.* Sie entluden das Schiff in zwölf Stunden.

unlock /ˌʌnˈlɒk/ *v*
open a door, box, case, etc with a key ▷**aufschließen**: *I've lost my key and can't unlock the front door.* Ich habe meinen Schlüssel verloren und kann die Tür nicht aufschließen.

unlucky /ʌnˈlʌkɪ/ *adj*
be unlucky (a) not having good things happen ▷**Pech haben**: *She's unlucky — she never wins a game.* Sie hat Pech — sie gewinnt nie ein Spiel. **(b)** not bringing good things; bad ▷**Unglück bringen**: *Some people say it is unlucky to break a mirror.* Manche Leute sagen, dass es Unglück bringt, wenn man einen Spiegel zerbricht.
unluckily *adv* ▷**unglücklicherweise**

unnecessary /ʌnˈnesəsrɪ/ *adj*
that you do not need; not important ▷**unnötig**: *Further discussion is unnecessary.* Weitere Diskussionen sind unnötig.

unpack /ˌʌnˈpæk/ *v*
take things out of a box, suitcase, etc ▷**auspacken**: *We arrived at the hotel and unpacked the bags.* Wir kamen im Hotel an und packten unsere Taschen aus.

unpaid /ˌʌnˈpeɪd/ *adj*
that does not get money ▷**unbezahlt**: *an unpaid job,* eine unbezahlte Arbeit.

unpleasant /ʌnˈpleznt/ *adj*
not nice; that you do not enjoy ▷**unangenehm**: *the unpleasant smell of bad fish,* der unangenehme Geruch von verdorbenem Fisch.
unpleasantly *adv* ▷**unangenehm**

unplug /ʌnˈplʌg/ *v* (is unplugging, unplugged /ʌnˈplʌgd/, has unplugged)
take the electric plug of a machine, etc out of the electric point on the wall ▷**den Stecker herausziehen**: *Please unplug the television.* Bitte zieh den Stecker vom Fernseher heraus.

unpopular /ˌʌnˈpɒpjʊlə(r)/ *adj*
that many people do not like ▷**unbeliebt**: *an unpopular politician,* ein unbeliebter Politiker.

unreliable /ˌʌnrɪˈlaɪəbl/ *adj*
that you cannot trust ▷**unzuverlässig**: *an unreliable car,* ein unzuverlässiges Auto; *an unreliable man,* ein unzuverlässiger Mann.

unsatisfactory /ʌnˌsætɪsˈfæktərɪ/ *adj*
not good enough ▷**nicht zufrieden stellend**: *His work is unsatisfactory — I'm not pleased with it.* Seine Arbeit ist nicht zufrieden stellend — ich bin enttäuscht.

unselfish /ˌʌnˈselfɪʃ/ *adj*
thinking about other people and not about yourself ▷**selbstlos**

unsteady /ˌʌnˈstedɪ/ *adj*
that may fall ▷**wackelig**: *Don't climb on that ladder — it's unsteady.* Steig nicht auf die Leiter — sie ist wackelig.

unsuccessful /ˌʌnsəkˈsesfl/ *adj*
not doing something well; with the wrong result ▷**erfolglos**: *His attempts to get a new job were unsuccessful.* Seine Versuche, eine neue Stelle zu finden, blieben erfolglos.

unsuitable /ˌʌnˈsuːtəbl/ *adj*
not right for someone; not suitable for something ▷**ungeeignet**: *Those clothes are unsuitable for skiing.* Diese Sachen sind fürs Skilaufen ungeeignet.

unsympathetic /ˌʌnsɪmpəˈθetɪk/ *adj*
not sympathetic; not understanding another person's feelings ▷**gefühllos**

untidy /ʌnˈtaɪdɪ/ *adj* (untidier, untidiest)
not neat; not in good order ▷**unordentlich**: *an untidy room,* ein unordentliches Zimmer.
untidily *adv* ▷**unordentlich**

untie /ˌʌnˈtaɪ/ *v*
1 unfasten a knot or bow ▷**lösen**: *She untied her shoelaces.* Sie löste ihre Schnürsenkel.
2 take the string, rope, etc off something or someone ▷**losmachen**: *They untied the prisoner.* Sie machten den Gefangenen los.

until[1] /ənˈtɪl/ *conj*
up to the time when ▷**bis**: *Let's stay inside until the rain stops.* Lasst uns im Haus bleiben, bis der Regen aufhört.

until[2] /ənˈtɪl/ *prep*
1 up to a certain time ▷**bis**: *She will stay until Saturday.* Sie wird bis Samstag bleiben.
2 before ▷**vor**: *I can't come until tomorrow.* Ich kann nicht vor morgen kommen.

untrue /ˌʌnˈtruː/ *adj*
not correct ▷**unwahr**: *an untrue story,* eine unwahre Geschichte.

unusual /ʌnˈjuːʒl/ *adj*
strange; not happening often ▷**ungewöhnlich**: *It is unusual to see a cat without a tail.* Es ist ungewöhnlich, eine Katze ohne Schwanz zu sehen.
unusually *adv* ▷**ungewöhnlich**

unwelcome /ʌnˈwelkəm/ *adj*
not welcome; that you are not glad to receive, have, or see ▷**unwillkommen**: *an unwelcome visitor,* ein unwillkommener Besucher.

unwilling /ˌʌnˈwɪlɪŋ/ *adj*
be unwilling, not be ready or happy to do something ▷**nicht bereit sein**: *I was unwilling to lend her my comb.* Ich war nicht bereit, ihr meinen Kamm zu leihen.
unwillingly *adv* ▷**widerwillig**

unwrap /ˌʌnˈræp/ *v* (is unwrapping, unwrapped /ˌʌnˈræpt/, has unwrapped)
take off the paper, cloth, etc that is round something ▷**auswickeln**: *She unwrapped the parcel.* Sie wickelte das Päckchen aus.

up[1] /ʌp/ *adv*
1 from a lower to a higher place ▷**hoch, nach oben**: *Pull your socks up.* Zieh deine Socken hoch.
2 from sitting or lying to standing ▷**auf**: *She stood up in the bus and gave her seat to the old lady.* Sie stand im Bus auf und überließ der alten Dame ihren Platz.
3 in a way that is bigger, stronger, etc ▷**nach oben**: *The price of petrol is going up.* Die Benzinpreise gehen nach oben.
be up, be awake and out of bed ▷**auf sein**: *He's not up yet.* Er ist noch nicht auf.
be up to, **(a)** be good enough for something ▷**gewachsen sein**: *That old car isn't up to a long trip.* Das alte Auto ist einer langen Reise nicht mehr gewachsen. **(b)** be doing something secretly ▷**im Schilde führen**: *Go and see what the chidren are up to.* Sieh mal nach, was die Kinder im Schilde führen.

it's up to somebody, somebody is the person who should do something ▷**es liegt an jemandem**: *It's up to you to get us out of this mess!* Es liegt an dir, uns aus diesem Durcheinander herauszubringen.
up till, until ▷**bis**: *Up till last month, we didn't have a car.* Bis letzten Monat hatten wir kein Auto.
up to, **(a)** as far as someone or something ▷**bis (zu)**: *The child can count up to a hundred.* Das Kind kann bis hundert zählen. **(b)** until ▷**bis**: *Andy has worked hard up to now.* Andy hat bis jetzt hart gearbeitet.

up[2] /ʌp/ *prep*
1 at, in, near, or towards a higher part of something ▷**hinauf**: *We climbed up the mountain.* Wir stiegen den Berg hinauf.
2 along ▷**entlang**: *We walked up the road.* Wir gingen die Straße entlang.

uphill /ˌʌp'hɪl/ *adv*
up; towards the top of something ▷**bergauf**: *to walk uphill,* bergauf gehen.

upon /ə'pɒn/ *prep*
on ▷**auf** ☞Ein etwas altmodisches Wort, das aber noch häufig in der festen Fügung *Once upon a time . . .* benutzt wird, mit der man Märchen und Kindergeschichten einleitet.

upper /'ʌpə(r)/ *adj*
that is above another; top ▷**Ober-**: *Gary has a scar on his upper arm.* Gary hat eine Narbe auf dem Oberarm.

upset /ˌʌp'set/ *v* (is upsetting, upset, has upset)
1 knock something so that it falls over and things fall out ▷**umstoßen**: *I upset the bucket.* Ich stieß den Eimer um.
2 make someone feel sad ▷**bestürzen**: *The bad news upset Gail.* Die schlechte Nachricht bestürzte Gail.
3 spoil or stop something ▷**verderben**: *The bad weather will upset our plans for a picnic.* Das schlechte Wetter wird unsere Pläne für das Picknick verderben.

upside-down /ˌʌpsaɪd 'daʊn/ *adv*
with the top part at the bottom ▷**verkehrt herum**: *The baby held the cup upside-down and all the milk poured out.* Das Baby hielt die Tasse verkehrt herum, und die ganze Milch floss heraus. ☞Vergleiche mit **inside out**.

upstairs /ˌʌp'steəz/ *adv*
in or to a higher floor of a building ▷**oben**: *Our bedroom is upstairs.* Unser Schlafzimmer ist oben.

up-to-date /ˌʌp tə 'deɪt/ *adj*
1 fashionable; modern ▷**modern**: *up-to-date furniture,* moderne Möbel.
2 with the newest information ▷**aktuell**: *an up-to-date list of prices,* eine aktuelle Preisliste.

upwards /'ʌpwədz/ *adv*
up; from a lower to a higher place ▷**nach oben**: *I heard a noise in the sky and looked upwards.* Ich hörte ein Geräusch am Himmel und sah nach oben.

urge[1] /ɜːdʒ/ *n*
have an urge to, have a strong wish to do something ▷**das Bedürfnis verspüren**: *Suddenly, I had an urge to take off my clothes and dive into the water.* Ich verspürte plötzlich das Bedürfnis, meine Sachen auszuziehen und ins Wasser zu springen.

urge[2] /ɜːdʒ/ *v*
try and make a person do something ▷**inständig bitten**: *He urged me to drive carefully on the icy roads.* Er bat mich inständig, auf den vereisten Straßen vorsichtig zu fahren.

urgency /'ɜːdʒənsɪ/ *n* (no *pl*)
feeling that something needs to be done quickly ▷**Dringlichkeit**

urgent /'ɜːdʒənt/ *adj*
very important; that cannot wait ▷**dringend**: *There was an urgent telephone call and the doctor rushed to his car.* Der Arzt bekam einen dringenden Telefonanruf und eilte zum Auto.
urgently *adv* ▷**dringend**: *The captain called urgently for help.* Der Kapitän bat dringend um Hilfe.

us /əs/, /ʌs/ *pron*
word that you say when you talk about yourself and other people together ▷**uns**: *We were pleased when he gave us a lift.* Wir waren froh, als er uns mitnahm.

use[1] /juːs/ *n*
1 (no *pl*) using ▷**Benutzung**: *The pool is for the use of hotel guests only.* Die Benutzung des Swimming-pools ist ausschließlich den Hotelgästen vorbehalten.
2 (*pl* uses) what you can do with someone or something ▷**Verwendung(smöglichkeit)**: *Water has many uses.* Es gibt viele Verwendungsmöglichkeiten für Wasser.
be of no use, not be good for anything ▷**nutzlos**: *That broken chair is of no use — throw it away.* Der kaputte Stuhl ist nutzlos — wirf ihn weg.
have the use of, have the right to use something ▷**benutzen können**: *I have the use of Pam's bike while she's away.* Ich kann Pams Fahrrad benutzen, während sie weg ist.
it's no use, it won't help to do something ▷**es hat keinen Zweck**: *It's no use pushing*

the car — it's stuck. Es hat keinen Zweck, das Auto zu schieben — es steckt fest.

use[2] /juːz/ *v*
do a job with something ▷**benutzen, gebrauchen**: *Have you used my pen?* Hast du meinen Füller benutzt? *Wood is used to make paper.* Holz wird zur Papierherstellung gebraucht.
use up, use something until you have no more ▷**verbrauchen**: *We've used up all the sugar so we must buy some more.* Wir haben den ganzen Zucker verbraucht, deshalb müssen wir neuen kaufen.

used[1] /juːzd/ *adj*
not new ▷**Gebraucht-**: *used cars,* Gebrauchtwagen ☞Beachte den Unterschied in der Aussprache von **used**[1] und **used**[2].

used[2] /juːst/ *adj*
be used to, know something well because you have seen, heard, tasted, done it, etc often ▷**es gewohnt sein**: *I'm used to walking because I haven't got a car.* Ich bin es gewohnt zu laufen, weil ich kein Auto habe.
get used to, begin to know something well after a time ▷**sich gewöhnen an**: *I'm getting used to my new job.* Ich gewöhne mich an meine neue Arbeitsstelle.

> **used**
> Fragebildung und Verneinung können auf zwei Ebenen geschehen:
> - Informell (mit **do** Umschreibung)
>   *Did you use to play the violin?*
>   Haben Sie früher Geige gespielt?
>   *I didn't use to get up so late.*
>   So spät bin ich früher nicht aufgestanden.
> - Formell (ohne Umschreibung)
>   *Used you to play the violin?*
>   Pflegten Sie Geige zu spielen?
>   *I used not to get up so early.*
>   Meine Gepflogenheit war, nicht so früh aufzustehen.

used[3] /juːst/ *v*
used to, words that tell about something that often happened in the past: *My grandmother used to dance a lot when she was young.* Meine Großmutter hat früher, als sie jung war, viel getanzt. *There used to be a green field here — now there's a supermarket.* Früher war da ein Feld — heute steht ein Supermarkt dort.

useful /ˈjuːsfl/ *adj*
good for a job; helpful ▷**nützlich**: *A torch is useful at night when you are camping.* Beim Zelten ist nachts eine Taschenlampe nützlich.

useless /ˈjuːslɪs/ *adj*
1 not good for anything ▷**nutzlos**: *A car is useless without petrol.* Ohne Benzin ist ein Auto nutzlos.
2 not doing what you hoped ▷**zwecklos**: *a useless attempt,* ein zweckloser Versuch.

usual /ˈjuːʒl/ *adj*
normal; happening often ▷**üblich**: *It's usual to have a holiday in the summer.* Es ist üblich, im Sommer Urlaub zu machen.
as usual, as always ▷**wie immer**: *Tony arrived late, as usual!* Tony kam zu spät, wie immer!
usually *adv* normally; mostly ▷**gewöhnlich**: *I usually go to church on Sunday.* Ich gehe sonntags gewöhnlich zur Kirche.

Vv

vacancy /ˈveɪkənsɪ/ *n* (*pl* vacancies)
1 job that no one is doing; place for a new worker ▷**freie Stelle**: *Are there any vacancies for secretaries?* Gibt es irgendwelche freien Stellen für Sekretärinnen?
2 free room in a hotel ▷**freies Zimmer**: *Do you have any vacancies?* Haben Sie Zimmer frei?

vacant /ˈveɪkənt/ *adj*
1 empty; with no one inside; with no one staying there ▷**leer stehend**: *a vacant house,* ein leer stehendes Haus.
2 with no one working in it ▷**frei**: *a vacant job,* eine freie Stelle.

vacation /vəˈkeɪʃn/ *n*
holiday from university ▷**Semesterferien**

vacuum /ˈvækjʊəm/ *n*
totally empty space; space with no air, etc ▷**luftleerer Raum**

vacuum-cleaner /ˈvækjʊəm kliːnə(r)/ *n*
machine that sucks in dirt from carpets, etc ▷**Staubsauger**

vague /veɪg/ *adj* (vaguer, vaguest)
not clear; not exact ▷**ungenau**: *I couldn't find the house because he gave me very vague directions.* Ich konnte das Haus nicht finden, weil er mir eine sehr ungenaue Wegbeschreibung gab.

vain /veɪn/ *adj* (vainer, vainest)
1 thinking too well of your looks, etc ▷**eitel**: *a vain man,* ein eitler Mann.
2 useless ▷**vergeblich**: *They made a vain attempt to save him but he drowned.* Sie mach-

ten einen vergeblichen Versuch, ihn zu retten, aber er ertrank.

in vain, with no success ▷**vergeblich**: *Sheila knocked in vain — no one was at home.* Sheila klopfte vergeblich — es war niemand zu Hause.

valley /'vælɪ/ *n*
low land between hills or mountains ▷**Tal**: *the valley of the Nile,* das Niltal.

valuable /'væljʊəbl/ *adj*
1 worth much money ▷**wertvoll**: *valuable jewels,* wertvoller Schmuck.
2 useful or important ▷**nützlich**: *Thanks for your help — it's been very valuable.* Vielen Dank für Ihre Hilfe — sie war sehr nützlich.

value[1] /'vælju:/ *n*
1 (*pl* values) how much money something is worth ▷**Wert**: *What is the value of this picture by Rubens?* Welchen Wert hat dieses Gemälde von Rubens?
2 (no *pl*) how useful or important something is to you ▷**Nutzen**: *Good books are of great value to students.* Gute Bücher sind für Studenten von großem Nutzen.

value[2] /'vælju:/ *v*
think very highly of something that you have ▷**schätzen**: *She values her freedom.* Sie schätzt ihre Freiheit.

van /væn/ *n*
1 sort of big car or small, covered lorry for carrying things ▷**Lieferwagen**: *We're hiring a van to move house.* Wir mieten uns einen Lieferwagen für den Umzug.
2 railway carriage for carrying goods ▷**Waggon**

vandal /'vændl/ *n*
someone who breaks and spoils things that are beautiful or that belong to other people ▷**Rowdy**

vandalism /'vændəlɪzm/ *n* (no *pl*) ▷**Vandalismus**

vanish /'vænɪʃ/ *v*
go away so that it cannot be seen; disappear ▷**verschwinden**: *The thief ran into the crowd and vanished.* Der Dieb tauchte in der Menge unter und verschwand.

variety /və'raɪətɪ/ *n*
1 (no *pl*) being full of different things ▷**Abwechslung**: *My job is boring — there's no variety.* Meine Arbeit ist langweilig — es gibt keine Abwechslung.
2 (no *pl*) number of different things ▷**Auswahl**: *There's a large variety of dishes on the menu.* Die Speisekarte bietet eine große Auswahl an Gerichten.
3 (*pl* varieties) sort; kind ▷**Sorte**: *This variety of apple is very sweet.* Diese Apfelsorte ist sehr süß.

various /'veərɪəs/ *adj*
different ▷**unterschiedlich, verschieden**: *shoes of various sizes,* Schuhe in unterschiedlichen Größen; *blouses in various colours,* Blusen in verschiedenen Farben.

vary /'veərɪ/ *v* (is varying, varied /'veərɪd/, has varied)
be or become different from one another ▷**verschieden sein**: *Houses vary in price according to the area.* Die Preise für Häuser sind je nach Gegend verschieden.

vase /vɑ:z/ *n*
pot for holding flowers ▷**Vase**

vast /vɑ:st/ *adj*
very big ▷**riesig**: *Africa is a vast continent.* Afrika ist ein riesiger Kontinent.

veal /vi:l/ *n* (no *pl*)
meat from a calf ▷**Kalbfleisch** ☞Siehe Anmerkung bei **pig**.

vegetable /'vedʒtəbl/ *n*
plant that you eat ▷**Gemüse**: *Potatoes, carrots, and beans are vegetables.* Kartoffeln, Möhren und Bohnen sind Gemüse.

vegetarian /ˌvedʒə'teərɪən/ *n*
someone who does not eat meat ▷**Vegetarier(in)**

vehicle /'vɪəkl/ *n*
any thing on wheels that transports people or goods ▷**Fahrzeug**: *Cars, buses, and lorries are all vehicles.* Autos, Busse und Lkws sind Fahrzeuge.

veil /veɪl/ *n*
piece of thin cloth that a woman puts over her head or face ▷**Schleier**: *The bride wore a veil at her wedding.* Die Braut trug bei ihrer Hochzeit einen Schleier.

velvet /'velvɪt/ *n* (no *pl*)
sort of cloth that feels soft and thick on one side ▷**Samt**

vending machine /'vendɪŋ məʃi:n/ *n*
machine that gives you food, etc when you put money into it ▷**Automat**

verb /vɜ:b/ *n*
word that tells what someone or something is, does, etc ▷**Verb**: *'Go', 'sing', and 'swim' are all verbs.* „Go", „sing" und „swim" sind Verben.

verdict /'vɜ:dɪkt/ *n*
what a jury decides at the end of a trial in court ▷**Urteil**

verse /vɜ:s/ *n*
1 (no *pl*) poetry; piece of writing in lines that have a rhythm ▷**Dichtung**

2 (*pl* verses) group of lines in a poem, hymn, etc ▷**Strophe**: *a poem of five verses,* ein Gedicht in fünf Strophen.

version /ˈvɜːʃn/ *n*
what one person says or writes about something that happened ▷**Darstellung**: *What's your version of the accident?* Wie ist Ihre Darstellung des Unfalls?

versus /ˈvɜːsəs/ *prep*
against; opposite; on the other side in a sport or fight ▷**gegen**: *Did you see the match yesterday — Manchester United versus Liverpool?* Hast du gestern das Spiel gesehen — Manchester United gegen Liverpool?

very[1] /ˈverɪ/ *adj*
exact; same ▷**genau**: *Ray! You are the very person I want!* Ray! Du bist genau der, den ich suche.

very[2] /ˈverɪ/ *adv*
word that makes another word stronger ▷**sehr**: *London is a very big town.* London ist eine sehr große Stadt.

vest /vest/ *n*
piece of clothing that you wear next to the skin on the upper part of your body ▷**Unterhemd**

vet /vet/ *n*
doctor for sick animals ▷**Tierarzt, Tierärztin**

via /ˈvaɪə/ *prep*
through; by way of ▷**über**: *We drove from London to Exeter via Bristol.* Wir fuhren von London über Bristol nach Exeter.

vicar /ˈvɪkə(r)/ *n*
priest in the Church of England ▷**Pfarrer**
vicarage /ˈvɪkərɪdʒ/ *n* vicar's house ▷**Pfarrhaus**

vice-president /vaɪs ˈprezɪdənt/ *n*
someone who comes after the president ▷**Vizepräsident(in)**

vicious /ˈvɪʃəs/ *adj*
cruel; nasty ▷**bösartig**: *The donkey gave him a vicious kick.* Der Esel versetzte ihm einen bösartigen Tritt.

victim /ˈvɪktɪm/ *n*
someone who suffers in an attack, murder, disaster, etc ▷**Opfer**: *The ambulance took the victims of the car accident to hospital.* Der Krankenwagen brachte die Opfer des Verkehrsunfalls ins Krankenhaus.

victorious /vɪkˈtɔːrɪəs/ *adj*
successful; who have won ▷**siegreich**: *We cheered the victorious football team.* Wir jubelten der siegreichen Fußballmannschaft zu.

victory /ˈvɪktərɪ/ /*n* (*pl* victories)
winning a game, fight, war, etc ▷**Sieg**

video /ˈvɪdɪəʊ/, **video cassette recorder** /ˌvɪdɪəʊ kəˈset rɪˌkɔːdə(r)/ *n*
machine that puts television programmes on tape, so that you can watch them when you want to ▷**Video(recorder)**

view /vjuː/ *n*
1 what you see when you are far away from a place ▷**Aussicht**: *You get a good view of Oxford from the tower.* Vom Turm aus hat man eine gute Aussicht auf Oxford.
2 what you believe or think about something ▷**Ansicht**: *She holds strong views on unemployment.* Sie hat sehr festgelegte Ansichten über die Arbeitslosigkeit.
be on view, be where you can see it ▷**ausgestellt werden**: *The crown jewels are on view at the Tower of London.* Die Kronjuwelen werden im Tower von London ausgestellt.
in view of, because of something ▷**wegen**: *In view of the train strike I cannot go to London.* Wegen des Eisenbahnstreiks kann ich nicht nach London fahren.

village /ˈvɪlɪdʒ/ *n*
small town ▷**Dorf**

villain /ˈvɪlən/ *n*
bad person; criminal ▷**Schurke**

vine /vaɪn/ *n*
plant where grapes grow ▷**(Wein)rebe**

vinegar /ˈvɪnɪgə(r)/ *n* (no *pl*)
liquid with a sharp taste, which you use on food and in cooking ▷**Essig**

vineyard /ˈvɪnjəd/ *n*
piece of land where vines grow ▷**Weinberg**

viola /vɪˈəʊlə/ *n*
musical instrument with strings ▷**Bratsche**

violent /ˈvaɪələnt/ *adj*
strong and dangerous ▷**gewalttätig**: *a violent man,* ein gewalttätiger Mann.
violently *adv* ▷**heftig**
violence *n* (no *pl*) ▷**Gewalt**

violet /ˈvaɪələt/ *n*
small purple flower ▷**Veilchen**
violet *adj* with a purple colour ▷**lila**

violin /ˌvaɪəˈlɪn/ *n*
musical instrument with strings ▷**Geige**
violinist /ˌvaɪəˈlɪnɪst/ *n* someone who plays a violin ▷**Geiger(in)**

VIP /ˌviː aɪ ˈpiː/ *abbrev*
very important person ▷**prominente Persönlichkeit**: *The prime minister is a VIP.* Die Premierministerin ist ein prominente Persönlichkeit.

visa /ˈviːzə/ *n*
special piece of paper or stamp in your passport to show that you can go into a country

▷**Visum**: *Foreigners must have visas when they visit the United States.* Ausländer müssen ein Visum haben, wenn sie die Vereinigten Staaten besuchen.

visible /ˈvɪzəbl/ *adj*
that you can see ▷**sichtbar**: *Stars are only visible at night.* Sterne sind nur in der Nacht sichtbar.

vision /ˈvɪʒn/ *n*
1 (no *pl*) sight; power to see ▷**Augenlicht**: *He wears glasses because his vision is poor.* Er trägt eine Brille, weil sein Augenlicht schwach ist.
2 (*pl* visions) picture in your mind; dream ▷**Vorstellung**: *Tom has visions of becoming a pop star when he grows up.* Tom hat die Vorstellung, dass er ein Popstar wird, wenn er erwachsen ist.

visit /ˈvɪzɪt/ *v*
go to see a person or place ▷**besuchen**: *Have you ever visited Westminster Abbey?* Haben Sie jemals Westminister Abbey besucht? *Let's visit Pippa this weekend.* Lasst uns dieses Wochenende Pippa besuchen.
visit *n* ▷**Besuch**
pay someone a visit, go to see someone ▷**einen Besuch abstatten**: *We paid grandmother a visit.* Wir statteten Großmutter einen Besuch ab.

visitor /ˈvɪzɪtə(r)/ *n*
someone who goes to see a person or place ▷**Besucher(in)**: *Several million visitors come to London every year.* Jedes Jahr kommen mehrere Millionen Besucher nach London.

vital /ˈvaɪtl/ *adj*
very important; that you must do or have ▷**lebenswichtig**: *It's vital that the doctor comes quickly — her life is in danger.* Es ist lebenswichtig, dass der Arzt schnell kommt — ihr Leben ist in Gefahr.
vitally *adv* ▷**ungeheuer**: *The decision was vitally important.* Die Entscheidung war ungeheuer wichtig.

vocabulary /vəˈkæbjʊlərɪ/ *n* (*pl* vocabularies)
1 list of words in a lesson or book ▷**Wörterverzeichnis**
2 all the words that one person knows ▷**Wortschatz**: *A young child has a small vocabulary.* Ein kleines Kind hat einen geringen Wortschatz.

voice /vɔɪs/ *n* (*pl* voices)
sound that you make when you speak or sing ▷**Stimme**: *Alice has a very quiet voice.* Alice hat eine sehr leise Stimme.
at the top of your voice, very loudly ▷**mit voller Lautstärke**: *He shouted at the top of his voice.* Er rief mit voller Lautstärke.
raise your voice, speak loudly; shout ▷**die Stimme erheben**

volcano /vɒlˈkeɪnəʊ/ *n* (*pl* volcanoes)
mountain with a hole in the top where fire, hot rock, ash, and gas come out ▷**Vulkan**: *Vesuvius is a volcano.* Der Vesuv ist ein Vulkan.

volleyball /ˈvɒlɪbɔːl/ *n* (no *pl*)
game where players hit a big ball over a high net ▷**Volleyball**

volume /ˈvɒljuːm/ *n*
1 (no *pl*) amount of space that something fills; amount of space in something ▷**Volumen**: *What is the volume of that box?* Welches Volumen hat diese Kiste?
2 (no *pl*) sound; loudness ▷**Lautstärke**
3 (*pl* volumes) one of a series of books ▷**Band**

voluntary /ˈvɒləntrɪ/ *adj*
1 that you do willingly ▷**freiwillig**: *a voluntary confession,* ein freiwilliges Geständnis.
2 willing and unpaid ▷**freiwillig**: *Mrs Thomas is a voluntary helper in a children's hospital.* Mrs Thomas arbeitet als freiwillige Helferin in einem Kinderkrankenhaus.

volunteer /ˌvɒlənˈtɪə(r)/ *v*
offer to do a job that is unpleasant, difficult, or dangerous ▷**sich freiwillig melden**: *Two men volunteered to search for the missing climber.* Zwei Männer meldeten sich freiwillig, um nach dem vermissten Bergsteiger zu suchen.
volunteer *n* someone who volunteers ▷**Freiwillige(r)**

vote[1] /vəʊt/ *n*
1 (no *pl*) choosing someone or something by putting up your hand or writing on a piece of paper ▷**Wahl**
2 decision that someone shows by putting up his hand or writing on a piece of paper ▷**Stimme**
have the vote, be able to vote, especially in an election ▷**das Wahlrecht haben**: *In the last century women did not have the vote.* Frauen hatten im letzten Jahrhundert kein Wahlrecht.

vote[2] /vəʊt/ *v*
choose someone or something by putting up your hand or writing on a piece of paper ▷**wählen**: *Which party did you vote for?* Welche Partei haben Sie gewählt?
voter *n* someone who votes in an election ▷**Wähler(in)**

vowel /vaʊl/ *n*
one of the letters 'a', 'e', 'i', 'o', 'u' in the English alphabet ▷**Vokal, Selbstlaut**

voyage /ˈvɔɪɪdʒ/ *n*
sea journey ▷**Seereise**: *a voyage from London to New York,* eine Seereise von London nach New York.

Ww

wade /weɪd/ *v*
walk through water ▷**waten**: *Can we wade across the river, or is it too deep?* Können wir durch den Fluss waten, oder ist er zu tief?

wag /wæg/ *v* (is wagging, wagged /wægd/, has wagged)
move something from side to side or up and down ▷**wedeln**: *The dog wagged his tail when he saw his master.* Der Hund wedelte mit dem Schwanz, als er sein Herrchen sah.

wages /ˈweɪdʒəz/ *n pl*
money that you receive every week for your work ▷**Lohn** ☞Siehe Anmerkung bei **pay**.

wagon /ˈwægən/ *n*
1 cart on four wheels, which a horse or an ox pulls ▷**Wagen**
2 railway truck for goods ▷**Waggon**

waist /weɪst/ *n*
part around the middle of the body ▷**Taille**: *Bob tied a towel around his waist.* Bob wickelte sich ein Handtuch um die Taille.

waistcoat /ˈweɪstkəʊt/ *n*
piece of clothing like a jacket with no sleeves ▷**Weste**

wait[1] /weɪt/ *n* (no *pl*)
staying in one place until something happens ▷**Wartezeit**

wait[2] /weɪt/ *v*
stay in one place until something happens ▷**warten**: *We've been waiting three hours.* Wir warten schon seit drei Stunden. *They waited at the bus stop.* Sie warteten an der Bushaltestelle.
keep someone waiting, be late or busy so that someone has to wait for you ▷**jemanden warten lassen**: *The doctor kept me waiting for half an hour.* Der Arzt ließ mich eine halbe Stunde warten.
wait for, wait until someone or something comes, etc ▷**warten auf**: *Please wait for me if I'm not ready.* Warte bitte auf mich, wenn ich noch nicht fertig bin.

waiter /ˈweɪtə(r)/ *n*
man who brings food to a table in a restaurant, etc ▷**Kellner**

waiting-room /ˈweɪtɪŋ rʊm/ *n*
1 room in a railway station where people can wait ▷**Wartesaal**
2 room at a doctor's surgery where people wait ▷**Wartezimmer**

waitress /ˈweɪtrɪs/ *n* (*pl* waitresses)
woman who brings food to a table in a restaurant, etc ▷**Kellnerin**

wake /weɪk/ *v* (woke /wəʊk/, has woken /ˈwəʊkən/)
1 stop sleeping ▷**aufwachen**: *I usually wake at six o'clock.* Ich wache normalerweise um sechs auf.
2 make someone stop sleeping ▷**wecken**: *The noise woke me.* Der Lärm weckte mich.
wake someone up, make someone stop sleeping ▷**jemanden aufwecken**: *Sh! Don't wake the baby up.* Pst! Weck das Baby nicht auf.
wake up, stop sleeping ▷**aufwachen**

walk[1] /wɔːk/ *n*
journey on foot ▷**Spaziergang**: *The beach is a short walk from our house.* Von unserem Haus ist es nur ein kurzer Spaziergang bis zum Strand.
go for a walk, walk somewhere for pleasure ▷**einen Spaziergang machen**: *It's a lovely afternoon — let's go for a walk in the park.* Es ist so ein schöner Tag — lasst uns einen Spaziergang im Park machen.

walk[2] /wɔːk/ *v*
move on your legs ▷**gehen**: *She walked slowly upstairs.* Sie ging langsam nach oben.

walking stick /ˈwɔːkɪŋ stɪk/ *n*
special strong stick that you carry to help you to walk ▷**Spazierstock**

Walkman /ˈwɔːkmən/ *n*
small cassette recorder or radio with headphones, which is easy to carry about ▷**Walkman** ☞**Walkman** ist ein eingetragenes Warenzeichen.

wall /wɔːl/ *n*
1 side of a building or room ▷**Wand**: *Clive hung a picture on the wall.* Clive hängte ein Bild an die Wand.
2 something that you build with stones, bricks, wood, etc round a garden, field, town, etc ▷**Mauer**: *There is a high wall around the prison.* Das Gefängnis ist von einer hohen Mauer umgeben.

wallet /ˈwɒlɪt/ *n*
small case for banknotes ▷**Brieftasche**

wallpaper /ˈwɔːlpeɪpə(r)/ *n* (no *pl*)
special paper that you use to cover the walls of a room ▷**Tapete**

walnut /ˈwɔːlnʌt/ *n*
sort of nut that you can eat ▷**Walnuss**

wander /ˈwɒndə(r)/ *v*
walk slowly with no special plan ▷**schlendern**: *The boys wandered around the town.* Die Jungen schlenderten durch die Stadt.

want /wɒnt/ *v*
1 wish to have or do something ▷**wollen**: *Do you want an orange?* Willst du eine Apfelsine? *I want to go to bed.* Ich will ins Bett gehen.
2 need something ▷**brauchen**: *This dirty floor wants a scrub.* Dieser dreckige Fußboden braucht eine gründliche Reinigung.

war /wɔː(r)/ *n*
fight between countries ▷**Krieg**: *the Korean War,* der Koreakrieg.
be at war, be fighting each other ▷**sich im Krieg befinden**: *In 1775 England was at war with its American colonies.* 1775 befand sich England im Krieg mit seinen amerikanischen Kolonien.

ward /wɔːd/ *n*
part of a hospital ▷**Station**

warden /ˈwɔːdən/ *n*
1 someone whose job is to control a youth hostel ▷**Herbergsvater, Herbergsmutter**
2 someone whose job is to look after a museum, public place, etc ▷**Aufseher(in)**

wardrobe /ˈwɔːdrəʊb/ *n*
cupboard where you hang your clothes ▷**Kleiderschrank**

warehouse /ˈweəhaʊs/ *n*
big building where many things are stored ▷**Lagerhaus**

warm[1] /wɔːm/ *adj* (warmer, warmest)
1 a little hot ▷**warm**: *It's warm near the fire.* Am Feuer ist es warm.
2 that will make or keep you warm ▷**warm**: *warm clothes,* warme Kleidung.

warm[2] /wɔːm/ *v*
become warm; make something warm ▷**wärmen**: *Walter warmed his hands by the fire.* Walter wärmte seine Hände am Feuer.
warm up, become warmer; make something hot or warmer ▷**(sich) aufwärmen**: *Mum warmed up the stew for lunch.* Mutter wärmte den Eintopf zum Mittagessen auf.

warmth /wɔːmθ/ *n* (no *pl*)
1 heat ▷**Wärme**: *the warmth of the fire,* die Wärme des Feuers.
2 friendliness; kindness ▷**Herzlichkeit**

warn /wɔːn/ *v*
tell someone about danger or about something bad that may happen ▷**warnen**: *He warned the children not to climb the tree.* Er warnte die Kinder davor, auf den Baum zu klettern.
warning *n* ▷**Warnung**: *a gale warning,* eine Sturmwarnung.

was /wɒz/ *form of* be

wash[1] /wɒʃ/ *n* (no *pl*)
1 cleaning something with water ▷**Wäsche**: *a car wash,* eine Autowäsche.
2 dirty clothes, towels, etc that you must clean ▷**Wäsche**: *I've got a very large wash today.* Ich habe heute große Wäsche.

wash[2] /wɒʃ/ *v*
1 clean someone or something with water ▷**waschen**: *Wash your hands before you eat.* Wasch dir die Hände, bevor du isst.
2 move something with water ▷**spülen**: *The sea washed pieces of wood onto the beach.* Das Meer spülte Holzscheite an den Strand.
wash up, clean pots, plates, etc ▷**abwaschen**: *We washed up after breakfast.* Nach dem Frühstück wuschen wir ab.

washbasin /ˈwɒʃbeɪsn/ *n*
place in a bathroom where you wash your hands, face, etc ▷**Waschbecken**

washing /ˈwɒʃɪŋ/ *n* (no *pl*)
clothes, etc that you are cleaning ▷**Wäsche**: *Pam hung the washing on the line to dry.* Pam hängte die Wäsche zum Trocknen auf die Leine.
washing-machine *n* machine for washing clothes ▷**Waschmaschine**
washing-powder *n* (no *pl*) soap powder for washing clothes, etc ▷**Waschpulver**

washing-up *n* (no *pl*)
cleaning pots, plates, cutlery, etc ▷**Abwasch**
washing-up liquid *n* (no *pl*) liquid soap for washing pots, etc ▷**Spülmittel**

wasn't /ˈwɒznt/
was not ▷**war nicht**

wasp /wɒsp/ *n*
flying insect that stings ▷**Wespe**

waste[1] /weɪst/ *n* (no *pl*)
1 useless things that you throw away ▷**Abfall**: *waste material,* Abfallstoffe.
2 throwing away something good ▷**Verschwendung**: *It's such a waste to throw out paper and glass.* Es ist so eine Verschwendung, Papier und Glas wegzuwerfen.
a waste of time, time that you spend in a useless way ▷**Zeitverschwendung**: *It's a waste of time to water the garden when it is raining.* Es ist Zeitverschwendung, den Garten zu sprengen, wenn es regnet.

waste[2] /weɪst/ *v*
throw away something good; not use something in a useful way ▷**verschwenden**: *We*

wasted a lot of time looking for my watch. Wir verschwendeten eine Menge Zeit damit, meine Uhr zu suchen.

wastepaper basket /ˌweɪstpeɪpə(r) 'bɑːskɪt/ *n*
container for paper, etc that you do not want ▷**Papierkorb**

watch[1] /wɒtʃ/ *n* (*pl* watches)
instrument that you wear on your wrist to show the time ▷**Armbanduhr** ☞Siehe Anmerkung bei **clock**.
watch-maker *n* someone who makes and mends watches and clocks ▷**Uhrmacher(in)**

watch[2] /wɒtʃ/ *n* (no *pl*)
guard; looking to see that everything is in order, etc ▷**Wache**
keep watch, look out for danger ▷**Wache halten**: *The soldiers kept watch at the gate.* Die Soldaten hielten am Tor Wache.

watch[3] /wɒtʃ/ *v*
1 look at someone or something for some time ▷**ansehen**: *The children watched the race.* Die Kinder sahen sich das Rennen an. ☞Siehe Anmerkung bei **see**.
2 look at someone or something and guard it; be careful with something ▷**aufpassen**: *Will you watch my clothes while I go swimming?* Kannst du auf meine Sachen aufpassen, während ich schwimme?
watch out for, (a) look for someone or something that you expect ▷**Ausschau halten nach**: *Watch out for Jim — he should be here soon.* Halte nach Jim Ausschau — er müsste bald hier sein. **(b)** be careful about someone or something dangerous ▷**aufpassen**: *Watch out for ice on the road!* Pass auf, die Straße könnte vereist sein.
watch over, guard or look after someone or something ▷**wachen über**: *She watched over her sick cat all night.* Sie wachte die ganze Nacht über ihrer kranken Katze.

water[1] /'wɔːtə(r)/ *n* (no *pl*)
the liquid in rivers, lakes, seas, etc ▷**Wasser**
watercolour /'wɔːtəkʌlə(r)/ *n* picture that you make with paint and water ▷**Aquarell**
watercress /'wɔːtəkres/ *n* (no *pl*) small plant with leaves that you eat in salads ▷**Brunnenkresse**
waterfall /'wɔːtəfɔːl/ *n* place where water goes over a cliff ▷**Wasserfall**
water melon /'wɔːtə melən/ *n* big fruit with a hard skin and crisp pink flesh ▷**Wassermelone**
waterproof /'wɔːtəpruːf/ *adj* that does not let water through ▷**wasserdicht**: *A raincoat must be waterproof.* Ein Regenmantel muss wasserdicht sein.
water-skiing /'wɔːtə skiːɪŋ/ *n* (no *pl*) sport of moving fast over water on skis, pulled by a boat ▷**Wasserski**

water[2] /'wɔːtə(r)/ *v*
put water on plants ▷**gießen**
watering-can /'wɔːtərɪŋ kæn/ *n* can for pouring water on plants ▷**Gießkanne**

wave[1] /weɪv/ *n*
1 part of the sea when it moves ▷**Welle**: *A wave swept him off the boat.* Eine Welle spülte ihn aus dem Boot.
2 moving your hand, etc in the air to say hello or goodbye or to make a sign to someone ▷**Winken**

wave[2] /weɪv/ *v*
move your hand in the air to say hello or goodbye or to make a sign to someone ▷**winken**: *Alan waved as the train left.* Alan winkte, als der Zug abfuhr. *The policewoman waved the driver to stop.* Die Polizistin winkte dem Fahrer, damit er anhielt.

wax /wæks/ *n* (no *pl*)
soft stuff for making candles, etc ▷**Wachs**

way /weɪ/ *n*
1 road, path, etc that you must follow to get to a place ▷**Weg**: *Is this the way to the station?* Ist dies der Weg zum Bahnhof?
2 direction ▷**Richtung**: *He went that way.* Er ist in diese Richtung gegangen.
3 distance ▷**Weg**: *It's a long way to the supermarket.* Es ist ein weiter Weg bis zum Supermarkt.
4 manner; how you do something ▷**Art (und Weise)**: *There's only one way to do it.* Das kann man nur auf eine Art und Weise machen. *I cooked the rice the Chinese way.* Ich kochte den Reis auf chinesische Art.
be in the way, get in the way, stand in front of someone and stop him from moving or doing something ▷**im Weg sein**: *I couldn't mow the lawn as the dog was in the way.* Ich konnte den Rasen nicht mähen, weil der Hund im Weg war.
be on the way, be going somewhere ▷**auf dem Weg sein**: *I'm on my way to town.* Ich bin auf dem Weg in die Stadt.
by the way, words that you say when you are going to talk about something different ▷**übrigens**
find your way, find out how to get to a place ▷**den Weg finden**: *If you have a map you'll be able to find your way to the hotel.* Wenn Sie einen Stadtplan haben, können Sie den Weg zum Hotel finden.
give way, (a) agree with someone after an argument ▷**nachgeben**: *The final piece of evidence forced her to give way.* Das letzte Beweisstück zwang sie schließlich nachzugeben. **(b)** break ▷**nachgeben**: *The ladder gave way and he fell.* Die Leiter gab nach, und er stürzte zu Boden.

lead the way, go in front to show other people where to go ▷**führen**: *I know where the hotel is — I'll lead the way.* Ich weiß, wo das Hotel ist — ich werde euch führen.
lose your way, become lost ▷**sich verlaufen**: *I lost my way in the crowd.* Ich habe mich in der Menge verlaufen.
tell someone the way, tell someone how to get to a place ▷**jemandem den Weg zeigen**: *Can you tell me the way to the station?* Können Sie mir den Weg zum Bahnhof zeigen?
way in, words to show you where you can get into a public building, etc ▷**Eingang**
way out, words to show you where you can get out of a public building, etc ▷**Ausgang**

w.c. /ˌdʌbljuː ˈsiː/ *n*
toilet; lavatory ▷**WC**

we /wiː/ *pron*
word for more than one person ▷**wir**: *Joan and I are friends — we play together.* Joan und ich sind Freundinnen — wir spielen zusammen.

weak /wiːk/ *adj* (weaker, weakest)
1 not strong ▷**schwach**: *a weak old man,* ein schwacher, alter Mann; *a weak government,* eine schwache Regierung.
2 word used for tea, coffee, etc that has little taste ▷**dünn**: *weak tea,* dünner Tee.
weaken *v* make something or someone less strong ▷**schwächen**
weakly *adv* ▷**schwach**

weakness /ˈwiːknɪs/ *n*
1 (no *pl*) not being strong ▷**Schwäche**: *the weakness of old age,* Altersschwäche.
2 (*pl* weaknesses) fault ▷**Schwäche**: *Did Napoleon have any weaknesses?* Hatte Napoleon irgendwelche Schwächen?

wealth /welθ/ *n* (no *pl*)
a lot of money, land, etc ▷**Reichtum**
wealthy (wealthier, wealthiest) *adj* rich ▷**reich**: *He is a very wealthy man.* Er ist ein sehr reicher Mann.

weapon /ˈwepən/ *n*
instrument for fighting ▷**Waffe**: *Guns and swords are weapons.* Gewehre und Schwerter sind Waffen.

wear[1] /weə(r)/ *n* (no *pl*)
use of something and making it old ▷**Abnutzung**: *That chair is showing signs of wear.* Der Sessel zeigt Abnutzungserscheinungen.

wear[2] /weə(r)/ (wore /wɔː(r)/, has worn /wɔːn/) *v*
have clothes, jewellery, etc on your body ▷**tragen**: *A policeman wears a uniform.* Ein Polizist trägt Uniform.

weather /ˈweðə(r)/ *n* (no *pl*)
how cold or hot it is; how much sunshine, rain, wind, etc there is at a certain time ▷**Wetter**: *I wear a raincoat in wet weather.* Bei feuchtem Wetter trage ich einen Regenmantel.

weave /wiːv/ *v* (wove /wəʊv/, has woven /ˈwəʊvn/)
twist threads together to make cloth ▷**weben**

web /web/ *n*
fine net that a spider makes ▷**Spinnennetz**

wedding /ˈwedɪŋ/ *n*
marriage; ceremony when a man and a woman marry ▷**Hochzeit** ☞Siehe Anmerkung bei **marriage**.

we'd /wiːd/
1 we had ▷**wir hatten**: *William said we'd won!* William sagte, dass wir gewonnen hatten.
2 we would ▷**wir würden**: *We said we'd come tomorrow.* Wir sagten, wir würden morgen kommen.

Wednesday /ˈwenzdeɪ/ *n*
fourth day of the week ▷**Mittwoch**

weed /wiːd/ *n*
wild plant that grows where you do not want it ▷**Unkraut**
weed *v* pull weeds out of the soil ▷**Unkraut jäten**

week /wiːk/ *n*
1 any time of seven days ▷**Woche**: *The work will take a week.* Die Arbeit wird eine Woche in Anspruch nehmen.
2 time of seven days from Sunday to the next Saturday ▷**Woche**: *this week,* diese Woche; *next week,* nächste Woche.
3 Monday to Friday; Monday to Saturday ▷**Woche**: *I work during the week but not at weekends.* Ich arbeite während der Woche, aber nicht an Wochenenden.
weekday *n* any day except Sunday ▷**Wochentag**

weekend /ˌwiːkˈend/ *n*
Saturday and Sunday ▷**Wochenende**
at the weekend, on Saturday and Sunday ▷**am Wochenende**: *Are you going away at the weekend?* Fährst du am Wochenende weg?

weekly /ˈwiːklɪ/ *adj*
that happens or comes every week ▷**Wochen-**: *a weekly wage,* ein Wochenlohn; *a weekly newspaper,* eine Wochenzeitung.
weekly *adv* ▷**wöchentlich**: *Mr Davies pays me rent weekly.* Mr Davies zahlt mir wöchentlich Miete.

weep /wiːp/ *v* (wept /wept/, has wept)
cry ▷**weinen**: *He wept when he heard the sad news.* Er weinte, als er die schlechte Nachricht hörte.

weigh /weɪ/ *v*
1 measure how heavy someone or something is ▷**wiegen**: *The shopkeeper weighed the tomatoes.* Der Kaufmann wog die Tomaten.
2 show a certain number of kilos, etc on the scales ▷**wiegen**: *The baby weighs three kilos.* Das Baby wiegt drei Kilo.

weight /weɪt/ *n*
how heavy someone or something is ▷**Gewicht**: *The airline wants to know the weight of your suitcase.* Die Fluggesellschaft möchte das Gewicht Ihres Koffers wissen.

welcome[1] /ˈwelkəm/ *adj*
that you are glad to have, get, or see ▷**willkommen**: *A cool drink was welcome after the long walk.* Nach dem langen Spaziergang war ein kühles Getränk willkommen.
you're welcome, polite words that you say when someone has thanked you ▷**bitte schön**: *'Thank you.' 'You're welcome!'* „Danke schön." „Bitte schön."

welcome[2] /ˈwelkəm/ *v*
show that you are pleased to have, get, or see someone or something ▷**begrüßen**: *Mr Thomas welcomed us to his house.* Mr Thomas begrüßte uns in seinem Haus. *He welcomed my plan.* Er begrüßte meinen Plan.
welcome *n* ▷**Begrüßung**

welfare /ˈwelfeə(r)/ *n* (no *pl*)
health, comfort, etc ▷**Wohlergehen**: *The school looks after the welfare of its students.* Die Schule kümmert sich um das Wohlergehen ihrer Schüler.

well[1] /wel/ *adj*
healthy; not ill ▷**gut**: *I hope your family is well.* Ich hoffe, deiner Familie geht es gut.

well[2] /wel/ *adv*
1 in a good or right way ▷**gut**: *He sang well and won the first prize.* Er sang gut und gewann den ersten Preis.
2 hard; thoroughly ▷**gut**: *Beat the eggs well.* Die Eier gut schlagen.
as well, also ▷**außerdem**: *Yvonne is learning French and English as well.* Yvonne lernt Französisch und außerdem Englisch.
as well as, and also ▷**und außerdem**: *Scott has a flat in London as well as a house in Edinburgh.* Scott hat eine Wohnung in London und außerdem ein Haus in Edinburgh.
do well, be successful ▷**gut abschneiden**: *He did well in his exam.* Er hat bei der Prüfung gut abgeschnitten.
well done! words that you say to someone who succeeds ▷**gut gemacht!**

well[3] /wel/ *exclam*
1 word that you often say when you start speaking ▷**also**: *Well, I'm tired — I'm going to bed.* Also, ich bin müde — ich gehe ins Bett.
2 word that shows surprise ▷**ja ... aber**: *Well, you have grown!* Ja, du bist aber gewachsen!

well[4] /wel/ *n*
deep hole for getting water from under the ground ▷**Brunnen**

we'll /wiːl/
we will; we shall ▷**wir werden**: *We'll be late if you don't hurry.* Wir werden zu spät kommen, wenn du dich nicht beeilst.

wellington boots /ˌwelɪŋtən ˈbuːts/ *n pl*
boots that you wear in the rain, mud, etc ▷**Gummistiefel**

well-known /ˈwel nəʊn/ *adj*
famous ▷**berühmt**: *a well-known sportsman,* ein berühmter Sportler.

well-off /ˌwel ˈɒf/ *adj*
rich ▷**wohlhabend**

went /went/ *form of* go

wept /wept/ *form of* weep

were /wɜː(r)/ *form of* be

we're /wɪə(r)/
we are ▷**wir sind**: *We're very tired.* Wir sind sehr müde.

weren't /wɜːnt/
were not ▷**waren nicht**

west /west/ *n (no pl)*
one of the points of the compass ▷**Westen**: *The sun sets in the west.* Die Sonne geht im Westen unter.
west *adj* ▷**West-**: *a west wind,* ein Westwind.
west *adv* ▷**westlich**: *Bristol is west of London.* Bristol liegt westlich von London.
western /ˈwestən/ *adj* ▷**westlich**: *the western states of the USA,* die westlichen Staaten der USA.

western /ˈwestən/ *n*
film or book about cowboys in the western part of the United States ▷**Western**: *There's a western on TV.* Im Fernsehen läuft ein Western.

wet /wet/ *adj* (wetter, wettest)
1 covered with water or other liquid ▷**nass**: *This towel is wet — can I have another one?* Dieses Handtuch ist nass — kann ich ein frisches haben?
2 with rain ▷**nass**: *a wet day,* ein nasser Tag.

we've /wiːv/
we have ▷**wir haben**: *We've had two weeks' holiday.* Wir haben zwei Wochen Urlaub gehabt.

whale /weɪl/ *n*
very big sea animal ▷**Wal**

what[1] /wɒt/ *adj*
word that you use when you ask about something ▷**was für ein(e, en)**: *What colour is your car?* Was für eine Farbe hat dein Auto?

what[2] /wɒt/ *exclam*
word that shows any strong feeling ▷**was für**: *What a hot day!* Was für ein heißer Tag!

> **what**
> Hier muss man bei der Übersetzung vorsichtig sein und genau den Textzusammenhang beachten:
> *What is this for?* Wozu ist das?
> *What is he like?* Wie ist er? Was für eine Person ist er?
> *What is the story about?* Um was geht es in der Geschichte?
> *What's the use of it?* Was soll's? Was bringt's?
> *What's her name?* Wie heißt sie?

what[3] /wɒt/ *pron*
1 the thing that ▷**was**: *He told me what I wanted to know.* Er sagte mir, was ich wissen wollte.
2 word that you use when you ask about something ▷**was**: *What is that bird?* Was ist das für ein Vogel? *What happened?* Was ist passiert?
what about . . . ?, words that you say when you suggest something ▷**wie wär's mit . . . ?**: *It's hot — what about a swim?* Es ist heiß — wie wär's damit, schwimmen zu gehen?
what's on? ▷**was ist los?** what show, etc is happening? *What's on in town tonight?* Was ist heute in der Stadt los?
what's up? ▷**was ist los?** what is happening? *You look pale — what's up?* Du siehst blass aus — was ist los?

whatever /wɒt'evə(r)/ *adj*
of any sort; however much ▷**welche(r, s) auch immer**: *Take whatever book you like.* Nimm, welches Buch du auch immer am liebsten magst.
whatever *pron* ▷**was (immer)**: *Do whatever you like.* Mach, was du willst.

what's /wɒts/
1 what is ▷**was ist**: *What's the problem?* Was ist das Problem?
2 what has ▷**was hat**: *What's he done?* Was hat er gemacht?

wheat /wiːt/ *n* (no *pl*) plant with grain that we make into flour ▷**Weizen**

wheel /wiːl/ *n*
round thing that turns to move something ▷**Rad**

wheelbarrow /'wiːlbærəʊ/ *n*
small cart with one wheel at the front ▷**Schubkarre**

wheelchair /'wiːltʃeə(r)/ *n*
special chair, with wheels, for someone who cannot walk ▷**Rollstuhl**

when[1] /wen/ *adv*
1 at what time ▷**wann**: *When does he arrive?* Wann kommt er an?
2 at the time that ▷**wenn**: *Come when I call.* Komm, wenn ich dich rufe.

when[2] /wen/ *conj*
at the time; during the time ▷**als**: *It was raining when we arrived.* Es regnete, als wir ankamen.

whenever /wen'evə(r)/ *adv*
1 at any time ▷**wann (immer)**: *Come again whenever you like.* Komm wieder, wann immer du willst.
2 every time ▷**jedes Mal wenn**: *The boys fight whenever they meet.* Die Jungen streiten sich jedes Mal, wenn sie sich treffen.

where /weə(r)/ *adv*
1 in what place ▷**wo**: *I know where he lives — in Bath.* Ich weiß, wo er wohnt — in Bath.
2 in which; at which ▷**in dem, in der**: *This is the room where I work.* Dies ist das Zimmer, in dem ich arbeite.

whereas /weər'æz/ *conj*
word that you use between two different ideas ▷**während**: *Some people like coffee, whereas others hate it.* Manche Leute mögen Kaffee, während andere ihn hassen.

where's /weəz/
1 where is ▷**wo ist**: *Where's my pencil?* Wo ist mein Bleistift?
2 where has ▷**wohin ist, wohin hat**: *Where's Edward gone?* Wohin ist Edward gegangen?

wherever /ˌweər'evə(r)/ *adv*
on, to, or at any place ▷**wo (immer)**: *Sit wherever you like.* Setz dich hin, wo du willst.

whether /'weðə(r)/ *conj*
if ▷**ob**: *I don't know whether I can come.* Ich weiß nicht, ob ich kommen kann.

which[1] /wɪtʃ/ *adj*
word that you use when you ask about someone or something ▷**welche(r, s)**: *Which colour do you like best — red or blue?* Welche Farbe gefällt dir am besten — Rot oder Blau?

which[2] /wɪtʃ/ *pron*
word that joins two parts of a sentence ▷**der, die, das**: *Her dress, which she bought in London, is lovely.* Ihr Kleid, das sie in London kaufte, ist sehr schön.

whichever /wɪtʃ'evə(r)/ *adj*
any one ▷**welche(r, s) auch immer**: *Whichever book you take, don't take mine.* Welches Buch du auch immer nimmst, nimm nicht meins.
whichever *pron* ▷**welche(r, s) auch immer**: *Here are two books — take whichever you like.* Hier sind zwei Bücher — nimm welches auch immer dir gefällt.

while[1] /waɪl/ *conj*
at the same time as ▷**während**: *Gillian watched television while she ate her supper.* Gillian sah fern, während sie ihr Abendessen zu sich nahm.

while[2] /waɪl/ *n* (no *pl*)
length of time ▷**Weile**: *I haven't seen him for a long while.* Ich habe ihn schon eine ganze Weile nicht gesehen.
for a while, for a short time ▷**für einen Moment**: *Let's sit here for a while.* Lass uns für einen Moment hier sitzen.
once in a while, sometimes; not often ▷**ab und zu**: *Theatre tickets are expensive so we only go to the theatre once in a while.* Theaterkarten sind teuer, deshalb gehen wir nur ab und zu ins Theater.

whilst /waɪlst/ *conj*
while ▷**während**: *She sang whilst she worked.* Sie sang, während sie arbeitete.

whip /wɪp/ *n*
long piece of leather or rope on a handle, for hitting people or animals ▷**Peitsche**
whip *v* (is whipping, whipped /wɪpt/, has whipped) hit something with a whip ▷**peitschen**: *The rider whipped the horse to make it go faster.* Der Reiter peitschte das Pferd, damit es schneller lief.
whipped cream *n* ▷**Schlagsahne**

whisker /'wɪskə(r)/ *n*
one of the long hairs that grow near the mouth of a cat, rat, etc ▷**Schnurrbarthaar**

whisky, whiskey /'wɪskɪ/ *n*
1 (no *pl*) sort of alcoholic drink ▷**Whisky**
2 (*pl* whiskies) glass of whisky ▷**(Glas) Whisky**

whisper /'wɪspə(r)/ *v*
speak very softly ▷**flüstern**: *She whispered so that she would not wake the baby.* Sie flüsterte, damit sie das Baby nicht aufweckte.

whistle[1] /'wɪsl/ *n*
1 sound of air or steam when it goes through a small hole ▷**Pfeifen**: *the whistle of a steam-engine,* das Pfeifen einer Dampfmaschine.
2 small instrument that makes a sharp sound when you blow it ▷**Pfeife**: *The referee blew his whistle to end the match.* Der Schiedsrichter blies in seine Pfeife, um das Spiel zu beenden.

whistle[2] /'wɪsl/ *v*
blow through a small hole in an instrument, or through a small gap between your lips, to make a sound ▷**pfeifen**: *Dick whistled as he worked.* Dick pfiff, während er arbeitete.

white[1] /waɪt/ *adj* (whiter, whitest)
1 with the colour of snow or milk ▷**weiß**
2 with a skin that is not black or brown ▷**weiß**: *a white man,* ein weißer Mann.

white[2] /waɪt/ *n*
1 (no *pl*) white colour ▷**Weiß**: *The bride was dressed in white.* Die Braut trug Weiß.
2 (*pl* whites) part of an egg that is round the yellow middle ▷**Eiweiß**

Whitsun /'wɪtsn/ *n* (no *pl*)
Christian festival ▷**Pfingsten**

who /huː/ *pron*
1 word that you use when you ask about someone ▷**wer**: *Who is that boy?* Wer ist dieser Junge? *I know who you are.* Ich weiß, wer Sie sind.
2 word that joins two parts of a sentence ▷**der/die/das**: *This is the man who wanted to meet you.* Dies ist der Mann, der dich sehen wollte.

whoever /huː'evə(r)/ *pron* (no *pl*)
any person who; the person who ▷**wer (auch immer)**: *Whoever arrives early must wait.* Wer auch immer zuerst ankommt, muss warten.

whole[1] /həʊl/ *adj*
total; with everyone or everything ▷**ganz**: *The whole class was quiet — no one spoke.* Die ganze Klasse war still — keiner sprach.

whole[2] /həʊl/ *n* (no *pl*)
1 something that is complete ▷**Ganzes**: *Four quarters make a whole.* Vier Viertel ergeben ein Ganzes.
2 all of something ▷**ganze(r, s)**: *He spent the whole of the year in Egypt.* Er verbrachte das ganze Jahr in Ägypten.

whom /huːm/ *pron* (no *pl*)
1 word that you use when you ask about someone ▷**wem**: *To whom did you give the money?* Wem hast du das Geld gegeben?
2 word that joins two parts of a sentence ▷**der/die/das**: *She's the woman whom I met in Greece.* Das ist die Frau, die ich in Griechenland kennen gelernt habe.
☞**whom** kommt in der heutigen Umgangssprache nur noch selten vor, muss allerdings nach Präpositionen stehen: *To whom are you*

writing? Wem schreiben Sie da? *Who are you writing to?* ist aber die geläufigere Ausdrucksweise.

who's /huːz/
1 who is ▷**wer ist**: *Who's our goalkeeper?* Wer ist unser Torwart?
2 who has ▷**wer hat**: *Who's done this?* Wer hat das getan?

whose /huːz/ *pron* (no *pl*)
of which person ▷**wessen, dessen**: *Whose house is this?* Wessen Haus ist dies? *Is that the boy whose sister I met last week?* Ist das der Junge, dessen Schwester ich letzte Woche kennen gelernt habe?

why[1] /waɪ/ *adv*
for what reason ▷**warum**: *Why are you late?* Warum kommst du so spät?

why[2] /waɪ/ *exclam*
word to show surprise ▷**na**: *Why, it's quite easy!* Na, das ist doch ganz einfach!

why's /waɪz/
1 why is ▷**warum ist**: *Why's he here?* Warum ist er hier?
2 why has ▷**warum hat**: *Why's she not said anything?* Warum hat sie nichts gesagt?

wicked /ˈwɪkɪd/ *adj*
very bad; evil ▷**böse**: *a wicked witch,* ein böse Hexe.

wide[1] /waɪd/ *adj* (wider, widest)
1 from one side to the other ▷**breit**: *The belt is two centimetres wide.* Der Gürtel ist zwei Zentimeter breit.
2 far from one side to the other ▷**breit**: *a wide river,* ein breiter Fluss.
3 fully opened ▷**groß**: *She stared at me with wide eyes,* Sie starrte mich mit großen Augen an.

wide[2] /waɪd/ *adv*
fully ▷**weit**: *She opened the door wide.* Sie machte die Tür weit auf.
be wide awake, be completely awake ▷**ganz wach sein**
wide apart, a long way from each other ▷**weit auseinander**: *We planted the trees wide apart.* Wir pflanzten die Bäume weit auseinander.

widen /ˈwaɪdn/ *v*
make something wider ▷**verbreitern**: *to widen a road,* eine Straße verbreitern.

widow /ˈwɪdəʊ/ *n*
woman whose husband is dead ▷**Witwe**
widower *n* man whose wife is dead ▷**Witwer**

width /wɪdθ/ *n*
measurement from one side to the other ▷**Breite**: *The corridor has a width of two metres.* Der Flur hat eine Breite von zwei Metern.

wife /waɪf/ *n* (*pl* wives)
woman who has a husband ▷**Ehefrau**

wig /wɪɡ/ *n*
cap of hair that is not your own ▷**Perücke**

wild /waɪld/ adj (wilder, wildest)
1 that lives or grows in nature, not with people ▷**wild**: *wild animals,* wilde Tiere.
2 fierce and dangerous ▷**wild**: *a wild bull,* ein wilder Stier.

wildlife /ˈwaɪldlaɪf/ *n* (no *pl*)
animals and plants in their natural conditions ▷**Tier- und Pflanzenwelt**: *Edward knows a lot about wildlife.* Edward weiß eine Menge über die Tier- und Pflanzenwelt.

will[1] /wɪl/ *n*
1 (*pl* wills) power of your mind that makes you choose, decide, and do things ▷**Willen**: *He has a strong will, and nothing can stop him doing what he wants.* Er hat einen starken Willen, und nichts kann ihn davon abhalten, zu tun, was er will.
2 (no *pl*) wish; plan ▷**Wunsch**: *What is the will of the people?* Was ist der Wunsch des Volkes?
3 (*pl* wills) piece of paper that says who will have your money, house, goods, etc when you die ▷**Testament**: *My aunt left me £2,000 in her will.* Meine Tante hinterließ mir £2000 in ihrem Testament.

will[2] /wɪl/ *v*
1 word that shows something is going to happen ▷**werden**: *He will come tomorrow.* Er wird morgen kommen.
2 word that you say when you ask a polite question ▷**würden**: *Will you pass the salt?* Würdest du bitte das Salz herüberreichen?
☞Siehe Anmerkung bei **future**.

willing /ˈwɪlɪŋ/ *adj*
1 happy to do something ▷**bereit**: *I'm willing to lend you some money.* Ich bin bereit, dir Geld zu leihen.
2 that you do gladly ▷**bereitwillig**: *willing help,* bereitwillige Hilfe.
willingly *adv* ▷**gern**: *I'll willingly wait.* Ich werde gern warten.
willingness *n* (no *pl*) ▷**Bereitwilligkeit**

willow /ˈwɪləʊ/ *n*
sort of tree ▷**Weide**

win /wɪn/ *v* (is winning, won /wʌn/, has won)
1 do best in a game, competition, fight, etc ▷**gewinnen**: *Who will win the race?* Wer wird das Rennen gewinnen?
2 receive something because you did well ▷**gewinnen**: *Mark won a prize.* Mark gewann einen Preis.

winner *n* someone who wins ▷**Gewinner(in)**

wind[1] /wɪnd/ *n*
air that moves ▷**Wind**: *The wind blew my hat over the wall.* Der Wind wehte meinen Hut über die Mauer.
windy *adj* (windier, windiest) with a lot of wind ▷**windig**: *a windy day,* ein windiger Tag.

wind[2] /waɪnd/ *v* (wound/ /waʊnd/, has wound)
1 turn or twist something round and round another thing ▷**wickeln**: *The nurse wound a bandage round my arm.* Die Krankenschwester wickelte einen Verband um meinen Arm.
2 turn a key or handle round and round to start a clock, etc ▷**aufziehen**: *Have you wound the clock today?* Hast du heute schon die Uhr aufgezogen?

windmill /'wɪndmɪl/ *n*
building with flat parts that move round in the wind ▷**Windmühle**

window /'wɪndəʊ/ *n*
opening, usually covered with glass, in a wall ▷**Fenster**
window-pane /'wɪndəʊ peɪn/ *n* piece of glass for a window ▷**Fensterscheibe**
window-sill /'wɪndəʊ sɪl/ *n* flat shelf at the bottom of a window ▷**Fensterbrett**

windscreen /'wɪndskriːn/ *n*
big window at the front of a car, etc ▷**Windschutzscheibe**
windscreen-wiper *n* thing that cleans rain, etc off the windscreen while you are driving ▷**Scheibenwischer**

windsurfer /'wɪndsɜːfə(r)/ *n*
1 sort of boat that you stand on ▷**Surfbrett**
☞**windsurfer** ist ein eingetragenes Warenzeichen.
2 someone who goes on a windsurfer ▷**Windsurfer(in)**
windsurfing *n* (no *pl*) sport of moving over the water on a windsurfer ▷**Windsurfen**
☞Zum Windsurfen gehen heißt **go windsurfing**: *I'm going windsurfing at the weekend.* Am Wochenende gehe ich windsurfen.

wine /waɪn/ *n* (no *pl*) alcoholic drink from grapes ▷**Wein**

wing /wɪŋ/ *n* part of a bird, insect, or aeroplane that helps it to fly ▷**Flügel**: *A bird has two wings.* Ein Vogel hat zwei Flügel.

wink /wɪŋk/ *v* shut and open one eye quickly to make a friendly or secret sign ▷**blinzeln**: *He winked at me.* Er blinzelte mir zu.
wink *n* ▷**Blinzeln**

winner /'wɪnə(r)/ *n*
1 someone who wins in a game ▷**Gewinner(in)**
2 someone who beats another person in a fight, race, etc ▷**Sieger(in)**

winning /'wɪnɪŋ/ *adj*
best in a race, game, etc ▷**siegreich**: *the winning team,* die siegreiche Mannschaft.

winter /'wɪntə(r)/ *n*
cold time of the year ▷**Winter**

wipe /waɪp/ *v*
rub something with a cloth to clean or dry it ▷**wischen**: *He wiped his hands on a towel.* Er wischte seine Hände an einem Handtuch ab.
wipe off, take a mark, etc away by rubbing ▷**abwischen**: *He wiped the writing off the blackboard.* Er wischte die Schrift von der Tafel ab.
wipe up, take liquid off something with a cloth ▷**aufwischen**: *Wipe up that milk on the floor, please.* Wisch bitte die Milch vom Boden auf.

wire /'waɪə(r)/ *n*
thread of metal ▷**Draht**: *telephone wires,* Telefondrähte.

wise /waɪz/ *adj* (wiser, wisest)
1 knowing many things; knowing what is right and good ▷**weise**: *a wise old man,* ein weiser, alter Mann.
2 good; sensible ▷**klug**: *a wise idea,* eine kluge Idee.
wisely *adv* ▷**klugerweise**
wisdom /'wɪzdəm/ *n* (no *pl*) ▷**Weisheit**

wish[1] /wɪʃ/ *n* (*pl* wishes)
what you want or desire ▷**Wunsch**: *I hope you get your wish.* Ich hoffe, dein Wunsch erfüllt sich.
best wishes, words that you use to show good feelings towards someone ▷**alles Gute**

wish[2] /wɪʃ/ *v*
1 want to do something ▷**wollen, wünschen**: *I wish to speak to the manager.* Ich möchte mit dem Geschäftsführer sprechen.
☞**wish** wirkt in diesem Zusammenhang gestelzt. Gewöhnlich sagt man **want.**
2 want something impossible or unlikely ▷**wünschen**: *I wish I could fly!* Ich wünschte, ich könnte fliegen.
wish for, ask for; hope for ▷**sich wünschen**: *He wished for a bicycle at Christmas.* Er wünschte sich ein Fahrrad zu Weihnachten.
wish someone something, hope that someone will have or do something ▷**wünschen**: *I wish you a pleasant flight.* Ich wünsche Ihnen einen angenehmen Flug.

witch /wɪtʃ/ *n* (*pl* witches)
woman who uses magic to do bad things ▷**Hexe**

with /wɪð/ *prep*
1 having ▷**mit**: *a coat with two pockets,* ein Mantel mit zwei Taschen.
2 using ▷**mit**: *I write with a biro.* Ich schreibe mit einem Kuli.
3 word that shows people or things together ▷**mit**: *Andrew is playing with his friend.* Andrew spielt mit seinem Freund. *Mix the flour with milk.* Verrühren Sie das Mehl mit Milch.
4 showing ▷**vor**: *He cried with pain.* Er weinte vor Schmerzen.
5 against ▷**mit**: *The dog is fighting with the cat.* Der Hund kämpft mit der Katze.

within /wɪð'ɪn/ *prep*
inside ▷**innerhalb**: *You must finish your homework within five days.* Du musst deine Hausaufgaben innerhalb von fünf Tagen erledigen.

without /wɪð'aʊt/ *prep*
1 not having ▷**ohne**: *a coat without pockets,* ein Mantel ohne Taschen.
2 not using ▷**ohne**: *You can't shop without money.* Ohne Geld kannst du nicht einkaufen.
3 word that shows that people or things are not together ▷**ohne**: *He left without me.* Er ging ohne mich weg.
4 not showing ▷**ohne**: *He spoke without anger.* Er sprach ohne Zorn.
do without, manage when someone or something is not there ▷**auskommen ohne**: *There's no sugar so we'll have to do without.* Wir haben keinen Zucker mehr, also werden wir ohne auskommen müssen.

witness[1] /'wɪtnɪs/ *n* (*pl* witnesses)
1 someone who sees something happen ▷**Zeuge, Zeugin**
2 someone in a law court who tells about what he saw ▷**Zeuge, Zeugin**: *The witness said he heard shots.* Der Zeuge sagte, er habe Schüsse gehört.

witness[2] /'wɪtnɪs/ *v*
see something happening ▷**Zeuge sein**: *He witnessed a murder.* Er war Zeuge eines Mordes.

wives /waɪvz/ *n pl* of wife

wobble /'wɒbl/ *v*
move unsteadily; make something move unsteadily ▷**wackeln**: *The floor is rough so the table wobbles.* Der Boden ist uneben, deshalb wackelt der Tisch.
wobbly *adj* ▷**wackelig**

woke /wəʊk/ *form of* wake

woken /'wəʊkən/ *form of* wake

wolf /wʊlf/ *n* (*pl* wolves)
wild animal like a big dog, which hunts and kills other animals ▷**Wolf**

woman /'wʊmən/ *n* (*pl* women /'wɪmɪn/)
grown-up female person ▷**Frau**: *men, women, and children,* Männer, Frauen und Kinder.

won /wʌn/ *form of* win

wonder[1] /'wʌndə(r)/ *n*
1 (no *pl*) feeling that you have when you see, hear, or meet something strange, beautiful, etc ▷**Staunen**: *The children looked up in wonder at the big elephant.* Die Kinder sahen voller Staunen zu dem riesigen Elefanten auf.
2 (*pl* wonders) marvellous and surprising happening ▷**Wunder**: *the wonders of modern medicine,* die Wunder der modernen Medizin.
no wonder, it is not surprising that ▷**kein Wunder**: *No wonder you were late — you ate your breakfast so slowly.* Kein Wunder, dass du zu spät kamst — du hast so lange gefrühstückt.

wonder[2] /'wʌndə(r)/ *v*
ask yourself; want to know ▷**sich fragen**: *I wonder what that noise is.* Ich frage mich, was das für ein Lärm ist.

wonderful /'wʌndəfl/ *adj*
very good ▷**wunderbar**: *What a wonderful present!* Was für ein wunderbares Geschenk!

won't /wəʊnt/
will not ▷**werden nicht**: *They won't come if the weather is bad.* Sie werden nicht kommen, wenn das Wetter schlecht ist.

wood /wʊd/ *n*
1 (no *pl*) hard part of a tree ▷**Holz**: *He chopped the wood for the fire.* Er hackte das Holz fürs Feuer.
2 (*pl* woods) big group of trees; small forest ▷**Wald**: *We had a picnic in the wood.* Wir machten ein Picknick im Wald.
wooden /'wʊdən/ *adj* made of wood ▷**Holz-**: *a wooden box,* eine Holzkiste.

wool /wʊl/ *n*
1 (no *pl*) soft hair of sheep ▷**Wolle**
2 (*pl* wools) thread, cloth, etc made from sheep's hair ▷**Wollstoff**
woollen /'wʊlən/ made of wool ▷**Woll-**: *a woollen cardigan,* eine Wolljacke.

word /wɜːd/ *n*
1 (*pl* words) group of letters that have a meaning ▷**Wort**
2 (no *pl*) news; message ▷**Nachricht**: *Word reached us that the passengers were safe.*

Wortzusammensetzung

Je mehr Englisch du lernst, umso mehr wird dir auffallen, dass viele Wörter den gleichen Anfang oder die gleiche Endung haben. Am Beispiel des Wortes **friend** wirst du sehen, dass viele neue Wörter daraus entstehen können, z.B. durch die Anfügung einer Nach- oder Vorsilbe:

friend + ly	=	friendly	freundlich
un + friendly	=	unfriendly	unfreundlich
friendly + ness	=	friendliness (y to i)	Freundlichkeit
un + friendly + ness	=	unfriendliness	Unfreundlichkeit

Vorsilben:

VORSILBE	BEDEUTUNG	BEISPIEL	
anti-	against	anti-clockwise	im entgegengesetzten Uhrzeigersinn
bi-, di-	two	bicycle	Fahrrad
co-	with, together	co-operate	zusammenarbeiten
dis-	opposite of	dishonest	unehrlich
extra-	outside, beyond	extraordinary	außerordentlich
inter-	between	international	international
mis-	bad, wrong	misspell	falsch schreiben
non-	not	non-alcoholic	alkoholfrei
out-	go further	outlive	überleben
		outnumber	zahlenmäßig überlegen sein
over-	too much	overeat	zu viel essen
	above	overcoat	Mantel
pre-	before	pre-cook	vorkochen
pro-	for, in favour of	pro-American	pro-amerikanisch
re-	again	rebuild	wieder aufbauen
semi-	half	semifinal	Halbfinale
sub-	under	submarine	U-boot
super-	very (large, etc)	supermarket	Supermarkt
trans-	across	transatlantic	transatlantisch
tri-	three	tricycle	Dreirad
un-	not	unable	unfähig

Gegenteile: non-, un-, in-, il-, im-, ir-, dis-

Man kann Wörtern auf unterschiedliche Weise gegenteilige oder negative Bedeutungen verleihen. Die häufigsten Vorsilben sind *un-* und *non-*, *non-* deutet auf etwas Fehlendes hin: *a non-smoker. un-* wird Adjektiven angefügt, um ein Gegenteil aufzuzeigen: *unhappy*, *unkind*, *un-* wird auch Verben angefügt, um die Umkehrung einer Handlung aufzuzeigen: *undo untie*.

in- (*il-* vor l; *im-* vor m, b, p; *ir-* vor r) wird seltener gebraucht als *un-*, hat aber eine ähnliche Funktion: *impossible*, *illogical*, *irrelevant*. *dis-* wird ebenfalls für gegenteilige Bedeutungen gebraucht: *disappear*, *dislike*. Vorsicht! Manchmal haben *im-* und *in-* eine andere Bedeutung: *important*, *increase* (größer werden).

Berufe und Tätigkeiten:

Es gibt Nachsilben, die allgemein zur Wortbildung von Berufen und Tätigkeiten gebraucht werden:

teach	lehren	*-er*	teacher	der Lehrer/die Lehrerin
type	tippen	*-ist*	typist	die Schreibkraft
act	darstellen	*-or*	actor	der Schauspieler
sail	segeln	*-or*	sailor	der Matrose
mountain	Berg	*-eer*	mountaineer	der Bergsteiger

Es gibt eine besondere Nachsilbe für Frauen in bestimmten Berufen, z.B. *actress*. Diese geraten jedoch aus der Mode und viele Leute benutzen das Ausgangswort (z.B. *actor*) sowohl für Frauen als auch für Männer.

-able und **-ible**:

Diese Nachsilben bedeuten normalerweise, dass etwas getan werden kann: *drinkable* bedeutet, dass etwas getrunken werden kann; *washable* bedeutet, dass etwas gewaschen werden kann; *legible* bedeutet, dass etwas (z.B. eine Handschrift) gelesen werden kann.

Wir bekamen Nachricht, dass die Passagiere in Sicherheit waren.
3 (no *pl*) promise ▷**Wort**: *He gave me his word that he would not smoke.* Er gab mir sein Wort, dass er nicht rauchen würde.
be as good as your word, keep your word, do what you said you would do ▷**ein Versprechen halten**
by word of mouth, in spoken, not written, words ▷**mündlich**: *We first heard the news by word of mouth.* Zuerst erfuhren wir die Nachricht mündlich.
in other words, saying the same thing in another way ▷**mit anderen Worten**: *He won't work hard — in other words, he's lazy!* Er arbeitet nicht hart — mit anderen Worten, er ist faul.

word-processor /ˈwɜːd prəʊˌsesə(r)/ *n*
computer that you use for typing letters, reports, etc ▷**Textverarbeitungsgerät**

wore /wɔː(r)/ *form of* wear

work[1] /wɜːk/ *n*
1 (no *pl*) making or doing something ▷**Arbeit**: *Digging is hard work.* Graben ist Schwerarbeit.
2 (no *pl*) what you do to earn money; job ▷**Arbeit**: *It's time to go to work.* Es ist Zeit, zur Arbeit zu gehen.
3 (no *pl*) what you make or do ▷**Arbeit**: *He sells his work to friends.* Er verkauft seine Arbeiten an seine Freunde.
4 (*pl* works) book, painting, etc ▷**Werk**: *the works of Shakespeare,* das Werk Shakespeares; *a work of art,* ein Kunstwerk.
at work, (a) at the place where you have a job ▷**am Arbeitsplatz** *I'm at work by 8 a.m.* Ich bin um acht Uhr morgens am Arbeitsplatz. **(b)** busy doing something ▷**arbeiten**: *Father's at work in his vegetable garden.* Vater arbeitet in seinem Gemüsegarten.
out of work, with no job that brings money ▷**arbeitslos**: *Colin is out of work.* Colin ist arbeitslos.
☞**job**, **work** und **labour** können alle mit **Arbeit** übersetzt werden, haben aber leicht unterschiedliche Bedeutung. Ein **job** kann einfach oder schwierig, angenehm oder unangenehm sein. Das Wort ist zählbar, man kann also sagen: *one job, two jobs*. **work** ist ein allgemeiner Ausdruck, der alles umfasst, wofür man bezahlt wird, oder was man als Arbeit ansieht. *This job will require a lot of hard work.* Dieser Job erfordert eine Menge harter Arbeit. *I go to work at 8 o'clock.* Ich gehe um acht Uhr zur Arbeit. **labour** ist **work**, das eine Menge körperlicher Anstrengung erfordert, oft handelt es sich um unangenehme Arbeit: *He was sentenced to 10 years' hard labour.* Er wurde zu zehn Jahren Zwangsarbeit verurteilt. Sowohl **labour** als auch **work** sind unzählbare Begriffe.

work[2] /wɜːk/ *v*
1 do or make something; be busy ▷**arbeiten**: *David worked hard and painted the whole house in a day.* David arbeitete hart und strich das ganze Haus in einem Tag an.
2 do something to earn money ▷**arbeiten**: *Ken is working at the BBC.* Ken arbeitet bei der BBC.
3 go correctly ▷**funktionieren**: *This typewriter doesn't work properly.* Diese Schreibmaschine funktioniert nicht richtig.
4 control or operate something ▷**bedienen**: *Mother showed me how to work the sewing-machine.* Mutter zeigte mir, wie man die Nähmaschine bedient.
working conditions *n pl* how pleasant, etc it is at your place of work ▷**Arbeitsbedingungen**
working hours *n pl* the time that you must be at work ▷**Arbeitszeit**: *My working hours are nine to five.* Meine Arbeitszeit ist von neun bis fünf.
work out, find the answer to something ▷**(heraus)finden**: *Have you worked out the answer yet?* Hast du die Antwort schon herausgefunden?

workbook /ˈwɜːkbʊk/ *n*
book where you write answers ▷**Arbeitsheft**

worker /ˈwɜːkə(r)/ *n*
someone who works ▷**Arbeiter(in)**: *a factory worker,* eine Fabrikarbeiterin.

workman /ˈwɜːkmən/ *n* (*pl* workmen)
man who works with his hands or with a machine ▷**Handwerker**

worksheet /ˈwɜkʃiːt/ *n*
piece of paper where you write answers to questions, that you use when you are studying something ▷**Arbeitsbogen**

workshop /ˈwɜːkʃɒp/ *n*
place where you make or repair things ▷**Werkstatt**

world /wɜːld/ *n*
the earth; all countries and people ▷**Welt**
world-famous *adj* that is known all over the world ▷**weltberühmt**: *Shakespeare is a world-famous writer.* Shakespeare ist ein weltberühmter Schriftsteller.
world-wide *adj* that you find all over the world ▷**weltweit**: *a worldwide telephone network,* ein weltweites Telefonnetz.

worm /wɜːm/ *n*
very small animal, with no legs, which lives in the ground or inside other animals ▷**Wurm**

worn /wɔːn/ *form of* wear
worn out, (a) old and totally finished because you have used it a lot ▷**abgenutzt**: *I threw the shoes away because they were*

worn out. Ich warf die Schuhe weg, weil sie abgenutzt waren. **(b)** very tired ▷**erschöpft**: *She's worn out after a long, hard day.* Nach dem langen, anstrengenden Tag ist sie erschöpft.

worry[1] /'wʌrɪ/ *n*
1 (no *pl*) feeling that something is wrong or will be wrong ▷**Sorge**: *Her face showed signs of worry.* Ihr Gesicht zeigte Spuren von Sorge.
2 (*pl* worries) problem; something that makes you feel worried ▷**Sorge**: *financial worries,* finanzielle Sorgen

worry[2] /'wʌrɪ/ *v* (worried, has worried)
1 feel that something is wrong or will be wrong ▷**sich Sorgen machen**: *I was worried when Barry didn't come back at the usual time.* Ich machte mir Sorgen, als Barry nicht zur gewohnten Zeit nach Hause kam.
2 make someone feel that something is wrong ▷**Sorgen bereiten**: *Phil's bad health worries his parents.* Phils schlechter Gesundheitszustand bereitet seinen Eltern Sorgen.
3 make someone rather angry ▷**auf die Nerven gehen**: *Oh do stop worrying me with all these questions!* Hör auf, mir mit all diesen Fragen auf die Nerven zu gehen.
worried *adj* ▷**besorgt**: *You look worried — is something wrong?* Du siehst besorgt aus — stimmt etwas nicht?

worse /wɜːs/ *adj* (bad, worse, worst)
1 less good ▷**schlimmer**: *The heat today is even worse than yesterday.* Heute ist die Hitze noch schlimmer als gestern.
2 less good in health ▷**schlechter**: *Vera is going to the doctor because she is worse than she was yesterday.* Vera geht zum Arzt, weil es ihr schlechter geht als gestern.
worse *adv* more badly ▷**schlechter**

worship /'wɜːʃɪp/ *v*
1 believe in God or a god; pray to God or a god ▷**(an)beten**: *Christians worship in a church.* Christen beten in einer Kirche.
2 think that someone is wonderful ▷**anhimmeln**: *The girls worshipped the pop star.* Die Mädchen himmelten den Popstar an.

worst /wɜːst/ *adj* (bad, worse, worst)
especially bad; worse than all others ▷**schlechteste(r, s)**: *He's the worst singer in the choir!* Er ist der schlechteste Sänger im Chor.
worst *adv* ▷**am schlechtesten**
worst of all, most badly ▷**am schlechtesten**: *Jim and Tim played badly, but I played worst of all!* Jim und Tim spielten schlecht, aber ich spielte am schlechtesten.

worth[1] /wɜːθ/ *adj*
be worth, (a) have a value of ▷**wert sein**: *The house is worth £80,000.* Das Haus ist £80 000 wert. **(b)** be good enough for ▷**wert sein**: *Is that book worth reading?* Ist das Buch lesenswert?

worth[2] /wɜːθ/ *n* (no *pl*)
value ▷**Wert**: *a book of little worth,* ein Buch von geringem Wert.
worthless *adj* with no value ▷**wertlos**
worth of, costing ▷**im Wert von**: *I bought £10 worth of petrol.* Ich kaufte Benzin im Wert von £10.

worthwhile /wɜːθ'waɪl/ *adj*
good enough for the time, effort, etc that you spend ▷**der Mühe wert**: *The hard work was worthwhile because I passed the exam.* Die harte Arbeit war der Mühe wert, weil ich die Prüfung bestand.

would /wʊd/ *form of* will
1 ▷**würde**: *He said he would come tomorrow.* Er sagte, er würde morgen kommen. *It would be difficult to stop a car without any brakes.* Ein Auto ohne Bremsen zum Halten zu bringen, würde schwierig sein.
2 word that you say after 'if' to show something possible but not likely ▷**würde**: *If I were rich I would travel a lot.* Wenn ich reich wäre, würde ich viel reisen.
would like, words that you say when you ask a polite question ▷**möchten**: *Would you like a cup of tea?* Möchten Sie eine Tasse Tee?
wouldn't /'wʊdnt/ would not ▷**würde nicht**
would rather, would prefer to do something ▷**würde lieber**: *I would rather go tomorrow than today.* Ich würde lieber morgen als heute gehen.

wound[1] /waʊnd/ *form of* wind

wound[2] /wuːnd/ *v*
hurt someone ▷**verletzen**: *The bullet wounded him in the leg.* Die Kugel verletzte ihn am Bein.
wound *n* ▷**Wunde**

wove /wəʊv/ *form of* weave

woven /'wəʊvn/ *form of* weave

wrap /ræp/ *v* (is wrapping, wrapped /ræpt/, has wrapped)
wrap something up ▷**einwickeln**: put paper, cloth, etc round something: *Please wrap up this book for me.* Wickeln Sie bitte dieses Buch für mich ein.

wreath /riːθ/ *n*
ring of flowers or leaves ▷**Kranz**: *They put wreaths on the grave.* Sie legten Kränze auf das Grab.

wreck /rek/ *n*
broken ship, aeroplane, or vehicle ▷**Wrack**
wreck *v* totally break or destroy something ▷**zerstören**: *The fire wrecked the hotel.* Das Feuer zerstörte das Hotel.

wreckage /ˈrekɪdʒ/ *n* (no *pl*)
broken remains of something ▷**Wrack**: *the wreckage of a crashed aeroplane,* das Wrack eines abgestürzten Flugzeugs.

wrestle /ˈresl/ *v*
fight for sport ▷**ringen**
wrestler *n* someone who wrestles as a sport ▷**Ringkämpfer(in)**
wrestling *n* (no *pl*) fighting for sport ▷**Ringkampf**

wrist /rɪst/ *n*
place where the arm joins the hand ▷**Handgelenk**

wristwatch /ˈrɪstwɒtʃ/ *n* (*pl* wristwatches)
watch that you wear on your wrist ▷**Armbanduhr**

write /ˈraɪt/ *v* (wrote /rəʊt/, has written /ˈrɪtn/)
1 make words with a pen, pencil, etc on paper, etc ▷**schreiben**: *She wrote her name on the list.* Sie schrieb ihren Namen auf die Liste.
2 send a letter ▷**schreiben**: *My boyfriend writes to me every week.* Mein Freund schreibt mir jede Woche.
3 make a story, book, newspaper article, etc ▷**schreiben**: *Wordsworth wrote poetry.* Wordsworth schrieb Gedichte.
write something down, make a note of something ▷**etwas aufschreiben**: *She wrote down my telephone number.* Sie schrieb sich meine Telefonnummer auf.

writer /ˈraɪtə(r)/ *n*
someone who writes books, stories, etc ▷**Schriftsteller(in)**: *Charles Dickens was a well-known writer.* Charles Dickens war ein berühmter Schriftsteller.

writing /ˈraɪtɪŋ/ *n* (no *pl*)
putting words on paper ▷**Schreiben**: *Writing is slower than telephoning.* Schreiben dauert länger als Telefonieren.
in writing, on paper ▷**schriftlich**
writing pad *n* book of paper for writing letters ▷**Briefblock**

written /ˈrɪtn/ *form of* write

wrong[1] /rɒŋ/ *adj*
1 not good; not what the law, religion, etc allows ▷**unrecht**: *Telling lies is wrong.* Lügen ist unrecht.
2 not right ▷**falsch**: *He gave me the wrong key.* Er gab mir den falschen Schlüssel.
wrong *n (no pl)*what is bad, not right, etc ▷**Unrecht**: *Babies don't know the difference between right and wrong.* Babys kennen den Unterschied zwischen Recht und Unrecht noch nicht.

wrong[2] /rɒŋ/ *adv*
not correctly ▷**falsch**: *You spelt my name wrong.* Du hast meinen Namen falsch geschrieben. ☞Siehe Anmerkung bei **false**.
go wrong, not happen as you hope or wish ▷**schief gehen**: *All our plans went wrong.* All unsere Pläne gingen schief. **(b)** not work normally ▷**nicht in Ordnung sein**: *Something has gone wrong with the engine.* Mit dem Motor ist etwas nicht in Ordnung.

wrongly /ˈrɒŋlɪ/ *adv*
not correctly ▷**falsch**: *The letter didn't arrive because it was wrongly addressed.* Der Brief kam nicht an, weil er falsch adressiert war.

wrote /rəʊt/ *form of* write

Xx

Xmas /ˈkrɪsməs/ *n* (no *pl*)
Christmas ▷**Weihnachten**

X-ray /ˈeks reɪ/ *n*
picture of things inside the body ▷**Röntgenaufnahme**: *The doctor took some X-rays of Simon's broken arm.* Die Ärztin machte einige Röntgenaufnahmen von Simons gebrochenem Arm.

xylophone /ˈzaɪləfəʊn/ *n*
musical instrument that you hit with small, wooden hammers ▷**Xylophon**

Yy

yacht /jɒt/ *n*
sailing-boat ▷**Jacht**

yard[1] /jɑːd/ *n*
measure of length = 90 centimetres ▷**90 Zentimeter**

yard[2] /jɑːd/ *n*
piece of ground with a fence or wall around it, near a building ▷**Hof**

yawn /jɔːn/ *v*
open your mouth wide because you are sleepy, etc ▷**gähnen**
yawn *n* ▷**Gähnen**

year /jɜː(r)/ *n*
1 time of 365 days from 1 January to 31 December ▷**Jahr**: *I was born in the year 1969.* Ich wurde im Jahre 1969 geboren.
2 any time of 365 days ▷**Jahr**: *He is 12 years old and he has been going to school for six years.* Er ist 12 und geht seit sechs Jahren zur Schule.
all the year round, through all the year ▷**das ganze Jahr über**: *He lives in a caravan all the year round.* Er lebt das ganze Jahr über in einem Wohnwagen.

yearly /jɜːlɪ/ *adj*
done or happening once a year ▷**jährlich**: *a yearly pay rise,* eine jährliche Gehaltserhöhung.
yearly *adv* ▷**jährlich**

yell /jel/ *v*
shout ▷**brüllen**: *The crowd yelled when he scored a goal.* Die Menge brüllte, als er ein Tor schoss.

yellow /ˈjeləʊ/ *adj*
with the colour of a daffodil ▷**gelb**
yellow *n* (no *pl*) ▷**Gelb**

yes /jes/ *exclam*
word to show that you agree ▷**ja**: *Have you got the key? Yes, here it is.* Hast du den Schlüssel? Ja, hier ist er.

yesterday /ˈjestədeɪ/ *adv*
on the day before today ▷**gestern**: *We went swimming yesterday.* Gestern sind wir schwimmen gegangen.
yesterday *n* (no *pl*)
the day before today ▷**Gestern**

yet[1] /jet/ *adv*
1 up to now ▷**noch**: *I haven't finished my homework yet.* Ich habe meine Hausaufgaben noch nicht fertig.
2 up to then ▷**bis jetzt**: *He told me that his brother has not yet arrived.* Er sagte mir, dass sein Bruder bis jetzt noch nicht angekommen ist.
☞Siehe Anmerkung bei **already**.

yet[2] /jet/ *conj*
but; however ▷**trotzdem**: *He worked hard, yet he failed.* Er arbeitete hart, trotzdem schaffte er es nicht.

yoga /ˈjəʊgə/ *n* (no *pl*)
form of exercise ▷**Yoga**

yoghurt /ˈjɒgət/ *n*
1 (no *pl*) sort of milk food ▷**Joghurt**
2 (*pl* yoghurts) container of yoghurt ▷**Joghurt**: *I bought three fruit yoghurts.* Ich habe drei Fruchtjoghurts gekauft.

yolk /jəʊk/ *n*
round, yellow part in an egg ▷**Eigelb**

you /juː/ *pron* (*pl* you)
1 the person or people I am speaking to ▷**du, ihr, Sie**: *Come here and then I can see you.* Komm hierher, damit ich dich sehen kann.
2 one; any person ▷**man**: *You buy stamps at a post office.* Briefmarken kauft man auf der Post.

you'd /juːd/
1 you had ▷**du hattest, ihr hattet, Sie hatten**: *You said you'd seen her yesterday.* Du sagtest, dass du sie gestern gesehen hättest.
2 you would ▷**du würdest, ihr würdet, Sie würden**: *You'd like this book.* Ihr würdet dieses Buch mögen.

you'll /juːl/
you will ▷**du wirst, ihr werdet, Sie werden**: *You'll come, won't you?* Ihr werdet doch kommen, oder?

young[1] /jʌŋ/ *adj* (younger, youngest)
not old; in the early part of life ▷**jung**: *He is too young to go to school.* Er ist zu jung, um in die Schule zu gehen.

young[2] /jʌŋ/ *n pl*
baby birds and animals ▷**Junge**: *Birds build nests for their young.* Vögel bauen Nester für ihre Jungen.
the young, children ▷**die Jugend**: *a television programme for the young,* eine Jugendsendung.

your /jɔː(r)/ *adj*
of you ▷**dein, euer, Ihr**: *Show me your hands.* Zeigt mir eure Hände.

you're /jɔː(r)/
you are ▷**du bist, ihr seid, Sie sind**: *You're my best friend.* Du bist meine beste Freundin.

yours /jɔːz/ *pron*
thing that belongs to you ▷**dein, euer, Ihr**: *That pencil is yours.* Dieser Bleistift ist deiner.
Yours . . . , words that you write at the end of a letter: *Yours sincerely,* mit freundlichen Grüßen; *Yours faithfully,* mit freundlichen Grüßen. ☞Siehe Darstellung bei **letter**.

yourself /jɔːˈself/ *pron*
1 word that describes you, when I have just talked about you ▷**dich, dir, euch**: *Did you hurt yourself when you fell over?* Hast du dich verletzt, als du hingefallen bist?
2 you and no other person ▷**selbst, selber**: *Did you make that dress yourself?* Hast du dieses Kleid selbst genäht?
by yourself, alone ▷**allein**: *Do you live by yourself?* Wohnst du allein?
yourselves /jɔːselvz/ *pl of* yourself

youth /juːθ/ *n*
1 (no *pl*) the time when you are young ▷**Jugend**
2 (*pl* youths /juːðz/) boy or young man ▷**Jugendlicher**
3 (*pl*) young men and women ▷**Jugend**: *the*

youth of our country, die Jugend unseres Landes.

in my youth, when I was young ▷**in meiner Jugend**

youth club *n* club for young people ▷**Jugendzentrum**

youthful *adj* young ▷**jugendlich**: *a youthful grandmother,* eine jugendliche Großmutter.

youth hostel *n* cheap place where travellers can stay at night ▷**Jugendherberge**

you've /juːv/
you have ▷**du hast, ihr habt**: *You've eaten all the chicken!* Du hast das ganze Hühnchen aufgegessen!

Zz

zebra /ziːbrə/ *n*
wild animal like a horse with stripes ▷**Zebra**

zebra crossing *n* path of white stripes over a road, where you can walk safely ▷**Zebrastreifen**

zero /ˈzɪərəʊ/ *n*
number 0 ▷**Null**

zigzag /ˈzɪgzæg/ *n*
line or path that turns sharply left and then sharply right ▷**Zickzack**

zinc /zɪŋk/ *n* (no *pl*)
sort of metal ▷**Zink**

zip /zɪp/ *n*
long metal thing that fastens clothes, bags, etc ▷**Reißverschluss**

zip *v* (is zipping, zipped /zɪpt/, has zipped) open or close something with a zip ▷**den Reissverschluß zumachen**: *She zipped the bag shut.* Sie machte den Reissverschluss der Tasche zu.

zip up, close something with a zip ▷**den Reissverschluss zumachen**: *He zipped up his trousers.* Er machte den Reissverschluss seiner Hose zu.

zip code *American for* postcode

zipper *American for* zip

zone /zəʊn/ *n*
certain area ▷**Zone**: *Do not enter the danger zone.* Gefahrenzone nicht betreten!

zoo /zuː/ *n*
place where you can see wild animals in cages or behind fences ▷**Zoo**

zoology /zəʊˈɒlədʒɪ/ *n* (no *pl*)
study of animals ▷**Zoologie**

Verzeichnis Deutsch—Englisch

In diesem Verzeichnis kannst du ein deutsches Wort nachschlagen und die englische Bedeutung dafür finden. Nach jedem englischen Wort steht eine Zahl, die angibt, auf welcher Seite du das Wort im Wörterbuch findest. Schlage nach und lies, wie man das englische Wort verwendet.

A

B

C

D

E

F

G

H

I

J

K

L

M

N

O

P

Q

R

S

T

U

W

X

Y

Z

Unregelmäßige Verben

Verb	Simple Past	Past Participle
arise	arose	arisen
awake	awoke	awoken
be	was, were	been
bear	bore	borne
beat	beat	beaten
become	became	become
begin	began	begun
bend	bent	bent
bet	bet, betted	bet, betted
bind	bound	bound
bite	bit	bitten
bleed	bled	bled
blow	blew	blown
break	broke	broken
bring	brought	brought
broadcast	broadcast	broadcast
build	built	built
burn	burnt, burned	burnt, burned
burst	burst	burst
buy	bought	bought
catch	caught	caught
choose	chose	chosen
cling	clung	clung
come	came	come
cost	cost	cost
creep	crept	crept
cut	cut	cut
deal	dealt	dealt
dig	dug	dug
do	did	done
draw	drew	drawn
dream	dreamed, dreamt	dreamed, dreamt
drink	drank	drunk
drive	drove	driven
eat	ate	eaten
fall	fell	fallen
feed	fed	fed
feel	felt	felt
fight	fought	fought
find	found	found
flee	fled	fled

fly	flew	flown
forbid	forbade	forbidden
forget	forgot	forgotten
forgive	forgave	forgiven
freeze	froze	frozen
get	got	got
give	gave	given
go	went	gone
grind	ground	ground
grow	grew	grown
hang	hung, hanged	hung, hanged
have	had	had
hear	heard	heard
hide	hid	hidden
hit	hit	hit
hold	held	held
hurt	hurt	hurt
keep	kept	kept
kneel	knelt	knelt
knit	knitted, knit	knitted, knit
know	knew	known
lay	laid	laid
lead	led	led
leap	leaped, learnt	leaped, leapt
learn	learned, learnt	learned, learnt
leave	left	left
lend	lent	lent
let	let	let
lie	lay	lain
light	lit, lighted	lit, lighted
lose	lost	lost
make	made	made
mean	meant	meant
meet	met	met
mislead	misled	misled
misunderstand	misunderstood	misunderstood
mow	mowed	mown
overhear	overheard	overheard
oversleep	overslept	overslept
overtake	overtook	overtaken
pay	paid	paid
put	put	put
read	read	read
repay	repaid	repaid
rid	rid	rid

ring	rang	rung
rise	rose	risen
run	ran	run
saw	sawed	sawn
say	said	said
see	saw	seen
seek	sought	sought
sell	sold	sold
send	sent	sent
set	set	set
sew	sewed	sewed, sewn
shake	shook	shaken
shed	shed	shed
shine	shone	shone
shoot	shot	shot
show	showed	shown, showed
shrink	shrank, shrunk	shrunk
shut	shut	shut
sing	sang	sung
sink	sank	sunk
sit	sat	sat
sleep	slept	slept
slide	slid	slid
slit	slit	slit
smell	smelt	smelt
speak	spoke	spoken
speed	sped, speeded	sped, speeded
spell	spelt, spelled	spelt, spelled
spend	spent	spent
spill	spilt, spilled	spilt, spillcd
spin	spun	spun
spit	spat	spat
split	split	split
spoil	sploit, spoiled	spoilt, spoiled
spread	spread	spread
spring	sprang	sprung
stand	stood	stood
steal	stole	stolen
stick	stuck	stuck
strike	struck	struck
swear	swore	sworn
sweep	swept	swept
swell	swelled	swollen, swelled
swim	swam	swum
swing	swung	swung

take	took	taken
teach	taught	taught
tear	tore	torn
tell	told	told
think	thought	thought
throw	threw	thrown
understand	understood	understood
undo	undid	undone
upset	upset	upset
wake	woke	woken
wear	wore	worn
weave	wove	woven
weep	wept	wept
win	won	won
wind	wound	wound
write	wrote	written

Geografische Namen

Land		Adjektiv
Afghanistan /æf'gænɪstɑːn/	Afghanistan	**Afghan** /'æfgæn/
Africa /'æfrikə/	Afrika	**African** /'æfrikən/
Albania /æl'beɪniə/	Albanien	**Albanian** /æl'beɪnɪən/
Algeria /æl'dʒɪərɪə/	Algerien	**Algerian** /æl'dʒɪərɪən/
the Antarctic /æn'tɑːktɪk/	die Antarktis	**Antarctic** /æn'tɑːktɪk/
the Arctic /'ɑːktɪk/	die Arktis	**Arctic** /'ɑːktɪk/
America /ə'merɪkə/	Amerika	**American** /ə'merɪkən/
Argentina /ˌɑːdʒən'tiːnə/	Argentinien	**Argentinian** /ˌɑːdʒən'tɪnɪən/
Armenia /ɑː'miːnɪə/	Armenien	**Armenian** /ɑː'miːnɪən/
Asia /'eɪʃə/	Asien	**Asian** /'eɪʃn/
Australia /ɒ'streɪlɪə/	Australien	**Australian** /ɒ'streɪlɪən/
Austria /ɒ'strɪə/	Österreich	**Austrian** /'ɒstrɪən/
Azerbaijan /ˌæzəbaɪ'dʒɑːn/	Aserbaidschan	**Azerbaijani** /ˌæzəbaɪ'dʒɑːnɪ
the Baltic /'bɔːltɪk/	die Ostsee	**Baltic** /'bɔːltɪk/
Belarus /biˌelə'ruːs/	Weißrussland	**Belorussian** /biˌelə'rʌʃn/
Belgium /'beldʒəm/	Belgien	**Belgian** /'beldʒən/
Bolivia /bə'lɪvɪə/	Bolivien	**Bolivian** /bə'lɪvɪən/
Bosnia-Herzegovina /ˌbɒznɪəˌhɜːtsəgə'viːnə/	Bosnien-Herzegowina	**Bosnian** /'bɒznɪən/
Botswana /bɒ'tswɑːnə/	Botsuana	**Botswanan** /bɒt'swɑːnən/
Brazil /brə'zil/	Brasilien	**Brazilian** /brə'zɪlɪən/
Bulgaria /bʌl'geəriə/	Bulgarien	**Bulgarian** /bʌl'geərɪən/
Cambodia /kæm'bəʊdɪə/	Kambodscha	**Cambodian** /kæm'bəʊdɪən/
Canada /'kænədə/	Kanada	**Canadian** /kə'neɪdɪən/
the Caribbean /ˌkærɪ'biːən/	die Karibik	**Caribbean** /kærɪ'biːən/
Chile /tʃɪlɪ/	Chile	**Chilean** /'tʃɪlɪən/
China /'tʃaɪnə/	China	**Chinese** /ˌtʃaɪ'niːz/
Colombia /kə'lɒmbɪə/	Kolumbien	**Colombian** /kə'lɒmbɪən/
Congo /'kɒŋgəʊ/	Kongo	**Congolese** /ˌkɒŋgə'liːz/
Congo (Democratic Republic) /'kɒŋgəʊ/	Demokratische Republik Kongo	
Costa Rica /ˌkɒstə 'riːkə/	Costa Rica	**Costa Rican** /ˌkɒstə 'riːkən/

Croatia /krəʊ'eɪʃə/	Kroatien	**Croatian** /krəʊ'eɪʃən/
Cuba /'kjuːbə/	Kuba	**Cuban** /'kjuːbən/
Czech Republic /ˌtʃek rɪ'pʌblɪk/	Tschechische Republik	**Czech** /tʃek/
Denmark /'denmɑːk/	Dänemark	**Danish** /'deɪnɪʃ/
Egypt /'iːdʒɪpt/	Ägypten	**Egyptian** /ɪ'dʒɪpʃn/
England /'ɪŋglənd/	England	**English** /'ɪŋgliʃ/
Estonia /e'stəʊnɪə/	Estland	**Estonian** /e'stəʊnɪən/
Ethiopia /ˌiːθɪ'əʊpɪə/	Äthiopien	**Ethiopian** /ˌiːθɪ'əʊpɪən/
Europe /'jʊərəp/	Europa	**European** /jʊərə'pɪən/
Finland /'fɪnlənd/	Finnland	**Finnish** /'fɪnɪʃ/
France /frɑːns/	Frankreich	**French** /frentʃ/
Gambia /'gæmbɪə/	Gambia	**Gambian** /'gæmbɪən/
Georgia /'dʒɔːdʒə/	Georgien	**Georgian** /'dʒɔːdʒən/
Germany /'dʒɜːmənɪ/	Deutschland	**German** /'dʒɜːmən/
Ghana /'gɑːnə	Ghana	**Ghanaian** /gɑː'neɪən/
Great Britain /ˌgreɪt 'brɪtn/	Großbritannien	**British** /'brɪtɪʃ/
Greece /griːs/	Griechenland	**Greek** /griːk/
Guatemala /ˌgwɑːtə'mɑːlə/	Guatemala	**Guatemalan** /ˌgwɑːtə'mɑːlən/
Holland → the Netherlands		
Hungary /'hʌŋgərɪ/	Ungarn	**Hungarian** /hʌŋ'geərɪən/
Iceland /'aɪslənd/	Island	**Icelandic** /aɪs'lændɪk/
India /'ɪndɪə/	Indien	**Indian** /'ɪndɪən/
Indonesia /ˌɪndə'niːzɪə/	Indonesien	**Indonesian** /ˌɪndə'niːzɪən/
Iran /ɪ'rɑːn/	Iran	**Iranian** /ɪ'reɪnɪən/
Iraq /ɪ'rɑːk/	Irak	**Iraqui** /ɪ'rɑːkɪ/
Ireland /'aɪələnd/	Irland	**Irish** /'aɪərɪʃ/
Israel /'ɪzreɪl/	Israel	**Israeli** /ɪz'reɪlɪ/
Italy /'ɪtəlɪ/	Italien	**Italian** /ɪ'tælɪən/
Jamaica /dʒə'meɪkə/	Jamaika	**Jamaican** /dʒə'meɪkən/
Japan /dʒə'pæn/	Japan	**Japanese** /ˌdʒæpə'niːz/
Kazakhstan /ˌkæzæk'stɑːn/	Kasachstan	**Kazakh** /ˌkə'zæk/
Kenya /'kenjə/	Kenia	**Kenyan** /'kenjən/
Kirgyzstan /ˌkɪəgɪ'stɑːn/	Kirgisistan	**Kirgyz** /'kɪəgɪz/
Korea /kə'rɪə/	Korea	**Korean** /kə'rɪən/
Kuwait /kʊ'weɪt/	Kuwait	**Kuwaiti** /kʊ'weɪtɪ/
Latvia /'lætvɪə/	Lettland	**Latvian** /'lætvɪən/
Lebanon /'lebənən/	Libanon	**Lebanese** /ˌlebə'niːz/
Libya /'lɪbɪə/	Libyen	**Libyan** /'lɪbɪən/
Liechtenstein /'lɪktənstaɪn/	Liechtenstein	**Liechtenstein** /'lɪktənstaɪn/

Lithuania /ˌlɪθjuːˈeɪnɪə/	Litauen	**Lithuanian** /ˌlɪθjuˈeɪnɪən/
Luxembourg /ˈlʌksəmbɜːg/	Luxemburg	**Luxembourg** /ˈlʌksəmbɜːg/
Macedonia (former Yugoslav republic) /ˌmæsəˈdəʊnɪə/	Mazedonien	**Macedonian** /ˌmæsəˈdəʊnɪən/
Malawi /məˈlɑːwɪ/	Malawi	**Malawian** /məˈlɑːwɪən/
Malaysia /məˈleɪzɪə/	Malaysia	**Malaysian** /məˈleɪzɪən/
Mexico /ˈmeksɪkəʊ/	Mexiko	**Mexican** /ˈmeksɪkən/
Moldova /mɒlˈdəʊvə/	Moldau	**Moldovan** /mɒlˈdəʊvən/
Morocco /məˈrɒkəʊ/	Marokko	**Moroccan** /məˈrɒkən/
Mozambique /ˌməʊzæmˈbiːk/	Mosambik	**Mozambiquean** /ˌməʊzæmˈbiːkən/
Myanmar /miˌænˈmɑː(r)/	Myanmar	
Nepal /nɪˈpɔːl/	Nepal	**Nepalese** /ˌnepəˈliːz/
(the) Netherlands /ˈneðələndz/	Niederlande	**Dutch** /dʌtʃ/
New Zealand /ˌnjuː ˈziːlənd/	Neuseeland	**New Zealand** /ˌnjuː ˈziːlənd/
Nicaragua /ˌnɪkəˈrægjʊə/	Nicaragua	**Nicaraguan** /ˌnɪkəˈrægjʊən/
Nigeria /naɪˈdʒɪərɪə/	Nigeria	**Nigerian** /naɪˈdʒɪərɪən/
Northern Ireland /ˌnɔːðən ˈaɪələnd/	Nordirland	**Northern Irish** /ˌnɔːðən ˈaɪərɪʃ/
Norway /ˈnɔːweɪ/	Norwegen	**Norwegian** /nɔːˈwiːdʒən/
Pakistan /ˌpɑːkɪˈstɑːn/	Pakistan	**Pakistani** /ˌpɑːkɪˈstɑːnɪ/
Panama /ˈpænəmɑː/	Panama	**Panamanian** /ˌpænəˈmeɪnɪən/
Paraguay /ˈpærəgwaɪ/	Paraguay	**Paraguayan** /ˌpær-əˈgwaɪən/
Peru /pəˈruː/	Peru	**Peruvian** /pəˈruːvɪən/
the Philippines /ˈfɪlɪpiːnz/	die Philippinen	**Philippine** /ˈfɪlɪpiːn/; **Filipino** /ˈfɪlɪˈpiːnəʊ/
Poland /ˈpəʊlənd/	Polen	**Polish** /ˈpəʊlɪʃ/
Portugal /ˈpɔːtʃʊgl/	Portugal	**Portuguese** /ˌpɔːtʃʊˈgiːz/
Puerto Rico /ˌpwɜːtəʊˈriːkəʊ/	Puerto Rico	**Puerto Rican** /ˌpwɜːtəʊ ˈriːkən/
Romania /ruːˈmeɪnɪə/	Rumänien	**Romanian** /ruːˈmeɪnɪən/
Russia /ˈrʌʃə/	Russland	**Russian** /ˈrʌʃn/
Saudi Arabia /ˌsaʊdɪ əˈreɪbɪə/	Saudi-Arabien	**Saudi** /ˈsaʊdɪ/
Scotland /ˈskɒtlənd/	Schottland	**Scottish** /ˈskɒtɪʃ/
Sierra Leone /sɪˌerəlɪˈəʊn/	Sierra Leone	**Sierra Leonean** /sɪˌerəlɪˈəʊnɪən/

Singapore /ˌsiŋə'pɔː(r)/	Singapur	**Singaporean** /ˌsɪŋə'pɔːrɪən/
Slovakia /sləʊ'vɑːkɪə/	Slowakei	**Slovak** /'sləʊvæk/
Slovenia /sləʊ'viːnɪə/	Slowenien	**Slovenian** /sləʊ'viːnɪən/
Somalia /sə'mɑːlɪə/	Somalia	**Somali** /sə'mɑːlɪ/
South Africa /ˌsaʊθ 'æfrikə/	Südafrika	**South African** /ˌsaʊθ 'æfrikən/
Spain /speɪn/	Spanien	**Spanish** /'spænɪʃ/
Sri Lanka /ˌsriː'læŋkə/	Sri Lanka	**Sri Lankan** /ˌsriː'læŋkən/
Sudan /suː'dɑːn/	Sudan	**Sudanese** /ˌsuːdə'niːz/
Sweden /'swiːdn/	Schweden	**Swedish** /'swiːdɪʃ/
Switzerland /'swɪtsələnd/	die Schweiz	**Swiss** /swis/
Syria /'sɪrɪə/	Syrien	**Syrian** /'sɪrɪən/
Tajikistan /tæˌdʒiːkɪ'stɑːn/	Tadschikistan	**Tajik** /tæ'dʒiːk/
Tanzania /ˌtænzə'nɪə/	Tansania	**Tanzanian** /ˌtænzə'nɪən/
Thailand /'taɪlænd/	Thailand	**Thai** /taɪ/
Tibet/tɪ'bet/	Tibet	**Tibetan** /tɪbetn/
Tunisia /tjuː'nɪzɪə/	Tunesien	**Tunisian** /tjuː'nɪzɪən/
Turkey /'tɜːkɪ/	die Türkei	**Turkish** /'tɜːkɪʃ/
Turkmenistan /tɜːkˌmen-ɪ'stɑːn/	Turkmenistan	**Turkmen** /'tɜːkmen/
Uganda /juː'gændə/	Uganda	**Ugandan** /juː'gændən/
Ukraine /juː'kreɪn/	Ukraine	**Ukrainian** /juː'kreɪnɪən/
(the) United Kingdom /juːˌnaɪtɪd 'kɪŋdəm/	Vereinigte Königreich, Großbritannien	**British** /'brɪtɪʃ/
the United States of America /juːˌnaɪtɪd ˌsteɪts əʌ ə'merɪkə	die Vereinigten Staaten	**American** /ə'merɪken
Uruguay /'jʊərəgwaɪ/	Uruguay	**Uruguayan** /ˌjʊərə'gwaɪən/
Uzbekistan /ʊzˌbekɪ'stɑːn/	Usbekistan	**Uzbek** /'ʊzbek/
Venezuela /ˌvenɪ'zweɪlə/	Venezuela	**Venezuelan** /ˌven-ɪ'zweɪlən/
Vietnam /ˌvjet'næm/	Vietnam	**Vietnamese** /ˌvjetnə'miːz/
Wales /weɪlz/	Wales	**Welsh** /welʃ/
the West Indies /ˌwest 'ɪndɪz/	die Westindischen Inseln	**West Indian** /ˌwest 'ɪndɪən/
Yugoslavia /juːgəʊ'slɑːvɪə/	Jugoslawien	**Yugoslavian** /juːgəʊ'slɑːvɪən/
Zambia /'zæmbɪə/	/Sambia	**Zambian** /'zæmbɪən/
Zimbabwe/zɪm'bɑːbwɪ/	Simbabwe	**Zimbabwean** /zɪm'bɑːbwɪən/

Zahlen

Grundzahlen

1	one
2	two
3	three
4	four
5	five
6	six
7	seven
8	eight
9	nine
10	ten
11	eleven
12	twelve
13	thirteen
14	fourteen
15	fifteen
16	sixteen
17	seventeen
18	eighteen
19	nineteen
20	twenty
21	twenty-one
22	twenty-two
23	twenty-three
30	thirty
40	forty
50	fifty
60	sixty
70	seventy
80	eighty
90	ninety
100	a hundred
101	a hundred and one
200	two hundred
1000	a thousand
2000	two thousand
1 000 000	a million

Ordnungszahlen

1st	first
2nd	second
3rd	third
4th	fourth
5th	fifth
6th	sixth
7th	seventh
8th	eighth
9th	ninth
10th	tenth
11th	eleventh
12th	twelfth
13th	thirteenth
14th	fourteenth
15th	fifteenth
16th	sixteenth
17th	seventeenth
18th	eighteenth
19th	nineteenth
20th	twentieth
21st	twenty-first
22nd	twenty-second
23rd	twenty-third
30th	thirtieth
40th	fortieth
50th	fiftieth
60th	sixtieth
70th	seventieth
80th	eightieth
90th	ninetieth
100th	hundredth
101st	hundred and first
200th	two hundredth
1000th	thousandth
2000th	two thousandth
1 000 000th	millionth

Das englische Alphabet und seine Aussprache

a	/eɪ/	j	/dʒeɪ/	s	/es/
b	/biː/	k	/keɪ/	t	/tiː/
c	/siː/	l	/el/	u	/juː/
d	/diː/	m	/em/	v	/viː/
e	/i/	n	/en/	w	/ˈdʌbljuː/
f	/ef/	o	/əʊ/	x	/eks/
g	/dʒiː/	p	/piː/	y	/waɪ/
h	/eɪtʃ/	q	/kjuː/	z	/zed/
i	/aɪ/	r	/ɑː(r)/		

Häufig verwendete Nachsilben und ihre Aussprache

Nauchsilbe	**Lautschrift**	**Beispiel**	**Lautschrift des Beispiels**
-able	/-əbl/	fashionable	/ˈfæʃnəbl/
-ably	/əblɪ/	comfortably	/ˈkʌmftəblɪ/
-al	/-l/ /-əl/	magical	/ˈmædʒɪkl/
-er	/-ə(r)/	farmer	/ˈfɑːmə(r)/
-ily	/-ɪlɪ/	heavily	/ˈhevɪlɪ/
-ing	/-ɪŋ/	astonishing	/əˈstɒnɪʃɪŋ/
-ly	/-lɪ/	accurately	/ˈækjərətlɪ/
-ment	/mənt/	arrangement	/əˈreɪndʒmənt/
-ness	/-nɪs/	kindness	/ˈkaɪndnɪs/
-or	/-ə(r)/	conjuror	/ˈkʌndʒərə(r)/
-ous	/-əs/	poisonous	/ˈpɔɪznəs/
-y	/-ɪ/	dusty	/ˈdʌstɪ/